그리스도인을 위한 문화 이해

그리스도인을 위한 문화 이해

그리스도인을 위한 문화 이해

초판 1쇄 찍은 날 · 2005년 4월 29일 │ 초판 3쇄 펴낸 날 · 2008년 1월 10일

지은이 · 문용식 │ 펴낸이 · 김승태

편집 · 이덕희, 방현주 │ 디자인 · 이훈혜, 박한나
영업 · 변미영, 장완철 │ 물류 · 조용환, 엄인휘

등록번호 · 제2-1349호(1992. 3. 31.) │ 펴낸 곳 · 예영커뮤니케이션
주소 · (110-616) 서울 광화문우체국 사서함 1661호 │ 홈페이지 www.jeyoung.com
출판사업부 · T. (02)766-8931 F. (02)766-8934 e-mail: jeyoungedit@chol.com
출판유통사업부 · T. (02)766-7912 F. (02)766-8934 e-mail: jeyoung@chol.com
제작 예영 B&P · T. (02)2249-2506~7

copyright© 2005, 문용식

ISBN 978-89-8350-349-7 (03230)

값 17,000원

그리스도인을 위한 문화 이해

문용식 지음

예영커뮤니케이션

머 리 말

　필자는 1998년 ‘대중문화 연구’라는 강의를 시작으로, 2002년 교육대학원에 기독교 문화 교육학과 개설과 함께 본격적인 일반 문화 이론가들 및 기독교 문화 이론가들을 한 사람씩 연구·정리하기 시작했다. 그리고 방학 때마다 학생들과 함께 기독교 세계관, 구조주의와 후기구조주의, 기호학, 변증학 등의 세미나를 열어 함께 공부하며 토론하였다.

　필자는 두 왕국의 문화 이론가들을 만나 그 신비로운 숲 속에서 보물을 찾는 일을 진행하면서 그 방대하고 난해함에 놀라움과 어려움을 느꼈다. 하지만 하나님으로부터 멀어지고 있는 문화를 건지기 위해 문화 연구를 수행한 기독교 문화 이론가들을 만나면서 즐거움을 느꼈고, 학생들에게 기독교 문화 이론가들을 소개했다. 다행히 그때마다 기독교 문화 이론가의 체취를 느끼면서 새롭게 살고자 결심하는 학생들의 모습을 볼 수 있었다. 그러한 학생들의 반응에 필자는 용기를 얻어, 문화이론에 관심이 있는 이들에게 기초적인 안내를 했으면 하는 생각에서 미진하지만 출판을 하게 되었다.

　본서에서 필자는 두 왕국의 문화이론을 16세기 중반부터 현재까지 사회·문화사적 배경에서 살펴보았다. 독자들은 이 책을 통해 일반 문화 이론가들과 기독교 문화 이론가들이 각 시대마다 내놓은 서로 다른 문화이론을 만날 수 있을 것이다.

필자는 본서를 연구하면서 일반 문화 이론가들이 루이스가 말한 '희미한 진리의 한 조각'을 붙잡기 위해 한평생 연구를 하고 있는 점을 발견할 수 있었다. 이 책을 통해 독자들도 지금까지 나름대로 생각해 왔던 잠재적인 가정들과 비교하면서 읽기의 쾌락을 느꼈으면 한다. 또 이 책이 문화연구를 위한 기초적인 문을 여는 데 자극이 될 뿐만 아니라, 두 왕국의 문화이론의 거시적인 틀을 파악하는 데 도움이 될 수 있기를 바란다.

책을 쓰도록 격려해 주신 칼빈대 김의환 총장님과 총신대 김인환 총장님, 신대원 서철원 부총장님, 만남의 교회 정평수 목사님, 그리고 조신권, 이도흠, 문석호, 신국원, 이승구, 이복규 교수님과 원서를 구입해 주신 세리가와 교수님과 젊은이 못지않은 정열과 사랑으로 원서를 번역해 주신 이기복 선생님, 원고를 꼼꼼히 읽어 준 후배 심중수 군, 강의와 세미나에 동참하여 함께 토론해 준 기독교문화교육학과 학생들, 기독교윤리실천운동의 문화소비자운동본부의 동료들과 자료를 제공해 준 권장희 총무와 여러 간사님에게 고마운 마음을 표한다. 아울러 이 책을 흔쾌히 출판해 준 출판사 예영커뮤니케이션에 감사드린다.

결혼해서 지금까지 학교에 다니며 공부하는 남편 뒤에서 묵묵히 미소를 지으며 격려해 준 아내 유말임과 딸 지선, 아들 병업과도 출간의 기쁨을 나누고 싶다. 늘 뒤에서 기도로 도와준 부모님과 동생들에게도 깊은 감사를 드린다.

2005년 4월
사당동 연구실에서
문용식

서 론

　'문화 연구' 란 말은 우리 귀에 퍽 친숙하게 느껴진다. 하지만 문화 연구란 무엇이며, 그것을 어떻게 수행해야 하는가의 문제에 대해 질문하면, 대다수는 아주 곤혹스러워 한다. 거기에 더해 일반 문화 연구와 기독교 문화 연구가 어떤 측면에서 유사하고, 차이가 나느냐고 질문하면 더욱 난감해 한다.

　문화 연구란 무엇인가? 이것을 묻기에 앞서 성경에서 '문화' 를 어떻게 이야기하고 있는 지에 대해 범위를 좁혀 질문해도 이에 대해 명확하게 대답하는 기독교 학자들은 많지 않다. 우리가 교회사를 통해 기독교 내의 문화에 내한 논란을 살펴보면 문화에 대해 정의 내리기가 얼마나 어려운가를 알 수 있다. 교회사에서 성경의 문화관을 왜곡하여, 문화 비관주의에 빠진 역사적 사실이 반복해서 나타나는 것을 볼 때, 바른 문화관을 정립하기가 얼마나 어렵고 중요한 것인가를 확인할 수 있다.

　필자는 구약의 문화적 특징에 관하여 연구한 적이 있었는데, 구약에서 말하고 있는 문화적 특징을 한 마디로 '자유' 라고 정의하고 싶다.(편집자주 – 졸고, 〈구약에 나타난 문화적 특징〉, 『신학지남』 통권 제281호, 신학지남사, 2004년 겨울호, p. 195.) 문화를 '부자유 · 자유' 라는 이항대립 속에서 자유를 향해 발전하는 것이라고 할 때, 문화 연구란 어떻게 하면 자유를 바르게 수행할 수 있는가에 대해 논리적으로 분석하는 작업이라고 생각한다. 문화 연구를 광의와 협의로 나누어야 한다고 생각한다. 광의의 문화 연구란 하나님의 형상에 의해 창조된 아담과 하와가 거주하던 에덴동산의 시·공간에서부터 출발할 수 있을 것이다. 다시 말해서 광의의 문화 연구란, 인류 역사의 진행 과정에 나타난 '부자유·자유'의 길항 관계를 연구하는 것이라 할 수 있겠다. 반면 협의의 문화 연구란 자본주의를 비판하는 것에서 출발하여, 산업자본주의 사회의 지배구조를 이해하고 바꾸는 것을 목표로 한다. 본고에서 말하는 문화 연구란 협의의 문화 연구를 뜻한다. 그리고 협의의 문화 연구를 다시 크게 둘로 나눈다면, 그 시점을 1968년으로 잡고 싶다.

68혁명 전에는 국가와 교회, 국가와 노동자 간의 관계 설정이 가장 커다란 이슈였다. 기독교 문화 이론가들, 즉 칼뱅의 후예들이 국가와 교회의 역할을 어떻게 정립할 것인가에 관하여 깊은 관심을 보였다면, 일반 문화 이론가들, 마르크스의 후학들은 국가와 계급의 문제에 초점을 맞추어 논의를 전개했다. 1893년 영국의 대학에 영문학이 신설되면서 문화 연구가 태동하여 '종교·문학' 간에 논쟁이 간헐적으로 전개되고, 미국의 대중문화가 영국에 들어오면서 문화 연구에 대한 논의가 본격적으로 이루어졌다.

68혁명 이후에는 대중문화가 기술의 발전과 더불어 폭발적으로 확장됨에 따라 대중문화를 주류 담론에서 인정하게 되면서 대중문화와 미학, 대중문화와 복음, 대중문화와 욕망과의 관계가 중요 이슈가 되었다. 1960년대 초반부터 영국에서 본격적으로 시작한 문화 연구는 프랑스의 구조주의와 후기구조주의, 기호론과 만나면서 다채롭게 전개되었고, 새로운 지적 담론이 대부분 프랑스에서 행해지면서, 문화 연구는 언어학과 인류학 그리고 문학과 철학이 합쳐지는 통합 학문적 성격을 갖게 되었다. 즉, 문화 연구는 영국에서 시작하여 프랑스 구조주의와 만나 호주와 미국 등 세계 각국으로 확산되면서 각 나라의 특성에 맞게 정박과 유랑을 계속하고 있다.

68혁명 이후 문화 연구는 철학, 심리학, 인류학, 언어학 등을 배경으로 지적 엄밀함이 요구되면서 정치, 역사, 성, 주체 등의 단어에 대한 미시적인 분석이 이루어졌다. 특히 롤랑 바르트의 '텍스트' 개념이 대두되면서 모든 것이 분석의 대상이 되었고, 문화 이론가들의 발언권이 강해지면서 다기한 해석이 이루어졌다. 그러자 일반 독자의 문화 읽기 체험이 무시되기 시작했고, 그 결과 문화 연구를 문화 연구자나 비평가들의 전유물처럼 인식하게 되었다.

복잡하고 다기한 이론이 대두되면서 문화 연구란 어려운 것이며, 문화 연구자들이 이데올로기적인 분석을 우선적으로 행하기 때문에 소박한 문화읽기의 행위는 부정되는 모습을 보였다. 그러자 한편에서 '문화이론의 틀로 문화를 연구하고 분석하는 것이 문화에 대한 정당한 이해를 가능하게 하는 것인가? 라는 질문을 던지는 미미한 소리가 있었다.

필자는 이론과 해석, 이론과 실천이 동전의 양면이라고 생각한다. 우리가 광화문에 가기 위해서 버스나 지하철을 탈 때 요구되는 것은 노선버스라는 이론이다. 광화문으로 가는 노선버스를 타지 않고 다른 버스를 타면 엉뚱한 곳으로 가지만 노선버스라는 이론에 올라타면 쉽게 광화문에 도착할 수 있다. 문화이론 역시 불필요한 것이 아니라 필요한 것이다. 문화이론으로 사건을 '읽기' 시작하면 거기에 '쾌락' 이 뒤따른다. 그러나 저자만 읽기의 쾌락을 느끼고, 독자나 문화 애호가들이 저자의 책에서 쾌락을 느끼지 못하면, 이론으로서의 집착이 지나친 것이 아닌가 하는 생각이 든다. 그러한 이론은 이론으로서의 생명이 오래가지 못한다. 모든 이론은 복잡한 현상을 단순화시키는 것에 봉사해야 한다. 그렇지 못하면 그 생명은 얼마가지 못하고 만다.

본서는 사회·문화사적 배경 속에서 문화이론을 다루어 독자들이 쉽게 이해할 수 있도록 구성했다. 문화이론의 역사를 쓰는 것은 방대한 작업이며 매우 난해한 일이다. 하지만 본서에서 두 왕국의 문화이론의 역사를 이야기하려는 것은 새로운 문화적 패러다임에 직면하고 있는 현 시점에서 필요한 작업이기 때문이란 생각이 들어서이다. 우리는 기독교 지성인으로서 일반 문화 이론가들과 기독교 문화 이론가들이 가지고 있는 문제의식이 무엇이며, 각 시대를 살아가면서 문화 이론가들이 어떤 문제에 관심을 기울였고, 어떤 문제를 가지고 논쟁했는지 확인해야 한다. 이러한 물음을 통하여 레토렛의 말대로 "많은 시대를 관찰한 후에야 자신을 명백하게 볼 수 있다"(편집자주 – Michael Bauman & Martin I. Klauber, 라은성 역, 『전통을 지켜온 기독교 역사가들』, 이레서원, 2002, p. 11.)는 통찰력을 얻을 수 있기 때문이다.

이 책은 8장으로 구성되어 있다.

제1장 문화 연구의 특징과 기독교적 문화 연구에서는 아주 간략하게 문화 연구(Cultural Studies)의 특징을 밝혔고, 문화 연구에 대한 기독교적 접근 방법에 대해서는 도예빌트의 철학을 끌어들여 논의했다.

제2장 자본주의 세속화 과정과 문화 이론가들의 대응에서는 16세기 중엽부터 20세기 초까지의 자본주의 세속화 과정과 교회와의 관계를 문화적 관점에서 살펴보았다. 일반 문화 이론가로는 20세기에 가장 영향을 주었다는 마르크스와 프로이트의 문화관을 다루었고, 기독교 문화 이론가로는 칼뱅과 웨슬리, 아브라함 카이퍼를 다루었다. 이들의 문화이론을 읽으면 일반 문화이론과 기독교 문화이론의 차이를 분명하게 파악할 수 있을 것이다.

제3장 독일의 파시즘과 문화 이론가들에서는 제1차 세계대전과 제2차 세계대전 사이에 전개된 독일의 파시즘을 문화적인 측면에서 다루었다. 독일의 파시즘은 프랑크푸르트학파의 문화운동과 관련이 깊고, 독일 교회에 큰 충격을 주었다. 본 장에서는 프랑크푸르트학파의 벤야민과 아도르노, 마르쿠제의 문화이론을 다루었고, 기독교 문화 이론가로는 본 회퍼의 제자도와 위임사상, 폴 틸리히의 문화신학을 다루었다.

제4장 영국 문화 연구의 역사와 문화 이론가들에서는 영국의 문화 연구를 전사(前史)와 본사로 나누어 살펴보았다. 전사에서는 문화주의 전통과 마르크스주의와의 연관을 다루었다. 문화주의 문화 이론가로는 매슈 아놀드와 리비스, 레이먼드 윌리엄스를 다루었고, 신좌파 운동의 문화 이론가로는 E. P. 톰슨과 리차드 호가트를 살펴보았다. 본서에서는 영국 문화 연구의 본산이라고 할 수 있는 버밍엄 현대문화 연구소와 거기에서 활동한 문화 이론가인 스튜어트 홀을 다루면서, 영국의 문화 이론가는 아니지만

영국의 문화이론에 영향을 끼친 이탈리아 문화 이론가인 그람시를 살펴보았다. 기독교 문화 이론가로는 T. S. 엘리엇과 C. S. 루이스를 살펴보았다.

제5장 68혁명과 후기구조주의·기독교 문화 이론가들에서는 프랑스 68혁명의 사상적 배경을 살펴보고, 후기구조주의자인 푸코, 롤랑 바르트, 데리다, 알튀세르, 피에르 부르디외의 문화이론을 다루었다. 기독교 문화 이론가로는 쟈크 엘룰과 프랑수아즈 돌토를 다루었다. 프랑소아즈 돌토는 문화 이론가라고 보기에 문제가 있지만 욕망이라는 관점에서 문화를 보고 있기에 여기에 소개했다.

제6장 탈식민주의 문화이론과 디아스포라에서는 탈식민주의 문화이론의 특징을 다루고, 탈식민지 문화 이론가인 파농, 사이드, 바바, 스피박을 살펴보았다. 또한 탈식민주의 문화이론에 기독교 문화 연구자들이 관심을 가져야 하는 이유를 밝히고, 디아스포라로 요셉의 이주 경험을 중심으로 분석했다.

제7장 미국의 반문화운동과 문화 이론가들에서는 1960년대 반문화운동과 대중문화와의 관련을 살펴보면서 급속한 세속화에 따른 기독교의 대응 양상을 서술하였다. 본 장에서는 기독교 문화 이론가로 메이천과 라인홀드 니버, 프란시스 쉐퍼를 다루었다. 또 미국의 문화 연구의 특징을 미디어 연구로 보고 미디어를 긍정하는 이론가와 부정하는 이론가들로 나누어 살펴본 후 미디어에 대한 기독교적 대안을 검토했다.

제8장 후대중문화 디지털 시대의 기독교적 대응에서는 후대중문화가 종교에 끼치는 명암을 밝히고, 기독교가 후대중문화 디지털 시대에 어떻게 대응할 것인가를 살펴보았다.

차 례

제5장 68혁명과 후기구조주의 · 기독교 문화 이론가들

제6장 탈식민주의 문화이론과 디아스포라

제 1 장

문화 연구의 특징과 기독교적 문화 연구

1. 문화 연구의 동향

2. 문화 연구의 특징

3. 문화 연구에 대한 기독교적 접근

1. 문화 연구의 동향

인간이 의미의 존재라면 그 의미를 올바로 이해하기 위하여 노력해야
하리라. 하지만 우리는 순간적으로 나타났다가 사라지는 시뮬라크르
(simulacre)의 시대에 살고 있기 때문에, 내 앞에 던져져 있는 문제를 해
결하며 살아가기가 더욱 더 어렵게 되었다. 삶 자체가 하나의 텍스트라고
할 때, 우리는 우리 앞에 불쑥불쑥 나타나는 사건들 속에서 몇 개의 특이
점들을 발견하여 어떤 논리적 체계를 세우고 그 과정을 탐구해야 한다.
그리고 그 해결을 위한 해석이 옳고 그른가를 따져보아야 한다. 이 자리
에 문화 연구가 존재한다.

문화 연구의 동향은 문화 연구에 대한 용어조차 경쟁관계에 있을 정도
로 다기하다. 때문에 그것을 논하기가 쉽지 않지만 앞으로의 논의를 위해
문화 연구의 동향을 간략하게 소개하고자 한다. 문화 연구는 영국에서 시
작되었다고 보는 것이 학계의 정설이다. 문화 연구란 이름이 1964년 영국
버밍엄 대학의 '버밍엄 현대문화 연구소'(the Birmingham Centre for
Contemporacy Cultural Studies, CCCS)에서 유래되었기 때문이다. 영
국의 문화 연구는 계급 갈등이나 하위 문화에 관심을 보이다가 다학문적
인 시각으로 연구의 폭이 확대되었다. 이들에게 마르크스주의는 문화를
사회적으로 해석하는 중요한 기능으로 작용하였다. 때문에 영국의 문화
연구는 문화적 실천에 참여하는 정치성이 짙었다. 이들은 1980년대에 들
어서면서 프랑스 구조주의를 수용하여 인종, 성별, 계급 등의 문제를 다

문화적 방법으로 접근하였다.

영국의 문화 연구는 호주를 거쳐 미국으로 유입되면서 신속하게 확산되었다. 영국의 문화 연구가 초기에 계급 갈등이나 하위 문화 연구에 초점이 모아진다면, 호주의 문화 연구는 실천의 방향에서 민족 국가가 우선이다. 때문에 호주의 문화 연구는 영국 문화 연구의 정치성, 당파성, 개혁성, 계급성, 이데올로기성 등의 속성이 사라지고, 국가나 행정적 목적에 기여하는 연구로 성장한다. 미국 최초의 문화 연구 집단은 버밍엄 현대문화 연구소의 기획을 독파하면서 텍사스 오스틴에서 등장하였다.[1] 하지만 미국의 문화 연구는 영국의 문화 연구와 달리 정치성이 약한 미디어 문화 연구가 주를 이루고 있다. 미국의 문화 연구는 지나친 텍스트 중심주의가 주를 이루며, 이론을 조합한 '브리콜라주'(bricolage)의 성격을 지닌다.

1980년대 미국 문화 연구자들은 미디어 문화에 관심을 기울이면서 독일의 프랑크푸르트학파의 문화이론에 관심을 보였다. 프랑크푸르트학파는 1930년대에 라디오, 텔레비전, 영화 등의 문화산업 생산물인 대중문화가 현존하는 자본주의 사회의 이데올로기를 정당화하기 때문에 문화산업을 저질이라고 생각하였다. 이들은 문화산업을 상품화, 물화, 이데올로기, 지배라는 관점에서 비판을 한다. 이런 점이 1980년대 미디어 문화 연구에 유용한 도구를 제공하였다. 하지만 프랑크푸르트학파의 문화 연구는 구체적인 분석을 수행하지 않았다는 비판에서 벗어날 수 없을 것 같다.

1980년 중·후반과 1990년대 초반에 탈현대 문화 연구가 등장하였다. '탈(post)'에 관한 다양한 논쟁들은 아직도 열려진 상태로 있다. 탈현대라는 용어는 새로운 현상이 존재한다는 사실을 지칭하는 상징 또는 기호학적 표지로 기능한다. 탈현대의 현상과 담론은 계속적인 변화를 겪으면서 보다 복잡하고 다양해지고 있다. 탈현대 이론은 철학, 사회이론, 정치학, 인류학, 지리학 등을 망라하는 거의 모든 학문 분야를 휩쓸면서 현대 이론에 대한 비판과 그것에 대한 대안으로 탈현대적 이론과 실천을 생산해 내면서 '탈(후기)구조주의, 포스트모더니즘, 탈식민주의, 포스트모더니즘을 넘어서' 등의 다양한 스펙트럼을 보이고 있다.

이제 우리나라의 문화 연구의 동향을 살펴보자. 우리나라는 1990년대 잡지의 지면이 늘어나면서 문화 담론이 번성했다. 그 당시 문화 담론은 신문에는 200자 원고지 10매, 주간지에 20매 내지 30매 정도로 문화 연구의 차원이라기보다는 주장의 성격이 강하였다. 그러다가 1990년대 중반 이후 문화 연구에 대한 이론서가 원용진[2], 존 스토리[3], 크리스 젠크스[4], 지아우딘 사르디르[5], 앨런 스윙우드[6] 등을 통해 소개되었다. 이러한 이론을 토대로 한국적 현실에 맞는 문화 연구[7]와 문화 콘텐츠, 문화의 수용층과 문화 기획 등의 저서가 출간되었다. 아울러 소두영[8], 송효섭[9], 유리 로트만[10] 등의 문화 기호학에 대한 이론이 소개되면서 2000년 이후에 대중문화를 기호학적으로 분석한 연구서들이 본격적으로 출간되었고[11], 미디어 연구[12] 등에 관한 저서도 다량으로 출판되었다.

우리나라의 기독교 문화 연구의 동향을 살펴보자. 한국의 기독교 문화 연구자들은 오늘날 교회가 문화에 큰 영향을 미치지 못하고, 초월로 되돌아가서 세속화된 문화의 파멸로부터 벗어나고자 애쓰고 있다는 전제 아래 교회가 대중문화에 배타적이 된다면 교회는 위기에 직면하고 말 것이라고 1980년대부터 적극적이며 지속적으로 그 목소리를 높여 왔다. 기윤실의 문화 소비자 운동을 중심으로 신국원은 이론과 실천면에서 가장 왕성한 활동을 하였다.[13]

신국원은 『신국원의 문화 이야기 : 뮤화 전쟁 시대의 기독교 문화 전략』에서 문화 소비자 운동을 중심으로 활동하면서 느낀 문제점을 독자들이 이해하기 쉽도록 소개하였다. 그는 기독교 문화 전략을 한국의 문화 전통, 교회 성장 운동, 다문화주의, 공동체 문제, 기독교 문화 연구의 이론적 방향, 시민 운동, 문화 사역의 올바른 방향 등등 다각도로 제시하였다. 또 맹용길[14]은 새로운 문화 창출을, 박양식[15]은 교회가 신앙을 문화로 풀 것을 주장하고 있다. 대체로 기독교 문화 연구자들은 대중문화에 대한 비판적 거리 두기, 인재 발굴을 통한 문화 콘텐츠 창작, 문화 생산과 유통에 직접 관여하여 십자가의 길을 걸어가자고 주장하고 있다. 그리고 이들은 공통적으로 영성의 측면에 관심을 기울이고 있다. 삶의 모든 차원을 끌어들이는 포괄적 영성, 공동체적 영성, 통전적 영성, 하나님의 영광을 추구하는 살아 있는 영성만이 문화의 시대를 책임질 수 있다고 언표한다.[16]

기독교 문화 이론 내지 신학에 대한 탐구는 김영한[17], 나인홀드 니버[18], 아브라함 카이퍼[19], 로버트 웨버[20], 반틸[21] 등의 저서가 있으며, 성경적 관점에서 문화를 연구하는 것으로는 최재호[22], 제임스 조르단[23], 윌리엄 라킨[24], 디 카슨[25], 몰 코우치[26], 진 비이쓰[27]등의 저서가 있다.

국내의 기독교 출판사에서 나온 문화 연구서 가운데 대표적인 것을 소개하면 박종균[28]과 신국원[29]을 들 수 있겠다. 박종균은 '소비사회, 대중문화, 기독교'라는 삼각축을 중심으로 소비 문제를 중점적으로 다루었다. 신국원은 『변혁과 샬롬의 대중문화론』에서 일반 문화 이론가들의 이론을 기독교적으로 비판하고, 특히 대중문화를 정치성, 심미성, 윤리성, 세계관 등을 중심으로 다루어서 대중문화에 대한 기독교적 이해의 지평을 넓혔다.

이상의 검토를 통해 우리는 양 진영 모두 문화 연구를 학문적으로 정립하기 위해 문화 이론 전쟁을 치열하게 전개하고 있음을 확인할 수 있었다. 그러나 문제점으로 지적할 수 있는 것은 문화 이론을 단순히 이론으로서만 제시하고 있다는 점이다. 문화이론은 각 시대의 문화사회학적인 배경 속에서 연구되어야 생동감이 있다. 필자는 본서에서 문화 연구의 역사를 문화·사회학적 배경 속에서 양 진영의 문화 이론가들을 다루기 위해 노력하였다.

2. 문화 연구의 특징

최근 기독교 학계에 문화 연구(Cultural Studies)에 대한 관심이 증대되고 있다.[30] 여기서는 문화 연구의 특징을 간략히 소개하고, 기독교 문화 연구자들이 문화 연구를 어떻게 해야 하는지에 대해서 이야기해 보고자 한

다.[31]

문화 연구의 특징은 다음과 같다.[32]

첫째, 문화 연구는 대중문화의 모든 양상을 정당화하며, 긍정적으로 평가함과 동시에 정치적 비판과 행동을 동시에 한다.

둘째, 문화 연구는 단순히 문화의 내재적인 특성만 분석하는 것이 아니라 생산, 수용 및 다양한 텍스트를 연구하는 데 전념한다. 따라서 문화 연구는 문화적 재현을 모든 수준 – 발단, 매개와 수용, 생산과 분배와 소비–에서 고찰한다.

셋째, 문화 연구는 간학제적이다. 이러한 간학제적 성격 때문에 문화 연구는 학문의 분과를 인정하지 않으며, 학문적 관심사들이 상호 작용하는 영역에 관한 연구를 권장한다. 문화 연구는 지식의 구분을 폭로하고 조정하며, 지식의 암묵적 형태(지역적인 문화에 기초한 직관적 지식)와 객관적(보편적) 형태 사이에 분열을 극복하고자 한다. 문화 연구는 인식주체와 인식된 것, 관찰자와 관찰된 것 사이의 공통된 정체성과 공통된 이해관계를 가정한다.

넷째, 문화 연구는 지적이고 실용적인 계획이라서 현재에 개입해 우리가 살고 있는 현재 세계를 위해 생산하지만, 다른 무엇보다도 변화가 가능한 특정 사안에 대해 미래를 고무시키는 데 관심이 많다. 그래서 문화 연구는 모든 곳, 특히 산업자본주의 사회의 지배구조를 이해하고 바꾸는 것을 목표로 한다.

다섯째, 문화 연구는 문화를 정태적인 것으로 보지 않고 역동적이며 끊임없이 새로워지는 것으로 간주한다. 그래서 문화 연구는 질서보다 갈등에 주목한다. 보다 중요하게는 의미의 수준에서 갈등을 연구하고 예상한다. 그러므로 문화 연구는 가치중립적인 학문이 아니며, 비판적으로 정치에 관여하여 사회를 재구성하기도 하는 등의 변혁을 지향한다.

여섯째, 문화 연구는 고정되어 있지 않고 유랑의 특성을 갖고 있다. 하지만 문화 연구는 정박하면서 새로운 맥락과 결합하여 반성하고, 그러면서 변하는 특성을 가지고 있다.

3. 문화 연구에 대한 기독교적 접근

기독교 문화 연구자들은 자기들의 종교적 신앙을 분명히 하기 위해 문화 연구를 어떻게 수행해야 하는가?

먼저 기독교 문화 연구자는 기독교적인 골격 속에서 문화 연구를 해야 한다. 기독교 문화 연구자들은 다양한 문화 속에 나타나는 종교적인 본질, 세계관 및 도덕적 관점, 생활 문화의 가치와 위험성, 그리고 문화의 창작 과정 등을 기독교 세계관으로 조명해야 한다. 기독교 문화 연구자는 일반 문화 연구자와 다른 관심사를 가지고 문화를 접근하고 분석한다.

그렇다면 기독교 문화 연구자가 일반 문화 연구자들과 공유하는 부분이 없다는 말인가? 프로이트적, 마르크스주의적 문화이론을 적대시하고, 그 자체를 입에 올리는 것조차 터부시하는 것이 바람직한가? 칼빈은 『기독교 강요』 첫 구절에서 신을 아는 지식과 우리 자신을 아는 지식은 서로 결부된 사항이라고 말하면서 이교의 학문에 대하여 열린 태도를 취할 것을 말하고 있다.[33] 피조된 인간에게는 신과의 관계에서 죄(파괴된 자연)와 은혜(회복된 관계)만이 존재한다. 여기서 중요한 것은 인간이 그리스도를 만나서 신과의 관계를 회복하는 일이다. 그리고 그리스도 안에서 회복된 사람은 비기독교인이 창작한 학문이라도 자신의 영광이 아닌 하나님의 영광을 위해 복종하는 일이 가능하며[34] 그것을 통해 신에게만 영광을 돌릴 수 있다.[35] 이렇게 구속받은 성도는 이교의 학문에 대하여 열린 태도를 취할 수 있다. 궁극적으로 이들이 문화를 변혁시킬 것이다.[36]

예수 그리스도의 주권이 미치지 않는 시·공간이 존재할 수 있는가? 그리스도가 이 세상과 피조물을 지었으므로 모든 것은 신학적이다. 창조주의 지문이 남아 있지 않은 곳이 있는가? 우주 만물에 대해 단 하나라도 신학적 근거가 없으면 창조주가 흔들린다. 이 세상에 하나님의 지문이 담겨져 있지 않는 무색무취의 것이란 없다. 따라서 세상의 학문에 대하여 분리주의나 혼합주의로 접근하는 것에 대해서는 다시 한번 생각해 보아야 한다. 기독교인들은 일반은총으로 나온 무신론자나 이교도가 만든 학문을 필요할 때 증거로 활용할 수 있다.

기독교 문화 연구자는 문화 텍스트를 정확하게 묘사하고 설명하기 위해 일반 문화이론을 활용할 수 있다. 매튜 아놀드(Matthew Arnold)가 비평의 목적에 대해 말한 "모든 분야에 있어서 그 대상을 본질 그대로 보는 일"[37]을 기억하자. 기독교 문화 연구자의 문화 연구는 증명 가능한 질 높은 방법론을 통해 문화를 분석해야 한다. 기독교 문화 연구자들도 기술이나 분석에 있어서 학문적 엄밀성을 가져야지, 호교적이거나 주관적인 평가, 판단을 먼저 해서는 안 된다. 문화 연구의 일차적인 목표는 문화 텍스트를 있는 그대로 묘사하는 일에 관심을 둬야 한다. 기독교 문화 연구라고 해서 별다른 종류의 방법론이 있는 것이 아니다. 유능한 문화 연구자가 되기 위해서는 먼저 문화 연구의 기술과 기교에 정통해야 한다. 요컨대, 기독교 문화 연구자는 먼저, 문화 텍스트를 있는 그대로 보는 데서 출발해야 한다. 이 부분의 연구 활동이 적어도 4분의 3을 차지해야 한다. 그리고 4분의 1은 분석한 것을 기독교적 세계관으로 해석해야 한다.

기독교 문화 연구의 뚜렷한 특색은 일반 문화 연구보다 한 걸음 앞서거나, 혹은 다른 사람들이 흥미를 느끼지 않는 특수한 방향으로 나아가는 데 있다. 문화 텍스트를 있는 그대로 분석한다는 점에 있어서는 같다. 다른 점은 문화 텍스트를 기독교의 신앙 및 성경, 그리스도교 윤리나 기독교 교리와 연관시켜서 해석한다는 점이다. 이렇듯 기독교 문화 연구사는 최후의 과정을 중시한다.

기독교 문화 연구와 일반 문화 연구의 차이는 기독교 문화 연구자는 신앙의 눈으로 문화를 본다는 점이다. 기독교 문화 연구자는 신앙이라는 거울로 문화를 평가한다. 때문에 기독교 문화 연구자의 문화에 대한 해석은 일반 문화 연구자의 해석과 달라서 때론 날카롭게 대립하는 경우도 있다. 거기에는 하나님의 나라와 지상 나라의 영적인 투쟁이 있다. 우리는 "거짓말"이라는 영화 때문에 기독교 문화 연구자들과 일반 문화 연구자들 사이에 벌어졌던 날카로운 대립을 기억한다. 기독교 문화 연구자들은 "너희가 믿음에 있는가 너희 자신을 시험하고 너희 자신을 확증하라"(고후 13:5)는 바울 사도의 말을 거울삼아 영적인 부분에 민감하게 반응한다.

왜 양 진영이 첨예하게 대립하는가? 그것은 양 진영 모두 문화의 중립성을 인정하지 않고 변혁을 시도하고자 하기 때문이다. 하지만 의미에 대한 전제가 다르기 때문에 첨예한 대립은 피할 수 없다. 기독교 문화 연구자들은 그리스도의 윤리학을 진리의 절대적인 근거로 들고, 일반 문화 연구자들은 상대주의적 관점을 취한다. 따라서 이 두 그룹 사이의 갈등을 좁히는 것은 불가능하다 하겠다.[38] 기독교 문화 연구자는 확실한 기준을 제시한다. 이에 비해 일반 문화 연구자들은 다문화주의나 다원론을 이야기하며 다양한 삶의 방식에 대해 관용하자고 주장한다.

그러나 스탠 게데(Stan Gaede)는 "관용은 진리와 정의에 기초를 두고 있을까? 아니면 단순한 무관심일까?"라고 묻는다.[39]

다문화주의 사회에서 기독교 문화 연구자는 기독교 세계관으로 문화를 해석해야 한다. 세계관이란 세계에 존재하는 사물에 대한 의미의 물음이다. 그렇다면 의미를 안다는 것은 어떤 것인가? 20세기에 언어의 '의미' 문제를 둘러싸고 많은 토론을 거듭해 왔다. 예컨대, 논리실증주의자들에게 의미가 있다는 것은 '검증 가능하다' 는 것이기 때문에, 이들에게 신이 존재한다는 명제는 무의미한 명제가 된다. 이들에게 신 존재 증명은 직접적으로 검증할 수 없기 때문이다. 포스트모더니즘은 의미의 부재를 논하고 있다. 그렇다면 기독교에서는 의미를 어떻게 정의하고 있는가? 의미라는 것은 '일이 시간 내에 존재하는 모양새의 경험' 이라고 한다. 의미는 '~로서 경험하는' 것이다. 따라서 기독교적 관점에서 의미는 다양한 레벨을 가진 것으로 본다. 도예빌트는 모든 존재는 창조됐을 뿐만 아니라 '의미'를 가지고 있다고 주장한다. 그에 의하면 의미에는 특수한 성질의 법칙권이 있는데, 그 법칙권에는 순서가 있다고 말한다. 법칙권의 배열은 덜 복잡한 것이 먼저 오고 그 위에 복잡성이 증가하는 순서에 따라 배열된다. 그것을 꼭대기로부터 아래까지 읽어보면 다음과 같다.

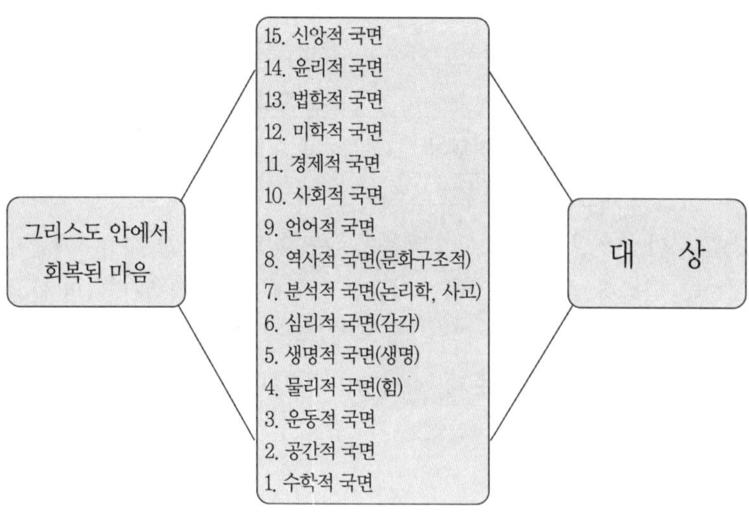

<표 1> 기독교인의 의미 탐구 방법[40]

도예빌트는 일차적으로 최소한 15개의 법칙을 구분했다. 그리고 의미의 통일성을 어디에 두느냐에 따라 세계관의 종류가 달라진다고 보았다. 예컨대, 유물주의(Materialism)는 물질적 세계를 궁극적인 시원으로 본다. 마르크스주의는 물질적 요소를 강조하고, 관념과 믿음 체계는 이차적인 것으로 본다. 마르크스주의는 모든 의미를 물리적 국면으로 환원해 해석하여 물질석 국면을 절대화해서 우상화한다. 때문에 도예벨트는 '모든 주의'(Isms)를 폐지해야 한다고 주장한다.[41] 우주적 국면들이 갖는 자주권은 근원자이신 하나님으로부터 유래했기에 절대적인 것은 못 된다. 한 국면의 자충성을 주장하는 사람들은 우상숭배의 위치에 있다. 다른 의미 국면과 상관없는 독립된 의미 국면이란 존재하지 않는다. 만약 그것들을 독립시키게 되면 "존재 피조물의 근원적 목표가 되시는 하나님은 잊혀지고, 따라서 더 이상 하나님이 하신 일에 대한 찬양은 없게 된다."[42] 기독교는 의미의 전체성을 중시한다. 의미의 전체성은 예수 그리스도의 속죄를 통해서 마음이 180도 전환되기 때문이다.

〈표1〉을 보자. 대상의 세계에 의미를 부여하고 있는 것은 나의 마음이다. 나의 마음이 예수 그리스도 안에서 의미의 전체성을 발견할 때 의미의 국면들이 서로 오가며 세계의 의미를 조화롭게 파악할 수 있다. 반대로 경험 세계가 절대화되고 피조물이 신격화될 때 의미의 조화는 깨지게 된다. 따라서 프로이트주의나 마르크스주의, 포스트구조주의 등의 모든 주의는 단일 의미 국면만을 본 것이기 때문에 의미를 부분적으로밖에 보여주지 못한다. 따라서 이들이 주장하는 자유나 평등에 대한 열망은 하나의 환상에 불과하다. 이들의 주장에는 상호 관계성이 결여되어 있기 때문이다.[43] 기독교 문화 연구자는 '~주의'에 입각한 문화이론을 기독교적인 의미 국면으로 탐구하여 그것을 버리기보다는 고쳐서 사용해야 한다. 이것이 바로 기독교 문화 연구자가 할 과업이다.

결론적으로 기독교 문화 연구자는 비판적 이데올로기적 지식인의 범위를 넘어서야 한다. 이데올로기적 지식인은 문화를 비판하여 변혁을 시도하되 하나의 의미 국면을 보고 그것을 절대화하기 때문이다. 반면 기독교 문화 연구자는 전체의 의미 국면을 통합적이며, 입체적 사고방식(cubical thinking)으로 문화를 연구해야 한다. 깨닫는 것은 편견의 관점과는 다른 것이다. 편견은 문제를 미리 판단해 버리는 것으로, 진리의 일면만 보고 다른 면을 닫아 버리는 데서 연유한다. 편견은 한 가지에 결박당하여 그것에 붙잡혀 버리는 것이다. 반면 기독교 문화 연구자는 "하나님의 성소에 들어갈 때에야 저희 결국을 내가 깨달았나이다"(시 73:17)라는 말씀대로 하나님의 성소에 들어갈 때 기분만 바뀌는 것이 아니라 사고방식이 올바르게 조정되는 것이다. 따라서 기독교 문화 연구자는 데카르트적인 주관–객관의 이원론적으로 대상을 보는 것이 아니라 위의 도표에서 보듯 '마음–의미 국면–사물'의 삼항 관계로 문화를 연구해야 한다.[44]

필자는 기독교 문화 연구자들에게 일반 문화이론을 기독교 세계관으로 고쳐서 사용했으면 하는 바람을 가지고 있다. 아울러 기독교 문화 연구자는 일반 문화이론만으로 이 세상의 문화현상을 변혁시킬 수 없다는 것을 선포해야 한다. 앞으로 전개되는 글을 읽으면 자연스럽게 이 점이 밝혀질 것이다.

주

1) 더글라스 캘너, 김수정 · 정종희 역, 『미디어 문화』, 새물결, 1997, p. 64.

2) 원용진, 『대중문화의 패러다임』, 한나래, 1996.

3) 존 스토리 엮음, 백선기 역, 『문화 연구란 무엇인가?』, 커뮤니케이션북스, 2000. 존 스토리, 박만준 역, 『대중문화와 문화연구』, 경문사, 2002.

4) 크리스 젠크스, 김운용 역, 『문화란 무엇인가』, 현대미학사, 1996.

5) 지아우딘 사르디르, 이영아 역, 『문화연구』, 김영사, 2002.

6) 앨런 스윙우드, 박형신 · 김민규 역, 『문화사회학 이론을 향하여』, 한울 아카데미, 2004.

7) 이동연, 『대중문화 연구와 문화비평』, 문화과학사, 2002.

8) 소두영, 『문화 기호학』, 사회문화연구소, 1995.

9) 송효섭, 『문화 기호학』, 민음사, 1997.

10) 유리 로트만, 유재천 역, 『문화 기호학』, 문예출판사, 1998.

11) 기호학 연대, 『대중문화 낯설게 하기』, 문학과 경계사, 2003, 백선기, 『대중문화 그 기호학적 해석의 즐거움』, 커뮤니케이션북스, 2004.

12) 더글라스 캘너, 앞의 책.

13) 신국원, 『포스트모더니즘』, IVP, 1999, 윌리엄 D. 로마노프스키, 신국원 역, 『대중문화 전쟁』, 예영커뮤니케이션, 2001.

14) 맹용길, 〈기독교 신앙과 대중문화〉, 『현대문화의 한계를 넘어서』, 예영커뮤니케이션, 1997, pp, 41-44.

15) 박양식, 『문화선교 전략』, 예영커뮤니케이션, 2002, p. 80.

16) 문석호, 『영성신학의 이해』, 신앙과 지성, 2004, p. 127.

17) 김영한, 『한국기독교 문화신학』, 성광문화사, 1992.

18) 니버, 김재준 역, 『그리스도와 문화』, 대한기독교서회, 2003.

19) 아브라함 카이퍼, 김기찬 역, 『칼빈주의 강연』, 크리스챤다이제스트, 1997.

20) 로버트 웨버, 이승구 역, 『기독교 문화관』, 엠마오, 1989.

21) H. R. 반틸, 이근삼 역, 『칼빈주의 문화관』, 영음사, 1972.

22) 최재호, 『대중문화와 성경적 세계관』, 예영커뮤니케이션, 2003.

23) 제임스 조르단, 이동수 · 정연해 역, 『새로운 시각으로 본 성경적 세계관』, 로고스, 2002.

24) 윌리엄 라킨, 정득실 역, 『문화와 성경해석학』, 생명의 말씀사, 2000.

25) 디 카슨 외, 박희석 역, 『하나님과 문화』, 성광문화사, 2001.

26) 몰 코우치, 문석호 역, 『포스트 모더니즘 시대의 기독교 무엇이 문제인가?』, 신앙과 지성, 2001.

27) 진 비이쓰, 홍치모 역, 『포스트모더니즘의 세계』, 아가페 문화사, 2004.

28) 박종균, 『소비사회, 대중문화, 기독교』, 한들, 1997.

29) 신국원, 『변혁과 샬롬의 대중 문화』, IVP, 2004.

30) 대표적인 것을 몇 가지 들면 다음과 같다. Lesslie Newigin. 나동광 역, 『현대서구문화와 기독교』, 대한기독교서회, 1989. Kenneth Myers. 『대중문화는 기독교의 적인가 동지인가?』, 나침반, 1992. 김동호 외 6인, 『이렇게 문화를 변혁하라』, 나침반, 1994. 원용일, 『문화의 유혹』, 예영커뮤니케이션, 1997. 강영안 · 김연종 · 신국원 외, 『대중문화 더 이상 침묵할 수 없다』, 예영커뮤니케이션, 1998. JeneEdward Vieth, 오수미 역, 『현대사상과 문화의 이해』, 예영커뮤니케이션, 1998.

31) 본 장은 졸고, 『문화 연구란 무엇인가』, 『총신대논총』 제23집, 2003에 수록된 것 중 일부이다. 문화 연구의 수행 계층과 문화 연구의 역사에 대해서 더 알기 원하면 본 논문을 참조할 것.

32) 이에 대해서는 지아루딘 사르다르, 앞의 책, p.13. 크리스 젠크스, 앞의 책, pp. 207-208, 존 스로리 엮음, 앞의 책, pp. 557-566을 참조할 것.

33) Calvin, *Institutes of Christian Religion*, Philadelphia, The Westminister Press, 1988. p. 34.

34) 고후 10:5

35) 엡 4:24

36) Robort X. Webber, 앞의 책, pp. 146-168.

37) Matthew Arnold, *The Function of Criticism at the Present Time* in Criticism : The Major Texts, ed. Walter Jackson Bate, New York : Harcourt, Brace and World, 1952, p. 452. 룰 리런드 라이컨, 최종수 역, 『상상의 승리』, 성광문화사, 1996, p. 154에서 재인용.

38) 이동연, 앞의 책. pp 214-219.

39) S.D. Gaede, *When Toerance Is No Virtue*, Downers Glove, III : InterVarsity Press, 1993.

40) いなか · きひちず, 公共の哲學の構築をめざして, 교문관, 2001, p. 26에 나와 있는 도표 2.우주론적 방법을 응용한 것임.

41) 로날드 에이취 니쉬, 김기곤 역, 『도예발트와 기독교 철학』, 성광문화사, 1992, p. 27.

42) J.M. Sniper, *Introduction to Christian Philosophy*, Philadelphia : Presbyterian and Reformed Publishing Co, 1954, p. 20.

43) L. Newbigin, 앞의 책, pp. 132-132.

44) いなか · きひちず, 앞의 책, p. 28.

제 **2** 장

자본주의 세속화 과정과
문화 이론가들의 대응

1. 자본주의 세속화 과정과 기독교의 대응

이 글은 16세기 중엽부터 20세기 초까지 자본주의와 교회와의 관계를 사회 · 문화적 관점에서 분석하는 것을 목표로 한다. 문화 연구는 자본주의 이데올로기를 비판하고, 기존의 제도나 문화, 나아가 잘못된 가치관을 밝혀 새로운 사회 제도나 문화를 형성하고자 하는 데 있다고 할 때,[1] 자본주의의 형성과 발전과정, 그에 따른 의식의 변화와 교회의 대응에 대한 바른 이해가 우선 요구된다.

필자는 자본주의에 대한 연구가 편향된 관점에서 이루어졌다는 전제 아래 균형 잡힌 시각을 확보하고자 한다. 서구 문명은 기독교와 밀접한 관계가 있는데, 인본주의적 관점으로만 서술하거나,[2] 또는 기독교적인 시각으로만 기술한 것을 볼 수 있다.[3]

이 두 관점은 정당하지만 자본주의 사회의 일면만을 기술하거나 다른 면에 대해서는 눈감아 버린 데에 문제가 있다. 여기서 필자는 근대 자본주의와 기독교가 어떤 교섭 양상을 보였는지 검토해 보고, 일반 문화이론의 기초를 놓은 칼 마르크스와 프로이트, 그리고 개혁주의 문화이론의 토대를 형성한 존 칼뱅과 아브라함 카이퍼, 존 웨슬리에 관하여 살펴보고자 한다. 이 글은 레토렛(K. S. Latourette) 교수가 분류한 시대구분에 크게 빚졌음을 밝힌다.[4]

이 글로 문화 연구자들이 "많은 시대를 관찰한 후에야 자신을 명백하게 볼 수"[5] 있는 통찰력을 얻었으면 한다.

(1) 르네상스부터 1750년까지

1) 15, 6세기 자본주의 형성의 두 토대

자본주의는 어떻게 형성되었는가? 베버(M. Weber)는 자본주의의 발달 단계에서 경제적 원인만을 결정적으로 보는 마르크스의 유물사관을 비판하고, 정신이 경제에 지배적인 영향을 주었다고 주장했다.[6] 반면 스위지(P, Sweezy)는 자본주의 기원을 봉건제 그 자체의 내부 모순과는 무관한 상업과 화폐의 외부적인 힘에서 구하고 있다.[7] 이러한 논쟁은 자본주의의 형성에 다양성이 있다는 점을 인정한 것인 바, 우리는 한 걸음 더 나아가 다양성 가운데 주요소와 종속요소를 분류하여 주요소를 추출할 수 있어야 한다.

필자는 자본주의 형성의 주요소를 정신이라고 보고, 종속 요소를 과학과 기술이라고 보는 하우즈바르트(Bob Goudzward)의[8] 견해에 동의한다. 아울러 정신이 주요소였지만 기반이 닦아진 후에는 종속요소인 물질이 주요소인 정신을 규제하는 방향으로 역전된다는 베버[9]의 견해에 동감한다. 자본주의 형성에 정신이 주요소라고 할 때, 자본주의의 정신적 토양은 르네상스와 종교개혁이다.

르네상스는 완전히 자율적인 인간의 자유라는 한 극과 자연에 대한 절대적이며 합리적인 지배라는 반대의 극을 한 개념으로 융합시켜[10] 자본주의 발전의 자양분이 되었다.

프로테스탄트는 노동을 소명 의식으로 강조했으며, 시민들로 하여금 무역업자들에게 자본을 대주어 이익을 배분하도록 함으로써 기업가들의 합법적 이윤을 소명 의식으로 합리화했다. 칼뱅은 "기업으로부터의 소득이 토지 소유로부터의 소득보다 커서는 안 된다는 이유가 있는가? 상인의 이윤은 그 자신의 부지런함 이외의 어디서 나오는가?"[11]라고 하여 자기자본을 증식할 목적으로 노력하는 것이 각 사람의 의무라고 했다. 칼뱅은 노동을 신적 소명으로 인식했다. 하지만 칼뱅은 세속적 안락을 부인했고, 절제라는 검을 달아 놓았다.

베버는 자본주의 초기 산업의 담당자들이 프로테스탄트적 색채를 띠고 있다는 사실에 주목하고, 노동자들은 노동을 소명으로 여겨 노동력을 최고조로 향상시키고, 기업가들은 합법적 이윤을 소명으로 여겨 재화를 획득했으며, 이들은 이렇게 사는 것이 선의 영광을 드러내는 것이며, 이웃에 대한 사랑을 성취하는 것으로 인식하는 바, 이들의 이러한 정신이 자본주의 합리적 정신에 기여했다고 보고 있다. 베버의 주장처럼 칼뱅주의는 개인을 순화할 뿐 아니라 교회와 국가를 재건하고 사적인 생활은 물론 공적인 생활의 온갖 부문을 종교의 영향력으로 꿰뚫음으로써 사회를 쇄신하고자 했다.

위에서 보듯, 르네상스의 인간의 자율성이나 프로테스탄트의 하나님 앞에서 생활하고 일해야 한다는 관점의 차이에도 불구하고, 기업이 자율적으로 경제 행위를 할 수 있다는[12] 측면에서 두 세계관은 자본주의의 정신적 토대를 형성하는데 영향을 주었다고 할 수 있다. 예컨대, 16세기 웨일즈 지역은 르네상스와 개신교의 문화가 만나 종교적인 환경을 개선시켰으며, 학자와 문인이 나타나 문화를 화려하게 꽃피웠다.[13]

2) 17, 8세기 초기자본주의 정신의 쇠퇴와 합리주의 세계관의 대두

자본주의가 형성기에서 벗어나자 종속요소인 물질이 주요인으로 전이된다. 자본주의 발전의 동인으로 작용했던 칼뱅주의의 근검절약 정신은 쇠퇴하고 물질이 중심 가치로 변하자, 빈민의 문제와 자본의 소수 집중 등 자본주의 폐단이 노출된다.[14]

자본주의 형성의 정신적 토양이 된 칼뱅주의의 근검절약 정신이 쇠퇴하게 된 것은 17세기 시계의 발명과 관련이 깊다. 자본주의는 현실을 계산하고 분석하는 합리적인 부르주아(Burger)적 인간을 산출한다. 부르주아적 인간은 시간을 계산한다. 계산하지 않으면 실패하기 때문이다.[15] 이처럼 시계는 부르주아 인간의 상징물이며, 계몽주의의 상징이다. 특히 시계는 스스로 움직인다고 하는 그 자동성 때문에, 인간과 세계를 이해하는 모델로서 이용되었다.[16] 부르주아적 인간을 산출한 계산 가능한 현실의 양식은 비합리적인 요소를 배제할 수밖에 없다. 중세인은 자기 자리에서 만족하며 살지만 부르주아 사회는 현실을 분석하고 변혁하려 한다. 그것은 종교의 비합리적인 요소도 배제되어야 함을 뜻하는 것으로 귀결된다.

17세기 인간의 삶에 가장 큰 변화는 사고의 중심이 하나님으로부터 인간으로 옮겨진 것이다. 사람들은 과학의 진보와 신학을 비교한다. 17세기 영국의 과학자 뉴턴(Newton, 1643-1727)은 현대과학의 방법론을 확립시켜 18세기 초 유럽의 지식인들에게 절대적인 영향을 끼쳤다. 뉴턴은 볼테르나 칸트에게 영향을 끼쳤으며, 유물론 철학에도 영향을 끼쳤다. 영국이 낳은 최대의 사상가 베이컨(Bacon, 1561-1626)의 귀납적 추론은 과학적 세계관의 새로운 분석적 도구가 되었다. 자연은 이제 신의 목적에 의해 운행되는 것이 아니라 자연의 인과법칙에 따라 운행되는 것으로 인식되었다.[17] 이렇듯 과학의 발전은 신의 섭리를 부인하는 단계에 이른다.

과학뿐만이 아니라 정치나 철학적 태도도 신학에 영향을 끼쳤다. 영국은 1640년경 시민전쟁을 시작했고, 1689년 영국 교회는 가능한 모든 집단을 포용하기 위해서 신학적 다양성을 허용했다. 체르베리의 허버트 경(Lord Herbert of Cherbury)은 하나님의 창조는 인정하지만 우주에 대한 하나님의 직접적인 간섭은 부정한다고 했다. 허버트 경의 생각은 지리적 팽창으로 18세기 유럽에서 꽃피운다.[18] 이상에서 보듯 17,8세기 유럽은 신의 섭리를 부정하고 인간의 능력을 긍정하는 쪽으로 기울어졌다.

그렇다면 신의 계시나 창조원리가 부정된 이 시대에 기독교는 어떤 위치에 있었는가? 레토렛은 17세기에 기독교가 이성과 모순되거나, 이성의 지지를 받지 못하는 것으로 보였기 때문에 퇴조했는가 라는 질문에 대해 그렇지 않다고 답한다. 그는 기독교가 전례 없이 분열되어 거대한 도전에 역동적으로 대처할 수 없었기 때문이라고 말하며, 하지만 이러한 가운데 청교도 신앙이 성장했다고 말한다.

청교도 운동이란 영국 교회의 교리·예배의식·정치체제에 반대한 운동이다. 청교도들은 주일 오후에는 성경을 가르쳤고, 주일성수를 강조했으며, 시편을 찬송가로 만들었고, 가정예배를 드렸다. 청교도들은 해이해진 생활이 팽배하던 시기에 도덕률을 지켰다. 특히 청교도들은 하나님 중심의 삶과 도덕적 성결을 삶의 우선 과제로 삼았다. 청교도는 삶의 전체성을 회복하고자 했기 때문에 가정관과 노동관, 정치 등에 영향을 주었으며, 특히 '경건'이라는 측면에 큰 영향을 미쳤다.[19] 존 번연(John Bunyan, 1628-1688)은 "종교의 생명은 실천"이며, "개신교도들의 생활이 견실했다"고[20] 말했다. 존 밀튼(John Milton, 1608-1674)은 하나님의 주권과 인간의 실수에서 오는 죄의 원인을 시로 썼다. 이처럼 개신교의 자녀들은 영국의 정치, 종교적 생활 및 구조에 지울 수 없는 표지를 남겨놓았다.[21]

(2) 1750년부터 1850년까지

1) 이신론에 기초한 자본주의 경제관

공업의 발달과 부르주아지 또는 중간계급의 성장이라는 질적인 변화는 대략 1750년부터 1850년 사이에 일어났다. 이 시기에 영국에서 산업혁명이 일어났고, 프랑스에서는 전형적인 부르주아 혁명이 일어난 혁명의 시대였다. 이 혁명의 핵심은 무엇인가? 그것은 '성장과 자유'이다.[22]

영국의 산업혁명은 1750년부터 1850년까지 대략 1세기에 걸쳐 완수되었다. 산업혁명은 잉글랜드를 중심으로 한 새로운 면직물 공업의 번성과 관련이 있다. 이 공업은 새로운 또는 개량된 기계에 기반을 두고 있으며 생산에서의 일련의 혁신들 때문에 발생했다. 예컨대, 영국에서는 1770년에 하그리브스(Hargreaves)의 방적기 발명에 특허권이 주어졌고, 1769년 아크라이트(Arkwrght)의 수력 방적기, 1775년 제임스 와트(James Watt)의 증기기관이 발명되어 영국 농촌의 모습을 몰라볼 정도로 변화시켰다. 바로 그 뒤를 이어 석탄 및 철제 산업 등도 발전하여 기계류와 운송이 놀라울 정도로 팽창됐다. 그 결과 1850년경에 이르러서는 영국이 프랑스를 압도했다.

영국은 도시의 급속한 성장, 기술혁신으로 인한 공업화 과정, 은행 제도의 전문화 등으로 급속히 변화되었다. 이러한 자본주의 사회로의 급격한 변화는 인간이 경제 영역에서 중심지위를 차츰 잃어가고, 그 자리를 산업과 생산이 차지하게 되는 현상을 야기했다. 특히 노동자에 대한 잔혹한 착취가 심각한 문제로 대두됐다. 하지만 이때 사람들은 인구가 대폭 증가했는데도 불구하고 사회 기저층이 더 가난해지지 않았다는 점에 놀라움을 나타냈다.[23] 이것은 산업혁명을 통해 얻어진 새로운 경험이었다.

하지만 이 시대 자본주의는 착취를 도덕적으로 정당화하는 잘못을 범한다. 이러한 생각은 이신론자인 경제학의 아버지 아담 스미스(Adam Smith, 1723-1790)의 '보이지 않는 손'(invisible hand)이라는 명제와 관련된다. 그것은 인간이 사리사욕을 추구해도 보이지 않는 손의 인도에 따라 공적인 선(善)이 창출된다는 것이다.[24] 아담 스미스는 생활을 개선하기 위해서는 어떤 것도 가로막을 수 없으며 상황을 개선한다는 목적만을 추구하면 된다고 말한다.[25] 결과적으로 이것은 자본가들이 노동력을 최대한도로 착취할 수 있는 이론적 근거가 되었고, 이제 시장이 인간을 지배하는 시대가 도래했음을 의미했다. 시장은 자본주의 초기의 금욕주의적 색채를 벗어버림으로써, 각자가 자기의 이윤을 추구하는, 그리고 모두의 행복에 기여하는 이에 따라 자본주의의 원리에 의해 움직여졌다. 또한 이것은 인간행위의 지도적 원리로 작용했으며, 자본주의 경제학은 부분적 진보보다 총체적 진보를 외쳤고 노동 착취를 정당화했다.

2) 이신론에 기초한 반기독교 정서

진보를 핵심으로 하는 이신론에 기초한 자본주의의 경제학은 신앙에 영향을 끼쳤다. 사람들은 지옥을 믿지 않았다. 계몽주의의 천국관은 반(反)기독교적 태도로, 인간의 본성은 악한 것이 아니라 선한 것이라고 본다. 인간의 삶의 목적은 기존의 압제로부터 해방된 이 땅에서의 행복을 추구하는 것이다. 계몽주의 시대의 모세라고 불리는 볼테르(Voltaire, 1694-1778)는 천국을 잃어버린 에덴동산이 아니라 인간 자신의 활동에 의하여 임의로 성취 가능한 미래적 설계로 보았다. 그는 1751년에 "우리는 이성과 산업이 진보를 계속하여 그 결과 인류를 괴롭혀 왔던 모든 악들과 편견들이 점차로 사라질 것이라는 사실을 믿어도 좋다."라고 썼다.[26]

18세기 이신론은 이성의 법칙이 우주와 인간사회를 조절한다는 낙관적 믿음 아래 사회체제의 질서를 바로잡고자 했다. 사회에서 활동하는 개인들의 배후에 작용하고 있는 보이지 않는 손은 관용을 요구한다. 관용은 사람들로 하여금 양심에 어긋나는 개념을 받아들이도록 강요하는 것이 불합리하고 바보스럽고 부도덕한 것이라는 생각을 갖게 했다. 이러한 원리는 정치적으로 활용되어 1789년 자유, 평등, 박애를 부르짖은 프랑스혁명의 배경이 되었다. 프랑스혁명의 아버지인 루소(Jean-Jacques Rousseau, 1712-1778)는 만일 모든 사람이 자기 자신의 이성을 따르면, 모두에게 이익이 되는 일반적인 여론이나 다수의 의지가 형성될 것이라고 보고, 소수는 다수의 의지를 참된 의지 내지 일반의지로 받아들일 준비가 되어 있어야 한다고 말했다.[27]

프랑스혁명의 합리성에 바탕을 둔 세계관은 인간의 자율성을 중시하며 종교를 편협한 세계관이라고 비판했다. 프랑스혁명은 로마 가톨릭교회의 특권과 지위에 타격을 주었다. 즉 1789년 8월 4일 십일조 제도를 폐지했고, 1790년에는 수도원들을 해체하라는 명령이 떨어졌으며, 1794년 6월 8일에는 기독교를 미신이라 지탄했다. 공화정의 수립을 인정하기 위해 새로운 달력을 채택했고, 한 주 7일제가 폐지되고 한 달이 10일씩 3등분되었다. 1789년에서 1815년 사이에 유럽은 선교사들을 거의 파송하지 못했으며, 이미 해외에 체류하고 있는 선교사들의 재정 지원조차도 어렵게 되었다.

파리에 있는 성 제네비에브 성당은 종교와 계몽주의와의 갈등의 산증인이다. 이 성당은 봉헌되지 못한 채, 1791년에 국회가 그곳을 '판테온'(Pantheon; 만신전)이라고 명명하고 국가의 발전을 위해 공헌한 인물들의 묘당으로 헌정했으며, 그곳에 볼테르와 루소의 유해를 안치했다. 1806

년, 나폴레옹은 가톨릭 예배를 회복하기 위해 판테온의 돔 위에 황금 십자가를 세웠다. 1830년에 혁명이 다시 일어나자 제단과 촛대와 고해실이 없어지고, 돌 위의 십자가는 국기로 대체되었다. 1852년에 루이 나폴레옹이 만신전을 다시 환원하고, 1871년 코뮌 동안에 코뮌 추종자들은 나무 십자가의 양팔을 잘라내 그것을 국기봉으로 삼아 적색기를 달았다. 1885년에는 모든 제단과 고해실이 사라졌다. 이처럼 성 제네비에브는 정치의 게임 결과에 따라 밀치고 밀리면서 성과 속이 엎치락뒤치락 하다가 지금은 프랑스 고전미술의 기념물이 되었다.[28]

이상에서 보듯, 1750-1815년 기독교권이라고 알려진 지역에서 기독교를 공개적 또는 묵계적으로 거부하는 일련의 흐름이 나타났고, 이러한 움직임은 1815년 이후에도 계속되었다.

3) 자본주의의 모순에 대한 기독교와 마르크스의 대응

① 산업화의 충격

자본주의의 이신론에 토대를 둔 산업화는 어둠의 그림자를 드리운다. 19세기 자본주의의 가장 큰 특징은 어린이와 여자들을 포함한 노동자에 대한 잔혹한 착취였다. 경제적 정글의 법칙이 최고의 법이 되어 수십만 명의 노동자가 굶어 죽어 가는 지경에 이르더라도, 그것은 사회와 자연의 법칙이라고 생각했다.

당시의 문학작품은 심각한 부작용을 묘사하기 시작했다. 사람들은 환경의 파괴에 경악했다. 1792년에 존 빙 경(Sir John Byng)은 "모든 계곡이 더럽혀졌다. 오! 개들의 소굴 같은 맨체스터여!"라고 외쳤다.[29] 환경파괴로 인한 호흡기 질환이 심했던 것이다. 그리고 반(反)퓨리탄적인 쾌락주의 원리가 나타나 부도덕에 바탕을 둔 진보가 나타났다. 가진 자와 못 가진 자 사이의 날카로운 구별이 사회 안에 생겨났다. 한편으로는 사치와 권태가, 다른 한편에서는 착취와 비참이 나타났다.[30] 분업의 결과 인간이 노동으로부터 소외되어 비인격화되었고, 급격한 도시인구의 증가는 가정을 붕괴시

컸다. 기술혁신은 노동의 의미를 상실하게 만들었다.

이상에서 보듯, 19세기 전후 영국은 사회적으로 혼란하고, 종교적으로 냉랭한 시대였으며, 영적으로 어둠의 시대요, 도덕적으로 타락한 시대였다.

② 기독교의 역동적 대응

이러한 시대에 기독교는 어떤 역할을 했는가? 18세기 초 종교는 형식적이고 생명이 없었다. 당시 영국 국교회는 토리당(Tories;보수당)의 교회였으며, 부자들의 교회였고, 거기에서 가난한 사람은 철저하게 소외되었다. 교회에 의해 변화를 받지 못한 수많은 명목상의 교인들이 방종으로 치달았으며, 심지어 성직자들마저 쾌락주의에 빠져들었다. 칼뱅과 루터와 같은 종교개혁자들을 통해 유럽의 교회들이 새롭게 세워진지 두 세기가 지나면서 교회 건물은 황폐해져 갔으며, 사람들은 예배를 등한시했다.[31]

그러나 18세기 중기 이후 산업화의 폐단이 노출되자 교회는 사회문제에 개입하여 부흥했다. 교회는 열렬한 선교운동을 펼쳤고, 집단적인 악을 제거하고자 하는 사회개혁 운동을 전개했다. 원심 운동으로는 세계 복음화를 구호로 삼았고, 구심적으로는 선행에 몰두했다.[32] 18세기 사회개혁 운동의 대표적인 기수는 존 웨슬리(John Wesley, 1703-1791)이다. 웨슬리의 문화관은 다음 순서에서 다룬다.

③ 마르크스의 대응

마르크스(Karl Marx, 1818-1883)는 계몽주의의 연장선에 있다. 그는 신 대신 이성을 내세웠던 볼테르, 자연을 내세웠던 칸트, 절대정신을 내세웠던 헤겔 등의 계몽주의 유산을 이어받았으면서도[33] 이들이 등한시했던 구체적인 실천적 삶을 중시했다.[34] 그는 신의 실존과 통치를 부인하고, 종교가 '도착된 세계 인식'[35]을 산출하기 때문에 '민중의 아편'[36]이라며 폐기해야 한다고 주장했다.

마르크스는 종교비판에서 국가비판으로 이동해, 실천적 혁명을 수행하고자 했다. 그는 시민사회의 현실을 이데올로기적으로 분석하고, 시민사회를 극복하는 '부정의 부정'을 통해 변증법적 지향을 시도했다. 그는 인간을 사회의 원자로 이해하고자 하는 시민사회에 반대하여 사회 유기체

내지 공동체 사회를 선호했다. 이렇듯 그는 자유의 왕국을 건설하기 위해 혁명에 의한 사회재구성을 주장하며, 혁명이 수행되면 인간의 행동질서와 자연질서가 완전히 조화를 이루는 자유의 왕국이 건설된다는 낙관론을 펼쳤다.[37] 1867년 『자본론』의 첫 권에서[38] 그는 자본주의 경제의 붕괴를 의심치 않았으며, 계급 통치가 소멸되면 국가는 이제 더 이상 존재하지 않게 된다고 믿었다. 그러나 마르크스 사상에 기초한 사회주의는 1991년 종말을 고하고 말았다. 마르크스의 문화관은 다음에서 다룬다.

이상에서 보듯, 자본주의에 대한 두 종류의 운동, 하나님과 그분의 권위를 인정한 기독교 복음운동은 영국사회의 대중을 변화시켰지만, 지상에 하늘을 세우려는 마르크스의 무신론은 지상에 수많은 피를 뿌리고 패망하고 말았다.

(3) 1850년부터 20세기 초까지

1) 세속화의 확산

19세기 중반부터 20세기 초는 영국 빅토리아조의 중·말기의 시대로 경제적 번영의 시기였다. 귀족 계급도 자유무역 제도가 그들에게 유리함을 깨달았으며, 특히 노동자들의 생활이 개선되었다. 일련의 공장법들(Factory Acts)이 국회에서 통과되어 미성년자의 노동이 금지되고 근로시간이 단축되었다. 빅토리아조 중기의 국면을 사학자 에이저 브리그스(Asa Briggs)는 '진보의 시대'라고 불렀고, 영(G. M. Young)은 '청춘 시절'이라고 표현했다. 진보의 시대를 대표하는 사건은 1851년에 열린 런던 세계 박람회였다. 대박람회는 영국인들에게 자신에 찬 분위기를 심어 놓았다. 하지만 과학기술의 진보에 따른 대박람회는 종교와 과학 사이의 골을 더욱 깊게 하여[39] 영국은 더욱 세속화된 사회가 되고 말았다.

먼저 종교와 과학 사이의 논쟁으로 인한 세속화의 진행과정을 살펴보자. 이 과정을 논의하기에 앞서 19세기 초 공리주의와 종교 사이에 있었던

논쟁을 이해할 필요가 있다. 제레미 벤담(Jeremy Bentham, 1772-1832)
은 모든 제도가 최대다수의 최대행복에 기여하고 있는지를 알아보기 위
해, 제도를 인간의 이성에 비추어 시험해 보고자 했다. 그러한 시험은 영
국 교회의 사회에 대한 영향력을 쇠퇴시켰다.

19세기 중기에 이르면 과학자들이 과학적 사고방식으로 성경 자체의 권
위에 도전을 던지기 시작했다. 1854년 독일의 한 모임에서 '유물론 논쟁'
(materialism controversy)이 공개적으로 토론되었으며, 여론은 유물론
자의 편으로 기울었다.[40] 더욱이 세속화의 창시자들은 근대주의의 패러다
임 안에서 그들의 개별적인 영역을 확장시켜 나갔다. 1859년에 세속화를
빠른 속도로 진행시킨 찰스 다윈(Charles Robert Darwin, 1809-1882)의
『종의 기원』과 존 스튜어트 밀(John Stuart Mill, 1806-1873)의 『자유론』
이 출판되었고, 1883-1885년에 니체(Friedrich Wilhelm Nietzsche,
1844-1900)의 『짜라투스트라는 이렇게 말했다』, 1900년에 프로이트
(Sigmund Freud 1856-1939)의 『꿈의 해석』이 출판되었다.

가장 큰 영향을 끼친 사람은 다윈일 것이다. 인간은 하나의 동물에 불과
하며, 다른 자연과 마찬가지로 연구대상이 되었다. 이제 인간은 진보의 주
체가 아니라 진보의 대상이 되고 말았다.[41] 따라서 열등한 피조물은 도태
의 대상이 되어야 하며 인간의 삶을 증대시키기 위해서는 약자의 희생이
요구되었다.[42]

밀은 중기 빅토리아조에 자유라는 상징 단어를 심었다. 원래 자유의 개
념은 비국교도에게 신앙의 자유를 주자는 것이었는데, 역으로 밀은 국가
와 사회가 종교의 자유를 주어야 한다고 말했다. 그리고 밀은 사유재산에
대한 불간섭을 말하며, 동시에 복지문제 등 집단에 관심을 기울였다.[43]

프로이트는 인간의 정신을 물질적인 산물인 정신장치로 이해했다. 그는
인간의 정신을 의식의 표면 아래에서 또 다른 종류의 동물적인 투쟁을 거
친 후 얻게 된 최종 생산물이라고 묘사했다. 그는 만병통치약을 종교나 철
학이 아닌 자연과학이나 정신분석에서 찾았다. 그는 오직 물질세계만 믿
었으며, 영적인 세계는 실제로 존재하지 않는다고 믿었다.

니체가 '신은 죽었다'고 선언한 것은 단지 신의 존재를 부인한다는 의미만은 아니었다. 그는 어떤 종류의 절대성도 부인해야 한다고 생각한 것이다.[44]

이상에서 보듯, 이 시대는 '존재의 위대한 사슬'이라고 불리는 상부세계로부터 땅의 하부구조로 내려와 영적인 것보다 물질을 중시하게 되었으며, 인격적인 것보다 비인격적인 것에 관심을 기울였다.

2) 기독교 정신의 쇠퇴

19세기 후반 기독교 정신은 세속주의에 굴복하여 사기가 저하되었다. 19세기 말 교회에 출석했던 런던 노동자들은 교회의 한 일원으로서 결혼이나 장례식 등을 교회의 관습에 따라 행할 뿐이었다.

이 시대에 국교와 비국교도 모두 농촌 노동자들이 도시로 들어왔을 때 계속 교회에 나오라고 설득했지만 성공하지 못했다. 자선활동과 일요학교에서의 교육과 같은 간접적인 유인책이나 전도단, 부흥 선교단, 구세군 등을 통합하여 직접적인 접촉을 시도했음에도 불구하고 노동자들을 움직이게 하는데 실패했다. 1902,3년에 런던에서는 주민의 19% 정도만이 정기적으로 교회에 나갔고, 그것도 대개 상류층이었다.

특히 기독교 정신의 쇠퇴는 국가가 교육에 간섭하기 시작하면서 가속화되었다. 1870년대에 공립 초등학교를 건설, 1876년에 초등교육 무료화, 1891년에 초등학교에 기술교육 접목 등 교육을 국가에서 담당하게 되자 공교육은 점차로 국가의 감시 아래 들어갔다.[45] 또 근대적인 관료체제가 등장하자, 1834년에 빈민 구제 사업이 중앙 정부에서 선출된 관리의 손으로 넘어갔다.

이상에서 보듯, 세속화의 확산과 정부의 중앙집권화는 교회의 영향력을 쇠퇴시켰다. 18세기 불의와 가난이 편만했던 시대에 가난하고 불의한 하층민에게 교회가 문화를 주도하면서 부흥의 불길을 당겼지만, 국가가 사회복지를 정책적으로 담당하자 교회는 목표를 상실하고 무너졌다. 이러한 역사적 경험을 통해 우리가 주목해야 할 것은 복지 국가에서 기독교가 어떻게 복음을 전할 것인가 하는 것이다.

2. 문화이론의 토대를 이룬 학자들

(1) 칼 마르크스의 유물론적 문화론

1) 생애와 사상

칼 마르크스(Karl Mark, 1818-1883)는 철학자이면서, 경제학자이자 사회과학자이다. 그는 독일 트리에르(Trier) 시에서 성공한 유태인 변호사의 아들로 태어났다.

마르크스는 처음에는 시인이 되기를 원했으나 포기하고 철학과 역사를 주로 공부했다. 학창시절에 베를린에 있는 가장 진보적인 청년 헤겔파(Young Hegelians)에 가입하여 활동했으며, 특히 헤겔의 종교관에 반대하여 무신론자가 되었다. 그는 23세에 철학박사 학위를 받고 부친의 가장 친한 벗의 딸과 결혼했지만 극심한 빈곤으로 여섯 명의 자녀 중 셋을 잃었다.

마르크스는 라인주의 급진적인 한 신문인 《라인》(*Rheinische Zeitung*)지의 편집자로 재직했으나 정부의 언론탄압으로 신문은 폐간되었으며, 그 후 당국에 의해 추방되어 파리와 벨기에 등지에서 망명생활을 했다.

마르크스는 1849년에 런던으로 도피하여 그곳에서 여생을 보냈다. 그는 런던에서 혁명가의 결성을 돕는 한편, 대부분의 시간을 대영박물관에서 경제사상사를 공부하며 『자본론』(*Das Capital*)을 집필했다. 약 10년간 뉴욕 《트리뷴》(*The New York Tribune*) 지의 특파원으로 일하며 소액을 버는 것을 제외하고는 그의 친구인 엥겔스 등의 후원자 도움으로 겨우 생활해 나갔다.

1867년에 그는 『자본론 1』을 완성했고, 『자본론 2』와 『자본론 3』은 나머지 생애인 15년 동안에도 완성하지 못했다. 『자본론 2』와 『자본론 3』은 각각 1885년과 1894년에 그의 친구인 엥겔스에 의해서 출간되었다. 자본론에서 마르크스가 분석하려고 한 주제는 자본주의 사회에 있어서 생산, 유통 및 분배를 지배하는 여러 법칙을 명확히 하고, 아울러 자본주의 사회의 발전 법칙을 밝히는 것이었다. 마르크스는 『자본론』 외에도 『철학의 빈곤』(1847)과 『경제학 비판』(1859)을 비롯하여 많은 저술을 남겼다.

마르크스는 혁명가로서 세계에 이름을 알렸으며, 과거 1세기 이상의 기간에 걸쳐서 세계에서 일어난 혁명의 대부분은 그의 이름과 직접 또는 간접적으로 관련되어 있다. 마르크스의 존재 자체가 역사상의 대사건이라 할 수 있다. 흔히 사람들은 어떤 이가 없더라도 다른 누군가가 그 일을 대신했을 것이라고 말한다. 하지만 마르크스가 없었다 해도 세계는 달라지지 않았을 것이라고 감히 말하는 사람은 아마 없을 것이다. 그만큼 20세기에 마르크스의 영향력은 지대했으며, 일반 문화이론이 그를 중심으로 전개되었다고 해도 틀린 말이 아니다.

2) 문화개념

마르크스의 문화개념은 독일 고전주의 문학 및 예술의 토대 위에서 구축됐지만 다르게 전개되었다. 독일 고전주의는 인간의 분열상에 직면하여 미적인 교육을 통해 새로운 근대 시민적 이상과 자유이념을 실현하고자 했다. 이들이 생각하고 있는 이상적인 사회는 바로 개개인이 전체 사회에서 고립되지 아니한 통일된 인격과 총체적인 인간상을 실현하는 것이었다. 반면에 마르크스는 인간의 분열상의 근원을 근대시민사회의 경제적 이해가 상호 충돌하는 자본주의적 소유관계에서 발견하고, 사유재산제의 철폐를 통해서 인간의 자유롭고도 총체적인 자기실현이 가능하다고 보았다.[46] 이렇듯 마르크스도 독일 고전주의의 문화개념이 갖는 휴머니즘의 전통에 서 있다고 할 수 있겠다.

독일 고전주의에 있어서 문화란 인간의 물질적 삶과 무관한, 모든 실제적인 이해와 욕구와 완전히 분리된, 순전히 자유로운 정신적 산물로 간주된다. 이에 반해 마르크스는 문화발전의 실제적인 토대를 물질적 삶의 영역에서 찾았기 때문에 문화를 순전히 자유로운 정신적 산물로서가 아니라 이러한 것들을 모두 포괄할 수 있는 노동개념을 통해 재규정한다.[47]

① 노동의 본질 : 자아실현의 창조적 인간

마르크스의 『경제학 철학 수고』에서 인간노동의 본질로 설명되고 있는 자기창출, 창조성, 자기실현, 적극적 자유 등은 그의 문화를 이해하는 데 가장 중심적인 개념이다. 마르크스에게 인간의 노동행위는 물질적 재화를 생산하는 것을 넘어서서 인간이 스스로를 생산하고 스스로를 실현해 나가는 행위이다. 인간이 노동을 통해 외부세계를 변화시키는 것은 인간이 자기 스스로를 창출해 나가는 것과 동일한 과정이며, 창조적 자기실현은 인간노동의 본질이다. 그러므로 마르크스에게 창조적 인간은 무엇보다도 생산하는 인간이다. 이렇듯 마르크스는 '사고하는 자아의 확실성'이 아니라 '노동하는 개인의 물질성'에서 출발한다.[48] 『자본론』에 나타난 마르크스의 노동에 관한 정의는 마르크스의 문화관을 이해하는 데 매우 중요하다.

> 노동이란 우선 인간과 자연이 관계 맺는 하나의 과정이다. 그리고 이 과정 속에서 인간은 자발적으로 자신과 자연과의 물질석 신진대사를 매개, 통제, 조정한다. 그는 자신의 자연적인 고유의 힘과 능력을 사용하여 자연과 관계한다. 팔다리를 움직이고 머리와 눈을 사용하는 등, 그의 신체에 고유한 능력을 사용하여 자연의 산물을 인간의 삶에 유용한 형식으로 바꾼다. 또한 이처럼 자연에 작용을 가하고 변형시키는 가운데, 인간 자신의 본성도 변하게 된다. 그는 자신 속에 잠자는 잠재력을 전개, 발현시켜 그것들을 주체적으로 사용한다.[49]

마르크스에게 인간은 자연의 일부이다. 그러나 인간은 활동하는 자연적 존재이다. 그 활동이 노동이다. 인간은 노동을 통해 자연을 변화시킬 뿐만 아니라, 자기의 욕구를 충족시키고 자신의 삶을 지속시키며, 자기 스스로를 생산한다. 이 과정은 자신 속의 잠재력을 개발하는 과정이다. 이렇듯 노동은 자기생산이며, 자기갱신이고, 자기확장이며 그 결과물은 인간적 실재이다.

자연사물과 인간의 관계는 마르크스의 인간학에서 인간존재의 결정적인 구성요소이다. '유적 존재'로서 인간은 자신뿐만이 아니라 다른 사물들까지도 자신의 실천적·이론적 대상으로 삼는다. 이렇게 볼 때 인간의 모든 노동은 타자와 함께, 타자를 위하여, 그리고 타자에 대항하는 작업이다. 인간은 바로 이러한 노동을 통해서 인간의 본질을 확증하게 된다. 자연과 인간과의 관계는 전유(appropriation)의 관계이다. 전유란, 우리 밖에 있는 것을 우리 안으로 가져와 우리의 일부로 만드는 작업이다. 인간에게 경험된 세계의 총체가 바로 나 자신을 구성한다. 이렇듯 마르크스는 인간의 노동을 자본주의 인간소외와 대립된 '풍부한 인간존재'로 보았다.

② 노동의 소외 : 풍부한 인간 욕구의 좌절

마르크스는 자유로운 노동에 대비되는 자본주의의 자유롭지 못한 노동을 '소외된 노동'이라고 명한다. 소외된 자본주의 삶에서의 욕구는 인간의 욕구가 아니다. 그것은 소진과 고갈의 관계이다. 노동은 생산하는 대상의 본질적 자기확인의 계기가 되어야 한다. 왜냐하면 "생산물이 낯선 존재로서, 생산자에게 독립적인 힘으로서 노동에 맞서기" 때문이다.[50]

마르크스는 인간의 소외를 '노동 생산물로부터의 소외, 노동활동으로부터의 소외, 유적 존재로서의 소외, 인간으로부터 인간의 소외'로 나누어 설명했다. 첫째, 노동 생산물로부터의 소외란 생산물과 낯선 대상으로 관계 맺는 것을 말한다. 노동자가 상품을 많이 생산하면 할수록 그는 더욱 값싼 상품으로 전락하게 되어 아사 상태에 직면한다는 것이다. 둘째, 노동 활동으로서의 소외란 노동자가 생산 활동 그 자체에서 소외된 것을 말한다. 노동은 자발적인 것이 아니라 강제된 강제노동이 된다. 이것은 자기의 상실을 가져온다. 셋째, 유적 존재로부터의 소외란 유적 생활을 개인적 생활 수단으로 변형시키는 것을 말한다. 노동자는 가족의 생존을 위해 자본의 끝없는 증식을 위한 도구적 존재일 뿐이다. 넷째, 인간으로부터의 인간 소외란 노동이 노동자 바깥의 다른 사람에게 귀속됨으로써 성립되는 것을 말한다. 여기서 유산자(有産者)와 무산자(無産者)의 대립이 생겨난다.

마르크스는 『신성가족』에서 유산자와 무산자 모두 소외로부터 자유로울 수 없다고 보았다.[51] 노동소외는 화폐숭배와 물신숭배에서 그 극치에 다다른다. 마르크스는 자본주의 사회를 굴리는 유일한 바퀴를 '소유욕과 소유욕을 가진 사람들의 전쟁'이라고 묘사했다.[52] 소유는 가시적인 신이면서 창녀와 뚜쟁이인 화폐로 나타난다.[53] 단순한 교환의 수단으로서 화폐는 이제 신이 되었고, 인간은 화폐에 무릎을 꿇는 노예로 전락했다. 이렇듯 교환가치만이 자본주의에서 생산된 유일한 욕구로 존재한다. 교환가치화된 자본주의적 소유관계의 대립항에는 풍부한 인간적 존재, 인간적인 욕구가 있는데, 풍부한 인간존재는 인간적인 세계관계에 의해 가능하다고 말한다. 즉 그것은 "보고, 듣고, 냄새를 맡고, 맛보고, 느끼고, 관찰하고, 경험하고, 욕구하고, 행위하고, 사랑하는 인간존재의 모든 생물적 기관들"의 역동적 활동이다.[54]

③ 적극적 자유의 실현

마르크스는 자본주의 인간의 소외를 극복하기 위해서는 속박과 억압으로부터의 소극적 자유뿐만 아니라, 인간이 본질로서 주어진 가능성을 이 세계 속에 실현시켜 나가는 적극적인 의미의 자유를 실현해야 한다고 말한다. 그에게 적극적인 자유란 창조적 자기실현의 노동이자 표현이다. 노동과 표현은 인간의 자기확장이란 측면에서 볼 때 동일한 과정이다. 표현이란 자기 안에 하나의 가능성으로 존재하는 것을 세계 속에 현실화시키는 것이다. 인간은 자기실현이란 가능성의 풍요로움을 향해 열려 있는 존재이다. 표현을 통한 자기확장은 적극적 자유를 실현하는 인간의 본능적이고 기본적인 행위이며, 이것은 마르크스가 본 능동적 세계 관계의 핵심적 요소이다.[55]

따라서 마르크스에게 문화적 인간이란 자기형성의 능력을 가진 인간을 말한다. 때문에 이러한 초기 마르크스의 인간관에 바탕을 둔 문화의 이해는 신좌파의 문화이론에 결정적인 기여를 했다.

3) 마르크스의 예술관

마르크스의 예술관을 이해하기 위해서는 생산력과 생산관계에 대한 이해가 선행되어야 한다. 그의 예술관이 물적 토대 위에서 출발하기 때문이다. 그는 생산력이, 생산수단(자연)과 노동자(인간)의 상호작용의 체계로서[56]자연의 힘과 인간의 힘이 일체가 되어 한 사회의 생산력을 형성한다고 말했다. 그리고 생산관계란, 인간은 물질적 재화를 생산함에 있어서 개별적으로 고립되어 사회와 무관한 상태에 있는 것이 아니라, 공동으로 집단을 이루고 상호관계를 맺고 있는 사회 속에서 생산을 한다는 것이다. 따라서 생산관계는 물질적 재화의 생산, 분배, 교환, 소비 사이의 관계 및 연결의 총체로서 드러나며, 생산에 특정한 사회적 형태를 부여하면서 총체적인 경제 체계를 이룬다.

생산에 있어서 자연과 인간의 관계(생산력), 인간과 인간의 관계(생산관계)는 사회발전의 동력이다. 사회는 구체적으로 생산력의 발전과 생산관계의 변천의 역사이다. 먼저 생산력의 변화와 발전에서 시작하고, 이 변화에 의존하여 인간의 생산관계, 경제관계가 변한다. 반면에 생산관계가 역작용하여 생산력의 질곡으로 나타나기도 한다. 이와 같이 생산력과 생산관계는 통일되어서 하나의 생산체계를 이룬다. 반면에 이 통일이 파괴될 때 생산의 위기, 생산력의 파괴가 나타난다. 이러한 생산력의 파괴는 새로운 생산관계를 만들어 내는 혁명적 의의를 갖게 된다.

마르크스는 자본주의가 생산수단과 생산자의 분리로 인간의 창조적 독창성을 말살하고, 자본의 착취로 인한 생산자의 개성과 유적 잠재성의 기형화를 초래했다고 보았다. 때문에 자본주의 시대에 예술가는 현실에서 발생하고 있는 인간의 소외를 표현하면서 다른 한편으로 예술가가 부분적으로 마음에 품고 있는 상상력을 표현할 수 있다. 그는 여기에 예술의 생명이 달려 있다고 말했다. 예술가가 소외된 자본주의 사회에서 자신의 상상력과 창의성이 발휘된, 일정한 '머릿 속의 표상'을 얼마만큼 효과적으로 형상화하느냐에 따라 작품의 질이 달라진다는 것이다. 자본주의 사회에서 예술은 예술의 상품화로 인해 대중적 의의를 상실하고 협소한 상업 집단의 전유물이 될 수도 있지만, 그렇지 않고 예술가가 현실의 내부와 핵심적 본질, 풍부한 다면성을 잘 그려낼 때 예술은 대중들에게 생생하고 감동적으로 다가갈 것이다.[57]

역사의 발전에 있어 인간노동에 강조점을 둔 마르크스는 미적 감성과 예술의 기원을 물질세계 속에서의 인간의 자연적, 사회적 관계에서 찾고 있다. 마르크스는 미학적 감성의 출현 단계도 설정했다. 즉, 노동에서 주어지는 일의 보너스로 예술이 발달하는 단계, 예술가의 관심이 대상의 본래 구조에 집중되어 기능주의가 사라지는 단계, 그리고 마지막으로 색깔, 음색 등을 열린 마음으로 표현하는 상대적 자율성을 예술이 획득하는 단계이다.

예술이 예술의 자율성을 획득하면 예술은 자기목적성을 갖게 되어 하나의 자족적이고 조화로운 구조를 띤다. 예술의 자율성을 획득한 세계는 영혼을 풍성하게 하는 독특한 합법적 경험으로 표현된다. 그래서 후대의 마르크스 문화 이론가들은 마르크스의 예술의 자율성에서 구원의 가능성을 말한다.

한편 마르크스는 사회과정이 변증법을 물질직 사회관계에만 국한시키지 않고 그 밖의 전사회와 관련시키는데, 여기서 토대와 상부구조의 개념이 나온다. 토대란 물질적 생산력의 특정한 발전수준에 상응하는 생산관계의 총체이며, 상부구조는 이 토대에 상응하는(토대에 의해 결정되며, 토대를 반영하며 또 토대에 반작용하는) 징치, 법, 도덕, 철학사상의 총체와 정치, 법제도 및 그 밖의 제도(국가, 정당, 사회조직 등등)의 총체이다. 사회의 토대란 사회의 경제구조를 말한다. 그것은 물질적 생산 제 관계의 총체이다. 이 토대는 상부구조의 기초로서 기능한다. 이렇게 상부구조는 토대에 의해 규정되며 토대를 반영하는 한편, 토대에 대해 상대적 독립성을 지니고 토대에 대해 능동적으로 반작용을 가진다. 그런데 상부구조의 능동적인 역할,

토대에 대한 반작용의 문제는 마르크스와 엥겔스가 이론적으로 마무리하지 못했다.[58] 그래서 이 부분에 대한 해석의 다양성에 따라 문화이론이 갈라진다. 상부구조의 다양한 부분은 토대와 동일한 관계에 있는 것이 아니기 때문이다. 정치와 법은 가장 밀접하게 연결되고, 종교와 철학, 예술은 토대로부터 더 멀어져 있다.[59] 이 가운데 정치조직은 토대에 대해서 가장 강력하게 반작용한다. 이후 마르크스 예술관은 토대와 상부구조 사이에 어디에 초점을 두느냐에 따라서 여러 가지로 다르게 나타난다.

4) 마르크스의 혁명관

마르크스에게 있어서 이데올로기의 중심 논의는 주로 부르주아 사회에 대한 비판에 근거를 두고 있다. 그에 의하면 부르주아의 이데올로기는 현실, 특히 사회적, 정치적 현실을 왜곡하거나 위장시키는 관념들과 신념들로 성립되어 있다는 것이다. 여기서 우리는 마르크스가 부르주아 신념들과 관념들에 대해 적대적인 관점을 가지고 있음을 알 수 있다.

마르크스는 허위의 관념에서 벗어나기 위해 이론과 실천의 관련성을 다루고 있다. 그에 의하면 "세계는 추상적인 이론에 의해서 변하는 것이 아니라 현실세계에서 행동하는 인민에 의해 변화된다."는 것이다. 그와 같은 행동은 이론에 의하여 유도되며 그 이론이 현실을 해명하는 경우에 대부분 성공한다는 것이다. 그러므로 그에게 있어서 이론과 실천적 행동은 밀접히 관련되어 있으며, 전자는 후자를 유도하고, 후자는 전자에게 실천적 경험을 제시한다고 할 수 있을 것이다.

마르크스의 최대의 매력은 이론과 실천의 통합을 표명한다는 점이다. 이론과 실천의 통합, 사회과학과 정치적 태도의 통일은 하나의 이데올로기적 성격을 면할 수 없다. 마르크스주의 이데올로기는 인간 안에 있는 모든 불합리와 정치적 충동을 자극할 수 있기 때문이다.[60] 그것은 인간의 행동이 과학이라는 미명 아래 난폭하게 표출될 수 있다는 점이다.[61]

마르크스주의는 계급 자체를 폐지함으로써 인류의 해방이 가능하다고 보았다. 또한 마르크스주의는 프롤레타리아트의 혁명이 사적 소유를 근간으로 하는 자본주의 생산양식 자체를 폐지시켜 주체(인간)와 객체(생산물)의 재결합을 가져오며 이러한 재결합에 의해 인간은 스스로의 재결합을 가져오고, 개인적 또는 집단적 모든 고리로부터 해방된, 자유롭고 창조적 존재로서의 인간으로 복귀할 수 있다고 보았다.[62] 그러나 이것은 이론과 실천이라는 혁명의 도그마에 빠진 것이라는 비판을 면할 수 없다.

5) 비판

마르크스의 초기에 나타난 유물론적 문화관은 매우 인간적이다. 자본주의의 문제점을 지적하며 총체적인 휴머니즘을 주장하고 있기 때문이다. 그러나 그의 한계는 다른 측면은 무시한 채 노동을 인간 전존재의 실현이라고 보고, 예술의 자율성을 통해 자본주의가 지닌 문제를 치료할 수 있다고 본 것이다.

마르크스는 인간 내면에 있는 이기적 욕구의 근원을 해명하지 못했고, 자유노동이 학문이나 예술 분야에 가능하다고 할 때 직업의 분화에 따른 개성의 측면을 고려하지 못했다. 또 혁명은 폭력혁명의 도그마에 빠질 가능성이 크다. 그의 말대로 유토피아가 실현되었는가? 공산주의는 전체주의 국가를 만들었을 뿐이다.

칼 포퍼(Karl Riamund Popper, 1902-1994)가 마르크스주의를 비판한 이유는 마르크스의 역사주의가 사회 전체에 대해 개개인의 희생을 강요하고, 개인들의 자유를 박탈하는 정치적 전체주의적 속성을 갖는다고 보았기 때문이다.[63]

마르크스는 소수에 의한 자본 집중과, 빈곤한 다수의 노동자에 의한 계급 간의 갈등을 제거할 수 없기 때문에 프롤레타리아트의 사회혁명으로 모순을 해결해야 한다고 보았다. 이에 대해 포퍼는 입법에 의한 간섭으로 자본의 집중을 막을 수 있으며, 실제로 생산량의 증가는 생활수준의 개선과 발전에 기여했다고 말한다. 또 포퍼는 계급 없는 사회 건설은 불가능하다고 보았다. 혁명은 '대청소'[64]를 시작하는 피를 부르며, 설사 혁명이 성공했다고 하더라도 실제로 힘을 쥐고 있던 사람들에 의해 새로운 사회의 새 통치계급이 형성되기 때문에 착취는 소멸되지 않고 사람만 바뀔 뿐이라는 것이다.

칼 포퍼는 마르크스의 유토피아도 비판했다. 계급 없는 이상사회를 건설한다는 것은 소수의 강력한 중앙집권적 지배를 통해 독재체제로 흐르기 쉽다는 것이다. 그리하여 후계자 선정이 어렵고, 후계자가 최초의 청사진을 그대로 따를 수 없다고 했다.[65] 포퍼는 유토피아를 비타협적 급진주의로 규정하고, 전체주의 대신 자유와 평등이 구현된 민주주의 사회로 나아가야 한다고 말했다.

(2) 프로이트의 정신분석적 문화론

1) 생애와 사상

프로이트(Sigmund Freud, 1856-1939)는 과학의 역사에서 가장 창조적인 기간에 살았고, 그것을 인간연구에 활용했던 정신분석가였다. 그는 의식이 아니라 '무의식이 인간 사고와 행위의 진정한 장소'라는 명제를 내놓았는데, 이것은 물신숭배와 자기도취에 빠진 인류에게 던진 경고이자 이미 굳어버린 고전적 사고로부터 결별할 것을 예고한 신호탄이라[66]할 수 있다.

프로이트는 유대인으로 지금의 체코슬로바키아의 프라이버그에서 출생했다. 세 살 되던 해에 빈으로 이사했는데, 그 해에 찰스 다윈의 『종의 기원』이 나왔다. 독일로 이사하여 괴테의 자연에 관한 수필과 다윈의 진화론에 심취했으며, 17세인 1873년 비엔나대학 의학부에 입학했다. 여기서 에너지 보존 법칙을 인간의 정신현상에 적용시킬 수 있는 것을 배웠고, 1881년 의학박사 학위를 받고 신경병리학에 관심을 가졌다.[67] 1885년 비엔나 대학 신경병리학 강사 자격을 얻었으나, 히스테리에 관한 논문을 발표하면서 쫓겨났다. 1895년 『꿈 해석』을 완성했고, 1896년 '정신분석' (*Psychoanalysis*)이라는 용어를 최초로 사용했다. 1898년 유아성욕과 오이디푸스 콤플렉스에 대해 말했고, 1902년 심리학 수요회를 결성했다.

1906년 미국에 초청되어 강연을 했고, 1910년부터 1917년까지 이론을 다듬었다. 1920년 『쾌락원칙을 넘어서』란 저서에서 반복강박이라는 개념과 죽음의 본능이론을 처음으로 소개했다. 1923년 암에 걸렸으나, 1927년 『환상의 미래』를, 1930년 죽음의 본능에 대한 첫 연구서인 『문명 속의 불만』을, 1934-1938년 『인간 모세와 일신교』를 출판했으며, 1938년 히틀러의 오스트리아 침공으로 런던에 망명하여 미완성의 마지막 작품인 『정신분석의 개요』를 집필했다. 그는 후기에 문화적인 문제로 씨름하다가 1939년 9월에 사망했다.

2) 프로이트의 예술관

프로이트는 언어의 시적·문학적 사용과 시각예술의 상징적인 의미에 관심을 가졌다. 프로이트는 예술을 이드와 자아 그리고 초자아의 관계로 설명했다.

> 예술은 그 에너지를, 비합리성을, 또는 신비한 힘을 이드에서 얻는다. 이드
> 는 보통 우리들이 영감이라고 부르는 것의 원천이다. 그것은 자아에 의해 형
> 식을 갖춘 종합과 통일을 부여한다. 그리고 끝으로 초자아가 특수한 창조물인
> 이념이나 정신적 이상에 동화되어 가는 것이다.[68]

프로이트는 예술의 생명력은 이드에 그 근원을 두고 있다고 보았다. 이드는 꿈, 실수, 신경증, 또는 유머 속에 숨어 있는 무의식의 재질을 분석해내는 방법과 불가분의 관계를 맺는다.

그는 무의식을 성적인 것과 관련시켜 해석했다. 그는 성적 충동이 도덕적·문화적 요구와 모순이 되기 때문에 예술가들이 성적인 것을 창조성으

로 변화시킨다고 보았다. 그는 이러한 예술가의 창조성을 다음의 예를 들어 설명했다. 아이들은 자신의 배설물을 가지고 놀고 싶어 한다. 그런데 부모는 배설물을 가지고 놀면 안 된다고 금한다. 이때 유아는 부모의 금기를 지키며, 배설물 대신에 진흙놀이 또는 점토세공 등을 만지는 것으로 만족한다. 프로이트는 이러한 유아들의 놀이를 사회활동인 동시에 예술창조에 이르는 길이라고 설명했다.[69]

프로이트는 창조적 영감이란 잃어버린 유년기의 이미지와 감정을 끌어내는 능력 여부에 달려 있다고 보았다. 예술가들은 문화의 구속력에 덜 얽매여 있다. 그들은 억압에 대해 다른 사람들보다 유연하게 대처한다. 그러므로 이들은 유아기의 보고에 쉽게 접근할 수 있다. 하지만 이들은 유아기의 본능적이고 직접적인 보고에 접근해서, 그것을 그대로 표출하는 것이 아니라, 이상적인 형태로 바꾸어 만족을 지향한다. 프로이트는 예술가들이 도덕적 규범을 피하는 것에 주목하고, 상징이나 은유, 비유 등을 사용하여 본능을 은폐한다고 밝혔다. 이렇듯 프로이트는 예술가들이 억압된 성적 동기를 승화하여 예술로 표현한다고 보았다.

또 프로이트는 '꿈 작용'을 예술작품의 분석에 사용했다. 꿈은 무의식적 욕망이 상징으로 변화된다고 보았기 때문이다.

> 꿈 속에서 상징으로 묘사되는 것은 그다지 많지 않다. 신체의 전부분, 양친, 자식, 형제 자매, 분만, 죽음, 나체 등이다.(…) 양친은 꿈 속에서 황제나 여왕 또는 그 밖의 높은 사람으로 나타난다. 자식이나 형제 자매는 꿈 속에서는 정답게 다루어지지 않고 조그마한 동물이나 독충으로서 상징된다. 분만은 물 속에 뛰어들거나 물 속으로 기어오르거나 하는 식으로 항상 물과 관련되어 상징화된다. 죽음은 꿈 속에서 여행을 떠나거나 철도여행 등으로 나타난다.[70]

위에서 보듯 프로이트는 꿈이나 성적 상징 등이 예술과 밀접한 관련이 있다고 보았다. 프로이트는 무의식 속에서 이미지로 재현된 사물은 의식상의 단어들로 대체될 수 있으며 언어로서의 기능을 할 수 있다고 보았다.

하나의 단어에서 사고의 전 과정을 해석해내는 것이 가능한 것이다. 이것이 예술에 있어서 언어와 이미지 사이의 은유적 관계의 적용이다. 예컨대, 프로이트는 남자가 세 여자 중 하나를 운명적으로 선택하는 주제를 다루면서, 세 상자는 바로 세 여자를 상징하고, 또 이것이 운명적인 선택을 상징한다고 했다. 상징되어 명백하게 나타나는 내용 속에는 인간 생활의 운명적 상황이라는 의미가 잠재되어 있다는 것이다.

프로이트는 예술가가 구상화한 상징을 쉽게 읽어내는 것이 어렵다고 보았다. 문화는 억압에 기초하며, 또 문화는 억압을 전제로 하는 모범적 행동에 기초하기 때문에, 비극의 잠재내용은 감상자에게 쉽게 전달되지 않는다. 욕구가 위장된 형식으로 숨기 때문이다.[71] 이러한 프로이트의 예술 이론은 프랑크푸르트 학파의 마르쿠제 등에 영향을 미쳤다.

3) 프로이트의 문화관

프로이트는 문명의 불완전한 원인을 심리학적으로 파헤치려고 애썼던 사람이다. 그는 『문명 속의 불만』에서 많은 사람이 문명에 적대적이고, 사회적 요구를 폐지하고자 한 것은 행복을 추구하고자 하는 인류의 소망과 관련이 있다고 밝혔다. 그리고 그가 그 작업에 몰두했던 것은 문화를 개혁하고자 한 데 있다고 했다.

프로이트는 죄의식이 문명의 발달에 있어서 결정적인 역할을 수행하고 있다고 보았다. 우리가 아는 바, 그는 죄의식의 유래를 오이디푸스 콤플렉스에서 찾았다. 오이디푸스 콤플렉스는 아버지에 대한 아들의 반역이다. 그 후 아들의 반역이라는 악순환의 재발을 막기 위해 금기를 만들었는데, 아버지에 대한 공격 본능이 아들에게 남아 있다. 그것이 죄책감이라는 것이다. 이러한 죄책감은 양가감정으로 말미암은 갈등의 표현, 즉 파괴 또는 죽음의 본능과 에로스 사이에 벌어지는 영원한 투쟁으로 나타난다. 이렇듯 그는 "문명의 진보에서 죄의식이 가장 중요한 문제이며, 문명은 그 진보의 대가로 죄의식이 배가되어 행복을 상실하게 되었다."라고 주장했다.[72] 문명은 아들의 공격성을 약화시키고 무장을 해제시켰다. 그러나 다른 한편 문명은 개인의 내부에 공격성을 감시하는 주둔군을 두었다.[73]

프로이트에게 문명이란 금기와 연관된다. 문명은 노동, 즉 생활필수품을 생산하고 증대시키는 일을 하지만, 그때의 노동은 만족을 수반하지 않는다. 노동은 불쾌하고 힘겹다. '노동과 불행'은 프로이트의 저술에 일관되게 나타나고 있다. 프로이트는 문명의 진보란 하나의 속박으로 나타나지만 부자유와 속박은 지불해야 될 대가라고 여긴다. 그는 부자유와 속박을 폭로하면서 인류에 대하여 금기로 되어 있었던 욕구인 무의식을 지지한다. 무의식은 퍼스낼리티의 가장 깊은 내부에 있는 오래된 층이며, 결핍과 억압이 없는 충족을 지향하는 충동 그 자체이다. 무의식의 내부에는 극복되었다고 여겨지는 쾌락원리의 목표가 남아 있다. 쾌락원리의 힘은 여전히 무의식 속에서 살아남아 있고, 게다가 쾌락원리를 이끌어 온 현실에까지 갖가지 방식으로 영향을 미친다. 그리하여 억압된 것들이 외부에 드러나지 못한 채 은밀한 지하 문명사를 이루게 된다.

문명의 중요한 영역은 승화로서 나타난다. 문화적 목적에 사용하는 리비도는 대부분 여성과 성생활에 쏟아야 할 리비도를 전용한 것이다. 그는 본능의 승화를 문명의 발달이 갖고 있는 두드러진 특징 가운데 하나라고 보았다.[74]

4) 비판

프로이트는 자신의 세계관을 과학적 세계관이라고 부르며, 자신을 유물론자, 무신론자, 신의 존재를 부인하는 의학자, 이단자, 불신자라고 칭했다.[75] 프로이트는 『환상의 미래』에서 정신분석학은 무의식이라는 외재성만 인정하고 다른 외재성은 무시한다고 말한다. 그러므로 프로이트에게 악마와 선한 신은 인간이 만들어낸 환각에 불과하며, 무의식의 갈등이 투사된 것에 불과하다.[76] 그는 종교란 단지 인류의 편집증적인 신경증에 불과하며, 초월성에 대한 환상은 그저 무의식의 한 부분이 우리의 외부에 투사뜀으로써 생겨난 것에 불과하다고 말한다. 그의 이러한 주장은 니체와 맥이 통한다.[77] 그러나 기독교는 우주 너머에 지성적인 존재가 있다는 것을 믿는다.

프로이트에게 도덕규범은 시대와 문화에 따라 변하는 주관적이고 상대적인 것이다. 그는 윤리와 도덕이 인간의 필요와 경험에서 나온다고 주장하며, 교육이 잔인하고 부도덕한 행동에 대한 유일한 해결책이라고 보았다. 아이는 5세 때 부모님의 가르침을 내면화한다. 이것이 초자아이며, 양심이 된다. 그에게 양심은 초자아의 일부가 된다. 그에게 있어서 양심이란 부모가 가르친 것이기 때문에 절대적 가치가 아니다. 프로이트의 초자아에 해당되는 개념을 기독교에서 찾는다면 그것은 율법이다. 하지만 기독교의 율법은 하나님께서 친히 주신 절대적인 규범으로 인간에게 죄를 깨닫게 하여 참인간이 되게 하는 기능을 한다.

여기서 인간에 대한 이해의 관점이 기독교와는 다르게 나타난다. 프로이트는 "네 이웃을 네 몸과 같이 사랑하라."는 위대한 계명이 사리에 맞지 않는다고 말하며, "네 이웃이 너를 사랑하듯이 네 이웃을 사랑하라."고 말하는 것이 사리에 옳다고 말한다.[78] 그러나 기독교는 본성을 다스려 원수를 사랑할 수 있다.

프로이트에게 자아란 성격구조에서 가장 합리적이고 이성적인 부분이다. 그는 인간이 이성을 사용한다면 자신을 불합리하게 묶고 있는 죄의식 때문에 더 이상 불안하거나 불쾌하게 되지 않을 것이라고 확신한다. 그러나 성경의 나는 분열된 모습을 보이고 있다. 성경은 인간이 자신의 이성과 의지를 자유롭게 사용할 수 없는 존재라고 말한다. 오직 하나님의 사랑만이 나를 해방시킬 수 있다.

또 프로이트에게 있어서 죄의식은 초자아의 자아이상에 도달하지 못하는 자아의 불안이다. 이것은 자아이상과 자아 사이의 욕구 갈등이라고 할 수 있다. 하지만 그는 죄를 설명하는 대신에 아버지의 살해에서 죄의식이 싹트게 되었고 종교와 윤리적 제약이 시작되었다고 상상했다. 사람들이 죄의식을 느끼는 것은 도덕률을 깨뜨렸기 때문이 아니라 최초의 아버지

살해에 대한 죄책감을 물려받아서라는 것이다. 그러므로 그에게 죄의식은 불합리하고 인간을 불필요하게 옭아매는 것으로 없애야 할 것이다. 그에게 죄란 존재하지 않는다. 개인 또는 사회 전체가 만들어낸 무거운 족쇄일 뿐이다. 그러나 성경은 인간은 전적으로 타락했으며, 그 책임이 인간에게 있기 때문에, 전적타자를 통해서만 죄에서 해방될 수 있다고 말한다. 인간은 자유로운 의지로 살아갈 수 없는 존재이기 때문에, 절대기준인 하나님을 통하지 않고서는 자신의 존재를 정의할 수 없다.

3. 기독교 문화 이론의 토대를 이룬 문화신학자들

(1) 존 칼뱅의 하나님 주권의 문화신학

1) 생애 및 사상

프랑스의 종교개혁가인 존 칼뱅(John Calvin, 1509-1564)은 프랑스 북부에서 태어났다. 아버지 제라르는 마을의 부르주아로, 주교 비서와 대성당 참사회 소송 대리인 등 교회기관에서 일했다. 칼뱅은 귀족 자제들과 교육을 받았으며 1523년 초급과정을 마친 뒤 앙주 가문의 소년들과 파리로 가서 교양과목과 토론술을 배웠고, 후에 문학석사를 받았다. 1528년 아버지의 뜻에 따라 법학을 더 공부했으며, 1531년 아버지가 돌아가시자 파리로 돌아가서 인문주의자인 기욤 뷔데와 함께 연구했다.

칼뱅은 1532년 『관용론』(*De clementia*)이란 주석집을 출판했다. 이 일로 프로테스탄트 인문주의자들과 친교를 맺을 수 있게 되었다. 1534년 왕실이 프로테스탄트 집단의 추방을 결정하자 성직을 포기하고 프로테스탄트의 중심지였던 스위스 바젤에 정착해 성서와 초기 교부들의 저서 및 마르틴 루터, 마르틴 부처 등 당시의 프로테스탄트 신학자들의 저서, 중세기의 기본 교과서였던 페트루스 롬바르두스의 『신학명제집』(*Sentences*), 그라티아누스의 『교령집』(Decretum) 등을 연구하여 1536년에 주요 저서 『그리스도교 강요』를 출판했다.

1536년 칼뱅은 기욤 파렐의 강력한 권고에 따라 제네바에 정착하게 됐고, 대중에게 성경을 가르치는 강사로서 활동을 시작했다. 그는 제네바 시민들을 개혁신앙으로 교육시키기 위해 1537년 『신앙 교육』(Instruction in Faith)을 썼는데 1538년 갑작스런 논쟁에 휘말려 도시 평의회의 압력을 받아 제네바를 떠나게 되었다. 칼뱅은 스트라스부르로 가서 그곳에서 3년 동안 프랑스 망명자들의 교회를 담임했다. 그는 회중을 위해 프랑스어로 프로테스탄트 전례서를 작성했고, 교구를 관장하는 데 필요한 일련의 법령을 개발했으며, 프로테스탄트와 가톨릭교도를 화해시켜 그리스도교를 다시 통합하려는 목적으로 개최된 범독일 최고회의에 초대를 받았다. 또 프랑크푸르트 하게나우 보름스 레겐스부르크(라티스본)에서 열린 여러 종교회의(1539-1541)에 참석했다. 이 기간에 그는 『로마서 강해』(Commentary on Romans) 등과 『성만찬에 관한 소논문』〈Short Treatise on the Lord's Supper〉 등을 출판했다. 1540년에는 자신이 재세례파로부터 개종시킨 한 신도의 미망인 이들레트 드 뷔르와 결혼했다.

한편 제네바에서는 가톨릭 로마교회로 복구시키려는 압력이 거세지자 제네바 지식인들은 칼뱅의 지도력 없이는 프로테스탄트가 유지될 수 없다고 확신하게 되었다. 1541년 하반기에 칼뱅은 제네바로 돌아온 뒤 제네바 개혁교회를 세우는 한편, 개혁교회 목사들을 지원하고, 정치 일선에 뛰어들었다. 그 결과 제네바는 개혁파 프로테스탄트의 중요한 국제본부가 되었다. 칼뱅은 공직생활을 하던 전 기간에 걸쳐 하나님의 부름을 받았다는 신념 아래 전사회를 개혁하기 위해 노력했다. 1560년대에 칼뱅은 심각한 건강문제로 인해 제네바와 국제 개혁파 운동을 베자와 다른 사람들에게 맡겼다. 그는 1564년 초까지 설교, 강의, 집필 등을 계속하다가 그해 5월 27일 하늘나라로 갔다.

칼뱅은 문화를 하나님의 절대주권 아래서 보았던 문화신학자였다.[79] 그는 하나님께서 자신이 창조하신 세상을 주재하신다는 점, 즉 하나님은 창조주로서 참새까지 보존하시며 먹이시고 주관하신다고 말했다. 이렇듯 그의 문화신학은 일반은총과 밀접하다.

2) 일반은총의 역사적 전개

① 초대교회, 일반은총의 신학적 미정립

그리스도인도 타락으로 말미암아 두 세계에서 살도록 지음을 받았다. 초대교인들도 세상 속에 있으면서 또한 하나님 나라의 백성으로 살아야 하는 긴장관계에 있었기 때문에, 세상과 자신과의 관계를 정립할 필요를 느꼈다. 이들이 살던 당시에는 국가 자체가 종교적인 성격을 지니고 있어서, 이들이 국가에 참여하기 위해서는 국가의 종교적 성격을 이해하고 따라야만 했다.[80] 그러나 이들은 이방문화와 세계관이 달라서 적극적인 반대의 입장을 취할 수밖에 없었다.[81]

바빙크는 초대 기독교인들이 이교적인 문화에 대해서 수동적일 수밖에 없었지만 금욕주의는 아니었다고 보았다. 이들은 지구가 주님의 것이며, 그 속에 주님이 충만히 계심을 확신하고, 자기들을 새로운 인간으로 간주했다. 이들은 이방문화에 대하여 적대적이었으나 삶 자체가 사악한 것이라고 생각하지 않았기에 모든 것을 신의 선물로 인식했다.[82] 웨버도 바빙크와 같이 초대 기독교인들이 하나님 나라와 악의 세력을 반립(antithesis)으로 보는 분리주의 모델을 발전시키지 않았다고 보았다.[83] 이렇듯 초대교회가 문화에 대해 적대적이거나 소극적 입장을 취했던 한계에도 불구하고, 일반은총으로 당대의 문화를 극복했다.[84]

② 로마교, 이원론에 입각한 일반은총의 무지

로마교는 이원론에 빠졌다. 이들은 자연은 열등한 것이요, 은혜는 교회를 통하여 주어진다고 보았다. 로마교의 사고체계 안에서 선한 일이란 자연인의 노력에 의한 것이지 하나님이 주신 은혜에 속한 것이 아니었다. 반면에 개혁주의 입장에서 자연 역시 하나님의 은혜가 주신 선물이다. 로마교에는 일반은총의 개념이 없다. 로마교에게 일반적인 선은 인간의 노력의 산물이지 하나님의 은총의 선물이 아니기 때문이다.[85] 그러므로 자연을 열등한 것으로 보는 로마교의 이원론은 잘못이다.

로마교는 인간이 지금도 타락 전 아담과 같은 상태에서 태어나며 자신의 노력에 의해 선을 행할 수 있다고 보았다. 로마교는 구원을 초자연적인 은혜에 속한다고 인정하지만, 인간이 전적으로 타락한 존재라는 것을 인정하지 않았다. 이들은 인간이 참되며 선하고 완전하기 때문에 완전한 덕을 실행할 수 있다고 보았다.[86] 로마교는 세계, 국가, 자연적인 삶, 결혼 그리고 문화가 사악한 것이 아니라고 말한다. 단지 이것들은 열등한 것이며, 세속적인 성격을 가지고 있어서 교회에 의해 성결케 되지 않으면 죄악에 쉽게 오염이 된다는 것이다. 바빙크는 로마교 안에 죽은 성자를 경배하고, 성직자의 결혼을 금한 것은 이원론의 심각한 문제성 때문이라고 지적했다.[87]

③ 종교개혁, 일반은총의 신학적 정립

종교개혁 이전에 여러 가지 교회 개혁이 시도되었지만 도덕적, 윤리적인 문제에 대한 것이었다. 그러나 종교개혁자들은 윤리적인 동시에 교리적인 개혁을 시도했다.[88] 그리고 원리적인 면에서 로마교의 이원론을 극복한 것은 칼뱅에 의해 이루어졌다.

루터의 문화관은 이원적 분리 모델이 아니라 "그리스도의 신앙이 세상 문화 속에서 사랑으로 역사한다."는 상호작용론으로 이해되어진다.[89] 따라서 복음은 내적인 마음을 변화시키는 것일 뿐, 전 자연적인 삶에 영향을 끼쳐 새롭게 하고 개혁하는 것이 아니었다. 실제적으로 루터교는 권징을 시의회에 맡겼고 교회의 정치는 관원에게 맡겼다.[90] 신자들은 하나님께서 이 세상에 지정하신 통치자들에게 복종하여 삶으로써 하나님의 통치하에서 활동하는 것이다.[91] 그러나 칼뱅은 국가를 보는 시각이 루터와 달랐다. 칼뱅은 기독교인이라 할지라도 국가에 충성해야 한다는 점에서 루터와 같은 생각이었지만, 무조건적 충성이 아니라 그것은 하나님 앞에서의 충성이며, 국가가 불의한 일을 요구할 때 기독교인은 저항할 수 있으나 무력이나 시위가 아니라 하나님의 말씀에 따라 제한된다고 보았다.

칼뱅과 개혁자들은 인간은 전적으로 타락했지만[92] 예수 그리스도의 특별계시와 일반은총으로 죄성을 회복할 수 있다고 보았다. 인간계에서 경험하는 모든 선과 참된 것이 다 일반은총으로부터 유래한다고 보았기 때문이다. 개혁자들은 죄악의 심각성과 죄인들에게 주신 모든 선한 것 및 아름다운 선물을 동시에 인정하여 개혁정신의 바른 방향을 제시했다. 칼뱅은 일반은총의 문화관으로 종교적 제도와 관습에 제한하여 개혁을 하려 했던 루터와 달리 문화의 전 영역을 개혁하고자 했다.

3) 일반은총의 문화론

① 일반은총의 개념

칼뱅은 『기독교 강요』 2권 2장 17절에서 모든 사람에게 보편적으로 비치는 해와 동일하게 내리는 비, 모든 인간에게 본성적으로 고유한 이성을 주신 것을 '일반은총' (하나님의 전반적인 은총, *Generalem Dei gratiam*)이라고 했다.

> 일반은총이란 하나님께서 창조 시에 주신 은사들이 인류의 타락에도 불구하고 계속 유지되어 역사하시는 은혜이다. 따라서 일반은총은 하나님께서 죄 있는 인류의 생존을 보장하시는 호의라고 해야 마땅하다. 일반계시도 처음 창조와 함께 주셨고 일반은총도 처음 창조 시에 함께 주신 것이지만, 일반은총은 죄에도 불구하고 창조와 인류의 생존이 가능하게 하는 일반적인 호의이다.[93]

위에서 보듯, 칼뱅은 모든 인간에게 보편적으로 주시는 것을 일반은총이라고 했다. 사람이 선을 행하는 것은 자연인에게 있는 본래의 능력에 해당하는 것이 아니라 하나님의 은총에 기인한 것이다. 일반은총은 그리스도의 재림까지 계속되어 창조의 정상적인 운행과 인류의 생활이 유지되게 할 것이기 때문이다. 이렇듯 칼뱅은 문화의 발전을 일반은총의 개념을 사

용하여 인간이 교만해질 수 있는 근거를 막았다.[94]

칼뱅은 『기독교 강요』 2권 2장 17절에서 일반은총은 택자와 유기자의 구분없이 모든 사람에게 비친다며, 어떤 사람에게는 예리한 두뇌가 있으며 어떤 사람은 판단력이 월등하고, 어떤 사람은 기술을 배우면 곧 깨닫는 총명이 있다. 이러한 차이를 통해서 하나님께서는 흘러 들어온 것을 자기의 것이라고 주장하는 사람이 없게 하신다고 말하였다.

② 일반은총의 성경적 근거

칼뱅은 일반은총 교리의 성경적 근거로 다섯 가지를 들었다.[95]

첫째, 칼뱅은 하나님께서 선악과를 범할 경우 정녕 죽으리라고(창 2:17) 경고하셨지만, 죄인에게 사형을 즉각적으로 집행하지 않고, 인간에게 자연적 생명을 연장시켜서 회개할 시간을 주셨음을 일반은총의 근거로 제시하고 있다. 하나님께서 아담과 하와에게 질문을 하셨을 때, 이미 그 안에 은혜의 성격이 드러나 있다는 것이다. 하나님께서는 인간을 징계하는 가운데도 긍휼을 드러내고 계셨던 것이다. 이와 같이 칼뱅은 하나님께서 긍휼로 인간에게 다소의 통치력을 남겨 놓으셨으며, 인간이 타락한 후에도 즉각적으로 죽지 않은 것은 하나님의 일반적인 은혜 때문이라고 보았다(창 3: 14, 15).[96]

둘째, 칼뱅은 가인의 후예들 가운데 나타난 특별한 재능도 일반은총의 결과라고(창 4:15-24) 보았다. 하나님께서는 가인이 죄를 범했음에도 불구하고 그를 죽이지 못하게 하시고 땅을 지배하는 물질문명의 시조가 되게 하셨을 뿐만 아니라, 가인의 후예들 가운데 나타난 비범한 은사들, 곧 예술과 인류의 생존을 위한 희귀한 재능을 하나님의 선물, 곧 일반적인 은총으로 이해했다. 따라서 칼뱅은 가인 후예들이 발견한 것은 하나님의 선물이기 때문에 절대로 멸시해서는 안 된다는 입장을 취하고 있다.[97] 칼뱅은 치명적으로 타락해 버린 가인의 후예들에게서 아담의 다른 후손들보다 월등하다는 사실에 놀라움을 금치 못하겠다고 하면서 예술을 성령의 탁월한 선물로 보았다.

셋째, 칼뱅은 하나님께서는 이방인들에게 자신을 계시하시는 점을 들어 일반은총을 설명하고 있다. 칼뱅은 사도행전 설교에서 "자기를 증거하지 아니하신 것이 아니니 곧 너희에게 하늘로서 비를 내리시며 결실기를 주시는 선한 일을 하사 음식과 기쁨으로 너희 마음에 만족케 하셨느니라"(행 14:17)라고 한 점과 아이에게 젖을 빠는 기술을 주신 것을 하나님의 섭리와 은혜의 상징으로 보아, 하나님께서는 지극히 작은 것에도 섬세한 손길을 미치고 계신다고 일반은총을 설명했다.

넷째, 칼뱅은 이성이나 오성 역시 일반은총(요 1: 9-10)으로 보았다. 칼뱅은 인간 오성을 무지하다고 단죄하며 아무 대상도 자각하지 못한다고 하는 것은 하나님의 말씀을 거역하는 행위라고 주장했다. 오성은 땅에 있는 것을 탐구할 때 그 가치가 드러나며, 학문이나 예술을 가능하게 할 뿐만 아니라 하늘의 일을 탐구할 수 있다. 이렇듯 우주의 질서를 발견할 수 있게 된 것도 일반은총 때문이다.

다섯째, 칼뱅은 세상이 창조되었을 때와 동일한 성령에 의해서 세상이 유지되고 있는 것을 일반은총이라고 보았다. 칼뱅은 성령의 일반적인 활동을 일반은총과 관련시켰다.

이상에서 보듯, 칼뱅은 일반은총을 모든 인류의 생존을 가능하게 하시는 하나님의 은혜로 보고 있으며, 일반은총의 내용으로 창조, 섭리, 오성, 학문, 예술, 국가 등을 들었다.

③ 일반은총의 가치와 한계

칼뱅은 일반은총의 가치를 논하면서, 그것의 한계를 명확하게 선 그었다. 칼뱅은 일반은총의 가치를 세 가지로 보았다.[98]

첫째, 일반은총은 창조와 삶을 보전하는 수단으로 기능한다. 칼뱅은 하나님께서 일반은총으로 선고집행이 유예되었고, 죄가 억제되었으며, 종말의 때까지 인간의 삶을 보존하신다고 말한다.[99] 성령이 불경건한 자들 속에 거하지는 않지만 인류 공통의 행복을 위하여 자연적 은사들을 불경건한 자들에게 주시기 때문이다.

둘째, 일반은총은 삶을 보존하는 수단일 뿐만 아니라 삶을 풍요롭게 하는 선물이기도 하다. 우리는 비단과 귀금속, 생활에 풍요와 흥겨움을 줄 수 있는 양질의 아름답고 매혹적인 온갖 선물을 주신 하나님을 우러러보며 즐거워하면서 유쾌하게 사용해야 한다. 칼뱅은 『기독교 강요』 3권 10장에서 엄격한 금욕주의와 방종에 대해 동시에 경고하고 있다.

셋째, 일반은총은 종교의 씨앗 기능을 한다. 하나님은 인간에게 영광을 받으시길 원하신다. 그래서 일반은총으로 자기를 계시하시며, 우주의 전 창조 속에 매일 자신을 나타내신다. 칼뱅은 자연 속에 계시하고자 하는 일반은총의 속성을 근거로 사람이 무지 때문에 죄를 짓는다는 것은 그릇된 것이라고 설명했다.[100]

여기에 칼빈의 문화관의 특색이 나타난다. 그러므로 우리는 세상의 모든 문화에 대해서 부정적으로 접근해서는 안된다. 하지만 우리는 문화를 선별할 수 있는 영적인 눈을 가져야 한다. 우리는 성경적 세계관을 바탕으로 모든 문화에 대해 그 문화의 속성을 바로 파악하고, 반문화적인 요소들은 고치거나 바꾸어서 사용하는 지혜가 필요하다. 칼빈은 일반은총의 가치를 신학적으로 정립하면서 그 한계를 명확하게 선 그었다. 그는 일반은총을 '억제하는 은총'이라고 표현하면서 "어두운 밤에 들판을 걸어가는 사람과 같아서, 번갯불이 일순간 비치면 널리 사방을 보지만 한 걸음도 채 전진하기 전에 빛은 사라지고 다시금 밤의 암흑 속에 빠지는"[101] 것에 비유했다. 그는 하나님께서 일반은총을 주셨지만 그 빛이 너무 희미하기 때문에 세상 사람들이 깨닫지 못한다고 했다. 또 일반은총 안에는 그리스도에 대한 지식이 결여되어 있기 때문에 인간을 구원할 수 없다고 했다. 이것이 바로 일반은총의 한계이다.

칼뱅은 하나님께서 주신 이성으로 하나님을 바로 알 수 없기 때문에 성령의 조명을 받아야 한다고 말한다. 억제에 의한 일반은총으로 세계는 유지되지만, 구원은 그리스도 안에서 새롭게 하시는 특별은총으로만 가능하기 때문이다.

4) 칼뱅의 경건주의 문화관

지금까지 일반은총의 역사적 전개와 칼뱅의 일반은총에 관하여 살펴보았다. 칼뱅은, 억제하시는 일반은총으로 세계가 유지되지만, 기독자는 매일 하나님의 면전에서 변혁적 활동을 통하여 부패된 사회 문화를 새롭게 함으로써 하나님께 영광을 돌려야 한다고 강조했다.

칼뱅은 상업, 공업, 기술, 농업, 학문, 예술, 경제, 정치 등의 영역에서 죄의 치명적인 영향이 삶의 모든 구조에 스며들어 있기 때문에 기독자는 구조를 개혁해야 한다고 주장했다. 다시 말하면 죄 된 본성이 인간의 문화적 활동에 반영되고, 그 안에서 확대되기 때문에, 기독자는 모든 삶의 영역에서 그리스도의 구속적 영향력을 확대해야 한다는 것이다. 변혁모델의 관점에서 교회의 역할을 논하면, 교회는 단순한 신자들의 모임이 아니라 하나님 나라의 원칙을 나타내 보이고, 그러함으로써 모든 삶의 구조에 구원의 영향을 미치도록 부름 받은 공동체이다.[102]

칼뱅은 문화변혁을 이루기 위한 선행조건으로 경건을 실천해야 한다고 강조했다.[103] 칼뱅은 경건이 그리스도인의 삶의 시작이요, 중간이며, 끝이기 때문에, 그리스도인은 오직 경건에만 집중해야 한다고 설파했다. 왜냐하면 하나님께서는 우리에게 그 이상의 어떤 것을 요구하지 않기 때문이라는 것이다.[104] 이렇듯 칼뱅은 경건을 신학 전체를 통합하는 원리로 보았다.[105] 여기서 칼뱅의 문화론과 경건이 만난다. 칼뱅 문화론의 객관적 기초는 하나님의 주권사상이요, 주관적 기초는 기독자의 자유론이다. 객관적 기초란 하나님이 이 세상의 모든 영역, 종교적 영역과 세속적 영역 모두를 통치하신다는 것이고, 주관적 기초란 그리스도의 보혈로 의롭다 칭함을 받은 기독자는 영적인 자유를 획득하고, 이 자유를 가지고 하나님의 소명에 봉사하는 것이다.[106]

칼뱅에게 있어서 경건이란 하나님에 대한 사랑과 존경을 결합한 것으로 문화의 주·객관적 기초와 관련이 있다. 먼저 경건을 문화의 객관적인 측면에서 살펴보자. 경건이란 하나님이 자신의 진정한 주님이라는 것을 알고 그 분만을 경외하며 따르는 것이요, 하나님께 진정으로 순종할 때 생기는 자발적인 두려움이다.[107] 그러므로 경건이란 하나님을 영화롭게 하는 방법이요, 신앙과 생활에 관한 기독자의 전반적인 이해와 실천을 요약한 단어이다. 우리는 하나님의 소유라는 사실을 알고, 가능한 한 우리 자신과 우리의 것이라고 생각되는 모든 것을 잊어버리고 하나님의 계시에 대한 응답을 해야 한다. 그는 경건을 "삶을 본래대로 잘 정돈하는 것"(행 10:2)으로 보았다. 그는 『기독교 강요』에서 거룩성을 회복하는 것을 경건이라고 보았고, "경건에서 종교가 생겨나며, 종교의 원천은 경건"이라고 보았다. 이렇게 경건한 삶을 살면 문화의 객관적 기초가 확립될 것이 당연하다 하겠다.

다음, 경건을 문화의 주관적 측면에서 살펴보자. 경건은 그리스도 안에서 우리의 죄를 용서하심에 대해 안위를 받을 때 가능하다. 경건은 그리스도 안에 참여하고 그리스도와 함께 교제함으로 인하여 성장하는 것이다. 그리스도 밖에서는 가장 종교적인 사람이라도 자기 자신을 위해 살 수 없기 때문이다. 이처럼 경건은 그리스도와의 연합교리에 뿌리를 두고 있다. 기독자는 그리스도와 연합을 위해 첫째, 미래에 있을 부활을 묵상하고, 둘째, 그리스도의 수난과 죽음의 의미를 묵상하며, 셋째, 창조세계에 나타난 하나님의 솜씨를 감사함으로 묵상하며, 넷째, 하나님의 진노에 관해 묵상하고, 다섯째, 하나님의 선하심을 묵상해야 한다.[108] 이렇게 그리스도와 연합된 삶을 살면 문화의 주관적 기초가 탄탄하게 세워질 것이다.

칼뱅은, 말씀을 묵상하여 자신에 대한 신랄한 비판자가 되어야 하며, 자기검토를 통해서 모든 자만심이나 거만함 그리고 모든 자긍심을 철저하게 제거해야 한다고 말했다. 칼뱅은 경건 훈련을 열심히 할 때 인간한계에 대한 극복이 가능하다고 보았다.

5) 인간한계 극복 가능성의 문화관

① 한계 극복의 시작 : 하나님의 은총

인간문화의 한계를 극복하기 위해는 죄로부터 자유로울 수 없는 존재라는 것을 먼저 인식하고 하나님의 은총으로 다시 태어나야 한다(요 3:3).

> 하나님께서는 우리 안에 그의 선한 일을 시작하실 때, 먼저 우리의 마음 가운데 의에 대한 사랑과 소원과 열의를 일으켜 주신다. 보다 정확히 말하면, 우리의 마음이 의를 향하도록 개조하며 인도하신다는 것이다.[109]

칼뱅은 일부의 개조만으로는 안 되고 전체가 갱신되어야 한다고 주장한다. 하나님께서는 마음의 개조를 통해 우리의 악한 의지를 말소해 주신다. 따라서 선으로 기울어지는 의지는 선택받은 사람에게만 찾을 수 있다.

> 개조되지 않은 우리의 의지에서는 선한 것이 생길 수 없으며, 개조된 후에도 우리의 의지가 선한 것은 우리 자신이 원인이 아니라 하나님께서 원인이시라는 항상 같은 결론을 내리게 된다.[110]

칼뱅은 개조의 원인을 사람 밖에서 찾아야 한다고 말한다. 개조된 후에도 선행의 결심과 그것을 성취하는 강한 노력도 그 근원이 하나님이시기 때문이다. 모든 일을 꾸준히 계속하여 최후까지 견인불발하는 것도 모두 주님께서 하시는 일이다. 이렇듯 칼뱅은 인간문화를 변혁시키기 위해서는 먼저 하나님의 은총을 인식해야 한다고 보았다.

② 한계 극복의 매개 : 그리스도의 영

하나님의 영은 늘 우리를 향하고 있지만, 성령이 조명하지 않으면 이를 받아들일 수 없다. 성령은 인간에게 믿음의 눈을 열어주는 매개로서의 기능을 한다. 성령이 부여하는 이 믿음은 그리스도께서 지상에서 행하신 모든 사역을 생생하게 재현해낸다는 점에서 귀한 선물이 되지만, 무엇보다 미래를 향한 하나님의 약속에 소망을 두며 현재를 개척해 나갈 수 있다는 강점을 제공한다. 믿음은 인간의 이성과 합리성을 뛰어넘는 사고방법으로 오직 성령의 능력을 통해서만 부여될 수 있다고 칼뱅은 말한다. 이렇듯, 그리스도의 영인 성령이 인간에게 선사하는 믿음은 인간의 현재적 한계를 극복케 하는 중요한 매개가 된다. 성령을 통한 믿음은 현재적 삶의 새로운 해석을 가능케 하여 문화를 변혁시킬 동력을 제공하며, 성령의 힘은 인간의 한계를 극복하게 할 수 있다.

하나님의 영이 우리를 이끌어주시지 않으면 우리는 그리스도께로 갈 수 없는 것과 같이 일단 끌려가면 우리의 지성과 마음은 높이 들려 우리의 이해력을 초월한 경지에 이른다. 그때에 우리의 영혼은 성령의 조명을 받아 이를테면 새롭게 날카로운 시력을 얻어, 이전에 볼 수 없었던 그 찬란한 하늘의 비밀을 보게 된다. 또 인간적인 이해력도 이같이 성령의 빛으로 조명을 받아 하나님 나라에 속한 일들을 드디어 참으로 맛보기 시작하며, 이전에 심히 어리석고 미각이 둔하던 것과는 달라진다.[111]

성령이 인간을 이끌 때, 지성과 마음이 높이 들리며, 하늘에 속한 일을 보게 된다. 하나님 나라에 대한 소망은 끊임없이 믿음을 갱신하고 믿음을 견인하는 힘을 준다. 그래서 소망이 없었던 인간의 현실은 이제 소망과 기대, 열정의 무대로 변화된다.

③ 한계 극복의 지속 : 기도

문화변혁자들은 기도를 해야 한다. 인간이 자신의 한계를 극복하고 전투에 임할 때 자신의 한계를 극복하기 위해 계속 기도해야 한다. 인간이기 때문에 잠시라도 고삐를 늦추면, 여전히 인간의 한계 속에서 허덕일 수밖에 없으므로, 자신을 점검하는데 소홀하거나 하나님 앞에서 자신의 존재를 망각하면 그의 소망과 기대, 약속은 사라질 것이다. 기도는 하나님의 약속과 소망을 향한 강력한 기대의 표현이며, 믿음과 소망을 일으키는 생산자이다.[112]

⑥ 현대적 의의

칼뱅의 변혁적인 문화관은 그리스도인이 하나님의 절대주권을 인정하고 선포하며 하나님께 영광을 돌리는 것을 말한다. 칼뱅은 하나님이 우리 전체가 아니면 하나님이 아니시며, 주님은 교회 안에서만 주님이 아니라, 우리의 삶 전체가 주님이어야 한다고 말한다. 때문에 기독인은 모든 영역에서 하나님의 왕 되심을 추구해야 한다.

칼뱅은 하나님의 영광과 인간의 행복을 반명제로 본 신학의 오류를 일반은총의 개념으로 지적했다. 인간의 행복추구는 하나님이 의도하신 것이기 때문에 하나님의 영광과 인간의 행복은 반명제가 아니라 부합된 것이다. 문화란 한마디로 인간의 총체적 행동과 그에 따른 총체적 결과이며, 이것은 하나님께서 인간에게 주신 일반은총의 결과에서 온 것이다. 이것이 기독인이 문화를 긍정하는 데 토대가 되어 준, 칼뱅이 정립한 문화관이다.

칼뱅은 이어서 가장 이상적인 문화란 하나님 나라이며, 하나님의 나라 안에 있는 기독인은 인간의 삶이 모든 영역에서 주님의 뜻을 실현해야 한다고 말한다. 그는 『기독교 강요』를 통해서 사회개혁의 당위성을 설파하고, 그의 문화신학을 기초로 제네바 개혁을 실천했다. 칼뱅의 변혁적인 문화관은 자본주의 정신의 원동력이 되었으며, 나아가 그의 문화관은 19세기에 꽃 피우게 되었다. 이렇듯 기독인이 예배하는 자로만 있지 말고 사명자로 나설 것을 촉구한 칼뱅의 문화관은 현대 문화운동가에게 문화신학의 토대를 제공했다.

(2) 아브라함 카이퍼의 영역주권론 문화신학

1) 생애와 사상

카이퍼(Abraham Kuyper, 1837-1920)가 살았던 당시의 유럽은 중공업 부분에 대규모의 자본주의 경영이 행해지고, 주식이 보급되어 금융자본이 도래되던 시기였다. 금융자본이 권력화 되면서 국가의 후광을 얻게 되고,[113] 금융자본과 국가가 결합하여 유럽이 제국주의화 되어가던 당시의 시대정신은 세속주의와 인본주의, 낙관주의의 소용돌이 속에 있었다. 이때 화란(네덜란드)은 국가와 교회, 사회의 관계가 유기적이지 못하여 혼란스러웠다.

카이퍼는 이러한 시대상황 가운데 칼뱅주의적 관점에서 국가와 사회, 국가와 교회, 사회와 개인과의 관계에 대해 탐구했고, 칼뱅주의를 현실의 삶에 침투시켜 문화변혁을 주도했다.

아브라함 카이퍼는 1837년 10월 29일 네덜란드의 항구 도시 마슬라이스(Maasluis)에서 국교 목사의 아들로 태어났다. 카이퍼가 성장할 당시 화란에는 칼뱅주의자들이 세웠던 6개의 대학 중 세 개가 없어졌고, 남은 세 학교조차 자유주의 신학을 따랐다. 이런 관계로 카이퍼도 1855년 레이덴(Leiden) 대학교에 입학하여, 자유주의 신학을 배웠고, 1863년 26살에 레이덴 대학에서 박사학위를 받았다. 때문에 카이퍼는 신학적으로 자유주의에 가까웠다.

이런 카이퍼가 어떻게 변할 수 있었는가? 카이퍼가 변할 수 있었던 것은 개혁주의 신학의 전통에 있었던 평신도와의 대화를 통해서였다. 카이퍼는 1863년 여름 베이스트(Beesd) 교회의 담임목사로 청빙을 받고 그곳에서 개혁주의를 견지하고 있었던 성도들을 만나면서 개혁주의의 본질을 맛보게 되었다. 그러다가 1867년 위트레이트로 목회지를 옮기면서 '교회 개혁' 의 칼을 뽑았다. 카이퍼는 국가 교회에서 정통주의와 개혁주의적인 교인들이 합법적인 권리를 행사할 수 있도록 힘을 썼다. 그 결과 선거에서 승리했다. 하지만 정통주의자들이 교회의 개혁을 원치 않아 그들로부터 견제를 받았다.

카이퍼가 본격적으로 개혁운동을 광범위하게 펼칠 수 있었던 것은 반혁명당의 흐룬 회장을 만나면서부터였다. 카이퍼는 반혁명당을 지지하고 기독교 주간지인 《헤라우트》(De Heraut)를 통해 종교, 교육, 정치, 언론을 향한 개혁을 시작했다. 1870년 《헤라우트》를 매입했고, 1871년 1월 6일 발행된 첫 신문에서, '믿음 소망 사랑'으로 세례를 주는 국가 교회 총회에 대해 비판의 칼을 뽑았다. 그 해 "모더니즘, 기독교 세계에 있어서 신기루"라는 제목의 강연을 통해 모더니즘(자유주의)의 체계를 정면 공격했다. 하지만 총회, 여당 성직자들, 교회위원회들, 교회재판소, 교인들은 교회개혁을 원치 않았다. 단지 암스테르담 교회의 소수 개혁주의자와 철저한 정통주의자들만이 그의 사역을 높이 인정해 줄 뿐이었다.

카이퍼는 1874년 봄, 국회로 나가기로 결심한다. 주변에서 극력 반대했지만 "정치공포증은 칼뱅주의적인 것도 기독교적인 것도 윤리적인 것도 아니다."라는 유명한 말을 하고 1871년 반혁명당의 국회의원 후보자로 나섰다. 하지만 낙선했다. 카이퍼는 1872년 일간지 《슈탄다르트》에 본격적인 언론활동을 벌여, 1874년 하원의원이 되었다. 36세의 국회의원 카이퍼는 학교법과 노동법 개정을 위해 목소리를 높였다. 그리고 카이퍼는 '온건하고 자유로운 칼뱅주의적 국가대학', 신학부만이 아닌 학문의 모든 분야를 포괄하는 기독교 대학, 소유와 운영에 대하여 어떠한 외부 간섭도 허용하지 않는 '자유'의 대학, 하이델베르크 신조, 웨스트민스터 신앙고백서, 도르트 신조 토대를 인정하는 개혁주의적 대학, 국가의 장래를 책임지는 대학을 꿈꾸었다. 재원과 헌신된 교수를 구하기가 힘들었지만 1880년 10월 20일 '자유대학'(Free University)을 개교했고, 카이퍼는 '삶의 각 영역에 있어서의 주권'이라는 제목으로 개회 연설을 했다. 1880년 12월, 5명의 교수와 5명의 학생으로 강의를 시작했다. 카이퍼는 1881년 10월 20일 루트헤르스 박사에게 총장직을 넘겨주면서 "살아계신 하나님의 교회에 대한 파괴적 영향력을 끼치는 현대 성서비평"이라는 연설로 자유신학의 성경파괴운동에 대항했다.

1898년 8월 카이퍼는 미국을 방문했다. 프린스턴대학에서 명예법학학사 학위를 받았고, 10월 그 대학에서 6개의 칼뱅주의 강의를 했는데, 이것은 아직도 고전으로 남아 있다. 1901년 8월 수상이 되었으며, 1907년 그의 생일이 국가기념일로 정해졌고 1916-1917년에는 그 동안 추진해 왔던 학교문제와 선거제도 문제에 관한 헌법개정을 완성했다. 1920년 9월 헤이크 시 평의회는 카날슈트라트라는 거리의 이름을 카이퍼 박사 거리로 바꾸었다. 카이퍼는 1920년 11월 8일, 83년간의 생애를 마치고 주님 품에 잠들었다.

이상에서 보듯, 카이퍼는 근대주의에 대항하여 성경적 문화관을 바탕으로 세상을 개혁했다. 카이퍼의 옆에는 항상 시계가 있었다고 한다. 하나님 나라를 위해 순간 순간을 절약하며 삶의 체계로서의 칼뱅주의를 이론과 실천 모두에서 실현했다. 카이퍼는 화란의 역사이며 동시에 칼뱅주의의 승리라고 할 수 있다.

2) 일반은총론적 문화론

① 일반은총의 작용과 기원

카이퍼는 칼뱅의 비기독교 문화에 대한 열린 태도를 계승하지만 칼뱅보다 더 앞서 나갔다. 카이퍼는 『일반은총론』(*Gemeene Gratie*, 1902)에서 "이스라엘 백성이 종교를 위한 선민이었던 것과 마찬가지로 철학과 예술을 위해서는 희랍인이 뽑히고, 법률 영역을 위해서는 로마인이 뽑혔다."라고 하여 놀라울 정도로 개방적이고 자유로운 태도를 취하고 있다.

카이퍼는 일반은총의 기초로 성경과 신앙고백 신조, 역사적 사건을 제시한다. 먼저 죄와 저주의 억제, 그리고 저극적인 문화 형성을 타락 이전의 본래적인 창조능력에서 찾는다. 그 다음 도르트(Dordt) 신앙고백서를 근거로 타락한 인간에게 '원초적 영광의 확실한 잔류물'과 '확실한 자연의 빛'이 남아 있다고 제시한다. 마지막으로 경험영역에서도 일반은총이 존재하는 바 인간이 우상을 숭배하는 것은 예배와 경배의 필요성을 증거한다고 말한다.

카이퍼는 일반은총의 작용을 두 가지로 나눴다. 일반은총에는 죄의 억제 작용이 있는데 인간 삶의 유지와 통치 작용이라는 '영속적 작용'이 있고, 인간의 삶과 우주 전체의 삶이 점차 풍요롭게 발전하도록 하는 '진보적 작용'이 있다. 그는 죄를 억제하는 영속적 작용으로 말미암아 인간의 삶이 진보적이고 능동적으로 발전 가능하다고 보았다. 그는 두 작용의 차이를 "영속적 작용의 경우 하나님은 인간과 상관없이 단독적으로 사역하시지만, 진보적 작용의 경우 인간을 그의 사역의 '도구와 동역자' 로 삼으신다."고 말했다. 즉 하나님은 인간의 동역 없이 죄를 통제하시지만, 인간 문명의 발전과 진보는 인간의 노력, 투쟁, 발명, 협력활동 그리고 독창성의 결과물"이라고 설명했다.

카이퍼는 일반은총의 보편적 작용과 차별적 작용에 관하여 언급하면서 비록 일반은총은 보편적이지만 시 · 공간에 따라 차별적으로 작용한다고 했다. 그는 노아홍수 이후의 일반은총이 이전보다 더 강력하게 작용했다고 말했다.

이제 일반은총의 기원에 관하여 논하자. 그는 일반은총의 기원을 창조와 자연에 뒀다. 일반은총의 출발점은 원래의 창조된 세계 안에 있으며 잠재된 자연의 능력을 발전으로 이끈다. 그러므로 일반은총은 자연적이며, 자연에 무엇을 추가하는 것이 아니다. 그러므로 일반은총은 '재창조'(herschepping)이다. 재창조란 후속창조와 달리, 새로운 요소를 첨가하는 것이 아니라 왜곡된 현존재 질서를 새롭게 확립하는 것이다. 하지만 특별은총은 자연으로부터 나오는 것이 아니라 '반자연적' (tegennatuurlijk)이다.

카이퍼는 일반은총을 삼위일체 하나님에게 기원을 두면서 삼위일체 하나님과의 관계 속에서 논했다. 성부 하나님께서 오래 참으시고, 골로새서 1장 15-17절에 나타난 그리스도의 신분과 사역을 통해서 성자 하나님이 창조의 중보자로서 교회의 머리이신 왕일 뿐만 아니라 세계 전체의 왕이 되신다(엡 5:23). 그러므로 그리스도의 통치권은 사회, 정치, 민족, 학문 그리고 예술에까지 적용된다. 또 일반은총은 만물을 운행하시는 성령 하나님의 고유한 사역이다. 이와 같이 일반은총의 작용은 삼위일체 하나님과 관련이 있다.

② 일반은총의 목적과 특별은총과의 관계

일반은총의 최고 목적은 하나님의 영광이요 그분을 영화롭게 하는 것이며 '창조세계의 (잠재)능력을 계발' 하는 것이고, '특별은총의 준비' 라고 할 수 있다. 특별은총은 중생한 성도에게만 주어진다. 중생은 악(惡)으로부터 선(善)을, 불의(不義)로부터 정의(正義)를, 죽음으로부터 생명을 이끌어낸다. 중생은 인간영혼의 뿌리에 존재하는 죽음의 암세포를 수술하여, 영원하고 새로운 생명세포를 이식시키는 능력이다. 반면 일반은총은 죄를 뿌리째 뽑아내지는 못하고, 단지 죄를 통제하고 유지하는 능력이 있을 뿐이다. 특별은총은 마음의 자리를 성령에게 내주었기 때문에 내적인 변화가 일어난다. 반면 일반은총은 시민적인 선(善)을 가능케 하는 외적인 고삐로서 기능한다. 또 특별은총이 영원한 삶을 약속한다면 일반은총은 임시적인 의미만을 갖는다.

보다 구체적으로 일반은총과 특별은총의 차이점을 살펴보면 다음과 같다. 일반은총은 모든 인간에게 적용되지만, 특별은총은 택한 자에게만 적용된다. 일반은총은 특별은총과 같이 죄로부터 자유와 구원을 받을 수 없다. 일반은총은 죄의 억제기능을 하지만, 특별은총은 창조의 섭리 수행, 세계의 재생기능을 한다. 일반은총은 창조 중보자에 의해, 특별은총은 구속중보자에 의해 작용된다. 일반은총의 실제적 목적이 원(原)창조세계의 계발과 개현 그리고 특별은총을 위한 준비라면 특별은총의 목적은 택함받은 자들의 구원과 관련된다.

일반은총과 특별은총의 공통점은 다음과 같다. 두 은총 모두 직접적 기원을 본다면 초자연적이며 원래적 창조세계 안에서 작용히기에 자연적이다. 두 은총 모두 하나님의 오래 참으심에 그 심층기원을 둔다.[114]

이상에서 보듯 일반은총과 특별은총은 서로 밀접한 연관성을 갖지만, 기능과 작용면에서 볼 때 다르다 하겠다.

3) 영역주권사상에서 본 문화적 전투와 확장의 역사

① 영역주권사상에서 본 국가 · 사회 · 교회의 관계

카이퍼는 우리 삶의 모든 영역에서 그리스도의 왕권을 확립하고자 했다. 카이퍼는 그의 사상을 영역주권사상(thought of sphere sovereignty)

이라고 표현했다. 모든 창조의 각 영역은 하나님으로부터 직접 부여받은 고유한 질서와 법칙이기 때문에 대등한 상호관계를 갖고 있으며, 위계적으로 지배관계나 종속관계에 서 있는 것이 아니다.[115] 이러한 영역주권사상에 입각해서 카이퍼는 제 영역을 논했다. 그는 '칼뱅이즘과 정치'에서 국가와 사회, 교회의 관계를 논했다. 카이퍼는 우주 전체를 다스리시는 삼위일체 하나님의 주권 안에 하나님께서는 인류에게 삼중적인 지배권(1. 국가에 나타나는 주권, 2. 사회에 나타나는 주권, 3. 교회에 나타나는 주권)을 나누어주셨다고 언급했다.

먼저 카이퍼가 국가와 사회를 어떻게 구분하고 있는가를 보면, 그는 '국가'라는 개념과 '사회'라는 개념을 엄밀하게 구별했다. 국가는 인간의 타락 후 죄와 아나키즘을 억제하기 위해 신에 의해 제정된 제도로서 없어서는 안 될 보존의 수단이다. 국가는 기계론적인 성격을 지니고 있다. 반면에 사회는 가족, 과학, 예술, 농업, 공업, 상업 등등이 만들어 내고 있는 영역으로 역사의 발전 속에서 생성되고 있기 때문에 창조의 영역으로서 생명적·유기체적 성격을 갖는다. 카이퍼는 국가의 통치 형태가 군주제인가, 귀족제인가, 민주제인가 하는 것은 그다지 중요하지 않다고 보았다. 하나님의 친정은 절대군주제적 성격을 지니고 있기 때문이다. 그는 국가를 역사적인 측면에서 검토하면서 신의 주권을 강조한 나라와 그렇지 않은 나라를 비교했다.

카이퍼는 국가의 주권이 신에 있다고 생각하지 않는 '국민주권론'(프랑스혁명)과 '국가주권론'(독일범신론)을 비판했다. 하나님을 반대하고, 하나님을 무시한 이 양자 모두, 자유는 억제되고 전체주의로 떨어져 갔다고 카이퍼는 말했다. 사회계약을 체결하여 정치적 자유를 요구한 프랑스혁명은 모든 권력과 모든 권위가 인간에게서 나온다는 국민주권론으로 무신론과 완벽하게 일치하는 정치제도이다. 이들은 국민의 주권을 존중한다는 입장에서 하나님에게 대적하여 주먹을 들어올렸지만, 아이러니하게도 국민은 국가적 절대권력이라는 쇠사슬에 의해 '자유의 속박'을 가져왔다.[116] 또 독일 범신론의 철학적 산물인 국가주권론은 국가를 신비적 존재로 간주하여 국가의 의지를 최고의 위치에 놓았다. 다시 말하면 국가 의지가 작동하면 모든 것이 이 의지 앞에 굴복되어야 한다. 국가는 자기 위에 아무 것도 없기 때문이다. 국가주권론의 도달점을 카이퍼는 독일의 나치를 예로 들었다.

카이퍼는 국가에 대한 신의 주권성을 강조한 화란의 스페인으로부터의 독립, 영국의 명예혁명, 미국의 독립에 대해서 긍정적이었다. 칼뱅주의 세계에서 일어난 세 가지 대혁명은 하나님의 영광을 손상시키지 않았으며 하나님의 엄위에 대한 시인으로, 이들은 광범위한 자유를 획득해 갔다. 칼뱅주의 국가에서 하나님은 주권적 통치자, 우주의 입법자로 공경을 받으신다. 이러한 국가에서 국민은 하나님으로부터 '자신의 정부 형태를 선택할 자유'를 인정받았다. 그는 밴크로프트(Bancroft)와 호룬 반 프린스터의 말을 인용하여 "칼뱅주의는 자유의 열광자로서 문명국가에서 공법을 새로운 길로 이끌었다."[117] 고 진단했다.

다음으로 사회 영역에 관하여 살펴보자. 카이퍼는 사회 영역에서 영역주권론을 주장했다. 앞에서 잠시 언급했지만 사회는 유기적이고 정부는 기계적인 특성을 갖고 있다. 자연은 죄 때문에 낙원을 상실했지만 인간은 문화명령에 의해 자연을 다스리는 것처럼, 사회는 식물의 줄기와 가지가 자발적인 것처럼 일반은총으로 발전한다. 때문에 모든 종류의 유기체적 생명현상이 사회적 영역으로부터 나온다. 하지만 정부는 기계론적 권위를 가지고 사회생활을 공격하며 굴복시키고자 한다. 여기에 국가와 사회 간에 갈등이 있지만 사회의 영역주권론을 국가가 인정해야 한다고 주장한다.

카이퍼는 유기적인 사회적 권위를 개인의 주권과 나란히 영역의 주권으로 보고[118] 존중해야 한다고 말했다. 카이퍼는 네 가지 영역(1. 인격적 우월성에 대한 사회적 영역에서, 2. 대학, 길드, 회사 등의 단체적 영역에서, 3. 가족과 혼인생활이라는 가정적 영역에서, 4. 공동체적 자율성에서)에서 국가 정부는 법률을 강요할 수 없고 생활의 내재적 법칙을 존중해야 한다고 말했다. 카이퍼는 그 이유를 하나님은 행정관을 통하여 국가 영역에서 지배권을 발휘하듯이 택하신 거장을 통하여 이 영역을 통치하시기 때문이라고 설명했다.

하지만 카이퍼는 사회의 영역주권론을 주장하면서도 정부가 간섭할 권리가 있다고 말했다. 카이퍼는 정부가 간섭할 때 세 가지의 권리와 의무를 상기해야 한다고 주장했다. 첫째 상이한 영역이 충돌할 때 각 영역의 경계에 관하여 서로 존중하도록 강제하는 의무와 권리, 둘째 이들 영역에서 개인과 약한 자를 나머지 사람의 남용과 권력에서 보호하는 것, 셋째 모든 사람이 국가의 자연적 통일성을 유지하도록 개인적, 그리고 재정적 부담을 담당하도록 강제하는 것이다.

카이퍼는 가정과 모든 사회 영역에 나타나는 개인 영역의 주권을 언급했다. 국가 권위의 지배권과 마찬가지로 하나님 안에 있는 개인도 하나님 안에서 영역 주권을 가지고 있다고 말했다.[119]

카이퍼는 사회적 영역에 대한 영역 주권이 현대에 와서 제대로 작동되지 않기 때문에 교회의 역할이 중요하다고 말했다. 오늘날 사회적 영역도 기계론적이고 비인격적으로 타락해 버려, 현대는 '나-너'의 인격적 관계에서 '물체-그것'의 비인격적 지배로 바꾸어 버렸다. 카이퍼는 오늘날 사회의 공적 영역에서 덕으로 행해지는 정치는 존재하지 않는 것을 예로 들었다. 그리고 카이퍼는 이러한 시대 상황 속에서 어떻게 해야 할 것인가에 대한 대안을 제시했다. 요약하면 그리스도의 자유를 통해서 신의 법이 지배하는 사회를 창조해야 한다는 것이다. 그것은 곧 기독인으로서 사회 각 영역에서 '양심의 자유'라는 싸움을 실행해 가는 일이다. 카이퍼는 이것의 실천 방향을 교육과 교회론의 재정립에서 찾고 있다.

② 교육의 자유획득의 싸움

1874년 카이퍼는 그의 동료들이 정치에 참여하는 것에 이의를 제기했지만, 그는 "정치공포증은 킬빈주의적인 것도 아니고 윤리적인 것도 아니다."라며 하원에 진출했다. 그는 하원으로서 행한 최초의 연설에서 "학교문제"를 다루었다. 화란에서는 1857년 이후 종교학교 설립이 가능했지만 이 학교의 재원은 부모가 부담했다. 정부는 공립학교에만 재정지원을 했다. 이러한 정부 방침에 카이퍼는 반대 연설을 했다.

종교 학교에 재정을 지원하는 문제는 그 후에도 화란사회에서 계속 논의되었고, 1917년에야 해결을 보았다. 그 결과 기독교 학교도 공립학교와 마찬가지로 똑같은 기준에서 재정원조를 받게 되었다. 이것은 교육을 위해 카이퍼가 획득한 쾌거로 기독교 민주주의에 있어서 기념해야 할 사건이었다. 우리는 카이퍼의 반혁명당(1879), 암스테르담 자유대학(1880), GKN(화란 개혁교회 총회파, 1892)의 탄생을 자유를 획득하고자 하는 외로운 투쟁의 배경 속에서 이해해야 한다.

카이퍼가 염려했듯이 학교문제는 1877년 '공립학교에만 재정원조'를 하는 법안으로 국회에 상정되었고, 상·하원 모두 통과되었다. 카이퍼는 《슈탄다트》를 통해 부모의 재정부담이 한계에 와 있다는 것을 발표하여 국민적 여론을 불러일으키는 한편, 동지들과는 국왕 앞으로 탄원서를 만들어 서명운동에 들어갔다. 그리고 프로테스탄트 30만 5천 명, 가톨릭 16만 4천 명의 서명을 받아냈다. 당시 하원의원의 선거권이 주어진 인원수가 12만 2천 명인 것을 생각하면 서명자의 숫자는 놀라운 것이다. 하지만 국왕은 탄원서를 접수 받지 않고 법률에 서명했다. 그러나 실질적으로 카이퍼가 승리했다. 그 다음 해 이 운동을 계기로 '성경이 있는 학교 협회'가 창설되어 기독교학교 운동이 힘을 얻었을 뿐만 아니라 2년 후에는 가톨릭까지 협력해서 반혁명당(1879)이 조직되었기 때문이다. 또 1880년 10월 20일 '자유대학'이 개교했고, 카이퍼 박사는 "삶의 각 영역에서의 주권"이라는 제목으로 개교 연설을 했다. 자유대학의 설립은 카이퍼의 넓은 이상, 박력 있는 지도력, 훌륭한 설득력, 탁월한 조직력과 엄청난 추진력 때문에 가능했다고 할 수 있겠다.

카이퍼는 교육의 자유획득 싸움에서 승리했다. 19세기 후반 화란국민이 만들어낸 자유획득의 역사 배후에 기독교 신앙이 있고 거기에 카이퍼는 중심적인 역할을 했다. 화란사회는 1960대 이후 세속화가 심하게 진행되었지만 아직 초등학교의 75%가 기독교 학교이다.

③ 교회의 자유획득 싸움

'자유스러운 국가에 있어서의 자유로운 교회', 카이퍼는 교회의 형태에 다양성과 자유를 자신의 모토로 삼았다.[120] 그리고 정부는 이것을 보증하는 일이 의무라고 말했다. 종교적 관용은 화란의 전통으로 칼뱅주의 나라에서는 온갖 교회형식이 자유롭고 다양하게 나타났다. 따라서 화란에서는 유대교도 호의적으로 받아들여지고, 루터교도 존경을 받고, 감리교도 번영하였으며, 가톨릭에마저도 자유가 주어졌다. 또 영국에서 추방된 회중파도 화란에서 안식을 찾았다.[121]

카이퍼가 모토로 삼고 있는 '자유로운 국가에 있어서의 자유로운 교회'는 칼뱅을 넘어섰다. 카이퍼에게 있어서 자유로운 교회에 대한 신념이 얼마나 철저했는지는 세속화된 '국가 교회'(HKN)로부터 화란개혁교회 총회파(GKN)의 이탈만이 아니고 개혁파 신조 36조 후반의 일부분을 삭제한 데서 알 수 있다. 즉 "위정자의 임무는 시의 안녕을 옹호하고 감시할 뿐만이 아니고 또 성직자를 보호하고 일체의 우상 예배와 신에 대한 잘못된 예배를 제거하고 붕괴케 하는…."이라는 글에서 "또 성직자" 이하의 글을 1905년에 삭제했다.[122]

카이퍼는 역사적 사실을 통해 칼뱅주의에서 새롭게 창조한 것을 찾아야 한다고 말했다. 카이퍼는 민족이 하나의 종교에서 시작되었지만 가시적 교회의 절대적 통일성을 더 이상 유지할 수 없다는 사실을 인정해야 한다고 말했다. 그리고 정부는 그리스도 교회의 복합적 현현을 존중해야 한다고 말했다. 그는 러시아의 차르의 황제교황주의제도, 로마가 가르치는 교회의 종속, 루터파 법학자의 동일 지역의 동일 종교, 프랑스혁명의 비종교적인 중립적 관점은 잘못된 것이라고 반박했다. 특히 로마 교회가 정치와 결탁하여 세상을 로마 교회의 공포 속에 떨게 했다고 말하며, 먹을 양식도 없이 떠났던 제자들의 모습 대신에 교회는 웅장한 궁궐이 되었고, 갈릴리 어부의 계승자들인 교황은 왕족처럼 화려하게 살았다고 비판했다. 카이퍼는 "칼뱅주의가 양심의 자유를 높이 찬양함으로써 가시적 교회의 모든 절대적 특성을 원칙적으로 버렸으며,[123] 가시적 통일성이 부서지는 곳에 자유의 새벽이 동터온다."[124] 고 말했다. 또 국가와 교회의 관계에서, 각자 자신의 영역에서 하나님께 순종하고 그를 존귀하게 하는 데 이바지해야 한다고 주장했다.

신학자이며 목사로서의 카이퍼의 관심은 교회를 올바르게 규정하는 것이었다. 카이퍼는 첫 목회지(1863-1867)에서 가시적인 교회와 불가시적인 교회를 구분했다. 불가시적 교회란 하이델베르크의 제21항과 사도신경을 고백하는 선택된 자들의 모임을 뜻하며, 가시적인 교회는 두 서너 명이라도 그리스도를 고백하는 그곳에 있으며 그들의 삶을 통하여 믿음이 드러나는 것을 말한다. 다시 말해서 그리스도의 몸을 이루는 구성원들이 어디에 있든지 성도 간에 교회의 표지를 통해 교제를 한다면 그곳에 교회의 본질이 존재한다는 것이다.

카이퍼는 1870년에 사회 영역이 유기적이라고 하는 생각에 기초하여 교회론에 있어서 '유기체로서의 교회' 라는 발상을 이끌어 냈다. 카이퍼의 유기체로서의 교회와 제도로서 교회의 구별은 가시적 교회 속에 두 종류의 존재 형태가 있다고 하는 생각이다.[125] 유기체로서의 교회는 제도로서의 교회가 생기기 이전에 이미 신자의 무리와 성령에 의해 맺어진 신자의 공동체인 경우도 존재하고, 특별한 영역에서 부름을 받은 공동체인 제도적 교회를 포함한다. 반면에 제도로서의 교회는 교회 통치를 위한 직무가 있고, 설교와 예전의 외적인 표시를 갖고 있다.

아브라함 카이퍼가 말하는 유기체로서의 교회는 기독교 문화 형성에 중요한 원리로서 작용한다. 제도적 교회는 사회적이며 정치적인 활동에 제한적이다. 제도적 교회는 하나님의 특별은총으로부터 유래되기 때문에 '여기와 지금' 보다 장차 다가올 삶에 그 초점을 모은다. 제도적 교회는 강조점이 다가올 미래에 있는 것이다. 특별은총의 목적은 주권자이신 하나님을 높이고 영광을 돌리는 것이며, 구속 사역이 그 주요 임무이다. 그러므로 제도로서의 교회는 사회·정치 문제에 간섭할 수 없다. 하지만 제도적인 교회도 사회에 간접적으로 영향력을 미친다. 제도적 교회는 일반은총의 영역인 인간사회에 영향을 끼치는데 거울처럼 자신의 모습을 반영하는 간접적인 작용을 통해 사회와 문화의 발전을 가속화시킨다. 말씀의 선포와 성례의 집행을 하는 제도 교회는 그리스도께서 모든 피조물의 왕이심을 인정하고 고백하는 삶을 통하여 세상을 위한 본이 되어야 한다. 하지만 제도적 교회는 사회와 문화 영역을 지배할 수 없다.[126] 유기체로서의 교회는 하나님의 특별은총으로 성령을 받아 변화된 지체들이 제도적 교회 밖에서 현 세상에 영향을 끼칠 수 있다. 유기체적 교회는 성도들이 공동체적 삶과 그들의 직업을 통해 가시적인 형태로 나타난다. 즉 기독인들이 조직된 형태로 사회, 정치, 경제, 그리고 교육이라는 전 영역에 참여하여 사회를 변혁시킬 수 있다. 유기체적 교회는 제도적 교회 안에 존재하지만 영원하다는 특징을 갖는다.

카이퍼는 유기체적 교회로서의 성도는 창조의 구조에 위배되는 탈-은총(dis-grace)에 맞서 대항하는 한편 기독교 문화의 형성에 적극적으로 앞장서야 한다고 말했다. 성도는 탈-은총에 맞서 조직적으로 영적인 투쟁을 하여야 하며, 문화를 재창조하기 위해 학문과 예술 분야에 심혈을 기울여야 한다.

이상에서 보듯, 카이퍼는 제도적 교회는 정치에 간섭해서는 안 되고, 유기체적 교회인 성도들이 조직적으로 문화변혁을 위해 활동해야 한다고 역설하고 있다. 그렇다고 카이퍼가 제도적 교회의 문화적 사명을 소홀히 다룬 것은 아니다.[127] 카이퍼의 교회론은 한국 교회가 직면하고 있는 혼란스러운 점을 정리하는데 일정한 기여를 할 수 있는 좋은 개념이라고 생각한다.

④ 학문의 자유 획득의 싸움

카이퍼는 제4강 '칼뱅이즘과 과학'에서 자연과학과 신앙문제를 거론한다. 역사적으로 칼뱅이즘은 과학의 자유로운 발전을 보았다. 그 이유는 일반은혜론과 영역주권론 때문이다. 한 예를 들면, 전날의 로마 가톨릭에 의한 갈릴레오의 종교재판은 과학의 자유스러운 탐구에 대한 억압이었다. 이 사건은 일반은혜의 영역에 제도로서의 교회가 개입한 것이라서 문제가 있었다. 과학적 진리 영역에서의 거장은 교회도 아니고 국가도 아니다. 그것은 대학이다. 때문에 카이퍼는 프로테스탄트적 원리에 입각하여 자유대학을 설립하고 의미를 부여했다. 이 일은 당시에 파격적이었다. 왜냐하면 프로테스탄트적 원리로서의 기독교 세계관으로부터의 학문, 이것은 19세기의 학문계에 있어서는 하나의 모험이었기 때문이다. 즉 제 과학이 신학으로부터 자유롭게 되었고, 과학의 가치중립을 주장하는 시대에, 기독교 세계관으로 정치와 사회생활만이 아니고 학문세계에도 기독교적 가치를 강하게 밀고 나간다는 것은 모험에 가까운 일이었다. 이러한 사정은 카이퍼와 동시대 사람인 막스 베버(Max Weber, 1864-1920)의 사상과 비교하면 극명하게 드러난다.

두 사람은 동시대인으로 서로를 잘 알고 있었으며, 양자 모두 세계관이 갖는 중요성을 강조했다는 점에서 문제의식을 공유하고 있었다. 그러나 베버는 세계관의 힘을 인정하면서도 정치와 사회 영역 그리고 특히 학문 세계에서는 극력 배제하려고 했다. 즉 그는 사회과학의 가치중립을 주장하고 '객관성'을 확보하려고 했다.[128] 베버는 제 세계관의 우열이 최종적으로 '신들의 투쟁'이 되어서 운명적인 힘에 맡겨진다고 보았다.

그러나 카이퍼는 정치 · 사회생활만이 아니고 학문도 세계관에 영향을 끼친다고 생각했다. 기독인은 인생의 전 영역에서 그리스도의 주권을 인정하기 때문에 기독교 세계관의 포괄성을 주장한다. 그리고 카이퍼는 기독교 세계관으로부터 학문과 교육을 실천하기 위해 실천적으로 자유대학을 세웠다. 그러자 베버는 이웃 나라의 수상이 된 카이퍼의 교육정책에 강한 관심을 갖게 되었고, 그 영향으로 그의 사회과학 방법론은 말년에 가서 변하게 된다. 그것은 현재 '이해의 사회학'이라고 알려져 있다. 이해의 사회학이란 사회 · 역사의 현장은 주관적인 의미와 동기를 가지고 이루어지므로 그것을 내면적으로 인식해야 한다는 것이다. 물론 베버는 외면적 관찰에 의한 경험적 규칙성을 무시하지는 않았다.[129] 말년에 베버는 경험적 규칙의 단순한 설명이라는 가치중립적 방법으로 학문을 하는 것이 아니고, 해석학적 이해가 깊게 학문의 방법에 관계했던 것이다.

카이퍼의 영역주권에 바탕을 둔 교회와 대학의 분리론은 큰 줄기로 볼 때 잘못이 아니다. 오히려 그는 선견자의 역할을 했다. 베버가 '신들의 투쟁'에 정치와 사회생활의 영역을 맡겼기 때문에 민중은 나치의 대두를 시인했고 그 운명적인 힘에 복종했다. 이것은 베버가 택한 가치판단의 중립이라는 학문의 방법에 기인한 것으로 모든 것을 무비판적으로 추인하고만 결과였다. 때문에 수많은 사회문제가 불거지고 말았다. 반면 카이퍼는 정치 영역에서 기독인으로서의 소명을 다하고자 기독교 민주동맹을 형성하여 기독교 세계관을 현실 정치에 침투시키고자 했다.

카이퍼는 칼뱅주의가 일반은총으로 학문에 자유를 주었기 때문에 신앙과 학문과의 관계를 갈등으로 보아서는 안 된다고 말하며, 학문은 학문 원리에 입각한 자유로운 탐구의 충돌로 보아야 한다고 말했다. 카이퍼는 두 개의 학문 원리가 갈등을 일으키고 있다고 진단했다. 그것은 정상적인 상태와 비정상적인 상태라는 학문적 체계의 대립이다.[130] 두 학문은 자신의 세계관을 출발점으로 전체 생활 영역에서 서로 다투고 있다. 정상론자들(normalists)은 우주를 진화론적으로 이해하여 기적을 믿지 않기 때문에 저급한 도덕적 입장에서 고급한 도덕적 입장으로의 진화를 주장한다. 반면에 비정상론자들(abnormalists)은 상대적인 진화를 공정하게 판단하지만 무한한 진화를 반대한다. 이들은 오로지 중생하는 힘만이 우주의 최종 목표에 도달할 수 있다고 보기 때문에 죄의식과 신앙의 확실성과 성령의 증거로 의식을 구성한다.

카이퍼는 정상론자와 비정상론자 사이에 중립은 존재하지 않기 때문에 평화적 공존이 불가능하다고 말한다. 그러므로 우리는 세계관으로서의 학문의 체계 속에서 조직적인 힘으로 정상론자들의 세계관과 싸워야 한다. 신자들은 자유스러운 조직을 통하여 노동, 산업, 교육, 과학, 예술, 정치 등의 각 영역에서 반기독교적 조직체에 대항하는 기독교 조직체를 구성해야 한다. 이것을 카이퍼는 '조직적인 반정립'이라고 명명했다.

4) 현대적 의의

카이퍼는 인격에 기초한 내면의 문화는 핵심까지 썩었지만, 경험과학에 입각한 외형적 문화는 현란할 정도로 발전할 것이라고 보았다. 그는 내면적 문화의 쇠퇴가 곧 외형적 문화의 번창을 야기시키고, 외형적 문화의 발전은 내면적 문화의 피폐와 고갈을 불러일으킨다고 보았다. 그리고 그 타락의 책임이 영적으로 타락한 기독교 교회에 있다고 말했다.

카이퍼는 종교개혁이 가져다준 새로운 자아의 탄생을 망각하고 가장 위험한 상태로 몰고 간 1789년의 프랑스 대혁명에 대해서 아주 비판적이었다. 칼뱅은 신 앞에서 양심의 자유를 말했지만 프랑스는 모든 권위로부터의 자유를 내걸고 칼뱅주의 원리와 정면으로 대립했다. 칼뱅이 말하는 죄에서 자유롭게 되었다는 마음은 이 세계가 신의 창조물임을 알아차리기 때문에, 신과의 관계에서 죄(파괴된 관계)와 은혜(회복된 관계)인 두 개의 관계만 있을 뿐이다. 하지만 프랑스혁명은 자기의 자리를 찾기 위해서 신의 권위를 인정하지 않고, 자신의 자유의지와 선의 즐거움에 이끌려 자신이 주인이 되고 말았다. 프랑스혁명의 자유는 혼인의 가치를 추락시키고 욕망으로 가정을 파멸시켰으며, 성 범죄에 빠지고 말았다. 카이퍼는, 앞으로 양심의 소리는 더욱 더 들리지 않을 것이라고 말했다.

카이퍼는 반신문화가 더욱 기승을 부릴 것을 말하며 종말에 대한 완만성을 말한다. 예수께서는 재림 이전에 존재할 장구한 역사적 과정, 역사의 오랜 연장을 마태복음 13장의 '씨 뿌리는 비유', '겨자씨 비유', '누룩 비유'에서 말씀하셨다. 비유들은 '발아 ―성장―성숙 ―추수'라는 '완만하고도 오랜 과정'을 말하고 있다. 장구한 역사의 흐름은 '창조세계의 (잠재)능력'의 완전한 발전을 위해서 필요할 뿐 아니라, 죄의 세력이 그리스도의 재림 이전에 적그리스도에 이르러서 최고 절정에 도달하기 위해서도 필요한 것이다. 그러나 역사종말이 그리스도의 재림이라는 초자연적이고 급진적인 돌발현상에 의해 이루어지기 때문에 종말은 긴박성을 띤다.

카이퍼는 종말에 대한 긴박성과 완만성 사이에 반신적인 문화가 더욱 기승을 부릴 것이지만 창조세계가 품고 있는 잠재능력의 발전과 개현을 위해 기독인은 양심과 공동체 형성, 나아가 영적인 전투를 해야 한다고 말하며, 몇 가지 제언을 했다.

첫째, 칼뱅주의는 더 이상 현재 존재하는 곳에서 무시되어서는 안 되고 그 영향력이 계속되는 곳에서 강해져야 한다. 둘째, 칼뱅주의의 원리는 우리 시대의 요구와 일치하여 발전되어야 하며 삶의 다양한 영역에서 계속 적용되어져야 한다. 셋째, 여전히 칼뱅주의를 고백한다고 주장하는 교회는 자신의 고백을 부끄러워하기를 그쳐야 한다.

카이퍼는 이교적 사상과 이교적 열망과 이교적 이상이 점점 기반을 석권하고 있는 이때에 "원리는 원리에 맞서서 세계관은 세계관에 맞서서 영은 영에 맞서서 증거해야 한다."[131]고 말한다. 기독인은 삶을 소생시키는 것이 사람에게서 나오는 것이 아니라 하나님의 대권에 속하는 것을 인정하고 위의 네 가지를 강력하게 실천하고 주장해야 한다.

카이퍼는 이 사회 속에서 기독인의 3중적 사명을 강조한다. 첫째, 교회의 구성원으로 생활하는 것, 둘째, 그리스도의 지체로서 사회 안에서 생활하는 것, 셋째, 사회의 복지를 추구하고 참여하는 것이다.[132] 카이퍼는 스킬더와 달리 인간의 타락에도 불구하고 일반은총에 의해 부여된 신자와 불신자 사이의 공동의 영역을 인정하고 있다.[133]

우리는 카이퍼의 "칼뱅주의는 영원한 본향을 향하여 가는 길에서 지상의 중요한 일을 행해야 하는 순례자가 되었다."[134]라는 말을 되새겨야 한다.

(3) 존 웨슬리의 이론과 실천 통합적 문화신학

1) 생애와 사상

존 웨슬리(John Wesley, 1703-1791)는 영국 국교 사제관에서 태어났다. 그는 모친 수잔나에게서 신앙의 훈련을 받았고, 옥스퍼드에서 신학교육을 받고 목사가 되었으며, 링컨 대학에서 선생으로 재직했다. 1729년 '신성 클럽'을 결성하여, 그곳에서 조지 휫필드(George Whitefield, 1714-1770)를 만났다. 그곳에서 그들은 학문에 열중하고, 매일 밤 모여 기도하며 가난한 자를 돕고, 감옥에 갇힌 자를 위로하며 신앙서적을 읽었다. 한편 이들을 감리교도(Methodist)라고 불렀는데, 메쏘디스트라는 말은 대학에서 정해준 학문을 열심히 지킨다는 의미이다. 한편 '신성 클럽'(Holy Club)은 1735년 웨슬리 형제가 미국으로 선교를 위해 떠나자 해체되고 말았다.

회심 이전의 웨슬리의 신앙은 인간 중심주의였다. 1738년 5월 24일 기도모임에서 루터의 로마서 주석 서문을 읽으면서 "가슴이 이상하게 뜨거웠고, 그리스도만이 우리를 구할 구원자라는 믿음을 강렬히 느꼈다."고 한 그는 1739년 다시 성령의 임재를 체험했다.

웨슬리는 조지 휫필드라는 웅변가적 설교가와 동생 찰스 웨슬리라는 찬송가 작곡가를 동역자로 두어 영국의 부흥운동을 이끌었다. 웨슬리는 휫필드의 제안으로 야외에서 설교를 시작했다. 조지 휫필드는 칼뱅주의자였고 존 웨슬리는 알미니안주의자로서 교리가 달랐지만 이들은 복음 전파에 서로 협조했다. 하지만 휫필드는 존 웨슬리에게 공적 지도권을 양보하고 순회 전도에 열중했다. 또 동생 찰스(1707-1780)는 웨슬리의 설교 못지않게 감명 깊은 찬송가로 대중들을 회심시켰다. 찰스는 6,270편의 찬송가 작곡자로, "주 사랑하는 자", "만 입이 네게 있어도", "오늘 다시 사심을" 등으로 우리에게 잘 알려져 있다. 웨슬리는 25만 마일을 여행했으며, 4만 번의 설교를 했다. 그는 들판이나 길거리에서 폭력적인 반대에 부딪혔지만 하나님에 대한 신뢰로 힘든 상황을 극복했다.

휫필드는 감리교 지도자를 그만두고 미국에 가서 순회 설교를 했다. 그는 미국 대각성운동의 필수적인 구성요소가 되었다.

웨슬리의 직접적인 동역자들은 아니라고 하더라도 이 시대 '크라팜 섹트'를 중심으로 한 복음주의자들의 동역과 후원이 웨슬리의 부흥운동에 힘을 실었다. 웨슬리가 영국의 노동자들을 중심으로 복음을 전했다면, 복음주의자들은 위로부터 아래로의 개혁을 시도했다. 특히 평신도 지도자들은 프로테스탄트로서 사회적으로 막중한 영향력이 있는 인도 총독, 동인도회사 사장, 식민지 책임자, 의회의원, 대은행장, 자선 사업가, 정치평론가로 자신들의 직업을 거룩한 소명으로 간주하고 개혁에 솔선했다.

웨슬리는 새로운 교파를 만들려고 하지 않았다. 그는 단지 사람들에게 복음을 전하고, 그들을 양육하는 것에 목적을 두었을 뿐이다. 그러다가 1739년에 감리교 예배당을 건립했고, 구역을 조직했으며, 감리교를 만들게 되었다. 1751년 결혼했고, 1790년 10월 6일에 최후로 야외 설교를 했고, 1791년 3월 2일 향년 88세로 서거했다.

웨슬리의 영성은 정적인 상태가 아니라 역동적인 봉사와 교육제도와 감방제도, 노예제도 등과 같은 사회개혁을 포함하고 있다. 웨슬리는 그 당시의 사회 제반의 문제, 즉 인구 문제, 도시의 팽창, 농촌의 황폐, 실직자 문제, 빈민과 질병의 문제, 노예 문제 등의 개선에 열의를 보였다. 그는 "기독교는 근본적으로 사회적 종교로서 만일 교회를 사회와 고립된 종교로 만들면 기독교는 사라지고 말 것이다."[135] 라고 말하면서 사회의 구원, 사회의 성화를 강조했다.

프랑스 역사학자 엘리 할레비는 『영국 메도디즘의 탄생』(1913)에서 영국은 웨슬리의 부흥운동으로 혁명의 위기에서 벗어났다는 가설을 세웠고, 케인즈(1960)도 1739년 이후에 영국 사회의 역동성은 웨슬리가 일으킨 부흥운동의 결과였다며, 이는 영혼구원과 문화에 대한 봉사를 병행한 결과였다고 평가했다.[136]

2) 18세기 전반기 영국의 부패

1738년 버클리 감독은 18세기 전반기 영국은 "기독교 국가에서 유래가 없을 정도로 부패했다."[137]고 말했다. 당시의 부패상을 몇 가지로 나누어 살펴보면 다음과 같다.

첫째, 영국의 정치는 뇌물, 부패, 사기, 속임수가 톱니바퀴처럼 맞물려 돌아갔다. 정치지도자들은 의원직을 사고 팔았으며, 왕에게 뇌물 공세 등을 펼치고 백성을 수탈했다. 이들은 종교를 국교로 만들어 그들의 영향력을 확대했다.

둘째, 자본가들은 기계화되자 저임금으로 노동을 착취했다. 아이와 여성을 고용하여 가장 중에 실직자가 늘었고, 심지어 5-6세 미만의 어린이들이 공장이나 탄광에서 하루 12-13시간을 일해야 했으며, 특히 광부들은 하루에 1실링을 받고 하루 16-17시간 노예처럼 일했다. 농촌에서 끌려온 아이들은 감금 상태에서 노동을 해야 했다. 당시 어린이 4명 중 3명이 15세 이전에 죽었다.[138]

셋째, 당시의 형법은 그 어느 나라의 법보다 야만스럽고 살벌했다. 특권층을 보호하기 위해 사형에 해당하는 죄가 200개가 넘었고, 간수들은 봉급이 없었기에 뇌물, 수수료, 팁 등으로 생계를 유지했으며, 심지어 죄수들에게 술과 마약, 매춘을 알선하여 수입원으로 삼았다. 교도소는 지옥 그 자체였다.

넷째, 노예기업가는 노예선원을 조달하기 위해 인신매매를 했고, 이러한 유괴와 납치는 인명 경시의 풍조를 낳았다.

다섯째, 당시의 오락은 인간 본성의 가장 물질적이고 가장 저열한 측면에 호소했다. 스포츠는 곰과 황소, 오소리 괴롭히기 등, 생명이 있는 동물들을 괴롭히는 것으로 오락을 삼았다. 곤봉경기는 상대방의 머리에 피를 먼저 흘리게 하면 이겼다. 스포츠가 잔인성 그 자체였다. 정부는 복권을 팔아 웨스트민스터 다리를 건설(1736)하거나 영국박물관을 건립(1753)하여 도박중독자를 양산했는데, 수상이 딸인 펠헴이 도박중독자였을 정도였다. 정부와 상·하층 모두 탐욕의 노예가 되었다.

여섯째, 종교는 영적인 마비 상태에 있었다. 성직자 회의가 허용되지 않았고, 의식 있는 교구 목사들을 숙청하거나 충성서약을 요구했으며, 그것을 거부하면 추방했다. 그 결과 교회는 부자들이 빈민을 착취하는 데 동조했고, 노예제도를 전혀 문제 삼지 않았으며, 성직이 뇌물에 의해 좌우되는 현상이 나타나게 되었다. 고위 성직자들은 재물과 권력획득, 가족 챙기기에 앞장섰다.[139] 성직자들은 이신론의 영향을 받아 영적인 샘물이 고갈되어 냉랭한 설교를 했다. 비국교도들도 사회문제에 무관심했다. 그 결과 옥스퍼드 감독인 세카가 말한 대로 사람들이 기독교를 공개적으로 무시하게 되었다.

일곱째, 각국의 이주민이 증가해 인구가 팽창했으며, 상공업의 발달로 인해 도덕적인 해이가 팽배했고, 기계화로 인한 실직자가 대량으로 양산되었다. 뿐만 아니라 농민들의 노동자화 등 다양한 문제가 야기됐다.[140]

3) 웨슬리 개혁운동의 자양분

과학의 발견과 지성의 발달로 인한 새로운 세계관의 대두와 영국 사회의 총체적인 부패는 기독교에 치명적인 위협이었지만, 18세기 초에 선교의 비전이 대륙과 영국 개혁주의 안에서 나오기 시작했고, 이러한 것과 함께 감리교 대각성 운동 등으로 새로운 큰 파도가 일어났다. 웨슬리의 개혁운동은 이러한 파도의 중심에 있었다. 웨슬리는 영국의 청교도 운동, 독일의 경건주의 운동, 고교회적 전통, 종교적 합리주의에 대한 반동 등을 자양분으로 하고 있다.[141] 이 점에 대해서 간략하게 살펴보자.

첫째, 영국의 청교도 운동 – 많은 학자들이 웨슬리의 부흥운동을 청교도가 시도했으니 성취하지 못한 개혁운동의 완성이라고 보고 있다. 웨슬리의 50권으로 된 『기독교 총서』를 보면 60명의 저자 중 32명이 청교도 저자로 청교도적인 요소가 7,200면이고, 국교적인 요소는 3900면에 불과했다. 청교도 운동의 중심은 하나님의 말씀이 사회 전체에 꿰뚫고 흐르는 신정정치 체제였기 때문에, 그들은 거룩한 공동체를 만들려는 행동주의로 나타났다. 따라서 웨슬리의 삶과 사역은 청교도의 정신을 실현한 찬란한 빛이라 볼 수 있다.

둘째, 독일 경건주의 – 경건주의 운동은 여섯 가지 프로그램을 제공한다. 성경을 열심히 읽을 것, 신자들의 영적인 제사장직의 실현, 단순한 교리의 지식에서 벗어나 실천에 힘쓸 것, 신학적인 논쟁은 극히 필요한 경우로만 제한할 것, 신학교육과 제도를 개혁할 것, 수사학적 설교가 아닌 덕성과 영성 함양의 설교로 돌아갈 것이다. 경건주의자들은 의식이나 형식 그리고 관례 등을 뛰어넘어, 실제적인 변화를 강조했고, 소그룹을 통한 영적 성장을 이끌었다. 따라서 경건주의 운동은 웨슬리의 감리교 제도와 비슷한 점이 많다. 특히 웨슬리에게 영향을 끼친 것은 진젠도르프의 모리비안 운동으로, 웨슬리는 영국에 이식된 모리비안과 영적인 교류를 하면서 회심했기 때문에 큰 영향을 받았음을 유추할 수 있겠다.

셋째, 고교회적 전통 – 웨슬리와 고교회적 전통은 직접적이지는 않지만 작은 그룹을 이루어 대화를 나누며 엄격한 규칙에 따라 살도록 한 점에서 유사하다. 웨슬리가 신성클럽을 이끈 것은 고교회적 전통에 영향을 받았다고 할 수 있겠다.

넷째, 종교적 합리주의에 대한 반동 – 당시 영국 교회는 성경비평과 이성을 신격화하여 살았으나, 이들의 신앙은 죽은 것과 다름없었다. 웨슬리의 각성운동은 이러한 사조에 대한 반동으로 나타난 것이다.

4) 웨슬리 사회개혁의 문화적 성격

① 조직 정비

웨슬리는 단순한 설교가가 아니다. 그는 영적 운동의 조직가로서 영성을 키우는 한편 그 영성을 토대로 문화운동을 전개했다. 웨슬리가 강조한 것은 성결을 온 세상에 확산시키는 것이었다. 그는 야외 설교에서 거둔 열매를 보존하기 위해서 1743년 신도회(The Societies)를 조직했다. 신도회는 주류거래나 고리대금업, 밀수 등의 사회에 악을 끼치는 죄를 멀리하고, 적극적으로 봉사하라는 선을 강조했다. 신도회는 초기 단계에 조직되었지만 영적인 것과 사회적인 것이 견고하게 결합되었다.

또 웨슬리는 1742년 속회(The Classes)를 탄생시켰다. 속회는 12명 단위로 조직하여 회당 건립을 목적으로 했지만 점점 성도들에게 도덕적 양양, 영적 성장, 자기표현, 사회봉사에 대한 자극을 주었다. 그는 영성을 토대로 대중들에게 문화운동을 전개하라고 격려했다. 속회 활동은 대중들에게 말하는 기술, 프로그램을 조직하는 기술을 습득하게 했다. 속회는 영국의 민주주의를 앞당기는 데 기여했다고 평가할 수 있겠다.

다음으로 웨슬리는 더 전문화된 소그룹인 조(The Bands)를 조직했다. 조에는 6명 단위로 관심사가 비슷한 사람끼리 모았으며 신도회원의 20% 정도가 참여했다. 웨슬리는 조원들에게 선을 장려했다.

웨슬리는 1743년 특별신도회(Select Societies)라는 사랑, 성결, 그리고 선행에 진보를 보인 사람들로 조직을 만들었다. 이 모임은 아주 신앙이 돈독한 성도들로 조직했으며, 이 모임에 있었던 일은 절대로 밖으로 옮기지 않는 것을 원칙으로 했다. 이들은 모든 물건을 공유하고, 일주일에 한 번씩 공동체에 도움이 될 수 있는 것을 가져오는 원칙을 정했다. 영적으로 높은 수준의 사람들로 조직된 이 모임은 그러나 오래 지속되지 않았다.

이상에서 보듯, 웨슬리는 신도들을 잘 조직하여 영적인 것과 사회적인 것을 견고하게 조화시켰다.

② 빈곤과 질병의 문화개혁

웨슬리는 빈곤의 문제 해결을 위해 경제문제에 관한 의식 개혁을 대중들에게 시도했다. 웨슬리는 모든 재물은 하나님께서 맡기신 것이므로 소유권을 절대화하지 말고 청지기로서 소유권을 행사하라고 대중들에게 말했다. 그는 특히 노동자들에게 돈 사용의 세 원리를 설교했다. 제1원리는 '열심히 벌어라'였으며, 제2원리는 '할 수 있는 대로 열심히 저축하라', 제3원리는 '할 수 있는 대로 많이 주어라'였다. 그는 부자가 되는 것 자체가 죄가 아니라고 가르쳐 감리교인들의 경제 수준을 향상시켰고, 실제로 그 가운데 상당수는 부자가 되었다. 그는 감리교인들의 부의 축적이 늘어나는 것을 보면서 충실하고 지혜로운 청지기가 되자고 지속적으로 설교했다.[142] 니버는 웨슬리의 이러한 재분배의 장려가 상호협조와 협동정신을 낳았다고 평가했다.[143]

한편 그는 "돈을 사랑함이 모든 악의 뿌리이다"라는 사도 바울의 말씀에 따라 돈 사랑의 위험과 그 불행의 결과에 경고했다. 그는 재산 상속에 대해서, 가족에게 먹고 살 수 있을 만큼만 물려주고, 나머지는 하나님께 영광을 돌리는 방법을 강구해야 한다고 주장했다.

웨슬리는 가난한 사람들에게만 경제 의식을 개혁시킨 것이 아니라 부자들에게도 경제 의식을 고취했다. 웨슬리는 하나님께서 부자들에게 복 주시기를 바라는 대로 부자들도 가난한 자들에게 나누어주라고 설교했다.[144) 그는 가난한 자에게 직접 주는 것이 하나님께 드리는 것이라고 말했다. 그는 '부의 위험'이란 설교에서 부의 재분배를 강렬하게 설교했다. "여러분, 자기가 소유한 것의 1/10을 주는 유대인이 되지 마십시오. 또 자기 물질의 2/10만 주는 바리새인이 되지 마십시오. 당신이 가진 반도 아니고 3/4도 아닌 당신이 가진 모든 것을 주십시오."[145) 이것이 웨슬리의 부에 대한 성경적 태도였다.

웨슬리는 임종 시까지 경제 문제에 대한 그의 태도를 밝혔다. 1743년에 그는 "내가 뒤에 10파운드를 남겨둔다면 강도와 도둑으로 살았다고 증거하라"고 말했으며, 그는 임종 시에 "나는 할 수 있는 한 저축했고, 될 수 있는 대로 내가 가진 모든 것을 가난한 자들에게 주었다"라고 말했다. 그는 사랑의 실천자였다.

웨슬리는 경제 의식을 개혁한 데 그치지 않고 직접 경제제도의 개혁을 시도했다. 1740년, 12명을 한 사람의 교사가 4개월 동안 교육시키는 실업자 고용정책을 세워 목화 손질, 방적, 뜨개질 등 단순한 일거리를 제공했다. 1746년에는 웨슬리 자신이 30파운드를 기금으로 내놓아 3개월간 무이자로 돈을 빌려주는 신용조합기금을 만들어 영세 사업자들을 돕기도 했다. 1766년에는 과부의 집을 운영했으며, 1777년 '병사 방문과 구제를 위한 연합회'를 설립했다. 이러한 웨슬리의 제도 개혁의 결실로 인류 최초의 노동운동이 감리교도들에 의해 시작되었는데, 1831년 '전국노동조합'이 런던에 본부를 결성한 것이다.

웨슬리는 경제제도를 개혁하는데 철저히 현장을 중시하는 문화운동의 전형적인 자세를 보여주었다. 1950년에서 1960년대에 이르는 영국의 문화운동은 현장에 직접 가서 작업보고서를 작성하여 그 문제점을 신속하게 대중들에게 알리는 형태를 취했다. 이러한 측면에서 웨슬리는 영국 문화운동의 선구자라고 할 수 있겠다. 웨슬리는 가난한 사람들을 직접 방문하여[146) 그것을 페이퍼로 작성한 후 출간을 통하여 그 문제점을 지적했다. 그는 1772년 〈현재의 생필품 부족에 대한 사고들〉이라는 글에서 가난의 원인을 "일자리 부족의 문제, 밀을 술 제조에 사용함으로써 생기는 곡물 부족, 부자들의 말 사육에서 생기는 곡물 결핍의 문제, 소수 자본가의 농장 독점의 문제, 과도한 세금 부과의 문제"라고 지적했다. 이러한 그의 문제 제기는 빈곤의 원인을 게으름으로 돌리는 피상적 차원에서 벗어나 경제 문제를 구조적으로 접근하게 만들었다. 그 결과 경제문화를 향상시키는데 중대한 영향을 끼쳤다.

또 웨슬리는 병자들을 돌보는 일에도 앞장섰다. 그는 1746년 무료 진료소를 열어 의약품을 나눠주고 환자를 치료했고, 『원시의학』을 출판하여 의료 환경을 개선시켰다. 이 책은 32판이 출판되었다[147]고 한다.

또 웨슬리는 음주에 대해 인간 사회의 건강과 도덕과 재산과 생명을 해치는 죄악이라고 강력하게 공격했다.[148] 감리교는 19세기 초 런던과 대도시, 지방의 중심에 '감리교 중앙 회관'을 건립하여 지방 단위의 체계적이고 광범위한 사회봉사 활동을 실행했다.

이상에서 보듯, 웨슬리는 목사이면서 문화운동가의 모습을 보이고 있다. 그는 말씀을 통해 노동자와 부자가 가져야 할 돈 사용의 바른 원리를 가르쳤으며, 직접 현장에서 겪은 문제를 책으로 저술하여 빈곤의 문제를 피상적인 인식에서 구조적인 인식으로 한 단계 높였다. 그 결과 경제 문화를 향상시키는데 중요한 영향을 끼쳤을 뿐만 아니라 직접 경제제도를 실천하여 빈민들에게 사랑을 실천했다.

③ 교육 문화개혁

웨슬리는 교육 문화개혁에 특별히 관심이 많았다. 웨슬리가 살던 당대는 가난한 자에게 읽고 쓰는 것을 가르치는 관례를 강하게 비판하는 등 왜곡된 교육관을 가진 사람들이 많았다. 가난한 집의 자녀들은 가능한 빨리 돈을 벌어야지 학교에서 시간을 허비해서는 안 된다는 것이 당대의 풍조였다. 이러한 상황에서 그는 종교적 사명을 완수하는 데 교육이 기초가 됨을 깨닫고, 대중들에게 보편적인 교육의 기회를 증진시켰으며, 대중 교육의 질을 높여 대중 교육의 전기를 마련했다.

웨슬리는 교육 문제에 있어서 철저한 계획을 가지고 실행하는 모습을 보였다. 웨슬리는 이상적인 학교를 세우려고 화란, 독일 등 이름난 학교를 탐방하여 조사한 후, 1739년에 킹스우드의 광부들을 위해 학교를 설립했다. 웨슬리는 당시의 교육이 종교나 종교적 태도에 있어서 잘못된 점을 지적하고, 교육과정에 종교적인 것과 일반교육을 함께 개설했다. 웨슬리는 연이어 브리스톨(1739), 런던, 뉴케슬 지역에도 학교를 설립했다.

웨슬리는 성인교육도 중시했다. 그는 어린이 교육도 중요하지만 성인들도 교육시킬 필요를 깨닫고 성인반도 열었다. 또 웨슬리는 대학을 설립하여 가난한 계층도 최고의 지성에 접근할 수 있도록 노력했다. 웨슬리는 대학의 교육과정을 폭넓게 구성하여 사회 전반에 걸친 통찰력 있는 인재를 양성하고자 노력했다. 웨슬리는 교육이 제도상 종교와 종교동기의 결핍을 초래한다고 지적하고, 계몽주의 교육과 기독교 신앙을 동시에 구축했다. 역사가 그린은 웨슬리에 의해 인도되었던 대중교육을 "최초의 충격적인 것이었다."고 평가했다.[149]

웨슬리는 대중의 교양을 중시하여 좋은 책을 엄선해 출판하고 저렴한 가격으로 널리 배포했다. 즉 그는 1749-1755년 기독교 총서를 출판, 대중들에게 읽히는 등 교육에도 크게 기여했다.

이상에서 보듯, 웨슬리는 주일학교에서부터 대학, 성인, 일반 대중을 위한 교양 교육까지 폭넓게 교육을 통한 문화개혁에 힘썼다.

④ 교도소 문화개혁

웨슬리는 교도소 문화개혁에 많은 열의를 보였다. 웨슬리는 수감자들을 위해 80세가 넘도록 설교했을 뿐만 아니라, 수감자들에게 물품 전달, 병간호, 석방을 위한 탄원서 제출, 사형수 형장에까지 동행하기 등 인도적 구호활동을 했다. 그리고 여러 신문이나 단행본을 통해 악을 배우게 되는 교도소의 환경, 긴 재판과정, 가난한 자와 부자의 불공평한 처리, 전쟁 포로에 대한 비인간적인 대우 등에 항의했다. 또한 웨슬리는 간수들을 복음화시켜 교도소 환경을 개선하고자 노력했고, 그 결과 교도소의 상태가 개선된 곳도 있었다. 뿐만 아니라 웨슬리는 교도소 개선을 위해 문화운동을 하는 사람들을 격려하기도 했다.

⑤ 여성 문화개혁

웨슬리는 영국 교회의 여성에 대한 인식이 미미했던 당시 여성 문화를 개혁하는데 앞장섰다. 그는 초대교회의 선례를 모범으로 하여 여성들도 다양한 지도력을 발휘할 수 있게 했다. 또 그는 여성들을 조장과 속장으로 임명하여 지도력을 발휘하도록 했고, 그 결과 여성 리더가 남성보다 2배가 넘었다.

웨슬리는 여성에 대한 언어 사용에도 신경을 썼다. 그는 교회에서 여성 대신 자매라는 말을 사용했고, '크리스천 맨'을 '크리스천'이라고 바꾸었다. 그가 여성들에게 지도자의 역할을 열어주었던 것은 여성들의 사회참여를 돕기 위한 것이었다.[150]

⑥ 노예제도 문화개혁

웨슬리는 1736년 남부 캘리포니아 찰스톤 방문에서 노예제도의 잔인성을 목격한 후 노예들에게 세례를 베풀고, 흑인노예들로 하여금 성만찬에 참여하게 했으며, 흑인 교육을 위해 모금 운동을 벌였다.

웨슬리는 1774년 『노예제도에 대한 사고』라는 저서를 출판했다. 이 저서에서 웨슬리는 노예제도를 하나님의 형상으로 창조된 인간에 대한 모독으로 신학적인 차원에서 비판했다. 웨슬리는 노예제도를 인간이 부를 획득하기 위한 수단으로 인간을 억압하는 것에 반대하면서, 노예제도를 인간의 자연적 권리에 대한 침해라고 선언했다.[151] 그는 저서에서 노예들에 대한 선입견을 반박했고, 그들이 받는 대우의 잔인함과 비인간성을 다루었으며, 노예를 다루는 사람들에게 인간을 삼키는 늑대가 되지 말자고 주장했다. 이 책은 영국뿐만 아니라 다른 나라에도 큰 반향을 불러 일으켜 많은 부수가 팔려나갔다.

웨슬리는 노예제도 폐지 운동을 설교했고, 노예제도 폐지 활동가들에게 격려의 편지를 썼다. 웨슬리의 이러한 관심은 지성인들에게 영향을 끼쳐 입법부로부터 법적인 승리를 이끌어 냈다. 그 대표자가 윌버포스(William Wilberforce)이다. 윌버포스는 1785년 후반에 회심한 후로 공적 경력의 모두를 노예해방 운동에 헌신한 '웨슬리의 영적인 아들'이었다. 윌버포스의 노력으로 1807년 '노예매매 폐지법'과 1833년 '노예해방법령'이 발표되었고 노예제도는 종식되었다. 그리하여 이 법령은 1834년 8월 1일을 기하여 대영제국 전체에 발효되었다.

웨슬리의 복음주의 운동은 영국을 구원했을 뿐만 아니라 유럽의 부패와 파괴를 실질적으로 막았다. 웨슬리는 노예제도 폐지 법안이 하원에 상정됐을 때 기득권층으로부터 위협을 받고 있는 후원자들에게 편지를 써서 격려했다. 위협에 직면했을 때에는 시와 노래, 사진 판매, 노예제도를 통해 생산된 설탕불매운동, 그리고 탄원서 제출 운동 등 다양한 방식을 통한 대중여론 조성과 책자 출판을 통해 노예제도 폐지 투쟁을 전개했다. 1807년 노예매매 폐지법 이후 불법 노예선을 차단하기 위해 함선을 준비했고 해상 재판소를 설립했다. 노예해방론자들의 이 같은 노력은 해외에도 영향을 미쳐 1804년 덴마크, 1808년 미국, 1813년 스웨덴, 1814년 화란, 그리고 1815년 프랑스에서 노예매매 폐지를 이끌었다.

이상에서 보듯, 웨슬리는 하나님의 말씀에 입각하여 인권운동을 전개했고, 그의 영향을 받은 영국의 지성인들과 함께 노예제도 폐지를 이끌어냈다.

5) 웨슬리 문화변혁 운동의 현대적 의의

웨슬리는 목사였지만 문화운동가의 전형적인 모습을 보여주고 있다. 문화운동가는 대중을 깨우는 일을 담당하며, 사회제도를 개혁시키기 위해 현장의 문제를 아주 빠른 시일 안에 책으로 내서 많은 사람들에게 알린다. 그래야 사회 구성원들이 모두 그 문제의 본질을 인식하고 그 운동에 동참하기 때문이다. 웨슬리는 이러한 문화운동을 빈틈없이 실천에 옮겼다. 그 결과 그의 문화운동에 동참하는 영국의 지식인이 사회 전 영역에 침투하여 사회를 개혁했다.

웨슬리 문화운동의 특징은 영국의 광부, 노동자, 농민, 지성인들에게 깊

숙이 파고들어 전 사회 영역을 하나님의 말씀에 입각하여 변화시켰다는
점이다.[152] 칼 마르크스는 종교를 민중의 아편으로 보고, 인간의 힘에 의한
혁명을 주장했지만, 결과적으로는 폭력이 난무하는 사회를 만들었을 뿐이
다. 하지만 웨슬리의 문화운동은 민중의 치유와 희망이 되었다. 그들이 가
는 곳마다 영적인 회복을 이끌어냈으며, 이 영성을 토대로 사회개혁과 연
결시켜 영국을 구원했다.[153]

생명운동에 바탕을 둔 웨슬리의 문화운동은 자본주의의 결점을 보완해
주었고, 그 영향력이 확대되어 1851년 웨일즈인의 80%가 비국교도 예배
당에 다닐 정도로 복음운동이 사회에 영향을 미쳤다. 이것은 18세기 초 총
인구 비례로 5.74%인 것과 비교하면 대단한 것이었다.[154]

1) 존 스토리 엮음, 백선기 역, 「문화 연구란 무엇인가」, 커뮤니케이션북스, 2000, p. 6.

2) Arnold Hauser, 백낙청 · 반성완 역,「문학과 예술의 사회사」, 창작과 비평사, 1999. 박성봉 편역, 「대중예술의 이론들」, 동연, 1999. C. Anderson, 김동식 · 임영일 역, 「새로운 사회학」, 돌베개, 1979. 이마무라 히토시, 이수정 역, 「근대성의 구조」, 민음사, 1999.

3) Roland H. Bainton, 이길상 역, 「기독교의 역사」, 크리스찬 다이제스트, 1997. 심창섭, 「기독교 교회사」, 대한예수교장로회총회, 1998.

4) Kenneth Scott Latourette, 윤두혁 역, 「기독교사」, 1982.

5) Michael Bauman & Martin I. Klauber, 라은성 역, 「전통을 지켜 온 기독교 역사가들」, 이레서원, 2002, p. 11.

6) 막스 베버, 박성수 역, 「프로테스탄티즘의 윤리와 자본주의의 정신」, 문예출판사, 1988, p. 270.

7) P, Sweezy, *The Transition from Feudalism to capitalism*, Science and Society, vol, X14, Spring, 1950, pp. 134-157.

8) Bob Goudzward, 김병연 · 정세열 역, 「자본주의와 진보사상」, IVP, 1989, pp. 36-37.

9) 양창삼, 〈막스 베버의 프로테스탄트 윤리와 자본주의 정신에 관한 비판적 연구〉, 「경제연구」제 7권, 한양대학교 경제연구소, 1986, p. 146.

10) Herman Dooyeweerd, 문석호 역, 「서양문화의 뿌리」, 크리스챤 다이제스트, 1994, pp. 205-208.

11) 토니, 앞의 책, 122면에서 Troeltsch, 「기독교교회의 사회교섭」, p. 707을 재인용함.

12) 하웃즈바르트, 앞의 책, p.84에서 Werner Sombart, Medieval and Modern Commercial Enterprise, in Frederic C. Lane and Jelle C. Riemersma, eds, Enterprise and Secular Change : Readings in Economic History Homewood, Ⅲ : Richard D, Irwin, Inc, 1953, p.36을 재인용함.

13) Kenneth Scott Latourette, 위의 책, p. 471.

14) 전도일, "영국 초기자본주의 성립과정에 관한 경제사적 해석", 「경제논총 제13집」, 1996, pp. 19-21을 참조할 것.

15) Paul Tillich, 송기득 역, 「19-20세기 프로테스탄트 사상사」, 한국신학연구소, 1998, p. 60.

16) 중세 유럽에 있어서 시간을 둘러싼 다툼이 우선 신학 논쟁으로 나타난다. 이것은 교회의 시간과 상인의 시간 사이의 충돌이었다. 농업 세계에 발을 딛고 있는 교회측의 시간은 신의 시간, 즉 자연 시간, 순환 시간을 당연한 것으로 받아들인다. 그러나 상인의 시간은 계산 가능한 추상적 시간이다. 이 둘은 원리상 화합될 수가 없는 완전히 다른 시간 관념이다. 그러나 역사가 진행됨에 따라, 상인의 시간의식이 점차로 강화되었다. 14세기 이후 도시에서는 거대 시계가 도시의 중심부에 설치되어 갔다. 이는 산업 리듬을 계산하는 선구가 되

었다. 결국 교회의 시간이 패배하는 결과가 되었다. 이마무라 히토시, 앞의 책, p. 64.

17) 뉴턴은 하나님의 존재만이 태양계의 계속되는 질서를 설명할 수 있다고 생각하고 우주의 하나님, 자연의 하나님, 위대한 시계 제작사로서의 하나님을 믿었지만 하나님께서 오직 그리스도를 통해서만 계시되었다는 사실을 믿을 수 없다고 말했는데 그의 생각이 효력을 발생한 것이다. Newton to Bentley, 1692년 12월 10일, in *The Correspondence of Isaac Newton*, Vol. 2, Cambridge : Cambridge University Press, 1961, p. 235를 William C. Placher, 박영수 역, 『기독교 신학사』, 크리스챤 다이제스트, 1996. p. 320에서 재인용.

18) Robert G. Clouse, Richard V. Pierard, Edwin M. Yamauchi, *Two Kingdoms*, Chicago, Moody Press, 1993, p. 376.

19) Leland Ryken, 김성웅 역, 『청교도 이 세상의 성자들』, 생명의 말씀사, 2000, p. 408.

20) Leland Ryken, 위의 책, p. 418에서 Works(Hill, God's Englishman, p. 238)을 재인용함.

21) Kenneth Scott Latourette, 위의 책, p. 456.

22) I. Wallerstein, 김인중 외 역, 『근대세계체제 Ⅲ』, 까치, 1977, p. 15.

23) 2세기 전에 천 명 중 한 명도 양말을 신지 못했던 사람들이 1831년쯤에는 양말을 신지 못하는 사람들이 천 명 중에 하나도 없었다.

24) 하웃즈바르트, 앞의 책, p. 64.

25) 하웃즈바르트, 위의 책, p. 65.

26) Bury, John Bagnell, *The Idea of Progress : An Inquiry into its Origin and Growth*, Londen, Macmillan, 1920, pp. 149-150.

27) Paul Tillich, 앞의 책, p. 53.

28) Owen Chadwick, 이정석 역, 『19세기 유럽 정신의 세속화』, 현대지성사, 1999, pp. 223-225.

29) Robert L. Heilbroner, *The Worldly Philosophers*, New York : Simon & Schuster, 1953, p. 54.

30) 1800년 경 영국의 탄광에서는 4세에서 13세 이하의 남녀아동들이 석탄 광부일에 고용되어 하루 11시간에서 14시간, 그 이상을 일해야 했고, 심지어 아동 노동자들의 이마에 주름살이 생기기도 했다. 여성들은 완전 나체의 남자 광부들 옆에서 일을 도왔으며, 6세에서 21세의 여성 노동자들이 상반신 나체로 석탄 양동이를 운반했다. 산업 노동현장도 노동자들의 3분의 1이 5세에서 8세의 소년과 소녀들이었다. 맨체스터의 전체 노동인구의 8분의 1인 1만 5,000명이 지하실에서 살았다. 노동자의 평균수명이 18, 9세였다. 김홍기, 『존 웨슬리의 경제 윤리』, 대한기독교서회, 2001, pp. 101-102에서 Robert F. Wearmouth, *Mothodism and the Working-class Movements of England*(1800-1851), pp. 181-182를 재인용함.

31) 김현배, 〈영국 교회 부흥과 쇠퇴〉, 『교회와 역사』, 은석 김의환 박사 고희 기념논총, 총신대출판부, 2003. 11, pp. 623-625.

32) 김현배, 위의 논문, pp. 631-635.

33) 이에 대해서는 이상현, 〈지성사의 측면에서 본 마르크스와 기독교〉, 『세종대학 논문집』
   10, 1983, p. 169를 참조할 것.
34) 마르크스는 그의 논문 "거룩한 가족"(*die heilige Familie*)에서 "헤겔은 인간을 자기 의
   식의 인간으로 만든다…그는 머리를 세계 위에 두고 있다"라고 말했다. K. Mark, die
   heilige Familie, 1844/45. MEGAⅢ, p. 370.
35) 김영한, 앞의 논문 p. 34에서 K. Marx. *Zur Kritik der Hegelschen Rechtsphiloso-*
   phie Einleitung, 1984, in :Werke Ⅰ, p. 488을 재인용함.
36) 오언 채드윅, 앞의 책, p. 74.
37) 데이비드 맥렐런, 신우현 역, 『칼 마르크스의 사상』, 민음사, 1982, p. 74.
38) 마르크스는 윌리암 우드(William Wood)라는 7세의 소년이 어떻게 아침 6시부터 저녁
   9시까지 새로 주조된 물건을 건조실로 날라야 했는가를 보여준다. 그리고는 "7세의 어린
   이에게 15시간의 노동이라니"라고 부르짖는다.Karl Marx, Capital, 3 vols, edited by
   Frederick Angeles, New York : International Publishers, 1967, Vol !., p. 244.
39) M. H. Abrams, 앞의 책(Ⅱ), p. 135.
40) 유물론 논쟁에 관해서는 Hans Kung, 손진욱 역, 『프로이트와 신의 문제』, 하나의학사,
   2003, p. 17.
41) 하웃즈바르트, 앞의 책, p. 142.
42) Bury, *Idea of Progress*, p. 338.
43) Owen Chadwick, 앞의 책, pp. 35-71참조.
44) 루이스 마르코스, 최규택 역, 『C.S. 루이스가 일생을 통해 씨름했던 것들』, 그루터기하
   우스, 2004, p. 94.
45) Julia Prewitt Brown, 앞의 책, p. 97.
46) 김영숙, 〈마르크스의 문화개념과 문학예술 이념의 문제〉, 원광대학교 채문연구소,
   1991, pp. 38-39.
47) 김영숙, 위의 논문, p. 41.
48) 여건종, 〈문화적 마르크스〉, 『영어영문학』 제50권 1호, 한국영어영문학회, 2004, p. 83.
49) K. Marx, *Das Kapital*, 1, Zweiter Band MEW 23, p. 192.
50) K. Marx, *Konomisch-phlosophische Manuskripte*, MEW 40, p. 510.
51) K. Marx, & F. Engels, *Holly Family*, Collecred Works, Volume 4, Moscow :
   progress publishers, 1975, p. 36.
52) K. Marx, *Konomisch-phlosophische Manuskripte*, p. 511.
53) 위의 책, p. 565.
54) K. Marx, *The Economic and Philosophic Manuscript of 1844*, ed., Diek Struik,
   International Publishers, 1964, p. 138.
55) 여건종, 위의 논문, pp. 91-92.
56) K. Mark, *Das Kapital*, Zweiter Band, MEW 24, p. 42.
57) 김영숙, 위의 논문, pp. 48-49.
58) 김중기, 위의 논문, p. 41.

59) J. Y. 그레젤만, 『상부구조론』, 학민사, p. 129.

60) 신국원, 『변혁과 살롬의 대중문화론』, IVP, 2004, p. 187.

61) 이용필, 〈마르크스주의 근원과 혁명론〉, 아케데미논총 vol 9, 1981, pp. 18-19.

62) R. Tucker, *Philosophy and Myth in Karl Marx*, 2nd ed, London : Cambridge University press, 1972, p. 160.

63) 칼 포퍼, 이상헌 역, 『우리는 20세기에 무엇을 배울 수 있는가?』, 생각의 나무, 2000, p. 68.

64) K. R. Popper, *Conjecture and Refutations*, London : RKP, 1963, p. 131.

65) 이종훈, 『칼 포퍼의 마르크스 비판에 대한 한 고찰』 성대 교대원 석사, 1997, p. 35.

66) 이유섭, 『성 관계는 없다』, 민음사, 1996.

67) 지그문트 프로이트, 『과학적 심리학 초고』, 사랑의 학교, 1999,

68) Freud, *New Introductiry Lectures on Psychoanalysis*, S.E. ⅩⅤ, p. 95.

69) 프로이트, 정장진 역, 『창조적인 작가와 몽상』, 열린책들, 1996, pp. 82-83.

70) 앞의 책, p. 153.

71) 이상 박동수, 『S. Freud에 있어서의 Eros와 예술』, 홍익대 미학 석사, 1989 참조.

72) 프로이트, 김석희 역, 『문명 속의 불만』, 열린책들, 1998, p. 327.

73) 위의 책, p. 314.

74) 위의 책, p. 283.

75) 아맨드 M. 니콜라이, 홍승기 역, 『루이스 & 프로이트』, 2004, p. 53.

76) 뤽 페리, 우종길 역, 『신-인간, 혹은 삶의 의미』, 영림카디널, 1998. pp. 81-82.

77) 위의 책, pp. 227-228.

78) 『문명 속의 불만』, pp. 296-300.

79) 김영한, 『한국기독교 문화신학』, 성광문화사, 1992, p. 173.

80) 로버트 E. 웨버, 이승구 역, 『기독교 문화관』, 엠마오, 1989, p. 80.

81) 헤르만 바빙크, 차영배 역, 『일반은총론』, 총신대출판부, 1997, p. 115.

82) 헤르만 바빙크, 위의 책, p. 116.

83) 로버트 E. 웨버, 위의 책, p. 85.

84) 이우연, 『칼뱅의 일반은총의 성경적 근거와 그에 따른 문화적 관조주의』, 안양대 신대원 석사, 2002, p. 8.

85) 이우연, 위의 논문, p. 9.

86) 헨리 미터, 박윤선 · 김진홍 공역, 『칼뱅주의』, 개혁주의신행협회, 1998, p. 53.

87) 바빙크, 위의 책, p. 119.

88) 유스트 L. 곤잘레스, 서영일 역, 『종교개혁사』, 은성, 1994, pp. 15-17.

89) 김영한, 위의 책, p. 122.

90) 김영규, 『조직신학 편람 Ⅳ』, 안양대학교 신대원, 2001, p. 55.

91) 웨버, 위의 책, pp. 123-124.

92) 헤르만 바빙크, 위의 책, p. 28.,

93) 서철원, 『신학서론』, 총신대출판부, 2000, p. 145.

94) 이우연, 위의 논문, p. 20.

95) 이상은, 이우연, 위의 논문, pp. 20-30을 참조했음.

96) 존 칼뱅, 존칼뱅성경주석출판위원회, 『칼뱅성경주석 창세기』, 성서원, 1999.

97) 위의 책, 4:20 주석.

98) 이우연, 위의 논문, pp. 45-49.

99) 『기독교 강요』, Ⅱ, iii, 3.

100) 위의 책, Ⅱ, ii, 22.

101) 위의 책, Ⅱ, ii, 18.

102) 웨버, 위의 책, pp. 167-168.

103) Institutes, Ⅲ, 19, 2.

104) 칼뱅, 『디모데전서 주석』, 4:7

105) 박정수, 『칼뱅의 경건에 관한 연구』, 성서원, 1999, 합신대 석사, 2003, p. 4.

106) 김영한, 위의 책, p. 173.

107) 칼뱅, 『사도행전 주석』, 10:2.

108) 박정수, 위의 논문, pp. 13-15

109) 『기독교 강요』, Ⅱ.3.6.

110) 『기독교 강요』, Ⅱ.3.8.

111) 위의 책, Ⅲ.2.35.

112) 인간한계 극복의 가능성의 문화관은 이경화, 『칼뱅의 기독교 강요에 나타난 현재적 인간의 한계와 신학적 극복 방안에 대한 연구』, 영남신대 석사, 2002의 pp. 22-39를 참조했음.

113) 김성기, 〈자본주의 발전과정에서 자본축적과 자본유형에 관한 연구〉, 『경영사학』 Vol 13, 한국경영사학회, 1996.

114) 이상, 정일권, 〈아브라함 카이퍼의 문화 철학에 대한 소고〉 참조.

115) 아브라함 카이퍼, 김기찬 역, 『칼뱅주의 강연』, 크리스챤다이제스드, 1997, p. 112.

116) 아브라함 카이퍼, 위의 책, p. 109.

117) 위의 책, pp. 97-98.

118) 위의 책, p. 117.

119) 위의 책, p. 120.

120) 아브라함 카이퍼, 위의 책, p. 121.

121) 위의 책, p. 124.

122) Abraham Kuyper, *Lecture on Calvinism*, W. B, Eerdmans, 1981, p. 165.

123) 아브라함 카이퍼, 앞의 책, p. 124.

124) 위의 책, p. 125.

125) いなか・きひちず, 公共の哲學の構築をめざして, 교문관, 2001에서 P. S. Heslam, Creating, p. 133을 재인용함.

126) 이상, 정광덕, 〈아브라함 커이퍼의 교회론과 사회 윤리〉, www.church-history.org, 를 참조했음.

127) いなか・きひちず, 위의 책, p. 85.

128) 박지동, 〈베버 사회과학의 객관성에 대한 비판적 고찰〉, 광주대 논문집 제7집, 1990, p. 286.

129) 박기동, 위의 논문, p. 305.

130) 아브라함 카이퍼, 위의 책, p. 162.

131) 아브라함 카이퍼, 앞의 책, p. 241.

132) Henry R. Van Til, 이근삼 역, 『칼뱅주의의 문화관』, p. 190.

133) 김영한, 『한국 기독교 문화신학』, 성광문화사, 1992, p. 204.

134) 아브라함 카이퍼, 앞의 책, p. 158.

135) J. Wesley, *Works*, vol 1, p. 533.

136) 이 문제에 관해서는 박권배, 「존 웨슬리 부흥운동이 18-19세기 영국의 사회개혁에 미친 영향」, 서울신대 박사학위논문, 1999, pp. 7-17을 참조할 것.

137) George Berkeley, *Discourse Addressed to Magistrutes and Man in Authority*, p. 41, cited by J. Wesley Bready, *England ; Before and after Wesley*, New York:Russell&Russel, p. 19.

138) J. Wesley Bready, 위의 책, p. 141.

139) John R. H. Moorman, *A History of the Church in England*, New York : Morehouse-Barlow, 1967, pp. 264-265.

140) 콜린 윌리암즈, 이계준·송홍국 역, 『존 웨슬리의 생애』, 유니온출판사, 1983, p. 6.

141) 박재권, 앞의 논문, pp. 46-63.

142) 이에 대해서는 김홍기, 앞의 책, pp. 48-67과 김진두, 『존 웨슬리의 사랑의 혁명』, 감신, 2003, pp. 100-120 참조.

143) T. Madron, 변선환 역, 『웨슬리와 해방신학』, 전망사, 1987, p. 103.

144) 김진두, 위의 책, p. 126.

145) J. Wesley, *The Works*, vol Ⅱ, p. 187.

146) J. Wesley, *Works*, 2: 28f.

147) M. Marquardt, 조경철 역, 『존 웨슬리의 사회윤리』, 보문출판사, 1992, pp. 36-37.

148) 김진두, 위의 책, p. 96.

149) 장종철, 『존 웨슬리의 교육신학』, 감신대 출판부, 1990, pp. 180-181.

150) N. A. Hardesty, 변선환 역, 『감리교 운동과 여성해방』, 전망사, 1987, p. 151.

151) J. Wesley, *The Works of John Wesley*, Ⅱ, Thomas Jackson, ed Grand Rapids : Baker Book House, 1979.

152) 존 웨슬리, 김영운 역, 『존 웨슬리의 일기』, 크리스챤 다이제스트, 1984, p. 73.

153) 김홍기, 『존 웨슬리의 희년사상』, 감신대 출판부, 1995, pp. 46-47.

154) 김현배, 앞의 논문, p. 625.

제 3 장

독일의 파시즘과 문화 이론가들

1. 독일의 파시즘과 기독교의 대응

2. 프랑크푸르트학파의 역사와 문화 이론가들

3. 파시즘 저항과 극복 가능성을 제시한 기독교 문화신학자들

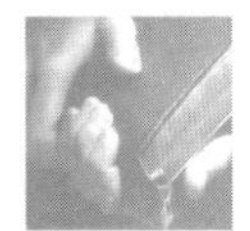

1. 독일의 파시즘과 기독교의 대응

왜 독일의 파시즘 문화를 한 장으로 설정했는가? 에른스트 놀테(Ernst Nolte)가 지적한 것처럼 제1차 세계대전과 제2차 세계대전 사이의 유럽의 역사는 '파시즘의 시대'[1]였다. 파시즘은 프랑크푸르트학파의 문화운동과 관련이 깊고, 독일의 교회에 커다란 충격을 주어 오늘을 살아가는 기독인에게 경고로 작용한다. 따라서 파시즘 문화에 대한 이해는 기독문화를 이해하는 데 중요하다.

지금까지 파시즘 체제의 생성 요인은 대체로 세 가지로 나눴다.[2] 첫째, 중산층이 파시즘을 지지했기 때문에 성립되었다고 보는 중산층 이론과, 둘째, 자본주의 최후의 단계로서 대자본의 대리인으로 등장한 것이 파시즘이라는 대자본 테제 이론, 마지막으로 대중의 도피 메커니즘으로 파시즘이 등장했다고 보는 후기산업사회의 아노미 이론 등이다.[3] 각 이론은 나름대로 설득력을 갖고 있으며 부분적으로는 타당하다.

본 장에서는 파시즘을 문화적인 측면에서 다루고자 한다. 문화적인 측면에서 파시즘을 살펴본다는 것은 파시즘의 실체를 좀더 선명하게 파악할 수 있는 계기가 될 것이다. 또, 이를 통해 우리 사회에 숨어 있는 부드러운 파시즘에 대응할 수 있을 것으로 기대된다.

(1) 문화혁명으로서의 파시즘

1) 문학을 통한 이데올로기화

① 반지성주의

파시즘 이데올로기에 전향한 지성인들은 반지성주의적인 목소리를 드높였다. 이들은 사회비판적이면서 의식적인 지성인들의 역할 및 임무에 대해 조소하는 한편, 의식적으로 비판적인 활동을 거부했다. 반면에 이들은 단순하고 소박한 삶을 긍정적으로 간주했다. 이들은 자신을 '메시아'로 연출해 낸 히틀러의 선전술에 쉽게 동화되어 지성적인 활동을 포기하는 것이 새로운 삶의 실현이라고 생각했다.[4]

반지성주의는 비판적인 개인의 주체의식을 완전히 배제시켰고,[5] 거대한 총체적 국가나 민족 등의 이데올로기로 개인의 희생을 강요했다. 이러한 반지성주의는 노동자를 끌어들이려는 전략이었고, 맹목적인 군중을 끌어들이는 이데올로기로 작동하여, 노동자와 군중이 스스로 국가에 봉사하게 했다.[6] 이렇듯 이들은 소박한 삶, 국가, 노동자와 연대하는 반지성주의적 목소리를 드높였다.

② 민족 이데올로기

파시즘은 자연적인 '운명 연관성'을 토대로 집단성을 강조하는 민족개념을 핵심적 특징으로 갖고 있었다.[7] 그리고 문학은 이렇듯 민족개념이 강한 파시즘 이데올로기를 관철시키려 했던 대표적인 문화적 장르였다. 파시즘 이데올로기로 전환한 벤은 당시 독일 체제를 불신하고 망명길에 나섰던 시인들에게 '민족' 개념을 강조했다. 벤은 민족이란 결코 '사변적' 혹은 '추상적'으로 생각할 수 있는 개념이 아니라 '체험적으로', '필연적인 속성으로 그 자체에서 성장하는' 개념이라고 밝히고,[8] 동질적인 체험과 혈연을 역설하면서 민족과 국가에 등을 돌리는 자들을 비난했다.

파시즘 작가들은 민족적인 것에 대한 '체험적인 것'의 강조를 통해 대중들을 동일성의 이데올로기로 연결시켰고, 문학은 직접적인 체험을 대중에게 전달하고, 대중은 그와 같은 체험에 완전히 동화되어야 한다고 주장했다. 바로 이러한 체험을 바탕으로 하는 동일성 논리가 비판적 거리감을 거부하는[9] 나치의 문학관이다. 이들은 사적인 것을 부정하고 민족이라는 거대한 틀이 문화적 발전을 보장해 주는 유일한 토대라고 주장했다.

③ 고향

파시즘은 농부, 고향, 흙과 같은 소박한 이미지를 사용하는 향토문학이나 전원문학을 중시했다. 파시즘 작가들은 대도시 및 문명을 비판하고 그 대신 자연감정과 향토정신에 의한 민족성의 신화화를 통해 자신의 권력을 확산시키고자 했다. 벤은 "국가를 대도시에서 시골로 다시 가져가는 것, 토지에 대한 새로운 감정을 교육시키는 것(…)아마도 이것이 그들의 새로운 마음이 될 것"[10]이라고 말했다. 이러한 파시즘 작가들의, 고향에 대한 감정을 갖자는 주장은 문명적 발전을 거부하는 의미망으로 작용했다.

2) 문화혁명

파시즘은 계급 혁명이라기보다 문화혁명의 성격이 강하다.[11] '폭풍의 20년대' 는 체제의 요구에 불응하거나 체제의 규범으로부터 일탈하는 저항(Resistenz)의 시대였다. 청소년들의 문화적 변화는 보수적인 문명비평가들을 경악시켰다. 중산층은 '규범적 도덕의 대표자' 라고 자처하면서, 폭스트롯 춤과 짧은 치마 등의 문화를 '제국 하수구 베를린' 의 오락 욕구라고 비판했다.[12]

히틀러는 이러한 시대의 위기를 날카롭게 파악했다. 다른 모든 정당들이 산업화와 해방과정을 긍정했을 때, 파시즘은 중산층이 느끼는 공포를 함께 공감하며 '질서' 를 표어로 내걸었다. 이렇듯 파시즘은 문화혁명의 성격을 지녔다.

히틀러는 모든 측면에서 터져 나오는 해체의 힘들을 보면서 그 옛날의 가치체계, 스타일, 도덕성을 회복하자고 외쳤다. 히틀러는 "다가오는 혼돈을 막을 댐을 건설하자"고 부르짖으며, 낭만적인 의식을 통해서 산문적이고 지루한 일상을 잊게 만들어 주었다. 횃불행진, 해골들, '하일(Heil)' 하는 외침과 초가지붕, 세속농지, 농민계급, 민속춤, 태양축제, 어머니, 십자가 등 복잡한 소도구와 상징 등을 동반하여 '폭발적인 고대풍'을 연출했다. 이렇듯 히틀러는 독일이 정상성의 위기에 봉착했을 때 문화의 혁명적 성격을 간파하여 문화운동을 전개했다.

① 선전문화

히틀러는 근대화의 위기에 직면한 독일 국민에게 일상과 질서를 회복시켜 주겠다고 나타났다. 그는 이러한 약속을 선전술을 이용해 실현해 나갔다. 그는 『나의 투쟁』에서 선전 연구와 그 실제에 관해 두 장을 할애했다. 그의 『나의 투쟁』에 나오는 '선전 심리술'을 소개하면 다음과 같다.

> 대중의 수용능력은 매우 한정되어 있고 이해력은 적지만 그 대신 아주 잘 망각한다. 이 사실에서 모든 효과적인 선전은 요점을 크게 제한해야 한다. 그리고 이것을 슬로건처럼 이용하고 마지막 한 사람에게까지 떠올려질 수 있도록 계속적으로 행해져야만 된다. 왜냐하면 대중은 제공된 소재를 소화하거나 기억해 둘 수 없기 때문이다.
>
> 집요함은 성공을 위한 첫째가는 그리고 가장 중요한 필수 조건이다. 연속적이고 지속적인 동일성을 갖는 선전은 거의 우리의 이해를 넘어서는 결과를 가져올 것이다. 민중의 압도적 다수는 냉정한 숙고보다 도리어 감정적인 느낌으로 생각이나 행동을 정하는 여성적 소질을 갖고 여성적인 태도를 취한다. 그리고 이 감정은 복잡하지 않고 매우 단순하며 폐쇄적이다. 이 경우 섬세함은 존재하지 않고, 긍정 아니면 부정이며, 사랑 아니면 미움이고, 정의 아니면 불의이며, 그 중간 단계들은 결코 존재하지 않는다.[13]

이상에서 보듯 히틀러는 선전의 기능을 핵심적인 요소의 집중과 반복을 통한 목표 의식 고취에 두고 있다. 그는 조직자는 무엇보다도 심리학자가 되지 않으면 안 된다고 하여 설득 기술의 필수적인 자질을 강조한다.[14]

히틀러는 제1차 세계대전을 선전을 실험하기 위해 시작한 출발점으로 보고, 선전이 '전문가의 수중에 들어가면 놀라운 무기' 가 된다는 사실을 굳게 확신했다. 그는 『나의 투쟁』 제6장에서 독일이 제1차 세계대전에서 패배한 이유를 선전과 연관시킨다. 지도부의 '막연한 평화주의의 멀건 국물' 같은 선전은 '사람들이 목숨까지 바치면서 흘리기'에는 전혀 적합하지 않으며, 이러한 시대착오적이고 낙후한 지도자들의 정치 체제 때문에 독일이 패배했다고 진단한다. 그는 독일이 세계관에서 연합군에게 패배했다고 지적하며 "나 스스로도 적들이 전쟁선전에서 대단히 많은 것을 배웠다."[15]고 밝힌다. 그는 선전을 하나의 진정한 예술이라고 극찬한다.

히틀러는 연설을 하면서 다양한 선전술을 활용했다. 그는 전통적인 좌익의 색깔을 도전적으로 찬탈하기 위해 더욱 요란한 붉은 깃발과 제복을 사용했고,[16] 무대에 등장할 때마다 요란한 벽보를 붙이고 교회의식을 차용했다. 즉 높이 매단 깃발들, 행진곡, 환영의 구호, 노래들, 언제나 되풀이되는 '하일' 하는 외침 등은 자신의 연설을 위해서 긴장이 넘치는 준비과정으로 활용했다.[17] 그는 노동자들의 신뢰를 얻기 위해 부하들에게 넥타이와 칼라 없는 의복을 입히고, 부하들을 상대방의 교육과정에 참여시켜 적의 정보를 입수했다.[18] 그는 긴장을 높이기 위해 뒤에서부터 연단에 등장했는데, '바덴바일 행진곡'을 독자적인, 오직 자신만을 위한 입장음악으로 삼아 행복한 존재의 출현을 알렸다. 그는 발을 구르며 흐느끼는 사람들의 울타리 사이로 조명을 받으면서 살아 있는 사람들로 이루어진 개선의 길을 통과하여 등장해 연단에 서서 한순간 기계적으로 손을 흔들면서 말 없이 넋이 나간 모습으로, 쉬지 않고 눈길을 움직였다. 그리고 대중의 외침 속에 나타난 그 에너지로 자신감을 가득 채우고 밀려 올라가려고 했다.[19] 그는 등장하는 곳마다 군중들에게 메시아적인 빛을 던졌다.[20]

히틀러의 연출 재능은 죽음의 축제에서 그 압도적인 힘을 발휘했다. 그의 염세적인 기질은 죽음의 의식을 준비할 경우 지치지 않고 새로운 현혹작용들을 이끌어냈다. 뮌헨의 쾨니히 광장에서, 혹은 뉘른베르크 전당대회장에서 음산한 음악을 배경으로 수십만 명 속에 섞여서 죽은 자들을 예

배하러 넓은 거리를 걸어갈 때면 예술적 선동의 진정한 절정이 나타났다고 한다.[21]

② 대중매체 조작

나치는 대중매체의 구조 개편을 몇 차례 단행했다.[22] 괴벨스는 "제국선전부처는 국민의 지적 생활에 영향을 미치는 모든 것에 책임을 진다. 다시 말해 문화, 경제, 그리고 국내의 대중을 교육시키는 일과 이 목적에 이바지하는 모든 제도의 행정을 위한 공적인 관계들에 대해 책임을 진다."라는 법령을 발표하고, 라디오 매체를 잘 활용한 결과 1935년 1월 국민선거에서 91%의 지지를 얻었다. 그토록 높은 지지율을 얻은 것은 라디오 매체를 잘 활용한 것이라 할 수 있다.

나치는 라디오와 영화라는 대중매체를 선전도구로 활용했다. 나치는 청취자의 수를 증가시키기 위해 제조업자들을 설득하여 유럽에서 가장 싼 무선라디오 수신기의 하나인 VE 3031 혹은 민족수신기를 생산했다. 국가에서 노동자들에게 보조금을 지불하여 라디오의 보급을 늘리고, 나치는 공동으로 청취할 수 있도록[23] 국민의 시간이라는 것을 연출해 냈다. 공공장소와 공장, 사무실, 학교, 심지어 레스토랑까지 확성기를 설치하고, 사이렌을 불면 전 국민에게 작업을 멈추게 하여 라디오에 귀를 기울이게 했다. 이렇듯 나치는 라디오를 민족사회주의 사상을 유포하고 단일한 여론을 창출해 내는 정부의 중요한 선전매체로 활용했다.[24] 괴벨스는 전쟁 중반에 과도하게 집중된 정치방송이 보통 청취자들에게 반감을 불러일으킨다는 사실을 알고 오락과 선전을 적절히 혼합하여 1942년에 라디오 방송 시간의 70%를 경음악으로 채우는 등 선전 매체의 활용에 심혈을 기울였다.

또 나치는 영화를 선전에 활용했다. 괴벨스는 독일 영화가 나치 군대의 전위로서 세계를 정복할 임무를 부여받았다고 선언하고 영화신용은행을 설립하여 제국 영화부를 건설했다. 이들은 독일 사람에게 문화생활에서 유대인을 제거하고 퇴폐적인 예술가를 제거하는 일을 목표로 삼았다.

당시 영화의 절반이 멜로물과 코믹물이었고, 1/4은 범죄 영화나 뮤지컬 같은 드라마틱한 영화였다. 이것들은 모두 사전 검열을 거쳤고, 당시의 선전 목표에 부합하여 제작·상영되었다는 점에서 나치 이데올로기와 결합되어 있었다. 제3제국처럼 고도로 정치화된 사회에서는 심지어 비정치적인 영화, 즉 '오락영화'까지도 공식적인 세계관을 선전하고 현재의 사회경제적 질서를 강화시키는 경향을 띠고 있었다. 괴벨스는 "극적인 일상적 삶가운데 필수적으로 요청되는 기분 전환과 감동, 그리고 휴식과 함께 선전을 수행하면" 가장 회피주의적인 오락물조차 민족 투쟁에 가치가 있다고 본다.[25] 괴벨스는 히틀러와 달리, 선전이란 그 메시지가 대중적인 오락물의 틀 속에 숨겨져 있을 때 가장 효과적이라고 믿어서 오락적인 분위기가 있는 영화를 많이 제작했다.

예컨대, 당시에 제작된 영화를 보면 '로칠드가', '유대인 쥐쓰', '영원한 유대인' 등의 유대인 문제를 다룬 것들이다. 괴벨스는 유대인 영화를 통해 라디오와 언론에서 행해진 반유대주의적 고발을 강화시키고자 했으며 동시에 이를 정당화하기 위해 유대인의 특징을 그로테스크하게 왜곡했다.[26] 대표적인 영화로는 국가농장상속법을 정당화하기 위해 만든 '옛 권리'와 '피와 땅', 농민의 미덕과 독일 땅의 신성함을 통해 우월한 민족임을 보여주기 위해 만든 '나는 너를 위하여, 너는 나를 위하여', 민족화합과 생활공간의 필요를 창출한 '영원한 숲', 반미선전용 영화인 '센세이션을 일으킨 카실라의 재판', 영국에 살고 있는 독일민족의 슬픈 운명을 다룬 '귀향', 대중매체 조작 영화인 '나는 고발한다' 등이 있다.[27]

심지어 나치는 안락사를 정당화하기 위해 영화를 제작했다. 안락사는 1939년 12월에 시작되었다. 그러자 뮌스터의 교구 사제 갈렌은 1941년 8월 3일 설교에서 죄가 없는 병자들이 샤워시설이 된 방에서 살해되고 있음을 고발했다. 갈렌의 설교 직후인 1941년 8월 14일 안락사 프로그램은 중단되었다. 나치는 이 문제를 다시 거론하기 위해 영화 매체를 통한 대중 교육에 나섰다. 이때 만들어진 영화가 '나는 고발한다'이다. 이 영화는 불치병으로 고생하는 사람들을 동정해서 살인하는 나치를 긍정한 것이다. 이때 가톨릭은 교구 사제들을 중심으로 교인들에게 영화를 보지 말라고 적극적으로 권유했다. 하지만 이 영화에 적대적이지 않았던 프로테

스탄트 교회의 교인들은 많이 보았다. 이 영화는 1천 8백만 명이나 보았다고 한다.[28]

요컨대, 나치는 피지배층을 직접적인 정치적 영향력으로부터 배제시키고, 선전을 통해 국가적 이데올로기 기관(학교, 노동전선, 대중 조직, 선동수단)을 통제 체제에 직접적으로 통합시킴으로써 그들의 자율성을 빼앗았다. 나치즘은 자본주의 구조는 유지한 채 선전수단을 동원한 헤게모니를 이용하여 체제를 재편했다.[29]

③ 테러문화

나치는 체제의 부정적인 현실적 경험을 지속적으로 덮어버리기 위한 또 다른 메카니즘으로 적(敵)을 생산했다. 민족공동체를 담금질하자면 공동체의 적을 배제시키는 첨예한 구분선이 필요했다. 그 적들 가운데는 유대인뿐만 아니라 집시와 소위 반사회적인 인간형도 포함되었다. 히틀러는 가혹한 조치를 동원하여 범죄를 효과적으로 제압했고, 노동 기피자들을 수감시킴으로써 노동교육을 제대로 시켰으며, 여성들이 밤에도 겁에 떨지 않고 길을 갈 수 있도록 만들었다. 이러한 생각은 히틀러 신화의 가장 강력한 요소들이 되었다. 히틀러는 질서에 도움이 된다면 국외자들에게 폭력 사용도 정당화했는데, 이른바 민족공동체를 위한 잠재적인 폭력에도 복종하라는 메시지였다. 따라서 나치는 테러가 질서의 재건에 기여하게 한다는 점을 선전하여, 대중들이 테러에 정서적으로 동의하게 했다.[30]

히틀러는 독일인들의 혁명에 대한 '거대한 공포심'을 이용했다. 소비에트 정권의 항구적인 혁명 위협은 초기 히틀러의 연설 소재로 자주 사용되었다. 그는 '붉은 학살사령부'의 활동, '살인집단', '볼셰비즘의 피의 늪' 등을 날카로운 색채로 묘사하면서 '러시아가 우리 앞에 있다.'는 말을 계속 강조했다. 그는 권력을 장악한 뒤에도 국제적인 공산주의 증오독재에 대한 두려움을 다시 이용했다. 그는 혁명이란 자연의 폭력과 같다는 인상을 사람들의 의식에 각인시켰다.

나치의 테러는 유대인에게 다음과 같은 5단계로 진행되었다.[31] 1단계는 유대인 상품 불매운동이다. 1933년 나치는 권력을 잡으면서 4월 1일 유대인 상점약탈, 폭력, 유대 기업에 대한 불매운동을 벌였다. 이것은 유대인과 경쟁하는 중간계급의 환심을 사기 위한 것이었다.[32] 1933년 늦봄에서 1935년 사이에 유대인은 행정관서와 법조계로부터 추방되었고 각종 단체의 회원이 되는 것이 금지되었다.

2단계에서는 유대인에게 정치적 권리를 박탈했다. 1935년 뉘른베르그법(Nuremberg Laws)을 제정해서 모든 공공생활과 사회생활로부터 유대인을 몰아내고 정치적 권리를 박탈했다. 같은 날 하원은 '독일인의 피와 명예를 지키는 법'을 통과시켜 3대조 내에 유대인의 피가 섞여 있는 사람과 결혼을 금지시켰다. 이후, 이 법은 반유대주의 원리로 작동했다.

3단계는 유대인 대규모 검거였다. 1938년은 유대인을 향한 나치정권의 최악의 해로 유대인을 폴란드 정부로 추방했다. 이러한 부당한 처우에 저항하여 젊은 유대 청년 그린츠판은 독일 대사관에 들어가 독일 참사관 한 명을 암살했다. 이 사건 후 돌격대원들은 유대인 거주지역 방화, 유대인 묘지 파혈, 문화 행사 출입 금지, 물건의 소유와 구매를 금지시켰다. 1938년에 약 4만 명, 1939년에는 7만 8천 명이 강제적으로 이주 당했다.[33]

4단계는 유대인 이민의 단계로 다수의 유대인을 조직적으로 박멸했다.

5단계는 1941년 10월 23일 유대인 이주가 금지되자, 그들을 죽여야 한다는 해결책이 내려졌다. 나치는 그들이 점령한 나라에 유대인 관리청을 세워 유대인들을 체포하고 그들을 가스실에서 살해했다. 히틀러는 유대인 말살을 통해서만 제3제국의 영속이 가능하다고 생각했다.[34]

④ 저항문화

집권 이후 나치즘이 가장 관심을 기울인 사회집단이 청소년층이다. 때가 묻지 않은 그들이야말로 나치의 이데올로기 교육에 의해 창조될 '신인간'의 재료였기 때문이다. 그렇다면 과연 나치의 생각은 적중했는가?

나치가 교육 분야에서 수립한 청소년 정책은 이원적이었다. 하나는 일반적인 교육기관이라는 국가기관이고, 다른 하나는 히틀러 청소년단 및 독일 소녀단이라는 나치당 산하조직이었다. 여기에서 나치 체제가 다극적이었음이 금방 드러난다. 양자간에 고정된 관계가 부재했기 때문이다.

청소년들은 다극적 구조 속에서 해방의 공간을 마련했다. 청소년단 중 단복을 입은 학생들은 교사의 권위에 도전할 수 있었다. 그리고 단복이라는 대항적 권위의 힘은 학교로 국한되지 않았다. 청소년단 활동을 핑계로 청소년들은 아버지의 권위에서 벗어날 수 있었던 것이다. 이 해방의 기쁨은 여학생들에게 더욱 컸다. 특히 농촌의 경우 독일소녀단은 아버지의 감시로부터 벗어나는 최초의 경험을 했다. 그뿐만이 아니다. 청소년단과 소녀단의 지도부가 청소년들로 구성되었다. 그들의 조직 자체는 어른 권위로부터 탈피를 의미했다. 소녀들의 경우 공적 활동의 지도자가 되는 것은 사상 초유의 일로 이것은 근대적인 해방의 성격을 지녔다. 나치의 청소년단은 청소년 하위문화를 등장시키는 계기가 되었다.

에델바이스 해적은 1930년대 말 서부 독일 공업지대에서 자생적으로 나타난 개별적인 청소년 집단들의 통칭이다. 14세에서 18세에 이르는 남녀 노동자 청소년들로 구성되어 있던 그들은 격자무늬 셔츠, 어두운 색 반바지, 흰색 양말, 윗도리 칼라의 양철 에델바이스 핀 등으로 자신들만의 정체성을 표현했다. 이들은 주중에는 퇴근 후 도시의 후미진 곳에서 모여 자기들만의 시간을 갖고, 주말에는 비교적 먼 곳까지 하이킹을 떠났다.

에델바이스 해적은 히틀러 청소년단을 적대적인 집단으로 간주하고 청소년단의 경찰 조직인 순찰대를 공격했을 뿐만 아니라 때로는 도시 전체의 벽을 반체제 구호로 도배해 놓았다. 전쟁 말기에는 공산주의 저항 집단과 연계 활동을 벌이기도 했다.[35]

또 다른 그룹으로는 스윙 청소년들이 있다. 이들은 격자무늬의 긴 영국식 저고리에 장기 장식이 달린 연미복 단추를 달고, 눈에 띄는 숄과 외교관 모자 그리고 날씨에 관계없이 우산을 들고 다녔다. 재즈라는 영미 문화에 심취했던 이들은 영국식 복장을 하고 다녔고, 또한 그들 대부분 상층 부르주아의 자식들이었기에 그러한 치장이 가능할 수 있었다. 그들은 평일에는 남녀가 모여 밤늦도록 재즈 음반을 들으며, 때로는 지하로 숨어든 재즈 콘서트에 몰려가 연주를 듣고, 음악에 맞춰 음란한 춤을 추며, 악단의 영어 가사에 영어로 응답하고, 심지어 영어로 대화를 나누었다. 음악과

무관한 시간에 그들은 보헤미안이고자 했고, 그들의 이상은 백수의 삶이었다.[36]

나치 청소년 정책의 목표는 군인적 인간의 창출이었다. 청소년들의 저항이 극심하자, 나치는 일탈적 청소년들을 청소년 수감소와 청소년 복지원에 보냈다. 나치는 청소년들을 인종주의적 분류법에 따라 생식기능을 절단하는 수술을 하거나 때로는 학살했다. 그들의 생식 통제는 우월한 민족을 생산하여 천년 왕국으로 향하고자 하는 논리에서 열등한 독일인의 재생산을 막으려는 취지로 시행됐다.

(2) 나치와 교회와의 관계

1) 학교의 세속화

기독교에 대해 나치는 두 얼굴의 모습을 보인다. 나치에게 기독교는 독일인의 신조를 둘러싼 경쟁 대상이었기 때문이다. 나치는 창당 초기부터(1919) 집권 초기까지(1933) 기독교에 우호적인 태도를 취했다. 즉 나치는 1933년 2월에 법령을 제정하여 프로이센의 세속학교를 해체하고, 1933년 5월 25일 교회와 국가의 정직한 공생을 말했다.[37] 1934년 2월 발포한 축제법령을 통해 학생이 지방적 전통에 의거해 가치 있는 것으로 평가되는 교회 축제에는 수업을 그만두고 참여할 것을 허용했다. 이러한 일련의 조치는 교회에 대한 유화적인 손짓이었다.

그러나 교회에 대한 우호적인 태도는 자신의 기반을 다지기 위한 나치의 전술적 후퇴였음이 곧 드러난다. 나치는 문화 활동이라는 명목 아래 종교교육을 약화시켜 나갔다. 즉 나치는 1935년 2월 법령을 통해 10세 이하 어린이들에 대해서, 순수한 종교적인 문화나 자선활동은 허용하지만 그밖의 단체 활동은 금지시키고, 학교 예배나 교회행사에 참여시키기 위해 수업 시간을 이용하는 것을 금하는 등 종교 활동을 위축시켰다. 1936년 12월에는 히틀러 소년단법을 제정하여 가정과 학교 밖에서의 청소년의 교육을 당이 장악했다. 그때까지 교회가 가지고 있던 고유한 소년단 활동의 기반을 상실한 것이다.[38] 나치는 1937년 대학의 교육자는 물론 학교에서 비공무원 신분으로 수업을 하고 있는 성직자에게 복무 선서와 충성 맹세를 요구했다. 이것은 성직자로 하여금 교육자로서의 신분을 포기하게 유도하는 조치로 학교에 대한 교회의 영향력을 약화시키려는 의도에서 나왔다.

나치는 1939년 학교에서 예배를 드려서는 안 된다고 하면서 교회공동체와의 협약을 파기했다. 1941년 5월에는 전쟁 물자의 생산 고양을 위해서 축제일을 일요일로 옮겼고, 모든 학교의 종교교육 시간을 수업의 마지막 시간으로 옮기는 등 종교교육 시간을 대폭 축소했다. 직업학교에서는 종교교육을 중단시켰다. 나치는 1940년에 군사적 방어 목적을 위해 14세가 넘는 학생은 종교교육을 받을 수 없다고 규정했다. 나치의 엘리트 기숙학교에서는 어떠한 종교교육도 행해지지 않았다. 학교의 정규과목에서 종교과목을 공식적으로 제거한 것은 1941년 5월 29일에 발표된 〈초등학교 증명서에 관한 법령〉을 통해서였다. 1941년 나치는 성직자가 학교감독관이 되는 것을 철저히 금지시켰다. 나치 당원은 학부모 투표를 이용하여 혼합종파학교로의 전환을 시도했다. 그 결과 1940년 약 6백여 개였던 사립복음 고등학교가 두 개만 남게 되었다.[39] 이처럼 나치는 종교교육을 약화시켜 학생들에게 자신들의 이데올로기에 충성하도록 했다.

2) 기독교 신학의 나치화

히틀러는 기독교의 교리를 교묘하게 이용했다.[40] 히틀러는 기독교를 귀중한 주석이라고 말하고 특히 프로테스탄티즘이 더욱 민족주의적 성향을 보이기 때문에 독일인의 이해를 대표한다고 말했다. 하지만 곧 그들은 자신의 정체를 드러냈다. 이들은 기존의 성경 내용을 바꾸었다. 즉 베들레헴을 갈릴리로 바꾸어 예수가 인종적으로 독일인과 가깝다는 것을 부각시켰다. 아리안족의 구원자로 예수를 그린 것이다.[41]

이들은 기독교의 원칙으로서가 아니라 니체의 철학으로 독일을 재건해야 한다고 주장하면서 새로운 기독교 창안을 제창했다. 즉 사도 바울을 제거하고 예수를 북유럽화된 사람으로 왜곡시켜, 아리안 혈통을 지닌 새로운 신화를 만들어갔다. 히틀러는 독일 불행의 근원을 인종적인 것에서 찾았다. 그리하여 유대 정신에 대항하는 유일한 저지력은 강하고 공격적인 아리안 정신이라고 하면서 게르만 민족의 우수성을 강조했다.[42]

교회 사무국의 제국 목사인 한스 캐롤은 "그리스도와 그리스도 정신이 진정으로 무엇인가에 대한 새로운 권위가 나타났다. 그것은 아돌프 히틀러이다. 아돌프 히틀러는(⋯)진정한 성령이다."라고 말했다. 한 기독교 집단은 1937년 4월에 "히틀러의 말은 신의 법이며, 그 표상으로서의 명령과 법률은 신적 권위를 지닌다."라는 결의안을 채택했다.[43] 또 다른 기독교 집단은 히틀러를 예수와 동일시하면서, 그는 투사로서 독일을 구하고 그 운명을 이끌어야 할 구원자라고 칭송했다. 그리하여 당시 독일의 모든 유치원에서는 식사를 하기 전에, "당신의 손을 꼭 쥐고, 당신의 머리 위에 축복의 인사를 드리며, 우리에게 매일 매일의 빵을 주시는 당신을 생각합니다. 그의 이름 아돌프 히틀러! 우리는 당신을 우리의 구원자로 섬기노라."[44]라는 식의 기도를 드렸다. 이처럼 나치는 기독교의 교리를 변형시켜 자신을 신성화시켜 나갔다.

3) 기독교의 변절 : 독일적 그리스도인 운동과 제국교회 탄생

독일 신교는 제1차 세계대전 후에야 국가에서 독립되어 28개의 독립된 지방 교회로 분할되었다. 히틀러는 민주적이고 자율적인 교회의 모습을 달갑지 않게 여겼다. 나치는 1932년 '독일적 그리스도인 신앙 운동' 이란 것을 조직했다. 독일 그리스도인 인구의 1/3이 자리를 얻을 정도였다. 이것은 나치의 교묘한 술책이기도 했지만 교회가 나치의 정체를 파악하지 못한 결과라 할 수 있다. 예컨대, 1930년 말 《그리스도교의 세계》(*Christliche Welt*)라는 잡지에 실린 "거의 모든 신학생들이 나치이고(⋯) 그리고 프로테스탄트 신학생들의 90%가 강의실에서 나치의 상징을 가지고 있었다.”[45]는 보고를 통해서도 알 수 있다. 그리하여 독일 그리스도인 교회운동은 28개의 교회를 하나의 제국교회로 통합시킬 대중 운동을 벌인다. '독일적 그리스도인' 운동은 기독교와 국가·사회의 이념을 거의 동일시했다. 독일 그리스도인들은 나치의 돌격 부대와 같았다. 이들은 "우리는 독일인 방식으로 믿으려 하네.", "유대인의 하나님은 바보스러워." 같은 가사의 찬송을 새로 만들어 불렀다.

히틀러는 스스로 교주가 되어 종교를 정치권력의 예속 하에 두려고 했다. 집권(33년 2월) 후에 히틀러는 '독일 그리스도인'을 중심으로 지도체제를 만들어 한 사람의 제국 주교 아래 통합시키는 데 성공했다. 교회의 조직과 대표들이 저항했지만 정부 기관과 경찰, 돌격대(S.A)의 힘 아래 뮐러 목사를 9월 27일 제국교회 주교로 선출했다. 이것은 신교가 저지른 수치스러운 배교의 역사였다. 특히 '독일 그리스도인 신앙 운동'으로 조직된 프러시아 총회는 독일 교회가 독일 사람으로 채워져야 한다는 확신 아래 1933년 '아리안 입법'(Aryan Legislation)을 받아들였다.[46]

4) 저항운동 : 바르멘 선언

히틀러가 제국교회를 탄생시키자 그에 대한 저항운동이 나타났다. 신개혁주의 운동 총무였던 니뮐러 목사는 33년 9월 1일자로 '긴급 목사 동맹'에 가입해 줄 것을 호소했다. 가입 인원이 총 7천 명을 헤아리게 된 '긴급목사 동맹'은 주교의 사퇴 운동을 벌였다. 니뮐러 목사는 교직을 빼앗겼고, 설교 금지령이 내려졌으며, 200여 명의 '긴급목사 동맹'은 징계를 받고 수용소로 끌려갔다. 이에 1934년 1월 3일과 4일에 167개 교회가 참석한 가운데 선언문이 채택되었다. 같은 해 5월 29일에서 31일에 고백교회의 총회가 최초로 소집되어 140명의 총회원이 바르멘 선언을 채택하고, 12명의 형제위원회라는 지도부를 구성하여 신앙의 순수성을 선언했다.

바르멘 신앙고백서는 직접적으로는 독일 그리스도인들, 간접적으로는 나치 정권에 대한 거부였다. 바르멘 선언은 또 예수 그리스도의 계시와 나란히 해서 이성, 양심, 감정, 역사, 자연, 문화, 그리고 문화적 성취와 발전에서 하나님의 계시를 선포해야 한다고 주장했던 계몽주의와 슐라이어마허, 리츨 등 교회 안에 들어온 침입자들을 거부하는 것이었다. 그것은 성경의 훈련에만 근거를 둔 하나님의 계시를 고백하고, 하나님의 말씀을 계시의 유일한 원천으로 주장한 선언이었다. 이 선언이 선포되고 나치는 교회 운영위원회 제도를 도입하여 고백교회에 속해 있던 죌너 목사를 의장으로 앉혔다. 그리고 1937년 봄, 목사들에게 설교 금지, 월급 중단, 교육기관 및 교회 출판사 폐쇄 등을 명했다. 교회에서 기도도 못하게 했다. 니뮐러 목사의 체포가 전 세계에 알려지자 나치는 재판을 열었다. 히틀러의 교회 탄압에 저항했던 인물이 바르트와 본 회퍼이다.

그러나 우리가 기억해야 할 것은 나치의 기독교 탄압에도 불구하고 1939년 전쟁이 발발했을 당시 8천만의 독일 국민 중 95%가 기독교인이었다는 사실이다. 하지만 나치의 기독교 탄압에 저항했던 인물은 소수였고, 다수는 양심의 가책조차 없었다고 한다.

2. 프랑크푸르트학파의 역사와 문화 이론가들

(1) 프랑크푸르트학파의 역사

프랑크푸르트학파는 1923년부터 1950년 기간 동안 〈사회과학연구소〉에서 문화 연구를 했다. 이 연구소는 곡물상의 아들 팰릭스 베일의 재정적 지원이 있었기 때문에 가능했다. 프랑크푸르트학파의 학문적 과제는 세계대전의 영향으로 마르크스주의의 근본 가정이 붕괴되자, 마르크스주의에 대한 근본 토대를 재검토하여, 과거의 오류를 규명하고 미래의 새로운 행동을 강구하는 것을 사명으로 했다.

프랑크푸르트학파는 연구 초기, 자본주의 사회의 사회경제적 하부구조에 주된 관심을 갖다가 1930년대에는 문화적 상부구조에 관심을 쏟았다.

특히 호르크하이머가 1930년 7월, 35살의 나이로 사회과학연구소에 지도자로 들어와 1931년 1월에 공식적인 지도자의 자리에 취임하였다. 그 후 1932년 유대인 마르쿠제를 받아들이고, 심리 분석가들을 연구소에 영입하는 등의 노력을 기울였다. 그 결과 사회분석과 문화현상 전체에 대한 연구가 활발히 진행됐다.

그러나 1933년 1월 30일 히틀러가 권력을 쥐자 1933년 연구소는 폐쇄되었고, 호르크하이머는 3월 국경을 넘어 스위스로 빠져나갔으며 4월 13일 프랑크푸르트대학에서 파면당했다.

호르크하이머는 제네바에 있다가 그곳도 위험하다고 판단, 영국과 프랑스를 방문했다. 프랑스 학자들은 자신들보다 두 배나 열심히 연구하는 이들을 받아들이기를 거부하고 냉대했다. 그러던 가운데 이들은 미국의 콜롬비아대학 버틀러 총장이 대학 건물 하나를 사용하도록 제안하자, 1934년 미국에 도착했고, 뉴욕에 연구소를 세웠다. 이와 같은 망명 과정은 사회 연구소를 국제적인 단체로 만들었다. 망명지에서 사회 연구소는 『사회 연구』를 통하여 특정 연구 주제를 집중 연구했다. 이들은 파시즘 비판의 일환으로 시작한 계몽주의에 대한 비판과, 현대사회와 문화에 대한 비판을 주요 탐구 주제로 삼았다.

이들은 미국학자들이 영어로 연구물을 출판하기를 원했지만 미래의 독자들을 위해 눈앞의 독자들을 희생시키며 독일어로 출판했다. 이들은 기울어져 가는 문화의 최후 보루였던 언어를 지키기 위해 모국어인 독일어로 발표하는 방법을 고수했던 것이다.

이들은 1950년 2월 초 망명 생활을 끝내고, 프랑크푸르트대학의 사회 연구소를 재건한다. 이후에 이들의 사상은 이데올로기 비판을 주요 과제로 삼았고, 마르크스주의, 프로이트주의, 하이데거의 실존주의, 헤겔의 변증법을 재해석하면서 비판이론을 전개해 나갔으며, 1968년 학생운동의 주요한 이론적 근거가 되었다.[47]

(2) 벤야민의 대중문화 긍정

1) 생애와 사상

벤야민(Walter Benjamin, 1892-1940)은 독일 베를린에서 유대인의 아들로 출생하여 유년시절을 보내고, 1911-1912년에 독일 남부에 위치한 프라이부르크에서 철학과 문화를 공부하다가 다시 베를린으로 돌아온다.

1915년 벤야민은 숄렘과 교분을 갖기 시작하면서 유대사상을 체계적으로 접하게 되었다. 그 당시 접한 유대교의 카발라(전통·전승의 뜻을 가진 중세 유대교의 신비사상-편집자주)는 벤야민의 사상적 한 축을 형성하게 된다.

1917년 결혼하고 스위스 베른에서 공부를 하게 되었는데, 이때 그는 「독일 낭만주의 예술 비평 개념」이라는 제목으로 학위논문을 제출한다. 그리고 1923년 벤야민 사상의 또 다른 한 축을 형성하는 아도르노(T. Adorno)를 알게 된다. 아도르노는 벤야민 사후에 전집 간행에 중추적인 역할을 했다. 같은 해, 벤야민은 대학교수 자격 취득을 위한 박사학위 논문 「독일 비극의 기원」을 제출했으나, 프랑크푸르트대학은 난해한 방법론적 성찰과 비의적 문체를 문제삼아 벤야민의 논문을 거절했다. 이후, 그는 교수를 단념하고 문필 생활에 들어간다. 1924년에는 카프리 섬에 장기간 거주하면서 브레히트와 라시스를 알게 되는데, 여류감독으로 마르크스주의자였던 라시스를 통하여 벤야민은 마르크스주의에 입문하게 된다. 이때부터 벤야민은 마르크스주의에 경도되었다.

1928년에는 『독일 비극의 기원과 일방통로』를 출판하고, 1933년에는 나치를 피해 파리로 이주했다. 벤야민은 개인적으로 '파리'를 좋아했다고 한다. 그러나 그에게 '파리'라는 도시는 '도시'로서 다가온 것이 아니라, 자본주의의 욕구, 시련, 만족들을 읽을 수 있는 하나의 텍스트였다.

이후, 몸담고 있던 프랑크푸르트학파의 연구소가 뉴욕으로 옮겨가면서, 집으로부터의 원조가 끊어진 벤야민은 경제적 어려움에 빠진다. 그러나 바로 이 시기에 벤야민은 마르크스주의적 예술 이론에 대한 완성을 이루어, 1926년 대표작『기술 재생산 시대의 예술작품』을 출간하였다.

1940년에 독일의 프랑스 점령 이후 스페인으로의 남진이 이뤄지자, 아도르노를 통해 벤야민은 미국으로 탈출을 시도했지만 마르크시즘 연구자라는 이유로 스페인 국경에서 출국을 거절당하게 된다. 그날 밤, 벤야민은 의도적으로 몰핀을 과다 복용하고 스페인 국경에서 자살, 일생을 마감하게 된다.

벤야민의 저술은 대체로 체계적이고 긴 논문이라기보다 짧은 형식의 글들이 많다. 그의 저작 중『파사겐베르크』(1927)가 완성되지 못한 채 남아있는데, 이 책은 다른 논문들과는 달리 두꺼운 원고로 되어 있다. 이 책의 가장 큰 특징은 그의 사상적 진수를 엿볼 수 있는 수많은 '인용문'들로만 채워져 있다는 것이다. 벤야민은 각주로만 글을 쓰려고 노력했는데, 그것은 자기 자신을 객관적인 문화 경향의 표현수단으로 간주하려는 의도로 보인다. 즉 일체의 주관적 요소를 배제해 보려는 그의 희망을 표현한 것이다.

매우 개성적인 벤야민의 사상은 당시의 현상학(現象學)과 신(新)헤겔주의와는 현저한 대조를 이루고 있으며, 유저(遺著)인『역사철학의 테제』에는 종말론적 역사관이 보인다. 저서로『괴테의 친화력』(1924-1925),『복제기술 시대에 있어서의 예술작품』(1936),『계몽』(1961) 등이 있다.

2) 문화 산업에 대한 긍정

벤야민은 대중문화를 거대한 '산업'에 불과하다고 보는[48] 아도르노와 달리 문화 산업을 긍정했다. 벤야민은 매체 미학의 선구자답게 1920년대 말부터 1930년대 초에 기술 발전에 힘입은 대중문화의 폭발적인 확장에 관심을 기울여, 매체나 예술 작품이 바뀌면 그것을 수용하는 인간의 지각 방식도 변한다고 주장했다.

① 보들레르를 통한 도시 인식의 출발
벤야민은 보들레르를 통해 지배적인 문화와 잔존 · 부상하는 문화들에

대해 알레고리적 시선을 던짐으로써 새로운 것의 문화적 가능성을 모색했다. 그는 보들레르를 '경험이 상실' 되어 가는 상황에서 '상실의 경험' 을 보여준 '대중적인 성공을 거둔 마지막 서정시인' 이라 평가하였다. 그는 보들레르의 「지나가는 여인에게」라는 소네트에서 거리 산보자가 낯선 여인의 응답하지 않는 시선에서 황홀감을 느끼는 것을 지적하면서 거리 산보자와의 순간적인 만남에서 은밀한 사랑의 환상을, 한줄기 섬광과 같은 찰나적인 미를 끌어냈다. 벤야민은 보들레르가 느꼈던 거리 산보자의 체험을 '아우라'[49]보다 '환상'(Phantasmagorie)이라는 용어로 설명했다.

② 모더니티의 경험과 의미성

㉠ **경험, 군중, 산보자 – 대도시의 형성과 인간의 새로운 지각방식의 출현**

벤야민은 1933년 파리로 망명하여 그곳에 거주하면서 파리를 하나의 커다란 책으로 읽었다. 대로(大路)가 예술가들의 작업공간이고 예술의 후원자는 신문이나 잡지 등의 시장이었다. 예술가들은 구매객을 찾기 위해 시장을 관찰할 목적으로 산보했다.

벤야민은 확장된 놀이공간으로서의 도시를 분석하면서 '경험' 이라는 말을 중시했다. *Erfahrung · Erlebnis* 는 '경험' 을 말하지만, 그 의미는 아주 다르다. '경험'(Erfahrung)은 지식의 축적으로서 여기저기 여행하면서, 많은 것들을 보고, 지혜를 습득한다는 의미이다. 즉, 응집되고 소통 가능하고, 쉽게 이해할 수 있는 경험을 말한다. 반면 '체험'(Erlebnis)는 내적 삶의 영역, 정신적 삶의 혼란스런 내용과 관련된다. 체험은 처리되지 않은, 불안정한 경험의 입자들, 즉 우연적인 것과 우발적인 것과 관계한다.[50] 벤야민은 대도시에서 '충격 체험'[51]을 경험했다. 그는 공공교통수단의 발전과 새로운 유형의 철골과 유리로 만든 건축술과 도시의 광고물을 보고 대중이 그것과 맺고 있는 경험에 관심을 두었다.

첫째, 교통수단의 발전은 이전에 가지고 있었던 사람들의 시 · 공간적인 감각을 흔들어 놓았다. 즉 먼 곳의 공간은 먼 곳으로만 머무르는 것이 아니라 가깝게 다가설 수 있는 공간이 되었으며, 동시에 여러 곳에서 지금이라는 시간의 현재적 개념을 체험할 수 있게 되었다.

둘째, 유리 건축술도 인간의 지각 방식에 영향을 미쳤다. 유리라는 특성은 내적인 공간과 외적인 공간의 경계를 모호하게 한다. 내적인 공간은 외적으로 표현되고, 외적인 공간은 내적인 공간과 연장선에 놓여 있다. 유리가 귀중품으로 사용되다가 대량 생산으로 유리 건축술에 이용되면서 새로운 공간 개념이 생긴 것이다. 유리 건축술의 발전은 조명이란 '환각적인 작용' 까지 일으킨다.

셋째, 벤야민은 도시의 광고물에도 주목했다. 그는 광고를 보고 '시각적 촉각성' 을 언급했다. 길거리에 붙어 있는 광고사진은 전혀 예상치 않은 곳에 붙어서 나에게 지각되는지 모르게 지각된다. 또 여러 개의 광고사진이 부착된 것을 볼 때 논리적 연관성도 없다. 그는 이러한 광고사진은 마치 몸에 다가오는 진짜 촉각이 아니라 '유사촉각' 이라 말했다. 광고는 만지지도 않고 직접 접촉하지도 않았는데 무언가 와 닿는 느낌의 체험을 준다. 이제 대도시 자체가 시각적 촉각성을 준다. 이러한 도시 생리학을 그는 산보자의 경험의 산물로 보았다.[52]

넷째, 벤야민은 도시에서 새롭게 등장한 인간집단, 즉 '대중' 의 경험에 관심을 가졌다. 벤야민에게 대중은 이중적인 의미가 있다. 그는 대중을 계급의식에서 본 것이 아니라 무규정적인 대중개념으로 보았다. 그는 대중을 보들레르의 시를 통해 이야기했다. 그는 독자들이 보들레르의 시를 악마라고 칭송하면서도 좋아하고, 자기 정서와 맞지 않는 전원시나 서정시는 읽지 않는 것에 주목했다. 왜 사람들이 보들레르의 시를 읽을까? 그것은 보들레르 시를 통해 대도시의 충격을 대중들이 경험할 수 있기 때문이었다. 그는 인간의 경험이 구조적으로 변했다라는 입장에서 보들레르의 시를 분석하고, 인간의 경험 구조가 변할 때 그것에 맞게 예술가들이 대응해야 한다고 말했다.

다섯째, 벤야민은 대도시에 있으면서 대중과 스스로 분리시킬 수 있는 능력을 가진 사람을 '산보자' 라고 했다.[53] 산보자는 시인으로서 대도시에서 새로운 주체를 형성한다. 산보자란 여러 가지의 모습이 동시에 공존하는 하나의 새로운 주체, 일종의 보헤미안이며 대도시의 모든 상품들을 아무런 방해 없이 다 볼 수 있다. 하지만 벤야민은 산보자를 대중과 일치하기도 하고 대중과 거리를 둔 자로 파악했다.

벤야민은 관찰자와 산보자를 구분하면서, 관찰자는 대중 자체가 아니라고 규정했다. 관찰자는 "비록 대도시 대중이 끌어당기는 힘에 굴복하여 그들과 함께 거리 산보자의 한 사람이 되었지만, 그러한 대중의 비인간적인 속성에 대한 느낌"[54]을 지울 수 없는 사람이다. 그는 직접 거리의 산보자로 대중 속에 들어가면서도 여전히 대중과 거리를 두게 된다. 관찰자의 시선을 상실해 버린 산보자들은 아케이드와 함께 생겨난 산보자들로 산책을 위해 거북이를 데리고 나올 정도로 한가함을 즐기는 사람들이었으며, 테일러리즘의 적대자들이다. 그러나 아케이드 대신 백화점이 들어서자, 이들의 운명은 시들어 버린다. 백화점의 등장은 내부의 쇠퇴, 즉 내면성의 쇠퇴를 말한다. 이제, 산보자는 상품과의 거리를 상실하고 상품 자체가 된다.

관찰자와 산보자는 다층적인 모습을 지니고 있다. 전통과 현대의 혼란으로 가득한 미궁 같은 대도시에서 그는 새로운 경험을 하는데 이것을 '문지방 체험'[55]이라고 했다. 문지방은 하나를 넘으면 안방도 되고, 부엌도 된다. 즉 다른 공간에서 다른 공간, 다른 시점에서 다른 시점이 한 경계선에서 맞닿아 있는 것처럼, 대도시에서는 전통적인 사회와 현대적인 사회, 근대성과 현대성이 매우 복잡하게 얽혀 있다. 그의 문지방 경험은 대도시의 삶뿐만 아니라 자기 존재의 위치에도 끊임없이 등장하는 개념이다. 이렇듯, 파리에 살면서 망명객인 그의 신세, 독일에서는 독일인이면서 유대인이었던 벤야민은 문지방 체험을 통해 대중, 산보자, 상품 등 도시의 사회적 요인들을 읽어냈다.

ⓒ 기술 재생산과 아우라의 몰락

대중문화를 학문적 주제로 인정한 벤야민은 1930년대 많은 이론가들이 대중문화의 역할과 의의를 과소평가하여 논의조차 하지 않았을 때, 이들과 매우 대조적으로 대중문화가 갖고 있는 현실성, 영향력을 문화적 흐름 속에서 심도 깊게 읽어내야 한다고 주장했다.

벤야민은 '기술 재생산'과 '아우라의 몰락'으로 대중문화를 설명한다.

기술 재생산 시대가 갖고 있는 특징을 그는 '아우라의 몰락'에서 찾는다.[56] 벤야민에게 있어 '아우라'는 두 가지 의미를 갖고 있다. 하나는 예술작품이 갖고 있는 객관적 특성이고, 다른 하나는 예술작품에 대해 수용자가 갖게 되는 주관적 경험 요소이다.

객관적 특성으로서의 아우라는 기술 재생산 시대 이전의 예술작품 속에 존재하는 것이었다. 왜냐하면 기술 재생산 시대 이전에는 재생산, 복제가 어려웠기 때문이다. 아우라는 '원본성'을 의미한다. 또한 한 번 생산하면 끝나고 비록 다시 똑같은 그림을 그린다고 해서 결코 같은 그림이 될 수 없다는 '일회성'도 담고 있다. 다시 말하면 기술 재생산 시대 이전에는 '복제된 것'과 '진품'은 확연히 구별될 뿐더러 그 의미조차 달랐다. 왜냐하면 작품의 '진품성'이 중시되기 때문이다. 전통적 예술작품이 갖고 있는 아우라는 원본성, 진품성, 일회성의 특징을 지니며, 이것은 바로 예술작품의 일회적인 현존재를 규정한다.

그런데 이것들만으로 아우라가 형성되는 것은 아니다. 아우라는 객관적 속성 외에도 인간의 경험과 주관에 의해 형성되는 주관성을 지니고 있기 때문이다. 중세시대 아우라는 '귀한 것'이라는 의미로 사용되었다. 때문에 종교적 권위를 보장받아야 하는 중세시대에는 종교적 차원에서 이것을 사용했다. 예컨대, 성당에 있는 마리아 상을 생각해 보자. 이 작품은 원본성, 진품성, 일회성을 갖고 성당에 서 있다(객관적 속성). 그러나 성당으로 들어가면 성스러운 그림들과 오묘한 빛깔을 그려내는 스테인드글래스로 둘러싸여 있고, 장중한 파이프 오르간 음악이 흐른다. 이 공간에 한 기도자가 들어간다고 가정해 보자. 이런 공간적 분위기는 마리아 상 앞에 있는 수용자에게는 마리아 상이 단순히 하나의 물리적 존재로서의 예술작품이 아니라 신비적·종교적 차원의 경험을 할 수 있게 하는 존재로서 다가오게 된다. 그는 아마 마리아가 현현했다고 여기게 될 것이다. 이처럼 전통 예술 작품은 종교적·제의적 가치라는 주관성을 갖게 된다.[57]

아우라에 관해서 벤야민은 매우 서사적인 기법으로 설명한다. 그에 의하면 "여름날 햇볕이 빛날 때 먼 등성이에 있는 나뭇가지에 햇볕이 반짝이

고, 이것을 보면서 자신이 무언가를 느낄 때” 이것이 바로 아우라이다. 이
때 아우라는 자연과 관찰자 사이의 지각 가능성을 의미한다. 또한 자기 뒤
에서 누군가가 바라보고 있는 시선을 느낄 때 다시 되돌아 볼 수 있는 것
으로도 묘사하고 있는데, 이는 감정의 상호 교류성과 상호 관련성으로서
의 아우라를 의미한다.

당시 파시즘은 정치의 예술화, 아우라화를 성공적으로 추진하고 있었
다. 그리하여 전쟁 자체도 예술작품으로(따라서 신성한 과제로) 설명할 수
있었고, 파괴와 그에 수반되는 것들은 최상의 미적인 향유로 설명할 수 있
었다. 그러나 벤야민은 ‘정치의 심미화’ 대신에 아우라의 파괴를 전제로
하는 ‘예술의 정치화’를 요구한다. 아우라로부터 해방된 예술은 더 이상
경건한 관조에 머무르게 하지 않고 관심을 딴 곳으로 돌리게 한다. 그것은
관객을 분산시킨다. 벤야민이 서술한 바와 같이 분산된 대중은 비로소 예
술 작품 속에 함몰되지 않고, 예술작품을 스스로의 내부에 함몰시킴으로
써 그것의 마력으로부터 벗어날 수 있다. 복제화된 예술 작품은 경외심에
가득찬 태도가 더 이상 생기지 않게 하는 기능을 하여 관객에게 향유와 비
평이 동시에 일어나게 한다.

반면 벤야민은 기술 재생산 시대에는 전통적 예술작품이 갖고 있었던
아우라는 몰락한다고 보고 있다. 그 객관적 입장에서 보면, 기술 재생산
시대에 등장한 새로운 형식의 예술인 사진 및 영화는 진품성을 묻지 않기
때문에 아우라는 몰락되었다고 할 수 있다. 또 주관적 입장에서 보면, 아
우라의 원본성, 진품성, 일회성이 없어진 것 뿐 아니라, 기술 재생산 시대
에는 이전과는 다른 지각방식을 요구하기 때문이다. 이전에는 ‘집중성’을
요구했다면, 이후 나타나는 사진, 영화, 광고에서는 ‘촉각적 지각과 정신’
을 요구한다. 여기서 벤야민은 예술의 새로운 가능성을 본다.

ⓒ 예술작품의 수용 태도의 변화와 현대 예술의 새로운 가능

벤야민은 복제 기술의 발달이 지각작용의 변화를 야기시켜 현대인의 수
용태도에 일대 변화가 일어난다고 판단한다. 그는 변화된 수용 태도의 특
징으로 전시 가치(展示價値), 집단적 수용, 비평적 태도를 들고 있다.[58]

첫 번째 특징인 전시 가치는 의식 가치(儀式價値)와 대립되는 개념이다. 과거의 예술적 생산은 종교 의식에서 사용되는 형상물로부터 시작되었고, 이들 형상물은 보여지기보다 존재한다는 사실이 중요했다. 그러나 현대는 기술적 복제가 발달함에 따라 예술 작품의 전시 가치가 커졌다.

두 번째 특징은 집단적 성격으로 전통 예술 작품에 대한 수용은 개인적 차원에서 이루어졌지만, 현대는 예술 작품에 대한 수용이 집단적 차원에서 이루어졌다는 것이다. 벤야민은 회화의 예를 들면서 중세의 교회나 사원, 18세기의 영주의 궁정만 하더라도 회화의 집단적 수용은 동시적으로 이루어진 것이 아니라 여러 단계를 거친 위계 질서적 매개를 통해 이루어졌다고 말한다. 그러나 그는 19세기에 들어오면서 다수의 관중에 의해 회화가 감상되기 시작했는데, 이것을 그는 회화의 위기라 말하고, 그 위기의 근원이 대중의 요구에서 기인한 것으로 파악했다. 이러한 집단적 수용이 가장 잘 나타난 것으로 벤야민은 영화를 거론하고, 이것을 현대 예술의 특징으로 보았다.

수용 태도의 세 번째 특징은 비평적 태도이다. 전통적인 비평 태도는 작품 속에 자신을 침잠시키거나 자신을 작중 인물과 동일시함으로써 신비적 일체감을 체험하는 것이라면, 현대적인 비평 태도는 작품과 작중 인물에 일정한 거리를 둠으로써 분석적, 학문적 태도를 취한다. 벤야민은 기술적 복제 가능성이 예술을 대하는 대중의 태도를 변화시켰다고 진단한다. 그는 이러한 비평 태도의 변화를 정신분산(Zerstreuring)과 정신집중(Sammlung)이라는 개념으로 설명한다. 벤야민은 정신분산과 정신집중을 서로 상반되는 개념으로 규정하고, 현대의 비평 태도는 정신의 집중으로서의 침잠(Versenkung)이 아니라 정신의 분산으로서의 오락적 성격(Ablenkung)을 강하게 띠고 있다고 규정한다.

결론적으로 벤야민에게 아우라의 몰락은 기술 재생산 시대의 긍정적이고 필연적인 현상, 예술 일반의 몰락이 아닌 새로운 예술의 시작(대중예술)이었다.

③ 비판과 구원의 변증법적 인식

벤야민의 사상을 추론할 때 살펴보아야 하는 것이 역사에 대한 인식이다. 여기서는 그의 역사철학이 잘 담겨져 있는 〈역사철학테제〉를 중심으로 그의 역사 인식을 논의해 보고자 한다.

〈역사철학테제〉가 씌어졌을 때는 파시즘이 승리를 거둔 시기다. 벤야민은 망명지에서 실제적인 생명의 위협 속에서 〈역사철학테제〉를 쓰는데, 그는 기존의 역사관과 사회민주주의자들의 실천을 비판하고, 현재시간(Jetztzeit)의 변증법적 형상을 통해 역사를 조망하면서 구원을 모색한다.

벤야민은 ‘구원의 관점’에서 기존의 역사관을 비판하는데 그 대상은 역사주의와 진보적인 역사관이다. 그는 위기가 닥치자 ‘현재시간’에서 제일 중요한 계기는 미래에 대한 생각의 금지로, 미래가 합리적인 기획이나 예측이 불가능한 ‘장벽’으로 다가옴을 경험한다. 하지만 그는 미래는 알 수 없는 것이지만 동시에 현재시간으로 충만될 수 있는 시간이라고 본다. 위기의 순간은 세속적 깨달음의 시간이 될 수 있기 때문이다.[59]

벤야민에게 있어 현재시간 속에서 떠올린 전체 역사의 모습은 ‘변증법적 형상’이다. 변증법적 형상이란 그 자체 모순된 관념이다. 변증법적이라는 것이 대립된 계기들이 끝없이 충돌하면서 지양되어나간다는 시간적 관념이라면, 형상은 공간적인 관념이다. 변증법적 형상이란 그러므로 역동적인 시간이 하나의 형상 속에서 정지하는 것이다. 태풍의 눈 속에 있는 고요와 평화를 느끼게 하는 변증법적 형상은 곧 ‘정지상태에 있는 변증법’(Dialektik im Stillstand)이다. 변증법적 형상은 섬광처럼 떠올랐다가는 사라지는 상(像)으로서만 언뜻 나타나는 것이다. 시간의 축지법은 역사적인 시간을 한 순간에 이미지의 공간으로 만들며 이 공간은 현재의 동시적 상들로 충만된다. 벤야민은 이러한 형상들이 만드는 구도를 해석하고 행복의 이미지들을 붙들며[60] 고통 속에서 말없이 사라진 의미없는 것들에 의미를 부여함으로써 그것들을 구원하려 한다. 한 순간에 과거를 전부 소유하면서 동시에 놓아버리며, 살아온 삶과 과거에 대한 절망적인 애정과 구원에 대한 갈망이 뒤섞이는 ‘변증법적 형상’이라는 관념은 덤덤한 평상심과는 다른 절박한 심리상태 속에서 나온 절대적 평화 비슷한 것이라는 것을 느낄 수 있지만, 모든 대립적인 것이 한꺼번에 뒤엉켜 있는 이 개념은 어떤 규정이나 평가도 금방 철회하도록 만든다. 알레고리에서처럼 이러한 중의성은 이 관념의 본질적인 부분이다.

요컨대, 벤야민의 사유에 내재한 변증법은 사물화 밖에서 사물화를 비판한다는 환상에 사로잡히지 않는다. 따라서 비판으로 일관함으로써 문화를 도구주의적으로만 해석하는 문화 비평의 한계를 넘어 상품 구조 속에서 그 구조의 원리를 내파(內波)할 수 있는 가능성을 열어주고 있으며, 이로써 현대 예술 및 문화이론들에 중요한 비평적 토대를 제공하고 있다.

3) 예술 이론 - 사진과 영화를 중심으로

벤야민은 예술작품이란 '사물내용'(Sachverhalt)인 해설과 진리내용(Wahrheitsgehalt)인 비평'의 이중적 존재성을 가진다고 보고 있다. 벤야민은 진리내용인 '비평'은 예술 작품의 진리 내용에 관계하는 것이라고 보고, 사물내용인 '해설'은 그것의 사물 내용을 찾는 것으로 본다. 비평과 해설은 상관 관계를 가지고 있지만 궁극적으로 해설이 비평에 봉사하는 것이다. 그는 비평이 해설자의 입장을 취할 때는 논리적, 명증적 성격을 띠지만, 비평가의 입장에 설 때는 갑자기 설명적 논리를 뛰어넘어 비의적, 은유적 언어나 문장으로 나타난다고 말한다.[61] 따라서 벤야민의 비평 방법은 '정지의 변증법'과 '구체성의 변증법'으로 요약할 수 있다.

먼저 '정지의 변증법'을 살펴보자. '정지의 변증법'이란 그의 역사관과 관련이 있는데 그에게 역사란 연속적인 이미지보다는 공간적인 이미지에 가까운 것으로 진리 내용과 관련이 있다 하겠다. 역사에 있어서 진보의 순간이란 역사의 연속성이 갑자기 단절되고 그 충격 속에서 단자화되는 정지 상태에서 일어난다. 그에게 비평은 순간적인 정지 상태를 포착하는 것이다. 그에게 절대 정신은 연속성을 정지시키는 충격적 고착(찰나적인 현현)을 통해서만 드러난다. 따라서 '정지상태의 변증법'이란 사고의 고착이며 명증화이다. 명증성은 정지의 충격으로 연속성 속에서 떨어져 나온 사고(혹은 이미지) 속에서 보존되는 것이다. 그것은 단순한 연속성의 한 부분으로서 단편성이 아니라, 존재 그 자체의 흔적을 보여주는 충격의 경험이다. 아도르노는 그의 사상의 정적인 요소를 지적하면서 "벤야민을 올바르게 이해하기 위해선, 그의 모든 문장의 이면에서 극도의 흥분이 정적인 것으로 전환하는 것을, 실로 운동 그 자체의 정적인 개념을 감지해야 한다."[62]고 말했다.

다음으로 '구체성의 변증법'을 살펴보자. '구체성의 변증법'이란 구체적이고 현실적인 대상 속에서 그 고유의 형식을 찾아내고, 부여하는 행위로 전통(역사) 속에 갇혀 있는 진리를 언제나 새롭게 하는 것, 즉 현재화하는 것으로 '사물내용'과 관련이 있다 하겠다. 그의 사상은 절대적인 것을 향해 있지만 '전체와의 연관성에서 떨어져 나간, 즉 논리-체계적인 상태에서 벗어난, 단절적이고 단편적인 것이며, 동시에 직접적인 것'이다.[63] 그의 이러한 비평 태도는 초현실주의와 연결된다. 초현실주의는 '현실의 가장 하찮은 묘사들, 즉 그 편린들 속에서 역사를 생생하게 그려내려는 시도인 것'[64]이다. 따라서 초현실주의는 전통적인 예술적 방법론의 시각이 제공하는 방법론의 한계를 벗어나 현재적이면서 살아 있는 인식을 구성하게 히는 '충격'으로서의 예술적 인식을 발견하는 것이다.[65]

여기에서는 이러한 변증법적 사유를 가능하게 했던 예술의 장르인 사진과 영화를 중심으로 그의 예술 이론을 살펴보고자 한다.

① 사진

벤야민은 앞서 언급한 예술 작품의 기본적 성격의 붕괴와 상실 및 이에 따른 수용태도의 변화를 출발점으로 하여 기술 시대의 예술의 새로운 기능을 제시한다. 이제 예술은 전시적 가치, 대중의 욕구, 비판적 태도 등에 부합되는 특성을 지녀야 하며 이러한 특성이 갖는 의미는 문학과 예술의 저변 확대이자 대중화, 민주화의 추구이다.

새로운 부류의 잠재력(사진, 신문, 영화)으로 맨 처음 등장하는 것은 사진이다. 벤야민은 『사진의 작은 역사』와 『기술복제시대의 예술 작품』에서 종래의 예술 특성 개념인 아우라나 전시적 가치 등의 고유 개념을 이용하면서 사진의 새로운 기능을 설명한다. 초기의 사진에는 모델이 오랫동안 지속적으로 부동의 자세를 취함으로 해서 충만감과 안정감을 느낄 수 있다. 그러나 이것은 표면적인 모습일 뿐 그 뒤에는 부르주아의 분위기가 숨어 있다. 왜냐하면 사진을 찍을 수 있는 능력을 갖춘 사람들의 상승일로에는 부르주아 계층이 있었고, 이러한 부르주아 계급의 구성원들이 저고리의 주름이나 목도리에까지 속속들이 아우라적 분위기를 지니고 고객으로 등장했기 때문이다. 이처럼 초기 사진에는 아우라가 남아 있었다.

그러나 후기 사진 시대로 접어들면서 아우라는 몰락했다고 그는 말하고 있다. 벤야민은 아뜨제(Atget)가 찍은 1890년경 파리의 사진을 통해 사진이 갖는 새로운 기능, 즉 정치에 근거를 두는 예술의 새로운 사회적 기능을 목격한다. 아뜨제가 찍었던 광경들, 즉 긴 구두가 늘어서 있는 광경, 아침부터 저녁까지 손수레가 줄지어 늘어서 있는 집 마당의 광경, 건물 정면의 네 군데에 5라는 숫자가 엄청나게 부각되고 있는 사창가 등의 광경 등에 주목하면서 이러한 사진들이 한결같이 인간을 공허하게 만들고 있으며 이러한 사진을 보는 사람들은 사진이라는 하나의 장(場)에서 정치적 성향을 지니게끔 한다고 주장한다. 따라서 기존의 사진 속에 담겨져 있던 아우라는 제거되고 숭배적 가치 역시 사라지게 되었다. 벤야민은 아뜨제로부터 진정한 아우라의 몰락이 시작됐다고 말하고 있다.

또 벤야민은 사진이 예술 작품을 향한 민주적 접근 가능성을 확대시켰다고 말한다. 사진은 접근할 수 없었던 것을 접근 가능하게 만든 것이다. 그는 사진의 등장을 전통적 회화와의 관계에서 '투쟁적' 존재로 상정하고 있다. 이것은 『사진의 작은 역사』라는 책에서 잘 나타난다. 벤야민은 당시 사진에 관한 논쟁이 '예술이냐 아니냐' 라는 논쟁에 치우쳐 있다고 비판하면서, 진정으로 물어야 할 것은 사진으로서의 예술(복제품)이 아니라 예술로서의 사진이라고 말하고 있다. 즉 그는 사진의 등장으로 예술작품의 기계적 복제 가능성에 이전과는 다른 민주적 의미를 부여한다. 예전에는 예술작품이 있을 때, 늘 볼 수 있는 존재는 아니었으나 사진은 그렇지가 않다. 따라서 사진은 예술작품의 탈아우라를 가능하게 했다.

벤야민이 사진 예술에서 중요하게 생각한 개념은 '시각적 무의식'[66]이라는 개념과 '사진의 표제어'라는 개념이다. 먼저, '시각적 무의식'이라는 개념에 대해서 살펴보자. 시각적 무의식이라는 개념은 벤야민이 프로이트의 무의식이라는 개념을 시각성과 연결시킨 것이다. 카메라의 눈과 인간의 눈이 다르다. 카메라 맨을 외과의사라고 하고, 화가를 주술사, 또는 마술사라고 하듯이 카메라에 비친 자연은 인간과 다르게 냉철하게 사물을 본다는 것이다. 따라서 기술적 작가는 사물에 대하여 냉철한 시각을 가져야 사물에 대하여 객관적으로 볼 수 있다. 또 하나는 내가 눈으로 보았던 장면과 사진으로 인화해서 보는 공간이 다르다는 것이다. 존재하는 것인데 보지 못하다가 사람들이 나중에 그 공간을 인지한다는 것이다. 카메라를 통해 벤야민은 원래 존재했던 무의식을 발견할 수 있다고 본다. 의도하지 않고 의식하지도 않던 것이 사진에 담길 수 있다는 것이다. 시각적 무의식이라는 말은 시각적 의식을 대신해서 의도하지 않았던 것이 사진에 담겨지면서 인간의 눈으로 볼 수 없는 것들을 보게 되고, 우리는 이것을 통해 우리 자신을 다르게 경험할 수 있게 하는 장을 마련하게 된다.

다음은 '사진의 표제어'[67]라는 개념이다. 그는 사진 예술에 대한 민주적 가능성을 이야기한다. 즉 가까이 할 수 없는 것들을 가까이 하고, 접근할 수 없는 예술 작품을 접근하게 하고, 평생 가져볼 수 없는 예술품을 어떤 형식으로든 가질 수 있게 하는 것 등이다. 사진에 대하여 이렇게 긍정적으로 이야기 할 수 있는 반면, 사진이 무한정 재생산될 수 있는 측면이 있기 때문에 상품화시킬 수 있다는 것이다. 그는 사진을 상업적으로 악용될 수 있는 가능성에서 해방되기 위해서 표제어를 붙이라고 한다. 미래의 문맹자는 글자를 모르는 사람이 아니라 사진을 모르는 사람이다. 그러나 자기 자신의 영상을 읽을 줄 모르는 사진사도 이에 못지않게 문맹자이다. 벤야민은 표제어를 붙여서 사진이 소비품을 위한 것으로 떨어지는 것을 막고자 했다. 벤야민의 사진 예술에 대한 애착은 그의 미학 체계를 형성하는 큰 기반으로 작용한다.

② 영화

벤야민에게 있어 영화는 새로운 미학적 대상이었다. 영화의 등장으로 벤야민이 주목한 것은 대중적 수용이라는 형식이었다. 영화는 곧 '대도시의 등장'과 관계되고, 또한 '영화관'은 대중 다수가 이용할 수 있는 '놀이공간'이다. 벤야민은 이전의 예술작품은 대중적이지 않았지만 영화는 그 속성상 대중적 수용을 필요로 하고 있다는 사실에 주목한다.

벤야민의 영화이론은 기술 재생산 시대의 예술작품에서 가장 많이 인용된 논문이다. 왜냐하면 새로운 지각작용을 요구하고 있기 때문이다. 앞에서도 살펴보았듯이 이전의 예술작품이 침잠적·집중적 태도를 요구했다면, 기술 재생산 시대에는 정신 오락적·분산적 지각을 요구한다는 차이를 지닌다. 이런 지각작용이 가장 적합한 분야가 바로 영화인 것이다.

사진은 정적이지만 영화는 동적이다. 기차가 발명되고 기차 여행을 통해 이미 사람들은 파노라마적인 경험을 하게 되었지만, 당시 예술은 이런 신비한 경험을 담아낼 수가 없었다. 체험은 이미 동적으로 진행되었으나 예술은 이것을 표현할 수 없었던 것이다. 오로지 영화만이 이것을 담아낼 수 있었다. 기차 여행을 통해 얻은 경험을 영화가 담아낸 것이다.

정신 오락적·분산적 체험에서 중요시한 것은 영화에서의 몽타주 기법이다. 영화 등장 이전, 연극과 문학에서는 논리적이고 연대기적으로 시·공간이 배열되었다. 그러나 몽타주 기법의 도입으로 인해 비논리적이고, 연대기적 시·공간에 대한 임의적인 재배열이 가능해졌다. 이것이 우리가 생각하기에 당연한 구조 같지만, 이 당시 사람들에게는 매우 혁명적인 것이었다는 사실에 유의할 필요가 있다.

몽타주 기법은 관객에게 '쇼크'를 줄 수 있다고 벤야민은 말하고 있다. 이 쇼크는 그가 말하는 새로운 지각 중 일부로서 텍스트로부터의 '거리두기'를 유인하게 된다는 것이다. 이를 통해 관객은 영화에 몰입되지 않으며 일정한 거리를 유지하고 그것을 비판적으로 바라볼 수 있게 되었다. 따라서 벤야민은 식자층만이 작품을 비판적으로 바라보는 것이 아니라 일반 대중들도 그들과 마찬가지의 태도를 취할 수 있음을 강변하고 있다. 벤야믿은 진정한 미적 향유가 기술 재생산 시대의 새로운 지각 요구로 인해 가능해졌다고 지적한다. 현실을 하나씩 단절시켜 나가는 영화의 몽타주 기법은 벤야민에게 있어서 알레고리적[68] 현실 읽기에 해당한다.

벤야민은 예술형식으로서의 영화의 주된 묘사 대상이 끊임없이 움직이는 것을 정치적 맥락에서 독해한다. 영원히 움직이는 집단에 대한 꿈의 이미지는 벤야민에게 혁명적 에너지이다. 아케이드의 상품처럼 집단적 무의식의 이미지로 다가오는 대중의 움직임은 구원의 모멘트를 지닌 소망의 이미지로 읽는다. 이는 인간과 자연을 하나로 결합하는 유희적 요소이며, 보다 나은 역사를 만들 수 있는 무의식 세계를 창출하거나 이러한 꿈에서 깨어나는 요소이기도 하다.

한편 벤야민은 새로운 대중매체가 이미지 생산과 가시적 소통을 확장시킴으로써 미적 대상과의 거리감을 제거한다고 지적한다.

이상의 논의에서 볼 때, 벤야민은 영화가 거리두기를 유지할 수도 있지만 대상과의 거리를 제거하는 이중적인 기능이 있음을 말하고 있다. 이 문제는 예술의 정치화에서 구체적으로 검토하겠다.

③ 예술의 정치화

벤야민의 예술 이론에서 예술의 사회적 기능은 매우 중요한 범주이다. 그는 예술의 사회적 기능을 고찰함으로써 예술과 사회의 관계를 다시 설정하고자 한다. 그는 예술의 올바른 사회적, 정치적 기능을 '예술의 정치화'라고 규정하고 '정치의 예술화'와 대립시킨다.

'정치의 예술화'란 바로 정치적 측면에서 특정한 이데올로기의 선전, 선동을 위해 예술을 이용하는 것을 의미한다. '정치의 예술화'란 국가사회주의(나치즘)의 예술 사용을 비판하기 위한 용어이다. 그는 파시즘이 대중매체를 통해서 대중들을 탁월하게 조직해 내는 것을 보았던 것이다. 국가사회주의는 지도자의 숭배 의식과 자신의 이데올로기를 선전하기 위한 도구로 아주 적절하게 영화라는 새로운 매체를 사용했다. 이것은 예술이 기술 재생산 시대 이전에 가졌던 종교 숭배적 기능으로 회귀하는 것이다. 이렇듯 수행되는 지도자에 대한 숭배 강요를 벤야민은 "대중에 대한 강간"이

라고까지 표현한다.[69]

벤야민은 예술의 자율적 개념을 부정한다. 예술은 자율성이라는 이름으로 실제적인 삶과 분리되는 결과를 초래할 때, 예술은 예술 그 자체만이 자신의 목적이고 목표인 것이다. 결국 이것은 예술의 마술적, 종교적 특성의 다른 이름일 뿐이며, 이렇게 될 때 예술은 파시즘에 악용될 가능성을 잠재적으로 열어 놓게 된다. 만약 예술이 예술과 사회와의 관계를 무시하고 예술 그 자체만을 문제 삼고, 오직 아름다운 가상만을 추구한다면, 바로 여기서 예술이 악용될 수 있는 여지를 내적으로 지니게 될 것이다. 이런 입장은 예술의 사회적 영향력이나 역할을 전혀 문제 삼고 있지 않기 때문이다. 벤야민은 탐미주의 예술을 비판한다. 탐미주의 예술은 사회적 기능과 역할에 아무런 관심도 기울이지 않고, 모든 사회적, 정치적 현상에 무관심(Gleichgultigkeit)으로 대응할 뿐이다.[70] 벤야민은 예술이 이렇게 특정 이데올로기를 위해 대중 조작의 수단으로 쓰일 수 있는 점을 간파하고 '예술을 위한 예술'(L'art pour l'art), 즉 '탐미주의'(Asthetizismus)를 명백하게 반대한다.

벤야민은 대중매체의 사회적 영향력이 거의 폭발적인 것을 보고 예술과 정치의 관계에 주목하여 '예술의 정치화'에 기대를 한다. 벤야민은 '예술의 정치화'란 예술이 하늘에서 떨어진, 천재적 예술가가 어느 날 갑자기 창조해 낸 것이 아니라 사회적 산물이기 때문에 예술이 사회와 정치적 상황을 고려해야 하고, 실제적인 삶과 늘 밀접하게 연관지어야 한다는 것을 의미한다.

4) 벤야민 문화이론이 지니는 현대적 의의

벤야민의 문화이론 연구는 대중매체에 대한 지각 이론과 사회 비판적 이론에 기초를 두고 있다. 이것은 곧 예술작품을 사회적 맥락 속에 위치시켜야 한다는 그의 기본 태도, 그리고 미적 대상의 관찰은 궁극적으로 진리 발견에 이른다는 믿음에서 출발한다. 새로운 지각 이론에서 그가 강조한 것

은 정신 오락적 분산적 기능이 갖는 사회 비판적 기능이다. 벤야민은 대중
문화 속에서 정치적인 힘을 보았고, 대중을 하나의 문화현상으로 파악했
다. 그리고 기술 재생산 시대의 예술을 '대중을 위한 대중문화'로 자리매
김했다. 그는 영화를 사회를 움직일 수 있는 가장 대중적인 도구로 보았고,
영화 매체를 '예술의 정치화'를 이룰 수 있는 장(場)으로 보고 있다.

　예술이론가로서, 그리고 비평가로서 벤야민은 문학 분석의 본질은 비평
에 있으며, 이 때 비평의 기관은 철학적인 것이어야 한다는 믿음을 끝까지
지켜나갔다. 예술 작품은 역사철학적 성찰의 중요한 교차점으로서, 종교
적이고 형이상학적인, 그리고 정치적이고 경제적인 경향들이 자기표현을
얻을 수 있는 가장 적합한 장소가 된다. 이로써 예술작품은 한 시대의 비
판적 인식이 가능한 매개체로써 뿐만 아니라 역사 자체의 기관이 되는 것
이다. 벤야민의 문화이론은 예술 작품을 통한 사회 비판적 자기 인식을 긍
정적으로 표현할 수 있는 구원의 방법을 현대인에게 제공해 주었다는 데
그 의미가 있다 하겠다.

(3) 아도르노의 문화산업 비판과 미학을 통한 극복

1) 생애와 사상[71]

　아도르노(Adorno, 1924-1969)는 오페라 가수를 지낸 어머니와 성공한
유대인 주류상이었던 아버지 사이에 태어났다. 그는 어린시절 성악가인
어머니와 함께 살았던 피아니스트 이모로부터 음악에 대한 열정과 사랑을
배웠다. 1921년부터 1924년까지 프랑크푸르트 대학에서 주전공을 철학,
부전공으로 사회학·음악학·심리학을 공부했다. 1924년 21세에 훗설에
관한 연구로 철학박사 학위를 받았다. 대학 졸업 후에는 작곡도 배우고 음
악평론도 했으며, 1928-1931년에는 음악잡지 《새벽》(Anbruch)의 편집자
를 맡기도 했다.

　아도르노는 1924년 초연된 베르크의 "보체크 단편들"을 듣고, 1925년

비엔나로 가서 베르크(Alban Berg)에게 작곡을 공부했지만, 2년 후 작곡 수업을 중단하고 프랑크푸르트로 되돌아왔다. 그 후, 베를린에 자주 체류하면서 철학자 벤야민과 음악가 바일(Kurt Weill) 등과 교제했으며, 호르크하이머(Max Horkheimer)가 이끄는 사회연구소와 가까운 관계가 되었다. 1931년 키에르케고르에 관한 논문으로 교수자격 시험에 합격한 아도르노는 프랑크푸르트 대학의 철학과 조교수에 취임했지만 1933년 나치에 의하여 교수직을 박탈당했다. 그 후 그는 영국 옥스포드에서 잠깐 공부한 후, 1938년 미국으로 이민을 가 뉴욕에서 사회학자 라자르스펠드(P. F. Lazarsfeld)가 주도하는 프린스톤 라디오 연구 프로젝트에 참여했다. 그리고 호르크하이머가 미국으로 옮겨온 사회연구소의 상임 연구원이 되었다.

아도르노는 호르크하이머가 로스앤젤레스로 옮겨 갈 때 같이 그 곳으로 이주하여, 프랑크푸르트 비판학파의 중요한 문헌이 되는 『계몽의 변증법』을 1942-44년에 공동 집필했다. 그리고 제2차 세계대전이 끝난 후인 1947년에 호르크하이머와 함께 독일로 돌아왔다. 1950년부터 프랑크푸르트 대학의 교수로, 1956년 정교수가 되었고, 사회연구소의 소장이 되었다. 그는 1966년에 가장 유명한 저작인 『부정의 변증법』을 썼다. 1968년 이후 현실 질곡의 혁파를 위한 학생들이 그의 참여를 바랐지만, 그는 미학 강의에 심혈을 기울었다. 그의 강의는 학생들의 시위에 의해 중단되었고, 연구실의 서류들은 학생들에 의해 훼손되었다. 그는 1969년 8월 6일 스위스의 요양지(Visp)에서 심근경색으로 사망했다. 아도르노는 호르크하이머, 벤야민 등과 함께 프랑크푸르트학파의 제1세대에 해당한다.

2) 문화 산업에 대한 비판

① 계몽의 변증법을 통한 자기 부정

아도르노는 문화산업에 대해 비판적인 이론가로 알려져 있다. 특히 『계몽의 변증법』[72]은 비판이론에 중요한 저서이다. 그는 이 책에서 자본주의가 낳은 파시즘과 사회주의가 낳은 전체주의를 야만으로 규정하고, 역사를 진보의 과정으로 파악할 수 없다고 말한다. 그는 역사를 발전이 아니라 인간이 자연과 자기 자신에게 폭력을 행하는 진보로 파악한다. 이제 계몽은 그 기능을 상실하고 도구적인 이성이 되었다.

계몽의 변증법은 근대의 합리성과 도구적 이성에 대한 비판에서 시작한다.[73] 그는 헤겔과 칸트의 철학을 수용하고 비판하면서 계몽의 자기파괴 과정을 발전시킨다. 다시 말하면 아도르노의 비동일성의 철학, 즉 부정 변증법[74]은 헤겔과 칸트의 철학적 근거를 수용, 혹은 비판하면서 형성해 간다.

헤겔은 전체를 진리로 파악한다. 이는 전체로서의 철학만이 진리를 파악할 수 있다는 것이며, 정신과 실재는 실현된 통일체로서만 진리일 수 있다는 것이다. 헤겔의 이성은 보편과 특수의 관계에서 보편을 강조함으로써 긍정적인 역사 구성을 한다. 따라서 자유의 전제로서 개별의지의 원리를 인간은 포기할 수밖에 없다.

아도르노는 헤겔 철학으로는 아우슈비츠를 비판할 수 없다고 본다. 아우슈비츠는 동일자에 의해 비동일자가 죽임을 당한 것과 같은 것으로 헤겔이 기대했던 총체성은 실현시켰지만 그 총체성이 오히려 악이 되었다. 이러한 인식하에 아도르노는 "전체는 비진리이다."[75]라는 대항명제를 내세운다. 즉 보편자의 우위가 실현된 현대사회에서 비동일적인 것, 비언어적인 것, 비개념적인 것을 구제하려 한다. 이제 변증법은 긍정적인 체계가 아닌 부정적 체계에서 다시 세워져야 한다. 부정변증법은 변증법을 긍정적인 본질로부터 구해내고 어떠한 확정성도 남겨놓지 않는다. 부정변증법은 개별적이고, 차이를 인정하는 철학이다.[76]

아도르노는 칸트 철학이 주체와 객체의 비동일성을 해결하려 하지 않고 내버려둔다는 점에서 비동일성과 비주관적인 것을 구제하려고 한다. 아도르노는 "주체로부터 객체는 이념으로서 결코 떼어내어 생각할 수 없다. 그러나 객체로부터 주체는 떼어낼 수 있다."[77]고 말한다. 다시 말해 주체는 처음부터 객체 밑에 있기 때문에 주관성은 객관성에 의해 매개 되어 있다. 그는 모든 인식이 개념에 결부되며 인식주체는 물자체를 파악할 수 없다는 것을 인정한다는 점에서 칸트를 따르지만, 모든 인식에 선행하는 개념들은 주체를 초월한다고 보는 점에서 칸트와 다르다.

아도르노에게 특수자의 권리를 찾아줄 유일한 가능성은 현존하는 것에 대한 총체적이고 구체적인 부정, 즉 특정한 부정이다. 즉 부정변증법의 목표는 철학적인 관점들을 내재적으로 비판함으로써 폐쇄적인 사유의 강압 메커니즘으로부터 빠져 나오는 것이다. 이것은 한 번의 도약으로 가능한 것이 아니라 동일화하는 사고를 내부에서부터 끊임없이 붕괴시켜 나가는 계속되는 자기 부정을 통해서만 가능하다.[78]

아도르노의 비동일성의 철학은 전통철학의 시도를 무너뜨리려는 작업 중의 하나이다. 그는 주체의 인식을 통해 객체의 진리를 포착하려는 시도를 한다. 그리하여 그의 인식론은 미학이론으로 넘어가게 되며, 이에 따라 철학의 중심과제도 개념에 의한 진리파악이 아닌 예술의 해석으로 옮겨지게 된다. 따라서 아도르노의 인식론에서는 주체와 객체의 화해는 불가능하고 오직 주체와 객체의 분열에 대한 의식만이 존재한다. 그의 인식론은 관념론에 대한 비판으로서 주체가 설정한 관념보다 객체를 우위에 둔다는 점에서 유물론의 성격을 지니지만 객체는 진리라는 주장을 부정하는 사상이라 할 수 있겠다.

② 예술을 통한 미메시스적 사유

아도르노가 계몽을 전적으로 부정적으로만 보는 것은 아니다. 계몽은 지배를 더욱 강화시키는 측면이 있지만 그 내부에는 합리적인 측면이 있기 때문이다. 그래서 그는 주체 속에 있는 자연의 기억을 통해 계몽은 지배일반과 대립할 수 있다고 본다. 그는 이러한 계몽의 긍정적인 측면을 말하면서 예술로 향한다.

아도르노가 예술로 향한 것은 예술이 현실을 넘어 자연미를 모방하기 때문이다. 그는 '진정한 예술'이란 자연을 모방하는 것이 아니라 자연미 그 자체를 모방하는 것으로 본다. 예술의 가장 순수한 구성으로서의 자연미는 개념적으로는 파악할 수 없이 갑작스레 나타나는 현상으로, 예술은 현실적인 것을 모방하는 것이 아니라 현실을 넘어서 있는 자연미를 모방한다. 이 때 자연미의 모방으로서 예술작품은 비동일적인 것의 구현이 되는 것이다.

아도르노의 미학이론에서 예술의 진리인 자연미는 미학의 중심개념이다. 그에게 있어 예술의 진리는 비진리인 억압된 사회에 대한 비판의식을 지닌다. 예술은 지배적인 상태에서 벗어나기를 희구하기 때문에 사회에 적대적이다. 이처럼 예술의 진리는 억압적인 사회의 거짓된 '가상'을 비판하는 데 있다. 요컨대, 그는 예술의 비판적 성찰이 비진리를 들추어낼 수 있다고 본다.[79]

아도르노는 예술이 해체된 상황에서도 예술은 부정성(Negativität)[80]을 기초로 해야 한다고 보았다. 예술은 미메시스적인 접근을 통하여 물화[81]된 현실에 저항할 수 있는 힘을 지니고 있기 때문에 미메시스[82]에 특별한 의미를 부여한다. 아도르노에게 있어서 미메시스는 인간의 행태나 세계사의 진행에 대한 인식, 그리고 예술이론에 이르기까지 폭넓게 적용되는 근본 개념이다. 벤야민이나 아도르노 이전의 예술이론에서 미메시스 개념은 예술가의 창작원리에만 관계된다. 전통적인 예술이론에서 작품을 만든다는 것은 무로부터 유를 창조하는 것이 아니라 자연이나 대상을 모방한다는 것이다. 이러한 전통적인 미메시스 개념에서는 어떻게 만들 수 있나만 문제되지 만듦의 주체 자신에 대한 회의나 반성의 계기는 없다. 전통적인 예술이론에서 미메시스가 객체의 모방이라면 아도르노적 의미에서의 미메시스는 객체에의 동화라고 할 수 있다. 그 때문에 아도르노의 미메시스 개념은 예술론에서만 쓰이는 좁은 개념이 아니라 인간과 자연, 주체와 객체의 관계에 관한 전반적인 행동방식으로 확장될 수 있다. 미메시스는 인간에 의한 자연의 직접적인 되풀이이며 참여이다. 따라서 그는 예술에만 남아있는 미메시스적인 행동을 비합리적인 시대에 권리를 내세울 수 있다는 방안으로 본다.[83] 이러한 예술의 비판의식은 전체주의 비판에 입각한 문화산업 비판으로 이어진다.

③ 전체주의 비판에 입각한 문화산업 비판[84]

아도르노와 호르크하이머에게 있어서 문화산업이라는 표현은 1947년에 출간된 『계몽의 변증법』에서 처음으로 사용된다. 그들이 대중문화라는 표현을 두고 문화산업이라는 표현을 사용한 이유는, 문화산업에 의해 만들어진 것을 대중에게서 직접 파생된 문화나 국민예술과 다르게 보기 위해서이다.[85] 문화산업은 표준화되고 대량 생산되는 상업적인 문화라 할 수 있다.[86]

호르크하이머와 아도르노는 독일 파시즘이 전체주의의 산물이라면 문화산업도 역시 파시즘과 다름없는 전체주의 산물이라고 본다. 파시즘이 타자성과 차이를 말살하는 정치라면, 후기자본주의 사회에서 표준화의 원칙에 입각해서 총체적으로 관리되는 대중문화도 개인의 의식을 마비시킨다는 점에서 파시즘과 다를 바 없다고 본 것이다. 이들은 20세기 초의 국가자본주의를 파시즘이나 스탈린주의의 변형태로 파악한다.

이들은 국가자본주의라는 측면에서 현대의 '관리된 사회'에서 육성되고 있는 문화산업을 정치와 경제와 기술의 결탁을 기반으로 탄생한 것으로 보고, 문화산업에 의해 만들어진 대중문화의 기만적인 성격을 분석한다. 즉 20세기에 영화와 라디오의 보급으로 번창하게 된 문화산업은 기업에 의한 문화독점, 욕구의 대리충족, 쾌락의 향유 등의 문제를 야기한다. 이제 대중문화는 단순하게 복제된 대중매체의 한 기능이 되었고, 대중은 문화산업의 의식조작으로 기존 사회체제에 순응하고 만다. 이들은 상품화의 원칙에 따라 의식을 마비시키는 문화산업을 반(反)계몽적인 '대중기만' 산업이라고 비판한다. 요컨대 이들은 의식의 물화를 부추기는 문화산업의 획일적인 상품에 의해, 문화의 야만적 상태를 초래한다고 본다.

이들이 지적하고자 한 것은 무엇인가? 그것은 문화산업이 전체주의 사회를 만들 수 있다는 불안감이다. 문화산업으로 인해 개인의 의식이 마비되면 혼란스러운 상황에서 다시 히틀러와 같은 정치가에게 대중이 쉽게 조종되고 지배될 수 있기 때문이다. 이들은 누군가가 문화산업으로 '의식'을 조작할 가능성을 본 것이다. 때문에 이들은 현실에 무조건적인 순응하기를 거부하는 저항의 자세를 대중에게 요구한다. 이들의 주장은 문화산업 배후에 있는 자본가들을 겨냥했다는 점에서는 정당성을 지닌다.

호르크하이머와 아도르노는 역사적인 분석을 통해 문화산업의 양가성에 주목한다. 이들은 18세기 자유시장의 형성이라는 경제구조의 변화에 따라 생겨났던 자율적 예술이, 19세기말에 이르러 이른바 순수예술로 극단화되고, 그렇게 현실에서 유리되었던 예술이 20세기에는 완전하게 산업사회 속으로 흡수되어 버린 현상을 역사적인 필연성으로 간주한다. 그러나 19세기 순수예술 혹은 고급예술을 대신하게 된 20세기의 문화산업은, 예술과 현실의 경계를 없앰으로써 18세기 자율적 예술이 지니고 있었던 사회비판적 기능을 상실하고 말았다. 이들은 문화산업이 대중의 문화적 향유를 가능케 한 긍정적인 측면에도 불구하고, 사회비판적 기능을 상실했다는 측면에서 부정적으로 보았다.

이상에서 보듯, 호르크하이머와 아도르노는 18세기 근대 자본주의 사회에서 성립한 자율예술의 사회 비판적인 기능은 인정하면서 대중들이 고급예술을 향유할 수 없다는 점을 지적한다. 다른 한편으로 이들은 후기자본주의 사회에서 번창하고 있는 문화산업이 대중의 문화 향유를 가능케 했다는 긍정적인 측면을 인정하면서, 문화산업이 가지고 있는 이데올로기적 성격을 폭로하는 것에 중점을 둔다.

3) 미학 이론을 통한 문화산업의 극복

① 음악사회학을 통한 합리주의[87]

아도르노에게 음악은 물화되어 가는 인간에게 하나의 희망이었다. 그는 보들레르나 쉰베르크 이후의 모더니즘적 예술에서 18세기 이후의 계몽적 사고에 대한 저항을 보았다. 그는 부정의 철학을 선택하면서, 저항을 특징으로 하는 모더니즘 예술에 희망을 걸게 된다.

아도르노는 유난히 음악이라는 분야에 관심을 가졌다. 음악은 그의 철학을 사회와 연결시키는 출발점이 된다. 그가 바라본 음악은 물질적인 관계에 얽매어 있지만 이를 초월하면서 사회적 현실의 변화에 반응하는 것이다.

아도르노는 음악이 계몽과정에 관여해 오면서도 비합리성과 비개념성으로 인해 문화산업에 수용되기도 하는 점을 비판한다. 아도르노는 현대 음악의 자율성이 심각하게 위협받고 있는데, 그것은 대부분의 음악이 사용가치보다 교환가치에 지배되고 있기 때문이라고 진단한다. 그는 1932년 동시대 음악의 대표적인 두 가지 유형인 쇤베르크 음악과 스트라빈스키의 음악을 대립시켜 분석하면서, 쇤베르크의 무조(無調)음악은 현대 사회의 부조화와 타협하기를 거부하는 표시로 해석하고, 반면 스트라빈스키의 음악은 일종의 실용음악으로 기술적 합리성을 모델로 한 것이며 계몽을 위하기보다는 기분전환을 위한 것이라고 평가한다. 그는 쇤베르크가 물화과정을 비판하고 있는 바그너 음악에 영향을 받아 시대의 파국상황을 '불협화음' 으로 나타내서 두려움과 당혹감을 표현했다고 말한다. 요컨대, 아도르노는 쇤베르크가 시민적 주체의 몰락에 저항했다고 보지만, 스트라빈스키는 기능주의적으로 이루어져 있기 때문에[88] 저항을 상실했다고 본다.

아도르노는 두 음악을 분석한 후에 음악이란 사회 속에서 본질을 드러내는 자기인식 작업이어야 한다고 주장한다.

> 음악은 그 자체가 이데올로기가 아니며 그것이 허위의식인 한에서만 이데올로기적이다. 따라서 음악사회학은 현실의 음악현상의 균열과 파열이 개개의 작곡가의 단순한 주관적인 불완점함에 그 책임을 돌릴 수 없는 것인 한, 바로 그곳부터 시작되어야 한다. 음악사회학은 예술비판을 통한 사회비판이다. 작품이 그 내부에 파열이나 모순을 지닌 그런 것인 한 그 모순을 드러내 보이는 대신 자신의 내부 구성적 성격이라는 표면으로 덮어 버린다면 그것은 확실히 이데올로기적이며, 그 자체는 허위의식에 사로잡혀 있는 것이다.[89]

아도르노는 이러한 인식을 바탕으로 현대음악을 '진지한 음악' 이 아닌 '경음악' 이라고 부른다. 경음악은 몇 개의 반복되는 요소를 갖고 진정한 새로운 변화를 허용하지 않은 채 '고독한 군중' 에게 사이비 정체성을 제공한다. 즉 경음악은 대중들에게 소외감을 진정시키는 것처럼 위장하나 실제로는 순간적이고 주관적인 충동, 기분전환 이외의 어떠한 진정한 정서적 변화를 일으킬 수 없는 것으로 보았다.[90] 반면에 진정한 음악은 현실적 모순이 이데올로기에 감추어진 것을 드러낸다. 따라서 진지한 음악이란 청자의 자발적이고 신중한 반응 즉, 실천을 요구하는 작가의 의식적 산물이다.[91] 그가 생각한 진지한 음악이란 새로운 의미를 생산하여 기존의 것과 다른 음악을 만들어내는 것을 말한다.

② 영화 비판을 통한 자연미 획득

아도르노는 영화에 대해서도 비판을 가한다. 그는 〈영화 투시화〉(*Filmtransparente*)라는 글에서 영화매체의 의미가 모호하다는 것을 시각적으로 암시하면서, 표현주의의 무성영화에서 모더니즘 영화까지와는 다른 '새로운 언어'를 표방하는 포스트모더니즘의 뉴저먼 시네마를 각각 '아버지 영화'(Papas Kino)와 '아이들의 영화'(Bubis Kino)라고 대비한다. 그는 특히 "아버지 영화에서 역겨운 것은 유아적인 것이고 문화산업적으로 운용되는 퇴행적인 것이다."라고 언급한다. 하지만 그는 뉴저먼 시네마의 대중매체에 대한 새로운 접근 방식과 해방적 특성에 대해서는 부분적으로 동조한다.[92]

영화에서는 자연미나 예술미보다는 기술의 우위가 압도적으로 나타난다. 영화의 모방적인 기술은 예술이 요구하는 진리내용을 제시하지 못한다. 그러나 아도르노는 대중매체 비판에서 기술[93] 그 자체를 부정적으로 보지는 않는다. 문화산업으로서의 영화가 예술적 '언어'를 기술로서 묘사할 수 있다는 점에서 예술적 가능성으로서의 기술은 합목적성을 지니게 된다. 그러나 영화가 산업화 과정에서 벗어나려고 할수록 기술이 지닌 대량생산의 합목적성을 지니지 못하게 되고 미학적 의미의 기술에서는 더욱더 멀어지게 된다. 다시 말해, 영화의 미학적 기술이 복제의 수단으로 사용되는 이차적인 기술인 테크놀로지에 기초하고 있다는 것이 모순이라는 점이다. 기술이 예술언어의 총괄개념이라면, 영화에서 예술언어를 묘사하는 기술은 합리성으로 포장된 지배형식으로써 예술적 언어를 해체시키는 양면성을 지닌다.[94] 특히 그의 미국영화에 대한 비판은 대중예술에 있어서 자유가 아니라 물화와 이데올로기가 여전히 나타난다는 데에 기인하고 있다.

이러한 인식 하에 아도르노는 유성영화에 비판을 가한다. 유성영화는 인간을 마치 상품처럼 재생산되기 때문에 주체의 인식능력을 말살시킨다고 본다. 그에게 있어서 조화로운 유기체로서 영화에 내재된 기술은 인정되지만 단순한 재생산 수단으로서의 묘사기능은 부정된다. 영화는 객체와의 관계를 통해 내재적으로 사회와 연관을 지닌다. 영화는 현실을 모사하기 때문에 미학적 의도와는 관계없이 사회를 모사한다. 따라서 영화가 예술이 되기 위해서는 주관적인 경험의 형식에 주의를 기울여야 한다. 이는 영화가 기록문서화 되어서는 안 된다는 것이다.

아도르노는 이에 대한 방법론을 몽타주에서 찾고 있다. 몽타주는 사물에 개입하지 않고 이미지를 글자의 배열처럼 나열한다. 사진의 물화성을 받아들이지 않는 영화의 몽타주는 모사적인 사진술을 자체적으로 교정한다. 아도르노에게 있어서 몽타주는 역동적인 연속성을 지니기 위해 객체를 최소한으로 해체시키면서 다시 합성하는 인상주의 예술에 대한 반명제이다. 인상주의가 소원화된 것, 이질적인 것을 미학적으로 구제하려고 시도하면서 대상의 주관화를 낭만주의적으로 전환시키는데 반해, 몽타주는 경험적 지식의 단절을 미학적으로 관철시키면서 이에 저항한다. 몽타주는 후기자본주의의 총체성이 제시하는 진리테제를 부정하는 것을 형상원칙으로 한다. 몽타주는 지시적인 인식론적 방법으로 영화를 미학적으로 '말하게' 한다. 이로 인해 몽타주화된 영상이미지는 의미에 가시적인 상처를 남기지만 인상주의 이후의 예술에서 보다 광범위한 의미연관을 형성한다.[95] 모더니즘의 반예술처럼 주체의 사회경험의 연속적인 가상을 포기함으로써 몽타주는 유기적인 통일체에 저항한다.

아도르노에게 있어서 이러한 몽타주의 이상적인 개념에 부합하는 영화는 레뷔영화(Revuefilm)이다. 대화와 춤, 음악이 곁들여지면서 영상이미지가 느슨하게 연결되는 레뷔영화는 상업화되지 않는 조건하에서, 음악의 기능을 원활하게 하기 때문이다. 무언극에 가까운 표현주의의 무성영화에서 음악은 문학에서의 언어의 위기와 무관하지 않다. 이미지 서술방식을 보완하기 위한 영화음악은 인형극에서처럼 감추어진 화자가 대화를 유도하는 경우와 공포영화나 풍자적인 소극(笑劇)에서처럼 줄거리와는 거의 관계가 없는 경우로 나눌 수 있다. 이러한 분류는 유성영화에서도 크게 다르지는 않다. 유성영화의 등장인물은 직접 말하는 자가 아니라 말하는 이미지이다. 즉 주체가 없는 서술방식으로 나타나는 이미지라는 것이다.[96] 이처럼 주체의 부재로 인해 사회적으로 유도된 의미가 영화에 주입되게 된다.

이에 반해 순수한 몽타주 영화는 작가 또는 저자의 의도를 받아들이지 않는다. 몽타주에서는 의미부여의 포기와 주체적인 부가물의 포기 그 자체가 주관적인 것이고 선험적인 것이다. 이는 침묵을 지키는 영상미학적 주체가 역설적으로 침묵을 통해 말한다는 것을 암시한다. 아도르노에게 있어서 이러한 주체는 집단적이 아니라 개별적으로 특징지워 진다. 개별적인 주체는 지배적인 사회의 비합리성을 인식하면서 주체의 몰락에서 의식되는 고통을 미학화시키지만, 집단적인 주체는 무의식적이며 불특정적이다. 영화에서 이 불특정성은 가상적인 불명료성으로 인해 맹목적인 이데올로기를 주입시키게 된다.[97] 다시 말하면 영화는 파시즘과 같은 사회현실의 합목적성에 대한 부정성을 제시하지 못함으로써 예술의 자유를 지니지 못하는 것이 된다.[98]

4) 부정성 미학이 지니는 현대적 의의

아도르노는 탁월한 사상가이자 이론가였다. 그는 막스 호르크하이머 · 발터 벤야민 등과 더불어 60년대 말 서구 학생운동의 사상적인 기반을 제공했던 프랑크푸르트 사회연구소에 참가해 비판이론을 20세기의 주요 사상으로 끌어올렸다. 그의 사상은 체계성을 거부하고, 각 이데올로기 영역에 내포된 정신의 변질적 경향을 날카롭게 분석해내는 데 특색이 있으며, 근대 서구문명에 대하여 독자적인 비판을 제시했다.

아도르노는 대중문화의 뒤에서 조종하는 역할을 하는 것은 결국 자본이라고 보았다. 그는 자본의 지배가 단지 물질적인 면에만 머무르지 않으며 정신적인 것도 지배하면서 예술가가 자신의 본래의 보습으로 돌아갈 수 없도록 만든다고 본다. 이제 자본에 종속된 대중문화는 예술이 아닌 문화산업이다.

문화산업은 자유의 개념에서 출발하는 미학적 자율성, 나아가 예술의 자율성을 악용시켜 예술의 상품성, 주관과 객관의 동일화(수용자와 예술 작품이 동일화)를 통한 주관의 말살을 야기시켰다.[99] 이러한 예술의 현상에 대해 그는 미메시스적으로 행동하는 예술을 요구한다. 그것은 단순한 주관의 발설이 아닌 사회를 정확하게 그려낼 수 있는 예술이다. 현대의 예술은 사회에 만연한 사실적 부정성에 대해 부정적으로 반사한다. 미메시스적 예술은 고통스러운 세상과 비슷해지면서 세상을 비판하게 된다. 이런 이유로 예술은 사회와 무관하면서도 동시에 사회적이다.

아도르노의 대중문화 비판은 주체를 구제하기 위한 것이다. 그는 교환가치를 벗어날 수 있는 모더니즘 예술만이 주체를 해방시키면서 사회의 진정한 상황을 형상화시킬 수 있다고 보았다. 그는 『부정의 변증법』에서 "고난에 발언권을 줄 필요가 있다는 것은 모든 진리를 위한 조건"이라고 했다.[100] 이러한 진리를 위해 그는 현시대의 음악, 영화, 방송 매체 등 다양한 대중문화현상을 비판하면서 예술의 자율성을 얻어내기 위해 노력했다.

아도르노의 미적 체험과 부정변증법은 단지 명제와 현존 세계의 외적 대상과의 대응만이 아닌 관리화된 사회에 저항하는, 미래의 진정한 사회를 위한 토대를 마련해 주었다는 데 그 의의가 있을 것이다.

(4) 마르쿠제의 변혁 가능한 대중문화론

1) 생애와 사상

마르쿠제(Herbert Marcuse, 1898-1979)는 1898년 독일의 베를린에서 유대인으로 태어났다. 베를린대학과 프라이부르크대학에서 현대독일문학사, 철학, 국민경제학을 공부했으며, 1922년 프라이부르크에서 「독일 예술가 소설」에 관한 논문으로 박사학위를 받았다.

1924년 베를린에서 결혼하여 부친의 지원을 받아 출판사와 고서적상을 차렸다. 이 무렵 그는 마르크스주의, 형태심리학, 추상 회화, 시민철학 등에 관한 토론이 활발하게 벌어지던 일종의 좌파 문학살롱을 경영했다. 여기서 그는 하이데거의 『존재와 시간』을 읽고, 마르크스주의 이론에 결여되어 있는 실존적인 물음에 대한 관심을 가진 후, 다시 프라이부르크에 가서 철학자로서 학문의 길을 가기로 결심했다.

1928년 프라이부르크로에서 현상학자 후설과 실존철학자 하이데거 아래서 수학했다. 후설의 후임이었던 하이데거의 조교가 된 그는 '구체적인 철학'이 하이데거의 실존철학에 구현되어 있음을 발견했다. 그러나 프라이부르크대학의 총장이 된 하이데거가 1933년 나치즘을 지지하는 공개적인 발언을 하자 큰 충격을 받고, 딜타이와 헤겔에게서 자신이 추구하는 철학의 구체성을 찾고자 한다. 하지만 그는 하이데거의 실존주의적 입장에서 인간의 본질에 대한 믿음을 버리지 않았으며, 마르크스의 정치·경제에 관한 이론을 역사적 인간의 존재론으로 파악, 수용하면서 연구에 더 몰두했다. 1932년 「헤겔의 존재론과 역사성 이론의 기초」로 교수자격 취득학위를 받았고, 1933년 뢰벤탈의 추천으로 제네바에 망명해 있던 '사회연구소'에 가입했으며, 뢰벤탈과 함께 1934년 뉴욕으로 갔다.

마르쿠제는 연구소의 회원이 된 이후 호르크하이머의 영향을 크게 받아 부정적인 현실을 거부하는 '부정성'에 대해 관심을 가졌지만, 이성의 실현 가능성에 대한 신념을 저버리지는 않았다. 그는 자본주의적 생산방식으로 인해 물화(物化)된 현실을 분석하고 표현하기 위한 체계적인 글쓰기에 몰두했다.

마르쿠제는 프로이트의 정신분석학을 수용하여 나치스가 대두하게 된 권위주의(權威主義)를 연구했고, 그 결정체로 『권위와 가족』(프롬과 공저, 1936), 『사적 유물론(史的唯物論)의 기초를 위한 신자료(新資料)』(1932), 『이성(理性)과 혁명』(1941) 등의 주요 저서를 내놓았다.

1941-50년까지 미국 국무성에 근무했고, 1952년부터는 컬럼비아대학

에서 러시아 연구에 종사했다. 1954년 매사추세츠주(州) 브랜다이스대학 교수, 1965년에는 캘리포니아대학 철학교수가 되었다. 그의 주저서로는 『일차원적 인간』[101](1964)을 들 수 있고, 그 밖의 『에로스적 문명』(1955), 『소비에트 마르크스주의』(1958) 등이 있다. 그의 문화·사회이론은 신좌익운동(新左翼運動) 등의 정신적 지주(支柱)가 되어 68혁명의 에너지로 작용했다.

2) 문화산업에 대한 비판

① 마르크스를 통한 자본주의 분석

마르쿠제는 마르크스주의의 유물론을 옹호한다. 마르크스주의가 자본주의 사회에 속해 있는 인간이 가진 허위의식을 구분함으로써 본질의 개념을 중심의 위치로 복귀시켰기 때문이다.[102]

마르쿠제는 마르크스주의가 다루는 중요한 관심 영역인 노동에 관심을 갖는다. 그리고 노동자들이 노동과정뿐만 아니라 그 밖의 시간에도 자본의 지배를 받고 있다고 말한다. 예컨대, 파시즘이 미디어를 조직적으로 발달시킴으로써 '의식'을 형성하는 분야까지 문화의 힘을 빌어 지배하고자 하는 것과 마찬가지이다.

마르쿠제는 생산성 향상이 지배 계급의 이익을 위한 수단이자 목적이라고 비판한다. 노동자들이 생산성 향성을 위해 집단적 도구화된 결과 전반적인 삶의 영역에서 소외가 심화되고 있다고 주장한다.[103]

마르쿠제가 마르크스를 끌어들여 노동자들의 소외를 이야기하고 있는 것은[104] 궁극적으로 민주주의적 가치가 침식당하고 있다는 점을 부각시키고자 한 것이라 해석할 수 있다. 마르쿠제는 현대 산업사회에 나타나는 비인간화의 양상을 극복하기 위해서는 기술적 합리성[105]이라는 자본주의적 지배 이데올로기의 극복이 선행되어야 한다고 주장한다. 그 이유는 기술의 합리성이 관료제와 여론과 결탁하여 비인간화를 지속시키기 때문이다.

② 주체의 소멸과 기술 합리성 비판

마르쿠제는 철학의 중요한 기능은 존재하는 것에 대한 '비판'이라고 보았다.[106] 즉, 그는 철학이 특정한 시대와 장소, 구조 등을 비판하여 새로운 관점을 제공해야 한다는 생각에서 기술적 합리성에 기초한 대중 문화산업을 비판한다.

마르쿠제는 문화산업을 주체의 소멸과 관련지어 설명한다. 즉, 문화산업은 문화를 언제든지 돈으로 살 수 있고 즐길 수 있다는 수동적인 자세를 조장한다. 여기에 더해 문화 소비라는 행위가 피지배적인 위치를 자연스럽게 받아들이는 결과를 낳는다. 그래서 대중에게 문화의 역사성이나 역동성을 깨닫지 못하게 하며, 그것은 계급의식과 정치의식을 마비시켜 반민주적이 되게 유도한다. 그리하여 대중은 주체가 소멸된 상태에서 산다.

주체의 소멸은 대중문화 비판의 철학적 기초가 된다. 마르쿠제는 산업사회의 기술적 합리화가 노동자들로 하여금 자신들이 점차 노예화된다는 사실을 망각하게 만든다고 말한다. 그는 기술적 합리성으로 인해 대중이 이차원적, 부정적 사유를 부정하고 이를 단순화시켰다고 보고, 이러한 사고방식을 '일차원적 사유' 또는 '자동인간으로 순응해 가는 불구화'라고 말한다.

또한, 마르쿠제는 문화산업이 허위 욕구를 조장한다고 말한다.[107] 대중은 조작된 허위의식에 충족되어 그들의 욕구가 조작되고 있음을 의식하지 못하고 자율적으로 욕구를 충족시켰다고 생각한다. 그는 진정한 욕구를 모르고 허위 욕구로 사는 사람을 '단선론적인 인간'이라고 칭한다. 그리하여 기술적 합리성에 바탕을 둔 문화산업이 변화의 힘을 억압하고 사회를 안정시키려는 보수적 기능을 가졌다고 보고, 기술적 합리성을 경고한다.[108]

마르쿠제는 기술적 합리성이 이성을 마비시켜 기성체제를 동조하게 만들어 전체주의 사회를 만들어 낸다고 보고, 변질된 이성과 전체주의적 억압으로부터 인간 해방을 도모하기 위해 미학적 차원에 관심을 기울일 것을 촉구한다. 그는 이성에 억눌린 감성을 해방시키고 노동과 예술적 행위의 결합을 시도한다. 이에 관한 논의는 다음 절에서 이루어질 것이다.

③ 문화산업을 통한 대중 사회 진단

사회 연구의 중요한 도구로 사용할 수 있는 '문화'를 마르쿠제는 두 가지로 개념화하고 있다. 하나는 사회생활 전체를 의미하는 것으로, 이것은 다시 정신의 재생산 영역인 문화와 물질의 재생산 영역인 문명으로 나누어진다. 또 다른 하나는 문화를 사회적 유용성과 수단에 대치시켜 진정한 가치를 지닌 영역으로 보는 것이다.[109] 프랑크푸르트학파는 대중문화에 대한 연구, 즉 문화산업에 대한 문제에 관심을 가졌다. 현대 소비자본주의에서 문화산업이 중요한 이유는 문화산업이 그것을 소유하고 통제하는 사회적 이해관계의 요구에 맞추어 여가[110]를 구조화하는 힘을 갖고 있기 때문이다. 마르쿠제는 베버의 관료적 합리화 과정에 나타난 보편적 대중 노예화, 프로이트의 문화 산업에 의한 개인의 심리적 퇴행에 주목하여 자신의 이론을 발전시킨다.

마르쿠제는 문화의 정신적인 가치를 중시하여 문화의 현실 비판적인 측면에 주목한다. 그는 문화가 '사회적 결집의 도구로서 기여하며, 비판적 기능과 부정의 방식으로 위대한 거부'의 역할을 수행해야 한다고 말한다.[111] 그는 문화의 전통적인 비판의 기능을 이어받은 대중에게, 대중문화에 자발적으로 참여할 수 있도록 능동적인 의식을 고취시킬 때, 진정한 의미의 대중문화가 이루어질 것이라고 보았다.

하지만 문화산업은 인간을 해방시키는 해방구로서의 역할보다는 대중을 길들이는 사회체로서 지배 이데올로기를 더욱 공고히 한다. 그 결과 대중은 문화조작에 의해서 허위만족과 억압을 느끼고, 내부의 권태와 공허함을 채우기 위해서 대중문화를 소비하게 된다. 대중은 대중문화를 향유하면 할수록 허탈감이 더욱 커진다. 대중은 그 허탈감을 채우기 위해서 대량 소비를 하는 악순환의 고리를 끊지 못한다. 마르쿠제는 이러한 인간을 일차원적 인간이라고 명명한다.

이상에서 보듯, 마르쿠제는 문화를 자연의 법칙에 따라 생성되고 소멸되는 것으로 보는 문화적 태도를 경계한다. 우리는 대중문화를 당연하게 받아들여 그것을 자연물로 간주하지 말라는 그의 통찰에 귀를 기울어야 한다.

3) 문화산업 극복 방안

① 예술의 미학적 측면을 통한 이성의 회복

마르쿠제는 대중문화 극복 방안을 예술의 힘에서 찾는다. 그는 대중의 허위 욕구를 진실의 욕구로 바꾸기 위해서 인간의 내면에 존재하는 미적 유희본능을 발현시켜야 한다고 주장한다. 그는 전체주의적인 일차원적 문화를 타파할 수 있는 가능성을 프로이트의 미적 유희본능을 차용하여 예술의 미학적 차원이 지닌 해방적 힘으로 문화의 본래성을 회복해야 한다고 주장한다.[112] 즉, 그는 예술이 탈이데올로기적 힘으로 지배 논리 뒤에 숨겨진 억압적 성격을 폭로하는 역할을 수행할 수 있으며, 그 예술의 미학적 차원이 참된 혁명의식을 고취시키는 정치적 기능을 완수할 수 있다고 보았다.

마르쿠제는 일차원적 이성은 비진리와 비존재를 구별하지 못한다고 보았다. 때문에 문화의 본래성을 회복시키기 위해서 도구적 이성을 지양하고 이성의 능력을 회복시켜야 한다고 강조한다. 일차원적 이성을 가진 대중은 혁명을 이끌 수 없다. 이것을 마르쿠제는 이데올기의 종언이라고도 한다.[113]

마르쿠제는 도구적 이성을 회복시킬 방법을 미학적 차원에서 제시한다. 미학이 부정성을 매개로, 자신의 부정성을 회복할 수 있을 것이라고 기대하는 것이다. 미학이 기술적 합리성과 비판적 거리를 유지하는 것은 상상력을 갖고 있기 때문이다. 상상력은 대상성에 의한 규정들로부터 해방된 개념으로,[114] 상상력의 자유로움은 바로 예술에 부정적인 힘을 불어넣는다. 상상력은 감성과 이성을 매개하여 새로운 감성을 탄생시킨다. 이처럼 상상력이 창조적으로 기능할 때, 이성은 부정성을 회복할 수 있다.[115] 이렇게 되면 인간은 성숙한 이성을 갖게 되고, 이상적인 사회로 나아갈 수 있다.[116]

② 새로운 사회의 변혁 주체들, 특권층 아웃사이더

마르쿠제는 새로운 사회의 변혁 주체로 특권층 아웃사이더를 지목한다.[117] 그는 『일차원적 인간』에서 변혁의 세력으로 지목한 '기성 질서 내의 국외자'인 아웃사이더 개념을 진전시켜서 '비특권층 아웃사이더'와 '특권층 아웃사이더'라는 범주를 도입한다.

비특권층 아웃사이더는 미국 사회 내의 인종적, 민족적 소수집단과 신식민주의에 대항해서 싸우고 있는 제3세계의 대중들이다. 이들은 급진적 변화를 향한 가장 큰 내적 욕구를 가지고 있다. 하지만 이들은 전반적으로 비정치적이다. 때문에 급진적으로 정치화시킬 필요가 있다고 역설한다.

마르쿠제는 선진 자본주의에 대항하는 '특권층 아웃사이더'로 새로운 노동자 계급 그룹과 급진적 지식인, 학생운동세력, 그리고 여성해방운동 세력을 든다. 하지만 그는 기술자, 엔지니어, 전문가, 과학자 등의 노동계급은 기존 사회의 총애를 받기때문에 변혁의 중심세력이라고 말하기에는 성급하다고 평가한다. 반면에 잠재적인 변혁 세력으로 지목한 '특권층 아웃사이더' 중에서 급진적인 지식인, 학생저항세력, 그리고 여성을 혁명의 '촉매집단'이라고 본다. 이 촉매집단은 새로운 감성으로, 혁명적 정치의식과 기존 사회에 대한 거부를 대중에게 주입시킨다.

또한 마르쿠제는 급진적 지식인을 '문화일꾼'[118]으로 보았다. 이들은 교사, 예술가, 작가 등인 바, 이들이 잠재적인 혁명 세력에게 교육을 담당할 때 사회를 변혁시킬 수 있다고 보았다.

마르쿠제는 학생저항세력을 새로운 변혁 사회의 실천적 주체로 보았다. 이 세력들은 신좌파 지도자들, 반문화운동세력(히피) 등 다양한 분파로 나뉘어 있지만, 자본주의에서 사회주의로의 혁명이라는 구좌파의 정통 마르크스주의에 의문을 제기하는 급진적인 저항세력이다. 따라서 마르쿠제는 학생들의 저항운동에서 새로운 반란의 차원을 보았다.

특히 마르쿠제는 급진적인 변혁 운동의 담지자로서 여성을 강조한다. 그 이유는 여성이 새로운 감성인 제2의 본성을 이미 체득하고 있기 때문이다. 여성은 자유와 해방의 감수성을 이미 선취한 존재이기 때문에 남성원리가 지배적인 사회에서 새로운 감성을 촉구하는 촉매가 될 수 있다. 그는 여성이 가진 평화 지향적이고 미학적인 감성으로 사회를 재편성할 수 있을 것이라고 보았다.

③ 에로스와 문명의 관계를 통한 자기 승화[119]

마르쿠제는 기존사회를 자유사회로 전환시킬 급진적 변혁은 인간존재의 차원, 생물학적 차원에까지 도달해야 한다고 보고 있다.[120] 그래서 그는 생물학적 차원에서 '새로운 감성' 을 제시하고, 사회의 전면적인 거부는 인간의 가장 본능적인 부분인 성욕의 차원에서 시작되어야 한다고 본다. 그 이유는 자본주의 아래에서 성욕은 관리되고 통제되어 지배체제의 유용한 도구로 전락해 가기 때문이다. 그는 『에로스와 문명』에서 성욕이 시공간적으로 축소되어 신체의 일부분인 생식기에 고립되었다고 하면서 쾌락을 발산하는 성욕의 억압과 왜곡 형태를 분석한다. 즉, 지배 권력이 여가 시간까지 조작하여 개인의 성욕마저 완전히 관리한다. 노동을 위하여 많은 정력과 시간을 보전해야 한다는 필요에 의해서 신체의 탈성감화(desexuallzation)를 영구하게 한다.[121] 동시에 지배 권력은 교묘한 대체적 만족 수단을 궁리하여 스포츠 및 대중오락과 같은 무해한 취미로 성욕을 해소시켜 버린다.[122] 이처럼 그는 성적 억압이 착취적 사회 질서의 가장 중요한 특성이라고 생각했다.[123]

때문에 마르쿠제는 생식기 독재로부터 온 몸을 재에로스화 할 필요가 있다고 주장하며, 비억압적 승화를 통한 문명의 건설로 나아가야 한다고 주장한다. 그는 '성욕의 자기승화' 란 성욕이 특정의 조건 아래에서 기존 문명에 부과한 억압적 조직에 예속되지 않고도 고도로 문명화된 인간관계를 창조할 수 있다는 것을 의미한다. 그는 본능의 확대는 자연스럽게 성욕의 개념에서 에로스로 변형되어 갈 것이며,[124] 이 때 성욕은 삶의 본능으로써 자신의 본성을 회복하는 기능으로 작용하게 된다고 보았다. 하지만 마르쿠제는 현대사회의 관용적인 성욕의 자유를, 또 다른 사기이며 고전적인 금기보다 더 나쁜 것으로 파악한다. 그리고 문화산업에 의한 성의 자유가 체제 유지를 위해 작동하는 것을 경계한다.

이상에서 보듯, 마르쿠제는 "문명은 인간의 본능에 대한 영원한 억압에 기초하고 있다."[125]는 프로이트의 해석을 역전시켜 비억압적인 문명의 가능성을 제시한다. 그는 본능의 변화와 사회문화적 변화의 내적인 연관성에 주목하면서 비억압적 성욕에 대한 전환과 전면적인 개인의 해방은 오직 변화된 사회에서만 일어날 수 있다고 보았다.

4) 현대적 의의

아도르노가 부정적 혹은 비판적 사유의 이론을 창안하고, 문학·철학·음악 등에 관한 평론 속에서 부정의 약화가 상부구조에 미치는 영향을 추적했다면, 마르쿠제는 바로 이에 대한 역사적 변화의 심리학적, 사회경제적 하부 구조를 탐구하면서 사회비판의 철학적 기저를 밝히고자 한다.

무엇보다도 마르쿠제는 문화산업에 대한 기술적 합리성을 비판하면서 폭력을 배제하고 대중 기반에 의한 교육과 조직적인 방법을 통한 혁명을 모색한다. 그는 물질적 변화에 앞서 정신적 교육을 먼저 시도하려고 한다. 그리고 교육은 실천으로 전이되어야 한다고 주장한다. 그는 대중을 교육시키고 조직화하는 한편 급진적 저항세력과 대중을 연결시켜야 한다고 보았다.

또한 마르쿠제는 물적 토대를 기반으로 한 새로운 차원의 자유가 실현되어야 한다고 보았다. 그 새로운 차원이란 이성과 감성의 결합이다. 새로운 차원의 자유는 사회를 조직하는 인간의 이성적 힘의 표출로 자율성을 확보하게 하는 동력으로 본다. 이성은 사회를 조직하고 변화시키는 힘을 가지고 있지만 그 한계가 있다. 그래서 감성을 통한 인간의 자율성 보장이 요구된다고 설명한다. 상상력과 이성의 새로운 결합, 이러한 결합 속에서 상상력의 자유로운 활동은 비판적 이성의 회복을 유도할 것이라고 마르쿠제는 생각한다.

마르쿠제는 문화산업에 대한 일방적 매도가 아닌, 비판의 틀을 제공하고 동시에 새로운 사회건설의 가능성을 제시해 주었다는 점에서 의의가 있다고 하겠다.

3. 파시즘 저항과 극복 가능성을 제시한 기독교 문화신학자들

(1) 본 회퍼의 제자직의 책임적 수행과 위임 사상

1) 생애와 사상

20세기 어떤 신학자도 본 회퍼(Dietrich Bonhoeffer, 1906-1945)만큼 많은 사람들을 매료시키지 못했을 것이다. 그는 60년대 미국에서 젊은이들의 저항운동이 절정기에 달했을 때 상징적 인물이었다.[126]

본 회퍼는 1906년 신경정신과 의사인 아버지와 귀족의 피가 흐르는 어머니 사이에서 태어났다. 상류 귀족 가문에서 태어난 그는 집에 드나들던 하르낙, 트뢸치, 베버 등의 사상을 접했고, 튀빙겐 대학에 입학하여 1924년 경 젤린 교수에게 「욥에 있어서 고난의 문제에 대한 여러 가지 해결책」이란 논문을 제출했다. 1927년 박사학위 논문 「성도들의 교제 : 교회의 사회학에 대한 교의적 탐구」에서 계시와 교회를 긴밀히 연결시켰다.

본 회퍼는 1928년 신학훈련을 마치고 부목사로 어린이들을 위한 예배와 성경공부를 진행했고, 1930년 교수가 되기 위해 「행동과 존재 : 조직신학에 있어서 초월주의적 철학과 존재론」을 베를린 대학에 제출했다. 그는 교수직을 수행하기에 앞서 뉴욕의 유니온 신학교에서 베버, 바르트, 리만, 니버 등의 강의를 들었으며 ① 종교적 결정론의 성격과 윤리적 과제, ② 은혜의 종교적 경험과 윤리생활, ③ 위기 신학과 철학과 과학에 대한 위기 신학의 태도, ④ 기독교적 신 개념 등에 관한 글을 썼다. 그는 미국을 여행하면서 미국 교회의 열정적인 사회 참여와 형제다운 교제를 긍정했다. 반면에 목사들이 학적인 면에서 결여되어 있음을 지적했다.[127]

본 회퍼는 1931년에 베를린 대학에 돌아와 강의를 했고, 1931년 9월 영국 케임브리지 대학에서 열린 "교회를 통한 국제적 우호관계를 증진시키기 위한 세계 연맹"에 참석하여 히틀러의 진상을 세상에 알렸다. 1932년 여름부터 히틀러주의를 내다보면서 교회와 세상의 긴장 관계를 논했다. 1933년 1월 13일 히틀러가 제3독일의 원수가 되자, 2월 1일 "젊은 세대에 있어서 지도자상의 변화"라는 제목으로 강연했는데, 강연이 중단되는 수난을 당했다. 이 때부터 그는 나치당의 감시를 받기 시작했다. 히틀러의 친구인 군종 뮐러가 독일 국가 교회의 총책임자로 등장하자, 항거가 일어났다.[128] 그도 항거에 참여하여 방송으로 교회의 정치적 책임을 고취하면서 항거의 신적인 필연성을 강조했고, 교회가 유대인들에 대하여 어떠한 태도를 취해야 하는가를 말했으며, 벧엘(Bethel) 신앙고백서의 작성위원이 되었다.

본 회퍼는 학자로서의 길을 포기하고, 1933년 영국에서 목회하면서 독일 밖에서의 반히틀러 투쟁의 대변인이 되었다. 그의 노력으로 W.C.C는 독일 기독교인들을 정죄했고 고백교회를 지지하는 방향으로 흘렀으며, 바르트가 작성한 바르맨 신앙선언이 1934년에 나왔다. 1936년 8월에 베를린에서 올림픽이 열리자 그는 반히틀러 운동에 앞장섰다. 1937년에 출판한 『나를 따르라』는 산상수훈을 해석한 것으로 교회와 세상의 긴장 관계를 다루었다. 1937년 10월에 나치당과 비밀경찰에 의해서 고백교회 신학교는 강제로 문을 닫게 되었다. 1938년 그는 고백교회를 떠나서는 안 된다고 말했고, 니버와 레만의 권유로 미국 신학교에 초빙을 받아 1939년 6월 12일에 뉴욕에 도착했지만, 독일에 남겨두고 온 형제들에 대한 생각에 영국을 경유하여 1939년 6월 25일에 독일로 들어갔다. 그는 『신도의 공동생활』(1939)을 통하여 기독교 훈련의 원리를 적어 놓았다. 그는 핀켄발더 신학교에서 강연을 했다. 그러나 그 신학교도 1940년 3월에 문을 닫자 설교와 강연을 할 수 없게 되었다.

본 회퍼는 1940년 이후 군정보부로 채용되어 암살 음모에 가담했다. 그는 히틀러를 적그리스도로 간주하고 저항운동을 하면서 1942년 가을 약혼했다. 이어 1943년 3월에 두 차례 히틀러 암살 시도에 실패했고, 1943년 4

월 5일 비밀경찰에 의해 체포되었다. 그는 체포되어 절망 중에서도 소망을 가지고 감방 안에 사람들을 보살폈다. 1945년 2월 어느 날 본 회퍼는 강제수용소로 이감되었고, 1945년 4월 9일 동틀 무렵 사형장의 이슬로 사라졌다.[129]

본 회퍼는 하나님께서 그리스도를 이 땅에 보내신 목적을 생각하며 세상 사람을 사랑해야 한다는 그리스도인의 문화적 사명을 강조했다.[130]

2) 제자직의 책임적 존재로서의 그리스도인

본 회퍼는 문화 연구라는 말은 사용하지 않았다. 하지만 그의 제자직은 영적 전투를 수행해야 할 문화 연구자에게 의미가 있는 글이다. 그의 제자직은 당대의 시대 상황, 즉 1935년에 고백교회를 파괴할 법안이 마련되었고, 1937년에 고백교회 지도자들 체포, 총회 폐쇄, 신도의 예배 참석 불가, 충성 맹세 등이 이루어졌던 상황 속에서 이해해야 한다.

본 회퍼는 1937년 『나를 따르라』에서 산상수훈을 제자직이란 관점에서 해석했다. 그가 말하고자 하는 제자를 간략히 말하면, 제자란 예수 그리스도의 구체적인 부름에 대한 단순한 순종인[131] 동시에 십자가의 수난에 동참하는 것이고, 십자가의 수난이란 자기를 부정하는 것이며, 자기를 부정하는 것이란 그리스도를 붙잡는 것이다. 이제 『나를 따르라』에 나타난 제자직에 관해서 구체적으로 살펴보자.

① 제자로 부름 받은 자의 축복(마태복음 5장)

본 회퍼는 예수의 제자로 부름 받은 그 자체가 가난하고 배고프며 괴로운 일이지만, 하나님의 나라로 부름을 받았기에 축복이라고 말한다.[132] 제자라면 결핍과 절제생활을 해야 하며,[133] 세상의 행복과 안정을 단념하고 누군가 행복을 사라고 소리치면 슬퍼해야 한다. 제자는 고난을 회피하지 않고 그리스도처럼 고난을 짊어지며, 오히려 다른 사람의 죄책에 적극적으로 참여한다. 이들이 고난을 감내할 수 있는 것은 예수 그리스도에게 위로를 받을 수 있다는 확신 때문이다.

제자들은 세상의 것을 포기하고 하나님의 구원을 배고파하며 목말라 한다. 이들은 죄와 허물에 빠진 자들을 찾아 목말라 하지만, 사실은 배가 부른 자들이다. 성만찬에서 생명의 빵을 주님과 함께 먹을 수 있기에 배부르다.[134)

제자들은 화평을 위하여 십자가를 지기 때문에 폭력과 선동을 단념한다. 때문에 제자들은 증오와 싸움의 세계 한 가운데 신적인 화평의 창시자가 된다. 예수의 죽음을 끝까지 지켜 본 로마 백부장이 "이 사람은 진실로 하나님의 아들이었도다"(막 16:38)라고 증언했던 것처럼, 제자들도 이 땅에서 화평을 누리기 위하여, 의를 위하여 핍박받지만, 궁극적으로 복을 받게 된다. 제자들은 옳은 일을 위하여 고난을 당하기 때문이다.

제자들이 없으면 세상은 유지되지 못한다. 제자들은 소금처럼 보이지 않지만 세상을 유지시키고, 선한 행실로 빛처럼 자신을 세상에 드러낸다. 그러므로 세상이 예수님의 제자들을 축출한다는 것은 결국 자살 행위이다.

제자는 그리스도의 의를 행해야 한다. 예수가 곧 제자들의 의요, 제자들의 의는 십자가 아래의 의로, 하나님의 뜻을 그대로 행하면 된다. 본 회퍼는 행함의 의를 강조하며, 의를 행하면 산 위에 있는 성과 같이 숨길 수 없는 가시적인 의를 이룰 수 있다고 말한다.

이상에서 보듯, 제자의 삶이란 조국애나 우정, 직업을 사랑하는 합이 아니고, 시민의 의를 행하는 것과도 다르다. 그리스도의 의는 자아 부정의 길이요, 절대적 사랑, 절대적 순결, 절대적 성실, 절대적 무저항의 길이기 때문이다.[135) 따라서 제자는 세상을 넘어야 한다.

② 제자의 도 : 숨어 있는 의, 기도, 삶(마태복음 6장)

그리스도의 제자들은 보이는 동시에 숨어야 한다. 예수님께서는 "너희는 의를 삼가 사람에게 보이려고 사람 앞에서 행하지 말라"고 하셨기 때문이다.[136) 제자들의 삶은 드러나야 하지만 그 드러남이 사람들에게 나타나지 않도록 조심해야 한다. 숨지 않으면 교만해 지기 때문이다.[137)

제자들의 의는 남에게는 드러나야 하지만, 의를 행하는 자기 자신은 몰라야 한다. 사람들 앞에서 의가 공개되기를 원한다면 그는 벌써 상을 받은 것이다. 끝까지 자중하여 자기의 의를 숨기는 자는 하나님으로부터 상을 받을 것이다.

제자들의 삶에서 중요한 것은 기도이다. "기도가 신앙이요, 그리스도에게 묶임"[138]이기 때문이다. 오직 예수 그리스도를 통해서만 아버지를 부를 수 있다. 옳은 기도는 행위도 훈련도 경건한 모양새도 아니다. 아버지의 마음에 호소하는 아이와 같은 간구이다. 그러므로 기도는 세상에 영향을 끼치기 위하여 울부짖는 것이 아니라 오직 하나님을 향한 것이기에 가장 비시위적인 행동이다. 철두철미 숨은 행동이다.[139] 그래서 예수님께서 골방을 말씀하신 것이다.

골방은 공간적인 것이 아니고, 신학적이다. 골방이란 전적으로 하나님께 의존할 수밖에 없는 철저한 고독 속에서 나오는 전적인 신뢰이다. 하나님의 뜻을 이루기 위해서 자신을 하나님께 내어 맡겨야만 자신의 잘못된 공로의 주장에서 해방될 수 있다. 본 회퍼가 가장 강조하는 것은 "모든 것을 다 아시는 아버지에 대한 인식"[140]이다. 이 인식이 있을 때 자신의 의지를 죽이고 하나님을 향하여 기도할 수 있다.

제자의 삶은 엄격한 외적 훈련을 필요로 한다. 하나님의 말씀에 대한 끊임없는 연구, 절제와 규율에 의한 육체적인 훈련, 그러나 자신을 과시해서는 안 된다. 육체의 반항은 성령의 말씀, 즉 복음의 자유라는 이름 뒤에 숨겨야 한다.

제자가 알아야 할 것은 오직 그리스도뿐이다. 제자들의 마음이 재물에 쏠리게 되면 씨알이 가시덤불 속에서 질식하듯이 말씀도 질식한다.[141] 먼지 앉은 보물은 나와 하나님 사이를 가로막는 담이 될 뿐이다. 제자는 내일을 완전히 하나님께 의탁하고 생명을 위하여 오늘 쓸 것을 오늘 받는 자가 되어야 한다. 그것이 제자의 삶이다.

③ 제자 공동체로서의 교회(마태복음 7장)

제자의 특권은 "철두철미 예수 그리스도와의 관계 속에서 사는 것"으로 "오직 예수 그리스도인 중보자 하나님의 아들이 되는 것"[142]이다. 제자는 예수를 다른 사람에게 소개하기 때문에 절대로 남을 공격해서는 안 된다.

제자는 심판의 의미를 알아야 한다. 심판이란 "허락 없이 남을 엿보는 일"이다.[143] 남에 대한 판단을 금하는 것이 제자의 의무이다. 예수님이 나에게 보여준 무조건적인 사랑을 생각하면 다른 사람에 대한 혹독한 비판에서 해방 받을 수 있다. 심판의 권리는 오직 하나님 자신이기 때문이다. 또 심판이란 "소경을 만드나, 사랑은 보게"[144]한다. 제자가 예수님의 사랑을 인식한다면 자신의 죄악에 대해서는 눈을 뜨고 남의 죄악에 대해서는 장님이 되어야 한다. 따라서 심판이란 이웃에 대한 월권행위요, 오만이다.

제자는 말보다 행동이 앞서야 한다. "주님, 주님!" 하는 자는 자기 말에 의지하여 어떤 권리를 주장하는 자요, 자신의 신앙 고백을 방패로 자기를 변명하는 자이다. 반면에 행하는 자는 겸손한 자이며, 하나님의 말씀을 토대로 집을 짓는 자이다.[145] 예수의 은혜는 실천을 요구한다. 이렇듯, 신앙을 고백하는 자와 실천하는 자는 구별된다.

본 회퍼는 단순히 순종하는 일을 산상수훈의 결론으로 보았다. "예수의 영원한 말씀에 대한 적합한 대답은 오직 단순한 실천뿐이다."[146]

④ 제자의 파송(마태복음 9장 후반부와 10장)

예수님은 왜 제자를 파송하시는가? 예수님은 자기 백성이 목자 없는 양과 같이 고생하며, 유리하는 것을 보시고 선한 목자를 파송하셨다. 예수는 선한 목자이기 때문에 목자의 일을 제자들에게 위임했다.

예수님은 어떤 일을 제자들에게 위임하셨는가? 그리스도의 일을 보이시고, "보라 내가 너희를 보내노라"(마 10:11-15) 말씀하시며, 가야할 곳을 정하셨다. 거기는 학대를 받고 불쌍하게 백성들이 있는 곳이다. 제자들은 자신이 가고 싶은 곳으로 가는 것이 아니다. 예수께서 보내는 곳으로 가야 한다. 예수는 제자를 이리떼 속에 무장 없이 힘없이 떨고 있는 곳으로 보내셨다. 그리하여 수난을 타고 복음은 번져간다.[147] 제자가 따라야 할 대상인 예수는 "버림받는 수난의 그리스도"이시다.

3) 위임사상

본 회퍼는 창조 당시 하나님께서 아담을 지으시고, 그에게 이 세상에 대한 직무를 주셨듯이, 인간은 그 존재 당시부터 이 세상의 질서 유지를 위한 책임을 하나님으로부터 위임받았다고 본다. 그에게 있어서 그리스도인에 대한 믿음의 순종은 세속 가운데서 이루어지는 하나님의 위임에 대한 순종을 의미한다. 위임은 그가 책임져야 할 장소가 어디인가를 지시하는 것이며, 이웃을 어떻게 사랑할 수 있는지, 그 방법을 제시하는 것이다.

본 회퍼는 세상과 그리스도의 관계를 노동, 결혼, 정치, 교회라는 네 가지 위임에서 구체화한다. 네 개의 위임은 총체적으로 주어지며, 때문에 인간은 세상적인 영역에서 영적인 영역으로부터의 도피가 불가능하다.[148]

본 회퍼는 사회의 제도적 현상을 신학적으로 파악함과 동시에 제 현상의 신학적 근거를 마련하고자 위임이란 술어를 사용한다. 즉 노동, 결혼, 정부, 교회의 제 현상은 하나님께서 인간에게 위임하여 주신 것이다. 그러므로 인간은 네 가지 위임을 통하여 하나님의 부르심에 응답하는 생활을 하여야 한다.[149]

첫째, 본 회퍼는 문화와 교육을 노동의 위임 속에 포함시킨다. 노동의 위임은 아담으로부터 시작된다. 노동의 영역은 농업에서 과학과 예술의 영역에까지 다 포함되는 창조 행위에 참여하는 것을 말한다. 이 때의 창조는 무에서 유를 창조하는 것이 아니라 하나님의 처음 창조에 근거를 둔 새로운 창조이다. 인간은 노동이라는 하나님의 위임을 통해서 그리스도를 대망하고, 그리스도를 지향하며, 그를 향하여 자기를 연다. 그리고 그에게 봉사하며 그를 영화롭게 한다.[150]

둘째, 결혼의 위임은 출산과 동시에 자녀들을 양육하는 것을 말한다. 부모는 하나님의 위탁을 받은 출산자이며, 교육자로서 하나님의 자녀들을 위한 대리자이다. 결혼은 새로운 인간이 예수 그리스도에게 봉사하기 위해 창조된다.[151]

셋째, 정치적 위임은 정부가 그 자체로 생명과 가치를 만들어내지 못하는 것을 말한다. 그래서 정부는 노동과 결혼에 의존한다. 정부는 가정을 보호하기 위하여 봉사해야 하기 때문에 노동의 세계와 가족의 삶에 있어서 결코 주체가 될 수 없다. 만일 정부가 이들의 주체가 된다면 노동과 결혼은 파괴될 것이고, 정부 자체도 파괴될 것이다. 정부는 단지 개인의 삶을 감독하고 보호하며 대리자로서 행동하도록 규정되어 있을 뿐이다.152) 따라서 정치적 권위는 창조적인 것이 아니며 창조적인 것을 보존하는 위임이다. 그러므로 정부의 고유한 권위는 그리스도의 권위의 한 형태에 불과할 뿐이다.

그리스도인들은 정부에 봉사함으로써 지금은 숨겨져 있으나, 그리스도의 오심으로써 분명하게 드러날 그리스도의 통치를 상기하게 된다. 이렇게 볼 때 제자들이 국가에 봉사하는 행동은 하나님 앞에 있는 인간존재의 본질에 속한다.153)

넷째, 교회의 위임이다. 교회는 그리스도를 선포함으로써 인간의 삶이 모든 위임 속에서 의롭게 되고 해방되도록 한다. 다시 말해서 화해의 십자가는 "하나님 없는 세속 한가운데서 하나님 앞에서 살아가야 할 삶을 향한 해방"154)을 뜻한다. 말씀으로 형성된 공동체는 이 세상을 지배하는 것이 아니라 하나님의 위임을 완성하는데 봉사한다.155) 그러므로 교회 공동체는 우리의 주님처럼 전적으로 이 세상을 위하여 존재한 것이지, 자기 자신을 위해서 존재해서는 안 된다.

이상으로 네 가지 위임에 대하여 살펴보았다. 여기서 우리가 유의할 것은 위임의 실천성이다. 위임이란 하나님과 세상을 화해시킨 그리스도의 현실 속으로 들어가 봉사하는 것을 말하는 바, 위임은 단독으로 봉사하지 못하고, 함께 봉사해야 한다. 위임은 하나님의 계명을 수행하고 완성시키기 위하여 창조 시에 그리스도를 통하여 설립된 것이며, 하나님께서 위탁하신 것이다. 위임은 하나님의 통치의 지체들로서, 말하자면 위로부터 이 세상 속에 주어진 것이다.

4) 본 회퍼 제자직의 현대적 의의

본 회퍼의 신학은 문화운동가들에게 경고로 작용한다. 우리는 "본 회퍼의 신학이 1942년 4월 비밀경찰에 체포되어 투옥되기 전과 후로 나누어진다."라는 김의환의 지적을 수용할 때, 투옥된 후에 급진적 세속 신학을 이끌었던 점을 경계해야 한다. 여기서 우리는 문화운동가들이 초기에는 건전한 신학적 토대 위에 활동하다가 문화전쟁을 치르는 과정에서 본 회퍼처럼 급진적으로 기울어질 수 있다는 점을 항상 염두에 두어야 한다.[156]

본 회퍼의 제자도는 문화운동가에게 통찰력을 제공한다. 본 회퍼는 세상 문화운동가와 기독교 문화운동가의 방향성이 다름을 확실하게 지적하고 있다. 세상 문화운동가는 타인을 정죄하며 자신이 의롭다고 말한다. 때문에 혁명의 열정이 사라지면 폭력과 억압이 난무하여 결국 문화운동이 실패로 돌아간다. 그러나 기독교 문화운동가는 타인을 정죄하기 전에 자신을 보고, 그리스도의 말씀을 기준으로 기도하며 세상을 변혁시키려고 한다. 때문에 기독교 문화운동가들만이 진정한 부흥과 변혁을 이룰 수 있다. 우리는 그리스도의 제자가 십자가 고난의 현실에 참여할 때 "수난을 타고 복음은 번져간다."는 명제를 항상 기억해야 한다.

(2) 폴 틸리히의 종교사회주의와 문화신학

1) 생애와 사상

폴 틸리히(Paul Tillich, 1886-1965)는 우리에게 기독교의 진리를 현대 인간의 삶의 상황과 연결시켜서 재해석한 문화변증신학자로 알려져 있다.[157] 틸리히는 도스토예프스키가 서거한 지 5년째 되던 1886년 프러시아에서 태어났다. 어린 시절은 뉴왁이란 중세풍의 도시에서 자랐으며, 여기서 보수적인 루터교 목사 아버지의 통제에서 벗어나 자연에서 자유를 맛보았고, 셸링의 자연철학에 크게 심취했다.

틸리히는 1900년 베를린으로 거주를 옮긴 후 철학을 연구했고, 1911년 브레슬라우 대학에 철학박사 학위 논문을 제출했으며, 1912년 할레 대학에서 신학석사를 받았다. 두 논문 모두 셸링의 후기 사상에 관한 것이었다.

제1차 세계대전 중인 1916년 7월 군목으로서 서부전선의 피와 시체들로 뒤범벅이 된 참호진지를 지켰고, 독일정부로부터 훈장을 받았지만 신경쇠약증세를 앓게 되었다. 전쟁과 독일의 패배를 경험한 그는 부르주아적이고 이상주의를 추구하던 인생관과 결별하고, 패전국의 테두리 안에서 '종교 사회주의'(religious socialism)에 관심을 두면서 혁명적이고 사회적인 존재양식에 자신의 삶을 투신했다.

1919년에서 1933년까지 독일에 있는 여러 대학에서 교수를 역임했으며, 1919년 베를린에서 열린 칸트학회에서 '문화의 신학의 개념에 대하여'라는 제목으로 첫 공개 강연을 했다.

틸리히의 전환점은 1933년 47세에 히틀러에게 추방당하여 미국에 이주한 후부터이다. 뉴욕의 유니온 신학교와 콜롬비아 대학에서 교수로서 봉직했으며, 1936년에 민족주의적 사회주의에 대항하는 지식인들을 규합하기 위해 다시 유럽으로 돌아와 아돌프 히틀러를 지지하는 독일 신학자들과 투쟁적인 토론을 벌이기도 했다. 그는 『급진적 종교』(1938)와 『독일 사람들의 반향』(1938)에서 유대인을 보호하자고 했다.

1955년 69세의 나이로 유니온 신학교 교수직을 은퇴하고, 하버드 대학의 특별교수로 초빙 받았다. 1957년에 『신학의 동력』을, 1959년 『문화의 신학』을 출판했다. 1962년 하버드 대학 교수직을 은퇴하고, 시카고 대학의 신학 교수직을 받아들였다. 1965년 10월 22일 사망했다.[158]

틸리히의 저서로는 설교집으로 『흔들리는 터전』(1948), 『새로운 존재』(1955), 『영원한 현재』(1963)가 있고, 1952년 예일대학에서 강연한 것을 정리한 『존재에서의 용기』, 그리고 『조직 신학 1권』(1951), 『조직신학 2권』(1957), 『조직신학 3권』(1963) 등이 있다.

2) 종교 사회주의의 신율문화[159]

틸리히는 독일 제국이 무너지고 사회민주주의 운동이 힘을 얻자, 하나님의 왕국을 대신하여 계급 없는 사회를 가져온다는 신념 아래 종교 사회주의를 주창했다.[160] 그는 독일 인구의 2/3를 차지하는 루터파 유형의 개신교회들이 사회, 정치적 문제에 대하여 무관심하자 〈사회주의적 결단〉에서 세계정세에 대한 책임을 지는 종교 사회주의라는 신율(神律)문화를 주장했다.[161] 종교사회주의론은 그의 문화신학의 일부로서 신율문화론을 정치·사회·사상의 영역에 집중시킨 이론적 정치 신학론이다. 그는 종교사회주의론에서 전통적 부르주아 문화와 관념적 기독교에서 결여되어 있는 구체성, 역사 현실성, 새로운 미래지향적 원리를 도출시키고자 했다.

① 카이로스와 마성

틸리히는 세계 역사상 섭리적이라고 할 수 있는 드문 기회가 왔다고 말하며, 카이로스(Kairos)라는 말로 그것을 설명한다. 어떤 중요한 일을 하기에 알맞은 시기, 토대 그 자체가 흔들리고, 무엇인가 밑으로부터 변혁되는 과정이 일어나기 시작하는 예수 그리스도의 탄생과 같은 질적 시간, 이것이 카이로스이다. 틸리히는 2차 세계 대전 말기를 특별한 카이로스 시기라고 보았다. 루터파 교회가 사회적 책임과 사회개혁을 배웠기 때문이다.[162] 따라시 틸리히는 카이로스 시기가 임하면 인간의 문화와 종교를 심판하고, 치유하며, 새롭게 창조할 것이라고 확신한다.

틸리히는 유럽이 기존의 역사철학을 심판하고 재구성할 수 있을 것으로 보았다. 카이로스가 도래하면 현대의 자율문화의 토양 위에 신율문화가 도래할 것이며, 창조의 구체적인 표현인 문화가 은총의 형식으로 도래할 것이라고 말한다. 은총의 형식은 교회 안에서 말씀의 선포와 성례를 통해 나타나며, 여기에 근거하여 틸리히는 모든 문화 형태의 초월적 의미를 논한다.[163]

틸리히는 마성(The Demonic)을 문자 그대로 이해하지 않고 철학적인 파괴의 구조로 본다.[164] 마성이란 삼위의 신이 허위의 신으로 전락한 상태

또는 악령으로 구별되어 참된 신의 위치에서 쫓겨난 파괴력을 가진 형태를 말한다. 그러므로 마성이란 마이너스의 거룩이며, 성스러운 반신성이다.[165] 틸리히는 파괴의 구조를 2가지로 분류한다. 첫째, 정신 요법에 나타난 증세이다. 노이로제, 정신분열증은 선의의 노력으로 고칠 수 없고, 개인보다 큰 치료의 힘만이 고칠 수 있다. 둘째, 사회적 영역이다. 마성이 사회에서 일어날 때 지성이나 논리, 형식을 거절하는 광신주의를 낳는다. 이러한 악마적 분열은 우상숭배의 행위로서 종교, 정치, 과학, 도덕 등 인간의 모든 영역에 존재한다. 자본주의 이데올로기 속에는 금력에 대한 파괴적 측면이 있고, 국가주의는 민족주의를 불러 모으지만 파괴적인 색채가 농후하다. 때문에 틸리히는 창조와 은혜의 구조만이 마성의 구조를 구원할 수 있다고 주장한다.[166] 세속문화에 악마가 들어올 때 그것을 고치는 힘은 신의 은혜가 아니면 불가능하기 때문이다. 예컨대, 사람들은 히틀러만 없어지면 세계는 선만이 번영할 수 있다고 믿고, 공산주의만 없어지면 세계는 잘될 것이라고 말하지만, 신의 은혜가 없으면 평화란 불가능하다.

② 신율(Theonomy) 문화 건설의 가능성

틸리히는 "종교는 문화의 실체요, 문화는 종교의 형식이다."[167]라고 말한다. 그는 종교를 인간 정신 기능의 모든 깊이의 차원으로 본다. 이 때 깊이란 궁극적 관심을 뜻하는 바, 궁극적 관심은 종교나 예술, 과학으로 표현되는 넓은 의미의 인간 정신으로 나타난다.[168] 때문에 아무리 세속적인 문화라고 하더라도 종교적이 아닌 문화가 없으며, 아무리 초월적 신비종교라고 할지라도 문화적 형식에 제한받지 않는 종교는 있을 수 없다. 이러한 의미에서 종교 사회주의는 종교와 세속 문화의 근원적인 관련성을 회복시키고자 하는 구체적인 적용 원리라고 할 수 있다.[169]

틸리히는 자율문화와 타율문화의 분립과 갈등을 신율문화의 개념 속에서 종합하고자 한다.[170] 자율문화(自律文化)란 이성의 깊이를 가지고 욕망으로부터 간섭을 받지 않는 것을 말한다. 합리성의 요구에 따라 인간과 사회의 존재 및 삶의 양식을 창조하려는[171] 현대의 세속적 인본주의와 부르주아 문화, 그리고 과학기술문명 등은 자율문화에 속한다. 반면에 타율문화

(他律文化)란 외부로부터 낯선 법을 부과한 것이다. 이 때 외부로부터의 의미는 이성 밖으로부터의 것이 아니라 이성의 깊이로부터 비롯된다. 그러나 실존상태에 있는 인간은 이성의 깊이에 도달하지 못하고 교권, 교리, 제의, 신화, 이념, 국가, 권력 등 비궁극적인 것을 통하여 절대를 주장하려는 타율적인 것이 되고 만다. 이것은 교권적 종교, 율법주의적 도덕주의, 또는 유사종교가 되어 사상과 삶의 양식을 획일적으로 결정하는 문화 형태이다.[172] 다음으로 신율이란 신의 법도로서 자율과 타율의 근원이다. 신율적인 통일성이 무너질 때 자율과 타율이 나타난다. 신율적인 통일성이 유지되면 이성이 자신의 구조적 법에 순종하면서 동시에 자신의 터전 안에서 자신을 실현한다. 따라서 신율문화란 이성의 합리성, 능률성, 자율성이 조금도 억제되거나 희생되는 일 없이 신성의 깊이와 의미의 충만성이 동시에 이루어지고 표현되는 문화이다.

틸리히는 신율과 자율, 타율이라는 개념을 검토한 후 지금이 신율의 문화를 건설 때라고 말한다. 그는 신율이 유토피아가 아니며, 고대문명의 시초나 서구 문화의 초기와 중세 초에 나타났기 때문에, 이제 유럽에도 신율문화가 꽃피울 수 있다고 진단한다. 그는 지금 신율문화를 건설할 수 있다고 생각해야지, 그렇지 않고 "구름 저편에 숨어 있다"[173]고 비관적으로 생각하면 신율 문화를 창조할 수 없다고 주장한다.

③ 종교사회주의의 예언자적 전통

틸리히는 실제적 상황에 대응하는 태도를 두 가지로 보고 새로운 태도를 제안한다. 그 두 가지란, 하나는 역사적 의식이 결여된 성례주의적 태도이며, 다른 하나는 역사적 비판력을 지닌 합리적 태도이다. 틸리히는 두 태도를 거절하고 예언자적 태도를 취한다. 예언자적 태도는 카이로스에서 출발한다. 카이로스는 현재와 영원, 주어진 성스러운 것과 요청된 성스러운 것이 만나는 순간이다. 결국 예언자적 태도로 카이로스를 의식하면 성례주의적 태도와 합리적 태도를 극복할 수 있다고 보는 것이 종교사회주의이다.

예언자적 태도는 신율과 만난다. 틸리히는 문화부정적인 태도에 대해서 비판한다. 문화부정적인 태도는 사회적, 인간적, 정치적 영역에서 마성적인 것에 지배되는 것을 열어준다. 틸리히는 영적인 측면에서 문화를 본다. 그래서 그는 문화운동의 투쟁을 세속적인 것과 투쟁하는 것이 아니라 반신적인 종교나 마성에 대항하여 투쟁하는 것이라고 지적한다. 이렇듯, 그는 신율문화의 실현을 방해하는 것은 세속성이 아니라 마성이라고 본다.

틸리히는 마성이 두 단계로 진행된다고 본다. 첫째, 마성의 일반적 본성을 개념화하는 일이고, 둘째, 현재의 카이로스에 무엇이 마성 역할을 하는 것인지 이해하는 일이다. 마성은 그 성격상 자신의 유한한 본성이 밝혀질 때 파괴적인 힘을 상실하기 때문에 그 실체를 숨기고 있다. 때문에 그것의 실체를 정확히 파악하는 것이 무엇보다 중요하다.[174]

틸리히는 마성이 개인에게 의식의 분열을 가져오고, 사회에 있어서 계급간의 분열을 낳는다.[175] 성도는 마성과 맞서기 위해 모든 정당, 종교적 고백, 문화적 운동에 참여해야 한다. 그것은 독립적으로 조직할 수도 있고, 기존의 조직체에 힘입을 수도 있다. 그러나 중요한 것은 특정 개인이나 집단에 절대적으로 고정되어서는 안 된다는 것이다. 고정되었다고 생각하는 순간 거기에 마성이 작동하기 때문이다.[176]

이상에서 보듯, 틸리히는 종교사회주의가 실현되기 위해서는 예언자적 지성이 필요하다고 본다. 틸리히는 예언자적 지성을 구약의 예언자와 칼뱅주의에 나타난다고 말하며, 마성을 극복하기 위해 기존의 조직에 가입하거나 문화운동을 전개하여 신율문화를 창조하자고 주장한다.

3) 문화신학

① 문화와 자유

문화란 무엇인가? 틸리히는 문화를 이해하고자 할 때 그 배후를 보아야 하며, 생명을 관찰해야 한다고 말하고, 문화를 두 가지로 설명한다. 첫째, 문화는 언어창조이다. 문화란 정신의 차원에서 생명의 자기실현과 자기창조이며, 그 기초 행위가 바로 언어창조이다. 언어창조는 바깥쪽에서 만나는 실재를 수용하여 과학적인 형태와 예술적인 형태로 변형된, 궁극적인 실재를 탐구한 결과물이다. 둘째, 문화는 기능이다. 언어와 기술이 결합할 때 실천적인 문화가 발전한다.

틸리히는 문화적 산물이 세 가지 성격을 가진다고 말한다. 주제와 형식과 의미 혹은 본질이다.[177] 미술을 예로 들면, 주제는 화가가 택하는 내용이고, 형식은 예술적 제작을 위해서 얻은 역량이며, 그 과정에서 의미가 탄생한다. 문화에서 가장 중요한 것은 창조성으로 자유가 중요하다. 자유롭지 않으면 창조될 수 없기 때문이다. 따라서 창조적인 자유 없이는 인간의 진보란 불가능하다.

문화와 자유와의 관계는 중요하다. 문화와 자유의 문제는 죄와 연결되기 때문이다. 문화가 죄가 되는 것은 과학이나 정치 등의 문화적 기능이 궁극적 관심이 되어 다른 것을 복종시키려 할 때 발생한다. 때문에 현대에는 문화의 죄가 종교의 죄보다 더 강하고 다양하게 나타날 수 있기 때문에 문화의 죄성을 탐구해야 한다고 말한다.

현대 문화는 기술의 발달로 심층의 차원이 소멸되고 말았다. 기술의 발달로 창조성이 인간의 내적 본질이 되면서, 인간은 우주를 계산하고 지배할 수 있으며, 인간의 필요와 요구에 따라 개선할 수 있다는 낙관론이 대두되었다. 이제 인간 타락의 상태는 무시되고, 죽음과 죄에 대한 설교가 사라졌다. 인간은 결점이 있으나, 죄가 있는 것이 아니라고 말한다. 그 결과 인간은 실재에서 멀어졌고, 평화와 정의의 기대가 하나님 나라를 대신하게 되었다.[178] 이러한 상황 속에서 교회가 어떻게 해야 하는가를 탐구한 것이 틸리히의 문화신학이다.

② 문화신학과 교회의 역할

틸리히의 문화신학이란 인간의 불안, 절망, 죄책 등의 문화적 현상이 무엇을 의미하는지를 묻고 그에 대한 답을 찾고자 하는 것이다. 틸리히는 교회 안에서 문화신학의 역할을 다음과 같이 말한다. 첫째, 문화신학은 모든 문화적 창조행위를 종교적으로 분석하는 것이다. 틸리히는 (1) 일상적인 내용과 (2) 정신적 실체를 뜻하는 내용으로 구분한다. 일상적인 내용은 형식에 의해 문화적 영역으로 승화되는 객관적인 성격을 지닌다. 반면에 정신적 실체로서의 내용은 형식에 의미를 부여하며 형식을 통해서만 존재할 수 있다. 형식과 내용의 필연성을 잃게 되면 실체를 상실하는 것과 다름없게 된다.[179]

둘째, 문화신학자는 그의 구체적인 신학적 입장에 근거를 두고 과학, 윤리, 법률, 예술 등을 비판하며 부정적 혹은 긍정적 태도를 취한다. 즉 문화신학자는 문화와 종교간의 체계를 분리시킨 후 자신의 신학적 원칙에 따라 재결합시킴으로써 문화에 대한 종교적 학문을 제시한다. 문화신학자는 이를 통해 주어진 상황을 초월하고 특수한 제한점을 떠나서 실체의 측면에서 모든 문화적 기능을 통합하는 형식을 제공하고, 각 문화현상의 관계를 제시할 수 있다.[180]

하지만 틸리히는 문화의 모든 면을 세계라고 규정하고 그것을 성스러운 영역과 대립적으로 구분하거나 사랑의 종교적 신비주의의 실체가 교회 안에서 이미 실현되었다고 보는 태도를 거부한다. 왜냐하면 과학, 예술, 도덕이 교회의 도그마와 의례 속에서 그 절대성이 실현된다고 믿는 것은 진정한 문화신학이 될 수 없기 때문이다. 절대성이란 오직 종교적인 본질에만 해당되는 것이므로 종교적인 가능성과 현실성의 차이, 종교적 본질과 종교적 문화의 차이를 명확히 하여 절대성을 종교적 문화의 어떤 요소에도 부여해선 안 된다는 것이다.

문화신학자는 '교회 속의 작은 교회'가 되어 명확히 종교적 영역을 창조하고 살아 있는 종교적 요소로부터 우연적인 요소들을 제거하고 종합하여 이론과 실천으로 농축시킴으로써 모든 요소들을 지지할 수 있는 가장 강력한 문화요소를 만드는 역할을 해야 한다. 이렇게 할 때 모든 것의 처음과 마지막이며 모든 것에 생명과 영혼과 정신을 주는 실체로서의 종교가 힘을 얻고 현재의 문화의 세속화와 분열을 극복하게 될 것이기 때문이다.[181]

틸리히는 문화신학자라면 문화적인 측면에서 예술작품을 보고 현재의 세계 상황을 읽어낼 수 있는 통찰력이 있어야 한다고 말한다. 심미적인 영역은 영적인 생활에 가장 민감하기 때문이다. 예술은 영적인 상황의 특징이 무엇인지를 지시하고, 과학이나 철학보다 훨씬 더 직접적으로 그려내기 때문이다. 또 과학은 영적인 상황을 형성하는데 중요하지만, 예술은 그것을 이해하는데 더욱 중요하기 때문이다.[182]

틸리히는 교회가 현대 문화에 영향을 주어야 한다고 말한다. 그런데 교회는 전통적인 방법으로 산업사회에 대처하려다 실패하고, 자유주의 신학은 산업사회에 적응하려다 실패한다. 자유주의 신학은 초월적 실재에 대한 메시지를 상실했기 때문이다. 그 대안으로 실존주의가 나타났지만 실존주의도 대답을 줄 수 없다고 단언한다. 대안은 오직 복음 전도라고 말한다. 교회는 밖에 있는 사람들에게 고침의 메시지를 전해야 하며, 예수 그리스도가 인간을 고쳤던 그 실재를 전해야 한다. 교회는 구체적인 사회개혁을 암시할 수도 있지만 내적인 역동성으로 문화를 변혁시킬 수 있다. 교회는 예언자적 역할로 사회에 다이내믹한 구조를 밝혀내고 교회 내에서도 다이내믹한 구조를 밝혀냄으로써 산업사회가 가지고 있는 악마적인 힘을 잘라내야 한다. 아울러 교회는 밖에 있는 예언자적 목소리에도 귀를 기울어야 한다. 그리고 교회는 생활양식 전체를 심판해야 한다. 하나님 나라는 교회와 문화를 포섭하면서 이 둘을 초월하기 때문이다.[183]

4) 틸리히 문화신학 평가

틸리히의 문화신학은 우리에게 통찰력을 제공한다. 첫째, 그가 문화를 영적인 측면과 기능적인 측면으로 나누고, 기능적인 측면 속에 있는 마성의 실체를 찾아야 한다고 한 점이다. 이러한 통찰력은 문화를 영적인 측면에서 바라보게 하며, 프랑크푸르트학파의 유물론적 측면에서 바라본 문화관과는 다른 것이다. 둘째, 그가 자유라는 측면에서 문화의 죄가 종교의 죄보다 사회에 커다란 영향을 줄 것이라고 말한 점이다. 이것은 파시즘에 대한 진단에서 나온 것으로 교회가 종교 자체에만 관심을 가질 때 마성에 이끌리고 마는 현실에 대한 경고로 작용한다. 그는 문화신학자에게 외적

인 문화와 내적인 종교, 둘 속에 들어 있는 마성적 실체를 파악하여 궁극
적 실재에 도달하는 문화를 창조할 것을 요청하고 있다. 셋째, 그는 기독
인이 모두 문화운동가가 되어야 한다고 주장하고 있다. 자유주의 신학도,
실존주의도, 사회주의도 사회변혁의 대안이 될 수 없기 때문이다. 교회만
이 산업사회가 가지고 있는 악마적인 힘을 잘라낼 수 있기 때문이다.

그러나 틸리히의 신학은 개혁주의적인 관점에서 보았을 때 성경에서 멀
어졌다. 첫째, 틸리히는 죄를 철학적이고 실존적으로 현대인의 사고에 맞
추어 재해석하여 죄를 소외로 이해했다.[184] 이것은 틸리히 문화신학이 가
지고 있는 명확한 한계이다. 그는 죄를 하나님의 명령, 말씀에 대한 불복
종이 아니라, 인간 실존의 상태라고 했다.[185] 다시 말하면 그에게 "죄란 본
질에서 실존으로의 전이"[186]였다. 그는 창세기 3장의 타락 사건을 설명하
면서 이 사건이 과거에 일어난 역사적 사건이 아니라 우리의 일상적인 삶
속에서 일어나고 있는 사건에 대한 신화적 표현이라고 주장했다.[187] 이렇
듯, 그는 인간의 실존을 아래로부터 조명함으로써 성경의 권위를 약화시
켰고 성경이 증언하고 있는 인간 이해와 궤도를 달리했다.

둘째, 틸리히는 하나님을 철학적 신 개념으로 이해했다. 틸리히는 철학
적 방법론으로 하나님을 존재로서, 살아계신 자로서, 창조자로서 그리고
관계자로서의 신으로 설명했다. 틸리히가 말하는 신은 성경을 떠난 철학
적 개념으로 삼위일체 하나님과는 거리가 멀다. 그가 말하고자 하는 신은
이 세상의 한 국면이지 세상을 초월하여 독립해 있는 신이 아니기 때문이
다.[188] 그의 신 개념에는 추론의 대상으로서 논리적 추구의 최종 단계에 나
타나는 철학적 신 개념이라고 할 수 있으며,[189] 존재의 구조를 이해하려는
하나의 개념이 되어 버렸다.[190] 그에게 있어서 신은 존재 자체로서 만유재
신론적 성격을 지니며,[191] 신화로서 존재한다.[192]

셋째, 틸리히에게 있어서 예수는 육신을 입고 오셨다는 성경의 선언(요
일 4:2)을 잘못된 언어형식으로 취급하고 있다.[193] 그러므로 그는 성육신을
역설로 이해한다. 그는 성육신을 한 인격적 삶 속에서 본질적 인간이 실존
적 상황에서 왜곡됨 없이 나타남을 뜻하며, 본질과 실존을 능가한 새 존재

로 현현되었다고 말한다. 그의 기독론의 핵심은 '새 존재' 인에 이 새 존재가 그리스도라고 말하지만 새 존재는 규범이며 소외의 상태를 회복하는 회복 원리의 중심 개념으로 기능한다. 따라서 그는 그리스도를 본질과 실존의 분열을 극복한 존재로 봄으로써 그리스도를 인간 실존의 상태를 분석한 이론적 해결자로 상정한다. 그는 예수 그리스도라는 칭호를 거부하고 그리스도이신 예수라고 부른다. 그는 예수 그리스도라는 명칭을 고유명사가 아니라 30년 동안 나사렛에 살았던 한 사람의 이름과 신화적 전통에서 특별한 임무를 표현하는 그리스도라는 칭호의 결합이라고 주장한다. 그러므로 그에게 있어서 예수는 그리스도가 아니다. '그리스도' 라는 상징이 대표적인 이름일 뿐이다.[194] 따라서 그가 말하는 그리스도는 성경이 말하는 그리스도와는 거리가 멀다.

이렇듯, 틸리히는 성경의 증언을 그대로 받아들이지 않아 1960년대 기독교 무신론을 주장했던 일단의 사람들이 그를 스승이라고 선언하기도 했다.[195]

주

1) 김수용, 〈파시즘의 문화〉, 한국학술진흥재단, 1998, p. 4에서 Sieh E. Noltle, Der Faschismus in seiner Epoche, Die Action francaise Der italienische Faschismus Der Nationalsozialismus, Munchen, 1963, S 515ff을 재인용함.

2) 이영우·강기룡, 〈파시즘 생성요인론과 그 비판〉, 《평화연구》 20, 경북대 평화문제 연구소, 1995, p. 117.

3) 이 가운데 사회심리학적으로 접근하고 있는 대중사회이론은 프랑크푸르트학파의 이론적 토대가 된다. 대중은 전통과 단절되고, 사회에서 원자화되어 그에 따른 고립감을 느끼고, 도시화와 그에 수반한 판단부재현상(anomie), 고독감, 사회적 억압 등으로 인한 절망적인 불안감에서 파시즘 체제가 생성되었다는 것이다.

4) 김수용, 위의 논문, p. 50.

5) 파시즘을 경험하고 미국으로 도피했던 아도르노는 지적인 활동을 포기하려는 당시의 상황을 "모든 생산자에게 가해지는 동형의 압력으로 인해 그는 자신에게 가해진 정신적인 활동 요청을 점차 경시한다. 즉 정신적인 자기 규율화 자체의 중심이 파괴되고 있는 것이다(Th W Adorno, *Minima Moralia*, Frankfurt am Main, 1989, p. 26). 그 결과 이들은 '거대한 정신적 지주', '가대한 지성인'에게 자신을 내맡겨 버리고 만다.

6) 위의 논문, p. 51.

7) 아돌프 히틀러는 1925년 처음 출간된 「나의 투쟁」에서 장차 유대인이라는 인종 전체를 말살할 계획의 단초가 되는 폭력적 인종주의 사상을 적나라하게 드러낸다. 그에 의하면 "종족(race)을 보존하기 위해서는 개인적 자유의 권리는 부차적인 것이다." "우리 당은 독일인의 혈족국가를 만드는 유일한 대표자가 되는 것이 그 권리이며…" 아돌프 히틀러, 이윤환 역, 「나의 투쟁」, 신태양사, 단기 4294, p. 229.

8) G Benn, *Antwort an die Literanschen Emigranten*, a a O, p. 296을 위의 논문 p. 53에서 재인용.

9) Gunter Hartung, *Literatur und Asthetik des deutschen Faschismus*, Berlin, 1983, p. 108.

10) G Benn, *Der deutsche Mensch*, a a O, p. 252.

11) Joachim. C. Fest, 안인회 역, 「히틀러 평전」, 푸른 숲, 1998, p. 190.

12) 위의 책, p. 175.

13) Adolf Hiltler, *Mein Kampf*, Munchen, 1925, pp. 197-202.

14) E. H. Carr, *The Twenty Years' Crisis*, 1919-30, New York, 1964, p. 132.

15) Joachim. C. Fest, 위의 책, p. 148.

16) 위의 책, p. 231.

17) 위의 책, p. 270.

18) 위의 책, p. 270.

19) 위의 책, p. 546.

20) 위의 책, p. 549.

21) 위의 책, p. 912.

22) 데이비드 웰시, 최용찬 역, 『독일 제3제국의 선전정책』, 혜안, 2001, pp. 45-49.

23) 위의 책, p. 61.

24) 위의 책, p. 61.

25) 위의 책, p. 79.

26) 위의 책, pp. 117-128.

27) 위의 책, pp. 80-81.

28) 위의 책, pp. 114-117.

29) 위의 책, p. 58.

30) Timothy W. Mason, 김학이 역, 『나치스 민족 공동체와 노동계급』, 한울, 2000, p. 109.

31) 이하 방청야, 「1930년대 독일 나치즘과 반유대주의」, 건대 사학 석사, 2001. 12, 참조.

32) S. Gordon, Hitler, *Germans and the Jewish Question*, Princetion, N.J : Princetion University Press, 1984, p. 121.

33) 이민호, 『독일사』, 대한교과서주식회사, 1986, p. 275.

34) 구승희, 『논쟁 나치즘의 역사화』, 온누리, 1993, p. 62.

35) Timothy W. Mason, 위의 책, pp. 229-247.

36) 위의 책, pp. 249-255.

37) 노형석, 「나치의 교육 근대화에 관한 비판적 고찰」, 성대 역사교육 석사, 2003, 10, p. 49에서 E. Helmreich, *Religionsunterricht*, Berlin, 1966, p. 393을 재인용함.

38) 노형석, 위의 논문, p. 41 참조.

39) 노형석, 위의 논문, pp. 36-47 참조.

40) 이하의 글은 김억간, 「독일 나치즘의 제원인 연구」, 전남대 사학과 석사, 2001. 2를 참조한 것임.

41) 위의 논문, p. 53 참조.

42) 위의 논문, pp. 22-23.

43) Walter C. Langer, 최종배 역, 『히틀러의 정신분석』, 솔출판사, 1999, pp. 88-89.

44) A. E. Meyer, *The Development of Education, in the Twentieth Century*, New YORK, 1977.

45) Christliche Welt, 1930(Bethge, DB, 157를 박봉량, 『그리스도교의 비종교화』, 대한기독교서회, 1998, p. 75에서 재인용.

46) '아리안 입법' 이란 유대인의 피를 받은 사람이나 유대인과 결혼한 사람은 일체 국가 공직을 가질 수 없게 한 법적 조치이다.

47) 문병헌, 『프랑크푸르트학파의 사회비판이론』, 동녘, 1996.

48) Theodor W. Adorno u. Max Horkheimer, *Dialektik der Aufklarung. Philosophische Fragmente*, Frankfurt am Main 1992, pp. 128-132 참조.

49) 아우라(Aura)는 영기, 신비스러운 효력, 신비스러운 분위기로 번역할 수 있다. 벤야민은 아우라를 '아무리 가까이 있어도 멀게 느껴지는 일회적 현상' 이라고 정의한다. 벤야민은 기술복제시대의 예술작품에 일어난 결정적 변화를 아우라의 붕괴라는 현상으로 설명한다. 윤미애, 〈발터 벤야민의 아우라 이론에 관한 연구〉, 한국독어독문학회 제 70집, 1999, p. 338.

50) 김진아, 「발터 벤야민의 모더니티 연구」, 홍익대 미학 석사, 1997, p. 20.

51) 여기서 충격 체험은 새로운 놀이의 장소로 등장한 대도시에 대한 새로운 체험 충격을 말한다. 엘런 포우가 영국의 대중에 대한 체험, 호프만이 독일 베를린에 대한 대중의 체험을 그렸다면 보들레르는 프랑스 파인에 대한 체험을 그렸다.

52) CB, p. 40.

53) 벤야민은 단순한 보행자와 산보자를 구분하면서 "군중 속으로 끼어드는 보행자와는 달리 산보자는 어깨를 움직일 여지를 필요로 하며 유한 신사의 삶을 마다하지 않는다."고 적고 있다. 그러므로 산보자는 군중 속에서 기쁨을 얻으면서도 한편으로는 군중을 경멸해 버림으로써 거리를 두곤 한다. CB, p. 54.

54) CB, p. 128.

55) 초기 낭만주의문학 이후 현대문학의 토포스로 자주 사용되었던 '전환' 혹은 '문지방' 은유는 하나의 영역과 다른 영역간의 사이공간을 뜻한다. 그것은 두 영역을 구분 짓는 차이의 공간이지만 동시에 두 영역에 걸쳐 있는 상태이기도 하다 . 여기서 '문지방' 은 어떤 영역으로 전환하려는 행위의 순간을 나타내는 것이 아니라 분명 상태 자체만을 나타내는 기표이다(최문규, 「문학이론과 현실인식」, 문학동네, 2000년, p. 230). 그러나 하이데거에게서의 문지방은 문자와 상을 동시에 뜻하는 존재의 집으로서의 언어로 이해될 수 있다. (Martin Heidegger, Die Sprache, in: ders., Unterwegs zur Sprache, Frankfurt a. M 1985, S. 25.)

56) '아우라' 는 원래 종교적 개념(유대교)이지만, 이것이 철학적으로 전환된 것은 벤야민에 의해서이다.

57) 심혜련, 녹취 내용.

58) 이동현, 「발터 벤야민의 현대예술론 연구」, 서강대 독문학 석사, 1992, pp. 13-17.

59) 이러한 현재시간은 소비적인 찰나주의와는 구별되어야 할 것이다. 찰나주의가 불안으로부터 도피하기 위해 현재의 순간 순간을 즐기려 하나 그 소모성 속에서 불안이 더욱 커진다면 현재시간의 관념은 현재를 더욱 밀도 있게 삶으로써 삶의 유한성에서 오는 불안을 극복하려는 자세일 것이다.

60) 벤야민에게서 행복은 "오로지 우리들이 숨쉬었던 공기 속, 그러니까 우리가 한 때 말을 나눌 수도 있었던 사람들과 우리들 품에 안길 수도 있었던 여인들과의 관계 속에서 존재하는"(I 2,693) 구체적인 것이다.

61) 황강연, 「발터 벤야민의 비판미학을 위하여」, 중앙대 철학과 석사, 1997, pp. 10-12.

62) 한나 아렌트, 권영빈 역, 「어두운 시대의 사람들」, 문학과 지성사, 1983, p. 19.

63) 차봉희, 「비판미학」, 문학과 지성사, 1990, p. 64.

64) 한나 아렌트, 앞의 책, p. 18.

65) 황강연, 위의 논문, pp. 15-17.

66) Benjamin, Walter, *Gesammelte Schriften*. Frankfurt am Main 1971-1989, Bd. I. p. 500.

67) Benjamin, S.496 참조.

68) 『독일 비극의 원천』(1923-25)은 그의 문학 비평에 나타난 알레고리 개념을 구체적인 현실 대상에 실천적으로 적용하기 위한 이론적 준비 작업이라고 할 수 있다. 알레고리 개념의 숨겨져 있는 '뭔가 다른 것'은 형이상학적 실체를 가리킨다기보다는, 힘을 빼앗긴 채 발 밑에 깔려 겁먹은 듯 경직되어 있는 패배자들을 의미하게 된다. 따라서 '알레고리'란 지배적 의미 질서의 강요 아래 가려져 있는 사물들이 새로운 의미 연관을 맺을 수 있는 가능성을 모색하기 위해 변증법적 사유가 이루어지는 장(場)으로 볼 수 있다.

69) Walter Benjamin, *Das Kunstwerk im Zeitalter seiner technischen Reproduzierbarkeit*, p. 506.

70) Walter Benjamin, *Theorie des deutschen Faschismus*, in: Walter Benjamin, Gesammelte Schriften III, Unter Mitw. von Theodor W. Adorno und Gerschom Scholem, Hrsg. von Rolf Tiedemann und Hermann Schweppenhauser, Frankfurt am Main, 1991, p. 240.

71) 차봉희, 『비판미학』, 문학과 지성사, 1992, pp. 117-118 참조.

72) 1944년 뉴욕에서 처음 『철학적 단편들』이라는 제목으로 나왔다가 3년 뒤 1947년 암스테르담에서 다시 새로운 제목으로 출간된 『계몽의 변증법』은 1946년에 호르크하이머가 쓴 『도구적 이성의 비판』과 함께 비판이론에 있어 하나의 전기를 마련한다. 『계몽의 변증법』은 비인간화로 특징지어지는 현대사회의 위기의 원인을 추적하고 그 현상을 분석한다. 인류의 역사에서 개인이나 사회의 '자기보존'을 위한 합리적인 사고와 기술의 발달을 촉진시켰던 이성은 이제 그것이 사용되는 목적이 과연 이성적인 것인지를 더 이상 묻지 않은 채 무제한적으로 형식화되고 주관화된 나머지 본래의 자율성을 잃고 사회적 관계로 완전히 편입되어 기능화, 도구화되었다는 것이다. 이병진, 〈아도르노의 문화비판과 예술이론〉, 한독문화 연구소 주최, 2002년 2월 발표문 참조.

73) 아도르노는 근대의 계몽이 신화에 대한 비판, 탈마법화의 이름으로 자연성을 파괴하여 힘과 동의어인 지식이 자연과 인간에 대한 완전한 지배를 추구하는 도구로 사용됨을 비판한다. 그러나 계몽의 변증법은 신화에 대한 비판을 또한 포함하고 있다. 김유동, 『아도르노 사상』, 문예출판사, 1993, pp 34-35 참조.

74) 부정 변증법을 총괄해 보자면, 인식하는 주체가 변증법적 합일을, 또는 그릇된 의식의 결과물로 탄생한 '진리'에 일치되지 않으면서 동시에 진리를 추구하는 자세를 잃지 않은 채, "그릇된 의식이나 그릇된 가상으로부터 진리를 생산해 내려는" 것을 말한다. 차봉희, 앞의 책, p. 125.

75) Th. Adorno, *Minima Moralia*, GS 4, S. 55.

76) 차봉희, 앞의 책, pp. 125-127 참조.

77) Th. Adorno, *Negative Dialektik*, S.184.

78) 차봉희, 앞의 책. pp. 122-146 참조.

79) 피종호, 〈아도르노의 비판이론과 미학〉, 《뷔히너와 현대문학》 제11호, 1998. 참조.

80) 부정성을 아도르노는 두 가지 면에서 고찰되어야 한다고 보았다. 첫째, 예술이 물화된 현실에 접근하기 때문에 불가피한 부정적인 현실체험의 충실한 묘사와 관련되고, 둘째, 예술이 동시에 기존세계에 이의를 제기하기 때문에 부정적인 자세에 관련된다는 것이다.

81) 물화현상은 교환이라는 보편화에 의해 사물이나 인간의 고유한 질적 가치가 박탈당할 때 일어난다. 교환이라는 추상화과정의 결과 상품이 인간노동의 사물이라는 성격은 은폐되어 상품은 독자적인 삶을 영위하게 된다. 이에 따라 상품사회에 연결된 사회적, 관료적 제도들도 객관화되고 물화된다.

82) 김유동, 앞의 책, pp. 41-43 참조.

83) 이병진, 〈부정성의 미학과 현대예술〉, 《독일문학》 제80집, 한국독어독문학회, 2001. pp. 153-166 참조.

84) 피종호, 앞의 논문 참조.

85) Th. Adorno, GS 10-1, *Kulturkritik und Gesellschaft I*, Ffm 1977, S. 337.

86) 아도르노에게 있어서 대중문화와 문화산업은 자율적 체계에 의해서가 아니라 후기 자본주의의 경제적 종속관계에 있는 주체들에 의해 받아들여지는 것을 뜻한다. 이것은 마르크스주의적으로 분석되는 상품형식의 지배라는 논제에서 출발한다. 그러나 마르크스와는 달리 그는 문화현상을 사회계급을 이해하기 위한 이데올로기적 반영으로 축소시키지 않는다.

87) 피종호, 앞의 논문 참조.

88) Th. Adorno, GS 12, S. 20f. u. 189.

89) 아도르노, 김방현 역, 『음악사회학 입문』, 삼호출판사, 1990, p. 75.

90) 아도르노는 현대 음악 중 재즈음악에 대해 비판을 가하면서 재즈가 해방의 표현이라는 모든 주장을 일축해 버린다. 그는 재즈를 개인적 환상에 집단적 환상을 대체한 사이비 민주주의의 한 형태라 본다. 이른바 즉흥곡이라는 것은 기본 형식의 반복에 지나지 않는다. 재즈는 소외를 초월하는 것이 아닌 강화하는 것이다. 아도르노, 〈대중음악에 관하여〉, 1941.

91) 현택수, 〈음악사회학을 위하여－베버와 아도르노를 중심으로－〉, 『고려사회학논집』 제9집, 1995.

92) Th. Adorno, GS 10-1, S. 353. 피종호, 〈아도르노의 영화 비판〉, 《독일문학》 제67집, 한국독어독문학회, 1999, p. 341에서 재인용.

93) 아도르노에게 있어 기술은 이중적인 의미를 지닌다. 예술작품에서의 기술과 문화산업의 기술이 그것이다. 예술작품에 있어서의 기술은 예술대상의 조직화와 내부논리와 연관된다. 이 기술은 예술작품의 생산논리이며 예술과 사회를 중재하는 총괄적 개념으로서 긍정적인 의미를 지닌다. 이에 반해 문화산업에 있어서의 기술은 확산의 기술이며, 기계적 재생산의 기술이다. 사회지배를 위해 합리화된 이 기술은 관리된 세계에서 주체를 수동적으로 만든다.

94) Th. Adorno, GS 7, *sthetische Theorie*, Ffm 1972, S. 323.

95) Th. Adorno, GS 7, S. 232f.

96) Th. Adorno, GS 15, *Komposition f r den Film*, Ffm 1976, S. 74f.

97) Th. Adorno, GS 10-1, S. 357.

98) 피종호, 〈아도르노의 영화비판〉, 위의 논문, pp. 348-349.

99) 유형식, 〈Adorno 美學 : Die Moderne〉, 「독일미학론」, 중앙대학교 출판부, 1997, pp. 363-367 참조.

100) Th. Adorno, *Negative Dialectics*, pp. 17-18.

101) 마르쿠제의 「일차원적 인간」(1964)은 후기자본주의 시대에 접어든 현대 산업사회가 보여주는 전반적인 특징을 이데올로기 비판적 관점에서 체계적으로 분석하고 있는 중요한 저작이다. 그는 여기서 기술적 합리성 위주로 발전한 '일차원적 이성'이 생활 전반을 지배하고 있는 선진 산업사회를 '일차원적 세계'로, 문화산업의 총체적 기제로 통합되어 비판의식이 없는 인간을 '일차원적 인간'으로 규정한다. 저항의 잠재력과 함께 폐기해버린 후기자본주의의 문화는 '일차원적 문화'로 특징지어진다. 이차원적 문화의 성격을 띠고 있었던 고급문화가 소멸하여 일차원적 대중문화로 전락하는 과정에서 문제가 되는 것은 이제 문화가 상품생산이 자체 목적으로 된 자본주의 사회체제 속으로 완전하게 흡수되어 버린다는 점이다. 그러나 동시에 마르쿠제는 이 책에서 사회적 억압의 대상인 이들 계층은 기본적인 시민권을 요구하는 혁명적 세력과 결집되어 기존의 사회제도를 변화시킬 것이라는 희망을 피력하고 있다.

102) A. 매킨타이어, 연희원 역, 「마르쿠제」, 지성의 샘, 1994, p. 24.

103) Douglas Kellner, *Herbert Marcuse and the Crisis of Marxism*, Berkely : University of Califonia Press, 1984, p. 268.

104) 마르쿠제, 차인석 역, 「일차원적 인간」, 삼성출판사, 1982, p. 81.

105) 마르쿠제에 의하면 기술적 합리성이란 자본주의적 지배형식과 기술적 지배형식의 독특한 융합을 일컫는다. 이 때 기술은 특정한 생산양식이나 기계, 도구적 장치만이 아니라 사회적 관계들을 조직하고 유지하는 양식을 의미한다. 이러한 기술적 합리성에 의해서 지금까지의 사회적 대립관계는 해체되고 사회적 변혁의 가능성이 좌절되었다.

106) A. 매킨타이어, 앞의 책, p. 18.

107) 마르쿠제, 차인석 역, 앞의 책, p. 236.

108) 정동화, 「H. Marcuse의 현대산업사회 비판과 혁명론에 관한 연구」, 연세대 정치외교학과 석사, 1990. 참조.

109) 전경지, 「예술 현상에 나타난 사회적 기능에 관한 연구-마르쿠제 미학사상을 중심으로-」, 원광대학교 철학과 석사, 1998, p. 6.

110) 프랑크푸르트학파의 업적은 문화산업에 대한 논의를 부각시킴으로써 문화산업을 통해 여가관계 역시 권력관계라는 중요한 사회학적 사실을 인식시킨 것이다. 그들에 따르면 여가활동과 관련되는 자유, 자기결정성, 자발성 등의 경험은 자본주의 사회의 맥락 속에서 설명되어야만 이해 가능한 것이다. 마르쿠제는 여가를 계급사회의 조건을 잠식하기도 하고, 재생산하기도 하는 양면적 기능이 있다고 보았다.

111) 마르쿠제, 차인석 역, 앞의 책, pp. 78-85 참조.

112) 김문환, 「마르쿠제의 미학사상」, 문예출판사, 1994, p. 147.

113) 마르쿠제, 박종렬 역, 앞의 책, p. 178.

114) 마르쿠제는 특히 상상력의 혁명성을 강조했다. 미적 차원에서 그는 모든 진정한 예술 작품은 혁명적이라고 했다. 그는 상상력이 인간의 삶을 이끌어 간다고 하면서, 욕망과 상상력은 실제적이고 효과적인 창조의 에너지이며, 억압적인 사회에 대항하는 전복력을 가졌다고 보았다.

115) 장빛나, 「마르쿠제의 대중문화론 연구」, 한신대 서양철학 석사, 2002. 참조

116) 하버마스, 백승균 · 서광일 역, 『마르쿠제와의 대화』, 이문출판사, 1984, p. 130.

117) 이화신, 「H. 마르쿠제의 페미니즘과 정체성의 정치」, 중앙대 서양사 석사, 2003. 참조.

118) Alway, *Critical Theory Political Possibilites : Conceptiona of Emancipatory Politics in the Works of Horkheimer*, Ardoro, Marcuse, and Harbermas, London : Greenwood Press, 1995, p. 91을 이화신의 논문 p. 45에서 재인용.

119) 이상헌, 「마르쿠제의 위대한 거부에 대한 고찰」, 연세대 정치외교학과 석사, 1992. 참조.

120) 마르쿠제, *An Essay on Liberration*, Boston : Beacon Press, 1969, p. 10.

121) 마르쿠제, 김인환 역, 『에로스와 문명』, 나남출판, 1996, p. 199.

122) 폴 로빈슨, 박광호 역, 『프로이트 급진주의』, 종로서적, 1983, p. 132.

123) 폴 로빈슨, 앞의 책, p. 143.

124) 『에로스와 문명』, p. 205.

125) 위의 책, p. 3.

126) 스탠리 그랜츠 · 로져 올슨, 신재구 역, 『20세기 신학』, p. 234.

127) 그는 1939년 미국을 다시 방문하여 〈종교개혁을 거치지 않는 개신교〉란 제목의 글을 썼다.

128) 1933년 1월 11일 아스무센이 인도하는 알토나 목사들의 신앙고백, 3월 8일 디벨리우스의 목사들을 경고하는 편지, 6월 25일 바르트의 〈오늘의 신학적인 실존〉의 출판, 9월 20일 유대인 문제에 대한 마르부르그 신학 교수들의 성명서, 9월 21일 니묄러의 지도 하에 조직된 "목사들의 긴급연맹" 등이다.

129) 이형기, 『본 회퍼의 신학사상』, 장신대출판부, 1991, pp. 13-30 참조.

130) 위의 책, pp. 306-309 참조.

131) 디이트리히 본 회퍼, 허혁 역, 『나를 따르라』, 2004, p. 65.

132) 위의 책, p. 89.

133) 위의 책, p. 90.

134) 위의 책, p. 94.

135) 위의 책, p. 140.

136) 위의 책, p. 144.

137) 위의 책, p. 145.

138) 위의 책, p. 149.

139) 위의 책, p. 151.

140) 위의 책, p. 152.

141) 위의 책, p. 161.

142) 위의 책, p. 171.

143) 위의 책, p. 172.

144) 위의 책, p. 173.

145) 위의 책, p. 182.

146) 위의 책, p. 185.

147) 위의 책, p. 200.

148) 백현종, 「본 회퍼의 그리스도론과 현실 개념에 관한 연구」, 서울신대 석사, 2003. p. 52.

149) 몰트만, 전경연 역, 〈본 회퍼의 사회윤리〉, 한신대학, 1987, p. 5.

150) 「기독교 윤리」, pp. 179-180.

151) 위의 책, p. 180.

152) 위의 책, p. 270.

153) 김경환, 「본 회퍼의 제자도」, 계명대 신대 석사, 2000, p. 52.

154) 기독교 윤리, p. 230.

155) 위의 책, p. 232.

156) 본 회퍼 신학에 대한 개혁주의적 비판은 김의환, 「도전받는 보수신학」, 생명의 말씀사, 2004, pp. 24-34을 참조할 것.

157) 김경재, 「폴 틸리히의 신학연구」, 대한기독교출판사, 1987.

158) 목창균, 「현대신학논쟁」, 두란노, 1995, p. 196.

159) 이 장은 임봉학의 논문을 참조했음을 밝힌다. 임봉학, 「폴 틸리히의 종교사회주의 연구」, 연대 연합신학대학원 석사, 1990.

160) 폴 틸리히 강연집, 이계준 역, 「문화와 종교」, 전망사, 1984, p. 114.

161) Paul Tillich, *Dio Sozialitische Entseidung*, Christentum und Soziale Gestaltung, G. V. Ⅱ, Stuttgard:Evangelische Ver Lagswerk Stuttgart, 1962.

162) 「문화와 종교」, p. 119.

163) Charles. W. Kegley & Robert. W. Bretall, *The theology of Paul Tillich*, N. Y. : Macmillian Company, 1964, p. 74.

164) 「문화와 종교」, p. 120.

165) 폴 틸리히, 황필호 역, 「종교란 무엇인가?」, 전망사, 1983, p. 95.

166) 「문화와 종교」, p. 121.

167) P. Tillich, *Religion and Secular Culture*, in Protestant Era, Ed. by. J. L. Adams, Chicago : Chicago Univ. Press, 1973, p. 57.

168) D. M. 브라운 편, 이계준 역, 「폴 틸리히의 궁극적 관심」, 대한기독교서회, 1980, p. 27.

169) 임봉학, 「폴 틸리히의 종교사회주의 연구」, 연대 연합신학대학원 석사, 1990, p. 21.

170) Protestant Era, p. 55-56.

171) 폴 틸리히, 김경수 역, 「조직신학 1」, 성광문화사, 1983, 83.

172) 김경재, 〈폴 틸릭의 종교사회주의〉, 《신학연구》 14집, pp. 70-71.

173) 『종교와 문화』, p. 124.

174) 『문화와 종교』, p. 214.

175) 위의 책, p. 125.

176) 임봉학, 위의 논문, p.31. 종교사회주의는 4가지 형태의 고백들을 넘어선다. 그것은 첫째, 종교적 초월성 때문에 구체적인 형식의 창조를 희생시키는 배타적 개신교, 둘째, 종교적 원리의 근본적 성격을 구체적인 형식의 창조를 위하여 희생시키는 휴머니즘적 경건주의, 셋째, 사회적 책임종교를 유보종교에 희생시키는 내향적인 경건주의, 넷째, 형이상학적이고 성례주의적인 지성소를 소유하고 구체적인 상황을 도외시하는 가톨릭주의이다.

177) 『문화와 종교』, p. 154.

178) 위의 책, pp. 54-55.

179) 『종교란 무엇인가』, pp. 186-187.

180) 위의 책, pp. 187-188.

181) 위의 책, pp. 198-202.

182) 폴 틸리히, 신상길·정성욱 역, 『평화의 신학』, 한국장로교출판사, 2000, p. 129.

183) 『종교와 문화』, pp. 60-61.

184) 김영진, 「폴 틸리히의 죄론에 관한 비판적 고찰」, 총신대 신대원 석사, 1993, p. 2.

185) 박봉랑, 〈현대 신학에 있어서 원죄의 케리그마의 상징화와 해석학 문제〉, 『기독교사상』 1월호, 기독교서회, 1964, p. 21.

186) 폴 틸리히, 김경수 역, 『조직신학 Ⅱ』, 성광문화사, 1978, p. 58.

187) 김영권, 〈폴 틸리히의 기독론 소고〉, 고신대, 1988, p. 31.

188) 콜린 브라운, 문석호 역, 『철학과 기독교 신앙』, 기독교문서선교회, 1991, p. 199.

189) 김귀탁, 「폴 틸리히의 신관에 관한 연구」, 총신대 신대원 석사, 1998, p. 60.

190) 김영진, 위의 논문, p. 75.

191) 김기탁, 위의 논문, p. 58.

192) 폴 틸리히, 이계준 역, 『궁극적 관심』, 대한기독교서회, 1980, p. 102.

193) 김영진, 위의 논문, p. 44.

194) 『궁극적 관심』, p. 117.

195) 스탠리 그랜츠·로저 올슨, 신재구 역, 『20세기 신학』, IVP, 1997, p. 205.

영국 문화 연구의 역사와 문화 이론가들

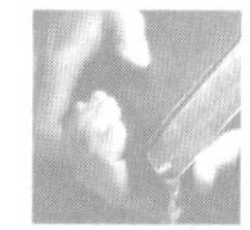

1. 영국 문화 연구 형성 전의 역사적 배경과 문화 이론가들

영국 문화 연구의 전사(前史)로는 문화주의 전통과 마르크스주의와의 연관을 들 수 있다.

(1) 문화주의 이론의 형성 배경

문화주의 전통은 영국에서 1893년 신설된 영문학과 관련이 깊다. 영문학은 산업혁명 후 동요하는 대중들에게 종교를 대신해서 신설된 것이다. 이 시대 영문학은 종교를 대신해서 즐거움과 교훈을 주는 동시에, 영혼을 구하고 국가를 치유할 목표와 국가의 자손들을 양성하기 위한 목표를 가지고 있었다.[1] 1893년부터 1930년대까지 문학 연구의 부흥이 일어났고,[2] 이러한 움직임은 1950년대까지 지속되었다. 이렇듯 영문학이 태동한 것은 종교의 사회적 기능이 쇠퇴한 것과 관련이 깊다고 하겠다.

이러한 형성 배경에서 탄생한 문화주의는 영국의 인문주의적 전통에서 비롯된 것으로 개인의 문화적 경험과 삶의 보편적 가치를 중시했다. 이들은 문화를 가치와 진리의 문제로 접근하기 때문에 근대화, 산업화에 기초한 대중문화에 대해 부정적인 입장을 보였다. 문명의 발전이 문화의 쇠퇴와 소멸을 가져온다는 인식이 이들에게 지배적이었다. 그러므로 이들은 문학의 사회적 사명을 중시하여, 문학이 무질서한 사회를 바로잡는데 중심 사상이 되어야 한다고 주장하면서, 문화의 물질성과 실천성을 동시에 강조했다. 이들은 사회 구성체를 사회학적이고 역사적으로 이해하여 인간의 작용, 인간의 가치, 인간 경험을 매우 중요하게 다루는 방법론적 특징을 지닌다. 이러한 입장에 있는 문화주의 이론가로는 매슈 아놀드와 리비스, T. S. 엘리엇이 있다. 이 장에서는 매슈 아놀드와 리비스만 다루기로 한다. T. S. 엘리엇은 기독교 문화 이론가이기 때문에 다른 항목에서 다룰 것이다.

(2) 매슈 아놀드의 영문학을 통한 문화 건설

19세기 문화의 개념은 문학 지식인들의 영역이었다. 영국의 19세기 문학가들 가운데 문화 논쟁이라는 맥락에서 가장 중요한 사람은 매슈 아놀드(Matthew Arnold, 1822-1888)이다. 그는 빅토리아 시대의 사회 조류를 문화라는 개념으로 개탄과 비판을 제기하는 동시에, 그 사회를 위한 개선 방향과 적극적인 미래상을 제시했다. 그는 '문화의 과정적인' 특성에 상당한 관심을 가졌고, 시인이나 문학비평가로서 뿐만 아니라 장학사로서 교육과정의 실천적인 면에도 심혈을 기울였다. 여기서는 아놀드의 문화관, 비평관, 교육관을 중심으로 살펴보고자 한다.

1) 휴머니즘 문화관

아놀드는 문화를 '인간 사고와 표현의 고갱' 이라고 보았다.[3] 아놀드는 1851년 박람회가 끝난 뒤에 사회적 논쟁이 뜨겁게 일어나자 그것을 문화의 팽팽한 대립이 일어나고 있는 것으로 읽어내고, 문화 영역을 둘러싼 혼동과 갈등을 해결하기 위해 노력했다. 그는 『문화와 아나키』(1869)를 출간하여 문화란, 인간 사고와 표현의 정수를 알리기 위한 수단인 동시에 지식 체계이며, 그 지식을 "정신과 영혼의 내적 상태"에 적용하는 것으로서,[4] "우리 시대의 병든 영혼을 보살피는 것"이라고 보았다.[5]

이어서 아놀드는 영국의 문화운동에 대한 방향을 제시한다. 첫째, 그는 문화를 그 자체의 규칙을 지닌 고립적이고 특별히 계발된(cultivated) 영역으로 간주하는 문예중심적인 문화관을 거부하고, 문화의 과정을 중시한다. 즉 그는 문화를 고급예술 혹은 소수의 특정한 천재들에 의해 창조된 작품과 동일시하는 관점을 반대한다. 그는 문화를 일상생활 속의 활동과 상징들로 구성되어 있는 것으로 본다. 둘째, 그는 문화가 단순히 사회적 경제 체계의 산물, 혹은 그 반영이라고 인식하는 정통 마르크스주의자들의 관점을 거부한다. 그는 문화가 단순히 경제적 토대에 의해서만 결정된다는 도식적인 문화관을 극복하고, 문화 자체의 자율성과 내적 역동성에 주목한다. 그래서 그는 문화의 사회적 기능을 중시하여 "이 엄청나게 많은 비참하고 다루기 힘든 천민들의 군중을 계도해야 한다."라고 주장한다.[6]

아놀드는 영국의 사회계급을 귀족계급, 중간계급, 노동계급으로 나누어 분석하고, 이들을 각기 야만인(Barbarians), 속물(Philistiness), 대중(Populace)이라고 명명하며, 각각의 계층을 비판한다.

아놀드는 귀족 계급을 야만인이라고 칭한다. 귀족들은 교양의 한 요소인 아름다움을 소유하고 있지만, 반면에 지성이 부족하다. 때문에 이들은 변화에 민첩하지 못하며, 사치만 하면서 지나치게 태연하고 점잔만 빼기 때문에 발전에 해가 된다. 이들은 영국의 중심적인 위치에 있지만, 외면적인 화려함만 추구하기 때문에 주변적인 위치에 머물러 있다.

아놀드는 중간계급을 속물이라고 칭한다. 중간계급은 자유무역이나 선거법 개정, 대사업의 성취 등으로 자기 만족감에 빠져, 자신들의 성취욕을 이상과 완성의 추구라고 인식한다. 하지만 이들도 사회적 혼란을 일으키는 과격한 행동에 대하여 해결책을 제시하지 못한다.[7] 아놀드는 영국의 국민 생활을 지배하게 될 그들의 생각이 영국의 사고방식 전체에 영향을 미칠 것인 바, 이들이 영국의 운명을 결정하게 될 것이라고 믿고, 이들의 교화를 자신의 사명으로 여겼다.

아놀드는 노동계급을 어둠의 근원으로 명명했다. 그는 노동계급이 정부의 모든 기능을 당장이라도 떠맡으려 하지만, 이들은 귀족이나 중간계급과 같이 풍부한 경험과 지식을 소유하지 못해, 아직 유치하고 미숙한 상태에 있다. 그런데도 이들은 미숙한 정신력으로 극단적인 행동을 한다. 그는 노동계급이 자기가 원하는 것을 쟁취하기 위해 무질서로 나갈 때의 위험을 경계한다. 하지만 이들도 중간계급과 동일한 정신을 갖게 될 것이라고 보았다.

아놀드는 각 계급을 분석하고 문화를 선택할 것인가, 아니면 아나키를 선택할 것인가라는 문제를 제기한다. 그리고 국가차원에서 '무질서'에 대항하여 '교양'을 정립해야 한다고 주장한다. 아놀드는 『문화와 무정부』에서 교육이 문화를 위한 지름길임을 시사한다. 그는 공교육을 문명화의 맥락에서 강조한다.

2) 비평의 사회적 기능 강조

아놀드는 비평을 사회적 영역으로 확대했다. 오늘날에도 아놀드를 특별하게 취급하는 것은 그가 문학의 사회적 기능, 더 나아가 비평의 사회적 기능에 대한 문제를 논의했기 때문이다. 그는 영국 지성의 커다란 결함을 지적하면서 "지금 유럽에서 가장 요구되는 것이 비평"[8]이라고 말한다. 그리고 비평의 영역을 사회적 기능으로 확대했다. 아놀드는 사회관계의 조직이라든지 테크놀로지의 종류, 지식의 형식 등의 지각변동을 생동감 넘치면서 흥미 있게 분석했다.

아놀드의 비평은 혼란한 문화를 어떻게 바로잡을까 하는 지점에 모아진다. 그는 교양 혹은 지성의 개념으로 자신의 비평관을 피력한다. 그에게 교양의 개념은 완성의 추구이자 연구이다. 완성을 향한 노력은 종교와도 같은 것이다. 물질적 가치와 욕망보다 공익을 우선 생각하고 행동하는 보다 성숙한 인간, 그러한 인간은 비록 현재를 구제할 수 없을지라도 속물화된 상태에서 미래를 구제할 능력을 갖고 있다고 아놀드는 믿었다. 여기서 완성이란 개념은 아름다움(Sweetness)과 지성(Light)의 결합으로 성취된다. 아름다움이란 기계가 미치지 못하는 것을 바라보고, 증오 자체를 거부하는 내면상태를 말한다. 그리고 지성이란 '구체적인 것과 민감한 접촉을 유지하는 습관' 으로서의 세련된 감수성에 기초한다.[9] 따라서 그에게 교양이란, '총체적 인격완성' 을 목표로 하는 육체와 정신, 성찰과 행동, 인식과 실천을 동시에 포괄하는 개념이다.

아놀드에게 교양은 개인적 차원과 공공의 차원을 동시에 주목하는 개념이라는 점을 유의해야 한다. 그는 공동체의 향상이 없는 고립된 개인만의 발전을 강력히 부정하며, 개인과 사회와의 관계를 유기적인 변증법적 통일관계로 설명하고자 했다. 그는 현실로부터 벗어나 새로운 초월적인 영역을 구축하려 했던 낭만주의적인 태도와 달리, 현실적인 실천 속에서 '완성을 추구하는 동시에 연구하는 것' 으로서의 교양 개념을 통해 산업화가 낳은 폐단을 극복하려고 했다.[10]

이상에서 보듯, 아놀드는 빅토리아조의 사회상을 문화비평을 통해 분석하고 그 대안으로 공교육과 비평을 통해 유용한 문화를 창조하고자 했다. 그의 문화관이 주는 현대적 의의는 물질적 가치가 보다 심화된 후기 산업사회에 잃어버린 도덕성을 회복시켜 주는 인문주의의 부활이라 하겠다.

(3) 리비스의 실제 비평

1) 문화의 위기 인식

리비스(Frank Raymond Leavis, 1895-1978)는 아놀드와 같이 당대를 문화적 쇠락기로 보았다. 그리고 '평준화와 하향화' 의 문화를 지켜낼 수 있는 이들을 소수의 엘리트층에서 찾았다. 먼저 1930년 〈대중 문명과 소수 문화〉라는 글에서, 극소수의 사람만이 문화적 감식안을 가지고 있다고 보았으며, '평준화와 하향화' 된 문화적 위기를 소수의 지식인이 지킬 수 있다고 보아[11] 아놀드를 계승한다. 하지만 리비스는 아놀드보다 실제 비평(practical criticism)을 실천하여 훨씬 더 문화에 대한 구체적인 작업을 하면서[12] 소수가 문화를 지켜가는 것에 대해 회의적인 시선을 보낸다.[13] 그것은 소수의 권위에 대한 위상이 붕괴된 것에 기인한다.[14]

리비스는 산업혁명 이후 두 개로 문화가 조각났으며, 소수의 문화는 문학으로, 대량의 문화는 상업 문화로 구성되었다고 말한다. 리비스는 아놀드의 관심사를 1930년대 문화현상에 적용시켜 '대중소설을 환각제, 영화를 자위행위, 신문·라디오를 문화적 퇴행, 광고를 언어의 저질화·생활의 황폐화' 등으로 비판한다. 그는 산업혁명 이전 17세기까지 영국에 셰익스피어의 연극과 민속노래, 민속춤, 수공예 제품 등의 공유 문화가 있었다고 지적하지만, 사라져버린 공동체 문화를 복원할 수 없다는 사실을 인식하고 다른 곳에서 대안을 찾는다.

2) 실제 비평

리비스는 대량 문화에 맞설 대안을 창조적 문학과 문학비평에서 찾는다. 문학은 기계공학주의에 맞서 '삶의 가능성을 각성'[15]시키는 것으로 지성과 감수성을 훈련시키며 섬세하고 고결한 지성을 키우는 일에 적합하기 때문이다. 그래서 리비스는 '현실적인 삶', '구체적 감수성', '당대의 현실적 삶의 결과에서 우러나온 언어' 등에 관심을 갖고 비평 작업을 수행한다.

리비스는 실제비평과 분리된 이론 전개에 대해서 비판적이다. 그러나 그가 거부한 것은 이론이 아니라 '추상적 이론화'이다. '추상적 이론화'란 '두뇌에 주름만 생기게' 할 뿐이라고 혹평하며, 참다운 사유란 '인간적인 가치들'에 대한 감각을 훈련할 때 가능하다고 보았다. 후기에 접어들면서 '이론적'인 논의를 강화하지만, 그는 끝내 '반철학자'로 자처한다.

또 리비스는 정전을 확립해야 한다고 주장하면서 사회 문화적 실천에도 관심을 기울이는 모습을 보인다. 그는 광고, 대중음악, 대중매체, 그리고 소비주의 등을 분석하여 아놀드보다 비평의 영역을 확장했다.

이상에서 보듯, 리비스는 아놀드를 계승하면서도 사회 문화적 실천에 관심을 기울여 다양한 분야를 분석하기 시작했으며, 구체성을 띤 실제 비평을 확립하고자 했다는 점에서 의의가 있다 하겠다.

(4) 레이먼드 윌리엄스의 문화 유물론

레이먼드 윌리엄스(Raymond Williams, 1921-1988)는 문화의 개념과 이론을 천착한 20세기 영국의 대표적인 문화 이론가이다. 윌리엄스는 자신의 입장을 문화적 유물론이라고 명명하고,[16] 문화를 포괄적인 실재, 즉 역사적, 사회적, 물질적, 영적인 차원에서 총체적으로 인식할 필요가 있음을 역설한다. 그는 문화적 실천 또는 생산에 관련된 인간의 행위가 사회적, 물질적 과정이라는 것을 거듭 강조한다. 그리고 인간의 제반 활동이 물질과의 상호작용 속에 이루어지는 주체적 활동이라는 유물론적 관점에서 문화적 실천 및 실제에 관한 이론을 전개시켰다.

레이먼드 윌리엄스는 성인 교육 교사로 교수 경력을 시작했다. 그는 1946년부터 1960년까지 옥스퍼드 대학에서 강의했고, 그가 쓴 『문화와 사회』(1958)와 『기나긴 혁명』(1961), 『맑시즘과 문학』(1977)은 마르크스주의 내의 전통을 응용했다. 그의 문화 분석의 특징은 문학적이고 철학적인 분석을 넘어서서, 생생한 경험에 의미를 부여하는 데 사용된 모든 형태의 언어를 검토한다는 점에 있다 하겠다.

1) 문화 분석을 위한 마르크스의 개념틀 비판 및 재조정

① 토대와 상부구조의 수정

윌리엄스는 마르크스의 토대·상부구조의 개념틀을 비판하고 수정하면서 자신의 독특한 문화이론을 설정해 나간다.

윌리엄스는 마르크스의 "토대 또는 하부구조가 상부구조를 결정한다."는 명제가 너무 기계적이라고 비판한다. 마르크스의 명제는 의식, 정치와 문화, 의식의 양상 등을 하부구조의 관계에서 파악하여 문화를 부차적인 것으로, 또 고정적이고 정태적인 것으로 인식하기 때문에 복잡한 문화이론을 설명하기에 부적절하다고 지적한다.

윌리엄스는 '매개'라는 개념을 도입하여 자신만의 '토대·상부구조론'

을 전개시켜 나간다. 윌리엄스는 '토대'를 고정되고 폐쇄적인 것이 아닌 "생산적 활동들로서, 그리고 구조적 관계로서 이해되어야" 하며, '상부구조'는 토대를 반영하는 그 무엇이 아니라 인간이 내적 작용을 가지고 실천하는 실제적인 실천 과정 그 자체로 보아야 한다고 주장한다. 즉 상부구조를 제도, 의식의 양상, 정치적 문화적 실제 상황[17]으로 보아야 한다고 주장하는 것이다.[18]

윌리엄스는 마르크스의 명제 중 서술어인 '결정한다'를 '매개'라는 개념으로 다르게 해석한다. 그에게 있어 '매개'는 '인간의 주체적 실천의 능동적 과정을 표현하기 위한 개념'[19]이다. 윌리엄스는 '매개'의 개념을 사회와 예술에까지 적용한다. 그는 "사회의 참모습들은 매개의 과정을 거침으로써 그 본래의 내용이 변화될 수 있으므로, 우리는 직접적으로 '반영된' 사회의 참모습들을 예술 속에서 찾을 수 있으리라고 기대해서는 안 된다."[20]고 말한다. 즉 매개의 과정을 통해 사회의 본질이 변화할 수 있기 때문에 예술을 단순한 사회의 모방이나 반영으로 보는 것은 한계가 있다는 것이다. 또 '매개'는 추상적 공간에서 기인하는 것이 아닌 대상 자체에 담겨있는, "사회적 현실 속에 자리를 잡고 있는 하나의 적극적인 과정"[21]으로 파악해야 한다고 말한다.

윌리엄스는 이러한 토대, 상부구조, 매개의 개념을 재설정한 후에 문화에 대해 논의한다. 그는 문화를 이해하기 위해서는 "경제적 변화와 그 영향력이 복합적으로 드러나는 가장 명백한 사회현실인 '삶의 전체적 방식'에 관한 연구에 전념해야 한다."[22]고 주장한다. 여기서 우리는 윌리엄스가 문화가 갖고 있는 복잡하고 다양한 지형들을 설명하기 위해 마르크스 명제에 역동적인 비판을 가함으로써 문화이론의 영역을 확장시켜 놓았다는 점을 인식해야 한다.

이상에서 보듯, 윌리엄스는 마르크스의 토대 · 상부구조의 개념을 인간의 특정한 활동, 인간의 실천을 강조하는 쪽으로 개념수정을 가함으로써, 물질에 바탕을 둔 인간의 주체적 의지나 실천을 부각시키고 있다. 그리고 윌리엄스는 루카치의 총체성(totality) 개념과 그람시의 헤게모니

(hegemony) 개념을 수용하여 토대·상부구조의 개념을 수정 또는 조직화해 간다.

② 헤게모니 개념을 통한 주체 설정

월리엄스는 자신의 문화이론에 다양한 개념들을 차용하고 있다.[23] 그런데 그러한 개념의 비판적 수용은 동시대의 문화를 분석하는데 있어 폐쇄적인 사고가 아닌 대안적인 개념으로 작용한다. 끊임없는 문제 제기를 통하여 하나의 해결책을 제시해 나가는 과정이 바로 문화를 분석하는 기초가 되기 때문이다.

월리엄스는 그람시의 헤게모니 개념을 수용하여 이데올로기 문제를 설명한다.[24] 그람시는 『옥중수고』에서 '지배'와 '헤게모니' 개념을 구분하고 있는데, 지배는 위기가 닥쳐왔을 때에 강제력으로 표현되는 개념이고, 헤게모니는 '능동적인 사회·문화적 힘'을 가리킨다. 월리엄스가 그람시 이론에서 주목한 것은 바로 헤게모니를 만들어가는 인간들의 인식 과정이다. 그가 판단하기에 '헤게모니'는 하부구조를 반영하는 상부구조에 속하는 것으로 해석되는 이데올로기가 아닌 "인간들의 실천 과정 그 자체를 표현하는"[25] 개념으로 본다. 그는 헤게모니를 삶 전체에 있어서의 실제적 상황과 그 사회를 구성하고 있는 사람들의 현실 감각을 나타내는 '일종의 문화를 나타내고 있는 것'[26]이라고 보았다.

월리엄스는 헤게모니를 통하여 문화적 활동의 새로운 관점을 바라보는데 문화적 과정을 사회적이고 경제적인 체험보다 더 많은 현실 영역과 관계를 맺고 있는 것으로 파악한다. 따라서 헤게모니는 하나의 체계나 구조가 아닌 과정으로서 항상 재창조되고 수정되는 역사를 지닌다.

월리엄스는 그람시의 헤게모니 개념을 차용함으로써 문화론을 더 확고하고 세부적으로 그려나갈 수가 있었으며, 문화적 헤게모니를 구조적으로 강요된 것인 동시에 대항적 표현이라는 이중적 의미를 부여하게 되었다.

③ 예술 비평의 절대성 거부

월리엄스는 자신의 문화이론을 설명하기에 앞서 예술 작품 비평을 절대적이고 통일적인 기준으로 설명하는 것을 거부한다. 그는 아리스토텔레스의 삼일치 법칙 이후 지금까지 많은 예술 작품들이 작품의 내적 기준에 따른 일관된 통일성을 추구하는 것이 예술의 가치를 높이는 것이라고 생각해 왔다고 비판하면서, 텍스트는 그 자체로 완전한 것이기보다는 수용자 또는 감상자의 평가에 따라 끊임없이 새롭게 읽혀지는 것임을 강조한다.

예술적 영역은 자율적인 영역이다. 그래서 자유로운 인간의 상상력으로 창조되는 특성을 지닌 예술은 다른 영역들보다 자유로운 위치에 놓이기도 한다. 그러나 예술은 생각보다 쉽게 정치·경제에 길들여졌다. 예술의 자율적 영역 또한 자본주의적 사회 질서 및 구조에 자유로울 수가 없다. 따라서 그는 예술이 실천의 한 형태로서 사회에 포함된다는 점과 다른 사회의 사회적 실천으로부터 분리될 수 없다는 점을 인정한다.

윌리엄스의 문화론은 예술과 사회, 이 두 범주의 분리와 두 범주 사이에 관계된 관습화에 문제를 제기함으로써 시작된다고 할 수 있다. 즉 그의 문화이론은 "역사적, 이론적 범주에 의해 분류된 다양한 인간 행위들의 관계를 문제삼고 있는 것이며, 변하고 있는 중이거나 변화 가능성이 있는 전체 역사적 상황 속에서 이 관계들이 역동적이고 특수한 역할을 한다는 점을 밝히고자 한"[27] 것이다.

윌리엄스는 기존의 관념적인 문화이론이 방법론적인 면에만 치우쳐 있다고 비판한다. 그러한 형태의 비평이론은 결국 현대 비평에 와서 소비이론[28]으로 그 모습을 드러내었다. 즉 현대 비평이론은 어떤 방식이 예술 작품을 유익하고 올바르게 소비하는가에 관해 논의하는 데에만 관심을 가진다는 것이다. 그러나 이러한 비평이론들은 앞에서 언급한 토대와 상부구조 공식의 기계론적 해석에 불과하다. 그가 연구하고자 하는 것은 대상과 그것의 구성 요소 사이의 변형, 또는 매개 과정이었다. 즉 실천으로서의 예술작품의 본질과 그 사회적 조건 사이의 관계였다.

윌리엄스는 예술 작품들은 대상이 아닌 표기체계라고 주장한다. 문학, 음악 등 다양한 예술 영역은 우리가 영원히 소유하는 대상이 아닌 표기체계라는 것이다. 이것은 절대적 본질을 지니는 것이 아니다. 음악 악보나 연극 대본처럼 표기체계들은 문화적 실천을 위한 수단인 것이다. 따라서 그에게 있어서 예술 작품의 생산과 수용의 관계는 변화하고 있는 사회와 관습에 종속되는 한편 항상 능동적으로 변화할 수 있는 가능성이 있다고 보았다.[29]

2) 문화와 사회관계의 재조명

① 문화의 개념 정리

월리엄스에 의하면 '문화(culture)'라는 말은 본래 '자연스러운 성장의 육성'을 의미했다. 역사의 발전과 함께 문화라는 개념도 정신적, 물질적인 확장을 거친다. 그는 문화라는 말의 발전사가 '우리의 사회, 경제, 정치적 생활의 변화에 대한 인간들의 관점과 태도의 기록'[30]이라고 말한다. 따라서 문화의 개념은 복잡한 현시대를 살아가고 있는 인간의 사고 및 생활방식을 단적으로 표현할 수 있는 한 방편이다.

월리엄스는 『문학 용어집』(*Keywords*, 1976)에서 문화에 대해 심도 깊은 논의를 하면서 세 가지 정의를 들고 있다.[31] 첫째, 문화는 지적이며 정신적이고 미학적인 발전의 일반적인 과정이다. 이 정의는 자유주의적, 인간주의적 관점을 바탕으로 하여 흔히 말하는 교양과 관련된다. 둘째, 문화는 특정한 시기의 한 민족, 혹은 집단의 특정한 생활양식이다. 이 정의는 문화에 대한 인류학적 인식을 반영한 것이다. 셋째, 문화는 지적 · 예술적 활동의 실천과 그 결과들이다. 이 정의는 예술가들 사이에 널리 사용되는 개념으로 최근의 대중매체 등장으로 인해 혼란을 겪고 있는 개념이다. 그리고 월리엄스는 '여러 가지 수단을 통해 소통, 재생산, 경험, 탐구된 사회적 질서의 의미 체계'[32]라고 정의를 내린다. 이것은 문화가 단일한 층위에서 구성된 것이 아닌 다양한 사회 · 정치 · 경제적 층위를 포함하는 실천 행위라고 보고 있는 점을 증명한 것이다. 이를 바탕으로 월리엄스는 문화의 분석이 "문화적 양상과 그 관계들의 사회적, 문화적 조직체의 본질을 발견하려는 시도이며, 예술적 작품 또는 사회적 제도들이 그러한 전체 조직을 체현해 내는 방식에 주목하고, 이러한 작품 또는 제도들과 전체 조직과의 관계를 분석하려는 작업"[33]임을 밝히고 있다.

따라서 윌리엄스는 문화 연구란 총체적인 삶의 방식들을 구성하는 요소들 간의 관계에 관한 연구로서, 특정한 예술 작품과 형식들뿐만 아니라 보다 일반적인 사회적 삶의 형식과의 접촉을 유지하고, 그것들을 설명해 줄 수 있는 구조 연구 방식을 찾아내야 한다고 주장한다. 즉 기계적인 토대, 상부구조의 명제가 아닌 '불균등하지만 상호적으로 매개되어 작용을 가하는 세력의 장이라는 보다 능동적인 관념으로서의 대체'를 말하고 있다.[34]

이상에서 보듯, 문화의 정의는 대중문화의 등장으로 혼란을 겪고 있는 상황이지만, 그러한 상황 속에서도 사회의 여러 곳에서 펼쳐지고 있는 문화적인 진보는 문화의 개념을 더욱 확장시킬 수 있는 가능성을 보여주고 있다 하겠다.

② 감정의 구조를 통한 문화적 전통의 선별

문화 속에는 다양한 개인의 경험들이 내포되어 있다. 그런 의미에서 문화를 분석한다는 것은 다양한 개인적 경험들 속에 공통적인 요소를 발견하는 작업이다. 윌리엄스는 모든 문화에는 특수하고도 특징적인 색깔을 가지고 있는데 이것이 곧 '감정의 구조'[35]이며, 그 세대의 문화라고 말한다. 즉 '감정의 구조'는 '특정한 시대, 계급, 집단의 살아있는 문화를 구성하는 전체적 삶에 의해 형성되는 것이며 정형화된 규칙성을 보이는 감정의 집합'[36]이다. 그러나 사회 조직체 안의 모든 개인들이 감정 구조를 동일한 방식으로 소유하는 것은 아니다.

윌리엄스는 감정 구조가 공식적인 교육에서만 학습되는 것이 아니라는 점을 들어 세대 간의 문화 전수에 있어 일반적인 문화 패턴 이외에 새로운 세대가 지니는 자신들만의 공유된 세계가 있음을 설명한다.[37] 그는 한 개인 또는 사회가 실제로 느끼는 것, 그대로의 의미와 가치를 표현한 '감정'이 한 개인의 경험 또는 사회적 경험 내에서 역동적 모순 관계로 내적 연관을 지니는 '구조'를 지니고 있다고 본다. 따라서 그는 '감정의 구조' 개념에 있어 존재의 현재적 체험과 현재적 실천을 강조한다.

윌리엄스는 주관적 감정과 새로운 감정을 조명할 수 있는 예술 영역이 감정 구조의 분석에 있어 적합하다고 본다. 한 시기의 예술 작품은 당대의 살아있는 느낌에 자연스럽게 의지하기 때문에 '심층적 공동체'[38]를 형성하고 있으며, 이를 발판으로 공동 문화의 개념을 도출해 낼 수 있다. '공동 문화'는 지배 계급에 의해 일방적으로 확장되고 공유된 의미와 가치를 표현하는 '공통적인 문화'와는 달리 구성원들이 삶의 행위의 창조에 참여하는 개방적인 성격을 띠는 것이며, 대다수 민중의 자율적인 참여와 연구와 결정의 방식이 최대한으로 보장되는 문화인 것이다.[39]

윌리엄스는 이러한 과정을 진정한 민주주의적 과정이자 문화적 혁명의 과정이라고 본다. 그는 진정한 문화란 사람들 사이의 진정한 공동체를 확립하는 것을 포함하는 것이라 주장하면서 그 전형적 모델을 노동 계급의 연대에서 찾고 있다. 연대와 문화적 공동체라는 개념은 어떤 획일적인 가치 판단이나 일률적인 수용을 의미하는 것은 아니다. 사회의 변화 양상에 따라 사회적 감정의 구조도 변했으며 문화적 감정 역시 그것에 조응해 가면서 새로운 감정의 구조를 찾아 만들어가는 것이 중요하다. 바로 이러한 과정이 문화혁명이자 장구한 혁명인 것이다.

윌리엄스는 문화적 양상의 역사적 과정에서 나타나는 역동적인 관계를 설명하기 위해서 지배적(dominant) 문화, 잔여적(residual) 문화, 부상적(emergent) 문화라는 개념을 설정한다.[40] 지배적 문화는 '어떤 특정한 시기 또는 사회에서 핵심적이고 지배적이며 강력한 영향을 끼치고 있다고 말할 수 있을 만한 실천 체계와 의미 체계, 그리고 가치 체계'[41]를 말한다. 잔여적 문화는 '이전 사회로부터 전승된 잔여적 요소들이 하나의 과거적 요소로서 뿐만 아니라 현재를 이루는 유력한 요소로서 현재의 문화적 과정에 여전히 영향력을 끼치고 있는 경험이나 의미, 가치들'[42]을 말한다. 그런데 잔여적 문화는 실제 문화 활동에서 지배 문화로 병합되는 과정을 거친다. 이러한 과정에서 '선별적 전통'[43]이 형성되는데, 잔여적 문화를 재해석, 무력화, 차별적 포함, 배제 등의 과정을 통해 선별하면서 지배적 문화로 병합하는 과정이 실현된다는 것이다. 마지막으로 부상적 문화는 '지속적으로 창출되고 있는 새로운 의미 체계, 가치관 및 관례, 그리고 새로운 관계에서 나타나는 것'[44]을 말한다. 그는 19세기 영국 노동자 계급의 부상을 예로 들면서, 하나의 계급이 형성되고 그 계급이 스스로 주체로서 인식해 가는 과정 속에서 새로운 문화적 형성물을 이루는 요소가 부상하게 된다고 설명한다.

월리엄스는 이러한 문화의 개념 설정 후 지배적 문화의 병합 작용에도 불구하고 그에 저항해 나타나는 부상적 문화현상에 주목한다. 그는 지배적 문화가 의미 체계들을 폭력적으로 장악하는 것을 비판하면서 이에 항거해야 한다고 주장한다. 따라서 부상적 문화 세력을 세우거나 그러한 현상들을 올바르게 규정하는 것은 매우 중요한 작업이다. 부상적 문화의 과정은 공동 문화의 메커니즘을 통해 형성되고 완성될 수 있으며, 이러한 과정이 바로 전체 생산양식을 변화시키면서 일반적인 인간 해방의 조건들을 창조하는 문화혁명의 과정인 것이다. 그는 대중문화란 단순히 주어진 것이 아니라 문화의 패권의 장에서 얻은 성취물이라고 긍정적으로 평가한다.

③ 문화유물론과 미적 상관성

월리엄스의 문화이론에서 우리가 주목해야 할 또 하나의 이론은 문화유물론이다. 그는 문화유물론을 '역사적 유물론 내에서의 물적인 문화적, 문학적 생산의 특수성에 관한 이론'[45]이라고 정의한다. 그리고 문화를 물적인 것으로 파악해야 한다고 하면서 언어에 대한 중요성을 언급한다.

월리엄스에 따르면 '언어는 사실상 특별한 종류의 인간의 물적 실천'[46]이다. 언어는 사회화되기 위한 기호들의 창출 과정이자 그 중심적인 고유한 특질이 실천적 의식이라는 점에 있어서 다른 인간의 사회적 물적 활동과 연관된다. 그는 '언어 및 기호가 변증법적, 생성적, 가변적 성격을 갖는 사회적이고 물적인 존재물이 된다.'[47]고 주장한다. 또한 의미 체계와 기호 체계 역시 사회적 관계의 성격에 따라 규정되는 것이기에 사회적 행동으로 볼 수 있으며, 이때 언어는 능동적이고 변화하는 사회 내에서 발생하는 경험의 명료화된 산물로서 역동적인 성격을 띤 사회적 현존물로 존재한다. 예컨대, 그는 군복무를 마치고 돌아와 새롭고 이상한 분위기를 느낄 수 있었는데, 군대에 입대하기 전에 잘 사용하지 않던 문화라는 단어를 대면하게 된다. 그래서 그는 다섯 개의 중요한 어휘, 즉 산업, 민주주의, 계급, 예술, 문화 등을 분석한다. 그리고 그 어휘의 감정의 전반적인 동향을 부호화한다. 그리고 문화, 대중, 공동사회, 소비자, 비극, 근대화 등의 어휘가 탈산업화, 탈산업사회 등과 관련됨을 검토한다.

윌리엄스는 예술 행위가 물적인 과정이며, 역사적이고 사회적 성격을 지닌 능동적 구성 행위라고 주장한다. 예술의 창조성은 지각과 노동의 창조성과 근본적으로 같은 것[48]이며 개인 또는 사회적 조직 전체에 물적 작용을 가하고 그것과 상호 작용함으로써 우리에게 다가온다고 하여 예술적 창조 행위의 특수성에 의문을 제기한다. 즉 예술이 노동의 한 측면이라면 미적인 감정과 논리적인 이성의 차이점이 없게 된다고 말한다. 하지만 그는 다른 사회 영역의 체계들에 의해 수용될 수 없는 어떤 요소들이 예술 속에 틀림없이 존재한다는 것을 인정한다. 이러한 사실들이 창조적인 문학, 미적인 것 등의 특수화된 범주가 생겨나게 하는 진정한 근거가 된다고 말한다.[49] 그는 예술가의 창조성을 지나치게 강조해서 그 결과물을 대상화시키거나 소외시키지 말고, 그것들에 실천적이고 능동적으로 개입해야 한다고 말한다. 윌리엄스에게 미적 특수성은 사회적 조건들과 깊게 연관이 있는 쪽으로 기울어져 있다. 그는 인간의 기본적인 권리이자 행복의 기본 조건 중 하나인 미적 쾌감이 사회적으로, 계급적으로 불평등하게 향유되고 있고, 미적인 것을 창작하기 위한 물적 조건과 기회가 불평등하다는 점을 당연하게 여기는 것을 지적한다. 그는 "이러한 역사에 능동적으로 개입하기 위해 우리는 미적 반응을 구성하는 물적 핵심 요소인 특정한 요소들, 즉 예술적 형식의 규칙과 기호 체계의 법칙들을 파악하는 것에 머물지 않고, 미적인 상황을 사회적·역사적 의미로 결정하고 의미화할 수 있는 요소들까지지도 파악해야 한다."[50]고 말한다. 하나의 기호 체계는 사회적 관계의 한 특정한 구조와 연결되어 있기 때문이다.

윌리엄스는 미적 가치의 문제를 영원성이나 절대적인 특성으로 파악하는 것을 배격하면서 현대의 대중문화까지 미적 평가의 대상으로 포함시켰으며, 그 각각의 대상 연구에 필요한 미학적 이론의 체계를 요구했다. 그는 문화 연구 방법론을 닫힘의 미적 비평이 아닌 전체적 삶의 방식으로 확장되는 열림의 미적 비평을 취함으로써 비평의 대상과 원리 모두 끊임없이 확장됨을 보여주고 있다. 이것은 곧 미적 체험의 지평이 사회의 이론적, 물질적 역사와 함께 변화하고 확장되고 있음을 증명하는 것이다. 이러한 의미에서 문화 연구의 대상은 문화적 가공물(악보, 필름, 대본 등)들뿐만 아니라 사회의 문화적 총체를 구성하는 생산과 분배 및 수용의 실천들과 그 과정으로 확장된다. 즉 문화는 단순히 사회적 조건으로 규정받는 것이면서도 수용자와 생산자 간의 긴장과 갈등의 영역이 되며, 수용자의 능동적인 의미 구성 과정에 의해 저항적이고 대안적인 기능을 지닐 수 있는 가능성을 갖게 된다.

3) 현대적 의의

지금까지 논의한 것을 정리하면 다음과 같다. 윌리엄스는 문화이론을 도출하는 과정에서 두 가지 원칙을 세운다. 하나는 인간의 활동을 추상화된 경제적 기술적 원리가 아니라 구체적 삶의 과정 속에서 파악해야 한다는 것이며, 다른 하나는 문화적 활동이 사회적·물적 속성을 지니고 발전하고 있다는 것이다. 이러한 원칙을 바탕으로 '매개'라는 개념을 통해 마르크스의 명제를 재조명했으며, 문화에 대한 개념 정의를 내릴 수 있었다. 따라서 그의 문화 분석은 삶을 구성하는 요소들 사이의 관계와 한 사회의 경험이 용해된 감정의 구조를 연구하는 것으로 이 관계의 복합체인 사회 조직의 본질을 발견해 내는 것이었다. 그리고 그 안에서 사회적·문화적 모순을 극복하고자 하는 인간들의 능동적 주체 의지가 표현되고 있다고 보았다.

윌리엄스가 내세운 문화유물론은 기존의 마르크시즘 명제를 새롭게 수정하고 적용하는 한편 다양한 문화이론들과 자유롭게 결합함으로써 연구 대상을 확장했다는 긍정적인 평가를 내릴 수 있다. 스튜어트 홀은 윌리엄스의 『장구한 혁명』을 전후의 영국 지식인 세계의 맹아적 사건으로 묘사한다.[51] 이 책은 그 전에 만연해 있던 리비스주의를 반대함으로써 대중문화에 대한 급진적 개정판을 마련하는 역할을 했다고 평가받는다.[52] 그 동안 리비스주의가 내세운 지배 문화가 아닌 부상적 문화와 잔여적 문화에서 대안의 지점을 설정한 것도 큰 공헌이라 할 수 있다. 그는 잔여적인 것 가운데서도 선별하여 취할 것을 취하고, 부상하는 문화는 올바르게 문화가 흘러갈 수 있도록 해야 한다면서 문화 연구자의 능동적인 개입을 요청하고 있다.

그의 문화론적 미학은 모든 대상을 개방적인 구조로 열어놓음으로써 개인과 구조, 예술과 사회의 끊임없는 긴장 관계를 유지시키면서 미적인 삶의 창조 과정을 다양한 의미 체계로 해석할 수 있는 이론적 근거를 마련해주었다는 데 그 가치가 있을 것이다.

윌리엄스는 문화 비평의 이론을 정립하는데 노력하면서 문화적 실천을 강조했다는 측면에서 우리에게 시사하는 바가 크다. 그는 50년대 말 이후 급진적인 문화 논의가 벽에 부딪치게 된 중요한 요인으로 '이론에 반대하는 묘한 영국의 분위기'를 들며 문화의 분야만이 아니라 정치나 노동 운동에서도 핵심적인 문제를 이론의 결핍으로 파악하고 있다. 하지만 그는 구조주의·탈구조주의 등이 위세를 떨치는 추세와 관련하여 이론적 번식이 새로운 작업의 발전을 가로막는 결과를 빚어낸다고 지적하면서, 소위 '이론'보다는 작품의 세부에서 특정 사회구조나 역사가 드러나는 모습을 파악하는 '실질적 분석 작업'이 정작 어렵고도 중요한 과제라고 말한다. 이와 같은 윌리엄스의 지적은 60년대 이후 비평이론들이 양산되면서 생겨난 폐해를 예리하게 짚으면서, 비평의 과제와 본뜻을 다시 되새기게 하는 시의적절한 발언이라고 생각한다.

우리는 현 시점에서 그가 이론적 체계를 수립하기 위해 여러 가지 이론을 수용하는 과정에서 겪게 된 고백, 즉 "머리를 거꾸로 하고 한 다리만으로 몸을 지탱하는 것과 같은 것"[53]이라고 표현한 것에 공감하지 않을 수 없다.

(5) 문화주의 문화이론 비판

문화주의는 계급적 경험이나 문화적 전통의 역사에 대한 분석에 관심을 쏟으며, 문화를 그 주변적 위치에서 최초로 해방시켰다. 이러한 문화주의는 인간의 의식 · 경험 · 실천 · 역사 등을 강조하는 인간주의적 경향을 갖고 있는데, 이것이 문화주의의 장점이면서 단점이라 할 수 있다.

홀은 문화주의가 문화적 범주라는 무의식과 의식적 조직의 계기 간의 변증법을 적절히 복원시킨[54] 장점을 가졌다고 보고 있으며, 리차드 존슨도 문화주의의 인간주의가 이론적으로 부적절 하더라도 비판적 목적에서 유용하다고 하여 장점을 지닌다고 말한다. 문화적 자기 구성에 대한 문화주의의 강조는 복잡한 이데올로기 과정에서의 계기로서 동의 혹은 긍정의 중요성을 상기시킨다. 여기서 감정이나 경험은 문화 이데올로기에 대한 어떤 설명이든 이론화되어야 할 공간을 지정하여, 유용한 지식 생산차원으로 이끈다.[55]

문화주의의 단점은 인간주의가 지나쳐 사회구조나 조건까지 무시하기 쉬우며, 이데올로기를 지나치게 경시한다는 것이다. 그것은 이데올로기가 없이 문화의 효율성을 제대로 이해할 수 없기 때문이다. 따라서 문화주의는 총체적인 인간의 활동, 경험, 지각 등을 모두 이론적 틀 안에서 흡수하려는 욕심 때문에 이론적 체계화를 수립하는데 어려움을 수반한다는 문제점을 가지고 있다.

2. 신좌파 문화운동의 형성 배경과 문화 이론가들

(1) 형성 배경

영국의 문화운동은 신좌파와 밀접한 관련을 갖고 있다. 문화 마르크스주의라고 불리는 이들은 확장된 문화개념을 중심으로 지금까지 소외되어

왔던 노동계급과 민중 문화에 관심을 기울인다. 신좌파들은 1950년대에 등장하여 60년대에 주로 활동했다. 그럼 신좌파의 등장에 대해서 구체적으로 살펴보기로 하자.

1946년에 창설된 "공산당 역사가 그룹"은 아래로부터의 역사를 강조하며, 착취당한 계급들의 투쟁을 강조한다. 그런데 이들은 소련이 1956-1957년에 헝가리를 침공하자, 영국 공산당의 혁명적 노선을 거부하며 내분을 일으킨다. 그러자 1950년대 후반 젊은 학생들을 중심으로 헝가리 위기에 공동 대응을 하며, 핵무기 폐기 캠페인(Campaign for Nuclear Disarmament, CND)을 벌인다. 이들은 과거의 교조주의적인 마르크시즘을 비판하며, 서구 현실에 맞게 재구성된 사회주의 정책을 펼치고자 한다. 이들을 〈공산당 역사가 그룹〉, 즉 구좌파와 구별하여 신좌파라고 명명한다.

신좌파는 전직 공산당원들이 주 구성원이었던 《The Reasoner》와 옥스퍼드 대학의 주 구성원인 《ULR(Universities and Left Review)》라는 잡지를 중심으로 두 그룹으로 전개된다. 이들은 노선의 차이가 있음에도 사회주의와 휴머니즘을 동시에 강조하며 스탈린식 토대·상부구조 모델을 '조잡한 정치 모델'이라고 강도 높게 비판한다. 특히 《ULR》은 모든 사람들의 일상 경험에 기반한 사회주의 정책에 관심을 두고 도시 지역의 소외, 영국 교육의 계급적 기반, 청소년 문화 정책, 광고의 사회적 효과, 대중매체의 효과, 인종 투쟁의 의미, 제3세계와 포스트 콜로니얼리즘, 영국의 파워 엘리트, 노동 계급 문화에 미치는 소비 자본주의 영향 등 다양한 주제들을 다룬다. 이처럼 이들은 '삶의 총체적 방식'을 분석한다.

1959년 《The Reasoner》과 《ULR》이 통합하여 대표적인 신좌파의 기관지인 《NLR(New Left Review)》를 창간한다. 이 잡지는 정치학으로부터 경제학, 미학, 철학, 사회학을 아우르는 광범위한 주제에 따른 자유로운 글쓰기와 다양한 이론, 예술과 문화 전반을 다루려고 노력한다. 이 잡지는 68혁명 때 일정한 역할을 수행하고, 70년대 중반까지 지도적인 위치를 획득한다. 이러한 입장에 선 신좌파로는 톰슨, 호가트, 윌리엄스가 있다.[56]

호가트와 윌리엄스는 노동 계급 지식인들로 중상위층의 규범적인 엘리트주의에 대항해 노동계급의 문화를 지지하는 것이 자신들의 임무라고 생각하고, 새로운 산업 노동 계급의 대중문화를 찬미한다. 그리고 왜 노동계급이 미국 대중문화에 열광하고 있는지 궁금해 하며, 어떻게 문화가 만들어지고, 문화적 관계가 서로 다른 집단들과 계급들에게 어떻게 문화적 지배력을 행사하는지에 관심을 기울인다.

(2) E. P. 톰슨의 노동계급 인정

1) 계급 이해하기

E. P. 톰슨(Thompson)은 영국의 신좌파문화의 형성에 결정적인 영향을 미친 헌신적인 평화주의자면서 핵무장 반대운동(CND)의 부회장이다. 그는 영국 역사에 대한 인식을 바꾼 급진적인 역사학자로서 1963년 『영국 노동 계급의 형성』[57]에서 계급을 이해하는 두 가지 방식을 비판한다. 하나는 경제사학파들의 '실증주의적 정통학설'로 사회구조를 구성하는 정태적인 요소로서 계급을 파악하는 입장을 비판한다. 다른 하나는 마르크스주의 정통학설에 대한 비판으로 노동계급을 '새로운 생산력과 생산관계에서 생겨난 자연발생적인 세대'로 간주하는 입장이다.[58] 톰슨은 이들과 달리 계급을 형성체(Formation)로서, 즉 역사적 과정으로서 파악한다. 톰슨은 1790년부터 1830년대 초까지 노동계급이 형성되는 과정을 연구하고, 계급은 추상적으로 또는 고립시켜서 정의할 수 없으며, 오직 다른 계급과의 관계 속에서만 정의될 수 있는 사회적·문화적 형성체라고 주장한다. 궁극적으로 그 정의는 시간을 매개로 해서만 가능하다 하겠다. 그는 "(…) 계급 자체는 고정된 실체(thing)가 아니다. 그것은 일어나는 과정(happening)이다.(…)계급에 대한 논쟁이 종종 분류에 대한 논쟁이 되어버리고 있다."라고 비판한다.[59] 톰슨은 실제로 계급이 형성되는 역사적 관계를 도외시 말라고 주장한다.

2) 노동계급의 문화적 잠재력 인정

톰슨은 영국의 문화주의자들과 달리 노동계급이 제도적으로 발달함에 따라 그들의 의식이 성장하고 있다고 말하며 '밑으로부터의 역사'에 주목한다. 톰슨은 영국 하층 계급의 사회적 성격과 정치적 잠재력을 연구하고, 그들의 역사를 서술하면서 최고의 위치에 올려놓고자 노력한다. 그는 문화는 승자와 패자의 경험과 공헌을 통해 이해되어야 한다며 '승자만이 기억되고, 감추어진 샛길, 사라진 대의들, 낙오자들은 잊혀지는' 평가를 강요해서는 안 된다고 말한다.[60] 여기서 톰슨은 두 가지 결론을 이끌어 낸다. 첫째, 아무리 보아도 1790년에서 1830년 사이에 가장 두드러진 사실은 노동계급의 형성이며,[61] 둘째, 이때 이미 영국이 경험해온 가장 분명한 대중문화가 등장한다는[62] 것이다.

톰슨은 계급을 사물(thing)로 보는 마르크스적인 관점을 강하게 비판한다. 톰슨은 노동계급이라는 존재를 생산수단에 대해 특정한 관계를 지니고 있는 사람들로 계산해서는 안 된다고 지적하며 계급을 사물이 아니라 관계로 보아야 한다고 주장한다. 아울러 톰슨은 역사적 변동 속에서 계급을 보아야 한다고 말한다. 이렇듯 톰슨은 '계급'을 일련의 과정을 거쳐 대두하는 '하나의 문화적 구성체'로 본다.

(3) 리차드 호가트의 노동계급의 문화 인정

1) 간학제적·민속지학적 방법 도입

리차드 호가트(Richard Hoggart)는 헐 대학의 성인 교육 교사로 교수 생활을 시작한다. 그는 버밍엄 대학의 영어 교수로 있으면서 현대 문화 연구소를 설립한다. 그의 저서 『읽고 쓰는 능력의 활용』(1957)은[63] 문화 연구에 처음으로 지적인 모습을 부여한 수작이라 할 수 있다.

호가트는 『읽고 쓰는 능력의 활용』에서 전통적인 노동계급의 문화와 그들의 삶에 미친 대중매체의 영향에 대해 기술한다. 호가트는 저서의 앞부분인 "옛 질서에서" 1930년대의 노동계급의 문화를 풍요롭고 충만한 '진정한' 노동 계급의 삶이었다고 말한다. 호가트는 술집과 노동자 클럽이 가족 구성, 언어 형식, 공동체 활동과 쉽게 융합해서 풍요롭고 유기적으로 연관된 삶을 창조해 냈다고 본다. 그러나 두 번째 부분인 "새 것에 대한 양보"에서는 "점차 증가하는 대중문화의 위험스러운 압력"[64] 하에서 "생기 없고 늘어만 가는 공허감"[65]을 준다고 하여 팝 음악, 텔레비전 프로그램, 만화책, 범죄 소설, 연애 소설 같은 대중문화를 비판한다. 호가트는 대중문화가 전통적인 민중문화를 쫓아 버렸다며 대중문화의 위협을 경고한다. 따라서 호가트에게 대중문화 연구란 대중매체와 수입된 미국 문화가 노동계급을 '식민화하는' 방법과 수단을 연구하는 것이다. 이때 호가트는 간학제적인 방법과 민속지학적 연구방법을 택함으로써 초기 문화 연구에 큰 영향을 주었다.

2) 노동계급의 문화적 수용능력 긍정

호가트는 대량생산 문화의 해로움을 지적하면서 노동계급이 대중문화의 조작적 특성을 극복할 수 있다고 진단한다. 노동계급의 대중문화 조작 능력은 결코 수동적인 저항만이 아니라 적극적인 저항을 할 수 있다고 보았다. 그는 노동계급이 새로운 것에서 필요한 것을 얻고 나머지는 버리면서 스스로 적응하거나 동화할 수 있는 능력이 있다고 평가한다. 이러한 호가트의 입장은 노동계급의 문화를 폄하한 리비스나 낭만화를 지향하는 마르크스주의자들과 차이가 나는 것으로 진일보한 자세라고 할 수 있다.[66]

3. 영국의 문화 연구의 전개와 문화 이론가들

⑴ 영국 문화 연구의 전개

영국의 문화 연구는 1964년 버밍엄 대학에 '버밍엄 현대문화 연구소' (The Birmingham Centre for Contemporary Cultural Studies, 이하 CCCS)가 설립되고 호가트가 초대 소장으로 자리를 잡는 시점으로부터 본 궤도에 오르기 시작했다. 60년대 초까지 개별적이고 산발적으로 이루어지던 대중문화 연구가 CCCS가 설립되면서 그 실천 방향이 이데올로기 실천에서 제도적 실천으로 전환하게 되었다. 이 시기 영국의 문화운동은 두 가지 패러다임의 변화가 일어난다. 하나는 문학에서 문화로의 패러다임의 변화이다. 1960년대 문학연구의 붐은 음악, 영화, 텔레비전 등 대중문화가 일상에 파고들자 문화 연구로 변화하게 된다.[67] 60년대 사회적 저항을 담은 새로운 음악과 작가주의 영화의 등장을 계기로 하위·상위 문화의 구분을 자유롭게 하는 분위기가 조성된다. 다른 하나는 문화주의에서 구조주의로의 변화로 알튀세르의 구조주의를 수용하면서 나타난 변화이다. CCCS의 연구 프로젝트는 연구소장이 교체되면서 그 방향이 조금씩 달라졌다.

1) 영국 문화 연구 - 문화학의 제도적 실천의 장

① 1기 (1964년)

리차드 호가트(Richard Hoggart)는 CCCS의 1대 소장으로 '고급·저급' 문화 논쟁의 틀을 거부하고, 문학과 당대 문화를 연구하며, 매스미디어의 실증적인 현상을 분석한다. 그는 대중문화의 유의미성을 인정하기는 했지만 문학 비평을 강조하여 리비스의 모델에서 완전히 벗어나지 못한다. 그에게 문학 비평이란 문화적 탐구를 위한 필수불가결한 것이기 때문이다.

1기에는 경험주의적 사회과학 방법과 단절하고 미디어의 이데올로기적 기능에 대한 분석으로 방향을 선회한다. 미디어의 행위적 효과보다는 그것의 이데올로기적 효과에 집중한다고 볼 수 있는데, 이는 미디어가 어떻게 권력구조를 생산하고, 지배의 정치학을 재생산하는가를 탐구하는 데 그 목적이 있다고 하겠다.

② 2기 (1969년)

스튜어트 홀(Stuart Hall)이 CCCS의 2대 소장이 된다. 이때의 특징은 민속지학적 연구방법68) 을 사용하여 작업보고서(Working paper)를 작성하고 신속하게 묶어 대중들에게 읽혔다. 즉 이론적 무기를 들고 현장으로 가서 참여 관찰을 기록하여 완성물이 아닌 보고서 형태로 신속하게 대중들에게 다가갔다. 이것은 기존의 인문주의적 글쓰기와는 다른 실천적인 특징을 가진다.

2기의 스튜어트 홀 체제에는 텍스트의 의미 작용을 분석했다. 미디어 연구는 1968년부터 4년간 BBS 방송의 주간물 《청취자》에 텔레비전 프로그램 논평을 썼던 윌리엄스의 『텔레비전론』에서 보는 바 커뮤니케이션 매체가 사회 구조와 사회 변화에 대해 갖는 관계, 매체 발전, 커뮤니케이션 매체의 수사학적 형식과 텍스트의 양식, 그리고 그것이 일상에 미치는 영향 등을 고찰한 것이다. 홀은 바르트와 그람시, 알튀세르의 이론을 접합시켜 미디어를 분석했다.

2기에서는 알튀세르의 구조주의, 프랑크푸르트학파, 루카치, 골드만 등 마르크스 내부의 대안적 자원을 받아들여 문화주의에서 구조구의로 연구 방법이 달라진다. 문화주의가 경험을 통해 계급 문제를 일반화해서 나이나 성에 관계없이 다루었다면, 이들은 구조주의를 받아들여 계급을 성과 나이에 따라 분류하여 그들의 문화적 정체성을 분석한다. 따라서 2기는 청소년들의 히피 및 펑크 문화 주체에 대한 관심뿐만 아니라, 여성의 문제도 하위 문화적 측면에서 접근하는 특징을 보인다.

CCCS의 주요 연구원이었던 호가트, 홀, 코엔, 윌리엄스 등이 젊은이들의 스타일을 연구했다. 이들은 주로 청소년 특히 노동계급 출신의 문화에 대한 연구에 집중되었으며, 이것을 주류가 아닌 주변적인 것이라 하여 하위문화라고 한다. 하위문화라는 용어는 일반적으로 '하위의, 종속의 또는 지하의' 의미로 주류사회 문화와는 대조적인 의미를 지닌다. 하위문화에 대한 정의는 '다른 사회집단의 구성원들과 구분될 수 있는 공통점을 공유하는 사람들의 집단' 이다.[69] 따라서 하위문화는 주류문화로부터 주변화된 것, 지배적인 가치와 윤리로부터 배격 당한 것, 동시대의 지배적인 문화적 형태와는 다른 새롭고 이질적인 문화로 폭넓게 이해할 필요가 있다.

청소년 스타일을 분석한 하위문화 연구의 대표적인 저서는 헵디지(Dick Hebdige)의 『하위문화』(1979)를 들 수 있다. 이전에는 청년의 범죄를 일탈자라고만 보아 심리학적 관점에서 다루었으나 청년의 스타일을 연구하는 쪽으로 바뀌게 되었다. 헵디지는 청소년들의 문화적 실천형식들이 아방가르드 예술 못지 않게 전복적임을 보여주고자 했다. 그는 스타일 속에서 저항적 요소가 완곡하게 표현되는 것으로 보고, 펑크, 록 등의 음악에서부터 힙스터족, 비트족, 테디보이들의 스타일에 대한 연구를 수행했다.

또 청소년의 스타일에 대한 연구는 필 코헨이 선구자라고 할 수 있다. 그는 파카족(에스키모 파카를 입고 여름에 돌아다님 - 저자주), 오렌지족·테디보이(귀족복장, 싸움을 즐김 - 저자주), 펑크족(노동자 계급으로 어떻게 하면 자기를 더럽힐 것인가에 관심을 둔다. 그 이유는 비정상적으로 보이기 위해서인데 그들이 가지고 다니는 빈 깡통과 치약 쓰다가 남은 것, 고무호스 잘린 것 등 더럽고 추한 것들을 가지고 다님으로써 어른들에게 밉게 보이는 반항적 이미지를 만듦 - 저자주) 등의 연구를 통해 청소년들이 정치적, 경제적으로 해결 불가능한 문제를 해결하고자 했다고 말한다.

이상에서 보듯, 2기에는 '모순이란 복합적' 이라는 인식 아래 다양한 영역에서 다양한 형태로 나타나는 종속적인 것을 더 중요하다고 보고, 그것을 분석했다.

③ 3기 (1980년대 말)

리차드 존슨이 CCCS의 3대 소장으로 있을 때를 말한다. 이 시기는 80년대 말 대처리즘(신보수주의)으로 노동자 계급의 붕괴가 이루어진 시기이며, 순수한 영국인과 대립된 타자를 설정하면서 민족 문화에 대한 개념 자체의 재정립이 요구된 시기였다. 그 이유는 새로운 이민자들이 범죄나 사회문제를 일으키는 타자들이라는 생각에 기인한 것이다. 그래서 주체가 역사적으로 어떻게 구성되는가에 관심을 기울였다.

3기의 특징은 연구소가 단일학과로 개편이 되면서 제도권 안으로 들어가서 간학제적 연대가 가능했다는 점과 연구자들의 대중화를 유도할 수 있었다는 것이다. 그러나 문화 연구가 대학의 제도권 안으로 들어감에 따라 실천적인 측면의 약화를 초래했다는 비판을 받기도 한다. 이 시기에 문화 연구의 대상이 분석과 조사의 수준에서 문화조직과 행정, 관리, 산업, 정책과 같은 실제 문화생산과정으로 확장하게 되었다.

이상에서 보듯, CCCS의 문화 연구는 몇 가지 특징을 보인다. 첫째, 문화 연구의 이론적 확장을 들 수 있다. 알튀세르는 영국의 경험주의적이고 실용적이며 인본주의적인 지적 전통과 좌파 마르크스주의자들이 보여주었던 인간중심주의에 구조주의적인 접근이라는 통찰력을 제공했다. 그람시는 알튀세르의 이데올로기론이 함몰하기 쉬운 구조주의자들의 한계를 넘어서서 사회 내의 지배 구조를 보다 유연하게 설명할 수 있는 이론을 제공했다. 또 이들은 페미니즘 이론을 수용했다. 둘째, 연구방법론을 확장했다. 구조주의 기호학을 받아들이고, 민족지학적 연구방법도 받아들인다. 셋째, 연구 영역을 확장했다. 미디어 연구와 하위문화 연구는 물론 문화생산과정을 학문적으로 접근했다.

(2) 스튜어트 홀의 구조주의 비판과 문화정치 이론

1) 생애와 사상

스튜어트 홀(Stuart Hall, 1937- 현재)은 영국 개방 대학교(Open University)의 사회학 교수로 재직하고 있다. 그는 1937년 자메이카의 혼혈부모에게서 출생한 뒤 1951년 영국으로 이주, 옥스퍼드 대학에 입학했다. 하지만 영국에서도, 또 자신의 고국인 자메이카에서도 국외자로 존재한 스스로의 경험을 '친숙한 이방인' 혹은 '디아스포라의 체험가'라 부르기도 했다. 그는 《ULR》 편집자, 《NLR》 초대 편집장을 거쳐 1968년 호가트의 뒤를 이어 1972년부터 1979년까지 버밍엄 대학교 현대문화연구소의 소장으로 있었다.

스튜어트 홀의 문화이론을 살펴보기에 앞서 영국에서 문화 연구가 활발하게 이루어진 배경에 대해 알 필요가 있다. 먼저 문화 연구가 제기했던 문제틀은 크게 세 가지이다. 첫째, 현실정치에 대한 측면이다. 문화 연구는 신좌파 운동의 일환으로 현실 정치를 통해 대중들을 읽어내고, 읽어낸 결과를 대중에게 다시 돌려, 대중정치를 실현하고자 하는 의도에서 이루어졌다. 둘째, 학문적 측면이다. 이 학문적 측면은 문화 연구의 정치적 측면과 연관이 있다. 왜냐하면 좌파적 입장에 대한 수정, 그리고 그 이후의 포스트 좌파적 입장을 경계하자는 문제 제기적 성격이 강하기 때문이다. 셋째, 문화 연구가 행했던 지식 생산 방식을 들 수 있다. 문화 연구는 그 일관적 맥을 찾기 힘들 정도로 다양한 이론을 시도하고, 제기된 이론을 수렴하는 개방적 태도를 취한다. 이 같은 실천과 태도는 분과학문 체제를 갖춘 대학이란 제도에서 벗어나 '센터'(center)에서 운영했기 때문에 가능했다.

문화 연구의 문제틀 중심에 스튜어트 홀이 있었다.[70] 우리가 스튜어트 홀에 주목하는 것은 그가 10년이 넘게 문화 연구의 기반이 된 현대문화 연구소(CCCS) 소장을 지냈고, 문화 연구의 주요 입장(positions)을 주도했으며, 문화 연구의 시작이라고 할 수 있는 신좌파운동의 핵심 활동가로서 마르크시즘의 재고(rethink)를 독자적인 형태로 수행했기 때문이다. 이제 홀의 문화 연구를 살펴보자.[71]

2) 문화의 상대적 자율성과 중층적 결정

① 문화에 대한 인식의 틀 변화

홀의 기본적인 문제의식은 문화를 '문제화'(problematizing)시키는 것이다. 이는 특정한 문화질서가 어떻게 생산되고 유지되는지에 대한 질문과 연관된다. 간단히 말해서, 문화의 문제화는 이데올로기와 재현의 정치에 초점을 둔다.

위의 문제들을 풀기 위해 홀은 마르크스주의 전통 안에 있으면서도 다른 이론적 시각에 대해 개방적이고, 그것을 비판적으로 수용함으로써 마르크스주의 문화 연구의 지평을 확대시켜 나갔다. 그의 이론적 항해는 문화주의에서 출항하여, 기호학, 알튀세르(Althusser), 그람시(Gramsci), 페미니즘, 정신분석학을 거쳐 최근에는 포스트모더니즘까지 참으로 긴 여정이었다. 홀은 이 항해를 하는 동안에 비환원론적 마르크스주의 문화이론을 정교화했을 뿐만 아니라 정치적 논쟁에 적극적으로 참여함으로써 유기적 지식인의 모범을 보여주었다.[72]

스튜어트 홀의 문화 연구는 1950년대 후반부터 등장하여 영국 문화 연구의 새로운 지평을 열었던 호가트(Hoggart)의 『교양의 효용』(1958), 윌리엄스(Williams)의 『문화와 사회』(1961), 『장구한 혁명』(1965) 그리고 톰슨(Thompson)의 『영국 노동계급의 형성』(1968) 등 문화주의의 영향을 받으며 출발했다.

호가트, 윌리엄스와 톰슨은 문화 분석의 차이점에도 불구하고 홀에게 다음과 같은 문제들에 영향을 주었다. 그것은 고전적 마르크스주의와 달리 문화를 더 이상 주변적이거나 단순히 반영된 것으로 보지 않았다는 데 있다. 이들 문화주의자들은 전후에 새롭게 대두되는 사회구성체의 모습과 모순에 대한 적절한 분석과 대안을 제시하지 못하는 마르크스주의에 대해 강한 회의를 갖고, 새로운 사회변동과 이에 따른 문화적 세력 변화를 정확히 읽어내기 위한 문화 연구에 모색했던 바, 홀은 이들의 문제들을 수용했다.

이후 홀은 알튀세르에 관심을 갖는다. 홀은 마르크스의 총체성을 복합적인 구조, 즉 복합적인 구조 내 여러 수준들의 관계는 결코 단순하거나 직접적인 것이 아니며 – 그렇다고 모든 요소들이 다른 요소들과 무차별적으로 상호작용 한다는 의미도 아닌 – 일종의 지배 내 구조(structure in dominance) 안에서 벌어진다고 말한 부분에서 알튀세르와 조우한다. 이를 토대로 홀은 마르크시즘 안에서의 이데올로기를 세 가지로 설명한다. 첫째가 상응 모델이다. 이른바 환원론으로 비판받는 이 모델은 사회 구성체 수준 간의 필연적인 상응관계(necessary correspondence)를 전제한다. 둘째 모델은 무상응 모델이다. 이 모델은 포스트 맑스주의자들의 주장으로 상응 모델이 통합성(unity), 통일성을 강조한다면 이 모델은 통합성을 부정하면서 차이(difference)와 차이 간의 미끌어짐(deference)을 강조한다. 그리고 홀은 제3의 모델을 제안한다.[73] 제3의 모델은 차이들 간의 접합을 통한 통합을 제시하는 것으로[74] 통합과 차이를 동시에 사고한다. 홀의 제3의 모델은 알튀세르의 '모순과 중층결정'(Contradiction and Overdetermination)에 뿌리를 두고 있다. 홀은 결정성을 유전학적 기원으로 보던 관점과 구조주의적 인과성 테제를 버리고, 불균등한 모순들 간의 중첩결정 그리고 국면[75]에 따른 그들 간의 접합을 강조한다.

② 대중·민중을 위한 예술

문화에 대한 인식틀의 변화는 대중에 대한 그의 관심과 연결된다. 문화 연구에 있어 가장 중심이 되어야 할 것이 문화의 주체를 어떻게 상정할 것인가에 대한 문제이다. 이 지점에서 알튀세르와 갈라진다. 홀은 알튀세르의 구조주의를 넘어선 실천적 주체를 복원한다. 홀은 대중의 정치성을 강조하면서 대중, 대중문화 등에 관심을 보였지만 그는 늘 패배적 개념인 대중(masses)이나 낭만적(영웅적) 개념인 대중(valorized people)을 피하고자 했다.[76] 그런 점에서 그는 추상적인 대중을 이용하며 대중에게 미리 실망을 느끼는 프랑스의 지식인(특히 쟝 보르리야르 같은 이들)에 대해 분노를 느끼며 그들의 포스트모더니즘을 경계해야 한다고 지적한다.[77] 마찬가지로 그는 영웅적 대중관도 아무런 도움이 되질 않는다고 말한다. 그렇다면 그가 내세우는 대중이란 무엇인가? 그가 본 대중이란 주체가 능동적으로 말하는 것일 뿐만 아니라 주체를 통해 말해지기도 한다는 실천과 구조의 접합 안에서 이루어진다. 홀은 먼저 사회적 세력 간의 접합을 위해 알튀세르의 구조주의를 넘어선 실천적 주체를 복원시킨다. 하지만 홀이 말하는 실천적 주체는 어떠한 구조적인 제약으로부터도 완전히 자율적인 능동적 주체를 의미하지는 않는다는 점을 기억해야 한다.

홀은 대중을 계급적 축으로만 재단할 수 없고, 모든 사회적 모순 속에서 지배당하는 여러 층들의 총체라고 보았으며, 대중보다는 피지배 집단의 유기적 결합체를 의미하는 '민중'(the popular)의 개념을 선호했다. 패디 화넬(Paddy Whannel)과 함께 쓴 홀의 첫 번째 저작 『민중예술』(*Popular Arts*, 1964)에서 그는 고급문화는 좋고 대중문화는 나쁘다는 인식을 배격하고자 했다. 홀은 대중문화에 대한 엘리트주의적 인식이 산업사회에 대한 비판을 제공하기는 했으나 대중문화를 재창조하기 위한 성장의 기점을 저해한다고 보았다. 그는 성장의 기점을 대중성 속에서 작용하는 민중예술에서 찾고자 했다.

> 이 예술은 비록 '유기적 공동체'의 '삶의 방식'이 만들어낸 산물도 아니고 또 '민중에 의해 만들어진 것'도 아니지만, 그렇다고 고급 예술에 함께 적용될 수도 없는, 민중을 위한 대중예술이라고 할 수 있다 (Hall & Whannel, 1964: 59).

홀은 '문화'가 구조적 제약 없이 주체의 자발적인 실천이나 투명한 '경험'으로 획득된 것이 아니며, 또 주체의 어떠한 저항 가능성도 없이 지배 이데올로기가 관철되는 장도 아님을 강조했다. 그는 '문화'를 폐쇄적 구조가 아닌 다양한 사회세력들이 대중의 지지를 얻기 위해 각축을 벌이는 투쟁의 장으로 개념화했다. 때문에 홀은 대중들에게 좋은 대중문화와 나쁜

대중문화를 식별할 수 있는 분별력을 훈련시켜야 한다고 주장했다.[78]

③ 구조주의에 대한 비판 – 의미화 실천 과정

초기 문화주의의 문제틀이 '토대 · 상부구조의 은유로부터 단절했지만 특정한 문화질서가 어떻게 생산되고 유지되는지를 밝히는 데 별다른 유용성을 제공하지 못하자, 홀은 문화적 실천의 상대적 자율성뿐만 아니라 '지배 내 구조'(structure in dominance)의 문제를 이론화할 필요성을 인식하고 구조주의에 주목한다.[79]

스튜어트 홀은 문화의 자율성과 구조주의란 이 두 가지 이질적인 패러다임을 접합시킨다. 이것은 구조주의와 문화주의 간의 긴장을 보다 생산적인 관계로 승화시키려는 노력으로 마르크스주의와 소쉬르 이래 기호학적 전통 간의 긴장을 해소하려는 과정이기도 하다.

구조주의와 문화주의의 접합은 '구조'와 '인간 주체의 창조적 실천' 사이의 긴장을 어떻게 해결할 것인가라는 문제와 연관된다. 그것은 구조주의가 등한시했던 의식적 인간 실천의 중요성이 복원되어야 가능하다. 홀은 먼저 인간이 비자발적으로 참여하게 되는 문화의 구조적 측면에 관심을 갖는 동시에, 그 구조들에 변형을 가하는 인간의 능동적 실천을 동시에 파악하려 한다. 바로 이것이 홀의 문화개념의 핵심이라 할 수 있는 '구조와 실천의 이중적 접합'이다.

홀은 구조주의 덕분에 문화적인 것을 의미작용의 실천으로 파악할 수 있었으며, 그것의 물질적 조건과 한정적인 측면을 고려할 수 있었다. 그러나 인간의 경험과 역사성을 중시하는 문화주의의 이론적 환경에서 출발한 홀은 구조주의의 형식주의, 반인간주의와 몰역사성에 만족할 수가 없었다. 그는 알튀세르의 기능주의적 논리가 자본주의 생산양식의 재생산을 위한 이데올로기의 기능적 작용을 설명해주지만, 그 논리에 따르자면 노동계급이나 일반 대중은 단순히 지배이데올로기의 담지자로서 자본주의 체제에 필요한 순응적인 인간들일 뿐이다. 결국 인간이 스스로 역사를 만들어가는 능동적 행위자로서의 모습은 구조주의에서 찾아보기 힘들다. 구조의 기계는 저항, 투쟁, 갈등에 대한 이론적 작업을 허용하지 않는다.[80] 구조주의가 가진 문제점을 해결하기 위해 홀은 그람시 이론[81]을 탐험한다.

홀에게 그람시의 이론적 매력은 무엇보다도 '헤게모니' 개념에 있었다. 홀은 그람시의 헤게모니 개념을 지도권을 확보한 핵심적 사회집단이 이 지도권을 확대시켜 사회구성체를 통일하고 재구성함으로써 유기적 경향을 달성할 수 있게 되는 모든 과정으로 파악한다. 그람시는 헤게모니를 지속적으로 고정된 상태가 아니라 특정한 투쟁현장의 일시적인 정복으로 봄으로써 지배와 저항의 가능성을 동시에 고려했다. 이로부터 홀은 이데올로기적 지배구조를 밝혀내면서 동시에 그 속에서 저항과 변화의 가능성을 읽어내고자 했다.[82] 그람시의 헤게모니론에 나타난 내포된 국면에 대한 강조, 집단들 간의 세력균형, 지배 이데올로기의 의미작용, 그것에 대한 저항과 투쟁 등의 착상은 홀의 접합이론의 틀 속에 결합되었다. 홀은 헤게모니와 접합 이론을 갖고 구조, 행위, 그리고 특정 국면 등의 세 가지 분석 수준을 동시에 고려할 수 있게 되며, 이러한 문화이론의 틀을 형성함으로써 홀은 자신만의 문화정치학적 세계를 넓혀 나갔다.

3) 문화정치이론

① 문화정치의 개념

홀의 문화정치를 논하기 전에 1980년대 중 후반에 영국 내에서 대처주의[83]의 성격을 둘러싸고 홀과 제솝(Bob Jessop) 사이에 치열하게 논쟁을 벌였던 것을 살펴보자. 홀은 대처주의가 시민사회를 부정하고 매스 미디어를 통해 대중들을 직접 공략하는 것을, 곧 헤게모니 전략으로 규정했다. 그러나 그의 대처주의 분석은 영국사회의 축적구조 변화를 분석해온 이론가들에 의해 비판받게 된다. 가령 제솝은 홀의 입장이 대처주의를 획일적인 이데올로기 통일체로 간주함으로써 그 내부의 모순을 간과하고 있다고 비판한다. 즉, 홀처럼 이데올로기적 관점에서 대처주의를 인식할 때, 영국의 축적구조의 변화를 피상적으로 바라볼 수밖에 없다는 것이다. 홀의 입장이 영국 사회의 경제적 변화보다 대처주의의 이데올로기적이고 헤게모니적인 작동에 주로 주목한 것이었다면, 제솝은 대처주의를 영국사회의 축적구조의 변화, 곧 포디즘에서 포스트포디즘으로의 이행이라는 전후 영국사회의 정치·경제적 변화에 초점을 둠으로써 대처주의의 이데올로기적 역할에는 소홀한 편이었다.[84] 우리는 여기서 대처주의의 성격논쟁에 대한 찬반을 떠나 대처주의가 영국사회의 축적구조와 그 정치적 이데올로기적 상부구조에 얼마나 중대한 변화를 끼쳤는지를 능히 짐작할 수 있다.[85]

제솝이 비판한 것처럼 홀의 문화정치학은 문화, 권력, 그리고 이데올로기라는 핵심적 개념들을 축으로 구성되어 있다. 홀은 문화 연구가 상징형태들과 의미들, 그리고 권력에 관한 연구를 결합시키는데 관심을 두었다. 그는 이데올로기를 "제한적인 시각들이 자연스럽게 '현실' 자체와 일치해 보이도록, 자연적인 혹은 신성한 필연성을 부여해 주는 사물의 질서에 대한 재현"[86]으로 정의하고, 문화는 순수한 텍스트의 영역을 넘어서 권력과 이데올로기가 끊임없이 교차하는 공간으로, 문화 영역은 현존하는 지배적인 권력관계를 정당화하는 의미들과 문제시하는 의미들간의 투쟁이 벌어지는 문화정치공간으로 보았다. 즉 문화, 권력, 그리고 이데올로기 간의 밀접하고 복합적인 관계를 응축시켜 주는 용어가 바로 '문화정치' 이다. 문화정치란 스타일, 표상, 소비, 정체성을 포함한 일상생활의 의미화 실천이 불평등한 관계로부터 파생된 정치의 문제와 밀접히 연관되어 있음을 함축한다. 홀은 문화정치를 통해 이데올로기 비판을 넘어 사회적 적대 관계 속에 위치한 종속적 개인들과 집단들 간의 차이를 포용하고, 집단적 연대를 형성할 수 있는 의미들과 정체성을 구축하고자 했다.

다음 절에서는 대중문화에 가장 영향을 미치는 미디어의 이데올로기적 적용에 대한 홀의 입장을 살펴보고자 한다.

② 미디어의 이데올로기적 적용과 효과[87]

홀은 이데올로기적 국가장치 중 하나인 미디어에 관심을 기울였다. 그는 미디어를 분석하는 데 기호학과 알튀세르의 이데올로기론을 활용한다. 그는 미디어 담론에 대한 기호학적 분석을 통해 지배 이데올로기의 작동

방식을 살펴보고자 했다.

홀은 미디어 연구의 흐름을 1920년대부터 1980년대까지 크게 세 시기로 구분했다. 첫 번째 시기인 1920년대에서 1940년대까지는 프랑크푸르트 학파의 시각에서 미디어를 대중문화에 부정적인 효과를 끼치는 것으로 보았으며, 두 번째 시기는 1940년대에서 1960년대까지로 미국의 매스 미디어가 다원주의적 시각에서 다원화된 사회 모습과 성취된 규범을 반영 또는 표현한다고 보았다. 홀이 주목한 것은 세 번째 시기인 1960년대 이후이다. 세 번째 시기는 비판적 미디어 연구로서 미디어의 실재의 구성과정과 그 과정 속에 나타난 미디어의 이데올로기적 작용과 효과였다. 이와 관련하여 홀은 두 가지 핵심적인 질문을 제기했다.

첫째, 지배적인 담론이 어떻게 스스로를 유일한 것으로 확인시키고, 대안적이거나 경쟁적인 정의를 제한하거나 금지 혹은 배척하는가? 둘째, 대중매체가 지배적인 커뮤니케이션 체제 내에서 선호되는 혹은 제한된 의미의 범위를 어떻게 성공적으로 유지하는가?[88]

두 질문은 모두 '의미작용의 정치'에 관한 것으로 '문제적인'(problematic) 사건들을 특정한 방식으로 의미화하는 미디어의 구조화된 인코딩(encoding)에 초점을 둔다. 바르트(Barthes)의 일차적·이차적 의미작용에 기초하여, 홀은 뉴스의 의미작용을 두 가지 수준으로 구분하여 분석했다. 하나는 뉴스 가치이다. 뉴스 가치는 신문 담론에서 어떤 것이 뉴스거리가 되는가에 대한 상식—자연스럽게 그리고 때로는 무의식적으로 받아들이고 있는 사회적 지식—에 기초하고 있다. 홀에 따르면, 뉴스 제작자들이 강조하는 균형, 중립성, 객관성, 전문직주의 그리고 합의 등의 원칙들은 그들로 하여금 권력으로부터 자율적인 위치를 점하도록 보이게 하지만, 실제로는 뉴스의 두 번째 의미작용의 수준에서 지배 이데올로기를 재생산하는데 기여한다. 요컨대, 뉴스 가치는 전문적인 이데올로기의 관점에서 기사를 정교화시킨 것이다. 미디어 담론의 이데올로기적 효과는 그것에 의한 현실의 특정한 재현을 당연한 것으로 인식하게 하며,[89] 이로써 이데올로기 자체가 은폐된다. 또한 미디어 담론의 이데올로기적 작용은 무의식적이며 상식적인 분류체계에 의해 특정 개인 혹은 집단을 범주화하고 '성스러운' 의미를 부여하든지(예를 들어 이성적, 합리적, 정의로운 등으로) 혹은 오염시키든지 함으로써(예를 들어 불량배, 음모자, 선동자, 질서파괴자 등으로) 그들을 포섭 혹은 배제시키는 효과를 일으킨다.

> '뉴스 가치'의 구조는 스토리와 사건을 사람들과 '자연스럽게' 연결시켜 준다. 즉, 익명의 사건에다 사회세계에서의 특성, 지위, 위치를 덧붙인다. 그것은 비인격적인 역사적 세력의 배후에서 '드라마' '인간적 관심사'를 찾아낸다. 하지만 이런 기능적인 가치들은 결국 중립적인 가치가 아니다. 알튀세르가 주장했듯이, 어떤 담론이 이데올로기적으로 되는 것은 바로 "주체의 범주"를 갖고 작동함으로써, 또 독자가 "친숙한 것으로 인식"하게 함으로써 가능해진다.[90]

이처럼 홀에게 있어서 미디어 담론에 의한 현실의 구성과 여론 형성의 구체적 과정은 '지배 내 구조화된' 과정인 것이다. 특히 권력 엘리트들은 쟁점을 구체화하는 과정에서 지배적인 역할을 하고, 자신들이 선호하는 해석을 뒷받침하는 자료와 정보를 제공하여, 기존의 묵시적인 합의를 조성함으로써 여론 형성에 강력한 위치를 점하고 있다고 홀은 분석했다.

홀은 미디어를 지배 이데올로기가 정교화되는 영역이면서 또한 저항 이데올로기와 서로 부딪치는 장소라고 말한다. 그런데 경합하는 사회적 세력들이 자신들의 정의에 귀를 기울이게 하려고 노력하는 전략으로 방송은 딜레마에 빠지기 쉽다고 했다. 『기호화·기호해독』(1980)에서, 홀은 미디어 수용자를 단순히 지배 이데올로기에 의해 호명되는 수동적인 주체가 아니라 메시지를 다양하게 해석하며 의미를 생산하는 능동적 주체로 파악했다. 그는 독자들의 해독방식을 ① 헤게모니적 지배적 정의를 따르는 '선호적' 해독, ② 기본적으로 지배적 정의를 따르지만 부분적으로 대안적인 의미를 생산하는 '타협적' 해독, ③ 지배적 정의를 거부하는 '대항적' 해독으로 구분하여 미디어 담론을 둘러싼 이데올로기적 투쟁과 지배 이데올로기의 전복 가능성을 이론화했다. 또한 홀은 미디어 담론이 지배적인 의미규칙에 따라 일탈적 의미를 내포하는 기표를 특정한 저항세력에게 접합시킴으로써 '정치적 일탈자'(political deviant)를 생산한다고 보았다. 요컨대, 홀은 이데올로기적 투쟁을 지배적인 의미체계로부터의 탈접합 그리고 의미전복을 위한 재접합의 실천으로 규정했다.

4) 현대적 의의

홀은 우리에게 문화 연구의 궁극적 지점을 점검하는데 도움을 준다. 우리의 문화 연구는 문화현상과는 접합되어 있긴 하지만 현상에 개입하는 일, 정책적 개입 혹은 문화운동 등과는 격리되어 있다. 홀이 신좌파 운동을 통해 대중문화를 연구하는 것을 단순히 엘리트 문화 연구에 반발하기 위한 것으로만 이해해서는 안 된다. 홀은 엘리트문화가 고급한 것으로, 대중문화가 저급한 것으로 받아들여진 데는 그것을 받아들이게 하는 헤게모니 전략이 숨어 있다고 강조한다. 이러한 이유로 문화 영역 자체가 사회적 모순과 갈등의 공간임을 역설했다. 이 점을 이해하면 홀이 문화공간에 개입하여 실천을 강조했는지를 알 수 있다.[91] 그러나 우리의 문화 연구는 그 같은 지점에까지 이르지 못하고 있다. 오히려 문화가 작동하는 외피만 분석하고 있으며, 그 외피에 대한 설명도 추상적 수준에서 머물고만 감이 있다.

또 홀은 우리에게 문화를 연구할 때 역사를 천착할 것을 권하고 있다. 그는 현재 이루어지고 있는 문화 연구의 많은 성과가 서구 중심적이란 점을 자주 지적한다. 그가 행한 많은 연구들은 서구 의회 민주주의에 관한 것이며, 제3세계적 경험을 담고 있지 못한다고 고백한다.[92] 그가 끊임없이 강조하는 국면적 연구의 중요성은 역사를 감안하지 않은 문화 연구를 배격하기 위한 것으로 볼 수 있겠다. 문화 연구의 진부함이 역사의 상실에 의한 것이라는 그의 지적을 감안하면[93] 우리도 문화 연구를 역사와 함께 사고해야 한다.

(3) 그람시의 시민사회론과 대중문화론

1) 생애와 사상

안토니오 그람시(Gramsci, Antonio, 1891-1937)는 이탈리아 반도의 최남단인 자르디니아 지방인 알레스(Ales)에서 1891년 태어났다. 어릴 때 앓은 병 때문에 평생을 곱추로 보냈다. 그는 1912년 투린 대학에 입학하면서 이태리·그리스 문학, 역사학, 철학, 언어학, 법학(사법)을 전공과목으로 택하게 되는데, 이 과목들 중에서 언어학을 첫 번째 전공으로 선택한다. 그의 정치이론에서 대표적인 개념으로 알려진 '헤게모니'도 언어학에서 차용하게 된다. 대학시절 그는 새로운 지식 습득과 실천을 병행하기 위해 1913년 이태리 사회당(PSI)의 당원으로, 1914년에는 사회당 내 '변혁적 좌파그룹'에 합류한다. 1915년 졸업 이후, 이미 보장된 교수나 교장과 같은 좋은 직장을 마다하고, 사회당 중앙위원회에서 발간하던 잡지 《Avanti》의 편집위원으로 활동한다. 그람시는 이 사회당 기관지에 지방정치, 시사 문제 그리고 각종 문화 비평적인 글을 주로 발표하게 된다.

그람시는 1915년 키엔탈(Kienthal)과 1916년 짐머발트(Zimmerwald)에서 열린 반전회의에서 레닌의 정치적 입장을 처음으로 접하면서 정통 마르크스주의와 교감을 갖는다. 정통 마르크스주의와 만난 뒤 그람시는 마르크스의 글을 정독하면서 체계적으로 정리하기 시작한다. 그리고 미르크스의 정치경제학적 이념은 "자의적인 성격"과 "허구로 가득 찬 종교적이거나 사회학적인 추상"이 아니라 현실을 있는 그대로 반영할 뿐만 아니라 실현될 수 있는 이념이라는 점에서 의미가 있다고 주장한다.

그람시는 1922년 이태리 공산당 대표로 임명되지만, 1923년 파쇼정권 때문에 어려움을 겪다가 1924년 8월 이태리 공산당 사무총장으로 다시 임명되어 정치가로 본격적인 활동을 시작한다. 그람시는 반파쇼 연합의 필요성을 계속해서 주장하며, 1926년 다수파의 지위를 획득 대중정당이 되지만 파쇼 정권에 의해 1928년 재판에서 20년의 형을 판결 받는다. 감옥에 갇혀 있는 동안 그람시는 집필허가를 얻어 사상의 편린이 담긴 짧은 글들을 쓰기 시작한다. 이후 17년 동안 그는 옥중에서 32권의 노트로 구성된 『옥중수고』를 집필한다. 1937년 4월, 국제적 노력에 의해 출옥을 보장받게 되었으나, 이미 극도로 쇠약해져 같은 달 27일 뇌출혈을 일으켜 사망한다.

그람시는 마르크스주의 철학의 약점이었던 상부구조의 이론을 발전시키고 자본주의가 발달한 시민사회에서 사회혁명이 일어나는 조건인 프롤레타리아트의 지도성(헤게모니)의 논리와 그 실천적 기구(당)에 대해서 참신한 이론을 전개했다.

2) 이데올로기와 시민사회론

① '토대 · 상부구조'의 개념을 통한 세계 인식

그람시의 세계 인식은 '토대'와 '상부구조'라는 관계 속에서 출발한다. 알튀세르가 상부구조의 영역에 대한 탐사를 진정으로 행한 사람은 그람시밖에 없다[94]고 평할 정도이다. 그람시는 상부구조를 구조에 종속되는 것이 아니라 '상대적인' 자율성을 가진 것으로 간주하고, 혁명을 위해서는 상부구조의 변화가 전제되어야 한다고 보았다. 상부구조의 영역, 즉 문화의 영역은 구조의 발전을 억압하는 요소뿐만 아니라 구조의 발전을 지향하며 발전을 추동할 수 있는 힘이라고 그람시는 말한다.[95] 그람시는 상부구조를 하부구조와의 관계 속에서 파악하는데 상부구조와 하부구조의 관계성을 '역사적 블록의 이론'이라고 표현했다.[96]

그람시에 따르면 토대 · 상부구조는 '역사적 블록'을 형성하며 통일을 지향하는 운동이다. 그 통일의 가능성을 포함하고 있는 것은 개인적, 주관적인 요소인 상부구조의 영역, 특히 문화적 영역이다. '역사적 블록'의 개념은 토대에서 상부구조로의 이행을 의미한다고 할 수 있다. 따라서 상부구조의 각 영역들은 객관적 요소 · 주관적 요소, 지식인 · 대중, 이데올로기 · 주체, 집단적 주체 · 개인적 주체 등 다양한 블록들 간의 중층결합으로 구성된다.

그람시는 상부구조에 대한 연구를 주체에 대한 인간의 고찰로부터 시작한다. 그람시는 인간의 본질을 '사회적 관계들의 복합체'로 보고, 인간이 문화적 삶을 창조한다는 것은 사회적 관계들의 복합체를 변형시키는 것이라고 설명한다. 그에게 '생성'(becoming)은 사회적 관계의 변화를 설명하는 중요한 개념이다. 그람시는 '생성'의 문제를 언급하기 전에 '상식'(common sense)이라는 요소를 설명한다. 상식은 어떤 사회에서 일반적으로 통용되는 비논리적인 나열 같지만, 대중은 상식을 이성적으로 본다. 따라서 지도자는 대중의 상식에 기초한 점진적 개혁을 해야 한다. 대중적 신념은 '계급의식'에서 나오는 것이 아니라 민족 혹은 대중으로부터 '생성'되기 때문이다.

그람시는 다시 사회 변동과 연관하여 진보와 생성의 개념을 결합한다. 그람시는 자연과 우연으로부터 벗어나 그것을 통제할 수 있는 진보를 진화 개념으로 설명한다. 바로 생성이란 이 통제의 힘이다. 생성이란 자신의 행동에 따라 행동할 수 있는 것으로 주체의 자유의지와 연관된다. 주체에 대한 그람시의 이러한 인식이 대중문화와 연결되는 지점인데 대중문화는 대중을 이데올로기적으로 통합하는 공간일 뿐만 아니라 대중의식이 드러나는 공간이기 때문이다.[97]

그람시는 사회 변동은 '실천'에 종사하는 행위자의 창조적 역할에 달려 있다고 보았다. 자신의 이론을 '자동적 마르크스주의'와 엄격하게 구분하는 그람시는, 역사 과정은 비인격적인 경제적 힘의 산물이 아니라 '인간의 지'의 집합적 형태들(노동조합, 정당, 전문협회 등)로 조직화되어 작동되는 결과라고 주장한다.[98]

② 헤게모니론

그람시의 '헤게모니' 개념은 문화 연구에서 매우 중요한 개념으로 영국의 문화 연구에 영향을 미쳤다. 그람시는 그의 저서 『남부문제의 몇 가지 측면들』(1921)에서, 프롤레타리아는 "자본주의와 대항하여 대다수의 노동 인구를 동원할 수 있는 동맹 세계를 창출하는 데 성공할 경우에만 주도적이고 지배적인 계급이 될 수 있다."고 주장하면서 '헤게모니'라는 용어를 처음으로 사용했다.

그람시는 헤게모니를 '특정한 생활양식, 사고방식이 모든 취향, 도덕성과 관습, 종교적 내지 정치적 원리 속에 정신적으로 구현되거나, 지적·도덕적 함축을 띠고서 제도, 사적 영역, 사회관계 등의 전체 사회에 확산되어 가는 질서'라고 말한다.[99] 여기서 '정신적', '지적·도덕적'이라는 말은, 헤게모니를 구축하기 위한 실천이 총구가 아닌 대중의 능동적인 동의를 구축하는 문제와 직결된다. 그람시는 대중의 동의를 정신적으로 조직하는 과정과 대중의 현실적 요구는 분리된 문제가 아닌 결합되어 있는 문제라고 본다.

그람시는 헤게모니라는 개념을 사용하여 계급 지배 구조에서 행위자가 수행하는 적극적 역할을 전면에 부각시킨다. 그람시는 동의란 자율성과 문화적 제도들로부터 나온다고 보고, 헤게모니가 작동하려면 문화와 그 제도들이 독립적으로 존재해야 한다고 말한다. 이 점이 그람시의 주요 논지인데, 문화의 자율성은 교육, 정당, 노동조합, 교회와 같은 사적 제도들이 국가의 바깥에서 탄력적이고 독자적인 시민사회를 형성할 때 가능하다고 파악한다. 그람시는 지배계급이 이러한 시민사회 운동을 통해 제도 곳곳에 자신들의 도덕, 전통, 종교적·정치적 관행의 '정신'을 스며들게 만들 수 있다고 말한다.[100]

그람시의 헤게모니는 한 계급이 다른 계급을 대체하는 것만이 아니라, 더 나아가 다른 사회 집단들을 포괄하는 동맹체계가 그 곳에 존재한다는 것을 전제한다. 헤게모니 개념은 시민사회 구조 내의 '차이'와 서로 다른 '목소리들'로 구성되는 다원성, 즉 저항과 혁명이 자리하는 '대안문화'를 허용한다.[101] 그러한 점에서 헤게모니 개념은 낡은 것으로부터 새로운 것으로의 지속적인 변화를 강조하면서, 지속적인 문화 변동 및 발전의 과정, 즉 경제 및 정치의 변동과 보조를 같이하게 된다. 따라서 문화, 정치 그리고 혁명은 독립적 영역이 아닌 하나의 통합과정인 것이다.[102]

③ 시민사회론

그람시의 정치적 입장을 올바르게 파악하려면 '이데올로기적 기능을 담당하는 기구(apparatus)를 어떻게 규정하는가?'에 대한 이해가 선행되어야 한다. 그람시는 헤게모니가 능동적으로 생성되어야지 국가 권력이 장악해서는 안 된다고 주장한다.

그람시는 이데올로기가 작동하는 공간을 시민사회로 보고, 시민사회에서 헤게모니를 구축하는 과정을 이데올로기의 실천으로 본다. 그람시의 시민사회의 개념은 국가로부터 분리된 사회적 공간이 존재한다는 점에서 알튀세르의 이데올로기적 국가기구라는 개념의 한계를 극복한다.

그람시는 시민사회 개념을 통해서 이데올로기적 기구를 담당하는 기구들이 국가와는 구분되는 활동 영역을 구성한다는 것, 그리고 이 영역이 대중의 의식을 형성하는 데 결정적인 역할을 한다고 언표한다. 그람시는 상부구조를 국가와 시민사회의 두 가지 수준으로 분리한다.[103]

시민사회를 국가와 분리된 영역으로 이해하는 그람시의 논의가 갖고 있는 의의는 다음과 같다. 첫째, 시민사회는 국가 체계의 외부에 존재하는 모든 제도를 매개하는 상부구조이다. 둘째, 시민사회라는 공간은 사회 속에 독자적으로 존재하는 것이라기보다는 국가와 사회와의 양자가 상부구조 내에서 분리되어 있으면서 동시에 결합되어 있는 방식을 이해하고자 하는 시도이다. 국가는 동의를 획득하기 위해서 시민사회에 존재하는 특정한 요소를 조직화하고 집중해야 한다. 셋째, 시민사회를 독립된 공간으로 설정함으로써 헤게모니 구축에 있어서 시민사회가 가장 중요한 투쟁의 장소가 될 수 있다고 본다. 넷째, 시민사회의 개념은 동등한 시민권을 지닌 '시민'이라는 외양 하에서 행해지는 부르주아 민주주의에 대한 이해를 가능하게 한다.[104]

3) 이데올로기 수단으로서의 대중문화 고찰

① 대중문화 분석
먼저 문화에 대한 그람시의 정의를 살펴보자.

　　문화는 전혀 다른 무엇이다. 그것은 조직이며, 한 인간의 내적 자기에 대한
훈련이고, 한 인간의 인격에 대한 통제이며, 보다 높은 수준의 자각의 획득이
다. 이를 통해 우리는 역사 속에서의 우리의 가치와 위치, 생활 속에서의 우리
의 바람직한 기능, 우리의 권리들과 의무들을 이해할 수 있다.(…) 인간은 무엇
보다도 정신의 창조물이다. 즉 자연의 창조물이라기보다는 역사의 창조물이
다.[105]

　　위에서 보듯 그람시에게 있어서 문화란 자기의식 획득의 과정이며 자기
자신의 위치를 자각하는 문제이다. 문화적 산물은 대중들의 사회화 과정
의 매개물로 대중들의 행동방식이나 생각하는 정도에 영향을 미친다. 그
람시는 문화를 다양한 집단과 계급들의 갈등을 하나로 묶는 통합과정으로
본다. 문화는 새롭고 도전적인 것을 가지고 전통적인 것과 싸워야만 하는
특정 집단 또는 지식인들, 특히 신흥계급에 의해 생산된다고 그람시는 말
한다.

　　그람시는 소비자로서의 대중이 향유하는 문화의 양상에 관심을 기울인
다. 대중이 문화를 선택할 때 흥미로운 내용만 보는 것이 아니라 형식적인
아름다움도 본다고 그람시는 말한다. 즉 대중은 저급한 문화에만 흥미를
느끼는 것이 아니라 자신들의 미적인 가치 기준을 갖고 본다. 때문에 그는
침묵하는 다수 사이에서 지배적인 정서와 세계관을 파악하는 사람이 새로
운 문화를 만들어 낼 수 있다고 주장한다.

　　그람시는 문학을 통해 대중의 세계관, 인생관이 어떤 것인가를 파악할
수 있다고 보았다. 특히 대중 소설은 다양한 민족적 정서와 대중들의 세계
관과 삶의 가치를 보여준다. 뿐만 아니라 그는 대중이 지배적인 문화에 수
동적으로 이끌려 가는 것이 아니라 자신의 정서와 의지에 따라 작품을 선
택할 수 있다고 본다.[106] 이처럼 그람시는 대중문화에 대해 긍정적이다. 그
런데 그 전제에는 지식인과 대중이 결합된 헤게모니의 획득이 있어야 함
을 분명히 했다.

② 유기적 지식인을 통한 실천 철학

그람시는 헤게모니 이론의 실현을 위하여 기존의 철학에 대항하는 새로운 지식인상을 그린다. 그람시는 지배 이데올로기에 종속되어 있는 지식인 집단을 전통적 지식인 집단으로 규정하고, 피지배 계급의 의식을 대변해 줄 유기적 기능을 하는 지식인 집단의 창출에 관심을 갖는다. 그는 유기적 지식인이 피지배 계급을 역사의 객체에서 주체로 전환시키는, 즉 상승하는 민중의 힘을 조직화해야 할 사명자로 기능해야 한다고 말한다. 그람시가 말하는 유기적 지식인들이란 전문화된 계층으로서가 아니라, 역사적 인식과 역사적 분석, 그리고 역사적 환경을 이해하고, 실천을 통해 자신의 환경과 자신을 바꾸어 나갈 수 있는 철학자이며, 정치가인 지식인이다. 그러므로 유기적 지식인들은 자신들이 체득한 세계관을 체계화하고 대중들에게 확산시켜 그들의 세력을 조직하고 지도할 수 있어야 한다.[107]

그람시는 지식인의 실천적 철학이 정당 활동을 통해 실현되어야 한다고 말한다. 그람시는 유기적 지식인이 정당 활동을 통해 피지배 계급을 교육시키고 훈련하여 장래의 지배 계급이 될 수 있게 해야 한다고 설파한다. 따라서 유기적 지식인들의 동맹체로서의 정당은 피지배 계급이 헤게모니를 장악하기 위해서는 반드시 필요한 요소이다. 정당은 피지배 계급의 교육가로서, 그 세계관을 보급하는 학교이다. 이처럼 정당은 지배 계급과의 투쟁 관계 속에서 피지배 계급에게 주어지는 하나의 문화제도이며, 교육제도이다. 정당은 우월한 이데올로기에 맞서서 피지배 계급으로 하여금 자신의 세계 인식을 발전시켜 나가도록 도움을 주어야 한다. 그람시는 이렇게 될 때 정당이 국가에 권력을 행사할 수 있다고 보았다.[108]

그람시는 또 대중적 헤게모니를 획득하고 대중적 동맹을 형성하기 위해 '민족적–대중적' 문화라는 대항블록을 형성해야 한다고 주장한다. 그는 한 계급이 헤게모니를 획득하기 위해서는 자신의 계급 이익만을 내세워서는 헤게모니 계급이 될 수 없고, 한 민족 내의 계급적 속성을 지니지 않는 '민족·민중적' 요소를 자신의 계급 이익에 접합시켜야만, 민족적 헤게모니를 획득할 수 있다고 보았다. 즉 '타협과 희생'[109]을 통해 타협적인 균형

(compromise equilibrium)이 형성되고 하나의 집합된 의지로 표출될 때 비로소 '대항 헤게모니'가 형성될 수 있다는 것이다. 그에게 있어서 역사적 행위의 주체는 한 개인이거나 계급일 수 없고 다양한 사회집단과 계급 분파들이 하나의 공통된 의지로 표출된 '집합의지'인 것이다. 여러 세력이 하나의 응집된 통일체로 접착시켜주는 것이 이데올로기의 기능이다. 그에게 있어서 이데올로기란 허위의식이나 관념체계가 아니라 인간대중을 조직하고 자신의 위치를 자각케 하는 지형으로서 역사적 행위의 주체를 창조하게 하는 것이다.

그람시는 대항 헤게모니의 실천 방식으로 '진지전'을 택한다. 진지전이란 지배 계급에 대해 저항할 수 있는 이데올로기적 투쟁을 의미하며, 피지배 계급의 의식을 획득하기 위한 싸움을 의미한다. 문화적 전선에서의 승리는 지배 계급의 문화가 갖는 내용을 비판적으로 수용하면서, 다른 한편으로 종속 문화도 비판적으로 재검토할 때 이루어진다. 이러한 대중문화 분석을 통하여 지식인 및 대중 사이에 새로운 통일이 확립되고, 이때 창조될 새로운 문화는 고급문화가 아닌 민족 문화의 토양에서 새롭게 생성될 것이라고 말한다.[110]

③ 문화의 자율성 획득 문제

그람시는 대중문화가 고급문화에 종속되는 것이 아닌 자율적인 바탕에서 이루어져야 한다고 주장한다. 대중문화는 사회집단들이 자율성을 획득하기 위한 가장 적합한 양식이기 때문이다.

대중문화는 상업적 가치를 갖고 있다 할지라도, 대중의 '감정의 덩어리'(masses of feelings) 그 자체로서 중요한 위치를 차지한다. 예컨대, 상업적인 대중소설은 한편으로는 대중의 마취제나 아편이 되기도 하지만, 다른 한편으로는 세태와 문화적 환경, 그리고 개인의 감수성에 따라 변화하는 대중들의 욕망과 침묵하는 다수 사이에서 어떠한 정서와 세계관이 우세한지를 알려주는 리트머스 용지로 기능하기 때문이다. 대중의 욕망은 주인공의 영웅적 행위에 자신을 동일시하면서 채워지기도 하는데, 이러한 주인공들은 대중들의 '거울'이 되며 특정 세계관과 사회화의 기준이 되기

도 한다. 때문에 그람시는 대중문화를 대중적 양식으로써 분석해야 한다고 말한다.[111]

그람시는 화석화된 상식 속에서 건강한 핵인 '양식'을 구분해서 실천의 전략을 창출해야 한다고 주장한다. 즉 대중들로 하여금 '정치적 자율성을 해방시키는 차원'[112]으로 발전시켜내야 한다고 언표한다.[113] 여기서 중요한 것은 '양식'에 대해 하위집단이 수동적이지 않다는 점이다. 그람시는 대중의 '반응 구조'를 분석하면서 대중은 상이한 상식, 민속 등을 접하며 현실과 상상 사이에서 삶을 끊임없이 모방하기도 하지만, 제한적인 조건 속에서 창조적인 의지로 문화를 수용할 수 있다고 본다. 즉 현실에서 무기력한 독자가 텍스트에서는 주인공과 더불어 환상 속에서 자신만의 권력을 꿈꿀 때, 독자들의 수용방식이 비록 비체계적이고 단편적인 형태로 이루어진다고 하더라도, 그 속에서 대항 헤게모니를 발견함으로써 문화적 실천을 기획할 수 있다는 것이다.

이상에서 보듯, 그람시는 대중문화를 주체적으로 수용하는 소비자가 있으며, 그것을 새로운 형태로 바꾸려는 노력이 있기에 문화의 자율성이 이루어진다고 보았다. 그리고 문화의 자율성은 주어지는 것이 아닌 개별 행위와 집합 행위의 결합에 의해 만들어진다고 말한다.

4) 현대적 의의

그람시의 문화이론은 프랑크푸르트학파의 비판이론과 비교하면 뚜렷하게 부각된다. 프랑크푸르트학파는 '문화산업'이라는 용어를 사용함으로써 대중문화가 이윤을 위해 조작된 산물이라는 점을 부각시키고, 그 산업화된 속성에서 비롯되는 사물화적 성격을 비판하고자 했다. 따라서 대중문화는 기존의 질서를 정당화하는 역할을 할 수밖에 없으며, 진정 변혁적인 자율예술은 기존의 예술적 문화적 형식을 벗어남으로써 가능해진다고 보았다.

그람시는 대중문화를 이분법적인 시각에서 바라보는 것이 아니라 통합적인 시각에서 바라본다. 이런 통합적 문화이론은 대중문화가 산업 사회의 급속한 발전으로 인한 사회적, 정치적인 갈등을 새롭고 보다 높은 차원의 사회 질서로 나아가는데 일정하게 기여할 수 있다고 본 것이다. 그람시의 문화이론은 고급문화와 대중문화로 구분되어 특징짓는 것이 아닌, '진정한 문화 창출'을 위하여 사회 구성체들이 어떻게 사회를 역사적으로 창조시킬까에 초점이 맞추어져 있다는 점에서 중요한 계기를 마련해 준다.

4. 기독교 문화 이론가들

(1) 엘리엇의 문화생태학 지도그리기와 기독교 사회 건설

1) 생애와 사상

엘리엇(T. S. Eliot, 1888-1965)은 칼뱅주의와 청교도의 신앙을 물려받은 엘리트주의적이고 귀족적인 가문에서 1888년에 막내로 태어났다. 어린 시절 엘리엇은 선천성 탈장증으로 다른 놀이를 할 수 없었기 때문에 독서에 열중했다. 14세 때 습작으로 시를 쓰기 시작했으며, 17세 때 세인트루이스에서 보스턴으로 이주하고, 1906년부터 1914년 사이에 하버드에서 공부했다. 그는 하버드 대학 시절 신앙에 대해 회의와 갈등을 겪었다.

엘리엇은 하버드에서 철학과 중세문학, 역사와 불어권의 작품들을 두루 섭렵했다. 그는 단테의 시에서 상상력과 표현기법을, 보들레르로부터 언어가 지닌 소리와 운율 그리고 고뇌하는 힘을, 사이언스의 상징주의 문학 운동에서 상징주의 시의 특징을, 라포르그로부터 이질적인 요소들을 결합시키는 방법을 공부했다. 1913년에서 1914년까지 철학회의 회장직을 맡았으며, 러셀로부터 기호논리학을 들었다.

엘리엇은 1914년 하버드에서 주는 장학금으로 독일 마르부르크로 떠났으나, 8월에 제1차 세계대전이 일어나자, 영국 옥스퍼드의 머튼 대학에서 공부하고, 영국에 정착하게 된다. 그는 처음에 교사(1916년)로, 나중에는 로이드 은행의 직원으로 일하면서 새벽에 일어나 글을 쓰고, 낮에는 은행일로 시달리고, 집에 돌아와서는 아내의 신경질을 견디어야 했다.

1921년 건강이 악화되어 장기 휴가를 떠나 『황무지』의 초고를 대폭 수정하여 1922년 영국의 《크라이테리언》지의 창간호에, 미국의 《디이얼》지에 발표했다. 1922년부터 1939년까지 계간지 《규준》을 발행하여, 서구 문명을 대표하는 인물들에게 자유 발언대를 제공했으며, 이를 통해 유럽의 정신에 기여했다. 그는 성격이 비슷한 잡지인 프랑스의 《신비평》, 《서구의 비평》, 《신화보》, 《유럽의 비평》과 공동전선을 펴나갔다.

1928년 엘리엇은 영국국교로 개종한다. 엘리엇은 인간을 불완전한 존재로 파악하고, 기도하면서 예배하는 가운데 자기 자신을 넘어설 수 있다고 보았다. 그는 1939년 케임브리지에서 기독교적인 사회가 어떠한 모양을 지녀야 하는지에 관하여 강연했고, 1948년 『문화의 정의에 관한 노트』를 출간했다.

1947년은 엘리엇의 인생 행로에 하나의 분기점으로 기록되는 해이다. 『네 사중주』로 엘리엇은 당시 최고의 시인으로서의 명성을 얻게 되었다. 1946년 하버드에서 명예박사 학위를 받은 데 이어 1948년 노벨 문학상을 받았다. 1965년 영적 구원과 확신의 체험을 얻은 가운데 시인과 신앙인으로서 생애를 끝마친다.

2) 문화관

① 각 계급의 문화적 책임

엘리엇은 1945년에 문화에 대하여 논의를 한다.[114] 그는 문화라는 용어가 폭발적으로 저널리즘에서 사용되고 있는 것을 보고 두려운 생각이 든다며, 문화라는 낱말이 지니는 세 개의 중요한 의미를 구별하여 사용할 것을 제안한다. 개인적으로 문화란 개인이 사회 속에서 교양을 쌓아 나가며 완성을 이루는 것이며, 집단적으로 문화란 공동 사회 속에서 몇 가지 활동이 얽혀 있고, 사회적으로 문화란 한 사회에서 기능이 복잡해지고 발전하면서 나타나는 문화적 수준을 말한다. 그는 세 가지 가운데 어느 한 가지 의미로 사용할 때, 다른 의미도 고려해야 할 것을 제안한다. 그는 매슈 아놀드가 세 계급으로 나누어 비난한 것에 대한 한계를 지적하며, 문화 연구가 인류학에서 사회학으로 이동하고 있다고 파악한다.[115]

엘리엇은 매슈 아놀드가 『교양과 무질서』에서 교양을 종교보다 포괄적인 개념으로 본 것에 대해서도 비판한다. 그는 종교와 문화 사이의 관계를 두 개의 서로 다른 것으로 보는 것도 잘못이고, 동일화하려는 것도 잘못이라고 말하며, 문화의 심미적 감각도 종교의 영적 자각에 의해서 신장되지 않으면 안 된다고 말한다.

엘리엇은 사회를 지배하는 것과 엘리트를 혼동하지 말라고 언급한다. 엘리트는 문화를 전달하며, 문화의 화석화를 방지하는 기능을 사회에서 담당해야 한다. 그러므로 각 계급은 각 계급의 위치에서 할 일이 있다고 말한다.[116] 그런데 소련은 엘리트를 숙청했기 때문에 사회가 여러 가지 문제를 야기하고 있는바 계급 구별을 철폐하자는 것도 문제라고 지적한다.[117] 그는 사회개혁을 옹호한다면 문화를 개선해야 하며, 변혁의 방향에 대해서 영원한 기준이란 있을 수 없지만, 문화변혁에 결여된 조건을 찾아 부분적인 개선을 위해 노력해야 한다고 말한다.

② 문화 생태학

㉠ **위성문화의 다양성과 통일성**

엘리엇은 문화 생태학에 관심을 가질 것을 우리에게 촉구한다. 엘리엇은 지금 인류에게 가장 큰 문제는 미디어의 발달로 문화의 동시화가 급속하게 확대되고 있으며, 종교 간의 대립과 갈등이 큰 과제로 대두되고 있다고 언급한다. 그래서 지방 문화와 세계 문화와의 관계, 탈식민주의 문화, 오래 전부터 쟁점이 되어 왔던 국가와 교회, 국립교회와 보편교회의 관계와 같은 신학상의 난제들을 엘리엇은 문화라는 문제와 연결시켜 다루어야 한다고 주장한다.

엘리엇은 한 문화가 번영하기 위해서는 지나치게 통일이 되거나, 또 지나치게 분할이 되어서도 안 되지만 문화의 공동성(共同性)이 있어야 한다고 말한다. 그는 '지방주의'라는 문제에 대해서 부정적으로 생각을 하고 있는 것이 잘못이라고 지적하며, 지역은 가정과 계급과 지역에 대한 충성심이 한데 어울리는 단위로써 중요하고, 특수한 문화의 보존과 인접한 여러 지역의 문화와의 조화라는 측면에서 중요하다고 언급한다. 그는 강력한 문화에 흡수되지 않고 본래의 모습을 간직한 위성문화(衛星文化)가 세계무대에 큰 영향력을 미친다며, 지방 문화를 보전할 것을 주장한다. 그리고 이러한 위성 문화의 총결과가 국민문화를 형성하며, 역사의 심판이란 후세의 문화에 어떤 공헌을 했는가에 따라 결정한다고 보았다. 그는 시인답게 지방 언어의 퇴화를 안타까워하며, 하나의 문화를 전달하거나 유지하기 위해 언어 이상으로 중요한 것이 없다고 진단한다.

엘리엇은 당대의 지식인들이 문화 생태학에 주의를 기울이고 있지 않음을 비판한다.[118] 그는 부분과 부분 사이의 마찰이 문화에 활력을 주며, 적절한 적을 만날 수 있는 인간은 행복하다고 말하고, 문화의 발전을 위해서는 투쟁이 중요하며, 서로 모순되는 다양한 것에 열정을 쏟을 때 문화가 발전한다고 주장한다. 그는 지역에 거주하는 사람은 지역의 문화에 관심을 갖는 동시에 계급에 속하는 다른 지역에 사는 사람들의 문화에도 관심을 기울여야 한다고 말한다. 그는 문화 생태학 문제를 거론하면서 탈식민지 문화에 대해서 관심을 기울일 것을 촉구한다.

㉡ 종교 부차문화의 다양성과 통일성

엘리엇은 종교적 분립이 지니고 있는 문화적 의의를 고찰하면서 이것은 재결합의 문제에 고민하고 있는 그리스도인들에 흥미진진한 문제가 된다며, 신학적인 측면이 아닌 사회학적인 측면에서 이 문제를 다룬다. 신학적인 측면을 논할 때는 진리의 문제가 개입되기 때문에 논지 전개가 어렵다. 그래서 그는, 문화의 개화와 퇴화가 종교의 통일과 분립과 별개의 것이 될 수 없다는 전제 아래 이 문제를 사회학적으로 접근한다. 그는 종교와 국가가 동일하여 의식만이 지배하게 될 때 국민들은 정신의 마비를 가져오게 되며, 국가와 성직자를 동일시하여 반종교적 전통을 형성할 수가 있기 때문에 종교의 다양화를 이상적인 형태로 보고, 교파의 분립에 대해 긍정적인 시각에서 보아야 한다고 주장한다.

엘리엇은 문화라는 관점에서 교파의 분립은 부차문화(subculture)를 형성하여 고유한 문화를 창출할 수 있으며,[119] 그것이 서로에게 영향을 주어 문화를 건강하게 한다고 말한다. 그는 기독교 세계는 궁극적으로 하나가 되어야 하지만, 내부에 있어서는 사상과 사상의 끝없는 투쟁이 전개될 때, 위성적 문화가 국민의 문화를 형성하는 것처럼, 부차문화가 전체 종교 문화를 형성할 수 있다고 본다. 그런 가운데 그는 각 교단의 근거와 교리의 정통성을 승인하면서 교제해야 하며, 재결합이 이루어졌을 때에 새로운 잠재적인 문화가 형성될 것이라고 예견한다. 그는 재결합을 위해서는 문화적 공동성부터 찾아야 할 것이라고 제언한다. 마찬가지로 그는 세계적으로 '기독교 문화' 라고 할 때 그것이 각각의 대륙의 각 문화의 차이를 무시하고, 혹은 또 그것을 짓밟은 것이 되어서는 안 된다고 말한다.

ⓒ 기독교 사회의 이념

엘리엇은 기독교 사회의 이념을 말하기 위해서는 감정의 측면에서가 아니라, 지성의 측면에서 검토해야 하며, 현사회의 이념과 비교해야 한다고 주장한다. 그는 세속화의 진행이 교회가 사회에 관심을 기울이지 않았기 때문이며, 교회의 역할을 국가가 수행하면서 나타났다고 진단한다.

엘리엇은 기독교 이념으로 가치 있는 사회적 변혁을 생산할 때 산업, 금융, 산업 등에서 조직적인 변혁을 촉진할 수 있다는 희망적인 견해를 피력한다. 그런데 문제는 현재 공업화와 대중화로 인하여 어리석은 군중을 양산하고 있으며, 그 결과 모든 것에 관용적인 태도를 취하고 있는 사람들이 대다수라는 점이다. 그는 자유주의가 분명한 것을 향해서 가는 것이 아니기 때문에 오히려 혼란만을 부채질하고, 파시즘은 국가의 절대적인 권위와 지배자의 절대성을 주장하기 때문에 사람들을 억압한다며, 자유주의나 파시즘이 주는 문제를 해결하기 위해 기독교의 이념이 필요하다고 역설한다.

엘리엇은 기독교 이념을 가진 사람들을 육성하기 위해서 기독교 교육이 필요하다고 주장한다. 그리고 기독교 교육의 목적은 단순히 신앙심 깊은 기독인을 만드는 것이 아니라 사람들을 훈련시킴으로써 그들이 기독교 세계관의 범주 안에서 생각할 수 있도록 만드는 것이다.[120] 이때 기독인은 사회의 유일한 구제책으로 단순한 생활양식으로 되돌아가는 것이 아니다. 현실세계를 있는 그대로 받아들이고 기독교의 이념을 여기에 적용시키도록 꾸준히 노력해야 한다. 그는 기독교인들이 사색의 방향을 현실 문제에 두어야 한다고 강조한다.

엘리엇은 현대는 다원적 사회로 가기 때문에 기독교 집단이 필요하며, 기독교 집단을 구성하는 기독교인들은 의식면에서나 지적인 면에서 실천적인 기독교인이 되어야 한다고 말한다. 특히 그는 기독교 집단이 지식적인 측면에서 뛰어난 사람들이 되어야 한다며 기독교 집단에 성직자와 성도를 포괄할 것을 제안한다. 왜 성직자를 넣어야 하는가? 그것은 수직적인 측면에 대한 통찰이 요구되기 때문이라고 말한다.

엘리엇은 기독교 지성인이 사색해야 할 것으로, 이윤의 동기를 과도하게 주입시키는 것, 자연 자원의 사용과 남용, 노동의 사용과 착취에 대한 구별, 제일차적인 생산자에 비해서 상인에게 부당하게 이익이 주어지는 일, 금융기구의 잘못된 제도, 금리의 부정 등을 든다. 그는 민주주의 사회에서 예술과 사상이 밝은 측면이 되리라고 생각하지 않는다며, 윤리적 검열제도는 반대하지만, 검열보다도 상업성 때문에 예술이나 문화의 수준을 끌어내리는 것에 세심한 주의를 기울여야 한다고 말한다.[121]

㉣ 기독교와 세속 문화운동과의 차이

교회가 신앙을 부정하는 사람들에게 간섭할 권리가 있는가? 교회와 속세와의 관계는 영원히 가능한 타협은 존재하지 않는다. 기독교는 신의 영광과 영혼의 신성화를 위하여 존재하기 때문에 도덕은 수단이지 목적이 아니다. 기독교 도덕은 목적 달성을 위한 한 수단이지만 기독교 도덕은 불변적 요소를 가진다는 특질이 있다. 반면 세속에서의 도덕은 개인과 개인 사이, 세대와 세대 사이, 국민과 국민 사이에 가변적이다. 그 결과 세속이 교회에서 멀어질수록 교회는 세속에 간섭을 해야 한다.

교회는 어떻게 세속에 간섭할 것인가? 세속과 교회의 문화운동가들은 실천의 장소에 있어서는 큰 차이가 없지만 개혁의 목표에 있어서 큰 차이가 있다. 세속의 문화운동가의 목표는 참다운 사회 정의를 향하고 있다. 그러나 이들은 세상의 악을 외부에 있는 것이라고 생각한다. 이 경우, 악은 비개성적이기 때문에 기구를 개혁하는 이외에 다른 방법은 없다고 생각한다. 혹 악이 인간에게 구체화되고 있다고 하더라도 그것은 항상 다른 사람 속에 구체화되어 있다고 본다. 즉 계급이라든가, 민족, 정치가와 은행가, 무기제조업자와 같은 사람들 속에 있다는 것이다. 결코 자기 자신 속에 있는 것이 아니다. 다른 곳의 결점을 보는 동시에 자기 자신도 회심할 필요가 있다는 것을 알았을 때, 그 문화운동가는 종교적인 견해에 접근하고 있는 것이다.[122] 또 세속 문화운동가는 세상의 악과 고뇌를 보고 행동으로 투신하여 문제를 단순화시키는 경우가 많다. 행동으로 투신하여 어떤 일을 성취한 경우에 집단적인 자부심을 느끼지만, 그 자부심이 파멸로 이끄는 경우가 많다.

반면 기독교 문화운동가는 겸허와 자애와 순결 가운데서 하나님의 은총으로 그 일을 행한다. 하나님의 은총 없이 행하는 일은 헛된 것이다. 그리고 계속 왜 악이 발생하는가를 신학적인 관점에서 묻는다. 기독교 문화운동가는 올바른 것과 편의적인 것을 구별해야 한다. 그렇게 하지 않으면 하나의 악을 바로잡고 난 다음 또 다른 악을 낳게 되기 때문이다. 기독교 문화운동가는 무엇인가 부도덕한 것이 존재한다면 그것에 관심을 기울어야 하며, 악한 것이 무엇인가를 깨달으면 반복해서 말해야 한다. 따라서 기독교 문화운동가는 보수주의도, 자유주의도, 사회주의도, 혁명가도 아니다. 기독교 문화운동가의 영원한 사명은 참다운 신학을 가르치며 실천하는 것이다.[123] 그리고 기독교 문화운동가는 인생의 목적이 무엇인가를 끊임없이 질문하며 운동을 전개해야 한다.

3) 종교와 문학

엘리엇은 시를 몰개성적인 자율성을 지닌 것으로 간주하기도 하고, 종교 개종 이후에는 시를 종교와 관련시켜 문학에서 종교적 의미를 찾으려는 노력을 하기도 한다. 엘리엇은 심미가(aesthete)이면서 도덕가(moralist)라는 양면성을 지닌다. 그래서 그의 종교와 문학과의 관계를 명료하게 말하기란 쉽지 않다.

우선 엘리엇이 종교와 문학을 논할 때 창작과 감상 및 비평영역으로 구분한다는 점을 인식하는 것이 중요하다. 첫째, 창작적인 측면에서 보면, 엘리엇은 창작에서 작가정신의 자율성을 인정했다. 창작에 임하는 작가의 감수성은 어떤 정치적, 도덕적 목적이나 의도가 없어야 하지만 작가의 감수성에 근거하고 있는 마음(mind)은 무의식적으로 작품에 반영될 수 있다고 보았다. 그리하여 종교적 감정은 무의식적인 예술적 형상화의 재료가 되어 기독교적 감수성의 풍요로움을 구현할 수 있다. 그는 기독교적 감수성을 가장 포괄적으로 질서 있게 형상화한 작가로 단테를 든다. 둘째, 감상과 비평 영역에서는 문학을 순수한 문학적 관점에서만 다룰 수 없고 다른 기준들, 즉 도덕적 사회적 판단의 개입을 인정했다.[124] 문학 작품은 문학적 기준에 의해 결정되지만 문학 비평은 문학적 기준뿐 아니라 도덕적 종교적 기준들에 의해서도 이루어져야 온전해질 수 있다고 했다. 엘리엇은 오직 교훈을 주기 위한 시와 예술을 위한 시라는 두 극단보다는 두 가지가 적절하게 융합되어야 한다고 주장했다.[125] 그는 1935년의 평론「종교와 문학」에서 두 가지 다른 견해로 시를 판단할 수 있다고 제안한다. 하나는 심미적 관점에서 이것이 문학인지 아닌지를 구별하는 것이고, 또 다른 하나는 윤리적, 사회적, 그리고 철학적 판단 같은 비문학적인 관점에서 '위대한' 문학인지 아닌지를 구별하는 것이다. 한 작품이 문학인지 아닌지는 단지 문학적 판단 기준에 의해서만 결정되지만, 문학의 위대성은 문학적 기준으로만 결정될 수 없고, 특히 기독교 신자들이 작품을 판단할 때 명확한 윤리적, 신학적인 기준을 갖고 판단하는 것이 필요하다는 것이다.[126]

엘리엇은 종교문학을 문학과 종교의 관계에 따라 세 종류의 종교 문학 형태로 제시한다. 첫째, 성경과 같은 문자로 된 기독교 문헌, 둘째, 종교적 주제를 다룬 종교시, 셋째는 종교적 이상을 전파하기를 성실히 바라는 사람들의 문학이다. 엘리엇은 둘째보다 셋째를 중요시했다. 종교와 문학의 바람직한 관계는 의도적, 도전적으로 기독교적임을 주장하는 문학이 아닌 무의식적으로 기독교적인 문학이어야 한다고 보았다. 엘리엇은 종교와 문학의 관계가 '종교 문학'이라는 협소한 의미의 영역으로 제한되는 것을 바라지 않았다. 그는 모든 문학이 종교와의 관련 속에서 존재하기를 바라며 의식적인 계획이 아닌, 무의식적인 예술적 형상화 속에서도 기독교적인 냄새가 나는 문학을 위대한 문학이라고 보았다.

엘리엇은 문학과 그 작품을 읽는 독자와의 관계에 초점을 맞추어 문학 작품이 독자에게 끼치는 영향에 대해 언급한다. 그는 교훈성을 강조하지만 교훈주의 문학은 바람직하지 않은 것으로 본다. 그가 염려한 것은 세속화된 문학이 종교와 조화를 이루고 있지 않는 것이다. 그래서 그는 한 사회의 문화가 그 사회의 종교를 떠나서는 성립 불가능하다고 전제하면서 그 종교의 가시적 형태인 교회의 역할을 중요시한다. 교회는 그 시대의 지성과 감수성에 영향을 줄 수 있어야 하며, 그 영향 아래 형성된 지성과 감수성의 결합으로 이루어진 예술적 형상화가 바로 교회의 실재성을 기록하고 보여주는 일종의 '기념비들'이 된다는 것이다.

그렇다면 엘리엇이 말하는 종교적 기준은 무엇인가? '종교'는 '하나님의 계시로서의 종교', '성육신을 기본 진리로 하는 종교'로 보았다.

4) 문화와 종교교육

엘리엇은 종교와 교육과의 관계를 필연적이라고 본다. 교육은 고전교육도 좋지만 궁극적으로 종교교육이 되어야 한다고 주장한다. 그가 말하는 종교교육이란 성직자나 신학을 하는 사람이 가르치는 것이 아니라 교육의 이론이 종교와 일치해야 한다는 것이다.[127] 그는 인생의 문제를 교육의 문제로 보고 종교교육을 문화 전달이라는 관점에서 접근한다. 그는 교육의 목표 가운데 하나가 선한 시민의 개념을 가지고 있기 때문에 선한 사람의 교육문제는 종교문제와 연관이 있다고 보았다. 그는 종교적 신념이 없는 인생은 무의미하며, 대학이 지나치게 세속화되고, 교육 목적에 관한 공통적인 근본 가설이 상실되면 혼란만 있을 뿐이라고 주장했다.

때문에 엘리엇은 자유주의와 민주주의를 공격한다. 그는 자유주의 교육이 무엇을 요구하는지를 모르기 때문에 학생들에게 주입식 교육, 잔꾀, 벼락 성공을 꿈꾸게 하며, 대학에 진학하는 학생들이 가장 흥미 있는 것만 공부함으로써 극단적인 전문화로 치닫고 있다고 비판한다. 반면 민주주의는 교육의 기준을 도입했지만 이상적인 민주주의는 존재할 수 없기 때문에 민주주의 시민 양성이라는 교육목표는 수정되어야 한다고 말한다. 다시 말하면 민주주의라는 환경에 단순하게 적응하기보다는 민주주의를 비판할 수 있도록 교육받아야 한다는 것이다. 그는 아주 타락하고 사악한 사회에서 살아가야 할 학생들에게 정신적, 영적인 훈련을 시켜야 하며, 새로운 목적의 교육을 해야 한다고 말한다.

엘리엇은 교육이 철학적, 신학적 문제와 관련이 있기 때문에[128] 종교가 객관적인 기준을 제공한다고 말한다. 종교교육은 예술의 올바른 부흥을 이끌 수 있으며, 예술의 쇠퇴는 사회적 질환을 일으킨다고 보았다.[129] 그는 광고나 선전의 조직이 교육에 있어서 혼란을 일으키고 있으며, 낭만주의 인간관은 이 혼란을 당연한 것처럼 여기고 있다고 평가했다.

엘리엇은 종교와 문화의 동일화가 완성되었을 때 문화와 종교는 열등하게 된다면서 발전적인 측면에서 분리화를 시도해야 한다고 본다. 엘리엇은 성경의 문학적 영향에 대해서, 성경이 문학적 영향을 문학에 준 것은, 문학으로서가 아니라 신의 말로서 받아들여졌기 때문이라고 말한다. 예술적 감성의 빈약함은 종교적 감성에도 심각한 영향을 미치기 때문에, 문화의 제요소가 통합과 분열의 이중적 구조 위에 발전하듯 종교와 예술도 통합도 아니고 대타도 아닌 원자적인 핵력으로 존재해야 한다고 주장한다.

5) 문화의 대항지점으로서의 가정

물질적이고 세속적인 것에서 돌이키는 대항지점을 엘리엇은 가정에 둔다. 가정 속에서 전달되는 문화는 교육을 통하여 이루어지지만, 오히려 무의식적으로 이루어지기 때문이다. 그는 문화의 전달 통로는 가정 외에도 많이 있지만, 가정이 문화 전달의 통로를 잃어버릴 때, 문화의 퇴화는 막을 수 없다고 말한다. 그렇다면 가정에서 무엇을 전달할 것인가? 단순한 기술이 아니라 하나의 생활 방식 전체가 전달되어야 한다. 이 생활 방식 전체란 종교적 삶이다.

엘리엇이 학교 교육보다 가정을 중요하게 여긴 동기가 무엇인가? 엘리엇은 학교가 대중문화에 대해서 어떤 해결점을 제시하지 못하고 있다면서 학교를 과대하게 생각하여 그 기능을 지나치게 크게 보는 것을 경계한다. 그래서 엘리엇은 가정을 문화의 대항지점으로 보았다.

6) 엘리엇 문화관의 현대적 의의

엘리엇은 노벨 문학상을 받은 시인으로서 종교 대신 영문학이 국민의 정신세계를 교육하고 있는 당대의 현실을 보고, 기독교 정신만이 국민을 타락에서 구할 수 있다고 보았다. 그리고 종교와 문학, 문화, 지역, 교육, 교회, 세계 등의 관계를 탐구했다.

엘리엇은 기독교 문화운동가와 일반 문화운동가의 차이를 명료하게 밝히고 있는데, 시민 운동을 하다가 부도덕한 면이 자주 거론되는 문화 운동가들의 모습과 자신에 대한 반성없이 상대방만을 공격하는 문화 운동가들을 보면 기독교 문화 운동가와 그 차이가 확연하게 드러난다. 또 엘리엇은 가정을 문화의 대항지점으로 설정했다. 그는 학교가 대중문화를 교육하기에 적합하지 않다며, 가정에서 문화 교육을 무의식적으로 하자고 제안한다. 또 엘리엇은 부차문화라는 용어를 사용하여 교파별로 분열된 것에 대해 너무 부정적으로 인식하지 말고 각 교파마다 독특한 문화를 발전시켜 기독교 문화 전반에 기여하자고 제안하고 있다.

(2) C. S. 루이스의 문화 창작론과 계급갈등 비판

1) 생애와 사상

루이스(C. S. Lewis, 1898-1963)는 초기에 기독교에 대한 내면적 편견과 싸웠지만, 회심 후에는 자신의 에너지를 외부 세계로 돌려 근대주의와 단호하게 싸워나갔던 기독교 변증가이다. 루이스 마르코스는 루이스의 생애를 유년시절, 학창시절, 기독교 변증가, 마지막 전투의 네 시기로 구분했다.[130]

유년시절에 루이스는 이성과 직관 사이에서 갈등을 한다. 루이스는 1898년 11월 29일 북아일랜드의 벨파스트에서 태어났다. 그는 감성적이고 공상을 좋아하는 사무 변호사 아버지와 수학 일급 학위를 받은 침착하고 논리적인 목사의 딸인 어머니 사이에서 태어났다. 루이스는 어머니가 보여주었던 이성적인 성품을 선호했지만, 세살 위의 형 웨런이 기숙사에 입사하자 책에 몰입하여 상상의 세계로 빠져들어 갔다. 9살 때 어머니가 암으로 사망하자 깊은 상처를 받았다. 하지만 그는 실재 속에서도 환상을, 논리 속에서도 직관을 놓치지 않았다. 그는 어릴 때부터 상상력에 불을 밝혀준 많은 경험을 했고, 십대에 북부유럽신화를 읽으면서 돌킨과 우정을 나누었다.

학창시절에 루이스는 1908년부터 1914년까지 네 개의 서로 다른 기숙학교에 다니면서 변덕스러운 교장 때문에 학교에 염증을 느끼고 방어적인 소년이 되어 책 속에서만 파묻혀 지냈다. 그는 마법에 관심을 가지고 계셨던 코위 선생님 때문에 기독교 신앙에서 멀어지고 1914년 9월 아버지의 은사 커크 선생의 개인지도를 받고 더욱 무신론자가 되었다. 그래서 이 시기에 감정이나 직관을 비판했다. 그러나 루이스는 1916년 기차를 타고 집으로 가면서 조지 맥도날드가 쓴 『판타스테스:요정의 로멘스』(1858)를 읽었다. 그 후 체스터톤의 『영원한 사랑』(1925)을 읽고 상상력의 세례를 받았다. 특히 맥도날드의 『판타스테스』는 무미건조한 자연주의에 깊이 파묻혀 있었던 그에게 깊은 인상을 남겨, 『천국과 지옥의 이혼』(1946)을 집필하는 동기가 되었다고 한다.

옥스퍼드 시절에 루이스는 맥도날드, 단테, 스펜서, 존 던, 조지 허버트, 밀턴, 사무엘 존슨, 체스터톤의 작품을 읽었다. 그는 기독교 작가들의 시와 산문을 읽으면서 유년 시절에 경험했던 기쁨을 맛보았다. 1917년부터 6년 동안 옥스퍼드 대학의 학생이었던 시절, 동급생 바필드를 통해 '시대적 속물근성'(Chronological snobbery)이라는 용어를 처음 접하게 되었으며, 1929년 기독교를 진리로 받아들였고, 1931년 예수 그리스도를 믿게 되었다.

기독교 변증가 시절에 루이스는 다양한 저작을 했다. 그의 주요 저작은 주로 1933년 이후에 출판되었다. 그는 지적인 변증과 상상력을 통한 변증을 동시에 시도하여, 이성과 직관을 결합시키고자 노력했다. 자신의 회심에 관한 알레고리 『순례자의 귀향』(1933)에서 『말콤에게 보내는 편지』(1963)까지 30년간 루이스는 기독교 세계관을 다채롭게 펼쳤다.

루이스의 저작 활동은 세 분야로 나눌 수 있다.

첫째, 비평가로서 『사랑의 알레고리』(*The Allegory of Love*, 1936), 『실락원 연구서설』(A Preface to 『*Paradise Lost*』, 1942), 『16세기 영문학사』(1954), 『비평의 실험』(1961) 등을 저술했고, 둘째, 작가로서는 우주 삼부작인 『침묵의 행성으로부터』, 『페르란드라』, 『무서운 힘』을 1938년부터 1945년까지 창작했다. 또 두 번째 연작물인 『나르니아 이야기』를 1950년부터 1956년까지 창작했고, 1956년에 『우리가 얼굴을 가지기까지』라는 단행본 소설을 출간했다. 셋째, 기독교 변증가로서 『고통의 문제』(1948), 『기적』(1947), 『순전한 기독교』(1952), 『4가지 사랑』(1960)을 저술했다.

루이스가 영국에 널리 알려지게 된 것은 1941년 2월부터 11월 사이에 《가디안》지에 게재된 31통의 편지를 통해서이다. 이 책은 1942년에 『스크루테이프의 편지』로 출판되었다. 이 책은 루이스의 명성을 미국에 알리는 계기가 되었다.

루이스를 이해하는 데 빼놓을 수 없는 사실은 1954년부터 그가 사망한 1963년까지 '캠브리지대학'에서 중세와 르네상스 문학을 강의했다는 점이다. 특히 루이스는 여섯 살이나 많았던 돌킨을 만나면서 그로부터 신화가 진실과 아름다움을 전해 줄 수 있는 수단이 된다는 사실을 이해했고, 루이스는 신화와 기독교 사이에 존재하는 연결고리를 차근차근 조심스럽게 찾아 나갔다.

루이스는 사랑과 고통의 싸움을 했다. 이것은 영화 '쉐도우 랜즈'에 잘 형상화되었다. 그는 룸메이트인 페디와 1차 대전의 치열한 전투에서 살아남은 자가 상대 가족을 돌본다는 언약을 끝까지 지켰으며, 자신의 팬인 조이와 우정을 지속하다가 서류상으로 결혼을 하고, 골수암에 걸린 그녀와 병실에서 정식 결혼했다. 루이스 58세, 조이 43세였다. 3년 후인 1960년 조이가 사망하고, 루이스는 1963년 11월 22일 자택 침대에서 조용히 세상을 떠났다. 영화를 보면 아가페의 사랑이 무엇인지를 깨닫게 된다.

2) 문화관

루이스는 〈기독교와 문화〉라는 에세이를 썼다.[131] 그는 기독교인에게 좋은 문화란 무엇인가? 라고 질문을 던진 후에 문화에 대해 자신의 태도가 변화된 단계를 추적한다. 거기에 포함된 내용은 다음과 같다.

첫째, 문화란 본래적으로 인류에게 유익하다고 본다. 이것은 루이스가 회심 후에도 얼마동안 무의식적으로 가지고 있었던 생각이다.

둘째, 그는 문화를 너무 과장적으로 보고 있는 것에 대해 비판한다. 문화를 너무 과장적으로 보면 거기에 너무 많은 시간을 소모할 가능성이 크다고 경계한다.

셋째, 문화를 너무 멸시하는 극단론으로 기울어지는 것을 비판한다. 교회 안으로 들어서는 순간 문화에 대해 전혀 생각하지 않고 그대로 받아들이는 태도에 대하여 비판한다. 아주 나쁜 찬송가가 있는데도 아무런 생각없이 그대로 은혜롭다고 받아들인다면 그것이 문제라는 것이다. 좋은 찬송가는 하나님께 가까이 가게 하고 우리의 영혼을 치료하지만 그렇지 아니한 찬송가도 있을 수 있다는 점을 알아야 한다고 지적한다. 그는 신약성경에서 문화를 어떻게 이야기하고 있는가에 관심을 갖고 성경을 접한 후 성경이 문화에 대해 냉대적이라는 사실을 발견했지만, 어떤 말씀은 문화를 격려하고 있는 측면도 있다고 말했다. 그는 누가복음(눅 14:26)에 "무릇 내게 오는 자가 자기 부모와 처자와 형제와 자매와 및 자기 목숨까지 미워하지 아니하면"이라는 말씀과 마태복음(19:12)에서 "어미의 태로부터 낸 고자도 있고 사람이 만든 고자도 있고, 천국을 위하여 스스로 된 고자도 있도다. 이 말을 받을만한 자는 받을 지어다."라는 말씀, 이 밖에 마태복음 4장 29절, 마태복음 12장 38절을 보면서 신약성경은 문화에 대하여 적대적이라고까지는 보지 않더라도 냉대적인 태도를 취하고 있는 점이 보인다고 언급한다. 하지만 그는 문화에 대한 좋은 의미의 말씀을 발견하고 신약성경이 문화를 격려한다고 보았다. 예컨대, 고린도 전서(14:20)에서 "지혜에는 어린 아이가 되지 말고, 악에는 어린 아이가 되라."는 말씀과 혼인 잔치의 비유, 백합화의 비유 등은 문화에 대한 긍정적인 입장을 견지하고 있다는 것이다.

넷째, 그는 예술의 가치에 대한 온건한 확신, 이 확신은 개종하기 전에 품었던 것보다도 훨씬 더 겸허한 기초 위에 근거한 확신이라고 말한다. 그는 서구의 많은 위대한 작가들의 작품이 기독교 전통에 있을 때 훌륭한 작품을 창작했다는 점을 든다. 실제로 영국문학선집을 보면 근대 이전에는 대다수가 영국 출신이었으나, 1890년대와 20세기 초에는 뛰어난 문학가들이 아일랜드 출신이라는 것이다. 조지 버나드쇼, 오스카 와일드, 사무엘 베게트, 윌리엄 버틀러, 예이츠 등이다. 영국은 빅토리아 시대를 거치면서 기독교 유산을 던져버려 작품이 건조하게 되었지만 아일랜드는 전통이 보존되어 풍부한 작품을 창작했다는 것이다.

다음, 루이스는 그리스도인들에게 겸허한 마음으로 문화를 건설하기 위해 노력해야 한다고 말한다. 기독인에게 삶의 궁극적인 목적은 신의 구원

계획과 영광에 참여하는 것인 바 이 일을 위하여 네 가지에 관심을 기울일 것을 당부한다.

첫째, 어떤 직업이든지 하나님의 영광을 나타낼 수 있다는 소명에 대한 확신이 선행되어야 한다고 말한다. 이것은 자기 자신의 직업을 예로 문화 직업을 선택할 수 있는 정당성에 대한 변호라고 언표한다. 문학 교사인 루이스는 문학적 작업으로 생계를 꾸릴 수 있으며, 문화적 직업에 종사함으로써 하나님께 영광을 나타냈다고 언급하고, 이것이 바람직한 그리스도인의 문화적 태도라고 말한다.

둘째, 기독교 신자가 '문화 전파자' 들 속에 끼어들어야 한다고 주장한다. 그는 문화를 생산하는 사람들 속에 기독인이 섞여 있는 것 자체가 누룩과 해독제 같은 역할을 담당하여 문화의 오용을 제지할 수 있다고 진단한다. 기독교 신자는 자연주의적 세계관이나 세속적인 세계관으로 사물을 보는 문화 전파자들 속에 들어가 그것과 다른 세계관이 있음을 보여 주어야 한다. 그것은 힘든 일이지만 아주 영광스러운 일이라고 평가한다.

셋째, 문화가 그에게 커다란 즐거움을 주었다며 그리스도인에게 문화를 즐기라고 당부한다. 그는 즐거움이 하나님의 선한 선물 중의 하나이기 때문에 문학의 향유는 기독교적 활동이 된다고 주장한다. 그는 문학 작품을 읽으면서 환희를 느끼는데, 환희는 본질적으로 선한 것이고, 또 극악한 죄를 본다고 해도 그것은 도덕적인 입장에서 선을 강화하는 기능이 될 수 있다고 말한다. 특히 문학이 주는 환희는 죄를 멀리하고 기쁨을 맛보게 하기 때문에 선한 것으로 긍정해야 한다고 하였다.

넷째, 루이스는 문화 속의 가치들을 분석하면서 그리스도인들은 문화 속에 들어 있는 가치들을 평가해야 한다고 말한다. 하지만 그는 문학 속에 가정되었던 가치들이 기독교의 가치가 아니었던 것들도 많이 있었지만, 그럼에도 불구하고 문화는 약간의 기독교적 가치를 담은 창고라고 하여 문화에 대한 긍정적인 태도를 밝힌다.

루이스는 인간 가치의 저장고로서 유럽 문학에 나타나는 주요한 가치를 6개로 분석한다. 1. 명예, 2. 성애, 3. 물적 번영, 4. 자연에 대한 범신론적 명상, 5. 초자연적인 것에 대한 동경, 6. 충동적 해방이다. 루이스는 1, 2, 4, 5는 옹호하고 3과 6은 물리쳤다. 전자의 네 가지 가치는 기독교적 가치는 아니지만 기독교적 제 가치를 이끌어 가는 기본단계로서 역할을 할 수 있을지 모른다고 주장한다. 반대로 후자의 두 개의 가치는 인간의 영혼을 지상에 매어두고 영혼이 자아 중심적이거나 물질적 세계에 머물러서 초자연적인 세계로 비상하는 일을 방해한다고 보았다. 루이스는 긍정해야 할 네 가지의 가치 속에 다섯 번째인 초자연적인 것에 대한 동경을 가장 중요시한다. '동경'은 루이스 자신을 회심으로 이끈 큰 요인이기 때문이다. 지상의 어떠한 것으로도 결코 채울 수 없는 욕구를 채울 수 있는 근원, 루이스에게 있어서 그것은 하나님이었다.

3) 근대성 비판

20세기 유럽에서는 인간에게 일어나는 모든 현상은 자연적이고 비인격적이며 기계적인 힘의 최종산물이라고 설명하는 사조가 다수에게 받아들여지고 있었다. 이에 대해 루이스는 영혼과 정신이 자연적이고 인간적인 세계에서 제공해 줄 수 없는 더 풍부하고 신비한 다른 세계를 경험하고 열망할 때, 더욱 그 대상을 열망하도록 창조되었다고 말하며, 근대인이 추구하고 있는 음식·성·안정에 대한 욕망과는 다른 기쁨이 있음을 변증했다. 그것이 바로 동경과 기적이다.

① 자연주의 비판, 환타지를 통한 동경 추구

루이스는 환희와 동경이란 다른 세계의 소식을 알리는 궁극적 실재의 확실한 징조라고 말한다. 그는 영광이 우리의 감성에 닿았을 때 영광의 빛이 되며, 영광이 의미 혹은 오성에 부딪힐 때 선(善) 혹은 진(眞)이 된다고 파악했다. 그리고 감각이나 기분에 영광이 닿을 때 그것이 환희이며, 환희 그 자체는 모든 것을 교정하는 힘을 갖고 있다고 언표했다.

루이스는 무미건조한 자연주의에 깊이 파묻혀 있는 현대인들에게 환타지를 통해 자신이 체험한 동경을, 그 자신의 회심의 과정에 따라 그리면서 독자의 마음속에 똑같은 동경을 일으키게 했다. 기독교 작가 루이스에게 환타지 형식의 선택은 우연이 아니고 루이스가 추구한 필연의 결과였다고 말할 수 있다. 그는 『순례자의 귀향』에서 주인공 존이 섬을 동경하고, 『나르니아 연대기』에서는 아스란의 나라에 대해 동경하며, 『우리가 얼굴을 가지기까지』에서 프슈게의 회색산으로의 신에 관한 동경이 표현되어 있다. 루이스는 동경의 테마를 그리면서 동경의 원천인 궁극적 실재를 탐구한다. 이것은 루이스가 문학 그 자체에 구원이 없다는 것을 알지만, 문학에 나타나는 가치 중의 동경은 사람들의 영혼을 구원으로 이끄는 초보적인 단계의 역할을 할 수 있다는 생각에 기인한 듯하다.

루이스가 관심을 갖는 것은 동경 그 자체가 아니라, 궁극적 실재이다. 루이스 문학이 지상에서 천상으로의 지향성을 지닌 원인이 여기에 있다고 말할 수 있다. 궁극적 실재로의 루이스의 강한 관심이 문학 형식을 결정하는 요인으로 작용하고, 비현실적 세계를 무대로 하는 초현실적인 이야기를 만들어낸 것은 불기피한 선택이 아닐까?.

루이스에게 있어서 인생의 진정한 관심은 신의 영광이다. 『말과 소년』에서 그는 "황금빛 한 줄기가 비쳤습니다. 빛은 사자에게서 나오고 있었습니다. 사자의 얼굴을 한 번 힐끔 쳐다보고 나서 샤스타는 안장에서 내려와 사자의 발아래 엎드렸습니다. 샤스타는 아무 말도 할 수 없었습니다. 또 아무런 말도 할 필요가 없다는 것을 알고 있었습니다."[132]라고 쓰고 있나. 그리고 "여태껏 너무 바보짓을 해서 미안해요."[133]라고 쓰면서 신에게 영광을 돌리지 못한 것을 고백한다.

기독교 작가 루이스에게 있어서 동경 테마의 중심에는 항상 그리스도가 존재한다. 동경의 테마는 루이스의 상상력과 기독교 신앙의 일체화이기 때문이다. 신화가 그리스도 예수에 의해서 사실이 되었다는 관점을 가지고 있는 루이스에게 성육신, 죽음, 부활은 그의 문학의 원형이고 그의 상상력으로 산출된 작품에는 그 원형이 함유되어 있다.

루이스는 근대문학의 리얼리즘과 취지를 달리하는 환타지를 사랑했고, 스스로 뛰어난 환타지를 창작했다. 전 7부작으로 되어 있는 『나르니아 연대기」와 우주 3부작은 가장 양질의 환타지에 속한다. 근대문학의 대다수 작가가 초자연을 배제하는 형식으로 인간 생활을 그리는 데 부심해 왔다면, 루이스는 초자연을 작품 내에 도입해서 이야기 문학을 회복했다. 그는 환타지에서 우주와 인생의 의미를 교직하여 사람들의 관심을 불러일으켰다.

루이스가 환타지를 사용한 것은 두 가지 이유라고 생각한다.

첫째, 기독인의 한 사람으로서 삶을 살아가는 일체가 궁극적으로 신과의 관계에 있어서 질서를 맺는 일이라고 할 때, 루이스는 상상력을 최대한 발휘하여 독자의 영혼을 지상의 현실세계에서 천상의 세계로 끌어올린 후에, 다시 독자를 현실세계로 돌아오게 하고 새로운 눈으로 현실을 다시 볼 수 있도록 하기 위해서 환타지라는 장르를 사용했다. 환타지는 지상에서 천상으로, 다시 지상으로의 하강이라는 여행담 구조이기 때문에 신앙의 세계를 표현하기에 가장 적합한 장르 가운데 하나이다. 풍부한 신앙과 상상력에 의하여 환타지가 짜여질 때 그 작품은 인간에게 초월계를 인식하게 할 것이다.

루이스는 환타지에 대한 변호를 『문학비평에서의 실험』에서 시도한다. 루이스는 환타지를 "일어날 수 있는 일이나 초자연적인 일을 취급하는 이야기"로 정의한다. 때문에 환타지 부정론자들은 환타지가 실제 인생과 다르다는 이유로 환타지를 좋아하는 사람을 "어른스럽지 않다"거나 "발육부진"이라고 비난한다. 루이스는 발육부진이나 어른스럽지 않다고 생각하는 사람들에게 그 비난이 잘못되었다고 주장한다. 루이스 자신은 어른이 되었을 때 아이처럼 보일까 두려워하지 않았다며, 발육부진이라는 말을 사용하는 것은 새로운 것을 더하고 싶은 마음이 없는 사람들이라고 덧붙인다. 루이스는 작품의 기교와 상상력이 뛰어난 작품을 선별해서 읽는 것이 중요하다고 말한다.

루이스는 모든 독서는 도피의 측면이 있다고 말한다. 루이스는 책이 현실도피를 조장하느냐 하지 않느냐의 문제가 아니고, "어디로 도피하는가가 중요하다"고 말한다.[134] 어디로 도피하는 것은 "병적인 성 쌓기"[135]로의 도피이고, 놀이나 여흥은 "정상적인 성 쌓기"가 된다. 전자처럼 스타나 끝없는 부와 출세가가 되라는 것을 충동한다면, 그 사람은 불평과 불만이 많은 사람이 되어 실생활에서 불만족한 사람이 되고 말 가능성이 크다. 후자의 경우, 이상한 숲에 대한 동경은 현실의 숲을 보다 풍성하게 할 수 있기 때문에 "사심 없는 성 쌓기"가 되어 도피 그 자체도 가치가 있을 수 있다.[136] 환타지가 주는 현실 도피는 현실을 새롭게 받아들이는 신선한 눈을 주는 가치 있는 도피로 "정상적인 성 쌓기"에 해당한다고 루이스는 말한다.

둘째, 기독교 지도자들에게 이미지의 가능성을 보여주고자 했다. 루이스는 이야기를 쓸 경우 "언제나 이미지가 먼저 온다."고 거듭 밝히고 있다. 그것은 "교훈이 먼저 오는 것은 아니다."라는 의미이다. 루이스가 "모든 것은 그림으로 시작되었다."라는 점을 강조한 이유는 무엇인가? 그것은 동화나 환타지가 주일 학교 설교와 다르다는 점을 부각시키고자 한 것으로 보인다.

> 우리들 세계에서는 산타클로스의 그림이라고 말하면 대체로 재미있고 우스꽝스러운 할아버지를 연상한다. 그런데 정말로 산타 할아버지를 만나보면 그림에서 본 것과 꽤 다르다는 생각이 들 것이다. 눈앞의 산타는 대단히 큰 사람으로 몹시 즐거운 듯 했고, 진짜 진품이기 때문에 아이들은 모두 완전히 조용해졌다. 만나서 반갑지만 어쩐지 엄숙한 마음이 되어버렸기 때문이다.[137]

여기서 루이스는 독자도 이 아이들과 마찬가지로 진짜 산타할아버지를 만나서 말하기 어려운 기쁨과 조금은 무서운 듯한 엄숙함을 감각적으로 체험하는 일이 우선해야 한다고 말한다. 루이스는 모든 이미지를 감각적으로 체험하는 것이 우선해야 한다고 말한다.

그러면 '교훈은 중요하지 않은가?' 라는 의문이 생긴다. 이에 대해 루이스는 이야기에는 교훈이 있다고 말한다. 그러나 교훈을 먼저 생각하고 이야기를 구성하지 않는다고 힘주어 말한다.

그림으로 하여금 그 자신의 모랄을 이야기하게 하라. 왜냐하면 그러한 그림은 내재되어 있는 모랄을 작가가 생애를 통해서 잘 뻗어왔던 영적인 뿌리에서 성장해 올 것이기 때문이다. 그림이 어떠한 모랄도 가르치지 않을 때에는 무리하게 이것을 밀어 넣어서는 안 된다.(…)다소라도 가치 있는 모랄은 저자의 정신의 모든 특성으로부터 필연적으로 생겨난 모랄이다.[138]

루이스는 『나르니아 연대기』를 통해 다음과 같은 것을 시도하고자 했다.
(1) 동화는 자신이 하고 싶은 말을 하는 데에 가장 적합한 예술 형식이다.
(2) 아이들을 대상으로 한 동화야말로 어떻게 해서라도 쓰지 않고서는 견딜 수 없는 것이고, 쓰지 않는다면 나는 터져버릴 듯했다.
(3) 현대와 같은 반로맨틱한 시대에는 환타지가 필요하다. 환타지는 아이들에게 바른 동경을 일으키게 하기 때문이다.
(4) 예술의 기능의 하나는 현실 생활의 좁디좁은, 그리고 극단적인 방법으로 실제적인 사물을 보는 방법에서 벗어나는 것을 제공한다.[139]
위에서 보듯, 루이스가 환타지를 창작한 것은 근대주의에 대한 변증의 수단으로 독자에게 바른 동경에 이끌리도록 하기 위한 것이다.
② 기계적 자연 법칙에 대한 비판, 기적
루이스는 근대주의의 도전을 뿌리치기 위해서 자연세계에 나타나시는 하나님의 신성한 섭리라는 주제를 깊이 있게 다루어 우리의 인식을 확장시켜 준다. 다케노 가즈오는 기적에 관하여 심도 있게 연구했다. 그는 루이스가 『기적』에서 우주에 대한 두 가지 기본적인 입장을 설명하고 있다고 하며, 루이스가 기적을 "초자연적인 힘에 의한 자연에 대한 간섭"이라고 정의하고, 근대주의자들의 기계적 자연법칙에 근거한 모순을 지적한다고 말한다.[140]
루이스는 흄의 "기적에 반대하는 것이 값진 경험"이라는 견해에 대해서 반박한다. 흄은 기적을 모두 허위라고 반대하는데, 루이스는 흄의 말이 기적을 반대하기 위한 철학적 견해에 불과하다고 말한다. 흄은 '기적이 일어나는가? 자연의 행동은 절대적으로 일정한가?' 라는 질문에 대하여 자연의 행동이 일정하기 때문에 기적이 일어나지 않는다고 하면서 사물의 적합성을 들어, 자연 속에 법칙이 있다고 말한다. 흄의 시각에 대해서, 루이스는 현대과학자들이 자연 속의 법칙은 믿고, 자연의 제정자가 없는 듯 착각한데서 온 생각이라고 지적하며, 사물의 적합성은 합리적인 정신의 주체인 신에게 유래할 때에만 신뢰할 수 있다고 말한다. 루이스는 자연주의를 진리라고 믿는 사람들의 견해를 반박하며, 초자연주의가 진리라고 말한다.

자연주의자들은 생명과 이성이 자연으로부터 왔다고 주장하며, 구시대의 사람들이 자연의 법칙을 몰랐기 때문에 기적을 믿을 수 있었다고 말한다. 이에 대해 루이스는 생명과 이성이 눈 먼 자연으로부터 나올 수 없으며, 요셉은 처녀가 아기를 갖게 된 것이 자연의 법칙에 어긋나는 것을 알았지만 그 상황을 기적으로 받아들였기 때문에, 오히려 자연의 법칙을 더욱 잘 알았다고 논증한다. 요셉은 원시적인 바보가 아니다. 그는 자연의 규칙성에 대한 확신을 가지고 있었기 때문에 마리아의 잉태를 믿을 수 있었다. 다시 말하면, 요셉은 자연법칙의 규칙적인 작용보다 큰 구조에 의해서 자연의 법칙이 작동하는 것을 이해했기 때문에 기적을 믿을 수 있었다. 반면 자연주의자들은 부분적인 체계인 자연을 전부로 취급하고 있기 때문에 잘못을 범한다.

루이스는 기적을 분류한다. 첫 번째가 장엄하고 위대한 기적이다. 그것은 성육신 사건이다. 루이스는 성육신과 분리해서 기적을 논하는 것은 무익하다고 말한다. 성육신에는 죽음과 부활이 있다. 이 주제는 자연 그 자체의 원형으로 세상사의 전체 이야기가 죽음과 부활에 관한 것이다. 죽음과 재생의 패턴이 자연 속에 있다는 것은 그것이 창조자에게 유래하고 창조자 안에 있기 때문이다. 루이스는 성육신이란 초자연이 자연에 강림한 것이고, 인간은 자연과 초자연의 경계적 존재이기 때문에 성육신 교리가 인간이 갖고 있는 지식 전체를 설명하고 통합할 수 있다고 단언한다.

루이스는 두 번째로 자연과 신에 대한 관계를 그리스도의 기적으로 설명한다. 그리스도의 기적은 자연에 대한 간섭이다. 기독교 기적의 접합성은 자연의 창조자인 신에 의한 침입이라는 사실에 있다. 루이스는 그리스도의 기적을 여섯 가지로 나눈다. ① 풍요의 기적, ② 치유의 기적, ③ 파괴의 기적, ④ 자연에 대한 지배의 기적, ⑤ 역전의 기적, ⑥ 완성 또는 영광의 기적이다. 루이스는 여섯 가지를 다시 '예전에 있었던 창조의 기적'과 '새로운 창조의 기적'으로 나눈다. ①에서 ③과 ④의 일부는 예전에 있었던 창조이고, ④의 일부와 ⑤와 ⑥은 새로운 창조의 기적이다. 예전에 있었던 창조의 기적은 하나님이 자연에 계속 개입하셨음을 나타낸 것이고, 새로운 창조의 기적은 구속받을 인류와 피조물의 상태를 나타내기 위한 것이다.

먼저 예전에 있던 창조를 살펴보자. ① 풍요의 기적은 가나 혼인 잔치의 기적이다. 소량의 포도주와 빵을 많은 양으로 변화시켰다. ② 치유의 기적은 많이 나타난다. ③ 파괴의 기적은 무화과 나무를 고사시킨 사건으로 그리스도가 행한 유일한 파괴의 기적이다. 죽음(死)의 양면성을 보여주는 기적으로, 죽음은 사탄의 무기인 동시에 신의 무기가 될 수 있다는 점을 예수님이 보여주신 것이다. ④ 자연에 대한 지배의 기적은 예전에 있던 창조에도 속하고 새로운 창조에도 속한다. 폭풍우를 진정시킨 창조는 전자에 속하고, 그리스도가 물 위를 보행한 기적은 후자에 속한다. 그리스도가 폭풍우를 그치게 할 때 그는 신이 지금까지 자주 행하고 있던 일을 행하셨다. 신은 폭풍우도 창조하시고 잔잔한 날씨도 창조하셨기 때문이다. 폭풍우를 멈추게 하신 사건은 그리스도가 자연의 주인이시고 피조물 전체와 피조물의 행위를 보지(保持)하고 지배하고 있으시다는 점을 보여주신 것이다.

다음으로 새로운 창조의 기적에 대하여 살펴보자. ⑤ 자연에 대한 지배의 기적 가운데 그리스도께서 물 위를 걸으신 사건은 영과 자연이 화해한 사건으로서의 의미를 지니기 때문에 이 기적은 우주 역사에 새로운 장이 열릴 것이라는 부활의 소망과 관련된 기적이다. ⑥ 역전의 기적은 예수의 부활 사건이다. 나사로의 부활은 그리스도의 부활과 다르다. 나사로는 새로운 존재 양식으로 되살아 난 것이 아니고, 지금까지 있었던 목숨이 살아난 것이다. 반면 예수님의 부활은 새로운 존재 양식으로 변하신 것이다. 그래서 그리스도의 부활을 역사적인 사건이라고 주장하기도 하고 만들어 낸 이야기라고도 한다. 역사적 사실이라고 믿는 사람들은 부활하신 예수가 육체를 입고 나타나 사물을 만지고 제자들과 식사를 했다는 것에 대해 진실이라고 믿는다. 반면 부활의 역사적 사건을 믿지 않는 사람들은 그것을 환상이라고 폄하한다.

루이스는 『기적』의 마지막 장에서 기적은 신의 계획의 일부라고 강조한다.

루이스는 에필로그에서 이 주제에 대해서 더욱 연구할 것을 제안한다.
③ 신교육에 기초한 상대주의 비판

루이스는 공동체 문화가 붕괴되고 있으며 도덕적인 가치기준이 무너지고 있는 현실을 바라보며 가슴 아파했다. 그는 공동체 문화를 복권시키기 위해서 의로움을 인식시키고 가르쳐야 할 것을 주장했다. 그는 기독교의 고전적인 사랑의 덕을 말하면서 감각적인 문화를 비난한다. 그가 본 그 시대의 영국 사람들은 어느 시대 사람보다 악하고 비겁했으며, 스스로 좋다고 느끼는 것이면 무엇이든지 할 수 있다고 하여 끝없는 쾌락에 탐닉했다. 그는 이러한 모습을 보고 머지 않아 공동체 문화가 무너질 것이라고 경고했다. 그리고 그 이유를 잘못된 교육에서 찾았다.

옛날에는 느낌이 아니라 사고가 기준이 되었다. 만약 느낌에 따라 행동하며, 스스로 의복을 선택하듯 한 집단이 '이데올로기'를 선택한다면, 이것은 치명적인 미신이 될 것이다. 때문에 느낌 위주의 상대주의적 도덕관은 공격을 받아야 한다.

루이스는 이 문제를 2차 대전 중에 더햄 대학에서 강연했고, 그 내용을

『인간의 폐기』(*The Abolition of Man*, 1943)라는 책으로 출간했다.[142] 『인간의 폐기』에 나타난 신교육과 상대주의 비판을 살펴보자.

루이스는 초등학교 고학년의 교과서 2장에 실린 콜리지(Coleridge)의 이야기를 인용하면서 가치의 문제를 등한시하고 있는 교육 현실을 비판한다. 그 교과서에는 콜리지가 두 관광객이 폭포에 관하여 이야기하는 것을 우연히 엿듣게 되었는데 한 여행자는 폭포를 장엄하다고 하고, 다른 사람은 예쁘다고 하자, 콜리지는 전자의 판단을 지지하고, 후자의 것을 거부한 것에 관한 촌평을 말한다. 초등학교 교과서(그린 북이라고 루이스가 명명함) 저자는 폭포가 장엄하다고 말한 사람은 폭포에 대해서 말한 것처럼 보이지만 실제로는 '나는 장엄한 감정을 가지고 있다.'라고 말한 것이며, "우리들이 어떤 것에 대하여 매우 중요한 그 무엇을 말하고 있는 것처럼 보이지만, 실제로 우리들은 단지 우리들 자신의 감정에 대하여 말하고 있을 뿐이다."라고 첨가했다. 루이스는 그들의 생각이 잘못 되었음을 지적한다. 루이스는 어떤 사람이 한 대상을 장엄하다고 말하게 만드는 감정은, 장엄한 감정이 아니라 오히려 숭배감정이며, 그러므로 "이 폭포가 장엄하다."고 한 것은 "나는 겸손한 감정을 가지고 있다"라고 생각해야 한다고 말한다. 루이스는 이것이 아주 사소한 문제 같아 보이지만 큰 문제라고 지적한다. 교과서를 읽은 학생들이 '가치에 대한 서술어를 포함하고 있는 모든 문장에 대해서, 그것은 말하는 사람의 감정 상태를 진술한 것이기 때문에, 그러한 진술은 중요하지 않다고 생각할 가능성이 크기' 때문이다. 루이스는 이 학생은 영어를 학습할 뿐인 것 같지만, 이러한 생각이 윤리학이나 신학 그리고 정치학 같은 학문을 하는 데도 영향을 준다며 우려했다.

또 루이스는 제 4장에서 유람선에 대한 광고문을 인용 지적하면서 지식나무를 가르치면서 동시에 생명나무도 같이 자랄 수 있도록 교과서를 구성해야 한다고 말한다. 광고문에는 "이 유람선 표를 사는 사람은 보물선이 항해했던 대서양을 횡단하여 갈 것이며, 이 배를 타고 여행하는 사람들 역시 황금 같은 추억과 휘황찬란한 형형색색의 보물을 집으로 가져오게 될 것이다."라고 적혀 있었다. 루이스는 이 광고가 역사적인 장소를 찾아갈 때 경이와 즐거움 같은 감정을 금전 위주로 표현했기 때문에 여행의 즐거움을 빼앗아 갈 뿐만 아니라 배를 이익을 위해 이용하는 것이라는 잘못된 생각을 학생들에게 심어 줄 가능성이 크다고 말하며, 이러한 광고 문구 대신에 문학 작품을 인용했다면 학생들의 정서를 함양했을 것이라고 말한다.

루이스는 절대적 진리가 없다고 주장하는 상대주의자들의 잘못을 지적한다. 그는 궁극적 근원, 자연법 혹은 전통적 도덕법을 타오(도)라고 부르며 그것이 도덕의 기준이 될 수 있다고 말한다. 그는 도덕법이 윤리적 규범의 뿌리가 자라는 토양이며, 이것 없이는 잎들이 마르고, 가지가 떨어져 나가며, 도덕적 삶이 황무지가 된다고 말한다.[143] 도덕법이 진리로서 기능하기에, 진리를 따르는 사람은 빛 가운데 있지만 그렇지 않은 사람들은 혼란이 가중될 것이라고 말한다.

루이스는 『순전한 기독교』에서 상대주의자들의 생각을 따라가며 그들을 비판한다. 상대주의자들은 도덕이란 문명과 시대에 따라 다른 것이기 때문에 절대적인 기준이 될 수 없다고 말한다. 그러나 이것은 진실이 아니다. 루이스는 고대 이집트, 인도, 중국, 희랍의 도덕적인 가르침을 비교해 가면서 선함과 사악함이 문화적인 것이 아니라고 논증한다. 문화는 다르지만 인류의 도덕적 지혜가 깊게 뿌리박혀 있기 때문이다. 루이스는 『인간의 폐기』에서 덕행의 명언을 각 문명권별로 수록하여 자신의 말을 논증하고 있다. 이어서 선함과 사악함의 기준을 믿지 않는 상대주의자도 자기 나름대로의 품위 있는 행동의 법칙을 정해 놓고 있다고 언급한다. 상대주의자도 다른 누군가가 약속을 깨려고 하면 비겁하다고 불만을 터뜨리고, 선함과 사악함의 법칙에서 어긋난 행동을 하면 변명을 한다. 그들이 변명한다는 것은 변명 자체가 품위 있는 행동에 대한 기준의 근거가 된다. 루이스는 상대주의자들의 위와 같은 행동이 자연의 법칙을 믿고 있다는 증거가 아니냐고 반문한다. 자연법이 없다면 왜 변명하겠는가?

자연법은 교육에 의해서 심어지거나 사회적 관습이 아닌 본능으로 방향지우는 것이다. 자연법은 유일무이한 근원이다. 자연법이 중력을 없앨 수 없듯, 그것을 고안해 낼 수 없다. 루이스는 도덕률이 존재한다는 것, 영구적인 기준이 존재한다는 것을 인식하라고 말한다. 어떤 아이가 산수 답안이 틀렸다는 것을 아는 것처럼 어떤 인간을 무자비하고 게으르다고 판단하는 것은 우리 마음에 이미 친절과 근면이 있기 때문이다. 만약 자연법에 기초한 도덕률의 기준을 의심하기 시작한다면, 비난의 타당성은 자동적으로 의심받지 않겠는가? 따라서 우리에게 자연법이 있다면, 거기에는 반드시 우리의 도덕적 기준을 담당하는 초자연적인 입법자가 있을 것이다. 이것이 루이스가 생각하는 도덕적 증명인 동시에 신에 대한 증명이다.

4) 동화를 통한 문화명령의 수행모델 제시

우리는 루이스의 『나르니아 연대기』에서 주인공의 선악의 싸움을 통해 문화명령의 수행 모델을 발견할 수 있다. 도덕법에 기초한 선과 악의 싸움이 어떻게 형상화되어 있는지 살펴보자. 선과 악에 관해 시몬느 베이유는 다음과 같이 말했다.

> 선처럼 이렇게도 아름답고 신선하고 놀라게 하는 것, 그렇게도 달콤하고 영속적인 황홀에 가득 찬 것은 없다. 악처럼 그렇게도 황량하고 단조롭고 지루한 사막은 없다. 이것이 선 및 악에 대한 진실이다. 그런데 허구에 있어서의 선악은 이것이 역전된다. 픽션의 선은 평범하고 지루한 반면에 악은 변화가 많고 흥미진진하고 매혹적이며 심원한 마력으로 가득 차 있다.

이 말은 옳다. 이야기나 소설에 등장하는 선인치고 매력이 넘치는 인물을 만나기 쉽지 않다. 그러나 예외가 없는 것은 아니다. 맥도날드의 소설에는 선량한 인물이 가장 설득력 있게 묘사되어 있고 살아 있지만, 악한은 연극적이다. 루이스도 예외이다. 『나르니아 연대기』의 가장 뛰어난 점은 "젊은 독자들이 선에 있어서 행복과 힘을 얻기" 때문이다. 루이스는 스펜서의 『요정의 여왕』을 논하면서 "그것은 선을 즐거운 것으로서, 놀이로서 가르치고 있고, 선은 명랑함과 즐거움과 함께 한다."고 말하고 있다. 이것이 나르니아 나라에서 루이스가 전하고자 하는 메시지이다.

나르니아의 중심 테마는 선과 악의 싸움으로, 루이스가 가장 싫어하는 것은 자기중심주의이다. 루이스는 작품에서 악인들은 악의 논리를 가지고 자기정당화나 자기변호를 시도하게 형상화했다. 예컨대, 악인들은 '아이들은 어른들의 가르침을 받아야 하지만 훌륭한 학자와 대사상가, 현인은 가르침을 받을 필요가 없다.' 고 생각한다. 이들은 남들이 모르는 지혜를 가졌기 때문에 세상의 일반적인 규칙을 따를 필요가 없으며, 대장군으로서 큰일을 하기 위해 일개 병사가 싸우는 사소한 일에 개입하지도 않는다. 이들은 평범한 사람들이 하는 일을 해서는 안 되고, 고독을 즐기면서 산다. 루이스는 이것이 악인에게 나타나는 공통된 인생 태도라고 말하며, 그들이 즐기는 고독은 실제로는 자신의 탐욕을 채우기 위한 변호로, 그들은 모든 책임을 다른 사람에게 미룬다. 이들은 자신들의 어깨 위에 전 세계의 무게가 걸려 있기 때문에 모든 규칙에서 자유로워야 하며, 그래서 악인의 운명은 고매하고 고독한 것이라고 말한다. 악인들이 이렇게 된 것은 틀린 책만 읽었기 때문이다. 악인들은 올바른 책을 하나도 읽은 적이 없기 때문에 악을 행한다. 여기에 루이스의 현대 교육에 대한 비판이 들어 있다. 이 점에 관해서는 〈은의자〉의 첫머리를 보라.

반면 선인의 미덕은 겸손과 자기희생 정신이다. 선인은 비록 재미없는 사람이라고 평가를 받지만, 어려움에 처하면 두 사람 이상의 능력을 발휘하며, 자기를 희생한다. 그리고 모두가 꿈속에서 헤매고 있을 때, 몸으로 희생하며 용기 있게 말을 하여 혼미한 상태에 있는 사람들을 일깨우는 역할을 한다.

루이스는 〈마지막 전쟁〉에서 모든 주인공들은 아스란을 사랑하거나 미워하거나 두 개의 반응을 보이게 형상화했다. 즉 악인들은 아스란의 소리를 들으면 싫어하고, 선인들은 아스란의 소리를 들으면 가까이 가고 싶어한다. 여기서 놓치지 말아야 할 것은 아스란은 선한 자에게 사명을 준다는 점이다. 아스란은 선인들에게 사명을 준 후 인간이 할 수 있는 일은 인간이 할 수 있도록 직접적인 도움의 손길을 주지 않는다. 아스란은 언제 도움을 줄 것인가를 가르쳐 주지 않는다. 다만 주인공들은 최선을 다할 뿐이다. 때문에 선한 주인공들은 늑대와 싸우고, 마녀가 살고 있는 지하의 나라에 내려가야 한다.

또 아스란에게 사명을 받는다는 것은 책임을 짊어진다는 일이다. 그 책임이란 대부분 다른 사람의 운명과 관계가 깊다. 이들은 다른 사람의 운명이 걸려 있기 때문에 책임을 다하기 위해 각양각색의 위험이나 유혹과 싸워야 한다. 이것이 시련이고 연단이다. 여기서 요구되는 것은 정의와 영웅심이다. 정의감에 불타는 영웅으로서 위험과 싸우고 유혹을 물리치며 시련을 견디고, 결국 시험에 합격한 자에게는 명예와 영광이 주어진다.

5) 소수·다수 구분 : 비평의 걸림돌

루이스는 1961년 『문학비평에서의 실험』에서 당시의 문화논쟁에 관하여, 즉 고급문화와 대중문화를 계급이라는 관점에서 논쟁하고 있는 것에 대해서 직접 드러내 놓지는 않았지만 은근하게 꼬집고 있다. 루이스가 이 구분을 비판하고 있는 것은 계급 구분이 문화를 이해하는 데 많은 혼란을 불러일으킬 수 있기 때문이다. 루이스는 고급문화와 대중문화라는 구분 대신에 '다수와 소수'라는 용어를 사용한다. 매슈 아놀드와 리비스, 엘리엇 등의 엘리트주의와 E. P. 톰슨이나 호가트, 윌리암스 등의 대중문화에 대한 가치부여는 허버트 갠스가 『고급문화와 대중문화』에서 논하고 있듯 그 논쟁이 잘못되었기 때문이다. 고급문화와 대중문화를 구분하는 이분법적인 사고는 한 계층이 다른 계층의 문화를 낮추어 보고자 하는 잘못된 생각을 불러일으키기 때문이다.[144]

그렇다면 루이스가 말하는 소수와 다수란 무엇인가? 루이스는 소수와 다수를 진정한 소수, 일반적 소수, 일반적 다수, 진정한 다수의 네 가지로 구분한다. 진정한 소수란 책을 한 번만 보는 것이 아니라 여러 번 읽어 의미를 파악하려고 노력하며 고요한 곳을 찾아 완전히 집중하며 책을 읽는다. 하지만 일반적인 소수는 책을 한 번 읽으면 그 책을 죽인다. 책을 손에 들었다가도 한 번 읽었다는 것을 알면 던져버리기 때문이다. 일반적 다수도 텍스트에서 의미를 찾고자 노력하지 않는다. 한 번 읽은 책에 대해서 무관심하기는 일반적 소수와 마찬가지이다. 이들의 특색은 별 볼일 없는 것을 가지고 중요한 것처럼 요란하게 떠벌리는 공통점이 있다. 반면에 진정한 다수는 독서를 하는 것이 자연스러우며, 독서 효과가 마음속에 남아 있다. 이들은 몇 년 동안 그 책을 음미하며 산다. 루이스는 다수 안에 소수가 있을 수 있다고 말하며, 다수와 소수를 성급하게 식별하는 것은 잘못이라고 말한다. 루이스는 얼마든지 소수가 다수로 떨어질 수 있으며, 다수가 소수로 이동할 수 있다고 보았다.

루이스는 다수를 문맹, 야만, 조잡, 천박, 상투적이라고 반응하며 영원히 문명에 암적인 존재라고 비판하는 것을 성급한 결론이라고 말한다. 이러한 비난은 경험에서 우러나온 것이 아니다. 왜냐하면 다수 안에서도 윤리적인 덕목이나 현실적인 신중함, 훌륭한 예의범절과 전반적인 비평의 수준에서 우월한 사람이 있기 때문이다. 다수를 문맹이나 야만으로 보는 것은 너무 도식적인 구분이다. 또 야만이라고 보는 다수도 다른 것에서는 훨씬 뛰어날 수 있기 때문이다. 그 이유는 대부분의 사람들은 예술 장르와 관련하여 한 장르는 싫어하지만 다른 장르는 좋아할 수 있고, 이 집단에 속했다가 다른 집단으로 이동할 수도 있기 때문에 다수와 소수를 성급하게 판단하지 말라고 거듭해서 반복, 강조하고 있다.[145]

루이스는 그림과 음악으로 다수와 소수를 설명한다. 루이스는 어릴 때에 그림을 좋아했지만 그림의 장단점을 구별하지 못한 점과 그 그림을 주관적으로 좋아했을 뿐이지 그림 자체를 본 것이 아니라며 다수에 속했다고 말한다. 그림이 전하는 이야기의 자질을 논할 뿐이지 그림의 선이나 색채, 구성에 관하여 이야기하지 못했기 때문이다. 루이스는 그림을 아이콘과 장난감처럼 상상력과 정서적인 행위를 위한 도구로 이용할 것이 아니라 대상을 철저하게 인식하는 것이 진정한 감상이라고 말한다.

루이스는 다수는 예술을 '이용'한다면 소수는 예술을 '수용'한다고 말한다.[146] 다수는 귀 기울여야 할 때 말을 하고, 받아야 할 때 주려는 사람처럼 행동한다. 반면 소수는 예술 작품이 자신에게 영향을 미치도록 복종한다. 즉 보고, 듣고, 받아들이는 수용을 한다. 작품이 복종할 만한 가치가 있는지 없는지 따져보기 전에, 있는 그대로 충분히 파악하려고 노력한다.

루이스는 다수가 예술을 이용하고자 하는 행위를 비난하거나 경시해서는 안 된다고 말한다. 이들은 성급하게 예술 작품에 다가간 결과 실제로 보거나 들을 수 있는 것을 보지 못하지만, 소수도 처음에는 이러한 다수처럼 행동했기 때문이다.

⑥ 현대적 의의

루이스는 현재 기독교 평신도 변증가로서 최고의 존경을 받고 있다. 그는 영국의 문화논쟁의 한 복판에 살면서 문화 연구가 무엇인가를 전형적으로 보여준 비평가였다. 그 가운데 가장 탁월한 점은 일반 문화 연구자들이 고급문화 · 저급문화 논쟁을 하고 있을 때, 소수와 다수로 다른 계층을 낮추어 보고자 하는 계급 논쟁의 무의미함을 논증한 것이다. 또 그는 교과서를 분석하여 학생들에게 잘못된 세계관을 교육했을 때의 폐해를 구체적으로 제시하며 상대주의 문화관을 설득력 있게 반박하고 있다.

또한 루이스는 세계관이란 관점에서 작품을 창작한 문화생산자였다. 그는 『나르니아 연대기』를 창작하여 문화 명령을 어떻게 완수할 것인가를 작중 인물을 모델로 제시하는 한편, 자연주의적 세계관에 물든 당대인들에게 초월적인 세계에 대해 동경할 수 있도록 상상력을 자극했다는 점에서 문화 생산의 중요성을 부각시킨 인물이었다는 데 큰 의의가 있을 것이다.

주

1) T. Eagleton, *Literary Theory*, Oxford : Basil Blackwell, 1983, p. 22.
2) 이에 대해서는 여국현, 「비판적 문화 연구의 역사적 고찰과 전망」, 중대 영문학 박사, 2004, pp. 68-70 참조.
3) Matthew Arnold, *Culture and Anarchy*, Londen : Cambridge University Press, 1960, p. 6.
4) 위의 책, p. 31.
5) 위의 책, p. 163.
6) 위의 책, p. 193,
7) 위의 책, p. 111, 113.
8) Matthew Arnold, *The Complete Prose Works of Matthew Arnold* Vol. 1, R. H. Supper, ed. (Ann Arbor : The University of Michigan Press, 1965, p. 40을 김선희, 〈문학의 현대적 요소에 나타난 아놀드의 고전성〉, 「숙대논문집」, 58, 1994, p. 60에서 재인용.
9) Leavis, F. R. *The Critic as Anti-Philosopher* : Essays and Papers, ed, G. Singh, Londen : Chatto & Windus, 1982, p. 57.
10) Leavis, F. R, 위의 책, p. 56.
11) F. R. Leavis, *Mass Civilization and Minority Culture*, Cambridge : The Minority Press, 1930, pp. 3-5를 크리스 젠크스, 김윤용 역, 「문화란 무엇인가」, 현대미학사, 1996, p. 137에서 재인용.
12) 존 스토리, 박모, 「문화 연구와 문화이론」, 현실문화 연구, 1999.
13) F. R. Leavis & Denys Thompson, *Culture and Environment*, Westport CT : Greenwood Press, 1977, p. 5.
14) Q. D, Leavis, *Fiction and the Reading Public*, London : Chatto and Windus, 1978, p. 185.
15) F. R. Leavis, *Great Tradition*, Haemondsworth : Penguin, 1974, p. 10.
16) 레이먼드 윌리엄스, 이일환 역, 「이념과 문학」, 문학과 지성사, 1982, p. 16.
17) Raymond Williams, *Marxim and Literature*, Oxford: Oxford UP, 1977, pp. 76-77.
18) Raymond Williams, *Base and Superstructure in Marxist Theoory* in Problems in Materialism and Culture, Verso Edition NLB, 1980, pp. 31-49.
19) 위의 책, p.79.
20) 위의 책, p. 98.
21) 위의 책, p. 98.
22) Raymond Williams, *Culture and Society*: 1780-1950, pp. 271-272.

23) 윌리엄스는 그람시의 헤게모니론 이전에 루카치의 총체성, 알튀세르의 이데올로기를 수용, 비판한다. 그에 의하면 루카치의 총체성은 사회적 실천이라는 현상을 실천의 대립 관계의 통일로 파악함으로써 고정적 관점에 머물러 있으며, 인간의 주체적이고 자율적인 의지로부터 실천을 개입시킬 여지를 찾을 수 없다고 비판한다. 또 알튀세르의 이데올로기 개념은 허위의식의 호명작용에 의해 개인이 주체로 완성된다는 논리이기에 주체가 단순히 허위의식의 일종인 이데올로기의 단순한 대행자에 불과할 뿐이라고 비판한다. 강유미, 「레이몬드 윌리엄스의 문화론과 미학과의 관계」, 홍익대 석사, 1998, pp. 12-17.

24) 겔러허는 문화를 바라보는 윌리엄스의 입장이 문화를 '하나의 물질적 사회과정의 실제적이고 능동적인 부분'이라고 본 그람시의 입장과 같다고 보고 있다. Catherine Gallagher, *The New Materialism in Marxist Aesthetics*, Theory and Society, 9, 1980, p. 642.

25) Raymond Williams, *Base and Superstructure in Marxist Cultural Theory*, p. 37.

26) Raymond Williams, *Marxim and Literature*, pp. 108-110 참조.

27) Raymond Williams, *The Politics of Modernism*, London, Verso, 1989, pp. 163-164.

28) 소비이론의 초기 단계는 소비자 즉, 독자의 취미를 강조하는 것이었으며, 이후로는 좀 더 고상한 감수성을 강조하면서 이러한 감수성을 바탕으로 필독서로 채택된 작품을 소비하고 감상하는 차원에 초점을 맞추었다는 것이다. 강유미, 앞의 논문, pp. 28-29.

29) 강유미, 앞의 논문, p. 30.

30) Raymond Williams, *Culture and Society*, p. 16.

31) Raymond Williams, *Keywords*, p. 80.

32) Raymond Williams, *Culture*, Glasgow: Fontana, 1981, p. 13.

33) Raymond Williams, *The Long Revolution*, Harmondsworth: Penguin, 1961, p. 63.

34) Raymond Williams, *Literature and Sociology: In Memory of Lucien Goldman*, New Left Review, no. 67, May/June, 1971, pp. 3-18을 강유미, 앞의 논문, p. 38에서 재인용.

35) 윌리엄스는 '감정의 구조'를 '경험의 구조'라고 부르지 않는 이유를 경험이라는 단어는 과거시제적 의미를 포함하고 있기 때문이라고 한다. 감정은 '느껴진 사고이자 사고된 느낌'으로 감정들은 과거로 전승받은 감정들과 상호 관련적인 연속성 속에 놓여 있는 한편, 현재적이고 능동적으로 형성되는 실천적인 의식이라고 보고 있다. Raymond Williams, *Marxim and Literature*, p. 128.

36) Tony Bennett, *Popular Culture*: Thems and Issue, Milton Keynes: Open Uiversity, 1981, p. 26.

37) Raymond Williams, *The Long Revolution*, p. 65.

38) 위의 책, pp. 64-65.

39) Raymond Williams, *Resources of Hope*: Culture, Demorcracy, Socialism, ed. Robin Gable, London: Verso, 1989, p. 36.

40) Raymond Williams, *Marxim and Literature*, p. 122.

41) Raymond Williams, *Problems in Materialism and Culture*, Verso Edition and NLB, 1980, p. 38.

42) 위의 책, p.41.

43) Raymond Williams, *Marxim and Literature*, p. 115.

44) 위의 책, p. 123.

45) 위의 책, p. 5.

46) 위의 책, p. 65.

47) 위의 책, pp. 35-37.

48) 위의 책, p. 43.

49) 위의 책, p. 133.

50) 위의 책, p. 157.

51) S. Hall, *Cultural Studies and the Centre*: some problematics and problems, Culture, Media, Language, Stuart Hall 외 (eds.), London: Hutchinson, 1980, p. 19.

52) 존스토리, 박모 역, 「문화 연구와 문화이론」, 현실문화 연구, 1999, p. 87.

53) 위의 책, p. 118.

54) 김지운 외, 「비판커뮤니케이션 이론」, 나남, 1991, p. 171.

55) Richard Johnson, *Histories of Culture/Theories of Ideology* : Notes on an Impasse. in Michele Barrett et al.(eds), Ideology and Cultural Production, New York : St. Martin's Press, p. 66을 임영아, 「문화주의와 구조주의의 비교연구」, 연세대 언론홍보 석사, 1996, p. 30에서 재인용.

56) 이상, 여국현, 위의 논문, pp. 28-67참조.

57) E. P. Thompson, *The Marking of the English Working Class*, Vintage Books, 1963. 나종일 외 번역, 「영국노동계급의 형성」, 창작과 비평사, 2000.

58) 강문구 역, 로저 스크루턴, 「신좌파의 사상가들」, 한울 아카데미, 2004, p. 25.

59) D. Stark, *Class Struggle and the Transformation of the Labour Process* : A Relational Approach, Theory and Society, 9, 1980. H.J.Kaye, Op.Cit., p. 233에서.

60) 강성호,〈서구 맑스주의 역사학의 몇 가지 이론적 모색〉, 역사문제 연구, 역사문제연구소, 2001, p. 12.

61) E. P. Thompson, 위의 책, p. 212.

62) E. P. Thompson, 위의 책, p. 214.

63) R. Hoggart, *The use of literacy*, Harmondsworth : Penguin, 1990.

64) 위의 책, p. 330.

65) 위의 책, p. 340.

66) 여국현, 위의 논문, pp. 32-33.

67) 여국현, 위의 논문, p. 71.

68) 민속지학적 방법은 현장 속으로 들어가 직접적인 관찰과 접촉을 통해, 문화적 맥락 속

에서의 주체의 실천을 해석하려는 시도이다. 이러한 민속지학적 작업은 그들의 다양한 문화 수용행위를 관찰하고 추적하거나 인터뷰, 그룹운동, 자기보고서 등 대중이 자연스럽게 기술한 이야기를 해석하는 것이다. 그러므로 민속지학의 목적은 보편적인 법칙을 정립하려는 것이 아니라 특정한 문화에서의 구체적인 생활경험 그리고 그것을 구성하는 사회적 규범과 패턴에 대한 세밀한 묘사를 이루는 것이다. 민속지학적 방법의 특성은 첫째, 사람들의 행동은 조사자에 의해 만들어진 실험적인 상황보다는 일상생활 속에서 연구한다. 둘째, 자료의 수집은 관찰과 비공식적인 대화를 통해 이루어진다. 셋째, 자료 수집은 미리 세워진 구체적인 연구계획에 의해 이루어지지 않는다는 점에서 '비구조화' 된 것이다. 이것은 조사가 비체계적이라는 것을 의미하는 것이 아니라 그보다는 자료가 원래의 형태 그대로 수집된다는 것을 의미한다. 넷째, 연구 대상은 상대적으로 소규모 집단이나 사회 환경이 된다. 셋째, 자료의 분석은 인간의 언어적 기술과 설명, 관찰한 행동들의 의미를 해석하는 것이다.(M. Hammersley, 백선기 편역, 『현대사회와 기호학』, 문학과 지성사, 1996)

69) KenGelder & Sarah Thornton, *The Subculture reader*, London : NY, Routledge, 1997, pp. 1-5.

70) 사이드먼은 포스트 모던 시대의 사회이론을 적은 한 사회학 교과서에서 과학과 정치학 사이라는 소제목으로 스튜어트 홀, 하버마스, C. 라이트 밀스를 언급하고 있다. 홀은 맑시즘을 새롭게 정립하고자 한 인물로, 문화 연구를 대표하기 때문에 사회학에서 반드시 다루어야 한다고 말할 정도로 주요인물이다. 스티븐 사이드먼, 박창호 역, 『지식논쟁 : 포스트 모던 시대의 사회이론』, 문예출판사, 1999, pp. 297-307.

71) 원용진, 〈다시 들여다보는 문화 연구〉. 이 글은 원용진이 『문화과학』 23호(2000년 가을)에 실린 〈문화 연구와 스튜어트 홀〉과 『한국방송학보』 14-3호(2000년)에 실린 〈미디어 연구의 반성과 전망〉을 종합하여 다시 정리한 것에서 발췌한 것임.

72) 박선웅, 스튜어트 홀의 문화 연구, 『경제와 사회』 2000년 봄호, p. 150.

73) S. Hall, *Signification, Representation, Ideology : Althusser and the Post-Structuralist Debates*, Critical Studies in Mass Communication, 2, 2, 1985, pp. 91-114.

74) 스튜어트 홀은 통일성의 차이를 말하지만, 후기구조주의는 총체화될 수 없는 절대적 차이를 말한다. 통일성과 차이를 동시에 파악할 수 있는 핵심 개념은 '접합' 이다. 접합은 필연적인 연결, 즉 본질적인 것이 다양한 층위들에서 필연적으로 발현되는 양상을 설명하는 개념이 아닌 본질환원주의에서 배제한 차이들을 총체성과 더불어 다루기 위해 고안된 개념이다. 이 개념은 알튀세르의 '복합적 총체성' 과 '구조와 실천의 이중적 접합' 개념에 그 뿌리를 두고 있다. 홀은 '접합' 을 최종적인 종결을 의미하지 않는 구조화 실천으로 보고 있으며, '차이' 는 접합 실천을 통해 연결될 수 있는, 완전한 소멸을 의미하지 않는 '차이' 로 파악할 수 있다. (이진희, 「스튜어트 홀의 문화정치학에 관한 비판적 연구」, 인하대 정치외교학 석사, 1999, pp. 55-57 참조)

75) 홀에게 있어 '국면' 은 과거 역사의 흔적을 담고 있지 않은 사건들이 일시적으로 자기 충족적인 복합체로 변화하는 것이다. 이진희, 앞의 논문, p. 60.

76) S. Hall, *Notes on Deconstructing 'the Popular'* in R. Samuel (ed.) People's History and Socialist Theory, London : Routledge, 1981, pp. 227-239.

77) L. Grossberg, *On Postmodernism and Articulation : An Interview with Stuart Hall*, Journal of Communication Inquiry, 10, 2, 1986, p. 52.

78) 홀은 문화적 상대주의를 철저하게 수용하지 못했으며 리비스주의의 이론적 속박으로부터 완전히 자유롭지 못했다. 홀이 반대한 것은 고급문화와 대중문화에 대한 이분법적 사고에서 오는 대중문화에 대한 무차별적 비판이었다. 하지만 대중문화와 민중예술의 구분 역시 이분법적 사고이며, 그 구분의 기준이 고급문화/대중문화의 구별기준과 크게 다르지 않다는 점에서 여전히 리비스주의적이다.

79) 박선웅, 앞의 글, p. 155.

80) 홀은 알튀세르가 이데올로기를 투쟁으로 묘사함으로써 기능주의적 색채를 희석시키려고 했지만 그것이 표면적인 주장일뿐 알튀세르의 문제틀에 이론적인 영향을 준 것은 아니라는 면에서 단지 "제스처에 불과"하다고 비판했다.

81) 박선웅, 앞의 글, p. 159.

82) 스튜어트 홀, 임영호 편역, 『스튜어트 홀의 문화이론』, 한나래, 1996, p. 20.

83) 경제논리와 시장주의를 근본으로 하는 대처주의는 79년 집권 이후 20년 동안 영국 사회의 거의 전 영역에 심대한 변화를 초래했다. 그것은 사회의 곳곳에 만연된 비합리적 요소를 찾아내 거기에 자본과 경쟁의 논리를 관철시키려고 한 극단적 합리주의이며 자본의 논리를 철저히 대변한 주의였다. 스튜어트 홀은 시민사회를 무시하면서 대중에게 직접 헤게모니를 행사하는 대처주의의 논리를 "권위주의적 민중주의"(authoritarian populism)라 규정했다.

84) 대처주의에 대한 논쟁은 Bob Jessop & Kevin Bonnet, *Thatcherism* (Cambridge: Polity Press, 1988)을 참고.

85) 김용규, 〈문학연구에서 문화 연구로: 80년대 이후 영국이론의 변화〉, 『새한영어영문학』 제 44권 1호, 2002, pp. 27-28.

86) 스튜어트 홀, 임영호 편역, 앞의 책, p. 249.

87) 박선웅, 앞의 논문, pp. 156-158 참조.

88) 스튜어트 홀, 임영호 편역, 앞의 책, p. 253.

89) 홀(1982)은 이를 미디어 담론의 '현실효과'라 불렀다. 그는 미디어 담론이 현실 자체를 투명하게 반영한다고 보는 것은 자연주의적 환상이라고 비판하면서, 오히려 담론이 현실을 구성한다고 주장했다. 즉, 현실은 미디어 담론의 의미작용의 효과이자 결과인 것이다. 그러면서 홀은 담론이 세계에 대한 가정과 진실이라고 할 수 있는 것 사이에 일종의 등가 체제를 확립하는 효과를 가져온다고 했다. 이런 점에서 홀은 알튀세르와 마찬가지로 이데올로기가 과학적 지식과 달리 폐쇄된 범위 내에서 우리가 이미 알고 있는 사물에 대한 인지를 순환적으로 재생산한다고 했다.

90) 스튜어트 홀, 임영호 편역, 앞의 책, pp. 324-325.

91) S. Hall, *Cultural Studies and the Centre : Some Problematics and Problems*, in S. Hall et al. (eds.) Culture, Media, Language, London : Hutchinson, 1980,

pp.15-47.

92) S. Hall, *Gramsci's Relevance for the Study of Race and Ethnicity*, Journal of Communication Inquiry, 10, 2, 1986, pp. 8-9.

93) M. Morris, *Banality in Cultural Studies*, Discourse, 1988, 10, pp.3-29.

94) 알뛰세르, 이종영 역, 「맑스를 위하여」, 백의, 1997, p. 114.

95) 조성만, 「안토니오 그람시의 문화이론」, 경희대 영문학 석사, 1999, p. 16.

96) 조성만, 앞의 논문, p. 12.

97) 조성만, 앞의 논문, p. 27.

98) 앨런 스윈지우드, 박형신·김민규 역, 「문화사회학 이론을 향하여」, 한울아카데미, 2004. p. 41.

99) Ebercrombie, Nicholas, 김영범 역, 「계급·이데올로기·실천」, 학민사, 1987, p. 160.

100) 앨런 스윈지우드, 앞의 책, p.43.

101) 앨렌 스윈지우드, 앞의 책, p. 52.

102) 앨렌 스윈지우드, 앞의 책, p. 48.

103) Gramsci, *Seletions from Prison Notebooks*, Hoare, Q. and Smith, G.N. ed, New York, International Publishers, 1971, p. 12.

104) 허재영, 「알뛰세르와 그람시의 이데올로기론 비교 연구」, 서울대 사회학 석사, 1993.

105) Fiori, Giuseppe, 신지평 역, 「그람시」, 두레, 1991, p. 136.

106) 조성만, 앞의 논문, p. 47.

107) 이강미, 「그람시의 지식인론」, 숭실대 정외과 석사, 1994.

108) 윤은주, 「안토니오 그람시의 실천 철학과 지식인 문제」, 숭실대 철학 석사, 1995, pp. 32-40 참조.

109) Gramsci, *The Modern Prince* SPN, p. 161.

110) L. Gruppi, *Gramsci : Life of a Revolutionary*, New York, Schocken Books, 1973, p. 223-224.

111) 김소연, 「그람시와 대중문화의 정치성」, 연세대 비교문학 석사, 2001.

112) Bocock. Robert, 이향순 역, 「그람시 헤게모니의 사회이론」, 학문과 사상사, 1991, p. 103.

113) 이규태, 「그람시 문화 정치의 재구성」, 서강대 정외과 석사, 2000.

114) T. S. 엘리어트, 이경식 역, 「기독교 사회의 이념」, 현대사상사, 1982.

115) 위의 책, p. 124.

116) 위의 책, p. 128.

117) 위의 책, p. 167.

118) 위의 책, p. 184.

119) 위의 책, p. 211.

120) 위의 책, p. 40.

121) 위의 책, p. 55.

122) 위의 책, pp. 97-99.

123) 위의 책, p. 102.

124) T. S. Eliot, *To Criticize the Critic and the Other Writings*, London, 1965,

125) T. S. Eliot, *Poetry and Propaganda*, Literary Opinions in America Vol. 1. 3d ed. rev vols. Ed. M. D. Zabel, New York: Harper and Row, 1937, p. 103.

126) 허정자, 〈T. S. Eliot에게 있어 시와 신념의 문제〉, 『T.S. 엘리엇 연구』, 한국 T.S. 엘리엇학회, 제 10호, 2001 봄-여름, p. 229.

127) T.S.Eliot, *The Idea of a Christian Society*, Londen, Faber and Faber, 1982, p. 57.

128) 안중은, 『T. S. 엘리엇의 시와 비평』, 브레인 하우스, 2000, p. 316.

129) 위의 책, p. 66.

130) 루이스 마르코스, 최명관 역, 『C.S. 루이스가 일생을 통해 씨름했던 것들』, 그루터기하우스, 2004.

131) C. S. Lewis, *Christianity and Culture*, The Christian Imagination, Baker Book House, Michigan, 1990.

132) C. S. 루이스, 박상률 역, 『말과 소년』, 한길사, 1994, p. 220.

133) 위의 책, p. 264.

134) 위의 책, p. 38.

135) C. S. 루이스, 허종 역, 『문학비평에서의 실험』, 동문선, 2002, p. 64.

136) 위의 책, p. 70.

137) 야기우 나오유끼, 『환타지 나라의 신학』, 신교출판사, 2003, p. 267.

138) 위의 책, p. 266.

139) 위의 책, p. 268.

140) 이하 다케노 가즈오, 『상상력의 거장들-문학과 기독교』, 彩流社, 2003, pp. 41-44를 재구성한 것임.

141) 위의 책, p. 43.

142) C. S. Lewis, *The Abolition of Man*(New York : The Macmillan Co, 1947), 한균 역, 『가슴 없는 사람』, 생명의 말씀사, 1983.

143) C. S. Lewis, p. 39

144) 허버트 J. 갠스, 『고급문화와 대중문화』, 현대미학사, 1996, p. 7.

145) 『문학비평의 실험』, p. 21.

146) 위의 책, p. 29.

제 **5** 장

68혁명과 후기구조주의 · 기독교 문화 이론가들

1. 68혁명의 형성 배경과 특징

2. 후기구조주의 문화 이론가들

3. 기독교 문화 이론가들

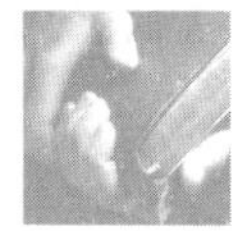

1. 68혁명의 형성 배경과 특징

왜 68혁명인가? 필자는 이런 질문을 들을 때마다 두 가지로 대답한다. 먼저 참여정부의 정책을 보라. 그리고 1990년대 말 전 세계적으로 표출된 반지구화 운동을 보라. 이것은 68혁명과 무관하지 않다. 반지구화 운동은 68혁명 때 제출했던 문제를 안고 있어 전망을 공유하고 있다.

68혁명은 저항운동과 새로운 사상의 전개라는 문화사적 의미를 지닌다. 첫째, 1968년의 저항운동은 가히 혁명의 해라고 말해도 좋을 만큼 여섯 대륙 전체에 걸쳐 동시다발적으로 일어난 전지구적 사건이었다. 68혁명은 자발적 대중의 반란이었고, 대중들이 자신의 삶을 근본적으로 바꾸려는 혁명이자, 기성체제 전반에 걸친 비판이었다. 68혁명은 지난날의 세대갈등과는 다른 양상을 보인다. 지난날에는 아버지에 대한 아들의 반항으로 나타났지만, 60년대는 정치, 경제, 사회, 문화 등의 모든 영역에 대한 도전의 형태로 나타났다.

1968년에 저항운동이 집중된 이유는 민주주의나 공산주의나 모두 똑같다는 인식이 토대를 이룬다. 미국의 베트남 전쟁의 정당화[1], 소련의 체코 프라하 침공은 양 진영 모두 정당성을 상실한 전쟁이었다. 세계인들은 당시 두루 퍼진 TV 뉴스를 보고 동시에 분노했으며, 그것은 바로 기성체제에 대한 비판으로 확대되었다.

둘째, 68혁명은 새로운 사상을 제시했다. 그리고 그것이 문화적인 형태로 전개되었다. 그 결과 대중문화의 폭발적인 성장을 가져왔다. 여기에서는 프랑스에서 68혁명이 일어나게 된 배경과 그 전개 과정을 살펴보고, 후 기구조주의와의 관련성을 고찰하겠다.

(1) 발생 배경

68혁명은 급속한 산업화로 인한 수동성, 권위주의적 관료제로 인한 참여의 제한, 대학 내의 문제, 국제 정세의 변화 등으로 발생했다.

첫째, 급속한 산업화로 인한 수동성에 대한 거부반응으로 나타났다. 제2차 세계대전 이후 프랑스는 '영광의 30년'이라 불리는 경제 호황을 구가했다. 1967년에는 프랑스 경제가 영국 경제를 추월했다. 평균 소득이 두 배로 향상되었으며, 유급 휴가도 연간 4주로 늘어났다. 이러한 긍정적인 측면의 이면에 노동자들은 기계의 단순한 부속품으로 전락했으며, 광고로 인한 문화적, 심리적 욕구의 조작 등으로 일상생활까지 소외와 수동성이 강화되었다. 이에 대해 노동자들은 '자주관리'를 내세우며, 자본주의 체제에 대한 거부반응을 보였다.

둘째, 권위주의적 관료제로 인한 참여의 제한으로 나타났다. 드골 정권의 정치 체제는 과도한 권력 집중, 의회 기능의 약화, 중간단체의 기능 마비 등을 특징으로 하는 중앙집권적이고 관료주의적인 권위주의 체제라 할 수 있다.[2] 대다수 국민들은 관료제가 도입되자 정치권력으로부터 소외감을 느끼게 되었다. 드골의 미디어 통제로 대중들은 엘리트들에게 조작당하는 수동적인 존재로 전락하고 말았다. 드골은 미국 제국주의의 허위를 지적하고 나토를 탈퇴하는 등 대미 종속을 탈피하기 위해 노력을 기울인 긍정적인 측면도 있지만, 60년대 말 프랑스 사회의 다양한 요구, 즉 자율성과 개방성, 다원성과 주체적 참여를 충족시키지 못한 한계를 지니고 있다.[3]

셋째, 대학이 문제가 많았다. 당시 대학생은 60만 명 정도로 베이비붐 세대들이다. 초대형 강의, 비좁은 건물, 대학 당국의 권위주의적 태도, 기숙사 시설 및 교수 수의 부족 등 모든 면에서 학생들은 일방적인 수용자에 불과했다. 이러한 환경에 직면하여 학생들은 권위주의적인 대학 당국의 태도와 교육의 계층적 불평등의 문제를 지적하며, 교육체제에 대한 불만을 표출했다.

넷째, 국제정세의 변화였다. 제2차 세계대전 이후, 프랑스 국민들 사이에는 반미의식(민주주의)이 팽배해져 있었다. 프랑스는 소련의 편을 들었다. 그러나 프랑스 국민들은 소련의 잔혹상을 목격한다. 프랑스 국민들은 미국의 민주주의와 소련의 공산주의 모두에 염증을 느끼게 되자, 새로운 사상을 필요로 한다.

이상에서 보듯, 제한된 정치적 안정과 문화 소외, 관료주의로부터의 소외감 등이 드골 정권에 대한 불만을 고조시켰고, 이러한 사회의 전반적인 분위기가 1968년 5월 학생운동의 토대를 마련했다.

(2) 사상적 배경

68혁명의 사상적 배경은 샤르트르와 실존주의, 구조주의와 알튀세르, 네오 마르크스주의, 유로 코뮤니즘을 들 수 있다.

첫째, 사르트르는 1950년대의 프랑스 철학계를 대표하는 인물이다. 특히 알제리 독립운동에서의 그의 역할은 학생들의 행동주의적인 태도에 큰 영향을 주었다. 그는 5월혁명 당시에 신좌파의 정치적, 이론적 논쟁에 초점을 맞춘 기사를 자주 게재함으로써 5월혁명을 지지했다. 5월혁명 당시 학생들은 혁명을 실존적 측면에서 인식했다. 이렇듯, 사르트르의 실존주의는 학생 운동에 결정적 영향을 주었다.

둘째, 1950년대 초 프랑스는 점차 구조주의의 지배를 받게 되었다. 그 이전에는 실존주의와 구조주의가 철학 사조의 양극단을 이루면서 성장, 발전하고 있었지만, 이 시기에는 국가 경제의 재건을 위한 계획 및 관리에 대한 이론이 필요한 때였기에 과학적인 학문 사조가 요구되었다. 이에 구조주의가 실존주의에 맞서 부상했다.

구조주의는 인간의 행동이란 인간의 의식적인 통제를 넘어선 구조에 의해 결정된다는 생각이었다. 당시 프랑스 지성계는 삶을 개선하기 위해서 우선 삶의 구조를 알아야 한다고 생각하고 사회 현상들을 그 구성요소의 단위로 분석했다. 그러나 이러한 구조주의 관점은 5월혁명에 의해 타격을 받는다. 인간이 개인을 초월한 구조에 의해 결정된다는 결정론적 관점은 욕망과 의식의 우위성을 주장한 5월혁명의 자발적인 정신에 역행하는 것이었다. 5월혁명 당시 학생들은 "구조주의 깃발을 내려라"라는 구호를 외치며 기성의 대학 지식을 거부했다. 이런 맥락에서 5월혁명은 반구조주의 혁명이라고 부를 수 있다. 당시 학생들에게 영향을 준 것은 알튀세르의 주체호출 테제였다.

셋째, 네오 마르크스주의는 지금의 마르크스주의가 왜곡, 변질되었다고 보고 초기 마르크스의 휴머니즘으로 돌아가서 마르크스주의를 재생시키려고 하는 이론이다. 이들은 조합체로서의 조직은 존중하지 않고, 개인적인 양심의 의무감을 더 존중하며, 변혁이란 반드시 철학의 실현을 통한 인간의 행위에 의해 가능한 것이라고 보았다. 즉 철학이란 실천적 차원에서 노동하는 인간의 해방이라고 믿었기 때문에 이들은 역사적, 사회적 문제에 적극적으로 참여하는 양상을 보여 주었다. 예컨대, 앙리 르페브르는 일상성이라는 개념으로 공업사회의 모순을 지적했다. 로제 가로디는 혁명을 통해 인간을 해방시키는 것이 중요하다고 보았다. 이들은 휴머니즘을 주장했고, 인간의 소외를 통해 사유 재산 제도의 폐지를 주장했으며, 관료주의와 후기 산업사회를 비판했다.

넷째, 유로코뮤니즘은 1960년대 후반부터 서구의 공산당들에게서 출현한 새로운 공산주의 노선이다. 대표적인 인물로는 플란자스가 있는데 그는 노동자들의 가치관리의 중요성을 역설했다. 이것은 68혁명의 중요한 명제였다.

위의 사상들이 68혁명을 발생시킨 직접적인 원인이라고 단정할 수는 없지만, 학생 운동가들에게 이념적, 행동적인 실천양식이 되었던 점은 확실하다.

(3) 혁명의 전개 상황

5월혁명은 자생적·자발적 성격이 강했다. 학생들은 프랑스 대학이 국가에 의한 총괄 체제였기 때문에 대학 자체만으로 개혁될 수 없다는 것을 알았다. 학생들은 총제적인 관점에서 모든 문제를 보아야 한다고 주장했다. 이들은 대학 행정당국의 권위가 국가의 권위와 동일하다는 것을 인식하고 있기 때문에 대학이 변하면 사회 전체를 변화시킬 수 있는 동력이 될 수 있다고 보았다. 학생들의 운동을 예고하는 최초의 사건은 낭테르 대학의 캠퍼스 내에서 1968년 3월 22일 총장실 점거로 시작되었다.[4] 문제의 직접적인 발단은 베트남전 반대 시위를 하던 학생들의 체포와 여기에 관련된 집회를 반대한 것이었다. 낭테르 대학은 1964년 개교 이래 강의거부라는 시위가 계속되었던 곳으로 1968년 5월 2일, 정부당국은 낭테르 대학의 폐쇄 조치를 발표했다.

그러자 5월 3일, 소르본 대학에서 학생들의 항의집회가 열렸다. 이들의 시위는 순식간에 번져갔다. 이때 경찰이 진압에 들어갔다. 사건이 확대된다. 당시 여론도 학생들에게 우호적이었다. 이런 분위기 속에서 시위가 전국적으로 확산되었다. 바리케이드의 밤과 노동자들의 자발적 참여, 소르본 점거, 노동자들의 총파업까지, 1968년 5월은 숨 가쁘게, 아무도 예상할 수 없는 경로로 진행되었다. 소르본 대학은 학생과 노농자들에게 만남의 장소를 제공했다. 이들은 소르본 대학이 문화적 선동을 위한 혁명의 중심이 되어야 한다고 주장하며, 대학을 노동자에게 개방할 것을 요구했다. 이 과정에서 중요한 사실은 학생들이 문화적 투쟁을 강화한 점이다. 예컨대, 국립미술학교가 민중작업실로 변했다. 은밀하고 반란적인 포스터와 혁명적 도해가 파리의 벽들을 야만적이고 활기 넘치는 만화들로 뒤덮었다.

프랑스 민주노동연맹은 노동총연맹과 함께 드골정권과의 협상을 위해 5월 22일부터 학생들과의 연대를 완전히 단절했다. 오히려 이들은 학생들을 무책임하고 과격하고 도발적이라고 비난했다. 정부의 추측대로 노·학 연대에 금이 가기 시작했다. 노동총연맹과 정부, 고용주의 협상 결과가 5

월 27일 '그르넬 협정'으로 맺어졌고, 5월 30일 드골이 의회의 해산과 선거의 실시를 표명하자 학생 운동은 그만 동력을 상실하게 되었다.[5]

이상의 혁명 전개 과정에 나타난 한계를 몇 가지로 정리하면 다음과 같다. 첫째, 여론의 지지를 얻지 못했다. 처음에 여론과 시민들은 정부가 학생들에게 무차별적인 구타와 연행을 하자 정부에 반감을 갖고 지지했지만, 끝이 없는 총파업으로 인해 곤란을 겪으면서 학생들에게 적대적인 태도를 보였다. 둘째, 학생 운동의 구체적인 방향의 상실이다. 1968년 5월 혁명이 진행되면서 수많은 조직들이 등장하게 되자 하나의 길을 갈 수가 없었다. 혁명 운동은 여러 계열로 갈라졌으며, 가장 심각한 것은 노동자와 학생들의 목표가 달랐다는 점이었다. 학생들은 산업사회를 무너뜨리려고 했으나, 노동자는 복지를 요구하며 임금인상 협상을 벌였다. 이러한 노동자와 학생들의 시각 차이로 노학 연대가 금이 가기 시작했다. 셋째, 이익 추구에 급급한 노동계급의 한계가 나타났다. 학생들은 자율성을 요구했지만 노동자들의 파업은 처음에 자율성을 요구하다가 생계를 위한 투쟁으로 변질되었다. 노동자들은 정치적, 사회적 문제보다는 개인적, 가족적 차원의 문제에 더 많은 관심을 기울였다. 이 시대의 노동자들은 새로운 소비의 주체로 등장했기 때문에 소비의 지속을 위해 가정으로 퇴각하고 말았다.

(4) 68혁명의 특징

프랑스 5월 혁명의 특징은 일상생활에서의 문화적 저항과 정치적 저항이 융해되어 표출된 것이다. 68혁명의 주체인 학생들과 노동자들은 드골의 경제개발정책과 식민지 정책에 반대했던 바, 소외된 노동의 거부와 제3세계 수탈의 거부가 두 개의 이념이었다. 68혁명은 자본주의적 노동과 사회주의적 노동을 소외의 관점에서 동시에 문제삼았다는 점에서 삶의 진정성에 대한 간절한 열망이었다.

때문에 이들의 혁명은 일상의 삶에서 출발했다. 이들은 물질적 행복의 추구를 넘어서 자아의 실현이라는 질적 가치를 추구한다. 따라서 당시에 새롭게 형성되던 청년문화는 기본적으로 부르주아적-사회주의적 도덕률을 폐기하는 경향을 강하게 띠었다. 예컨대, 68혁명 이후 이성간의 동거와 피임기구의 판매가 자유롭게 되었고 사제간에도 경어를 사용하지 않았다. 당시 도덕률 폐기의 대표적인 슬로건은 "혁명을 생각할 때면 섹스하고 싶은 생각이 든다."였다.

또 이들은 개인의 해방 내지 몸의 해방을 추구했다. 68혁명은 문화사적으로 프로테스탄트 윤리에 대한 저항이었다. 육체적 쾌락과 성의 자유가 대안으로 제시되었으며, 영화와 출판물에 있어서도 성과 폭력이 일반화되었고, 마약과 환각제가 공공연하게 되었다. 이전에 금지되었던 것을 행하는 것 그 자체가 기존 가치관에 대한 도전이었다. 68혁명으로 인해 섹스, 마약, 동성애 같은 모든 금지가 풀리게 되었다. 이는 프로테스탄트 윤리와 전통적 문화, 공리주의적 가치관과의 단절을 의미한다.

또 이들은 사회적 해방을 추구하며 수직적 커뮤니케이션을 무너뜨리려고 했다. 이들은 68혁명을 통해 모두에게 발언권을 주고, 모든 문제를 토론하자고 주장했다. 공장에서든 정치에서든 교육에서든 방송에서든 수직적 커뮤니케이션은 무너지고, 민주적이고 수평적인 대화에 근거한 새로운 커뮤니케이션 양식이 자리 잡게 되었다. 68혁명 이후 프랑스에서는 여성의 지위상승과 여성운동이 괄목할 만한 발전을 보였다. 여성운동가들의 저서가 베스트셀러를 기록하어 낙태와 피임을 합법화시켰고, 그것을 의료보험의 대상이 되게 하는데 지대한 영향을 끼쳤다. 이들은 환경운동, 여성운동, 정보운동, 반핵운동 등의 다양한 운동을 전개했다.

68혁명은 일상적 대안문화를 창출하는 과정에서 마약과 동성연애, 성과 폭력의 노골적인 묘사 등 반문화적 성격이 나타났으며, 그것이 빠르게 확산되었다. 이것은 도덕률을 해체시키는 결과를 가져와서 가정의 파괴를 더욱 가속화시켰다. 이렇듯, 도덕률 폐기는 문화정치학과 관련이 깊다.

68혁명은 프랑스 사회의 여러 측면에서 변화를 가져왔다. 첫째, 국민들은 참여의 경험을 갖게 되었다. 둘째, 공장 경영에 노동자들의 참여를 권장하고, 대학 행정에 학생들의 보다 많은 발언을 허용했다. 셋째, 1968년

개정된 고등교육기본법이 실시되어 대학의 중앙집권화가 전국의 65개 대학으로 재편성되었고, 고등교육전국평의회의 제안으로 평의회의 구성에 46%의 대표권을 학생에게 부여했다. 넷째, 새로운 사회 운동 출현의 토대가 되었다. 가장 대표적인 것은 자치관리운동과 여권운동, 환경보호운동 등을 꼽을 수 있다.[6]

(5) 현대사적 의의

월러스틴은 68혁명의 중요성을 과거에 대한 비판이 아니라 미래에 대한 문제제기에 있다고 본다. 68혁명이 제기한 일상생활의 영역에서의 참여와 자치, 곧 민주주의의 일상화와 보다 인간다운 삶은 아직 이루어지지 않았다는 점에서 68혁명은 미완의 역사이다. 그리고 68혁명시 학생들이 주창한 문제들, 예컨대, 가정에서 아버지의 권위, 대학에서 학생에 대한 교수의 권위, 시민에 대한 정부의 권리, 흑인에 대한 백인의 우위, 제3세계에 대한 선진세계의 지배, 노동(계급)에 대한 자본의 지배, 남성에 대한 여성의 차별 등은 대부분 오늘날 여전히 해결해야 할 문제로 남아 있다.

68혁명은 서구사회의 자율적 시민운동인 여성운동, 평화운동, 생태운동 등의 신사회운동을 배태시켰다는 점과 일상적 대안문화의 창출이라는 문화적 의미를 지니지만 반문화 그룹이 주도했던 지나친 선동성과 도덕률의 폐기는 비판받아야 한다.

2. 후기구조주의 문화 이론가들

(1) 롤랑 바르트의 신화 분석과 텍스트의 즐거움

1) 생애와 사상

롤랑 바르트(Roland Barthes, 1915-1980)는 프랑스 신비평의 기수이자 기호학자이며 글쓰기에서 독창적 문체와 세계를 보여 준 문화철학자이다. 파리대학에서 고전문학 학위를 받고 1940년 파리대학 교수로 취임했다. 1953년 프랑스 국립과학센터에서 어휘학과 기호론을 연구했으며 1960년 에콜 프라티크의 교수가 되고, 신비평(新批評)의 대표적 학자로서 사회학·정신분석·언어학의 성과를 활용한 대담한 이론을 전개했다. 1960년대와 1970년대 프랑스의 이론가 중 동시대의 여러 학문으로부터 받은 영감을 자신의 글쓰기에 연결시켜 20세기 후반의 가장 탁월한 프랑스 지성 가운데 한 사람으로 칭송 받고 있다. 1980년 불의의 교통사고로 세상을 떠났다.

바르트는 초기에 사르트르 등 좌파 지식인들과 마찬가지로 '참여 문학'을 통한 인간애를 발휘하고자 했으며, 이후 소쉬르의 기호학에 가담하게 되면서 레비-스트로스의 구조주의 인류학에 관심을 가시게 된다. 그는 어떻게 신화들이 인간 안에서 사고하는가 하는 점과 그 공통적 기원을 언어학적 방법론으로 사회 현상에 어떻게 적용할 것인가를 고민하면서 구조주의를 넘어서는 사상을 전개한다. 기존의 문학과 비평을 전면 거부하고, 작가의 창조력까지도 넘어서는 비평의 상상력을 발휘하여 비평이 작가의 예속 상태에서 벗어난 진정한 문학의 독립 장르임을 선포하기에 이른다.

바르트의 글쓰기는 움베르토 에코의 표현처럼 '텍스트에 맞선 한 인간의 지적 모험' 그 자체였다. 그는 기호학과 예술에 대한 비평을 통해 모든 체계는 예속임을 힘주어 말했으며, 문화와 예술에 대한 방대한 탐구 속에서 글쓰기의 진정한 의미를 추구하고자 노력했다. 주요 저서로는 『글쓰기의 영도(零度)」(*Le Degre zero de l'ecriture*, 1953), 『비평과 진실』 (*Critique et Vri*, 1966), 『기호학 개론』(*Elments de smiologie*, 1965) 등이 있다.

2) 텍스트에 대한 사유

바르트는 20세기 초 페르드낭 드 소쉬르의 언어 이론에 기초한 구조주의 언어학을 1950년대에 프랑스에 소개했다. 그의 철학 사상에 가장 기초가 되는 것은 텍스트에 대한 사유라 할 수 있다. 그가 말하는 텍스트의 개념을 살펴본다는 것은 곧 그가 펼쳤던 많은 사상들의 코드에 접근하는 가장 기초적인 작업이 될 것이다. 이 장에서는 텍스트에 대한 그의 생각과 영화, 사진 이미지를 중심으로 한 문화적 코드에 초점을 맞추어 살펴보고자 한다.

① 텍스트 개념과 즐거움

바르트는 텍스트를 다음과 같이 정의했다.

> 텍스트는 직물을 뜻한다. 그런데 지금까지 사람들은 이 작품을 하나의 완결된 산물, 그 뒤에 의미나 진리가 감추어져 있는 하나의 베일로 간주해 왔다. 이제 우리는 이 직물에서 그 끊임없는 짜임을 통해 텍스트를 만들어 가는 생성적인 개념을 강조하고자 한다. 이 직물 안에 잠긴 주체는 거미줄을 만드는 분비액을 토해 내며 약해지는 거미와도 같이 자신을 해체한다. 우리가 신조어 사용을 좋아한다면 우리는 텍스트를 거미학(hyphologie)이라고 정의할 수 있을 것이다.[7]

위 인용문은 바르트의 텍스트론을 간단하게 정의해 주는 글이다. 그는 텍스트를 직물이라는 개념으로 기표 또는 코드들의 무한한 짜임으로 보았다. 그는 1971년에 발표한 〈작품에서 텍스트로〉의 서두에서 상호학제적

(interdisciplinarity) 흐름 속에 문학 비평이 맞이한 변화를 두 가지로 파악하고 있는데, 첫째, 작가와 독자의 관계가 상대화된 것과, 둘째, 문학의 연구 대상이 개별 작품에서 텍스트로 이동한 것을 말한다. 여기에서 그는 일곱 개의 명제(proposition)를 제시함으로써 텍스트에 대한 자신의 입장을 더욱 분명히 밝힌다. 그 명제는 다음과 같다.

㉠ 방법론

바르트에 따르면 텍스트로의 '미끄러짐(slide)'은 '실체'가 아니라 '연구 방법론'이다. 작품이 물리적으로 만져질 수 있고 손에 쥘 수 있는 보여지는 어떤 것이라면 텍스트는 담론의 움직임 내에서만 존재하는 증명의 과정으로 생산 활동에 의해서만 경험할 수 있는 것이다.

㉡ 장르

텍스트는 장르에 구애받지 않는다. 텍스트를 구축하는 것은 과거의 분류를 전복하는 힘이다. 텍스트는 독사의 경계 뒤편에 위치해 있다. 독사(doxa)란 실제에 걸맞게 말하는 모든 방식을 뜻한다.[8]

㉢ 기호

작품이 기의로 닫혀지면서 일반적인 기호로서 작용한다면, 텍스트는 기의를 연기하면서 닫힌 시도에 저항한다. 독자는 매번 다른 의미를 찾을 수도 있고, 심지어 의미가 같은 것에 개의치 않을 수도 있다. 텍스트에서 문제는 언제나 기표이다. 텍스트를 지배하는 논리는 언제나 '이해'가 아니라 '환유'로서 미끄러진다.

㉣ 복수성

텍스트의 복수성은 의미의 공존이라기보다는 의미의 통과나 횡단의 영역이다. 그러므로 아무리 진보적인 해석이라 할지라도 그것은 결코 결정적인 것일 수 없다.

㉤ 계보(기원, 내력)

작품은 혈연의 과정에 연루되어 있어, 저자는 작품의 아버지이자 소유주이다. 텍스트에서 저자는 절대적 권위를 가진 존재가 아닌, 손님으로서의 저자, 종이 저자이다.

ⓗ 독서

작품이 소비의 대상이라 할 수 있다면 텍스트는 유희와 노동, 생산 혹은 실천과 관련된다. 독자는 텍스트를 가지고 이중의 유희를 한다. 즉 독자는 텍스트와 더불어 '유희' 하며 텍스트의 공저자로서, 텍스트를 소비한다기보다는 텍스트를 완성하는 자로 '텍스트에 관한 한 독자가 작가' 라 할 수 있다. 텍스트 읽기 행위는 다양한 유희를 재생산해 내는 능동적인 활동이라고 할 수 있다.

ⓘ 즐거움

작품이 주는 즐거움이 소비의 즐거움이라면, 텍스트는 '즐거움' 혹은 '즐김' 의 대상이다. 텍스트의 즐거움은 생산으로부터 분리되지 않은 즐김 (jouissance)이라 할 수 있다. 독자가 즐기는 것은 언어의 의미가 아니라 사물처럼 존재하는 바로 그 투명한 언어 자체인 것이다.

위의 일곱 가지 명제를 통하여 바르트는 텍스트가 가지는 중요성과 의미성을 부각시켰으며 작가와 독자의 사이에 놓인 작품의 관계를 문학에 국한시키지 않고 다양한 영역 안의 텍스트로 이해하면서 문화적 코드의 세계로 자신의 사상을 넓혀간다.

바르트의 사상에서 우리가 주목할 것은 '즐거움' 과 '즐김' 을 구분하고 있다는 것이다. 그는 『텍스트의 즐거움』에서 '생산적' (writerly) 텍스트와 '수동적' (readerly) 텍스트를 구분하여, 생산적 텍스트는 독자의 참여를 활성화하는 '열린' 텍스트이고, 수동적 텍스트는 독자 참여를 '봉쇄하는' 텍스트라고 강조한다. '즐거움의 텍스트' 는 독자들에게 편안함을 주지만, '즐김' 의 텍스트는 독자에게 상실을 강요하고 상상할 수 있는 모든 궁극적인 가치의 바깥쪽에 위치한다는 점에서 변태적이라고 보았다. 그것은 조각난 즐거움이며, 조각난 언어, 조각난 문화이다.

그와 관련하여 바르트는 텍스트를 지배하고 있는 다섯 개의 코드[9]를 밝히면서 텍스트의 즐거움을 느끼도록 해야 한다고 강조한다. 줄리아 레사지는 장 르누아르 감독의 영화 "게임의 법칙"에 이 다섯 개의 코드를 적용하여 분석한다.

첫째, 해석의 코드이다. 질문에 관계되거나 수수께끼를 해결하는 데 공헌하는 텍스트의 모든 단위들을 구성하는 것이다. 등장인물들 사이의 성적인 관계나 이것이 사회에서 다루어지는 방식, 동시적으로 일어나는 사건과 문제 해결의 지연에서 비롯된 긴장감 등을 통해 관객의 만족을 증가시킨다. 영화에서는 편집, 쇼트, 화면 구성 등 다른 코드들을 기반으로 한다. 예컨대, 공항에서 대서양을 횡단하는 비행사 안드레가 그의 성공적인 비행을 축하하러 모인 인파 앞에 섰을 때, 그는 한 여인이 나타나지 않은 것에 대하여 심각하게 불평한다. 이 수수께끼는 크리스틴과 안드레가 크리스틴의 남편의 별장에서 서로 만나는 순간까지 영화의 삼분의 일을 지배한다.

둘째, 의미의 코드이다. 대체로 불안정하거나 흩어져 있는 것들을 단순히 인물에 연결시키거나 혹은 단일한 주제의 분류를 형성하기 위해 어떤 순서에 따라 배열하는 코드들이다. 공간이나 등장인물에게 성격을 부여하는 형용사적 성격을 갖는다. 여기서는 무대나 의상, 제스처들이 이에 해당한다. 예를 들어, 의상과 촬영된 방식에 의해 우리는 리제트와 크리스틴이 쥬느비브보다 여성스럽고 매력적이라는 사실을 알게 된다. 크리스틴은 흰 실크와 흰 모피 혹은 순수한 티롤의 전통 의상을 입고 보통 흰색의 부드러운 레이스가 있는 깃을 달고 있다. 반면, 쥬느비브는 검은 옷이나 남성스러운 사냥 복장, 화려한 동양식 진통 의상과 같은 복장을 하고 있다. 크리스틴은 자연스럽고 귀여우며 여성스럽다. 반면 쥬느비브는 세련되고 영리하게 보인다.

셋째, 상징적 코드이다. 구조를 인식하고, 그 구조들 사이에 존재하는 역설적인 관계를 폭로하는 것이다. 다소 유동적이며 흩어져 있는 코드로써 주로 대조의 방법으로 전달된다. 상징적 대조의 쌍으로서 문명·자연, 하위·상위, 소박한 에로스·사회화된 에로스, 유기적 생활·인공적 생활, 삶·죽음, 옥외·실내, 온실·영주 저택 등등을 찾아낸다. 그리고 대조의 축을 넘나들며 차이를 폐기하는 일종의 '중용적' 표상들로는 내러티브상의 '위반자'로서, 주인도 아니고 하인도 아닌, 예술가나 귀족계에서 모두 식객 취급을 당하는 인물 옥타브를 제시한다.

넷째, 행위의 코드이다. 고전적 텍스트의 주된 뼈대를 형성한다. 한 문화에서 무엇이 '정상적인' 행위라고 여겨지는가의 문제와 그런 행위를 어떻게 재현할 것인가의 문제를 설명해 준다. 구애의 순간에서의 행위, 사냥의 행위 등에 관한 묘사가 행위의 코드이다.

다섯째, 문화적 코드이다. '지시적 코드'라고도 칭해지는데, 명확한 지시를 통해 텍스트 안으로 들어감으로써 과학, 의학, 역사, 문학 등 그 시대의 지식을 결정한다. 문화적 코드는 제목과 관련이 있다. 상류사회의 결혼과 부정을 지배하는 법칙, 주인과 하인간의 관계를 지배하는 법칙, 주인들간이나 하인들 간의 동료의식을 지배하는 법칙이다. 예술을 통해 사회와 사회에 용인된 문화적 코드를 비판한다. 당대의 지식과 상황을 결정하는 문화적 코드로는 사냥(당시의 귀족 사회의 낭비와 사회적 이벤트), 칵테일(현대성의 코드), 장군의 상투적인 말(구시대 정권의 일원으로서의 코드) 등이 있다. 영화가 붙잡고 있는 것은 매개되지 않는 실재가 아니라 사회적인 진실과 제도화된 지식이라는 것을 알게 해 주는 것이 바로 이 문화적 코드를 이해하는 일이다.

그러나 이러한 레사지의 분석은 극단적인 과학성에 의존한 내러티브 구조의 분석이나 혹은 촬영 기법과 결합한 형식주의적인 분석의 한계에 직면해 있다. 다섯 가지 코드를 통한 분석은 바르트가 의도한 충만한 복수성을 가진 텍스트의 문제를 리얼리즘이나 이데올로기의 문제에 더 근접시키고 있는 결점을 가지고 있다.[10]

② 사진 이미지와 신화 분석

바르트는 문화가 의미를 표명하거나 표현하는 방법, 특히 사진이 어떻게 표명을 하는지에 관심을 가졌다. 그것은 텍스트의 이미지가 지니고 있는 의미 작용과 관련이 있다. 그는 사진에 관한 이미지 연구에서 한 장의 사진이 전달하고 있는 이차적인 메시지, 즉 코노테이션(개념에 은밀하게 숨어있는 개념)을 만들어내는 여섯 가지 방식들(트릭의 사용, 포즈의 조절, 피사체의 선정 혹은 구성, 조명, 감광, 인화의 기술에 의한 미화, 유미주의, 연쇄적인 이미지의 통사론)

을 소개하면서 코노테이션의 코드들이 결코 자연적이지도, 인위적이지도 않음을 밝힌다. 그것은 역사적이거나 문화적이다. 그에게 사진이 매력적인 이유는 비문화적인 기계문명의 예술이 역설적으로 가장 문화적이면서 사회적인 의미를 담아내고 있기 때문이다.

바르트는 사진 이미지에 대해 설명, 묘사, 해석이 가능한 영역을 스튜디움(studium)이라는 독일어로 정의하고 이 영역에 정치적, 역사적 증거나 문화적 내용에 대한 지식을 포함시킨다. 그와 반대로 사진의 세부적인 것 하나가 날카롭고, 질식할 듯, 그러면서 침묵 속에서 소리치는 듯한 홀연한 깨달음을 줄 때 그 사진은 푼크툼(punctum)을 준다고 한다.[11] 이러한 깨달음은 어떠한 언어로도 표현할 수 없는 것으로 그 효과는 분명하나 그것을 가리키는 기호나 이름은 존재하지 않는다. 그것은 문자가 줄 수 없는 의미를 지니기 때문이다.

바르트는 1964년에 발표한 《이미지의 수사학》에서 프랑스 잡지에 실린 스파게티 제품의 판자니(panzani) 광고 사진을 분석한다. 광고는 요리하지 않은 스파게티가 든 셀로판 포장과 토마토 소스 한 캔, 파르메산 치즈가 든 셀로판 포장, 토마토, 양파, 피망, 버섯이 끈으로 여는 쇼핑백에서 쏟아져 나오는 것을 보여준다. 색채 구성은 빨강을 배경으로 한 노랑과 초록이다. 판자니 상표가 캔과 셀로판 봉투에 있다. 바르트는 광고의 세 가지 부분을 지적한다. 첫 번째, 언어학적 메시지는 정박(ancrage)과 중계(relais)라는 두 가지 기능을 갖는다. 정박이란 의미를 고정하는 역할을 말하고, 중계란 이미지에서 발견되지 않는 의미들을 배치하는 것을 말한다. 이 사진 광고에서 언어학적 메시지는 '판자니' 라는 단어인데, 이것은 명시적이면서 동시에 암시적이다. 그는 이 단어가 포장된 제품의 상표를 명시하지만(정박), 소리나는 방식을 통해 '이탈리아적임' 을 암시한다(중계)고 설명한다. 이 단어는 이탈리아에서 이탈리아 독자들에게는 효과가 없을 것이다. 왜냐하면 그들은 이 단어가 이탈리아적이라고 인식하지 않을 것이기 때문이다.

두 번째, 순수한 도상적 이미지이다. 이 재현의 장면은 네 가지의 가치를 코노테이션으로 제시한다. 그물 속에 반쯤 풀려 나와 있는 식료품들은 이제 갓 장을 봐 온 흔적을 보이면서 기계적인 문명, 즉 통조림이나 냉장 식품 등에 대립되는 가치를 제시한다. '이탈리아 풍' 을 해독해 내기 위해서는 보다 특수한 지식을 필요로 한다. 광고 이미지의 세 가지 색상(노랑, 초록, 빨강)과 토마토, 고추의 결합이 그것이다. 재료에서 완제품까지, 총체적인 요리 서비스를 제공한다는 인상이다.

미적인 시니피에로서, 이 이미지를 통해 많은 식료품 그림에 대한 기억을 상기시키는 작용을 한다. 위의 네 가지는 문화적인 지식을 강요하며 각각 종합적일 뿐만 아니라 행복을 주는 가치들을 제시한다.

세 번째, 유사적 이미지, 동어 반복적인 이미지이다. 이 메시지의 해독에 필요한 것은 기본적인 지각 능력일 뿐이다.

바르트는 이 사진 광고의 비유를 통해서 모든 사진은 암시하고 있으며, 사진이 암시하거나 내포하거나 연상시킨다는 기본적인 지식의 이해 없이는 관객은 밖으로 드러난 것 이상을 알 수 없다고 말한다. 따라서 사진을 현실의 그림이라고 보기보다는 현실로 보아야 한다고 강조한다.

또 바르트는 다양한 문화적 코드의 의미 작용을 통해 신화를 분석한다. 그는 『신화학』에서 당시의 신문 기사, 사진, 영화, 공연, 전시회 등 당대의 문화 체계 내에서 자연스러운 것으로 위장한 이데올로기의 함축을 폭로한다. 그는 선거 사진이 이데올로기를 전달할 수 있다고 보았다. 예컨대, 선거 출마자가 가족이나 아이들에게 둘러싸인 모습, 훈장을 단 옷차림 등은 윤리적인 가치의 기호로 사진을 이용하고 있는 것으로 볼 수 있다. 탐색하는 듯한 안경을 착용한 장면의 포즈는 통찰력과 진중함을 드러내어 현실주의를 내포하고, 비스듬한 포즈는 이상주의적이고 미래지향적이고 숭고한 지배자형을 내포한다.

바르트는 이러한 기호의 의미 작용을 통하여 신화를 분석하고 그 신화의 개념을 정의한다. 즉 신화는 사회에 널리 퍼져 있는 지배적인 사상, 지배적인 이데올로기이다. 사회적 통념이나 가치, 신념 또는 이데올로기 등과 같이 한 문화의 사회적 현실을 이해하고 설명하는 방식은 기호학적으로 파장되면서 우리의 일상생활에서 일어나고 있는 것이다.

3) 도덕적 글쓰기

① 비평적 담론

바르트는 항상 새로운 작가를 찾아 떠난 유동성(流動性)있는 작가이다.[12] 그는 자신의 이론을 작가들의 텍스트에 실천적으로 독해해 나가면서, 구체적인 실천이 바탕이 되는 이론을 만들어 내고자 노력했다. 그가 내세운 최대의 목표는 이상적인 글쓰기였다. 그의 이상적인 글쓰기는 비평의 담론에서 소설적 글쓰기로 이동하는데 이 문제를 집중적으로 탐구한 논문이 바로 김인식의 논문이다.[13]

바르트는 먼저 카뮈의 실존주의와 관련된 〈부조리의 철학〉에 주목하게 되는데, 그것은 카뮈가 지니고 있는 문체, 즉 문학적 형식 때문이다. 그것은 철학적 관점과 문학적 관점에 근거한 이중적인 힘을 말하는 것으로 『글쓰기의 영도』에서 바르트는 〈언어〉[14]와 〈문체〉[15]와의 비교를 통해 〈글쓰기〉라는 새로운 개념을 규정한다. 그는 언어는 사회성을, 문체는 개인성을 지니고 있다고 말한다. 그리고 〈글쓰기〉란 역사적으로 유효한 가능성들로부터 작가가 선택한 그 무엇이며 문학을 이해하는 하나의 방법, 문학적 형식의 사회적 사용이라고 말한다. 그에게 "글쓰기는 한 주체에 의해 행해진 언어행위에 대해 역사가가 하는 절단"[16]이 되는 것이다. 역사성, 사회성을 나타내는 한 주체의 실천으로써의 글쓰기를 통해 문학은 언어, 역사, 사회, 생산자로서의 주체, 그리고 메타언어로서의 주체 등의 요소들이 교차하는 공간이다. 그러므로 글쓰기를 그 총체로서 파악하기 위해서는 이 모든 학문들의 특수한 조합소에 의해서만 가능하다.

바르트는 카뮈의 『이방인』에서 '백색의 목소리', '침묵의 글쓰기' 라는 개념을 이끌어내고, '백색의 목소리' 에 도달하기 위해 글쓰기의 역사를 검토한다. 그는 프랑스 대혁명을 기점으로 작가들은 글쓰기의 문제에 대하여 문제를 제기하고 글쓰기의 영도를 이상적인 것으로 본다고 말한다.[17]

그렇다면 '영도'란 무엇인가? 영도는 단수와 복수, 과거와 현재라는 양극의 두 항 사이에 존재하는 제3항이다. 중성항, 제로항이라는 제3항의 존재이다. 제3항은 순진한 글쓰기로 그 어떤 강제에 의해서도 구속되지 않는 글쓰기, 즉 탈참여적인, 세계와 인간과의 투명한 글쓰기이다. 하지만 그가 보기에 백색 글쓰기도 부르주아 이데올로기에 의해 다시 즉각적으로 복귀하게 된다는 것이다. 문체가 없는 글쓰기도 즉각적으로 하나의 문체 그 자체로 변하기 때문이다. 글쓰기는 의미 없음을 하나의 테마로 만듦으로써, 의미 부재 역시 하나의 새로운 의미로 다시 그 모습을 드러낸다. 따라서 바르트는 이상적인 글쓰기란 존재하지 않는다고 말한다.

바르트는 글쓰기를 단순히 메시지를 전달하기 위한 하나의 도구로만 생각하지 않고 글쓰기 자체의 중요성을 강조한다. 그것은 글쓰기의 선택 자체가 작가의 태도와 윤리에 직결되기 때문이다. 그에게 형식이란 내용·형식의 이분법이 아니라 내용까지를 포괄하는 의미에서의 형식이다.

바르트는 로브-그리예에게서 글쓰기의 현대적 기법을 찾아낸다. 그는 형식이 사회성이나 역사성과 맺는 관계를 '형식에 대한 책임성'이라는 표현으로 말한다. 로브-그리예 소설 속에서 오브제들은 시각적인 성찰의 지주로 구성되어 있다. 그리고 오브제들을 시각적인 것으로 보는 것은 오브제의 깊이를 제거하고 오브제의 표면에만 우리의 주의를 집중시키는 것이다. 여기에서 바르트는 현실을 있는 그대로 묘사하기 위하여 이야기성을 제거하는 것에 주목한다. 로브-그리예는 〈훔쳐보는 사람〉에서 이야기 형식을 증발시키려는 방법론을 쓰고 있다.[18] 이것은 행위를 백색화시키는 것으로 카뮈의 백색 글쓰기와 닮아 있다는 것이다.

바르트는 로브-그리예 소설에서 '깊이의 제거'와 '이야기의 무화'가 반복됨에 따라 '거기-있음'에서 '무엇인가를-위한-있음'으로 의미의 변화가 일어난다고 말한다. 그는 로브-그리예의 〈질투〉를 분석하면서 독자는 반복적인 이미지에 의해, 처음에는 낯설기만 했던 사물들과 낯설었던 세계에 점차 익숙해진다고 보았다. 따라서 사물을 면밀하게 묘사한다는 것은 하나의 환상에 불과하다는 것이다. 우리는 언어체의 이전 단계에나 그 바깥에 있을 수 없기 때문이다. 바르트는 이러한 분석을 통하여 로브-그리예와 '누보 로망'의 작가들의 탈신화화 작업이 오히려 역사적으로 참여하고 있다는 역설적인 사실을 발견하게 된다.

② 소설적 글쓰기

다음으로 바르트의 저서 『S·Z』[19]를 중심으로 소설적 글쓰기에 대해서 살펴보고자 한다. 『S·Z』는 『이야기의 구조적 분석 입문』에서 구상하고자 했던 구조주의적 모델을 단념하고 무한하게 달라지는 텍스트의 실천을 지향하고 있는 글이다. 텍스트는 구조가 아닌 구조화 과정, 미적인 산물이 아닌 기표의 실천, 하나의 대상이 아닌 하나의 작업이자 유희로서의 위치를 차지하며, 이것을 찾아내야 하는 유일한 의미를 부여받은 폐쇄된 기호들의 체계가 아니라 끊임없이 이동하는 흔적들의 장이라고 본다. 바르트는 『S·Z』에서 구조화의 역동적인 생산성을 살리기 위하여 독자의 지위를 전면에 부각시킨다. 그는 글쓰기의 구조화보다 글읽기의 구조화에 초점을 맞추고 있다.

바르트는 글쓰기 개념을 '생산성'(productivite)이나 '발화작용'(e'nonciation)과 같은 움직임으로서의 과정이라는 실천성으로 본다. 그는 '읽을 수 있는 텍스트'(le texte lisible)와 '쓸 수 있는 텍스트'(le texte scriptible)를 구분한다. '읽을 수 있는 텍스트'란 읽혀질 수는 있지만 쓰여질 수는 없는 텍스트를 말하고, '쓸 수 있는 텍스트'란 읽혀지는 차원을 넘어서서 쓰여질 수 있는 것으로 읽는 데 그치는 것이 아니라 한 단계 더 나아가 새로운 글쓰기를 유발할 수 있는 텍스트를 말한다. '쓸 수 있는 텍스트'는 책읽기와 글쓰기를 동시에 잉태하고 있는 책읽기이다. 그는 점진적인 독서라는 것을 제안한다. 이는 마치 슬로우 모션으로 영화를 촬영하듯이 천천히 텍스트의 극히 세심한 부분까지 건드려, 텍스트를 선험적으로 주어지는 단 하나의 의미로 귀착되는 장소가 아닌, 무한한 의미가 통과하고 횡단하는 복수태의 공간으로 만들고자 하는 방식을 말한다. 앞에서 서술한 다섯 개의 코드가 텍스트의 의미 생산을 도와주는 설정 요소인 것이다.

또 바르트는 의미의 지연성에 관심을 갖는다. 대답을 유발할 뿐 답을 지연시키는 것은 독자들 스스로가 다양하게 대답을 찾으려고 애쓰게 하기 위함이다. 당연한 것으로 여겨왔던 의미를 한 번 뒤집어 봄으로써 독자들에게 새로운 시각을 지향하게 만든다는 것이다. 이처럼 그는 텍스트의 다양성과 그에 대한 의미의 복수태(le pluriel)[20]를 강조한다.

바르트는 이상적인 독자의 탄생에도 주목한다. 그런데 독자의 탄생은 저자의 죽음에 의해서만 가능하다. 저자의 죽음이란 독재에 가까운 권위의 해체이다. 독서 자체는 독자 스스로의 욕망에 의해 작가의 위치로 옮겨갈 수 있는 가능성이다. 바로 이러한 독서가 실현될 때 글쓰기의 문제는 단지 문학적 차원에서뿐만 아니라 인간의 삶이라는 거대한 텍스트의 차원으로 확대될 수 있다. 책을 바꾼다는 것은 삶을 바꾼다는 것이다. 그러므로 그는 객관성이 요구되는 비평의 견해가 아니라, 결코 자아를 잃지 않는 주관적인 자세를 강조한다.

바르트는 지드의 '일기'에 주목한다. 일기는 쓰는 사람으로 하여금 창조적인 즐거움을 누릴 수 있는 동시에 비평적인 반성으로 이끌 수 있는 가장 모범적인 글쓰기라고 할 수 있다. 일기는 창작과 비평의 중간 지대에 위치한다. 하지만 그는 일기는 책에 다다르지 못한다고 말한다. 솔직성의 문제가 의심스럽기 때문이다. 일기를 쓰기 시작할 때면 누구든지 그 스스로를 다른 어떤 사람으로 여기고 글을 써나간다는 것이다. 그는 문학을 인공적인 것을 인정하는 '솔직한 신화'라고 말한다. 그는 소설적 글쓰기에 대해서 일종의 가면 역할을 하지만 그것이 일반적인 이데올로기와 구별되는 것이라고 말한다. 그는 구조보다는 구조화 작용, 발화보다는 발화 작용, 생산물보다는 생산 작용의 그 과정에 커다란 중요성을 부여하고 있다. 따라서 바르트의 새로운 글쓰기란 이미 만들어진 책이 아니라 앞으로 만들어져야 할 책을 지향하고 있다.

4) 현대적 의의

　기호학에서 출발하여 문학, 영화, 사진 등 일상 풍속까지 분석대상으로 삼았던 롤랑 바르트의 텍스트 연구는 우리에게 전통적인 것의 의미를 다시금 생각하게 하는 계기를 마련해 주었다. 먼저 그의 연구에서 우리가 눈여겨보아야 할 것은 다양성과 유동성이다. 시류의 편승이라고 하는 부정적인 평가에도 불구하고 그의 이론이 광범위한 영역 안에서 연구되고, 적용되고 있다는 것은 그의 사상이 닫힘이 아닌 열림을 추구하고 있음을 입증하는 것이다.

　다양성 안에서도 그의 연구는 문학에 집중되어 있다. 문학적 중심을 세우기 위한 주변부의 탐색은 곧 글쓰기와 그 주체에 대한 고민이라 할 수 있을 것이다. 바르트는 1979년 콜레주 드 프랑스 교수 취임 강연에서 "어떤 야만적인 것에 의해 우리 교육에서 단 하나의 학문만을 남기고 모두 추방돼야 한다면 구제되어야 하는 것은 바로 문학이다."는 말로 문학에 대한 애정을 토로했다.

　바르트는 텍스트의 즐거움과 저자의 죽음을 통하여 독자의 중요성을 부각시켰다. 독자는 텍스트 속에 나타난 다양한 음성들과 대화를 나누면서 자신의 의미를 깨우쳐간다. 따라서 저자의 텍스트를 해체하고 재구성하는 인물로서 독자는 위치한다. 그러나 텍스트의 절내적 해독은 무의미하다. 문학의 이해는 인식의 대상이 아닌 실존의 장에서 가능하기 때문이다. 문학은 독자들이 의미 작용을 유희하면서 끊임없이 주체에 대해 생각하게 하는 텍스트인 것이다.

　바르트의 이러한 인식들은 현대 문화를 바라보는 우리의 시각을 다양하게 길러내는 단초를 마련해 주고 있다. 그리고 구조화된 담론의 양식 속에 내장된 권력의 위험성을 깨우쳐 새로운 의미의 글쓰기와 책읽기에 우리를 지향시킴으로써 실존의 깨우침이라는 또 다른 과정을 제공한다는 데 그 의의가 있을 것이다.

(2) 미셸 푸코의 담론 분석을 통한 문화 가로지르기

1) 생애와 사상

미셸 푸코(Michel Foucault, 1926-1984)는 1926년 프랑스 중서부 쁘와띠에에서 출생했다. 처음에는 그 지역 공립학교에 다녔으나 푸코의 지적 성장에 불만을 느낀 부친에 의해 카톨릭 학교로 전학, 이곳에서 대학입학 자격시험(바깔로레아)에 합격했다. 1948년 소르본 대학에서 철학박사, 1950년 심리학박사, 1952년 파리 대학에서 정신병리학 박사학위를 취득했다. 그 시절 푸코는 프로이드의 심리분석에 심취하여 이 분야의 실천가를 꿈꾸기도 했다. 대학시절부터 헤겔과 마르크스에 빠졌으나, 당대의 레비스트로스, 알튀세르 등 구조주의 계열 철학과의 사이에서 갈등하다가, 27세 이후 니체 읽기를 시작하면서 자기만의 독창적 철학 체계를 구축하기 시작했다. 파리 대학 졸업 후 스웨덴 웁살라(Uppsala) 대학에서 4년 간 강의를 하면서 구조주의적 언어 이론에 관심을 가지게 되었다. 1959년에서 60년까지 독일 함부르크의 프랑스문화원장으로 일한 후 끌레르몽 페랑 대학교 인문대 철학연구소장을 역임했다. 1970년 College de France의 사상사 교수로 취임했으며, 1970년 초기부터 GIP(Prison Information Group) 활동에 참가하여 수감자의 권익옹호를 위한 실천운동을 하는 동시에 국지적 투쟁에 있어서 지식인의 활동이 어떻게 이루어지는가를 고찰했다. 이 당시의 경험은 그의 저서 『감시와 처벌』에 반영되어 있다. 1984년 6월 25일 프랑스 파리의 살페트리에르 병원에서 에이즈로 사망했다.

푸코는 이성을 축으로 진행되었던 서양 근대사상을 뿌리에서부터 뒤흔들어 버리고, 전혀 새로운 시각으로 인간의 역사를 재구성했다. 그는 근대 철학자들의 관심 밖에 있던 광기와 성의 문제를 권력의 문제와 연관지어 근대사를 서술하는데 초점을 맞추었다. 질 들뢰즈가 '19세기를 벗어났다는 점에서 가장 완전하고 유일한 20세기의 철학자' 라고 평할 만큼 그는 철학, 역사학을 비롯해 문학비평, 언어학, 정신병리학, 임상의학, 경제학사에 이르기까지 광범위한 영역에 대해 저작물을 남겼다.

푸코의 저서에서 정신의학의 역사를 연구한 『광기(狂氣)와 비이성(非理性) 고전시대에서의 광기의 역사』(1961)와 『임상의학의 탄생』(1963) 등은 각 시대의 지식의 기저에는 무의식적 문화의 체계가 있다는 것을 보여주고 있다. 그리고 거기에 바탕을 두고 쓴 『말과 사물』(1966)과 『지식의 고고학(考古學)』(1969)에서는 무의식적인 심적 구조(心的構造)와 사회구조, 그리고 언어구조가 일체를 결정하며, 자아라고 하는 관념은 허망임을 강조한 반인간주의적(反人間主義的) 사상이 담겨져 있다. 이것은 구조주의가 유행하는 계기를 마련하기도 했다. 그 밖에 『광기와 문화』(1962), 『성의 역사』 1, 2, 3권 등의 저서가 있다.

2) 타자 개념을 통한 담론의 전개

① 타자에 대한 사유

20세기, 푸코가 던져준 사유의 방식은 현시대를 살아가는 우리들에게 사유의 역사에 대해 다시 한번 생각하게 만들었다. 그 중에서도 타자에 대한 사유는 푸코의 철학에 있어 중요한 개념으로 등장한다. 그런 의미에서 푸코 철학의 출발점이 타자에 대한 사유라 해도 과언이 아닐 것이다.

우리가 일반적으로 알고 있는 '타자'의 개념은 '타인'이라는 말로 대용할 수 있는 용어이다. 그는 이 용어에 대해 좀더 구체적인 접근을 시도하기 위하여 그 반대말이라고 할 수 있는 '동일자' 개념을 들어 설명한다. 그에 의하면 동일자가 대상들의 차이를 부정함으로써 혹은 자신의 경계 안으로 포섭하여 동일화하는 것이라면, 타자는 그것에 의해 배제되거나 억압된 것을 말한다. 즉 '동일자'는 중심을 차지하는 존재이며, '타자'라는 말은 중심으로부터 배제되어 있는 존재들이다. 그런데 지금까지의 철학의 역사를 보면 대부분이 동일자의 편에 서 있다. 그것은 철학을 하는 사람들의 대부분이 사회 지배층의 사람들이었고, 유럽 중심의 남성들이었기 때문이었다.

푸코는 이러한 문제의식을 들어 동일자가 아닌 타자에 대한 관심을 가지게 된다. 그러한 사유는 푸코 자신의 실존적인 체험에 바탕을 둔 것이라고 할 수 있다. 그는 동성애자였으며 죽을 때도 에이즈로 죽었기에 그 누구보다도 타자의 고통을 잘 이해할 수 있는 인물이었던 것이다. 그는 한 사회의 중심이 아닌 타자로서 자신의 철학을 꾸준히 진행시킨다.

푸코의 철학에서는 타자의 사유에 기인하여 광인, 병자, 어린 아이, 감옥의 수의, 여자 등 다양한 타자의 계층이 등장한다. 그가 보기에 타자들은 동일자가 사회적으로 배제시킨 사람들이다. 광기란 이성이란 동일자에 의해 억압되고 배제되어 침묵에 갇힌 타자인 것이다.

푸코가 판단하기에 사회 안에는 고도의 권력이 숨겨져 있다. 그는 나눔과 배제라는 틀 속에서 자신의 사유를 시작하는 사회를 가차 없이 비판하며, 이러한 불합리적 사유와 사회에 대한 근본적인 문제점을 파악하고 지적하는 데 자신의 한평생을 바친다.

② 담론의 전개 -지식과 권력의 관계

1990년대 이후 한국 사회에는 담론이라는 말이 일상이 되어 버렸다. 바로 푸코의 영향 때문이다. 푸코는 기존의 철학자들이 사용하는 고급 담론이 아닌 넓은 의미의 담론을 제시한다. 담론은 이론적인 과학만이 아니라 인간이 언어, 혹은 기호를 사용해서 만들어내는 것들을 말한다. 요즘 유행하는 패션, 만화, 영화 등 모든 것들이 학문의 대상으로서의 담론이다. 이때 텍스트라는 말도 바뀌게 된다. 기존의 텍스트가 문헌에 관계되는 것들이었다면 지금의 텍스트는 옷을 입는 것, 배우들의 대사나 움직임 등 의미를 읽어낼 수 있는 모든 것을 말한다.

푸코는 여러 학문 중에서 정신병리학, 정신의학, 정신분석학, 인구학, 우생학, 위생학, 교육학, 형법학 등의 담론들에 특히 관심을 가졌다. 그가 수학이나 물리학과 같은 과학적인 것이 아닌 중간적 학문에 관심을 가진 이유는 바로 이러한 지식이야말로 인식과 과학의 관계를 파악하는데 중요하게 작용하기 때문이다. 그는 이 분야를 통해 지식과 권력의 관계에 대한 담론을 시작한다. 이 학문들에는 한 사회의 권력이 대중들을 훈육하고 통제하는 담론을 내포하고 있다. 예를 들어 교육학이라고 하는 것은 한 나라의 국민을 일정하게 길러내는 것이며, 형법학은 범죄를 저지른 사람들은 나쁜 사람이라고 판단하여 사회로부터 격리하는 담론이고, 인구학이라는 것은 한 사회의 생물학적 인구 분포를 조절하는 담론이다. 또 정신의학은 정상적이지 않은 사람들을 골라내는 담론이다.

앞에서 말한 타자의 사유와 지식과 권력의 관계를 결합하여 볼 때 한 사회의 타자는 지식과 권력의 관계를 통해서 규정된다. 이것이 바로 푸코 철학의 출발점이 되는 것이다. 정당한 인간과 감옥에 들어갈 인간으로 나누는 형법학, 열등한 종자와 우월한 종자를 가려내는 우생학, 공부 잘하는 사람과 못하는 사람을 나누는 교육학 등 사회는 나눔(구분)과 배제의 시스템으로 움직이고 있다. 그는 타자의 문제를 다루기 위하여 타자와 직접적으로 연결되는 이러한 담론들에 관심을 더욱 가졌던 것이다.

3) '주체' 찾기를 위한 고고학, 계보학[21]의 발자취

타자의 사유와 관련되는 학문들을 연구한 푸코 철학의 중심에는 '주체'에 대한 물음이 연결되어 있다. 나는 누구인가? 라는 물음에서 시작하여, 혹시 내가 이미 사회가 만들어 놓은 공간 속에서 조직되고 있는 것은 아닌가? 하는 물음에 이르기까지, 인간 주체에 대한 물음은 그의 철학 속에서 계속 제기된다. 그 근저에는 인간의 삶이 지식 권력이라는 그물망 속에서 구성되고 있다는 전제가 깔려 있다. 그는 주체나 인간이라는 개념에 대해 상당한 회의를 느꼈다. 대체적으로 근대 철학자들이 인간의 주체성을 믿고 긍정적이고 낙관적인 개념을 전개했다면, 구조주의나 후기구조주의 철학자들은 인간이 스스로 대단한 존재로 착각했기 때문에, 즉 자신이 주체라고 믿었기 때문에 언어의 비극이 생겨나게 되었다고 파악한다. 푸코 또한 우리의 주체성을 구성하고 있는 사회와 문화의 지식과 권력을 폭로하는 데 중점을 둔다. 이와 관련하여 푸코의 철학은 근대성(모더니티) 비판의 철학이라 할 수 있다.

① 『광기의 역사』와 『말과 사물』에 나타난 반인간중심주의 철학 선언

푸코는 반인간중심주의 선언을 한 철학자이다. 그가 주장했던 반인간중심주의는 무엇인가? 이것을 해석하기 위해서는 그가 역사를 어떻게 이해하고 바라보고 있는지를 먼저 알아야 한다. 그리고 그 사회 구조의 역사 속에 소속되어 있던 인간의 역사가 어떻게 전개되어 왔는지를 살펴보아야 한다. 여기에서는 그의 저서 『광기의 역사』와 『말과 사물』을 중심으로 반인간중심주의가 나오게 된 배경에 대해 알아보고자 한다.

푸코가 쓴 초기의 대표작 『광기의 역사』는 박사학위 논문으로, 고전주의 시대에 광기를 둘러싸고 벌어진 일들을 분석한 책이다. 그는 이 책에서 지금의 병원이 과학적인 치료의 목적이 아닌 감금에서 출발하고 있다는 다소 충격적인 내용을 전한다. 르네상스 시대 15-16세기부터 고전시대 17-18세기에 대감금이 발생한다. 그러자 17세기에 제너럴 하스피럴이라는 거대한 병원이 생긴다. 그는 이 제너럴 하스피럴의 문서를 조사하면서 병원이라기보다는 감금소였다고 말한다. 즉 현대 병원의 출발은 신체와 관련된 치료가 아닌 인간의 감금에서 출발한 것이다.

푸코는 이러한 작업을 통해 에스피테메, 고고학이라는 용어를 등장시킨다. 그는 한 시대의 현상이 나타나면 현상이 가능하게 한 요소들의 전체, 즉 담론 형성 조건들의 집합을 에피스테메(episteme)라고 하고, 우리에게 나타난 역사적 현상 밑에 요소들의 관계망을 드러내는 작업을 땅을 파는 것이라는 의미에서 고고학(考古學)이라고 정의한다.

에스피테메가 한 사회를 통제하는 것은 담론을 통해서 가능하다. 푸코는 담론이 가진 통제의 기능을 외부통제와 내부통제로 나눈다. 첫 번째로 담론의 외부적 통제에는 금기, 진실에의 의지 등이 있다. 성이나 죽음에 대해 우리는 아무 말이나 할 수 없다. 금기라는 벽이 그것을 막고 있기 때문이다, 학문이나 시사적 정보 차원에서도 우리는 하고 싶은 말을 마음대로 할 수 없다. 그것을 받아들이는 차가운 반응들이 있기 때문이다. 두 번째로 담론의 내부적 통제는 좀 더 학문적 차원으로 접근해 볼 수 있다. 그것은 주석(註釋), 저자, 말하는 사람에 대한 제한 등으로 이루어진다. 어느

분야의 권위 있는 학자는 원전에 대한 주석을 통해 담론의 방만한 퍼짐을 제한하고, 저자가 불분명한 원전들을 여러 기준에 따라 특정 저자에 귀속시킴으로써 그 외의 담론들을 배제한다. 그리고 말하는 사람의 제한은 그 개인이 어떤 기준을 충족시키지 못하면 어느 특정 담론의 서열에 들어가지 못하는 것을 의미한다. 이러한 담론의 질서를 통해 규제 장치는 은밀한 힘을 발휘한다.[22]

푸코의 담론에 대한 탐구는 기존의 역사 해석에 반대함으로써 더욱 빛을 발휘한다. 『광기의 역사』에서 그는 합리주의에 대한 해석도 반대로 해석한다. 기존에는 데카르트가 나타나 철학적 기반을 세웠으며 비로소 합리주의적 근대 사상이 출발하고 과학이 형성되었다고 보았으나, 푸코는 합리주의의 등장으로 합리주의 기호에 안 맞는 모든 것들이 탄압의 대상이 되었다고 보았다.

그것은 정치, 종교의 역사에서도 드러난다. 서양의 17세기는 중세의 분권사회가 절대 왕정으로 가는 시대였다. 루이 14세는 짐이 국가라는 말을 내세워 모든 사회의 시스템을 균일화시켰으며, 거기에 반대하는 인간들을 감금시켰다. 감금은 절대왕정 체제를 안정되게 만드는 하나의 정치적인 장치였던 것이다. 또 17세기는 서구의 신교(프로테스탄티즘)가 도래하여 구교를 견제하던 시기였다. 막스 베버는 근면, 권속, 노동, 정직 등 칼뱅이즘에 입각한 정신이 서양 자본주의의 모체라고 보았다. 이러한 가치관이 서양 사회에 팽배해지면서 노동할 수 없는 사람(광인 같은)은 필요 없는 사람으로 전락해 버리고 말았다. 사회는 어떤 한 사람을 그 사람 본연의 모습으로 규정하는 것이 아니라 권력을 가진 자가 어떤 기준을 제시하면 그 기준에 따라 평가하고 인식한다.

푸코의 사유 구조는 광인이 어떻게 타자화 되느냐, 타자가 전락하는 과정에서 어떤 지식과 권력의 관계(에피스테메)가 작동하느냐에 관심을 기울이면서 그런 식의 배제와 감금의 메카니즘이 본격적으로 나타난 시대가 근대사회라고 규정한다. 그리고 그 이전부터 이러한 사회적 구조 속에서 인간의 주체가 얼마나 함부로 다루어졌는지 잘 보여주고 있다.

19세기에 들어오면 프랑스 대혁명이 일어나면서 휴머니즘이 등장한다. 자유·평등·박애 사상이 등장하고 계몽사상을 기초로 역사는 발전하게 된다는 것이 일반적인 역사의 평가이다. 그러나 푸코는 휴머니즘과 근대 인권 사상을 지배계급(귀족계급)의 자리를 뺏은 부르주아 계급이 사회를 아주 세련되게 통치하기 위한 지배 장치로 이용했다고 본다. 즉 고상한 학문과 용어들을 들먹이면서 사람들을 훈육시키기 위한 시스템으로 사용했다는 것이다.

『말과 사물』로 넘어가면 정치적인 함축성이 강하게 나타난다. 이 책은 칸트의 순수이성비판의 대체물이라고 할 수 있다. 칸트의 순수이성비판이 근대철학의 인식론의 기초였다고 한다면 근대인식론을 현대인식론으로 바꾼 것이 『말과 사물』이다. 칸트에 따르면 인간의 의식구조는 보편성과 필연성을 띄고 있으며 그것을 기반으로 근대 과학이 나올 수 있었다. 그러나 푸코는 인간이 사물을 바라보는 틀이라는 것은 시대마다 달라져 왔다고 보았다. 따라서 한 시대 사람들은 자기도 모르게 사물을 그렇게 보는 무의식적 층이 형성되어 있다. 예를 들어 르네상스 시대의 틀은 '유사성'이었다. 그 때의 사람들은 머리가 아프면 뇌처럼 생긴 호두를 먹었으며 눈이 아프면 눈처럼 생긴 결명자를 먹었다. 사물들을 유사성으로 파악한 것이다. 이후 고전시대가 오면서 유사성으로 사물을 바라보던 분위기가 '동일성과 차이'로 바뀌게 된다. 합리주의가 등장함으로써 사물을 로고스적 사고 방식에 의해 분석적으로 파악하게 된 것이다. 그런데 근대에 오면서 경험에 의한 인식이 나타난다. 인식은 인간이 사물의 가식적인 것을 뚫고서 본질로 나가는 것이 아니고 자신에게 나타난 현상에다가 인간의 범주를 축약해서 구성하는 것이다. 다시 말해 인식은 인간이 구성하는 것이다. 인간이 자기가 가지고 있는 틀을 사물에 표현하는 것이다. 즉 인식은 주체가 구성하는 것이 아니라 주체로 하여금 사물을 그렇게 보게 하는 틀(에피스테메)이 먼저 있는 것이다. 이것이 바로 구조주의적 사고의 특징이다.

주체라고 하는 존재가 사물을 나름대로 바라보기 전에 일정한 주체로 하여금 사유 문법을 따라서 사물을 그렇게 보게 만드는 무의식적인 틀이 있는데, 그 틀을 언어철학적으로 설명하는 것이 『지식의 고고학』이다. 이후 푸코의 저서들은 기본적으로 서구 근대의 훈육사회를 다각도에서 분석하고, 광인의 탄압에서 출발하여 감옥의 문제, 성의 문제로 나누어 접근하게 된다.

　② 『감시와 처벌』 – 판티옵콘의 등장

『감시와 처벌』에서 푸코는 권력 철학을 전면에 내세워 근대 훈육사회를 탐구한다. 그 기본 주제가 바로 감옥의 역사이다. 과거의 처벌은 거리에서 목을 자르고 죽이는 등 공개적이었다. 이러한 처벌 방식은 근대로 넘어오면서 세련되고 숭고해 보이는 듯하지만 훨씬 정교해지고 강해졌다. 사람을 간단히 처리하는 것이 아닌 끝없이 교정시키고 훈육시키게 된 것이다. 그러면서 감옥이 등장하게 되었다. 옛날의 감옥은 죄인을 처벌하기 위해 잠시 놓아두는 곳이었지만 감옥 그 자체가 형벌은 아니었다. 그러나 현대의 감옥은 감금하기 위한 장소이다. 처벌의 개념이 없어져 죄인들을 관리하는 곳이다. 죄인들을 관리하기 위한 고도의 법이 만들어지고, 이 사람의 범죄를 계산하기 위하여 형법, 행정학, 범죄학 등 모든 지식이 요구된다.

　감옥이라는 개념은 근대에 와서 생겼다. 감옥은 건축과 관련이 있는데 어떻게 효율적으로 죄인들을 감시하고 처벌할 수 있는지를 설계해야 한다. 그래서 생긴 개념이 판티컬이다. 판은 모두, 티컬은 보는 것을 뜻한다. 감옥을 원형으로 만들고 가운데 수탑이 서 있고 여기에 감시자가 서 있으면 다 보이는데 죄인은 그 사람이 안 보인다. 이런 판티옵콘(원형감시장치)을 통하여 감시자는 보이지 않는 권력을 획득하게 되었다. 더욱이 감옥에 구금된 상태에서 죄인들은 일정한 시간표에 의해 신체의 사용을 통제받기 시작했다. 네덜란드에 있는 한 노동교화소의 구조는 반지하로 지어져 죄수들이 그 안에서 생존하기 위해서는 감방 안으로 유입되는 물을 계속 퍼내야만 했다. 그런데 여기에 주로 감금된 죄수들이 노동 불량자였다는 사실은 당시 권력의 효과가 자본주의의 성립과 재생산에 암묵적으로 봉사하고 있었음을 웅변하는 것이다. 그가 보기에 사회도 마찬가지이다. 18세기 이후 부르조아 사회 전체가 감옥과 감시의 사회였다고 그는 말한다. 그 증거로 그는 학교나 군대막사의 건축구조가 바로 위에서 언급한 감옥의 구조에서처럼 인간의 육체적 습관을 길들이기 위해 고안되었다고 결론을 내린다.

따라서 푸코는 권력 관계는 다른 유형의 관계들(경제적 관계, 인식 관계, 성적 관계)로 표면화되는 위치에 있는 것이 아니라 그것들에 내재하고, 그러한 관계들에서 생기는 분할, 불평등, 불균형의 직접적 효과이며, 거꾸로 이러한 차등화의 내적인 조건이다. 권력 관계는 단순히 금기 또는 갱신의 역할을 지닌 상부구조의 위치에 있는 것이 아니라 그것을 작용하는 거기에서 직접적으로 생산적인 역할을 한다[23]고 보았다.

③ 『성의 역사』 – 성과 욕망의 관계를 통해 본 주체화

푸코는 그의 저서 『성의 역사 Ⅰ』에서 인간의 성이라는 내밀하고 사적인 것을 담론화한다. 그는 이 책에서 육체를 관통하는 권력의 성격을 극명하게 드러낸다. 18세기 이전의 성관계는 대부분이 부부관계에 집중되어 있었다. 당시의 문헌을 살펴보면, 부부간의 성관계는 매우 엄격했으며 그것은 곧 도덕성을 대변하는 것이었다. 그러나 18세기를 넘어서면서 성은 신의 영역이 아닌 과학의 영역에서 다루어진다. 18세기 이후 국가경제에서 중요한 인구의 문제와 연관하여 피임과 출생률이 조절된다. 한 사회의 부는 개인의 성 습관에 의해서 좌우될 수 있다. 따라서 인구의 경제학은 성을 통해 관찰할 필요가 생겼다. 이를 바탕으로 정신분석학, 인구통계학, 교육학 등의 학문 연구가 시작되었다. 바로 권력의 효과가 지식을 만들었으며, 그 지식은 인간의 육체를 관리 통제하여 부르조아 사회의 시민상을 만들어 냈던 것이다.

푸코는 1976년 『성의 역사 Ⅰ』을 쓴 후 8년 동안 침묵을 지키다 1984년에 『성의 역사 Ⅱ, Ⅲ』을 낸다. 그는 이 기나긴 8년 동안 주체에 대한 새로운 사유에 들어간다. 주체들이 자기에게 주어진 그런 조건 위에서 어떻게 스스로를 구성해 나가는지, 자기라고 하는 것을 어떻게 만들어가는 지에 대한 주체의 적극적인 사유를 시작한 것이다. 그는 『성의 역사 Ⅱ』에서 '주어진 것을 선용하라.' 는 격언을 남긴다. 이것은 인간이 자신을 있게 한

거대한 틀을 벗어날 수 없으며, 그런 관점에서 자기가 가지고 있는 것을 최대한 선용함으로써 자신을 가꾸어갈 수 있음을 제시한다. 『성의 역사 Ⅲ』에서 푸코는 자기에 대한 배려를 강조하면서 자신이 얼마나 위대한 가능성을 가진 존재인지를 깨달으라고 말한다. 그리고 그는 주체화(subjectivation)에 관련된 새로운 사유로 '욕망'의 개념을 도입한다. 여기에서 그의 철학적 사유는 지식의 고고학에서 욕망의 계보학으로 발걸음을 옮긴다.

푸코는 권력이 어떻게 주체를 구성하는가보다는 인간이라는 존재가 구조 속에 완전히 함몰될 수 없는 근원적인 힘인 욕망을 분석하는데 더 큰 관심을 가졌다. 이때의 욕망은 갖고 싶은 것을 이루기 위한 일상의 단순한 의미가 아닌 인간 안에 있는 힘, 그 구조 속에 완전히 복속되지 않도록 만드는 힘을 의미한다. 그는 인간 자체를 부정하는 지식과 권력의 문제에서 욕망의 주체를 이야기하고 그 주체가 자기에게 주어진 조건들(지식 권력의 망) 속에서 어떻게 자기라는 것을 구성해 갈 수 있는가에 관심을 가졌다. 이것을 그는 '욕망의 해석학', 혹은 '주체의 해석학', '자기의 해석학'이라고 했다.

이렇게 자신의 실존을 가꾸어 가는 것은 사람들로 하여금 스스로 행동 규칙을 정할 뿐 아니라 스스로를 변화시키고, 그들의 특이한 존재 속에서 스스로를 변형시키며, 그들의 삶을 어떤 미학적 가치를 지닌 어떤 양식(style)의 기준에 부합하는 하나의 작품으로 만들고자 하는 신중하고도 자발적인 실천인 것이다. 그는 이러한 실천의 모습을 그리스에서 찾아냈다.

푸코는 그리스인들은 인간이라는 존재의 행복을 이미 사회적으로 주어진 구속의 틀에서 모색하지 않았다고 하면서, 그리스 문화 속에 자기의 삶과 실존을 가꾸어 가는 그들의 모습이 잘 나타나 있다고 했다. 그들은 자기의 삶을 하나의 예술 작품으로 만들어 가는 과정을 통해 자기의 문제를 자기 스스로가 구성하는 방식을 알았던 것이다. 우리의 삶 또한 자기가 자기의 규칙을 세우며 가꾸어 나가야 함을 푸코는 그리스 문화를 통해 우리에게 들려주고 있다.

푸코는 인간이라고 하는 것이 자기가 살고 있는 방식, 자기가 사물을 바라보는 눈이 어디에서 어떻게 만들어지고, 내가 그런 조건 속에서 살고 있는지를 아는 것이 중요하다고 말한다. 그것을 알고 있어야 나를 가꾸어 갈 수 있는 것이다. 내가 나를 가꾸어간다는 것은 지금 내가 살고 있는 바탕을 인식해야 근거 있는 주체가 된다. 푸코의 주체 철학에서 전기는 구성된 주체, 근대성의 정체가 무엇인지를 가르쳐준 것이라면, 후기 철학은 거기에 어떻게 대처하는가를 가르쳐주는 것이라 할 수 있다.

4) 현대적 의의

푸코의 이론은 권력·광기·성을 삼각축으로 하고 있다. 그는 기존의 정치권력이나 계급관계에 초점을 맞춘 이론들과는 달리 권력에 대한 심층적·다각적인 통찰과 더불어 근대사회의 한계점에 대한 비판으로 새로운 시각을 제공함으로써 현대인들에게 새로운 사유를 제공해 주고 있다.

푸코에 의하면 근대사회는 감시와 처벌의 체계가 권력, 지식과 결탁해 운용되는 거대한 감옥이다. 그런데 그의 관심사는 드러나는 권력에 있지 않고 문화적인 방법, 언어적 방법으로 사람을 지배하는 동일자의 은밀한 지배 방식에 집중되어 있다. 그가 정신병원을 감옥과 대등한 수준에서 다룬 것도 그와 같은 통찰이 있었기 때문이다. 그가 후기 철학에서 다루었던 성의 문제도 마찬가지이다. 그 사회가 정상이라고 생각하는 기준을 벗어난 성 관념들은 모두 비정상으로 취급받아 정신병자로 분류될 위험에 처하게 된다. 이처럼 푸코에게 있어서 권력, 광기, 성은 상호 복합적 관계를 형성하며 뒤얽혀 있다. 이처럼 어느 시대에서나 권력과 지식은 하나의 복합체가 되어 그 시대의 기준을 설정했으며, 이분법적인 사고를 통해 기준에서 벗어나는 사상이나 행동들은 억압하고 통제했던 것이다.

푸코의 종착점은 권력과 주체의 상관성을 밝혀내는 것이 아닌 권력 분석을 통한 주체의 파악이었다. 그가 선택한 권력 분석의 방법은 '저항'이었다. 권력의 반대에 있는 저항 세력들을 파헤치고 연구함으로써 주체를 찾아낼 수 있다. 그래서 그는 타자의 사유에 더 애착을 가졌으며 그것을 통해 문제의 답을 발견하려고 노력했다.

푸코의 철학 사상은 근대화라는 미명아래 서구 사회를 좇아가는 우리들에게 '주체'가 무엇인가를 다시금 생각해 보는 계기를 마련해 준다. 동일자가 아닌 타자의 입장에서, 지식과 권력의 결탁에 의한 규제 장치가 아닌 우리 스스로가 실존의 물음을 던지며, 이 사회를 어떻게 가꾸어 갈 것인가에 대한 진지한 고민으로 담론을 형성해 나간다면, 한국 사회의 주체화는 좀더 확실하게 확립되어 갈 것이다.

(3) 쟈크 데리다의 해체적 글쓰기를 통한 문화적 실천

1) 생애와 사상

데리다(Derrida, Jacques, 1930-2004)는 1930년 7월 15일 프랑스령 알제리 엘비아르의 유대인 가정에서 태어났다. 1952년 고등사범학교 시절 알튀세르를 만나 20년 동안 학문의 동료로 지낸다. 1956년 논문「후설 철학에서 생성의 문제」로 교수자격시험에 합격했으며, 1957~1959년 알제리 독립전쟁 중 군 복무를 한 후 1960-1964년 소르본 대학교에서 철학을 강의한다. 그는 1950년대 고등시범학교 학창시절이나 1960넌대 교수시절에 이르기까지 마르크스주의와 현실 공산주의에 반대하면서도 중도 우파나 공화파의 입장에서 마르크시즘을 보지는 않았다. 그는 어떠한 소속, 이론적 당파, 교조성도 거부하며 자신의 자유를 주장하고, 철학적 선입견과 투쟁했다. 1968년 데모 행렬에 참가하지만 5월 사태에 대해 유보적인 입장을 취하기도 했다. 또 그는 자동혁명론이나 자연주의적 유토피아 환상을 거부하기도 했다. 데리다의 해체이론은 1968년 5월 혁명을 분기점으로 이해해야 한다.

데리다는 1980년 소르본 대학교에서 국가박사학위를 취득하고 1981년 체코 지식인을 돕기 위해 얀 후스 협회를 창설, 부회장이 되었다. 1983년 국제철학학교를 창설하여 초대 교장으로 취임했으며 1990년 소련 과학아 카데미와 모스크바 대학에서 세미나를 개최했고, 이후 미국 예일대학 문학교수들과 접촉, 신비평을 해체비평으로 급회전시키는 영향력을 발휘했다. 2004년 10월 지병인 췌장암으로 사망했다.

저서에는 『그로마톨로지』(1967), 『말과 현상』(1967), 『글쓰기와 차이』(1967), 『철학의 여백』(1972) 등이 있다.

2) 서구 형이상학의 극복과 해체를 통한 문화적 실천

20세기 후반, 철학과 문학은 언어에 대한 관심과 더불어 그 허구성에 대한 관심이 고조되었다. 그와 연관해서 문학비평에서도 이른바 탈구조주의가 등장하여 텍스트가 하나의 완결된 의미를 가지고 있다는 믿음에 대한 부정이 생기게 되었으며, 그 결과 문학적 글쓰기와 철학적 글쓰기가 경계없이 어우러지게 되었다. 이러한 현상들은 언어의 본질적 사고에 대한 흔들림이었으며, 기호 체계의 조작을 통한 욕망을 대중화시키는 결과를 초래했다.

구조주의에서 의미는 그 자체 내의 충만함을 통해 자기 스스로 의미를 창출해 내는 것이 아니라 변별적 차이를 통해 의미를 획득한다. 따라서 구조주의에서 하나의 단어가 의미를 획득하는 것은 전체 속에서 문화적 배경을 통해 획득하는 것이다. 주체, 즉 자아는 자기 스스로 정체성을 부여받는 것이 아니라 구조 내의 차이를 통해서 자신의 정체성을 부여받는 것이다. 그러므로 구조주의에서의 주체는 상호주관성을 지닌 주체가 된다.

그러나 데리다는 상호주관성을 지닌 주체에 대해 부정한다. 그 방법으로 그는 해체 전략을 내세운다. 그것은 형이상학의 바깥을 설정하지 않고, 오히려 형이상학의 '내부'에서 형이상학이 배제한 요소들을 발견하여 형이상학의 내적 자율성을 의심하는 방법이다.[24] 이러한 작업을 통하여 그는 서구 철학의 근저가 되는 본질과 현상의 이원적 대립구조에서 진리와 권력의 전략을 탐지하게 된다. 그리고 지금까지의 역사가 본질을 현상에 우선적인 것으로 보고, 현상을 본질로부터 파생된 이차적인 것으로 파악함으로써 본질에 특권을 부여하게 되었으며, 그 특권이 대립항을 지배하는 것이 당연하다고 보는 잘못을 범하고 있다고 말했다.

데리다는 현전의 형이상학, 즉 억압적이고 기만적인 이성에 대해 비판을 가하는 해체 작업을 시작하기에 이른다. 그것은 비판을 넘어선 경제적 착취, 성적 불평등, 인종적 차별 등에 투쟁하거나 위계질서를 뒤집는 작업이었다. 그는 해체 전략으로 이성, 진리가 나타나 있는 텍스트에 복종하는 척하면서 그 스스로가 숨긴 '차이'를 털어놓게 하는 전략을 택한다. 이것은 텍스트를 줄로 쪼개어 한 텍스트 속에 숨어있는 다른 텍스트를 끌어내어 양자를 어긋나게 하는 것이었다.

데리다는 학문으로서의 재구성이라고 할 수 있는 해체론에서 형이상학적 체계를 통한 가능성과 불가능성의 조건으로서 차연을 내세운다. 차연은 서로 구분되는 것들, 다른 것들을 구분되고 다르게 만드는 '공간내기'(espacement)와 함께 예정되고 계산된 목적, 결과를 지연시키고 유보시키는 '시간내기'(temporisation)의 결합작용이라고 할 수 있다.

데리다는 소쉬르의 기호학이 초월적 기의라는 최종적 근원, 즉 토대주의로 다시 회귀했기에 구조주의는 목적론적이고 폐쇄적 성격을 지니게 되었으며, 이로 인해 주체는 구조의 부속물로 그리고 완성된 주체로서 가능하게 되었다고 본다.[25] 하지만 차연을 통해 새로이 등장하는 주체는 미완성한 주체이며, 자신의 정체성 확보를 위해 일단 공동체가 필요하지만 그 이후 개인과 공동체는 서로에게 주고받는 차연의 논리를 전개하는 것으로써 자신의 확립된 정체성을 주장하지 않는다고 보았다. 따라서 이러한 차연을 통해서 개인은 자신의 권리를 포기하지 않고서 공동체적 주체로서 가능할 수 있고, 공동체적 개인주의가 가능하게 되는 것이다.

데리다의 차연은 결국 이성중심주의에 대한 해체로 귀결된다. 그리고 차연이 가지고 있는 비결정성은 모든 중심주의를 해체하고 중심과 주변의 평화로운 공존을 의미한다. 지금까지 중심과 주변부는 공존해왔지만 주변부가 항상 중심부에 의해 억압당하고 지배당하고 동일화되는 타자간 관계였다. 하지만 차연을 통해 보았듯이 이항대립관계에 있는 양자는 어느 하나가 어느 하나를 종합하고 지배하는 것이 아니고 타자의 타자로서 보여지게 된다. 따라서 이러한 해체는 남자 중심주의, 인종 중심주의, 계급 환원론을 해체한다. 이러한 해체는 페미니즘과 다문화주의, 다인종주의, 인간학적 고통주의에 근거한 새로운 마르크스주의적 이론과 실천을 가능하게 한다.

3) 타자와의 관계를 통한 차연과 정의의 개념

푸코와 마찬가지로 데리다도 차연이나 정의를 타자와의 관계로 설명한다.[26] 그는 차연과 정의를 타자와의 관계로 규정함으로써 윤리적이고 정치적인 함의들을 이야기한다. 그는 차연은 동일자의 체계로 환원할 수 없는 특이성(singularity)으로서의 타자와 만나는 것이며[27], 이와 연관하여 정의 역시 법과 제도로 규정할 수 없는 이타성(alterity)으로 파악한다.

데리다가 밝힌 주체와 타자와의 관계는 주체의 한가운데에 주체가 통제할 수 없는 '외상적 핵'(traumatic kernel)으로 존재하는 타자와 주체 속에서 주체를 '능가하는'(in your more than you) 타자로 나누어 그 존재방식을 설명할 수 있다. 이때 타자와의 만남은 '읽기'(reading)에 의해 가능해진다.

첫째, 데리다의 '목에 걸려 있는 타자'에 대해 살펴보자. 주체의 먹는 행위는 동일시를 통해 타자를 내면화(interiorization)하는 것이다. 주체가 먹는 것은 단순히 타자의 육체가 아니다. '언어란 사물의 살해 행위'라는 헤겔의 말처럼 우리의 언어 역시 개념을 만들어냄으로써 사물을 살해하는 것이다. 이와 마찬가지로 먹는다는 것은 말하는 것이요, 개념을 만들어 내고 타자를 자신 속으로 흡수하고 동화하는 행위이다. 하지만 타자는 주체의 동일성으로 완전히 환원되지 않고 삼켜지지도 그렇다고 거부되지도 않은 채로 목에 걸려 있다.

여기에서 데리다는 동일자의 체계로 환원되지 않고 잉여물로 남아 있는 타자성을 설명하기 위해 내적 투사(introjection)와 합체(incorporation)를 구분하여 설명한다. 합체란 애도(mourning)의 거부, 구토하려는(vomit) 욕망이다. 그것은 완전히 내면화하지 않기 위해, 타자의 타자성을 강조하기 위해서 먹는 행위이다. 타자-대상은 여전히 낯선 신체(foreign body)로 주체 속에 남아 있게 된다. 중요한 것은 합체가 소화불량이라는 우발적이고 병리적인 현상이 아니라 주체를 가능하게 하는 근본조건이라는 것이다. 입은 구토를 한다. 주체가 구토를 하는 순간 구토가 갖는 이질성은 사라진다. 집도 입과 마찬가지로 이중적 연결 관계(double bind)를 보여준다. 집은 가장 내밀하고 고유한 장소로서 울타리를 가능하게 하는 동시에 울타리가 닫힐 수 없도록 한다. 집과 입은 체제를 전복하는 동시에 보증하는 은유이다. 합체란 대상이 상실되었다는 것을 거부하고 그것을 내부에 보존하기 위해 대상을 먹었다고 상상하는 환상인 것이다.

구토는 체계 내부를 향하고 있다. 소화할 수 없는 것을 체계 '외부'로 토해 놓는 것은 자신이 통제할 수 없는 것을 지배하기 위해 그것을 외부로 추방해 버리는 투사와 다를 바 없기 때문이다. 따라서 언어는 초월적인 존재를 드러내는 외재적인 기호에 불과한 것이 아니라 오히려 초월적 타자를 가능하게 하는 조건이다.

둘째, 데리다의 '친밀하고 낯선 타자'에 대해서 살펴보자. 주체는 때로 친밀히고도 낯선 다자로 다가온다. 주체는 장소를 부여받음으로써 고유성을 획득하게 되는데 주체의 가장 내밀하고 고유한 장소는 집이다. 공간은 안·밖이라는 대립구조를 통해서 울타리를 가능하게 하는 동시에 울타리가 닫힐 수 없도록 한다. 공간 속에서 공간적 의미를 만들어내는 동시에 공간을 열어젖히는 움직임을 데리다는 '공간내기'라 부른다. 공간내기는 대상이나 개념으로 환원할 수 없는 움직임으로 공간 속에서 공간을 능가하는 힘이다. 공간내기는 공간이 지배하거나 길들일 수 없는 이타성(alterity)이다.

공간이 갖는 비밀이 공간내기일 뿐이라는 사실을 잘 보여주는 것이 날짜이다. 날짜는 반복 불가능한 특이한 사건, 단 한번만 일어나는 사건을 기입한다. 그러나 날짜가 시간과 공간을 지칭하는 표지로 기능하기 위해서는 언어체계 속에서 반복될 수 있어야 한다. 날짜가 어떤 특정한 의미나 보편적 의미를 가질 수 있다면 그것은 예측 불가능한 타자인 공간내기를 억압하고 있기 때문이다. 그가 말하는 특이성이란 이렇게 예측 불가능한 형태로 미래에 다시 오는 타자에게 열려있는, 다시 말해 보이지 않아 지배할 수 없는 타자에게 사로잡힌 상태를 의미한다. 2월 13일은 한번 일어난 특정한 사건을 기록하고 있는 동시에 매해 반복되어 전혀 다른 타자나 사건들을 포함하게 된다. 그러나 서로 다른 타자들, 미래에 오는 날짜들은 모두 2월 13일이라는 동일성의 구조를 형성하고 있다. 차이가 동일성으로 가능하게 하고(difference as same) 동일성이 곧 차이가 되는(same as difference) 날짜의 구조는 동일성·차이의 대립구조로 설명할 수 없는 것이다.

셋째, 데리다의 '네 이웃의 희열을 사랑하라'에 대해서 살펴보자. 희열을 피할 수 있는 가장 손쉬운 방법은 이타주의(altruism)이다. 벌거벗은 거지에게 자신의 외투를 벗어주는 성 마틴의 사랑, 라캉은 성 마틴의 사랑이 이웃의 희열과 맞닥뜨리지 못한 상상적인 것에 불과하다고 말한다. 이와 달리 직접적으로 희열에 다가가는 사람이 있다. 방금 나환자의 발을 씻은 물을 기꺼이 마셔버리는 안젤라 드 포리그니오나 병자의 배설물을 먹었던 마리 아라크크의 행위가 그것이다. 타자 속에서 자신의 쾌락을 구하면서 타자의 희열을 비켜가는 마틴의 사랑과 달리 이러한 성스러운 행위들은 타자의 희열과 맞닥뜨린다. 그들은 배설물을 상호 교환될 수 있는 대상과는 전혀 다른 숭엄한 대상(Thing)으로 끌어올린다. 타자 속에서 자신의 이미지를 확장해 가는 마틴과는 달리 안젤라와 마리는 타자의 배설물 속에서 타자로부터 희열을 선물로 받는다. 나의 체계로 환원될 수 없는 잉여물인 숭엄한 대상을 삼킴으로써 이 여인들은 진정한 이웃, 타자의 희열을 사랑하는 이웃이 된다.

이상에서 보듯, 데리다는 언어, 기호, 공간, 시간 등 타자의 여러 가지 형태들을 차연과 정의의 관계로 설명한다. 그에게 차연은 동일성·차이의 대립구조로 파악할 수 없는 잡종으로 동일자의 체계로 환원할 수 없는 특이성(singularity)으로서의 타자와 만나는 것이며, 이와 연관하여 정의 역시 법과 제도로 규정할 수 없는 타자의 희열을 사랑하는 이타성(alterity)으로 나타난다.

4) 음성중심주의와 해체적 글쓰기

데리다는 차이의 놀이가 벌어지는 장을 텍스트라고 불렀다. 텍스트는 현실적, 경제적, 역사적, 사회 제도적이라 불리는 모든 구조들, 즉 모든 가능한 준거 대상을 말한다. 그는 "텍스트의 밖에는 아무 것도 없다."[28]고 선언한다. 그는 경험적 기표들 전체의 선험적 근거로 상정되는 선험적 기의를 허구라고 보았다. 즉 어떤 것도 차이 관계의 놀이 바깥에서 그 자신의 동일성을 갖지 않는다는 것이다. 즉 텍스트에서 각 요소들은 그 요소들의 망 안의 차이 관계에 의해서만 존재한다고 보았다. 차이들이 만든 놀이가 가능하기 위해서는 각각의 차이가 다른 것 속에 보존되고, 그 흔적을 지니고 있어야 하는데 그 흔적은 다른 흔적에 의해서만 가능하고 최초의 흔적은 찾아볼 수 없다. 따라서 데리다에게 의미 일반의 절대적 기원은 없다.

그러므로 구조주의에 대한 데리다의 해체 작업은 '기원의 부재'에서 온 것이라고 할 수 있다. 이와 연관해 그는 글쓰기를 진리의 재현이 아닌 기원을 갖지 않는 유희로 받아들인다. 그의 해체적 글쓰기를 살펴보기 위해서는 먼저 음성중심주의에 대한 비판을 살펴볼 필요가 있다. 음성중심주의 비판은 다름 아닌 의미 일반의 절대성을 믿는 로고스 중심주의에 대한 비판이다.

데리다는 서구 형이상학을 해체하기 위해 언어를 표적으로 삼는다. 그는 『그라마톨로지』에서 소쉬르, 레비스트로스, 루소 등의 언어이론이 문자언어를 천시하고 음성언어를 중시하는 로고스 중심주의에 빠져 있음을 장황하게 서술한다.[29] 신의 목소리는 충만하고 참으로 현전하며 거룩한 내적 목소리로서 로고스이다. 로고스의 스스로 말하기 듣기는 감각뿐만 아니라 지성에도 연루되어 있으므로 충만하고 투명한 현전을 붙잡으려는 형이상학이 추구하는 이상이다. 음성중심주의는 말 그대로 말을 음성언어 위주로 이해하고, 문자적 기록이나 글을 파생적이고 대리적인 언어로 이해하는 것이다. 플라톤이래 문자는 음성언어를 모방하는 도구적 언어이다. 음성주의 언어관은 형이상학이 목소리에 부여한 과도한 특권과도 연관된다. 소크라테스는 진리가 음성에 온전하게 들어 있어 진리가 직접 현전하는 것에 반해, 글은 진리의 내용을 훼손시킨다고 보았다. 데리다는 그것을 진리의 권위를 주장하는 것으로 파악하고, 언어이론을 통한 해체 작업을 시작한다. 그의 주장에 의하면 순수한 음성적 현전성은 불가능하다. 음성중심주의 안에서 문자는 음성적 기표를 대신하는 이차적 기표이다. 문자는 음성에 종속되어 있을 뿐만 아니라, 음성이 대신하는 개념적 의미에 종속되어 있다. 문자의 존재 이유는 음성을 담고 개념적 의미를 담는데 있다. 그러나 정보화 시대에는 음성중심주의 언어관은 그 효력을 상실한다. 즉 범람하는 기호들은 음성에 대응하지 않으며, 자기 동일적으로 고정된 의미에 종속되어 있지 않다. 많은 기호들은 음성 없이 개념적 실재와 연관을 맺고 있다.

데리다는 음성과 초월적 기의로부터 해방된 기표와 문자적 기표들을 에크리튀르(ecriture)라고 불렀다. 그는 차연에 의해 생성된 이 세계의 차이의 운동이 흔적의 무한한 유희로서 작용되고 있음을 역설하며, 질료와 형상, 내용과 형식의 대립을 넘어서는 표현형식으로서의 무한한 에크리튀르를 음성중심주의 비판의 근거로 삼았다.[30] 금기와 위반이 사라진 축제로 예시되는 에크리튀르는 그 기재공간과 도구(붓, 펜, 컴퓨터 자판, 영상 카메라 등)의 형식에 따라 기존의 경험적 형식과 내용을 재설정하고, 이에 따라 작품의 내적 공간성은 시대와 차원을 초월하여 가상과 실재를 서로 복사시키며 미래의 종말론적 유희를 생산한다.

데리다는 소크라테스와 플라톤을 비난하면서도 동시에 그것을 요구하는 이중적 태도를 가진다. 영원한 진리는 말에 의해서만 존속할 수는 없으며, 말을 소외시키는 글에 의해서만 진리의 영원함이 보존될 수 있기 때문이다. 말은 글을 필요로 하지만 그것은 영혼을 바깥에 씌어진 기호로 물질화함으로써 영혼의 자기 대화를 소외시키는 결과를 낳았다. 따라서 글은 직접적인 자기 현전인 말을 소외시키는 '병' 인 동시에 표현된 장소와 시간의 제약을 뛰어 넘어 그것을 치유하는 '약' 인 것이다.

그러므로 글쓰기는 에크리튀르에 적용해 볼 때, 유희의 실천이다. 글쓰기는 흔적들을 생산해 내면서 본질과 특성의 경계를 지운다. 즉 글쓰기는 절대적 표지 근거에 의해서 지배받는 것이 아닌 자신과의 차이남에 의한 의미 작용 과정 속에 있다. 환원 불가능한 텍스트의 이질성은 절대적 의미의 현전을 불가능하게 하고 자유 의미의 확산을 가능하게 한다. 텍스트는 차연의 놀이의 의해 지배되고 차연을 생산한다. 따라서 차연은 하나의 의미를 완성하고 고정시키려는 철학적 글쓰기의 요구로부터 그 의미의 종결성을 무한히 연기시키며, 의미를 허구의 운동 속으로 밀어넣는 문학적 글쓰기로 이동하게끔 하는 해체적 전략 수단이다.[31]

데리다가 말하는 글쓰기란 주체와 타자의 본질적 상호성에 근거한 것이다. 글쓰기는 차연의 운동을 통하여 자기 동일성의 수립이 한없이 연기되어 의미의 완결성을 이룰 수가 없다. 따라서 글쓰기는 불변의 진리와 확고한 주체가 해체되는 공간이다. 해체의 작업 속에서 주체와 객체의 구분은 엉키어 있으며, 사유의 주체가 해체를 주관 통제할 수 없는 모순과 허구성을 드러낸다. 그러므로 그가 주장하는 해체적 글쓰기는 허구적 글쓰기이며 그것을 통한 형이상학의 비판은 반이데올로기적 성격을 지니고 있다. 차이의 생산을 내포하는 새로운 글쓰기를 통하여 그는 지배와 억압의 역사에 저항하고자 했다.

5) 현대적 의의

데리다가 현대 철학사에 끼친 영향은 대단하다. 그는 서양철학이 추구해 온 이성중심의 사고를 비판하며 '해체' 라는 새로운 개념을 도입해 새로운 문학비평을 시도한 인물이다. 그는 먼저 후설의 현상학(現象學)을 배운

후, 구조주의의 방법을 철학에 도입했으며, 언어의 기호체계(記號體系)가 자의적이라는 인식에서 언어 위에 조립된 논리학을 재검토했다. 그는 특히 에크리튀르가 수행하는 역할을 중시하면서 차연을 통한 해체 전략을 철학에 적용했다.

데리다의 해체 철학은 모든 토대주의와 중심주의를 해체하고 중심부에 억압되어 있던 주변부에게 이론적 기반을 제공했다. 그의 사상은 예일학파를 중심으로 해체주의 비평운동으로 전개되었다. 그들은 데리다의 해체 철학을 텍스트의 자유로운 놀이에 대한 유토피아를 꿈꾸는 것이라고 해석하면서 기표를 선험적 기의에 대한 의무로부터 해방시키고자 했다. 열린 공동체를 추구하는 그의 철학적 전략은 차연을 통한 해체이다. 그것은 현시대의 문화적 양상에 따른 유희적 실천으로 연결된다. 데리다는 유한성 속에서 무한한 유희를 꿈꾼다.

데리다는 『다른 곶』이라는 책에서 자신은 문화의 산물이며, 문화의 정체성은 복잡하기에 자신의 정체성도 단일하지 않다고 말한다. 문화를 떠나서 나를 생각할 수 없다는 것이다. 또, 그는 타자의 사상을 문화에도 적용한다. 자신과의 차이 없이는 문화, 혹은 문화적 동일성은 존재하지 않으며, 자기 자신과 다르고 자기 자신으로부터 빗나가는 것, 즉 자기 차이는 내적인 동시에 더 이상 환원할 수 없을 정도로 분할할 것이라 밝히고 있다. 이때 문화란 타자의 문화로서의 자신의 문화, 이중 속격과 자기 차이의 문화로서의 자신의 문화를 말한다. 그러므로 어떤 한 문화가 단지 하나의 기원만을 가지지 않음을 알려 준다.[32]

이러한 해체 전략을 통한 데리다의 사상은 현시대가 가지는 획일화, 동질화에 대한 비판의 흔적이었으며, 그에 따른 해체적 글쓰기는 현전하는 모든 것을 허구로 만드는 부정성, 혹은 긍정성의 저항적 방식이었다.

후기구조주의자인 데리다는 바르트, 들뢰즈와 더불어 무한한 형식의 유희를 꿈꾸는 미래를 예견했다. 질료와 형상, 내용과 형식의 대립을 넘어서는 무한한 에크리튀르는 도시 내부에 건축, 회화, 설치, 무용, 영화, 홀로그램, 미디어 및 테크노 아트와 사이버네틱스, 복제인간 등 과학과 예술의 접목에 의해 생성되는 예측 가능한 독특성을 가지고 기존의 형식과 내용을 재설정하며 미래의 종말론적 유희를 생산한다. 무한한 유희 때문에 신체와 쾌와 윤리의 문제는 생산과 연결되어 미래의 타자와 인간성의 문제를 야기한다.

(4) 루이 알튀세르의 마르크스 문화이론의 재구성

1) 생애와 사상

알튀세르(Louis Althusser, 1918-1990)는 1918년 알제리에서 출생했다. 파리의 에콜 노르말 고등사범학교에서 G. 바슐라르에게 헤겔 철학을 배웠으며, 졸업 뒤 모교에서 철학교사를 지냈다. 1948년 프랑스 공산당원이 되었고, 1967년경부터 자신의 이론을 통한 계급투쟁을 실천하여 많은 논의를 불러일으켰다. 그는 프랑스 공산당 내부에서 당의 프롤레타리아독재개념의 포기와 당의 혁명 전략과 조직 원칙에 대한 비판 등의 정치적 실천을 전개했다.

알튀세르는 제2차 세계대전 이래로 가장 뛰어난 마르크스주의 철학자였다고 자타가 공인하는 인물이기도 하지만, 1980년 11월 16일 정신착란 상태에서 자신의 아내 엘렌느를 목졸라 죽인 뒤, 이듬해 면소판결을 받고 후견인의 보호 아래에서 틈틈이 자서전을 집필했다.

그는 『맑스를 위하여』[33], 『자본론을 읽는다』[34]를 중심으로 한 이론주의적 경향의 전반기 저서들과 『자기비판의 에세이』[35], 『철학의 진화』[36], 『오늘의 맑스주의』[37]와 같은 자기비판과 새로운 철학적 실천이라는 방향 전환을 거쳐, 『철학과 맑스주의』[38]를 중심으로 하는 이른바 "우발성의 유물론"[39]과 같은 보다 해체적 경향의 후반기 저서들로 나눌 수 있다.

2) 구조주의적 마르크스주의와 이데올로기에 대한 고찰

알튀세르는 마르크스주의 이론가이자 프랑스 공산당원의 일원으로서 활동했던 프랑스 철학자이다. 우리나라에서는 80년대 후반과 90년대에 들어 본격적으로 연구되기 시작했다. 그는 마르크스주의에 대한 이론적 고찰을 통해 중심이 어디에 있는지 규정하는 것은 절대 불가능해졌고, 모든 것이 중심의 부재에 걸맞게 진행되고 있다는 점을 인정하면서, 하나의 단일한 중심을 규정하는 것의 위험성을 지적한다.[40]

① 이데올로기의 이론과 실천의 문제

레비 스트로스가 인류학자로서 문화의 무의식적 구조를 파헤치고, 라캉이 정신분석학자로서 인간의 무의식을 파헤쳤다면, 알튀세르는 정치·경제학자로서 마르크스주의를 구조주의적 방식으로 재해석한 사람이다.[41]

알튀세르는 마르크스주의가 하나의 중심으로 모든 역사의 과정을 환원시키려고 할 때 실로 심각한 정치적 효과를 낳는다고 보았다. 마르크스주의가 하나의 중심을 갖는다면 여성문제나 인권문제 혹은 환경문제 등 비계급적 문제를 억압한다는 것이다. 또 하나의 문제는 지도부와 간부들이 가지는 "이론과 진리에 대한 소유권"이 "평당원들과 대중들에 대한 소유권"[42]을 보장함으로써 대중들에 대한 또 다른 지배의 상황을 초래한다는 점이다. 따라서 그는 마르크스가 아닌 마르크스 이외의 사상가들, 예컨대 에피쿠로스, 스피노자, 마키아벨리, 프로이드, 하이데거 등을 통해 마르크스주의의 새로운 전화를 시도한다. 이러한 시도를 통하여 마르크스주의의 경제적 결정론으로부터 벗어나 토대·상부구조의 모델을 중층결정이라는 자신의 이론으로 대체한다. 중층결정 개념은 상부구조가 단순히 경제적 토대만으로 결정되지 않는 이데올로기와 문화의 관계 모델을 상정하게 해준다. 이와 같이 그는 비마르크스주의자들의 우회를 통해 교조주의적인 마르크스가 아닌 진정한 마르크스를 위한 철학을 구성하고자 한 것이다.[43]

알튀세르가 새로운 마르크시즘을 구성할 적에 가장 중요한 문제로 꼽은 것 중의 하나가 과학과 이데올로기였다. 그는 마르크시즘이 실패한 이유를 마르크시즘의 이론적 지평이 과학을 이데올로기로부터 명확하게 구제해내지 못했기 때문이라고 본다. 그는 마르크시즘을 메타 과학적으로 정초함으로써 마르크시즘의 이론적 기초와 실제 정치 사이에 괴리를 극복하려고 했다. 그가 집중적으로 서술한 것은 '이론' 에 대한 문제이다. 그는 이론과 실천의 이분법을 부정한다. 그가 말하는 이론은 곧 '이론적 실천' 이다. 실천이 아닌 이론, 즉 실천과 전혀 관계없는 이론은 의미가 없다. 이론이라고 하는 것은 어떤 형태로든 현실 속에 개입하고 개입 받기 마련이다. 그래서 그는 '이론' 을 '실천' 이라고 말한다.

알튀세르가 인식론적 탐구를 시작하는데 중요하게 생각한 것은 이데올로기와 과학의 구별이다. 그는 거짓된 인식을 '이데올로기' 로 참된 인식을 '과학' 으로 구분한다. 이데올로기라는 것은 전(pre) 과학적, 즉 아직 과학에 도달하지 못한 이론으로 표상과 관념의 집합이다. 물적 토대를 무시한 표상과 관념이야말로 나의 진짜 모습이라고 생각할 적에 이데올로기는 존재한다. 그런데 이러한 생각은 하나의 환상으로 이데올로기는 일종의 허위의식이다. 라캉의 정신분석학적 용어를 빌리자면 '오인' 이다. 바로 자기가 자기 스스로를 오인하는 것이다. 무의식을 지배하는 것은 언어적 규칙이고, 언어적 규칙은 바로 상징계이다. 라캉의 무의식 개념을 알튀세르가 받아들여 자기화 한 것이다. 그는 이데올로기의 고찰을 통해 현대인들의 허위의식을 구성하고 있는 자본수의 사회의 어떤 구조를 폭로하고자 한다. 그러므로 '이데올로기' 는 관념과 표상 수준의 거짓된 인식에 불과하며, 반면 과학은 그런 것을 벗어나서 실제에 도달하게 하는 참된 인식인 것이다. 이데올로기는 '인식론적 장애물' 이다. 따라서 세계를 과학적으로 인식하려면 인식론적 장애물을 속아내야 하고, 우리가 상식적으로 가지고 있는 그런 인식과 인식론적 단절을 이루어야 한다고 그는 주장한다.

② 반헤겔주의를 통한 인식론적 단절

알튀세르는 마르크스주의가 모든 것을 설명할 수 있는 절대지의 정식으로 고착화된 것에 대해 비판한다.[44] 그런데 그는 이것이 마르크스의 의도가 아니고 헤겔주의적 편향 때문이라고 보고 있다. 헤겔의 총체성은 부분에 대한 전체의 우위로서 종말을 향해 나아가는 필연적 과정으로 이해된다. 그는 헤겔주의적 편향을 전복시켜 탈중심화의 작업을 시도하고자 한다. 마르크스가 헤겔을 벗어나는 과정도 바로 이러한 인식론적 단절을 이루는 시기였다고 그는 본다. 이데올로기로부터 과학으로 가는 시대였던 것이다.

알튀세르는 탈중심화된 사회를 어떤 단일한 본질로 환원이 불가능한 '질적 다양성'으로 구성되어 있는 사회로 보았다. 그리고 설사 사회를 이루는 대상의 본질이 존재한다고 하더라도 우리는 그것을 정확히 인식할 수 없고, 그런 인식론적 가정은 일종의 상상이라는 것이다.[45]

알튀세르는 사회 구조를 파악함에 있어 헤겔의 총체성이 아닌 '항상-이미-주어진 구조화된 복잡한 것'(ever-pre-giveness of structurl complex)으로 파악할 것을 제안한다. 그는 복잡하게 서로 연관되어 있는 '항상 이미 복합적이며 불균등하게' 있는 전체를 프로이트의 개념을 빌어 '중층결정'(overdetermination)이라는 말로 대체한다.[46] 헤겔에 있어 모순이란 외양적 복잡함에도 불구하고 단순히 반대 부호가 달린 두 개의 동등한 개념을 대립시키는 것에 불과하다. 그러나 알튀세르는 총체성이 현상적 표현에 그치는 것이 아니라 실재적이며, 단순히 활동의 공간, 실천, 대상의 차이들뿐만이 아니라 효과들의 차이라고 말한다.[47] 그러하기 때문에 그는 사회와 정치의 분석은 오로지 계급 관계로서만 환원시켜 설명할 수 없고, 그 '당면 시점' 속에서 분석해야 함을 강조하고 있다. 즉 그는 중층결정이라는 우위를 통해 마르크스주의를 '정세에 대한 우위'로부터 '구조에 대한 정세의 우위'로 전화를 보이고자 한다.[48]

3) 문화와 이데올로기, 그리고 주체의 문제

알튀세르의 이데올로기와 문화의 관계를 살펴보자. 이 이론의 핵심에 이데올로기적 국가 기구(ISAs)라는 개념이 있는데, 이데올로기적 국가 기구란 가족, 교육, 언어, 미디어, 정치체계 등과 같은 사회제도를 의미한다.

이데올로기적 국가 기구들은 사람들을 사회 규범에 따라 행동하도록 강제한다. 사회 규범은 이데올로기적 국가 기구의 일상적인 작동을 통해 인지된다. 이들 기구들은 명시적으로 일치하지 않지만 모두가 유사한 이데올로기적 작용을 수반한다. 이들은 서로 경쟁을 인정한다. 그러나 이데올로기적 국가 기구의 가장 중요한 특징은 어떤 특정한 한 계급이 다른 계급과 대립하지 않는 것으로 보이게 함으로써 스스로를 중립적인 것처럼 제시하는 것이다.

문화와 이데올로기는 차이가 난다. 개인들은 구조화된 구조에 의해 적합한 행동을 하지만 문화는 무의식화 되어 있는 반면, 이데올로기는 의식화하려고 한다. 문화는 자아의 무의식을 구성한다. 자아의 무의식을 구성하고 있는 주체는 자신의 위치에 부합되지 않는 행동을 타자가 하지 않을까봐 무의식적으로 두려워한다. 문화는 감정에 관계된다. 반면 이데올로기는 우리에게 무엇인가에 대한 설명을 해주고, 이를 의식화시키려고 한다. 따라서 이데올로기 생산자는 자신이 모르는 것에 대해 말을 할 수밖에 없다. 이데올로기 생산자는 자신의 위치를 벗어나지 않았기 때문에 자신의 위치에서만 세상을 본다. 그렇지만 피지배계급이 지배계급의 이데올로기를 아무런 저항 없이 전면적으로 자신의 이데올로기로 수용하는 것은 아니다. 우선 경험이 이데올로기의 검열 작용을 한다. 경험은 주체의 몸속에 깊이 각인되는 반면, 이데올로기는 의식의 표층에만 전달된다. 따라서 주체의 경험이 지배적인 이데올로기와 괴리될 경우, 지배이데올로기는 경험의 망을 통해 걸러진 수정된 형태로 수용된다.

또 경험은 이데올로기의 그물 속에서만 해석된다는 것이다. 즉 이데올로기의 그물을 통과하지 않는 경험은 해석되지 않고 정리되지 않는다. 따라서 개인의 지배계급의 이데올로기를 자신의 경험구조의 토대 위에서 '부분적으로' 수정한다. 수정된 내용은 현실적 억압과 불평등을 상징적 카타르시스를 통해 해소해 버리는 것을 주된 내용으로 갖는다. 이 수정판들을 '민중문화'라고 부른다. 민중 담화들은 혁명적인 것이 아니라 현실에 대한 상징적 저항을 통해 현실을 실제적으로 수용하게 하는 지배계급의 이데올로기의 민중적 '수정판' 의 한 내용에 불과한 것이다.

문화는 지배 양식 하부구조를 이룬다. 지배 장치들을 통해서 개인들은 문화의 특정한 위치에 자신을 정체화하고, 이러한 정체성에 입각한 차별화를 통해 스스로를 '지배 주체화' 한다. 이러한 정체과정은 문화가 '자아의 무의식' 을 구성하는 과정이다. 정체성과 차별성은 언설의 흐름 속에서 상호인정의례를 통해 확인, 재생산 또는 변화한다.[49] 따라서 이데올로기는 이데올로기에만 대립할 뿐 문화에 대립하지는 못하며 문화의 내 공간에서만 작용한다. 문화에 대립하는 것은 '구조화시키는 구조' 를 관통할 수 있는 참된 인식인 과학일 뿐이다.

끝으로, 알튀세르에게 주체 '호명' (interpellation)과 '부름' (hailing)이라는 용어는 중요하다. 이 용어들은 언어가, 구조적이든 시각적이든 촉각적이든 간에, 또는 그 무엇이든지 간에 사회적 관계의 한 부분이라는 사고와 우리가 다른 사람과의 의사소통에서 사회적 관계를 재생산한다는 사고로부터 비롯된 것이다.

4) 현대적 의의

알튀세르는 마르크스주의의 실천적 위기를 극복하기 위하여 마르크스주의에 대한 관념론적, 이데올로기적 해석들과 마르크스주의에 나타난 철학과 과학을 구분하면서, 프랑스의 합리주의적 유물론의 전통으로부터 '인식론적 단절', '문제틀' 이라는 개념을 도입한다. 그리고 거짓 인식인 이데올로기가 아닌 참된 인식인 과학을 강조했다.

또한 알튀세르는 이데올로기와 문화, 주체의 관계를 규명하면서 여러 이론을 끌어들여 마르크스주의의 대중운동에 대한 열려진 가능성에 주목한다. 하지만 알튀세르의 사상은 어찌 보면 상당히 독단적이라 할 수 있다. 주체의 노력 없이 주체를 이야기하고 있으며, 구조주의에 입각하여 이데올로기의 역사성 또한 무시하고 있다. 그러나 그의 사유가 흥미를 끄는 것은 중층적 결정이라든지 이데올로기 국가 기구, 주체 호명 등의 개념이다. 이러한 개념은 미디어 분석에 유용하게 활용할 수 있기 때문이다.

(5) 피에르 부르디외의 문화 자본에 맞선 성찰적 지식인

1) 생애와 사상

부르디외(Bourdieu, Pierre, 1930~2002)는 1930년 프랑스 남부 베아른의 작은 농촌 마을에서 태어난 참여지식인이다. 파리 고등사범학교를 졸업한 뒤 25세 때 교수 자격시험에 합격했다. 고등학교 교사를 거쳐 알제리대학 조교로 근무하면서 저술 활동을 시작해 1958년, 처녀작인 『알제리 사회학』을 발표했다. 1961-1964년에는 릴 대학에서, 1964년부터는 사회과학고등원(EHESS)에서 학생들을 가르쳤다. 1968년 유럽 사회학센터를 설립하고 『사회학연구』를 발행하기 시작하면서 사회학에 관한 활발한 연구논문을 발표했다. 이때부터 사회학을 '구조와 기능의 차원에서 기술하는 학문'으로 파악하면서, 후기구조주의 입장을 취하여 사회구조와 사회행위의 관계를 설명하는데 노력을 기울였다.

우리가 여기서 주목할 것은 그가 사회구조를 객관적으로 분석하고자 노력하면서도 문화, 예술 현상에 대한 관심을 꾸준히 보이고 있다는 점이다. 1970년에는 학교의 독립성과 중립성이 환상에 불과하다는 내용을 다루면서 구조와 행위의 통합을 꾀한 『재생산』을 출간해 사회적으로 큰 반향을 불러일으켰다. 41세 때인 1981년 콜레주 드 프랑스 교수로 취임한 이후 사회과학고등연구원의 연구주임, 유럽 사회학센터의 소장을 거치면서 행동하는 지식인의 면모를 보여주기도 했다. 2000년 9월 26일부터 3일간 세종문화회관에서 열린 '2000 서울 국제문학 포럼'에 참가하기도 했다. 그는 2002년 1월 23일 암으로 사망했다.[50]

대표적인 저서에는 『실천이론 개요』(1972), 『구별짓기』(1979), 『강의에 대한 강의』(1982), 『호모 아카데미쿠스』(1984), 『국가귀족』(1989), 『텔레비전에 대하여』(1996), 『맞불』(1998), 『경제학의 구조』(2000) 등이 있다.

2) 아비튀스와 장을 통한 사회분석

① 기존 사회에 대한 비판과 경계

1950년대 철학적 흐름의 접근법은 세 가지였다. 하나는 현상학으로서, 그것은 주체 의식에 나타나는 것을 인식 가능하고 유일한 현실로 간주하는 주관적인 철학이었다. 또 구조주의가 성행했는데, 여기서 구조는 체계를 형성하는 각 요소들이 유기적인 하나의 전체를 형성하는 방식을 말한다. 현상학에 비해 구조주의는 객관적인 관점을 취한다는 장점을 가지고 있었다. 다음, 마르크스의 이론인데 이것을 기준으로 자본주의 체계 안에서 사회의 형성과 생산방식이 어떻게 이루어지고 있는가를 규명하고자 노력했다.

이렇게 다양한 철학의 흐름 속에 부르디외는 먼저 사회를 비판적으로, 객관적으로 파악하기 위해 구조주의의 결정론이나 환원론, 즉각적 지식의 단절을 통한 인식론, 직관주의를 추구하는 초경험주의, 기존 담론체계에 의해 즉각적으로 받아들여지는 자발적 사회학, 주어진 사실이 객관적 진리처럼 인식되는 실증주의 경향들을 경계하는 태도를 보인다.[51] 그리고 '구성주의적 구조주의', 혹은 '구조주의적 구성주의' 라 불려지는 사상을 통하여 그는 "언어 · 신화 등과 같은 상징체계만이 아니라 사회 자체에, 행위자들의 의식과 의지에 종속되지 않고, 그들의 실천 혹은 그들의 표상을 방향짓거나 구속할 수 있는 객관적인 구조들이 존재한다는 것을 말하려고 한다.[52]

② '아비튀스' 와 '장' 의 개념을 통한 사회학적 접근

언어 사용에 있어서도 신중을 기했던 부르디외는 '아비튀스' 라는 개념을 창출한다. 이것은 직관성과 객관성, 이론과 실천, 구조와 행위를 통합시키기 위해 생성한 개념이다. 그는 체험의 즉각성에서 의미를 찾으려는 주관주의적 직관주의, 그리고 규칙적 관계를 세우고도 정적인 의미만 보여주는 데에 국한하는 객관주의의 굴레를 벗어나기 위해 주관적 개인의 성향 체계인 아비튀스를 선보인다.[53]

아비튀스는 부르디외 사회학의 중심 개념으로서 인간이 어떠한 방식으로 사회적 존재가 되는지를 이해할 수 있게 해 준다. 개인은 인간들 사이의 사회적 관계를 익히면서 집단의 규범과 가치, 신앙에 동화되어 간다. 그리하여 특정 계급이 개인의 생존 환경을 조정함으로써 영구적이고 변동 가능한 성향 체계인 아비튀스가 만들어진다. 즉 아비튀스는 개인에게 내면화된 지각과 행동의 도식이라고 할 수 있을 것이다. 아비튀스는 두 개의 구성요소로 이루어져 있다. 하나는 실천적 상황에서의 원칙, 혹은 가치를 가리키는 에토스이고, 다른 하나는 육체의 성향, 육체와의 관계로서 개인의 역사 속에서 무의식적으로 내면화된 엑시스이다. 따라서 아비튀스는 우리가 현실을 지각하고 판단할 수 있게 해 주는 해석틀인 동시에, 우리의 실천을 만들어 내는 장본인이다.[54] 이렇듯, 부르디외는 아비튀스를 "구조와 실천 사이의 중재력을 맡은 생각·지각 또는 성향의 무의식적 계획들의 구조"이고, 그것은 곧 실천의 논리이며, 이 논리는 어려서부터 가족 내에서 내재화된 것으로 본다. 그러나 아비튀스는 개인적인 것이 아니라 상호작용이다. 그래서 아비튀스는 가족·그룹·계급적 현상이다.

아비튀스는 실천의 원리인 동시에 분류하는 체계이다. 사회공간의 계급 구조화는 생활양식을 구별하는 내면화된 분류체계와 관련이 깊다. 이 관계의 설명을 위하여 부르디외는 자본이라는 개념을 끌어들인다. 그에 따르면 사회 공간은 제도화된 권력 수단인 다양한 지본의 소유로 위계 질서화된 공간이다. 그는 자본을 네 가지 유형으로 구분한다. 경제 자본(전통적 의미의 자본), 문화 자본(가족과 학교에서 얻는 지적·미학적 능력과 자격), 사회 자본(연고와 사교 활동으로 맺는 사회적 관계), 상징 자본(신용, 명예 인정) 등이 바로 그것이다. 여기서 "상징 자본은 경제 자본·문화 자본·사회 자본을 정당한 것으로 승인함으로써 인위적이고 자의적인 질서를 정당화시키는 사회적인 의미체계를 지칭한다. 상징 자본은 인위적이고 자의적인 것을 자연스러운 것으로 승인해주는 독특한 메커니즘을 갖게 되는데, 부르디외는 이것을 오인 메커니즘이라고 부른다. 부르디외는 계급의 정의를 아비튀스에 근거하고 있으며, 계급 구조를 상징 효과, 즉 오인 메커니즘의 산물로 설명한다."[55] 부르디외는 기존의 계급이론을 수정하여 계급을 실제 집단이 아니라 잠재력일 뿐이라고 보았다. 부르디외의 사회학 개념 중에서 우리가 놓치지 말아야 하는 것이 또 하나가 있다. 그것은 사회공간의 하위공간으로서의 '장'(champ)개념이다. 장은 '위치들의 객관적 관계의 망'으로 정의되는데, 여기서 객관적 관계란 사회행위자들의 상황에 따른 대립적 관계(상보적 관계)이다. 예를 들어 문화의 장은 문화적 실천과 작품들이 통속화된 기존의 상징 질서의 보수적 수호자들과 이교도적 단절을 꾀하며, 기존 형식의 비판과 전복을 주창하는 자들이 벌이는 투쟁의 공간인 것이다.[56] 이와 같이 장은 특수자본이 불평등하게 분배되는 구조 속에서 사회적 정당성을 획득하기 위하여 행위자들 간에 벌어지는 경험과 대립의 공간이라고 정의해 볼 수 있다. 따라서 장의 개념은 계급적 사회분화와 갈등 속에서의 상징적 지배의 중요성을 부각시키는 개념이다.[57]

3) 타내기와 문화적 실천

사회구성원 위치들의 각 등급에 따라 행위자의 아비튀스가 등급적으로 상응하여 나타난다. 여기서 아비튀스 개념은 특정한 위치의 행위자나 계급의 재화를 문화적 실천과 결합하여 통일적으로 재표현해 주는 생성원리를 설명한다. 결국 사회계급구조와 계급분화는 일상 생활 속의 실천들을 구별짓는 행위로서 나타난다고 볼 수 있다.[58]

부르디외는 먼저, 문화가 어떤 특수한 장에서 생산된 자본이라는 점에 주목한다. 여기에서 문화는 지배자들의 지위를 더욱 확고히 할 수 있는 수단으로 사용된다. 즉 문화는 사회 계급들 사이에서 변별적인 격차를 유지하는 것을 목적으로 삼는 사회 집단들간에 하나의 투쟁의 목표가 된다. 이러한 사회제도와 구조, 지배 권력의 관계에서 지배문화는 상징적 갈등을 통하여 합법화 작업이 이루어진다. 다시 말해 사회 질서의 재생산을 보장해 줄 수 있는 합법적 정의가 부과되는 것이다. 예를 들어, 경쟁이나 시험을 통해 개인들 사이의 경계선을 긋는 학교나 대학들의 모든 관례들이 그러하다. 시험에 합격한 자와 낙방한 사이의 경험적 차이를 의식이 본래적 차이로 확립시키는 것이다. 즉 학교는 문화자본의 불평등적 분배를 정당화시키기 위해 판단과 취향 및 행위의 체계인 아비튀스를 학생들에게 주입시킨다. 그래서 학교는 학교마다 등급화되고 구별되는 교육체계로 서로 다른 아비튀스를 재생산하는 기능을 하게 된다. 지금 한국 교육의 시스템과 분위기에 비추어볼 때, 이러한 '상징적 폭력'은 문화자본의 위험성을 인식하게 해 주는 중요한 메시지로 다가온다.

사회 공간의 작용은 개인들과 집단들 간의 구별 의지, 다시 말하면 사회적으로 존재할 수 있게 해 주는 적절한 사회적 정체성을 소유하려는 의지에 기반을 두고 있다.[59] 그것은 곧 사회적 소속에 근거한 구별짓기, 곧 '티내기'(distinction)의 본질적인 인식이다. 그렇기에 사회구성원은 객관적인 재산을 상징적 자본으로 변형시킬 필요성이 대두된다. 즉 합법적 문화의 존재가 행위자의 효과적인 역량을 발휘하게 하여 문화적 실천을 가능하게 하는 것이다.

문화적 재화는 계급제도 속에 분류된다. 고전극에 거리의 연극이 대립되고, 승마나 골프에 조깅과 축구가 대립된다. 이러한 재화에 대한 지식과 그것의 소비는 계급적이며, 이런 의미에서 사회의 행위자들은 자신들의 취향에 몰두하는 순간조차 계급화되고 대립화되는 것이다. 이처럼 문화의 장은 사회 행위자가 다른 계급들의 구성원들에 대해 구별 전략을 수행케 할 수 있는 기회를 제공해 준다. 그러므로 『구별짓기』에서처럼 취향은 곧 반감이다. 즉 취향은 어떤 계급에 소속되어 있음을 입증하는 통합 요소들로 기능하는 동시에 축출 요소로 기능한다.[60]

4) 한국 사회의 경제적 불평등과 성찰적 지식인의 역할

요즘 한국 사회의 경제적 불균형에 대한 문제들이 심각하게 제기되고 있다. 어느 도시의 경우에는 도시 인구의 1% 상위 계층이 도시 전체 면적의 45%를 차지하고 있다는 결과가 발표되었다. 이렇게 경제적 자본주의는 빈익빈 부익부 현상을 더욱 심화시켜 계급간의 위화감을 더욱 조성하고 있는 실정이다. 이러한 불균형은 문화자본에서도 그대로 드러난다. 여기에서는 자녀 교육에 대한 문제를 중심으로 간략하게 살펴보고자 한다.

소비 영역 중에서 자녀 교육의 영역은 "개인이나 가족이 의식적으로나 무의식적으로 자신들이 보유하고 있는 자본을 보존하거나 증대시키려는 전략이 구사되는" 계급 재생산이 이루어지는 영역이다. 이런 점에서 자녀 교육의 영역은 다른 소비 영역과 구분되는 독자적인 영역을 구성한다.[61] 우리나라에서는 의무 교육의 확충을 통하여 교육의 기회 균등을 시도하고 있지만 가정 내에서 사교육에 대한 지출 비용이 많은 비중을 차지하고 있어 계급간의 소비 양식의 격차가 더욱 심각하게 부각되고 있다.

장미혜의 「한국사회에서의 사회 계급별 소비 양식의 차이」를 살펴보면 현 우리나라의 자녀 교육에 대한 태도의 차이는 전문·경영인 계급, 자본가 계급, 화이트칼라 계급, 프티부르주아지 계급(종업원 규모 5인 미만의 자영업자들), 노동자 계급의 순서대로 점수를 보이고 있다고 한다. 전문·경영인 계급은 명문대학의 진학을 목표로 삼고 있기에 자본의 우위를 통하여 자녀들에게 높은 학업 성취를 요구한다. 따라서 자녀들에게 외국 유학이나 과외를 시킴으로써 고등 교육을 받을 수 있는 혜택의 기회도 그만큼 증가하게 되는 것이다. 명문대 졸업 후 이들은 높은 학력 자격을 획득함으로써 자신들의 계급적 위치를 다음 세대까지 안정적으로 재생산하는 결과가 나타난다. 그에 비해 노동자 계급은 자녀 교육뿐만 아니라 소비 수준 전반에서 상대적 배제 현상이 일어나고 있다.[62] 이처럼 자녀 교육에서도 나타나는 상대적인 소외감은 현재의 경제적 수준에 대한 문제뿐 아니라 경제적 불균형의 사회 구조적 문제에 의해 세습될 가능성이 크다는 점에서 큰 문제라 할 수 있겠다. 부르디외는 현 사회의 '상징적 폭력'에 대항하기 위해 지식인의 역할이 중요하다고 말한다. 부르디외는 '행동하는 이성의 전략'을 거대 언론에 의존하기보다는 시장에서 승부를 보아야 한다고 말한다. 이것은 지식인의 사회적 변혁을 시도하고자 하는 그람시의 유기적 지식인론과는 다르다. 왜냐하면, 부르디외는 지식인 자체가 문화적 자산의 보유자라고 생각하고 있기 때문이다. 그래서 부르디외는 자신에 관해 알고 사회 세계에 대한 입장을 취하는 '성찰적 지식인'이 현 사회에 요구된다고 말한다. 성찰적 지식인은 자신의 지식 생산을 탐구하면서 사회에 대한 자신의 입장을 밝혀 사회적 구조를 바꾸기 위해 노력하기 때문이다. 최근에 한국 사회에 성찰적 지식인들이 제도권 밖에서 사회 구조를 바꾸기 위해 노력하고 있는 모습을 보이고 있는데 이것은 아주 바람직한 현상이라 할 수 있다.

5) 현대적 의의

이상으로 부르디외의 문화사회학을 살펴보았다. 그의 문화사회학은 문화적 지배이론에 근거해, 사회적 계급 내에서 차지하는 각 위치에 특정의 문화가 대응되고 있음을 보여준다. 마르크스가 계급구조를 계급과 동일시하여 객관적 실체로 파악하는 반면, 부르디외는 계급구조를 아비튀스와 상징적 권력 투쟁을 통해 구성되는 동태적인 것으로 파악한다. 그러한 의미에서 그의 문화사회학은 계급투쟁에 있어서 상징적 폭력의 중요성을 증명하고 있다.

이러한 상징적 폭력은 모든 교육적 행위에서 벌어지고 있는데, 그것은 자의적 권력에 의한 자의성을 강제함으로써 객관적으로 하나의 폭력을 만드는 것이다. 이러한 상징적 폭력은 기존 사회의 힘의 관계, 질서를 강화하는 기능을 한다는 점에서 부정적인 측면이 있다.

그러나 아비튀스와 사회적 장을 통하여 보여준 인간의 내면화된 지각과 행동의 도식은 문화적 재생산에 의한 계급의 세습이 아닌 실천을 통한 계급간의 이동 가능성을 보여주고 있다는 점에서 희망적이라 할 수 있을 것이다. 부르디외는 문화 자본과 계급 재생산이라는 개념을 통해 사회구조와 문화 분석의 상관관계를 분석함으로써 우리들에게 문화의 중요성을 다시 한번 인식시켜 준다. 문화는 계획된 역사가 아닌 만들어 가는 투쟁의 장이라는 점에서 열린 공간이며, 그 열린 공간에 참여하는 지식인의 모습을 부르디외는 꾸준한 사회학 연구로써 우리에게 보여주었다.

3. 기독교 문화 이론가들

(1) 쟈크 엘룰의 기술사회 비판과 비권력의 윤리학

1) 생애와 사상

쟈크 엘룰(Jacques Ellul, 1912-1994)은 1912년 1월 6일 프랑스 보르도(Bordeaux)에서 태어났으며, 어머니는 개신교 프랑스인이었고, 부친은 이탈리아계의 세르비아 귀족 출신으로 그리스 정교회 신자였다. 엘룰은 극도로 빈곤한 경제적 환경 속에서 16세부터 어학(라틴어, 그리스어, 독일어, 프랑스어) 교습으로 생활비를 벌어야 했고, 때로는 가족 부양까지 책임져야만 했다. 이러한 환경은 후에 마르크스(Karl Marx)의 사상을 받아들이는 계기가 되었다.

엘룰은 1930년 『자본론』을 1932년에는 『성경』을 읽고서, 예수와 마르크스 사이에서 갈등과 대립을 느끼다가, 마르크스가 사회적 상황은 설명할 수 있지만 인간을 구원할 수 있는 능력을 설명할 수 없다는 것을 간파한다. 이후 그는 프랑스 개혁 교회에 몸을 담아 칼뱅의 『기독교 강요』를 읽고 칼뱅의 사상에 몰두하게 되지만, 키에르케고르와 칼 바르트에도 심취하게 된다.

엘룰은 1936년 보르도 법대에서 법학 박사 학위를 받았고, 1936-1939년 사이에 프랑스 정계에 투신하여 활동했으며, 1940-1944년 레지스탕스 운동에 열렬히 가담했다. 그러던 중 그는 지도자 없이 버려진 개신교 교회를 발견하고, 1943년에 정규 예배를 이끌게 되었다. 그리고 전쟁 기간 동안 신학을 공부했으며, 해방 후 보르도 시의 부시장으로 공무를 담당하기도 했다. 하지만 이후 정치에 환멸을 느끼고 본격적으로 대학교수로서의 활동을 시작했다. 그는 1953년부터 프랑스 개혁교회 총회 임원으로 활동하기도 했다.

보르도 대학(1943-1980)과 보르도 정치학 연구소(1947-1980) 시절, 엘룰은 로마법, 사회학, 마르크스와 마르크스주의, 선전, 기술 사회 등을 가르쳤으며, 특히 1968년 학생 소요 때 중재자로 개입하기도 했다. 또 1945년에서 1955년까지 보르도에서 영화 클럽을 지도하면서 영화에 대해 토론을 이끌기도 했고, 1968년 이후 '아키텐 해안 보호 위원회' 회장으로 일하면서 보르도 해안 지역을 보호하기 위한 환경문제에도 관심을 기울였다.

1980년 이후에는 글쓰기와 논문 지도(명예교수로서)에 전력했고, 정기적인 성경 공부 그룹을 인도했으며, 설교 활동도 했다. 그는 사회 제도사 및 사회학, 신학에 관한 이십여 권의 저서와 백 편 이상의 논문을 남긴 후 1994년에 생을 마감했다.

2) 기술사회 진단

① 총체성으로서의 기술 현상

우리 시대의 결정적 요소는 '자본'이 아니고 '기술'이다. 기술이 모든 영역에 침투하여 인간의 본성을 변형시키고, 그의 행위와 열망을 근본적으로 왜곡시키고 있다. 이것이 엘룰이 본 기술 문명이다. 그의 기술에 대한 태도를 좀더 자세하게 살펴보자.

기술이란 기계도 아니고 과학도 아니다. 기계뿐만 아니라 과학도 기술의 일부분일 뿐이다. 엘룰은 기술 총체로서의 현대 기술을 '기술 현상'이라고 한다. 즉 기술 현상이란 기술이 '총체적 현상'인 기술 전체주의를 가리킨다.[63] 그는 기술과 기술 체계를 동일한 의미로 사용되며 기술은 이제 선택이 아니라 필연의 법칙을 가진다고 말한다.

총체성으로서의 기술은 '체계로서의 기술'을 말한다. 기술 체계는 다시 '기술 현상'과 '기술 진보'로 구성된다.

첫 번째, '기술 현상'이란 무엇을 말하는가? 기술 현상은 '기술적 조작'과 구별되는 개념이다. 기술적 조작은 전 역사를 통해 존재했지만, 기술 현상은 18세기 이후 문명의 특성으로[64] '최상의 효율성'을 유일한 목적으로 하는 오직 단일한(monolithic) 관점의 사회를 만들어 간다.[65] 이 단일성(unity, monism) 개념은 기술 현상의 한 특징으로, 러스킨은 '기술적 조작'과 '기술 현상'의 차이를 괭이와 불도저로 설명한다.[66] 괭이가 돌무더기를 파면 돌과 흙이 저항하지만, 불도저는 저항의 대상이나 목표가 사라진다. 불도저 기계에 올라타면, 대상은 저항하지 못하고 기계 자체의 진동과 소음 속으로 사라져버린다. 기술적 조작인 괭이는 '나 아닌 것'(a not-me)으로서의 타자에 대한 체험이라면, 기술 현상으로서의 불도저는 대상의 타자성(otherness)에 대한 체험을 하지 못한다. 이렇듯 기술 현상은 주체와 객체간의 변증법적 거리를 허용하지 않고 타자를 편입시켜 단일한 관점을 유지할 뿐이다.

또 엘룰은 기술 현상이 보편성(universality)을 띤다고 주장한다. 인간의 활동은 모두 기술로 흡수되고 말았으며, 기술이 하나의 방법을 고수할 때 모든 것이 그 방법에 복종해야 한다는 것이다.[67] 그렇기에 기술은 '보편적인 언어'가 되었고,[68] 그 기술 때문에 인간성 전체가 파괴되거나 인류 전체가 사라질 가공할 위험이 도사리고 있다고 말한다.

두 번째, '기술 진보'란 무엇인가? 그는 기술 진보의 특징들로 '자기 증식', '선택의 자동화', '최종목적의 부재', '가속화' 등을 든다. '자기 증식'(self-augment)이란 "모든 것은 결정적 개입이 없어도, 마치 기술 체계가 내적, 본래적인 힘으로 성장하는 것"[69]을 말한다. 즉 기술 진보는 그 자신의 규칙에 따라 진행되기 때문에, 인간의 의도가 그것을 방향 짓지 못한다. 기술은 외부의 개입 없이 내부의 힘만으로 중단 없는 성장을 할 수 있다. '선택의 자동성'(automatism)이란 '하나의 최선의 방법'이 기술 선택의 기준이다. "숫자 3과 4의 크기에 대해서 4가 3보다 크다는 것에 개인적 선택의 여지가 없는 것처럼"[70] "인간의 결정, 선택, 희망, 공포가 기술의 진보 과정에 거의 영향을 끼칠 수 없다."[71] 선택의 자동성은 기술 명령의

한 표현이다. '최종 목적의 부재' 란 인간이 그 목적을 제시하나 기술 진보에 궁극적 목표가 부재함을 뜻한다. 기술 진보에 인간의 궁극 목적이란 없기 때문에 기술 진보에는 '가속화' 가 진행될 뿐이다. 그리고 '가속화' 는 '자기 증식' 과 결합하여 완전히 멈출 수 없다. 요컨대, 자동차 산업 복합체가 수송정책을 강압하듯이, 원자폭탄과 같은 방대한 기술 장치의 형성은 모든 인적 자원으로 하여금 그것의 발전에 계속 연루되지 않을 수 없다. 기술의 가능성이 존재한다면, 개발되어야 하며 사용되어야 하기 때문이다.

이상에서 보듯, 엘룰은 현대의 기술 진보가 가져온 어두운 그림자를 탐구하고 결론적으로 "인간이 기술의 자율성 앞에 촉매 수준으로 전락했다."[72]라고 진단한다.

② 환경, 윤리, 신화로서의 기술

엘룰은 현대 기술이 환경, 윤리, 신화(myth)가 되었다고 판단한다. 먼저, 기술이 환경이 되었다는 것은 무엇을 의미하는가? 그는 기술이 인간 환경을 창조할 뿐 아니라 인간의 본질마저도 변화시켰다고 주장하며, 기술에 의해 세 가지 측면, 즉 공간 · 시간 · 동작이 변형되었다고 말한다.[73] 현대인에게 혼자만의 공간이 너무나 귀하고, 시계에 대한 적응과 복종만이 존재하며, 동작도 기계가 하라는 대로 해야 한다. 기술이 환경이 되어 자연과 사회는 본래의 모습을 상실하고 축소되거나 변형되고 말았다.[74] 그 결과 인간은 주체의 억압과 의미의 억압 속에서 사는 서글픈 존재가 되었다.

다음, 기술이 지배적인 윤리와 선이 되었다는 것은 무엇을 의미하는가? 기술은 전통적인 도덕 요소들(양심, 의도, 감정, 이상, 상황적 맥락)을 인정하지 않고, 오직 결과만이 고려되며 성장이라는 관점에서만 판단된다. 선한 행위란 오직 기술적 요구에 부응하고, 기술의 성장을 도모하는 것이다. 이렇듯, 기술이 사람을 평가할 때 기술 사회에 적응하지 못하면 부도덕한 자가 되는 것이다.

끝으로, 기술이 신화가 되었다는 것은 무엇을 의미하는가? 기술의 발전은 행복한 이미지를 주고, 국가의 진보와 물질적 풍요도 기술에 있다는 생각이 기술의 신화이다. 이 기술의 신화를 현대인은 모두 믿고 있다. 아무도 기술을 부정할 수 없는 기술 사회의 신화는[75] 이데올로기보다 보다 강력하고 근본적이다. 기술 사회의 신화는 프로파간다의 조건이 되어 심층적인 사회적 조류를 형성한다. 그 결과 인간성은 상실되고 말았다.

3) 기술사회 비판

① 기술의 가치 중립성 비판

기술은 중립적인가? 엘룰은 "과학은 가치 중립적이다. 과학이 현대 기술과 밀접한 관련을 가지기 때문에, 기술도 가치 중립적 활동이다."[76]라는 흰버그의 말에 대하여 과학과 기술이 가치 중립적이지 않다며 두 가지 오류를 지적한다.[77]

과연 흰버그의 말대로 과학과 기술은 중립적인가? 흰버그의 기술 중립성을 인정하면 비난받아야 할 사람은 과학과 기술을 사용한 사람들이다. 이에 대해 엘룰은 인간이 기술에게 아무 영향도 줄 수 없기 때문에 기술을 고안하고 기술적 산물을 제조한 사람들에게 도덕적 책임을 물을 수 없다고 말한다. 엘룰은 "기술과 그 사용에는 아무런 차이가 없다."[78]고 말한다.

기술의 중립성을 주장하는 사람들은 기술의 낙관론자들인데, 엘룰은 이러한 기술 낙관론을 '테크놀로지의 허세' 라고 비판한다.[79] 엘룰은 기술이 새 도덕의 '창조자' 가 되어 인간 의지의 통제에서 벗어나 버렸는데 어떻게 기술이 중립적이 될 수 있느냐고 반박한다. 엘룰은 컴퓨터가 기술 체계의 속도와 방향을 주재하고, 인간은 매개자에 지나지 않게 되어 되돌릴 수 없게 되었다고 말한다.[80]

이상에서 보듯, 엘룰은 기술의 중립성을 부정하며, 기술 체계가 인간의 욕구와 필요를 조작하고 왜곡시킨다고 말한다. 그는 기술 체계가 지닌 문제점을 '기술의 부조리' 라고 명명한다. 그의 '기술의 부조리' 개념은 마르쿠제의 '기술 합리성의 불합리성' 을 그대로 연상시킨다.

② 프로파간다와 미디어 그리고 정치적 환상

엘룰의 기술 체계에 대한 비판은 프로파간다 분석에 구체적으로 나타나

있다. 그가 말하는 프로파간다는 보통 설득을 위한 세뇌 기술과는 다른 과
학적 성격을 갖춘 기술결합체적 성격을 갖는다. 다시 말하면, 그는 심리적
기술과 매스미디어 기술의 결합체로서 프로파간다라는 개념을 설정한다.
그러기에 프로파간다는 인간을 사회에 적응시키고, 개인에게 심리적 만족
감을 주며, 이 세계에서 효율적으로 살고 일할 수 있는 동기를 부여한다.
그러나 이것은 개인들에게 환상을 제공할 뿐이라고 그는 말한다. 엘룰은
텔레비전의 시각적 환상 조작성이 프로파간다를 일으킨다며 '텔레비전이
가장 강력한 마약'이라고 말한다.[81] 이 점은 맥루한이 텔레비전에 대해서
최고의 찬사를 보내는 것과 정반대이다.

　엘룰은 프로파간다를 '사회학적 프로파간다'와 '정치학적 프로파간다'
로 구분한다. 그는 사회학적 프로파간다를 '전-프로파간다'라고 명명한
다. 전-프로파간다는 교육, 상담, 오락과 스포츠 등이다. 전-프로파간다
가운데 교육은 기술 사회에 진입하도록 준비시키는 것으로 기술 사회의
유쾌한 노예로 길들이는 전진기지이고,[82] 또 오락과 스포츠도 이 세계에
효율적으로 일할 수 있는 동기를 부여한다. 전-프로파간다와 유비 개념으
로 '검은 프로파간다' 또는 '비공개적 프로파간다'와 대조되는 '하얀 프로
파간다' 또는 '공개적 프로파간다'가 있다. 엘룰은 교육과 오락 등의 전-
프로파간다는 정치학적 프로파간다를 강력하고 효과적이게 하는 특질을
보인다고 말한다.

　다음으로 정치적 프로파간다에 대하여 탐색해 보자. 엘룰은 프로파간다
가 지배하는 기술 사회를 정치적으로 이중의 마비 상태 속에 있다고 말한
다. 이중의 마비란, 정부와 여론의 마비를 말하는 바, 정부는 의견을 만들
지 못하고, 여론도 정부에 힘을 행사하지 못한다. 이 게임에는 제3의 선수
가 등장한다. 제3의 선수란 프로파간다를 만들어 내는 기술 전문가들이
다. 그는 제3의 기술 전문가들이 정치적 의사 결정의 지배자들을 지배하
기 때문에, 사실상 이들이 기술적인 힘과 정치적인 힘을 모두 보유한다고
본다. 그는 '현실 속의 기술주의'가 '환상 속의 민주주의'를 대신하여, "기
술이 승리하는 곳에 민주주의가 패배한다."[83]라고 말했다.

엘룰은 기술이 정치에 미치는 힘 때문에 국가가 정책을 펼칠 수 있는 한계를 우리에게 명확히 인식해야 한다고 말한다. 그는 '결정의 복수성' 문제를 거론한다. 정책 결정은 관료가 하지만, 제안은 기술 전문가 한다. 정치가는 아마추어이고 기술 전문가가 전문인이다. 때문에 정치가가 관료제적 국가를 통제할 수 있다는 것은 환상이다. 이런 관계로 개인의 정책 참여도 관료제적 구조에 들어서는 순간 변형되고 만다. 기술 사회에서 개인의 정치참여도 결국 환상에 지나지 않는다. 엘룰은 '국가 통제의 환상' 내지 '참여의 환상'은 '해결의 신화'를 양산하지만, 이것은 '우리가 직면하고 있는 우리 시대의 가장 비극적인 환상'일 뿐이[84]라고 말한다. 물론 정치가들은 행정적 문제들, 경제 조직화의 문제들을 상당 부분 해결할 수도 있지만, 그러나 정치는 결코 개인의 문제, 선과 악의 문제, 삶의 의미 또는 자유의 책임과 같은 문제들을 다룰 수가 없다. 여기에 현대의 비극이 있다. 국가란 "기술 필연성에 완벽하게 적응하여 거대한 기계가 될 뿐"임을 알아야 한다고 엘룰은 경고한다.[85]

이상에서 보듯, 엘룰은 전-프로파간다가 정치적 프로파간다의 첨병 역할을 하며, 정치적 프로파간다는 환상이라고 말한다. 사람들이 능동적으로 정치에 참여하는 것 같지만, 실상 그것은 환상이기 때문에 국가의 정치 행위에 무한히 의존하는 것은 결코 바람직한 현상이 아니라고 말한다.

4) 폭력윤리 비판

송정아는 엘룰의 폭력 윤리를 분석하면서 사랑의 폭력 윤리를 말했다고 결론을 지었다.[86]

엘룰은 폭력에 대한 전통적인 세 가지 견해를 언급한다. 첫째, 폭력에 대한 타협이다. 루터, 칼뱅은 정의의 전쟁을 인정하고 있다. 둘째, 비폭력의 입장이다. 폭력적 행동에 대하여 절대적으로 용납하지 않는 태도를 말한다. 비폭력의 대변자는 터툴리안과 간디, 마틴 루터 킹이다. 셋째, 폭력에 대한 옹호이다. 토마스 아퀴나스와 토마스 뮌쩌는 폭력을 정당화한다.

그는 이 세 가지 입장이 신학적 불일치라기보다는 기질의 차이로 보아야 한다고 말한다.[87]

다음 엘룰은 기독인이 폭력을 용납하고 폭력 운동에 가담하는 태도에 관하여 말한다. 혹자는 가난하고 불의한 사회제도를 제거하기 위해 폭력에 가담해야 한다고 말한다. 또 다른 기독인은 하나님의 후견인이라는 생각에서 벗어나 모든 기독인은 폭력에 대항해야 한다고 주장하는 이들이 있다. 그는 이러한 생각에 대하여 정의를 수립하시는 분은 하나님 한 분뿐이시며, 하나님께서 시간의 종말에 왕국을 세우실 것이라고 생각해서 폭력을 논의해야 한다고 말한다.

엘룰은 폭력 문제에 대하여 기독교 현실주의가 되어야 한다고 주장한다. 현실주의란 사물을 있는 그대로 철저하게 파악하여 자기가 무엇을 하고 있는지를 분명히 아는 것을 말한다. 그는 폭력은 존재하지 않는다고 생각하는 곳에서도 존재한다고 말하며,[88] 폭력의 필연성을 언급한다. 폭력은 필연적으로 존재하기 때문에 한 번 사용하면 계속하여 사용할 수밖에 없는 '계속성'을 지니고 있다. 폭력은 또 폭력을 창조하는 '상호성'을 지니고, 정당하든 부당하든 간에 모든 종류의 폭력은 똑같이 '동일성'을 가지며, 폭력은 자기를 '정당화' 하려고 애쓰며, 폭력은 증오와 함께 다닌다.

엘룰은 폭력은 누가 사용하든 동물의 수준에 서 있기 때문에 판단할 수 없는 것이라고 하여 모든 폭력에 비판적이다.[89] 엘룰은 폭력 이상주의를 거부한다. 폭력이 사회적 위선의 가면을 벗기고 인간성의 진정한 조건을 백일하에 노출시키는 것으로 인식하는 '자유하게 하는 폭력' 이라는 폭력의 신화에 대해서도 비판한다.[90] 고상한 목적을 달성하기 위한 유일한 수단으로서의 혁명 이상주의(revolutionary idealism)도 비판한다. 또 일단 폭력이 수행되어야만 화해가 가능하다는 관용적 이상주의(generous idealism)를 비판한다. 히피 운동과 같은 평화주의적 이상주의(pacifist idealism)도 비판한다. 그는 히피 운동은 풍요한 사회가 낳은 관용을 향유하고 있는 것에 지나지 않다고 본다. 요한복음 3장16절에 근거한 기독교 이상주의도 비판한다. 그것은 폭력의 실재 가능성을 보지 못한 것이기 때문이라고 지적한다.

엘룰은 폭력에 대해서 철저히 현실주의가 되어야 한다고 주장한다. 그는 인간이 그 길 이외에 어떠한 방법을 발견할 수 없는 절망 상태에 있을 때, 폭력을 사용함으로써 정의롭고 평화로운 상태의 실현이 가정될 때 분별 있게 참여해야 한다고 말한다. 하지만 폭력에 참여하면서도 폭력은 부정의롭고 용납할 수 없는 것이라는 선포를 해야 한다고 말한다. 이것이 엘룰이 말하는 기독교 현실주의 내지 철저주의(Christian radicalism)이다.[91] 즉 철저주의란 불변적인 유일한 아가페 사랑을 말한다.

엘룰은 기독교 현실주의 토대 위에 사랑의 폭력(Agape Love)에 관해서 언급하고 있다. 사랑의 폭력이란 자신의 이익을 추구하지 않고, 결코 타인을 소유하거나 지배하지 않는 것을 말한다. 사랑의 폭력은 정신적 폭력의 한 표현으로 세 가지 조건이 충족될 때 가능하다고 그는 말한다.[92] 첫째, 승리를 얻었다거나 효과를 거두는 인간적인 수단을 배제한다. 둘째, 영적 폭력과 사랑의 폭력은 물리적 혹은 심리적 폭력을 전적으로 배제한다. 인간이 하나님의 자리를 마련해주지 않는 한 성령은 간섭하지 않으시기 때문이다. 오직 기독인은 하나님께 호소하는 기도만이 있을 뿐이다. 셋째, 진정한 영적 폭력은 진지한 신앙 위에 기초하고 있어야 한다. 선으로써 악을 이기라는 사도 바울의 말씀은 사랑의 폭력의 모든 의미를 포함하고 있으며, 사랑의 폭력이 무엇인지를 잘 보여준다. 폭력에 폭력으로 응답하는 일은 악에게 지배당하고 있다는 징표이다. 기독인은 악을 극복하고, 악이 도저히 올라 설 수 없는 승리를 추구해야 한다.

5) 현대 문화에 대한 대안 제시

엘룰은 이 세계가 타락의 질서 가운데 있으며, 필연의 질서를 유지하는 근본적인 동인인 힘을 비인격적이며 추상적인 것이라고 보았다. 엘룰은 기술, 돈, 도시, 국가 등 추상적인 힘은 상호 연루되어 어떤 영적인 분위기를 형성하는 것을 필연의 질서라고 말하며, 그 각각의 실체를 영적인 측면에서 탐구했다. 엘룰은 이러한 연구를 통해 필연의 질서에서 벗어나 자유를 어떻게 하면 회복할 것인가를 제시한다.

① 비권력의 윤리학

인간이 기술의 주인이 될 수 있는가? 엘룰은 이 문제에 대해서 다분히 회의적이지만 기술혐오주의자는 아니다. 엘룰은 기술의 필연으로부터 벗어날 수 있는 희망을 개인에게서 발견하고 비권력의 윤리학을 주장한다. 그는 개인적 덕목이 없는 민주주의는 생각할 수 없다며, 개인은 실존적 삶에서 상식과 그것에 바탕을 둔 의식적인 노력을 해야 한다고 강조한다. 이것이 바로 비권력(Non-Power)의 윤리학이다.

비권력의 윤리학[93]이란 자유, 갈등, 위반의 윤리학을 의미하기도 하고, 이 모두를 포함하기도 한다. 개인은 기술적 수단이 지향하는 권력이 피상적 자유만 준다는 것을 알고, 일차원성에 맞서 저항해야 한다. 여기에 갈등이 발생한다. 갈등의 윤리학은 '위반'(transgression)의 가치를 강조한다. 이때 위반이란 한 개인의 자유로운 행위이지 사회적, 정치적 의도는 없는 것으로[94] 기술적 신성성에 대한 도전이다.

② 언어 회복, 의미 발견

엘룰은 기독 지성인의 소명을 강조한다. 직업을 통해 실천신학을 터득한 기독인이라야 신앙과 세상과의 관계도 정확하게 이해할 수 있기 때문이다. 소명이 있는 기독 지성인들은 스스로 세상의 방식을 빗어딘짐으로써 다른 기독인에게 모범이 되어야 한다. 엘룰은 기독교 지성인들에게 모범을 보이기 전에 '현상들' 혹은 '그림자들'이라고 부르는 날조된 환상을 거부하고[95] 현장에 개입하여 가능한 깊이 들여다보아야 하며, 또한 그 문제를 있는 그대로 파악하여 이면에 놓여 있는 실재를 직시해야 한다고 말한다.

엘룰은 실재를 파악한 지성인은 다른 사람과 접촉하기 위해 새로운 언어를 발견해야 한다고 말한다.[96] 즉 대중성이 있으면서도 모든 사람이 서로를 이해하는데 도움이 되는 언어, 인간들로 하여금 그들의 절망적인 고독으로부터 벗어나게 해 줄 수 있는 언어, 이성의 진부함이나 주관적 감상

주의로부터 피할 수 있도록 해주는 언어를 발견하는 것이 기독 지성인의
책무이다.

오늘날 핵심적인 언어를 비그리스도인이 만들어 내고 있기 때문에 비기
독교 세계관이 모든 상황을 설명하는 방법론으로써 기능한다. 기독 지성
인은 이에 대처해야 한다. 언어는 다른 사람과 접촉하는 열쇠를 제공해 주
기 때문에 새로운 언어를 발견하려는 노력에 심혈을 기울어야 한다. 언어
의 발견이야말로 인간들을 분리시키는 사회학적 경향을 바꾸고 사랑에 기
초한 진정한 인격적 관계를 회복하는 길이다. 엘룰은 기독 지성인이 언어
를 발견해내지 못하면 사랑에 관한 기독인의 의미를 발견할 수 없다고 말
한다.

엘룰은 언어의 회복이 의미를 재발견하는 것과 관련이 있다고 보고, '그
사건'을 재조명하라고 말한다.[97] 사건은 신화와 반대된다. 신화는 현대인
들을 환상 속에 살게 한다. 현대인이 물질적인 목표를 추구할 때, 그것은
추상적인 허구의 세계를 만나는 것이다. 그들에게 환상과 허구가 아닌 새
로운 의미를 주기 위해서 기독 지성인은 '그 사건'을 믿게 해야 한다. 그
사건이란 역사 속에서 발생했고, 사람들의 삶 속에 깊이 관계되어 있기 때
문에 모든 다른 사건을 종합한다. 기독 지성인에게 가장 중요한 것은 성육
신의 사건에 의미를 부여하는 것이다. 세상과 인간에 대한 참인식, 의미의
재발견은 예수 그리스도 안에서 뿐이다. 예수께서는 현상계의 모든 그림
자들 한복판에 계시기 때문이다. '그림자'와 '실체'를 구별할 수 있게 해
주는 것은 기독교뿐이다. 현대인들에게 도움이 되는 것은 성령의 사역이
다. 성령의 사역만이 유일하게 지성의 명료성과 자제심을 줄 수 있기 때문
이다.

③ 종말론적 믿음의 전투

기독교 윤리의 핵심은 믿음의 전투이다. 종말론적 투쟁으로 은혜와 심
판의 두 요소가 마음속에 실재해야 한다. 그러므로 기독인은 변증적일 수
밖에 없다.[98] 여기서 변증이란 우리의 삶은 예수 그리스도의 관점에서 참
된 선행이 드러나기 때문에 세상의 판단에 의존할 필요가 없으며, 세상이

그 행실을 참 빛에 비추어 볼 수 있도록 하는 일이다. 기독인의 삶의 행실을 보고, 사람들이 하나님을 찬양하도록 하는 일, 기독인의 행실이 곧 변증이다.

그러나 엘룰은 안타깝게도 현재 그리스도인들은 그렇게 살지 않고 있다고 보았다.[99] 기독교가 그 역할을 해야 한다는 것은 논리적 당위요 필연적인 하나님의 명령이지만, 현재 그리스도인들은 그 역할에 대한 관심보다 현 문명의 가치들을 수용하고 그 속에서 안주하면서 살고 있다고 지적했던 것이다.[100] 엘룰에 따르면 그리스도인은 하나님이 부여한 약속에 따라 종말론적 세계 속에서 살고 있고, 현재를 살면서도 동시에 현재와 다른 미래를 살고 있기 때문에 현재를 심판하며 재림의 사건을 현재에 침투시켜야 한다고 말한다. 엘룰은 "재림의 사건을 현재에 침투시키는 일만이 현 문명의 생명력을 짓누르는 정치, 사회적 구조들 배후에서 작용하는 죽음의 세력을 몰아내는 행동이다."라고 말한다.

엘룰은 왜 교회가 믿음만을 설교하는가? 믿음이 희망과 사랑보다 더 본질적인가? 라고 묻는다. 기독교는 희망을 이야기해야 한다. 희망의 근거는 성육신하신 그리스도이기 때문에 믿음과 희망은 중복되지 않는다. 그는 자유의 가능성을 초월적인 희망에서 찾는다. 그는 "인간의 조건을 변화시키기 위하여 제도를 개혁하고자 하는 시도는 결국 위선이나 거짓이다."[101]고 보고 있다. 때문에 희망은 그리스도에게만 있다. 세상을 변화시키는 힘은 도덕이나, 윤리, 원리에 있지 않고 그리스도의 주권에 있다. 자유는 어린양의 지상권을 인정함으로써 얻어진다.

때문에 엘룰은 기도가 희망의 표현이자 희망의 수단이며 전투라고 말한다. 기도는 희망이 없어진 세계에서 하나님의 중재의 가능성에 대한 확신이다. 기도가 없다면 하나님의 약속과 그 완성에 대해서 무관심에 처하게 된다. 기도는 희망의 행위이다. 그러므로 기도는 비인격적인 권세가 지배하고 있는 이 세계 안에서 하나님의 자유를 이 땅에 임하도록 하는 종말론적 행위이다. 기도는 전투이다. 자신의 본성과 싸우는 전투이다. 기도는 진정한 의미에서 사회 참여이며 역사를 만들어 가는 행위이다. 기도는 행동이 뒤따르지만 보다 결정적인 것은 기도 자체이다. 하나님의 초월적인 역사와 이 땅의 역사가 기도를 통해 이루어지기 때문이다.

이상에서 보듯, 엘룰의 해결책은 '우상 파괴적'이다.[102] 특히 엘룰은 현대 세계의 근본 문제를 해결하기 위해서는 하나님과의 화해, 그 사건의 중심에 그리스도가 계시고, 성령의 명료한 인도하심을 통해 하나님을 만물의 주재자로 인정하는 것이 근본적으로 가장 필요하다고 말한다.

(2) 프랑소아즈 돌토의 욕망으로 문화 읽기

1) 생애와 사상

프랑소아즈 돌토(Francoise Dolto, 1908-1988)는 파리의 대부르주아 집안에서 엄격한 기독교 교육을 받으며 자랐다. 그녀는 열두 살 때 열여덟 살의 언니가 죽은 것이 그녀가 기도를 잘못했기 때문이라는 어머니의 말을 듣고 평생 죄의식에 시달렸다고 한다. 그녀는 15살 때 태어난 남동생을 돌보면서 아동에 대한 관심이 싹텄고, 어린 시절 자신의 경험에 비추어 가족 안에서 발생한 일이 질병의 원인이 된다는 점에 주목하여 정신분석학을 공부하기로 마음먹는다. 그녀는 1931년경부터 정신분석을 3년간 받고 확신에 찬 기독교인이 된다. 그녀는 1939년 「정신분석과 소아과」라는 논문을 발표한 이후 라캉과 함께 프랑스 정신분석학의 발전에 크게 기여했다. 그녀는 철저한 기독교적 신념 때문에 1975년 무렵 라캉 학파의 젊은이들에게 비웃음을 사기도 했지만 성경을 읽으면서 주체나 욕망에 대한 개념을 확립할 수 있었고, 인간존재에 대한 신앙과 영생의 문제 등에 관심을 기울였다.

돌토는 자신이 어린 시절 언니의 죽음 때문에 죄책감에 시달렸던 것을 경험 삼아 아동들이 너무 심한 어려움에 빠지기 전에 치료하고 돌보아 줄 수 있는 예방의학에 관심을 가졌다. 그녀는 정신분석의 결과가 예방의학으로 기능할 수 있다고 주장하며, 정신분석학의 이론적인 틀에 구애받지 않고 경험 많은 부모, 교사, 유아 전문 간호사 등에게 물으면서 자신의 관찰과 이해를 대중들에게 전달하려고 노력했다. 그녀는 정신분석이 체험의 교류이자 말을 통한 해석이고 노동이며 일종의 산파술이라고 말한다.

돌토는 자신의 정신분석학 진료소에서 1988년 폐렴이 악화되어 사망하기까지 영아원 아이들을 치료하는 일에 총력을 기울였다, 저서로는 『삶의 어려움』(1981), 『욕망의 도박』(1981), 『아동정신분석연구』(1982), 『몸의 무의식적 이미지』(1984), 『인간의 욕망과 기독교 복음』(1978) 등이 있다.

2) 진정한 자유와 사랑, 도덕을 넘어 욕망으로

문화의 궁극적인 목표는 자유이다. 돌토는 아동들의 문제를 다룬 정신분석가이지만 『인간의 욕망과 기독교 복음』에서 자유의 문제에 대해 깊은 통찰력을 우리에게 제공한다. 그녀는 복음서를 욕망과 자유의 문제와 연결시켜 해석하여 기독인에게 타자성의 윤리와 주체의 계보를 세우는데 통찰력을 제공한다. 이제 그녀가 분석한 복음서를 통해 욕망과 자유의 문제를 살펴보자.

돌토는 예수님께서 욕망을 가르쳤지 도덕을 가르치지 않았다고 말하고 있다. 그가 본 욕망이란 우리에게 결핍되어 있는 것을 추구하도록 우리를 띠미는 것이다. 돌토는 인간의 정신구조와 인간이리는 존재를 형성하는데 있어서 무의식이 대단히 중요한 역할을 하고 있다고 본다. 교회가 프로이트의 정신분석을 범성욕설(pan-sexualisme)이라고 증오심을 품고 있지만, 조금만 생각해 보면 사람들에게는 무의식이 틀림없이 존재하며, 그것은 모든 사람들이 그들의 삶을 통해서 어떤 욕망을 숨김없이 실현시키려고 하는 것을 보면 확인할 수 있다고 말한다.[103] 그녀는 복음서의 말씀들이 우리에게 하나님 나라에 대한 인식욕과 그 인식욕에 대한 기쁨을 가져다주면서 우리 의식에 충격을 줄뿐만 아니라 무의식에까지 충격의 물결을 일렁이게 한다고 말한다. 인간이 복음서의 말씀을 읽고 의식과 무의식이 출렁이게 되는 것은 예수 그리스도께서 이 세상에 있는 모든 어린이들, 미

개인들, 가난한 사람들, 배운 이들을 모두 초대했기 때문이다. 우리는 예수님의 말과 행동을 죽을 때까지 뒤따라야 하는 이정표로 삼아야 한다.

돌토는 기독교가 욕망을 긍정하는 종교라고 말한다. 기독교를 욕망 부정의 종교로 보는 것은 욕구와 욕망을 혼동하고 있기 때문이다. 따라서 욕구와 욕망을 구분해야 한다. 인간에게 가장 근원적인 욕구는 숨쉬는 것이고, 직접적인 욕구는 식욕이다. 배고픔을 달래기 위해서 빵을 먹는다면 그것은 욕구이지만, 좀더 맛있는 것을 원하고, 다른 사람과 함께 식탁에 둘러앉아서 담소를 나누고 싶어한다면 그것은 욕망이다. 욕구란 우리에게 쾌락을 가져다주는 대상과 관계를 맺게 하지만 욕망은 다른 사람과의 정신을 나누는 만남을 지향한다. 그러므로 욕망은 역동적인 삶의 약동이며, 우리를 삶으로 밀어내는 원천이다. 욕망이란 그 안이 영원히 비어있기 때문에 무엇이라고 묘사할 수 없는 것을 향해서 나아가는 삶의 약동으로 다른 사람을 찾아가게 한다.

돌토는 복음서를 읽고 예수님께서는 인간에게 욕구를 넘어 욕망을 일깨우고 계신다고 해석한다. 그녀는 예수님께서 인간과 인간 사이, 인간과 하나님 사이의 진정한 의사소통을 원하고 계신다며, "당신이 하나님의 불꽃인 모든 사람들을 많이 모으면 모을수록 당신은 하나님과 더 많이 의사소통을 할 수 있습니다. 그리고 당신이 그 불꽃들을 더 많이 피워놓으면 피워놓을수록 당신은 하나님의 빛을 더 많이 밝히게 될 것입니다."[104]라고 말한다. 그녀가 본 욕망이란 막힘이 없는 소통이다.

돌토는 복음서의 "선한 사마리아 사람"[105]을 우리에게 욕망을 일깨우는 비유로 해석한다. 이 비유는 도덕성이나 의지적이며 의식적인 행위에 관해서 말하는 것도 아니라, 우리 내면에서 자연스럽게 흘러나오는 무의식적인 욕망의 훈련에 관한 것이다. 그 훈련을 통해 우리는 욕망을 자제하도록 강요하고, 다음에 그 자제를 통해서 어떤 자비로운 행위를 하게 한다. 그녀는 사마리아 사람의 행위를 무의식적이고 역동적으로 일어나는 욕망의 한 표현으로 본다.

또 돌토는 이 비유가 사랑과 자유에 대한 미묘한 연결고리를 보여주고 있다고 해석한다. 그녀는 이 비유를 제사장이나 레위인 같은 이기주의자가 되어서는 안 된다는 보편적인 해석에 대해 반박한다. 그 단서로 그녀는 예수님께서 제사장이나 레위인을 비난하지 않았고, 그저 사실만 이야기한 것을 든다. 사마리아 사람은 길가에 상처를 입고 쓰러진 사람에게서 자기 자신의 모습을 발견하고, 어쩌면 자기 대신에 그 자리에 쓰러져 있을 지도 모르는 그 사람을 도와주었다. 사마리아 사람은 시간을 그에게 주었으며, 어머니처럼 그 사람의 몸을 돌봐주었고, 아버지처럼 다시 건강을 회복할 수 있도록 그를 위해 비용을 지불했다. 사마리아 사람은 역동적으로 일어나는 자유로운 사랑을 행했던 것이다.

돌토는 예수님께서 이 비유를 보은의 사랑으로 사랑의 소통적 성격을 교훈하고 있다고 해석한다. 우리가 곤경에 처해 있을 때 우리를 구원해준 사람에게 빚을 지고 있는 것처럼, 곤경에 처한 사람을 돌보아 주는 것이 인지상정이 아닌가? 상처 입은 사람이 자기를 위기에서 구출해 준 사람에게 직접적으로 감사할 수 없지만, 앞으로 상처 입은 사람은 다른 사람에게 똑같이 선행을 할 것이다. 사마리아 사람이 계급과 종교와 인종을 초월하여 인간성에서 우러나온 형제애를 보여주었던 것처럼 그 사람이 사마리아 사람처럼 행동할 것이다. 여기서 우리는 사랑의 띠 운동을 읽어 낼 수 있다. 사랑의 띠 운동이 지닌, 아무 조건 없이 다른 사람을 살리는 일은 거룩한 백성이 하여야 할 하나님의 분화 명령에 대한 순종이다.

돌토는 예수님의 이 비유를 정신분석의 생식욕의 승화와 관련시켜 해석한다. 예수님께서는 사마리아 사람처럼 어떤 너그러운 일을 했을 때, 그것을 기억하지 말고, 그 사실에 무관심해야 하며, 그렇다고 그 기억을 지울 필요는 없고, 단지 지나간 일로만 생각하면 된다는 사실을 교훈하고 있으신 바, 이것은 정신분석의 생식욕의 승화(昇華)행위와 유사한 교훈이라고 말한다. 어머니가 아기를 낳을 때 모든 것을 주었던 것처럼 사마리아 사람은 그저 사랑을 주었을 뿐이다. 여기서 우리는 어떤 일을 할 때 의무나 정의로 해서는 안 되며 사랑이 저절로 흘러나오는 대로 해야 한다는 욕망의 개념과 자연스럽게 연결됨을 알 수 있다. 흐름이 그칠 때 거기에 죽음이

온다. 우리의 진정한 이웃이란 우리가 신체적이며 정신적인 모든 자원이 고갈되었을 때 우리 곁에 다가와서 나에게 '너'라고 불러주면서 '나'를 찾게 해준 사람이다. 우리 곁에 다가와서 사심이 없이 우리를 형제로 대하면서 기력을 되찾을 때까지 자기가 할 수 있는 모든 것을 행하고, 그 다음에 자유롭게 갈 수 있도록 해 주는 사람이 우리의 이웃인 것이다. 이러한 자발적인 행위가 자유이며, 이것이 진정한 사랑이고, 이것은 전체적인 욕망에서 흘러나온 행동인 것이다. 따라서 진정한 자유와 사랑은 도덕이 아니라 그것을 넘어선 욕망에 기인한 것이다. 이러한 도덕을 넘어선 진정한 자유와 사랑에 기초한 욕망을 실현하는 행위가 바로 기독인이 수행해야 할 문화 명령인 것이다.

3) 긍정적 동일시

동일시란 사람들이 다른 사람 속에 자기를 투사하는 것이고 다른 사람 속에 비친 자기에게 잘해 주는 것이기 때문에, 나를 전적으로 배제하는 것이 아니다. 사마리아 사람이 다른 사람을 보고 불쌍해서 마음에 충격을 받았다면, 그는 그 사람에게서 자기 모습을 떠올리고 충격을 받은 것이다.

예수님은 동일시의 긍정적인 측면을 중요하게 생각하셨다. 우리가 아는 바 예수님께서는 "네 이웃을 네 몸과 같이 사랑하라"고 말씀하셨다. 만약 우리가 우리 자신을 싫어하고 우리가 싫어하는 것을 다른 사람들에게 투사하기만 하면 어떻게 우리를 사랑할 수 있겠는가?

우리가 우리 자신을 사랑할 수 있는 것은 아마도 우리를 사랑하시는 그리스도 때문일 것이다. 예수님은 가르침을 통해서 우리 속에 남아있는 나쁜 기억을 고쳐주셨다. 예수님은 사랑이 메마르고 생활 태도가 엉망인 사람들, 그래서 자기 자녀들을 어떻게 길러야 할지도 모르고, 실제로 잘 기르지도 못하는 부모님 밑에서 자란 사람들을 고쳐주셨다. 예수님은 "선한 사마리아 사람"의 비유에서 "가서 그와 같이 하시오."라고 말씀하셨다. 다시 말해서 선한 사마리아 사람을 기억하면서 그 사람이 우리에게 한 것처럼 우리도 다른 사람에게 다가가서 이웃을 사랑하라는 것이다. 사실 우리가 이웃을 사랑할 수 있는 것은 이웃의 사랑을 받고 살고 있기 때문이다.

선한 사마리아인의 비유는 문화운동가들에게 빛을 준다. 작은 사랑이 빛을 발하며 온 세상에 퍼지는 것은 선한 사마리아인의 실천 때문이다. 문화운동이란 선한 사마리아인과 같은 실천적인 행동을 요구한다. 자기의 시간과 물질을 투자해서 이웃을 살리는 것이 문화운동이다. 한 사람의 문화운동가가 선한 사마리아인처럼 혁명적이고 새로운 삶을 이끌어 갈 때, 그것을 본 또 다른 사람이 마음에 충격을 받아 감정의 전이가 이루어져 긍정적인 동일시가 일어날 것이다.

4) 금기의 역동성

프랑수아즈 돌토의 사상에서 중요한 한 가지 주제만을 찾아내야 한다면 그것은 바로 인간화시키고 성장을 가능하게 하는 '거세' 라는 개념이다. 그녀는 근친상간의 금기가 없다면, 인간은 언어의 존재가 아닐 것이라고 해석하여 금기(거세)의 긍정적인 역할을 강조한다.[106]

돌토는 오이디푸스에서 말하는 근친상간의 금기를 율법과 관련시킨다. 성경은 근친상간을 금하는 율법을 가지고 있다. 성 차이(性差異)에 관한 이해는 우리에게 몸을 통해서 영을 가성시켜 주는 중요한 지식이다. 성이야말로 이 세상에 있는 다른 모든 차이에 관해서 알게 해주는 근본적인 모델이다. 아이들을 어머니, 아버지로부터 분리하여 자기에게 알맞은 자리를 찾게 해주는 것이 성 차이이다. 사내아이들은 자기네들의 성적인 욕망을 완수하려면, 자기 가정을 떠나 세상으로 들어가 그들의 욕망을 완벽하게 실현시켜주지는 못하지만, 그래도 어느 정도 맞추어줄 수 있는 다른 사람을 찾는다. 그런데 만약 어떤 아버지가 근친상간 금기를 무시하고 자기 딸과 관계를 맺어서 아이를 낳았다면, 촌수를 따질 수 없다. 이렇듯 근친상간 금기의 율법은 분리시키고 분화시키는 역할을 한다. 따라서 근친상간의 금기는 장애가 아니라 오히려 더 큰 자율에 진입하게 하는 조건이자

동력이다.[107] 율법의 금기는 각자 자기 욕망을 실현시킬 수 있게 하기 위해서 자기 자리를 찾아주는 기능을 한다. 금기인 율법이 분리와 분화의 기능을 상실하면, 어떤 강한 자가 스스로 군림하고 폭력을 휘두르게 된다. 따라서 금기란 어떤 것을 발달시키는 역동적이며 긍정적인 역할을 한다.

돌토는 간음한 여인(요 8:1-11)에게서 금기의 역동성을 탐색한다. 예수님은 간음한 여인과 바리새인들에게 금기의 역동성을 보여주셨다. 인간은 금기를 깨뜨리고 싶은 충동을 가지고 있다. 만약 한 남자가 다른 사람의 아내를 탐낸다면 자신도 모르게 오이디푸스가 된다. 오이디푸스는 다른 사람(즉 아버지)의 아내를 탐냈거나, 다른 사람(즉 어머니)의 남편을 탐내는 것을 말하기 때문이다. 따라서 다른 사람의 아내를 탐내거나 다른 사람의 남편을 탐낸다면 그것은 근친상간을 범하는 것으로 도덕이나 윤리에 어긋나는 행위이다. 그런데 사람들은 다른 사람의 아내나 남편을 탐내는 것을 오이디푸스가 되는 것이라고 생각하지 않는다. 그래서 예수님은 간음한 아내 주변에 있는 사람들에게 자기 자신의 내면을 응시하라고 말씀하셨다. 이렇듯 돌토는 예수님께서 정신분석을 행하셨다고 해석한다. 왜냐하면 정신분석학은 자기 내면을 응시하게 하는 것이기 때문이다.

예수님이 침묵하시며 땅바닥에 무엇인가를 열심히 쓰고 있는 모습은 바리새인들에게 자기 내면을 깊숙이 들여다보게 하신 것이다. 아마 바리새인들은 그녀와 자신들의 차이가 여인은 행동으로 옮겼고, 자신들은 행동으로 옮기지 않았을 뿐이며, 여인은 자신의 몸을 내던졌고 자신은 상상을 통해서 쾌락을 즐기며 자기를 지켰을 뿐이라는 사실을 깨닫게 되었을 것이다. 이처럼 여인을 정죄했던 사람들은 예수님의 말씀을 듣고 자신을 되돌아보기 시작했다.

돌토는 예수님이 간음한 여인을 통해 율법과 복음과의 관계를 말씀하시고 계신다고 해석한다. 간음한 여인은 율법의 밖에 있다. 모세의 율법적인 관점에서 보자면 간음한 여인과 이 여인의 정부 역시 죽어야만 했다. 그런데 사건의 현장에 정부는 없다. 사람들은 남자에 대해서 눈을 감아버리고 이 여인 혼자에게만 간음한 것으로 여인을 돌로 쳐서 죽이고자 한 것이다.

이러한 상황에서 예수님은 율법을 새롭게 해석하셨다.

예수님은 율법은 법전에 있는 것이 아니고 우리 영에 있다고 말씀하신다. 예수님께서는 당시의 여인들이 성적인 욕망이나 감정적인 삶을 누리기에 적합하지 않은, 즉 여인들은 남편에게 일방적으로 주어진 폐쇄된 사회에서 살았다고 보았다. 이러한 여인들에게 예수님께서는 욕망을 통제할 수 있는 방법과 그녀의 약함을 이길 수 있는 방법을 가르쳐 주셨다. 예수님께서는 끊임없이 배우자를 바꾸는 것은 더 멀리 나아가려는 것을 회피하는 것밖에 되지 않으며, 한 순간의 욕구나 쾌락을 가져다주는 육체적인 측면에서의 충족은 채워지지 않는 갈증만 남길 것임을 그 여인에게 알려주셨다.

예수님은 간음한 여인을 통해서 우리들에게 간음, 혼인, 이혼에 관해서 기록된 율법을 다시 생각하도록 부추기고 계신다. 다시 말해서 예수님께서는 그 율법들을 혼인의 본질적인 정신에 비추어서 다시 생각하도록 촉구하신 것이다. 혼인의 본질적인 정신이란 두 사람의 마음과 몸이 사랑으로 부풀어 올라 하나의 짝을 이루어서 같이 살고 같이 무엇인가를 하는 욕망이라고 그녀에게 가르쳐주셨다.

이상에서 보듯, 돌토는 율법을 발전적이며 승화적인 것으로 본다. 금기는 욕망을 금지함으로써, 그 충동이 다른 방식과 만남으로 향하도록 한다. 즉 그때까지 해왔던 민족의 방식을 버리고, 더 발전적인 쾌락으로 이끌고 가는 동력이다.[108]

5) 죽음에의 충동에서 벗어나기

앞으로 나아가라. 그리고 멈추지 말라. 이것이 하나님께서 우리에게 내리신 문화명령이다. 부자와 나사로(눅 16:19-31)의 이야기는 앞으로 나아가지 못하는 가족 이기주의의 전형적인 모습을 보여준다. 부자는 그의 가족과 함께 가족 이기주의 때문에 폐쇄된 회로 속에 살고 있다. 부자처럼 사는 것이 과연 문화적인 삶인가? 성경은 그렇지 않다고 말하고 있다.

돌토는 부자와 나사로의 이야기를 정신분석학의 용어를 사용하여 해석한다. 그녀는 부자가 죽음에의 충동을 가지고 있다고 진단한다. 그녀가 말하는 죽음에의 충동이란 다른 사람을 죽이려고 하거나, 자기를 죽이려고 하는 성향과 거리가 멀다. 죽음에의 충동이란 모든 것을 그만두려는 성향을 말한다.[109] 즉 우리가 휴식을 취하고, 다른 사람들이나 자신에 관해서나 더 이상 알려고 하지 않는 성향, 그리하여 긴장을 더 이상 느끼지 않고 자신에 대해서도 망각한 채 잠을 자려는 성향을 말한다. 부자는 타인에 대해 관심을 기울이지 않고 무덤 속에 있는 시체처럼 죽음에의 충동 속에서 살고 있다.

돌토는 자기 욕망에 따라 사는 것을 죽은 것과 같은 삶이라고 표현한다. 부자는 나사로와 함께 대화를 나누려는 욕망이 전혀 없었고, 더욱더 고약했던 것은 그에게는 매일 먹을 양식이 지천으로 남아있었음에도 불구하고, 나사로에게 음식을 조금도 주지 않았다. 모세의 율법은 가족 이기주의라는 욕망의 삶에서 벗어나 이웃을 네 몸처럼 사랑하라고 규정하고 있다. 그런데 부자는 율법을 따르지 않고 자기 욕구를 따라서 살면서 전혀 이웃을 돌보지 않았다.

우리는 어느 것을 선택해야 하는가? 욕망을 실현시키려고 모험을 하는 것과 욕구만을 충족시키려고 하는 것, 욕망을 위해서 모험을 하는 것과 소유를 통해서 평안을 누리는 것, 그런데 인간은 대체로 소유를 통해 평안을 누리며 살고 싶어한다. 우리는 평안한 미래를 대비하기 위해서 더욱더 많이 쌓아놓아 그것을 가지고 이 땅에서 발을 딛으려고 한다. 이런 태도는 아주 논리적이고 현실적인 것 같아 보인다. 그러나 이것은 예수님께서 요구하시는 삶과 반대되는 태도이다.

부자와 나사로의 비유에는 죽음에의 충동과 삶에의 충동이라는 대조적인 모습이 보인다. 부자는 죽어가고 있었다. 그는 다른 사람들을 돌보거나 그들의 비명소리를 듣지도 못했다. 그는 자기 자신으로 가득 차 있어서, 나사로의 고통이나 헐벗음을 상상할 수도 없었다. 부자의 참극은 마음이 닫혀 있었고, 그의 감정은 메말라 있음에 있다. 그런데 부자는 현실에서 그것을 인식하지 못하고 죽은 다음에야 결핍을 느꼈다. 반면에 거지 나사로는 몸은 아프고 먹을 것이 없는 등 결핍에서 벗어날 수 없었지만 절망하지 않으면서 그 고난을 견디어 냈다. 거지 나사로는 그보다 더 행복한 사람을 부러워하지 않고 그들을 이기주의라고 비난하지도 않았다.[110] 나사로는 다른 사람의 재화를 곁눈질하거나, 다른 사람을 부러워하지 않으면서 하나님 나라의 욕망을 소망하며 살았다. 돌토는 예수님께서 나사로를 통해 질투와 전혀 관계없는 욕망을 말씀하고 계신다고 해석한다. 이렇듯 부자와 나사로의 대조적인 상태를 살펴보면 이 비유에서 말하고자 하는 점이 드러난다. 즉 영적인 삶을 사는 진정한 사람은 이 세상에서 부족한 것이 가장 많고, 그 부족한 것을 위로 받을 수 없어서 고통을 당하는 나사로와 같은 사람들이다. 이들은 이러한 어려움 속에서도 다른 사람을 부러워하거나 질투하지 않으면서 욕망을 실현시켜 나갔다.

그렇다면 나사로와 같은 영적인 부자가 되기 위해서 우리는 어떠한 삶을 살아야 하는가? 그것은 나사로와 같이 결핍의 상태로 자신을 만들어 사회적, 정신적, 육체적으로 장애인이 된 사람들을 살피고, 사회 안에 통합하도록 그들을 돕는 것이다. 영적인 부자는 장애인을 우리가 사는 교환의 삶 속에 편입시키도록 돕되, 장애인들을 도우면서 예수님의 사랑을 나타내야 한다. 그렇게 되면 장애인이 받는 사랑은 하나님의 사랑이 된다. 이렇게 할 경우에, 큰 사랑의 효소가 나타나 진정한 만남을 가능하게 할 것이다. 여기서 우리는 예수님에 대한 믿음과 사랑을 가지고 사는 영적인 부자와 단지 죄의식 속에서 장애인을 동정하며 진정한 기쁨이 없이 그들을 돕는 사랑과의 차이를 느끼게 된다.

이상에서 보듯, 부자와 나사로의 이야기는 마르크스가 말하는 계급 갈등과 너무 큰 차이가 난다. 복음서의 나사로의 이야기는 아무 것도 가지지 않은 순수한 결핍의 상태에서도 아브라함의 품에 안길 수 있다는 사실을 우리에게 전해 준다.

또 예수님께서는 바리새인과 세리의 비유(눅 18:9-10)로 멈추지 말고 앞으로 나아가라고 우리에게 말씀하신다. 예수님이 바리새인들을 책망하신 것은 바리새인들이 모든 규칙을 따르는 사람들이었지만 그들에게 욕망이 없었기 때문이다. 그들은 자기들을 긴장시키는 어떤 결핍도 없었다. 이들은 진리를 가지고 있다고 생각했기 때문에 충만감으로 가득 차 있었으며, 자신들을 율법과 동일시했다. 때문에 이들은 자신들의 삶에 아무런 잘못도 없는 사람처럼 행동했다. 그들은 종교적 의무인 율법이 가라는 데까지만 갔을 뿐이며, 분리된 계급에 속한 사람들이라고 생각하고 자신들의 명성이 높은 것만 즐겼다. 예수님께서는 율법이 사람을 위해서 있는 것이라고 말씀하시며, 율법이 결코 목적이 될 수 없다고 단언하시고, 바리새인들은 훨씬 더 멀리 나아갈 수 있는 환경에 있는데도 율법이 정한 범위 이상 나아가지 못한 것을 책망하신 것이다.

예수님께서는 바리새인과 달리 종교적인 삶에서 축출된 사람들과 함께 음식을 나누시며, 그들을 귀중한 존재로 여기셨다.

이상에서 보듯, 예수님이 바리새인을 책망한 것은 그들이 앞으로 나아가지 못하고, 고착 상태에 있으면서도 최고의 삶을 살고 있다는 착각을 했기 때문이다. 예수님은 영적인 발전을 도모할 수 있는 위치에 있음에도 불구하고 오히려 영적으로 쇠퇴해 가는 것을 슬퍼하시며 바리새인들을 했기 때문이다. 우리는 결핍 상태에 우리 자신을 몰아넣고, 하나님과 함께 살아가기 위해 더 멀리 나아가야 한다.

⑥ 현대적 의의

돌토는 철저한 신앙을 가지고 있었기 때문에 다른 정신분석학자들의 비웃음에도 불구하고 신앙적 입장에서 정신분석을 연구했다. 그 결과 프로이트의 이론을 일반 은총적인 관점에서 재해석하여, 다수의 기독인들이 영적인 입장에서 정신분석을 공부할 수 있는 길을 열어 놓았다. 특히 욕망의 관점에서 본 복음서 읽기는 성경을 새롭게 볼 수 있는 신선함이 있다. 하지만 개혁주의적 입장에서 전혀 문제가 없는 것은 아니다. 조심해서 접근해야 할 부분도 있다.

필자는 『인간의 욕망과 기독교 복음』이란 저서가 문화를 연구하는 사람들에게 통찰력을 제공해 준다는 점에서 그의 복음서 해석을 소개했다. 욕망이 현대 문화의 핵심어가 되고 있는 이때에, 그녀는 기독교를 욕망 긍정의 종교로 보고, 욕망의 실체를 복음서를 통해 해석하고 있다. 돌토의 해석은 욕망 이론의 탐구에서 기독인에게 중요한 이정표로 작용할 수 있을 것으로 생각한다.

돌토는 욕구와 욕망을 구분하고, 욕망을 전체적인 욕망과 부분적인 욕망으로 나눈다. 부분적인 욕망은 우리 몸의 전체성과 상관없는 부분적인 것으로 진정한 나눔을 실현하지 못하지만, 전체적인 욕망은 다른 사람들과 진정한 관계를 맺기에 의사소통을 가능하게 한다. 예수님께서 폐쇄된 사회에 오셔서 진정한 의사소통을 할 수 있게 하셨다는 것이 돌토의 복음서 해석이다.

돌토는 금기의 긍정적인 역할을 강조한 정신분석가로 적절한 금기는 삶을 역동적으로 이끈다고 보고 있다. 그녀는 금기 안에서 욕망을 긍정하고 있다. 즉 그녀는 근친상간의 금기가 없다면, 인간은 언어의 존재가 될 수 없다며, 금기를 긍정한다. 하지만 그녀는 지나치게 금기를 고집하고 거기서 멈추어 있을 때 죽음에의 충동에 사로잡혀 문화적 정체(停滯)가 발생한다며 금기를 넘어서라고 촉구하고 있다.

주

1) 이에 대해서는 이영희, 『베트남 전쟁』, 두레, 1985를 참조할 것.

2) Riviere, 2000, Price, 2001.

3) 정수복, 〈1968년 5월 운동과 새로운 사회운동의 탄생〉, 『의미세계와 사회운동』, 민영사, 1994, 1993.

4) 타리크 알리, 안찬수, 강정식 역, 『1968: 희망의 시절, 분노의 나날』, 삼인, 2000, pp. 112-113.

5) 권오선, 「프랑스 5월 혁명기 노동 운동에 관한 연구」, 연세대 사학과 석사, 2002, pp. 16-28 요약. 유도리, 「1960년대 프랑스 학생 운동의 조직과 활동」, 숙대 사학과 석사, 2003.

6) 조지 카치아파카스 저, 윤수종 역, 『정치의 전복 – 1968 이후의 자율적 사회운동』, 이후, 2000. 참고.

7) 롤랑 바르트, 김희영 역, 『텍스트의 즐거움』, 동문선, 1997, p. 111.

8) 롤랑 바르트, 이상빈 역, 『롤랑 바르트가 쓴 롤랑 바르트』, 강, 1997, p. 63.

9) R. Barthes, *Le grain de la voix*, *Seuil*, 1981, pp. 74-75.

10) 최은, 「롤랑 바르트의 텍스트와 영화 이미지」, 중앙대 영화이론 석사, 2001.

11) 바르트의 논의에 따르면 사진의 정치적 의미를 부각시키기 위해 텍스트와 결합하는 시도는 사진의 고유한 속성인 푼크툼을 방해할 수 있다. 수잔 손탁과 롤랑 바르트의 사진론은 다음의 번역본 참조. 롤랑 바르트/ 수잔 손탁, 송숙자 역, 『바르트와 손탁: 사진론』, 현대미학사, 1994.

12) L. J. Calvet, *Roland Barthes*, Payet, 1973, p. 12.

13) 이하 김인식, 「롤랑 바르트 문학의 이론과 실천」, 성균관대 불문학 박사, 1993 참조.

14) C. Fuche et P. Le Goffic, *Initiation aux proble'mes des linguistiques contemporaines*, Hachette, 1975, p.11. 언어라는 체계는 적극적인 의미에서는 작가에게 의사소통이라는 사회성을 부여해 주는 것이지만 소극적인 의미에서는 작가의 언사(parole)의 자유를 규제하는 부정성이 된다.

15) R. Barthes, *le Degre' Ze'ro de l'e'criture*, Seuil, 1953, p. 25에서 문체는 거의 문학 '저편'에 있다고 했다. 문체는 작가를 사회에 연결시켜주는 의도나 선택 밖에 위치한다. 문체는 언어로 표상되는 상위언어(supra-langue)에 억압당하기는 하나, 어조, 운율 등의 구체적이고 물질적인 속성을 통해 나타나는 하위언어(infra-langue)로 조직되어 있다. 그래서 '문체는 작가에게 고유한 것이며 그의 의식과 의도에 관계없이 작용하는 육체 속에 닫혀진 움직임'이다.

16) R. Barthes, 위의 책, p. 28.

17) 프랑스혁명을 기점으로 파트롱(patron)으로서 귀족들의 눈치를 살펴야만 했던 작가들은 이제 드디어 굴레에서 벗어나 자유를 얻게 된다. 그들은 지배적인 이데올로기에 의해

조작된 기존의 제도적 언어체, 즉 고전적 글쓰기로부터 벗어나기 위한 여러 가지 시도를 거듭한다. 그리하여 공들여 다듬어진 글쓰기, 민중주의 글쓰기, 중성의 글쓰기, 구어체의 글쓰기 등 각각의 글쓰기를 시도한다. R. Barthes, 위의 책, p. 44.

18) 김인식, 앞의 논문, p. 61.

19) R. Barthes, *S/Z*, Seuil, 1970. 이 저서는 1968년에서 1969년까지 총 2년여에 걸쳐 파리고등사범학교에서 있었던 세미나의 내용을 다시 모아놓은 것으로서, 발자크의 『인간희극』가운데에서 파리생활의 장면들에 속하는 중편소설 〈사라진느〉(*Sarrasine*)를 바탕으로 한 글이다. 제목을 보면 S는 뒤에 나오는 화자의 이야기 속에 등장하는 조각가 사라진느를 가리키고 Z는 사라진느가 여성으로 오인하여 사랑의 열병을 앓게 되는 대상이 거세된 오페라 가수 잠비넬라(Zambinella)를 가리킨다. 이 S와 Z는 표기상 마치 같은 글자가 거울을 마주보고 있는 듯한 모습으로 사라진느가 잠비넬라 안에서 그 자신의 거세를 바라보고 있는 듯한 느낌을 갖게 하기도 한다. 바르트는 〈사라진느〉라고 하는 고전적인 텍스트로부터 의미의 복수태를 이끌어내고자 그 제목에서부터 상징적으로 환기시키고 있다(R. Barthes, 위의 책, p. 104.). 그는 텍스트들이 무한으로 연결되는 차이성을 살펴보기 위하여 텍스트를 총 561개의 렉시(lexie)로 분할함으로써 선험적으로 내재하는 텍스트의 커다란 구조들을 포착하는 것이 아닌, 그 구조가 이루어지는 과정을 따라가는 독서를 행하고자 한다. 여기서 렉시란 독서단위라고 하는 것으로 어떤 엄밀한 기준에 의해서 선택된 것이라기보다는 의미들을 관찰할 수 있는 최상의 가능한 공간을 확보하기 위한 자의적인 개념이다. 김인식, 〈롤랑 바르트의 텍스트 이론/실천〉, 현대비평이론 14호, 1997, p. 236.

20) 바르트가 말하는 복수태란 단순히 여러 의미를 지니고 있다는 것을 말하는 것이 아니라 하나의 의미라 하더라도 보는 각도에 따라 다른 의미로 변할 수 있는 의미의 다면성을 뜻하기도 한다.

21) 계보는 사람의 혈연 관계 및 학문, 사상 등의 계통 순서의 내용을 나타낸 기록을 의미하며, 계보학은 계보를 사료로써 사용하는 학문을 과학적으로 연구하는 학문이다. 계보학(Genealogie)은 원래 탄생을 뜻하는 희랍어 게네(genea)와 이론과 학설의 의미를 지닌 로고스(logos)의 합성어이다. 이러한 어원적 뿌리가 말해주듯 계보학은 선험적으로 주어졌다고 여겨진 이성의 우연적 탄생 조건들을 비판적으로 재구성함으로써 동시에 새로운 이성의 탄생 가능성들을 탐색한다는 이중적 의미를 가진다고 볼 수 있다. 푸코의 계보학은 『광기의 역사』, 『감옥의 역사』, 『성의 역사』 등의 저작에서 보여지고 있다. 이진우, 〈계보학의 철학적 방법론〉, 『철학연구』 제 73집, 2002, p. 144.

22) 리디아 앨릭스 필링햄, 박정자 역, 『미셸 푸코-만화로 읽는 삶과 철학』, 도서출판 국제, 1995, pp. 170-171.

23) 미셸 푸코, 『성의 역사 1 : 앎의 의지』 나남, 1990, p. 108.

24) 이리나, 「쟈끄 데리다의 해체적 글쓰기」, 충남대학교 불어불문학과 석사, 1993, p. 4.

25) 소쉬르의 기호학에서 음성과 사유가 일치한다는 것은 결국 인간은 즉각적으로 자신의 의미를 창출, 표현할 수 있으며, 자신을 완전히 이해할 수 있고, 그리고 자기 내면의 투명한 매개자로서 언어를 지배할 수 있다는 인간에 대한 이해가 가로 놓여 있다.

26) 이하 민승기, 「데리다와 타자」, 경희대 영문학 박사, 1999를 참조했음.

27) 주체는 자신의 한 가운데에 자신이 규정할 수 없는 타자를 가지고 있다. 타자는 주체의 자가동일성을 불가능하게 하지만 주체는 타자에 의존하지 않고서는 스스로를 정립할 수 없다. 이렇게 타자에 사로잡힌 주체, 주체의 자기 동일적 체계를 열어젖히는(opening) 운동을 데리다는 특이성이라고 부른다.

28) J. Derrida, *De la grammatologie*, Minuit, 1967, p. 227.

29) 쟈크 데리다, 김성도 역, 「그라마톨로지」, 1996, p. 75.

30) 에크리튀르는 말과 글 이전의 모든 표현 행위의 공통된 근원이 되는 움직임을 말한다. 언어 개념을 넘어서는 흔적으로서의 '원문자'로 대체 가능한 차연의 연쇄체이다. 글쓰기, 문자로 번역될 수 있는 말이지만 세계와 신체, (무)의식 내의 흔적을 낼 수 있는 표기 일반을 지칭한다. 표기 일반을 지칭하므로 그 흔적을 낼 수 있는 기재공간과 기재도구 또한 무한한 것이라 할 수 있다. 김연환, 「차연과 은유에 관한 연구」, 홍익대 미학 석사, 2003.

31) 이리나, 앞의 논문, pp. 68~74.

32) 데리다, 김다은 역, 「다른 꽃」, 동문선, 1997, p. 13.

33) 루이 알튀세르, 이종영 역, 「맑스를 위하여」, 백의, 1997.

34) 루이 알튀세르, 김진석 역, 「자본론을 읽는다」, 두레, 1991.

35) L. Althusser, Essays in Self-Criticism, NLB, 1976.

36) 루이 알튀세르, 서관모 역, 〈철학의 전화〉, 「역사적 맑스주의」, 새길, 1993.

37) 루이 알튀세르, 서관모 역, 〈오늘의 맑스주의〉, 「역사적 맑스주의」, 새길, 1993.

38) 루이 알튀세르, 서관모 · 백승옥 편역, 「철학과 맑스주의」, 새길, 1996.

39) 서관모 · 백승옥 편역, 위의 책.

40) 서관모 · 백승옥 편역, 위의 책, p. 196.

41) 프랑스 맑시즘은 완전히 서로 대조적인 두 가지 흐름이 있었는데 하나는 싸르트르와 메를로퐁티의 '실존적 맑시즘'이고, 다른 하나는 알튀세르의 '구조주의적 맑시즘'이다. 실존적 맑시즘은 당시의 맑시즘이 경제중심주의가 됨으로써 인간 실존의 모습을 보지 못하자 실존주의와 맑시즘을 결합한다. 반면에 구조주의적 맑시즘은 맑시즘이 가지고 있는 인간 중심적인 것을 비판하고 맑스를 구조주의적으로, 과학주의적으로 해석한 것이다.

42) 루이 알튀세르, 이진경 역, 「당내에 더 이상 지속되어선 안 될 것」, 새실, 1992, pp. 148-149.

43) 루이 알튀세르, 서관모 · 백승옥 역, 「철학에 대하여」, 동문선, 1997, p. 16.

44) 서광모, 백승옥 편역, 「철학에 대하여」, pp. 36-37.

45) 안승찬, 「알튀세르의 대중적 정치 사고에 관한 연구」, 서울대 정치외교학과 석사, 2002, pp. 22-28.

46) 이종영 역, 앞의 책, pp. 116-117.

47) 루이 알튀세르, 김동수 역, 「아미앵에서의 주장」, 솔, 1991, p. 151.

48) 안승찬, 위의 논문, pp. 29-45 참조.

49) 이영주, 앞의 논문, p. 170.

50) 파트리스 보네위츠, 문경자 역, 『브루디외 사회학 입문』, 동문선, 2000, p. 14. 네이버 백과사전 참조.

51) 현택수, 〈피에르 브루디외 – 아비튀스와 문화자본의 사회학〉, 『현대 비판사회이론의 흐름』, 한울, 1992, pp. 268-273.

52) 부르디외, 『말해진 것』(Chses dites), Paris, Les Editions, de Minuit, 1987, pp, 16-17.

53) 현택수, 앞의 논문, p. 275.

54) 파트리스 보네위츠, 앞의 책, pp. 88-95.

55) 이상호, 〈사회질서의 재생산과 상징권력 : 부르디외의 계급이론〉, 현택수 편, 『문화와 권력 : 부르디외 사회학의 이해』, 나남, 1998, pp. 168-169.

56) 현택수, 앞의 논문, p. 278.

57) 위의 논문, p. 279.

58) 위의 논문, p. 281.

59) 파트리스 보네위츠, 앞의 책, p. 119.

60) 앞의 책, p. 121.

61) 장미혜, 〈한국사회에서의 사회 계급별 소비 양식의 차이〉, 『문화와 계급』, 동문선, 2002, p. 136.

62) 장미혜, 앞의 책, p. 137.

63) Ellul, J, *The Technological Society*, New York : Vintage, 1964, ⅩⅩⅤ.『기술의 역사』, 한울, 1996.

64) Ellul, J, *The Technological System*, Continuum-New York, 1980, p. 79.

65) D. Lovekin, 〈*Technology as the Sacred Order*〉, RPT, Vol. 4, p. 205를 강성화, 『자크 엘륄의 기술철학 연구』, 서울대 철학과 박사, 2002, p. 35에서 재인용.

66) D. Lovekin, *1991, Technique, Discourse and Consciousness : An Introduction to Philosophy of Jacqucs Ellul*, Lchigh Univ. Press, 1991, pp. 84-85, pp. 161-162. 강성화, 위의 논문 p. 36서 재인용.

67) Ellul(1964), 위의 책, p. 125.

68) 위의 책, p. 130.

69) Ellul(1980a), 위의 책, p. 209.

70) Ellul(1964), 앞의 책, p. 80. Ellul(1980a), 위의 책, p. 238.

71) Ellul(1980a), 위의 책, p. 233.

72) Ellul(1964), 앞의 책, pp. 133-138.

73) 위의 책, pp. 325-332.

74) 기술은 이제 자연과 사회를 모두 매개했고 그것들을 대체했다. 현대인들은 자신이 거주하는 이 기술 환경 속에서 그것과 관계함이 없이는 살 수 없는데, 다른 모든 관계들은 바로 이 기술에 의해 매개되어진다. 그리고 이 환경 속에서 모든 것들은 수단화되며 도덕적 정신적인 것들도 예외가 될 수 없는 것이다. Ibid., pp.40-41.

75) 하상복, 위의 논문, pp.22-28.

76) A. Feenberg, *Critical Theory of Technology*, Oxford Univ. Press, 1991. pp. 5-6.
강성화, 위의 논문, p. 61에서 재인용.

77) Ellul, *The Serch for Ethics in a Technicist Society*, RPT, Vol 9, p. 24-27.

78) Ellul(1964), 위의 책, p. 98.

79) Ellul(1990), *The Technological Bluff*, Eerdmans Publishing Co, ⅩⅤ-Ⅹⅵ를 강성화, 위의 논문, p. 134에서 재인용.

80) Ellul(1990), pp. 35-76.

81) Ellul, *The Humilation of the Word*, Eermans Publishing Co.,1985 p. 120.

82) Ellul(1964), p. 347, p. 349.

83) Ellul(1964), p. 209.

84) Ellul, *The Political Illusion*, New York : Knopf, 1967, p. 186.

85) Ellul,(1964), p. 294.

86) 송정아, 〈자크 엘룰의 사상과 폭력 윤리 고찰〉, 기독신학저널, 기독교신학대학원대학교, 1998.

87) 자크 엘룰, 최종고 역, 『폭력』, 현대사상사, 1998, pp. 9-37.

88) 위의 책, pp. 100-110.

89) 위의 책, p. 128.

90) 위의 책, pp. 137-147.

91) 위의 책, p. 170.

92) 위의 책, pp. 189-205.

93) Ellul, *The Search For Ethics in a Technicist Society*, Research in Philosophy and Techonology, Vol. 9, JAI Press, 1989.

94) Ellul, *The Ethics of Freedom, Michigan* : W. B. Eerdmans Publishing Company, 1976, p. 354.

95) 자크 엘룰, 이문장 역, 『세상 속의 그리스도인』, 대장간, 1998, p. 103.

96) 위의 책, p. 130.

97) 위의 책, p. 131.

98) 위의 책, p. 28.

99) 엘룰은 기독교가 모든 정치권력을 정당화 내지 합법화시켜 주었을 뿐만 아니라, 불법적으로 권력을 탈취한 모든 왕들에게 축복하고 심지어 히틀러나 스탈린의 전제 정부의 선전도구로까지 전락한 바 있었다고 비판하기도 했다. 그래서 엘룰은 혁명적이어야 할 기독교가 오히려 반혁명적이었다고 비판하면서 기독교는 오직 사회, 역사의 매순간 또는 세계 변혁의 목표와 관련될 때만이 존재할 수 있고 또한 상상될 수 있다고 말했다. 이영규, op.cit., p.43.

100) Ibid., pp.78-80.

101) 『세상 속의 그리스도인』, p. 86.

102) Ellul, *Technology and Democracy*, L. Winner ed., *Democracy in a Technological Society*, Kluwer Academic Publishers, 1992, p. 48.

103) 프랑소와즈 돌토, 김성민 역, 『인간의 욕망과 기독교 복음』, 한국심리치료연구소, 2000, p. 27.

104) 위의 책, p. 22.

105) 눅 10:25-37.

106) 미셸 앙리 르두, 표원경 · 이오갑 역, 『프랑수아즈 돌토, 그의 삶과 사상』, 숲, 2003, p. 73.

107) 위의 책, p. 73.

108) 위의 책, p. 75.

109) 『인간의 욕망과 기독교 복음』, p. 359.

110) 위의 책, p. 368.

제 6 장

탈식민주의 문화이론과 디아스포라

1. 탈식민주의 문화이론의 특징

2. 탈식민주의의 문화 이론가들

3. 탈식민주의와 디아스포라

국내에서 1980년대 중반 이후 거론되어 온 탈식민주의에 대한 관심이 최근에 높아지고 있다. 탈식민주의는 현 시대가 요청하고 있는 문화이론이다. 국내적으로는 일제에 의한 피식민지 경험과 해방 후 새로운 제국에 의한 신식민주의의 경험이 있고, 특히 현 정부에서 일제의 식민잔재의 청산이라는 과제와 미국과의 입장 조율을 고려하고 있는 것을 볼 때, 그에 대한 바른 시각의 정립이 요청되기 때문이다. 또 국제적으로 9.11 테러 이후 세계는 테러 공포에 시달리고 있으며, 이에 대한 미국의 대응에 대해서 찬반양론으로 갈라지고 있다. 미국의 정치경제적 전략으로 대다수 국가가 신식민지 상황에 처해 있으며, 그에 따라 탈식민주의 비평이론을 이용한 정체성 찾기가 학문의 담론에서 소통되고 있다.

오스트리아의 옐리네크(Jelinek, Elfriede, 1946-)가 『피아노 치는 여사』로 2004년 노벨문학상을 수상했다. 그녀의 작품들에는 페미니즘·자본주의 소비사회에 대한 비판·소시민 근성 등 다양한 주제가 녹아 있다. 옐리네크의 이러한 비판적이고 전복적인 글쓰기를 대표하는 이론적 근거가 탈식민주의라 할 수 있다. 이처럼 탈식민주의에 대한 관심이 고조되고 있지만, 탈식민주의라는 용어에 대한 정의조차 아직 공유하지 못하고 있는 것이 학계의 실정이다.

보편적으로 탈식민주의는 '식민지라는 저주를 겪은 사람들의 위치에서 인종주의와 식민주의를 넘어서려는 시도'를 말한다. 지구상에서 80% 이상의 인구가 식민주의를 경험했기 때문에 탈식민주의는 전 지구적인 문제의식을 포함하고 있다. 탈식민주의는 거시적인 지평에서 제국주의와 식민

주의, 그리고 국가와 민족 같은 거대담론을 검토한다. 그러나 탈식민주의
는 거시영역을 탐구하는 가운데 '미세한' 시각으로 현대사상의 논쟁들을
끌어와서 전략을 세운다.

본 장에서 논의하고자 하는 순서는 다음과 같다. 먼저 탈식민지 담론의
특성과 탈식민지 문화 이론을 살핀다. 그 다음 탈식민지 담론과 디아스포
라의 상관관계를 검토하고, 디아스포라 연구를 어떻게 수행해야 하는가를
살펴본 후, 요셉의 서사를 디아스포라의 관점에서 다룰 것이다.

1. 탈식민주의 문화이론의 특징

식민지와 제국주의에 대한 논의는 탈식민주의 이전에도 마르크스주의
에 의해 수행되어 왔다. 탈식민주의 역시 부분적으로 마르크스주의를 수
용하지만 근본적으로 그와 차이를 지닌 전략을 구사한다. 탈식민주의는
마르크스주의가 논의하지 못한 문제들을 탈(후기)구조주의에 의존한다.
그러나 탈식민주의는 탈구조주의와 또 구별된다. 탈구조주의는 절대적 권
위의 해체라는 긍정적 기능을 가지고 있으면서도, 다른 한편으로 윤리적
범주나 가치의 서열마저도 해체의 대상으로 삼음으로써 자신의 논리마저
도 해체한다. 탈구조주의가 권위주의적 해체라는 전복성을 가지고 있으면
서 동시에 가치의 상대주의, 다원주의, 신보수주의라는 혐의에서 그리 자
유롭지 않은 것도 바로 그런 이유 때문이다. 탈식민주의는 탈(후기)구조주
의, 해체주의의 연장선 속에 있으면서도, 윤리적인 범주를 포기하지 않는
다는 점에서 탈구조주의와 구별된다. 게다가 탈식민주의는 윤리적 범주를
사회, 역사, 담론, 경험의 문제와 연관시킴으로써 협애한 의미의 도덕주의
에서도 일정하게 벗어나고 있다. 최근 국내에서 탈식민주의에 관심을 보
이는 것도 탈구조주의가 간과하기 쉬운 윤리적이면서도 사회역사적 범주
에 대한 관심의 회복이기 때문이라고 읽어도 좋은 것 같다.[1]

탈식민주의는 탈중심주의라는 해체주의와 같은 맥락에 있으면서도 해

체주의와는 달리 '모든' 중심의 몰가치적 해체가 아니라, '제국주의적', '인종 차별적', '자국 중심주의', '식민주의적'이라는 중심에 대한 '선택적' 해체라는 점에서 해체주의 일반과 구별된다. 따라서 탈식민주의가 관여하는 문제들은 다음과 같은 것들이다. 즉 이항대립주의의 극복, 주체와 타자의 문제, 정치적 행위자에 대한 질문, 문화와 정치의 영역, 권력과 저항의 문제, 그리고 근대성과 탈근대성의 관계 등이다. 이 가운데 탈식민주의의 특성을 핵심적으로 보여주는 것은 문화이론의 측면일 것이다.[2] 탈식민주의의 문화적 대항 담론은 서구 문화에 스며든 동양관의 이데올로기를 밝혀내고, 서구 지식 체계와 문화적 관습에 조응해 형성되는 제 3세계 주체들의 정체성을 규명하려는 일종의 해석적 실천이라 할 수 있다.

탈식민주의 문화이론은 관념론적인 혁명이나 목적론적인 물질적인 토대의 변혁이 결코 세상을 바꿀 수 없음을 알려준다. 그와 달리 인간의 정신세계(주체의 사상)와 물질세계를 연결하는 새로운 문화형식을 만들어갈 때, 인간의 의식과 물질적 기반을 변화시킬 수 있을 것으로 보고 있다.[3] 여기서 문화란 주체의 사상(관념)과 객관적 물질세계를 연결하는 모든 삶의 형식을 지칭하고,[4] 문화형식이란 담론, 텍스트성, 수사학 등으로 표현할 수 있는 것을 말한다.

2. 탈식민주의의 문화 이론가들

(1) 프란츠 파농의 반식민지 저항 이론

1925년 카리브해 프랑스 땅 마르티니크에서 태어난 파농(Frantz Fanon, 1925-1961)은 전통적인 식민지 교육을 받았다. 파농은 2차 대전이 끝나고 프랑스에 남아 정신병리학을 공부하면서, 자신을 백인과 동일시하던 환상을 깨뜨린다. 이후 파농은 알제리의 독립운동에 힘썼으며, 아프리카 대륙과 아메리카 대륙의 흑인 간에 연대감을 드높인 혁명가로서 활동했다. 알제리민족해방전선(FLN)의 지도적 이론가이자 의사로서 임시 혁명정부가 들어섰을 당시 가나 주재 대표와 루뭄바의 고문을 지냈다. 사르트르는 파농을 두고 "제3세계가 자신에 대해 알게 된 것도, 자신에 대해 얘기할 수 있게 된 것도 그를 통해서"라고 평가했다. 정신병리학자이면서 반식민주의 지성으로 일컬어지는 파농은, 36년간의 짧은 삶을 통해, '검은 피부'에서 '하얀 가면'을 벗겨내려고 노력했다. 1952년 출간된 『검은 피부, 하얀 가면』은 파농이 운동기간 자신의 좌절을 기초로 한 것으로, 흑인들의 심리학적인 측면을 파고들어 식민주의의 본질을 풀어낸 것이다. 프랑스 식민당국의 지하조직에 의해 몇 번의 암살 위기를 넘기기도 했던 파농은 1961년, 알제리 독립을 몇 달 안 남기고 백혈병으로 죽었다.

파농은 의사 활동을 하면서, 알제리의 정신질환자들이 서구와 서구인들을 직접 경험한 '문화적 폭력'의 결과라고 밝힌다.

백인에겐 하나의 사실이 있다. 스스로를 흑인보다 우수하다고 생각하는 사실 말이다. 흑인에게도 하나의 사실이 있다. 어떤 대가를 치러서라도 그들 사상사의 풍요로움과 그들 지성사의 뒤떨어지지 않는 가치를 백인들에게 증명하려고 애쓴다는 사실 말이다.[5]

위 인용문에서 보듯 흑인들은 백인들의 문화적 폭력의 결과로, 그들 자신이 백인에게 가까워지려고 하고 있다. 흑인의 해방을 방해하는 것은 이제 백인들의 손이 아니라 흑인들의 머리에서 나온다. 이렇듯 알제리의 정신질환자들은 서구인들은 우월하고 지적이며, 흑인들은 열등하고 야만적이라는 이분법에 시달리고, 그것을 거의 진실처럼 믿고 있으며, 자신의 사고관이나 행동 양식을 거기에 맞추어 나가려고 노력한다. 파농은 이러한 악순환을 벗어나기 위해서 흑인 문제에 대한 정신분석학적인 해석만이 유효하다고 강조한다.[6]

파농은 정신분석학적 해석에서 언어의 문제가 가장 중요하다고 보았다. 언어 현상을 통해 유색인들은 백인을 이해하기 때문이다. 파농이 고찰한 바에 의하면, 서인도 제도의 흑인들은 프랑스어를 자기의 국어처럼 능숙하게 사용하면 할수록 보다 더 백인에게 가까워진다고 믿었다. 이와 같이

식민지 원주민은 지배 국가의 문화적 규범을 자기의 가치로 여기면서 살아간다. 즉 피부의 검은 빛, 미개발 상태를 부정하면 할수록 백인에게 가까워진다고 믿는다.[7] 따라서 프랑스 언어는 백인과 흑인을 묶어주는 하나의 지주가 된다. 프랑스인이 되고 싶은 서인도 제도의 흑인들은 프랑스 언어를 통해 프랑스의 문명과 의식을 자기 것으로 소유하려고 한다. 이는 흑인 주체들이 언어 습득을 통한 문화과정을 통해 자신을 프랑스인으로 형성하길 바라고, 자신과 프랑스인의 정체성을 동일화하려는 욕망을 꿈꾸는 일종의 자기 콤플렉스의 징후들이다. 바로 그렇기 때문에 언어문화가 중요한 의미를 갖는다.

파농은 흑인들의 콤플렉스를 검은 피부의 여자와 유럽 남자, 검은 피부의 남자와 유럽 여자와의 관계를 분석하면서 흑인들에게는 자기의 개별성으로부터 도망가고 자기 현존을 파괴하려는 신경증적인 소외현상이 일어나고 있음을 주시한다. 예컨대 파농이 분석한 백인 남자와 사귀고 있는 서인도 흑인 여성처럼 백인의 주의를 끌려는 자기 고립, 보호적인 자질을 획득하려는 확고한 의지, 백인처럼 강해지고자 하는 관심 등은 흑인들의 자기 소외로 이어져 자신의 자아를 형성하는 부분으로 변하게 된다. 이것은 백인이 흑인들에게 은연중에 강요한 허위의식과 그 허위의식을 진실로 받아들이는 흑인들의 동화작용이 만들어낸 가상 효과에서 비롯된 것이다. 그는 백인들이 강요한 허위의식의 공포에서 벗어나는 치료술로 세계를 다시 건설하는 것이 필요하다[8]고 역설하는데, 그의 이러한 생각은 흑인 자체의 우월성을 반대급부로 내세우는 것과는 거리가 멀다. 그는 소외로부터 해방으로 가는 흑인들이 자신의 정체성에 대해 미리 결정하지 않고, 스스로 자신의 존재에 대해 끊임없는 물음을 던질 때 진정한 자기 모습을 찾을 수 있다고 보았다. 이처럼 파농은 흑인들의 콤플렉스 분석을 통하여 반식민지 저항의 선구자로서 첫발을 내딛게 된다. 그는 토착 부르주아에 대한 신랄한 비판과 더불어 탈민족주의와 민족문화론을 내세운다.

한국에서 파농의 책은 투쟁 방법론 때문에 '금서 목록'에 올랐다. 파농은 투쟁의 방법으로 폭력의 정치학을 설파한다. 그는 인간의 존엄성을 지키는 유일한 희망이 폭력에 있다고 역설한다. 그리고 저항적 폭력을 매개로 한 정신혁명을 주장한다. '폭력', 즉 무장 투쟁은 식민통치로 침묵당하고 무기력해진 민중을 동원시키며, 지역주의와 부족주의 같은 식민통치의 분리주의적 전략을 청산함으로써 탈식민화와 민족 해방이라는 하나의 대의명분으로 민족을 통합하는 계기를 마련해 줄 수 있기 때문이다. 무엇보다도 열등감과 패배감에 사로잡혀 있는 민중을 역사 창조의 주역이 되게 할 수 있는 것이 폭력이며, 상실한 자긍심과 주체의식을 회복시키는 정화의 효과를 지니고 있는 것이 바로 폭력이다.

그렇다면 파농이 왜 폭력의 정치학을 강조하고 있는가?

제3세계의 문제는 새로운 인간의 역사를 시작해야 한다. 이 역사는 유럽이 제시한 테제를 고려하고 동시에 유럽의 범죄도 고려하게 될 것이다. 가장 끔찍한 유럽의 범죄는 인간의 내부에 가해진 것으로 인간의 내적인 기능을 분열시키고 또 인간의 내적인 통일을 갈기갈기 찢어놓았던 것이다. 공동체 구조 내에는 분화와 계층화, 그리고 계급에 의한 무시무시한 긴장이 서려 있다. 그리고 인류라는 거대한 규모에 있어서는 인종간의 증오, 노예제도, 착취 등이 있었다. 그러므로 동지들이여, 유럽식의 국가ㆍ제도ㆍ사회 따위를 만듦으로써 유럽에 찬사를 보내는 일 따윌랑 하지 말자. 인류가 우리에게 기대하는 것은 음란한 회화나 다름없는 모방이 아닌 것이다. 아프리카를 그리고 아메리카를 새로운 유럽으로 만들 생각이 있다면 차라리 이들의 운명을 유럽인들에게 맡겨 버려라. 그들은 우리들 중 어떤 천재보다도 그 일을 더 잘 해낼 테니 말이다. 만일 인류가 한 걸음 진보하는 것을 바라고 유럽이 했던 것과는 다른 차원으로 발전시키고자 한다면 창조하고 발견을 해야 한다. 우리 민중의 기대에 어긋나지 않으려면 유럽이 아닌 다른 곳에서 해답을 찾아야 한다. 나아가 유럽 민중들의 기대에 부응하기 위해서는 그들의 사회나 사상의 반영체를 그들에게 되돌려 보낼 필요가 없다. 그들도 때로는 더할 수 없이 구토증을 느끼는 것이기 때문이다. 동지들이여! 유럽을 위해, 우리와 인류를 위해 역사의 한 페이지를 남겨야 한다. 새로운 개념을 만들어 내고 새로운 인간을 출범시켜야 한다.[9]

위에서 보듯 파농은 폭력을 인간의 존엄성을 지키기 위한 유일한 희망이라고 역설하고 있다. 그리고 파농은 아프리카나 아메리카의 미래가 유럽을 따라잡거나 흉내 잘 내는 방식이 아니라고 말한다. 파농은 식민지 독립이 이루어지고 나면, 탈식민화의 추동력이자 저항과 해방의 이데올로기였던 민족의식이 점차 억압적 이데올로기인 부르주아 민족주의로 변질할 위험을 우려하면서, 민족의식이 아프리카 사회 내부의 다양한 모순과 갈등을 수용할 수 있기 위해서는 정치의식과 사회의식으로 변화해야 함을 강조했다. 민족의식은 반식민적 현재와 탈식민지적 미래의 연결고리이자 민족 해방의 궁극적 가치로 내세우는 '새로운 인본주의'의 출발점이었다. 따라서 진정한 민족문화는 정태적이고 고착화된 전통이나 관습이 아니라 민중의 끊임없는 투쟁과 실천 속에서 변화, 갱신되는 집단 치료법인 것이다.

파농은 혁명을 하기 위해 '과거 파괴'에 대한 대응이 필요하며, '민중'에 대한 아첨을 비판한다. 많은 나라들이 과거 파괴에 대한 대응을 하면서 '과거 파괴'에 대한 반발로 자신들의 과거를 지나치게 미화하고 신비화하는 경향이 나타난다. 이 또한 식민주의의 폐해일 것이다. 또 파농은 민중에게 아첨을 해서는 안 된다고 말한다. 파농은 식민주의의 미혹에 빠져 있는 지식인들이 자기 나라의 현실을 발견했을 때 민중에 대해 아첨을 한다는 사실을 지적했다. 식민주의와의 투쟁은 민중의 어리석음에 대한 투쟁을 의미하는 것이기도 하다. 파농이 즐겨 이야기하듯이 모든 것은 민중의 의식 수준에 달려 있다. 그러므로 지식인과 민중은 상호 교육을 해야 한다. 지식인이 민중과의 대화를 차단하는 것은 민중을 '물건의 지위'로 떨어뜨리는 것이기 때문이다. 이것은 식민주의가 하는 일이다.[10]

(2) 에드워드 사이드의 오리엔탈리즘의 지식과 권력

1935년 예루살렘에서 태어난 사이드(Edward Said, 1935–2003)는 어린 시절에 나치스 독일의 박해를 피해 가족과 함께 이집트로 이주한 뒤, 카이로의 빅토리아대학교에서 공부했다. 1950년대 말 미국으로 건너간 뒤에는 프린스턴대학교를 거쳐 하버드대학교에서 박사학위를 취득했다. 이후 컬럼비아대학교 영문학·비교문학 담당 교수와 하버드대학교 비교문학 객원교수로 있으면서 문학평론가와 문명비평가로서 활발한 활동을 전개했다. 특히 그는 "우리는 어떻게 다른 문화와 민족을 자유로운 혹은 비억압적인 그리고 비조직적인 관점에 입각해서 연구할 수 있는가?"에 대한 해답을 도출하고자 노력했다. 그는 1970년대 서구인들의 동양관을 비판해 온 대표적인 학자로 꼽힌다.

사이드는 1978년 『오리엔탈리즘』(Orientalism)을 출간하면서 세계적인 명성을 얻기 시작했는데, 이 책은 서구인들이 말하는 동양의 이미지가 그들의 편견과 왜곡에서 비롯된 허상에 지나지 않는다는 것을 체계적으로 비판한 명저로 평가받는다. 이어 1993년 『문화와 제국주의』(Culture and Imperialism)를 출간한 뒤, 2001년에는 미국의 아프가니스탄 공격 중단과 지식인들의 참된 역할을 강조하는 일련의 글들을 묶어 『도전받는 오리엔탈리즘』(The Crisis of Orientalism)을 출간했다. 이 책은 근대 이후의 지식과 권력의 편성을 미국 대폭발 테러사건(9·11테러사건) 이후의 국제정치와 미국의 세계정책에 반영한 책으로, 미국의 아프가니스탄 공격을 서유럽 사회의 이분법적 사고와 야만적인 관행의 산물로 보고 있다. 그 밖의 저서로 『지식인의 재현』, 『아웃 오브 플레이스』(자서전)가 있다. 1994년부터 백혈병으로 투병생활을 하던 중 2003년 9월 24일 뉴욕에서 사망했다.

사이드는 서구 지식과 권력 체계의 담론 과정에 주의를 기울인다. 사이드는 푸코식의 관점이 있었기에 보통 매우 다른 것으로 간주되는 지리학, 정치학, 문학, 언어학, 역사학과 같은 분야에서 유래된 매우 다양한 텍스트를 단일한 담론, 오리엔탈리즘이라는 표제 아래 취합할 수 있었다. 그에 의하면 오리엔탈리즘이란 "오리엔트, 즉 동양에 관계되는 방식으로서 서양인의 경험 속에 동양이 차지하는 특별한 지위에 근거하는 것"이며 "문화적이고 이데올로기적인 동양의 모습들을 제도나 어휘, 학문, 심상, 강령, 심지어 식민지 관료 체제나 식민지적 스타일에 도움을 받아 하나의 담론 형식으로 표현하고 표상하는 것"[11]을 의미한다. 좀더 압축해서 말하면 동양을 지배하고 재구성하고 권위를 세우려는 서양의 스타일이다. 그가 추적하고 있는 점은 서양의 정치적인 폭력과 탄압의 증거들이 아니라 서양의 동양에 대한 지식 축적 과정 속에 은밀하게 숨어 있는 표현과 스타일들이다. 담론적 일관성을 만들어내려는 압력이 진리에 대한 추구에 계속 우선할 수 있다는 사실이다. 하나의 담론이 더욱 큰 권력을 가질수록, 그리고 수명이 길어질수록 자신의 경계 내부에서 일관성을 생산해 낼 수 있는 능력이 더욱 커진다는 것이다.[12] 수용 가능한 재현은 권장하고, 일탈적인 담론은 권장하지 않는 엄격한 형식이, 이미 확립된 패러다임을 더욱 공고하게 하는 지식을 유도해 낸다. 그래서 그는 오리엔탈리즘을 하나의 담론으로 고찰하지 않고는 유럽 문화가 동양을 정치적이며 사회적이고 이데올로기적으로 다루어 왔으며 생산해 냈던 것을 이해할 수 없다고 말한다.

사이드는 푸코의 '지식-권력' 개념과 그람시의 헤게모니 개념을 결합해서 오리엔탈리즘의 담론 효과를 설명하고 있다. 푸코에게서는 동양을 담론화하는 서구의 역사적 문헌들의 권력 의지를, 그람시에게서는 서양과 동양의 문화가 불균등하게 만나는 지점에서 생기는 문화적 헤게모니를 읽어낸다. 특히 그는 헤게모니가 지배에 의해서 이루어지는 것이 아니라 동의(consent)에 의해 이루어진다는 사실에 주목하여, 서구가 문화적 우월감을 가지고 서구 밖의 문화에 대해 우월한 입장을 지속시킬 수 있었던 점을 오리엔탈리즘의 주요한 작동 메커니즘으로 본다. 다시 말해, 오리엔탈리즘에 의한 서양과 동양의 관계는 그의 말대로 "권력과 지배, 그리고 다양하고 복잡한 헤게모니의 관계이다."[13]

흥미로운 점은 사이드의 논리 체계에 두 가지 차원, 고정된 관념과 역동적 언표작용이 나타나고 있다는 점이다. 즉 사이드는 거의 잠재적 확신에 가까운 '잠재적'(latent) 오리엔탈리즘과 동양의 사회와 문화에 대해 실제로 표명된 견해인 '현재적'(manifest) 오리엔탈리즘을 구분하고 있다. 잠재적인 오리엔탈리즘은 동양에 대한 기본적인 진리를 포함한 '거의 무의식적인 합의, 고정성, 지속성'을 일컫는다. 반면에 현재적 오리엔탈리즘은 동양의 사회, 문학 또는 역사에 관해 공개적으로 검증된 관점으로 구성된다. 그 결과 잠재적 오리엔탈리즘이 실제로 수행되는 과정에서 담론과 지식의 변화를 수반할 수 있다. 잠재적 오리엔탈리즘의 '교의'와 현재적 오리엔탈리즘의 '체험(실행)' 사이에는 내적 긴장이 유발한다.

사이드는 레이먼드 윌리엄스의 생각을 수용하여 하나의 지배 체제가 아무리 절대적이고자 열망해도 통제할 수 없는 영역이 항상 존재한다는 점을 주장한다. 그는 "모든 전선에서 싸우자."는 주장을 실천해 왔다. 그는 이슬람을 모욕하는 집단들에만 한정된 것이 아니라 이슬람권 안에서도 싸워야 한다고 주장한다. 그가 이라크의 사담 후세인과 시리아의 아사드를 비판해 온 것도 바로 그런 이유이다. 그는 이슬람의 정치적, 문명적 오리엔탈리즘을 교정하기 위해 모든 전선에서 싸워야 한다고 주장한다. 결론적으로 그가 말하는 오리엔탈리즘은 내부의 비민주적 행위나 제국주의나 모두 다 나쁘다는 것이다. 그는 그것에 저항하기 위해서는 문화적 접근이 중요하다고 강조한다.

사이드는 1993년 『문화와 제국주의』에서 문화를 투쟁의 현상일 뿐 아니라 투쟁의 양식 및 투쟁을 유지시키는 양식으로 이해한다. 문화는 식민자와 피식민자, 즉 제국주의자와 '자유로운' 탈식민주의자가 대립하는 지형 중의 하나이다. 또 문화는 각 진영이 정보를 유포하고 논쟁하고 재현을 구성하면서 투쟁을 수행하는 방식 중의 하나이다. 그러나 이 투쟁을 불평등한 경쟁으로 만드는 많은 요인들 중 하나는, 사이드가 지적하는 것처럼, 저항이 어쩔 수 없이 제국주의자의 권력에서 물려받거나 혹은 거기에 침윤되어 있는 형식으로 이루어져야 한다는 사실이다. 사이드는 이러한 한계가 있음에도 불구하고, 제국주의에 대한 의미 있는 승리가 성취될 수 있다고 본다. 하지만 그는 저항으로서의 행위 주체성이 어디에서 유래하는지 혹은, 어떻게 가능한지에 대한 이론적 분석이나 근거를 제공하지 못하고 있어,[14] 미시적인 문화운동이 지배와 저항의 관계에서 끊임없이 중요하게 작용하고 있음을 놓치고 있다.

사이드는 1994년에 『지식인들의 재현』에서 지식인의 문제를 본격적으로 다룬다. 재현이란 원본에 충실하다고 할 때, 그는 지식인들이 '타락' 이라고 부를 만큼 기득권 구조에 편입되어 있음을 지적한다. 즉 그람시의 유기적 지식인과 푸코의 특수한 지식인은 모두 기성체제와 현상태에 반대하거나 적어도 추종하지 않는 사람이라는 속성을 가지지만, 대다수의 지식인들은 서구세계의 지배적인 재현 내지 이해 양식에 복속되어 있다는 점을 지적한다. 지식인들이 객관적이고, 균형이 잡힌 평판을 얻기 원하기 때문에 주류 대열에 남는다는 것이다.[15]

사이드의 『오리엔탈리즘』은 인문사회과학 분야에서 1970년대에 출간된 가장 야심차고 영향력 있는 책 중의 하나로서 평가받는다. 사이드는 식민지 지배자와 피지배자의 불균등한 권력 관계를 전제하며 오리엔탈리즘의 내적 일관성(internal consistency), 즉 지배 담론의 통시적 연속성을 강조했다. 그는 동양이라는 개념 자체를 해체시키자고 주장하면서 동시에 동양의 안과 밖을 상정하고 있는데, 이러한 모순은 많은 탈식민주의자들에게 해결되어야 할 문제인 것이다. 그는 비서구의 이질적 경험을 통해 이데올로기적인 현실을 거꾸로 비추어 볼 수 있는 거울을 우리에게 제공하고 있다. 동양을 끊임없이 동양화하는 것을 피해야 한다고 경고하는 그는 재현된 동양의 이질적인 것을 암시하는 경계선 지식인으로서 탈식민 이론 분야에서 가장 존중받는 인물이라 평가할 수 있다.

하지만 사이드의 접근 방식이 동양과 서양, 식민자와 피식민자, 잠재적 오리엔탈리즘과 현재적 오리엔탈리즘처럼 지나치게 단순화된 이항내립에 의존하고 있다는 비판은 면할 수 없을 것 같다.

(3) 호미 바바의 문화이론과 제3의 정치학

사이드가 1970년대에 야심찬 영향력을 제공하는 책을 저술했다면, 바바(Homibhabha)는 1980년대에 일련의 독창적인 논문을 발표하여 유명해졌다. 바바는 인도에서 나고 자랐으며 봄베이 대학에서 문학을 공부하고 영국 옥스포드 대학에서 문학석사와 철학박사 학위를 받았다. 그는 사이드, 스피박과 함께 대표적인 탈식민주의 문화 이론가로서, 데리다 · 라캉 · 푸코 등 서구 탈구조주의 이론가들의 영향을 받았다. 그는 '좌/우'의 대립적 경향에 맞서서 양가성 · 혼성성 · 모방 등의 용어를 통해 제3의 정치학과 제3의 공간을 찾으려 모색했다. 프린스턴 대학과 펜실바니아 대학 초빙교수를 역임했으며, 서섹스 대학과 시카고 대학 교수를 거쳐 현재 하버드 대학 영문과 교수로 재직 중이다. 편저로는 『국가와 서사』(*Nation and Narration*)가 있으며, 저서로는 『문화의 위치』(*The Location of Culture*, 1994)가 있다.

바바의 실질적 작업은 서구 형이상학의 두 핵심 개념인 마르크스와 계몽주의에 대한 비판이었다. 그의 비판을 살펴보면 다음과 같다.

첫째, 마르크스주의가 정치 · 경제적 심급을 지나치게 주목하는 것을 비판한다. 문화 이론가로서 바바는 주로 문학과 예술을 고찰하면서, 문화가 변화되어야 사회가 변화될 수 있으며, 세계를 변화시킬 수 있다는 의미에서 문화를 가장 정치적이라고 보았다. 따라서 그는 문화적 생산이 정치적 가치를 지님을 거듭 강조한다. 그는 의식주의 일상사가 수행되는 공간에서 정치학이 시작된다고 말한다.[16] 그는 일상생활이나 문학 · 예술을 주로 고찰할 뿐 구체적인 현실의 정치 · 경제적 심급을 문화의 영역에 끌어들이지 않는다. 이렇듯 그의 문화이론은 미시의 차원에 머물고 있다.[17]

바바는 문화란 지배체제에서 벗어나 해방을 꿈꾸는 일종의 무의식이며, 그러한 무의식과 욕망을 근거로 새로운 물질적 삶의 형식을 만들어나가는 정치학이라고 보았다. 대중의 저항과 대중운동의 형식이 그런 반항적인 문화적 실천을 통해 창조될 때 가장 전복적이고 파괴적일 것이다.[18] 그는 이론과 정치적 실천이 똑같이 일종의 담론의 형식이며, 지시대상을 반영하기보다는 생산한다고 보았다.

둘째, 계몽주의가 주체의 자기 충족성과 자기 준거성을 강조함으로써 타자의 목소리를 봉쇄하려는 것에 대해 비판한다. 바바는 파농에 대한 논문에서 정체성을 심리적 동일시의 양가성과 관련시켜 다루었다. 정체성은 인간 본성 안에서 자기 반영을 깨닫거나 문화와 자연의 구분 속에서 자아를 위한 자리를 지각하는 것이 아니라, 타자와의 관련 속에서 존재한다.

주체는 오로지 타자를 통해서만 정체성에 대한 환상을 구성하고 확증하는 동시에 차이에 대한 욕망을 자리매김할 수 있다. 바바는 정체성 문제를 논하면서 파농을 끌어들이지만 다르게 논지를 전개한다. 파농의 초점은 피식민자가 습관적으로 식민자의 자리에 서기를 원한다는 결론을 내렸다. 그러나 바바의 초점은 식민지 지배자에 집중됐다. 식민자는 과대망상증과 피해망상증을 오가며, 편집증적인 동일시의 양가성에 사로잡혀 있다는 것이다. 그러므로 바바는 식민적 정체성은 식민자와 피식민자 사이에 놓여 있다고 보았다.

이상에서 보듯, 바바의 정치학으로서의 문화이론은 해방을 소망하는 문화의 위치가 어떤 공간에서 나타나는지 알려준다. 해방된 문화는 자기 자신 내부의 순수한 본질주의적 정체성의 공간보다는 다른 문화들과 끊임없이 교섭하는 전이적 관계의 위치에서 출발한다. 문화적 교섭은 이질적인 문화들이 다른 문화 속에 타자로서 침투하여 순수한 동일성을 깨뜨리는 작용을 말한다. 순수한 동일성의 서구문화는 타자의 저항을 받고, 피식민지의 문화는 서구문화를 타자로서 받아들여 자신의 동일성을 변화시킨다. 이러한 교섭과 전이를 통해 제3의 공간에서 해방된 민족문화가 나타나게 된다. 이 때 해방된 문화는 동일성의 정체성이 아니라 타자의 침투를 허용하는 역동적인 타자성의 정체성으로 나타난다.[19]

스피박이 해체주의의 입장에서 식민지 담론을 재구성하고 있다면, 바바는 프로이트의 정신분석학과 라캉의 욕망 이론을 통해 식민지 담론의 양면성(ambivalence)을 지적하고 있다. 그는 식민지 담론의 가장 중요한 특징은 타자성을 이데올로기적으로 구성하는 데 있어 '고정성'(fixity)의 개념에 의존하는 것[20]인 바, 여기에 문제가 있다고 지적한다. 예를 들어, 서구인 대 비서구인의 관계를 고정시켜 그 안에 선/악, 문명/야만, 이성/감정과 같은 항을 대입시키는 정형화된 틀을 만든다는 것이다. 그러나 그는 그러한 고정성은 실제로는 존재하지 않고 그 경계가 대단히 모호하고 양면적인 성격을 가진다고 본다. 식민지 담론에서 문화적/역사적/인종적 차이의 기호로서 고정성은 역설적인 재현 양식이다. 왜냐하면 그것은 변하지 않는 질서일 뿐만 아니라 무질서, 타락, 악마적인 반복 등을 함축하기 때문이다. 변화하는 역사적·담론적인 국면에서 그 정형화가 반복되게 만들고, 정형화가 개인화와 주변부화의 전략들을 알려 줄 수 있는 이유는 다름 아닌 식민지 담론의 양면성 때문인 것이다.

바바는 이러한 식민지 담론의 양면성을 '흉내'(mimicry)란 개념으로 설명하고 있다. 흉내는 유사성과 비유사성, 즉 거의 똑같지만 완전히 똑같지는 않은 차이를 요구하기 때문에 양가적이다. 바바가 흉내를 고찰하게 된 출발점은 『검은 피부, 하얀 가면』에서 가면에 관심을 갖게 되면서이다. 가면에 관심을 갖는 것은 그것이 지닌 위협적 효과 때문이다.

> 알제리 여인의 베일을 벗기려는 시도가 베일을 단순히 저항의 상징으로 변화시킨 것은 아니다. 그것은 이미 위장의 기술, 투쟁의 수단이 되었다. 베일은 폭탄을 감춘다. 전에는 가정이란 울타리를 방비하던, 그리고 여성의 한계이기도 했던 베일이 이제 여성의 혁명적 활동을 가려주고 있다.[21]

위의 글에서 보듯, 문화적이고 종교적인 차이라는 표식이 '테러리스트'의 변장이 될 수 있음에 따라 베일을 쓴 여성은 이제 모두 공포의 대상이 된다.

바바는 흉내의 효과 속에 표현되는 양가성을 전유인 동시에 적합하지 않는 것의 징조로 본다. 흉내는 항상 원본과 구별 가능한 것으로 남아 있어야 한다. 여기서 두 가지 곤란한 문제가 제기된다. 하나는 과연 무엇이 '원본'을 구성하는가 하는 문제이며, 다른 하나는 원본이 모든 흉내와 갖는 차이란 무엇인가에 관한 문제이다. 예컨대, 영국인이 된다는 것은 무엇인가를 묻는 한편 이러한 원본의 어떤 왜곡이 흉내에서 드러나게 되는지를 묻는다. 그러한 흉내는 정확히 말해 복사가 아니며, 따라서 원본보다 더 낫거나 못하다. 여기서 바바가 말하고자 하는 바는 흉내란 부분적이며 불완전한 동시에 가상적인 현존으로서의 식민적 권위를 반복하고, 그렇게 함으로써 그 권위에 기반하고 있는 차이와 힘을 교란시킬 수 있다는 것이다. 그래서 흉내는 상실에 대한 두려움을 준다. 바바는 푸코의 용어를 빌려서 "감시의 시선이 훈육 받는 이의 시선으로 치환되어 되돌아오는 과정, 즉 감사자가 피감시자가 되는 과정"에 대해 이야기한다. 바로 이러한 이유로 감시하는 눈길은 부분적인 흉내자의 응시로 되돌아오고, 식민주의의 규범에 대한 대안적 지식이 생산된다.[22]

흉내가 효과적이기 위해서는 끊임없이 자신의 미끄러짐과 초과와의 차이를 생산해야 한다. 즉 양면성을 생산해 내야 한다는 것이다. 그래서 바바는 흉내라고 명명했던 식민지 담론의 양식의 권위는 미결정성이란 말로 집약될 수 있다고 말한다. 여기에서 흉내는 그 자체로 자신을 부인하려는 차이를 생산하게 된다. 즉 흉내는 타자를 전유할 수 있는 조절과 훈육의 전략이지만, 반대로 식민 권력의 지배적인 전략 기능을 수미일관하게 하고, 복종을 강화하며, 표준적인 지식들과 훈육적인 권력에 내재적인 위협을 가하는 전유할 수 없는 것의 기호이다. 다시 말해서 흉내는 '차이와 고집의 기호'이다. 흉내의 위협은 식민지 담론의 양면성을 폭로하는 것과 동시에, 그 담론의 권위를 분열시키는 이중의 비전을 가지고 있다. 바바가 말하는 흉내의 양면성이 식민지 담론을 전복하는 어떤 설명 틀이 되기 위해서는 흉내의 욕망이 표상 체계로 환원되지 않는, 들뢰즈 말대로 그 자체로 생산적인 측면으로 이해되어야 할 것이다.

바바는 '하나이기에는 부족하고 이중적'인 혼송성을 말한다. 그는 식민 권력의 권위와 메시지가 항상 그 권력이 수용되는 방식과는 다르게, 그것을 수용할 문화에 의해 분쇄되는 방식을 예를 든다. 그는 인도 사람들에게 성경 사본이 번역되어 배포되었지만 성경이 읽히는 것이 아니라 팔리거나 물물교환하기 위해서 기꺼이 받아들여졌음을 예로 든다. 성경사본은 휴지나 포장지로 사용되어 본래의 목적에서 이탈했지만, 영국에서는 성경이 대중에게 아주 많이 배포되었다는 소식이 전해졌으며, 그래서 개종자가 곧 나타날 것이라고 기대하게 되었다. 반면에 인도인들에게는 여러 가지 반응이 일어나 복잡해진다. 성경이 인도의 다양한 언어로 번역됨으로써 흉내적이고 혼종적인 신의 말씀이 창출되었지만, 그들의 질문은 권위의 한결같은 모양새를 문제 삼으며 권위의 혼종성을 드러낸다. 이와 같은 점을 들어 바바는 식민자가 피식민자에게 가져온 모든 개념은 타자의 문화라는 견지에서 새롭게 태어나고, 갱신되고, 재해석된다고 말한다. 즉 이식과 창조가 함께 이루어지는 것이다. 따라서 바바는 식민 담론이 완전히 식민자의 통제를 받는 것이 아니라고 주장하며, 여기에 저항의 지점이 있다고 강조했다.

바바에게 있어서 '정체성', '양가성', '흉내', '혼종성' 등과 같은 개념도 중요하지만, '제3공간'이란 개념도 중요하다. 바바는 문화적 차이의 분절화를 위한 전제 조건으로 언표된 제3공간을 상정한다. 문화적 차이는 소수 혹은 피종속자의 관점에서 지식을 재정립하는 것을 목표로 한다. 문화에서는 한 명제를 '쓰는 것'과 '읽는 것' 사이에서, 즉 생산과 소비 사이에서 점점 더 크게 벌어지는 균열에 의해 이러한 권위에 대항할 수 있는 혼종적인 제3공간이 공간적으로, 그리고 시간적으로 개방된다. 제3공간은 문화적 차이만이 존재한다. 문화는 국가나 국민에 대한 정의 또는 단일화에 기여하는 진정하고 자명한 전통 또는 역사적으로 구성된 집합이 아니라 차연의 시간적이고 공간적인 효과가 교차되는 글쓰기의 분과적 실천이다. 이렇듯 바바는 문화적 차이를 문화적 다양성과 대비시킨다. 여기에 탈식민적 의의가 담겨 있다.

> 왜냐하면 그것이 다문화주의라는 미국 취미나 문화의 다양성이 아니라, 문화의 혼종성이라는 각인과 표현에 기반한 국가 상호적인 문화를 개념화할 수 있는 길을 열어줄 수도 있기 때문이다. 그런 목적을 위해 우리가 문화의 의미라는 점을 담지하는 것은 바로 상호적이라는 것을 기억해야 한다. 그것은 '인민'에 관한 민족적 혹은 반-민족주의적인 역사를 직시할 수 있게 해 준다. 그리고 이러한 제3공간을 이용함으로써 우리는 극단의 정치를 피하면서 자신의 타자로서 출현할 수 있게 할 것이다.[23]

그는 문화는 여러 층위 사이에 위치한다고 본다. 그는 문화적 혼종성,

이산, 차연의 견지에서 담론을 분석할 때 이항대립성을 극복할 수 있다고 보았다. 요컨대, 삶의 형식을 창조하는 문화적 수행(performance)으로서의 정치적 실천은 교의적 차원에서의 좌/우 대립을 넘어선 '제3의 정치학'을 시사한다.[24]

끝으로 바바에 대한 평가를 간략히 해보자. 그는 오리엔탈리즘과 같은 단일체적 범주를 고찰하기보다는 '정체성', '양가성', '행위주체', '혼종성' 등과 같은 개념을 통해 식민지 담론에 접근한다. 그러나 그는 이러한 독창성이 주목받는 만큼, 개념과 이론의 적용이 모호하다는 비판과 역사에 대한 관심이 충분하지 않은 결과 정신분석적 접근 방식과 실제의 식민적 사건에 대한 독해를 융화시키는 데 실패했다는 평가를 받기도 한다.

(4) 스피박의 하위 주체의 연구와 페미니즘

인도의 대도시인 캘커타의 중산층 가정에서 태어난 가야트리 스피박(Gayatri C. Spivak)은 인도에서 대학을 나왔고, 미국에서 대학원 교육을 받았다. 그녀는 유럽의 문학적 철학적 전통들을 넘어서 식민주의보다는 제국주의 역사에 대해 말하면서, 신–식민적 관계, 서구의 인종 차별주의, 국제 노동분업에 대한 논의와 하위 주체 연구 등에 이르기까지 논의 범위를 확장시켰다. 그녀의 논의는 다문화 연구, 탈식민주의 연구, 그리고 페미니즘 이론의 구도를 변화시키면서 그 논쟁을 중재하는 한편 정치적 실천의 장으로 연결시킨다. 그녀는 바바와 달리 식민 담론의 권위를 명시적으로 문제삼거나 그것의 양가성이나 혼종성을 지적하려 하지 않고, 제국주의가 역사와 지리학, 성차, 정체성의 서사를 구성해온 방식을 상세히 기술하려고 한다. 그녀는 단일한 주제에 관하여 책을 쓰지 않았으며, 대신에 많은 인터뷰를 했고, 그 가운데 십여 편은 『탈식민 비평가 : 인터뷰, 전략, 대화』라는 제목으로 출간했다. 많은 논문 가운데 몇 편만이 『다른 세계에서 : 문화 정치학 논문집』과 『교육기계 안의 바깥』으로 묶여져 나왔다.[25]

가야트리 스피박은 대표적 논문 「하위 주체는 말할 수 있는가?」에서 식민 담론과 페미니즘 담론이 연계됨에 초점을 맞추고, 서구 페미니즘 담론이 인종주의적임을 통찰력 있게 지적했다.[26] 스피박은 이 글에서 탈식민주의 논자들에게 재현의 문제를 둘러싼 논란을 불러 일으켰다. 그녀에 있어 하위 주체란 계급의 재현 속에 억압된 이질성의 영역이다.[27] 그녀는 하위 주체란 "말할 수 없지만 초월적이지 않은 역사적 영역"으로 정의하고,[28] 하위 주체 개념에 페미니즘적 입장을 접목시킨다. 즉 그람시가 간과하고 있는 주체의 성별화를 중시하면서 동시에 여성 사이의 계급차를 부각시킨다. 그녀의 하위 주체 개념은 마르크스주의의 계급이나 페미니즘의 여성 범주를 비판하면서 그것을 통합하여 보다 새로운 차원의 탈식민주의적 정치를 열어나가기 위한 전략적 개념으로 들어온다. 하위 주체를 주체나 계급이 되지 못한, 한마디로 재현으로부터 계속 미끌어져 나가는 존재로 개념화한 것이다. 하위 주체는 쉽게 재현되고 대표되기도 하지만, 동시에 너무 이질적이기 때문에 계속해서 재현과 대표의 사건으로부터 빠져나간다.

탈식민주의 재현 문제는 스피박에게 중요한 정치적 안건으로 대두된다. 그녀는 재현(representation)이라는 영어 단어에 묘사(darstellung) 뿐만 아니라 대표(vertretung)라는 뜻이 함축되어 있음을 지적한다. 마르크스의 계급에 대한 사고는 이러한 구분을 정확하게 포착하고 있다. 『루이 보나파르트의 브리메르 18일』에서 마르크스는 농촌에 흩어져서 존재하는 소자작농을 '분리되고 전위된 집단'으로 본다. 그들은 스스로 하나의 계급을 이룰 수 없다. 왜냐하면 그들은 같은 삶의 조건에서 하나의 동일한 이익을 추구하는 공동체 의식을 생산하지 못했기 때문이다. 이 때 나폴레옹은 마치 그들의 이익을 대변하는 듯한 대표자로 행세한다. 대표라는 사건이 묘사처럼 행세하면서 계급을 형성하지만, 이것은 사실상 계급으로 형성되지 못한 '분리되고 위험한 집단' 속에서 행해진다. 결국 나폴레옹이 그들을 대신해 말하며 계급을 묘사하고 있는 것이다.[29]

이렇게 스피박은 나폴레옹을 자신의 대표로 삼은 소자작농 계급의 오류에 대한 마르크스의 분석을 논하면서, 이것을 지식인이 하층민을 대표하고자 하는 욕망과 병치시킨 후, 제1세계 페미니스트들이 제3세계 여성을 대표하여 말하는 오류를 범하고 있다고 말한다. 그녀는 제1세계 페미니스트들이 제3세계 여성을 대표하여 말하는 일이 옳지 않고, 또 제대로 말할 수 없음을 지적한다. 그리고 탈식민 비평가에게 제3세계 하층민 여성의 목소리를 찾으려 하지 말고 침묵을 지적해야 한다고 말한다.

스피박이 자신의 논문에서 침묵하는 하위계층에 관해 가장 많이 검토한 사례는 사티(殉葬-남편을 화장하는 장작더미에서 일어나는 과부의 희생 의식, Sati)를 둘러싼 담론이다. 그녀는 사티를 둘러싼 영국 제국주의자들과 인도 민족주의자들 간의 담론 사이에서 막상 사티의 당사자인 인도 여성들의 이야기는 침묵되었음을 지적한다. 그리고 부바네스와리의 자살을 해석하면서 한 하층민 인도 여성의 사티 다시 쓰기 시도의 한 예를 읽어낸다. 영국 제국주의 남성들은 희생되는 제물과 같이 무력하게 불태워지는 과부의 이미지로 사티를 논하고, 인도 민족주의자 남성들은 영국 제국주의와 대항해서 인도의 신성한 전통을 수호하는 성인의 모습으로 사티를 말한다. 부바네스와리는 월경을 기다려 자살함으로써 자신이 혼외 임신으로 읽혀질 가능성을 미리 막아두고, 또한 월경 중의 여성은 더러운 존재로 사티의 신성한 반열에 올리지 못하게 한 전통에 저항하는 모습을 보여준다. 이와 함께 제국주의에 대항해 싸워야 하는 자신의 임무를 죽음으로 지켜냄으로써 투쟁하는 어머니 두르가의 모습을 같이 보여준다. 그녀는 하층 계급은 밀할 수 없기 때문에 하층계급에 대한 연구는 단순히 제3세계로 이론의 방향을 바꾸는 것이 아니라, 그 접근 방식 즉 방법론적 변화(침묵 지적하기)를 일으켜야 한다고 주장한다.[30] 스피박의 이 글은 여러 비평가들의 반응을 불러 일으켰다. 이 글이 발표되고 이에 대한 논의가 활성화된 이후 거의 모든 탈식민 담론에서 피식민 여성에 대한 논의가 이루어졌다. 이상에서 보듯, 하위 주체는 지식인이 스스로 자신의 재현에 대해 반성하고 기존의 재현을 문제 삼을 수 있는 모순과 균열을 제공해 준다는 점을 그녀는 명백하게 보여주었다.[31]

스피박은 '제3세계 여성'이라 부르는 단일합성체(composite entity)의 부적절함을 지적한다. 이것은 그녀가 관심을 기울이고 있는 재현의 문제와 관련이 있다. 즉 조사자들이 조사를 거치는 과정에서 하위계층의 위치를 종종 고정되고 미리-알려진 것으로 간주된다는 점이다. 이런 이유 때문에 그녀는 페미니즘이 문화와 경제적 조건의 차이는 사라져 버리고, 단지 보편화된 형상만을 남겨두는 분석적 범주를 낳게 함으로써 식민지 가족주의를 되풀이 해왔다고 주장한다. 그녀는 〈세 여성의 텍스트와 제국주의 비판〉에서 페미니스트 문학의 정전이라고 할 수 있는 『제인에어』, 『프랑켄슈타인』, 『드넓은 사가소 바다』를 새롭게 읽는다. 여기서 그녀는 『제인 에어』에 대한 종래의 페미니스트 분석이 서구 개인주의 여성의 주체 형성면에 중점을 두어왔음을 지적한다. 그녀는 서구 페미니스트 담론에서 피식민 여성의 존재가 간과되어왔거나 그들의 존재가 서구 여성의 의식의 발전과 페미니즘 담론의 성장을 돋보이게 하는 데 이용되어 왔음을 지적하면서 그 담론의 맹점을 드러내 보였다.

스피박은 『제인 에어』에서 두 가지 전유, 즉 노예제도와 과부 희생의 전유가 발생했다고 주장한다. 노예제도에 대한 담론은 소설 전체에 나타나지만, 그 서사 안에 노예는 전혀 존재하지 않는다. 또 남편 로체스터를 위한 화염의 '장례 장작더미'에서 이루어진 버사 메디슨의 죽음은 사티의 관행에서 차용한 것이다. 이것은 두 가지 결과를 낳는다. 버사의 희생은 그 텍스트의 행복한 결말, 즉 홀아비 로체스터와 제인의 결혼에 의해 미화된다. 또 그 서사는 선교사가 되고 싶으며, 다른 여성들을 '하렘' 과 '이교도적 무지' 로부터, 그리고 가부장제의 예속으로부터 자유롭게 하고픈 제인의 욕망을 언급함으로써 증식된다. 그녀는 이러한 비유법이 '제3세계 여성' 을 유럽의 여성과 유사한 위치에 놓기 위해 작용되었다고 주장한다.[32] 때문에 그녀는 하위 주체의 여성을 분석하면서 상호 갈등하는 수많은 주체-위치를 정교하게 분석해야 한다고 주장한다.

스피박은 그 동안 하위 주체에 대한 학계의 가정이 본질주의 신화로 남게 될 것을 비판하고, 재현은 여전히 시도되고 도전받아야 하며, 재현의 주도적 힘에 의해 도전하는 다양한 비판적 노력만이 반-지배적, 반-식민지 전복의 가능성을 꾀할 수 있음을 주장했다.

이상에서 보듯, 스피박은 제국주의 헤게모니적인 권력, 토착 엘리트와 침묵하는 하위 계층을 날카롭게 대비시키며 서구 이론의 정치적 함의를 제국주의와 탈식민주의의 맥락 안에서 새롭게 분석했다. 그녀의 연구는 탈식민 연구의 많은 분야에서 행위 주체에 대한 토의를 변화시키게 했다는 데 그 의의가 있다고 하겠다.

3. 탈식민주의와 디아스포라

(1) 탈식민주의와 기독교와의 상관성

탈식민주의 문화 이론은 기독교에 두 가지 관점에서 중요하다고 생각한다. 첫째, 성경에 나와 있는 이스라엘의 디아스포라의 경험에 바탕을 둔 연구는 탈식민주의 문화 연구자들에게 성경에서 말하고자 하는 탈식민주의적 관점을 제공하여 기독교의 본질을 그들에게 알릴 수 있는 침투의 경로로 활용할 수 있을 것이다. 한국의 지적 풍토에서 일반 학문을 하는 연구자들은 기독교 학자들과 대화를 하기를 싫어하고, 기독교 학문을 하는 연구자들도 일반학문을 하는 학자들과 대화하기를 주저한다. 그것은 기독교 변증학에서 가장 중요하게 생각하는 '전제'가 다르기 때문에 어쩔 수 없는 현상이 아닐까 한다.

그런데 탈식민주의 담론은 앞 절에서 밝혔듯이 담론 자체가 가지고 있는 독특성 때문에 기독교 담론과 친연성을 가진다. 앞의 논의를 간략히 정리하면 탈식민주의 문화 이론은 대서사와 미시서사를 맥락지으려고 하며, 윤리적인 회복을 주장한다. 그리고 정신세계와 물질세계를 연결하는 새로운 문화형식을 만들어가려고 한다. 그러나 그들의 대서사에는 절대적인 기준이 없기 때문에 상대주의적인 성격이 남아 있어 기독교인의 시각에서 볼 때 문제가 많다. 하지만 그들의 문화이론은 중심을 해체하려는 탈구조주의나 포스트모더니즘보다는 기독교와 친연성을 가진다. 때문에 탈식민주의 문화이론은 포스트모더니즘 시대에 기독교 학자들이 눈여겨 보아야 할 비평 방법이다.

둘째, 디아스포라 연구는 성경해석의 시각을 다층적으로 열어 보일 수 있다. 우리는 성경은 성경으로 풀어야 한다는 대전제를 지키려고 한다. 하지만 이를 지나치게 문자적으로 읽으면 성경에 나타난 역사적 사건과 성경인물 속에 높은 수준의 의미를 간과할 우려가 있으며, 하나님의 구원의 역사가 보여주는 생명력의 복잡하고 다면적인 측면을 놓치기 쉽다. 중세 교회가 전성기를 누리는 동안 교부들은 성경의 모든 절들을 서로 다른 네 가지 수준으로 분리하여 연구해야 한다고 믿었다. 첫 번째로 문자적(역사적)인 것이고, 두 번째로 우의적(유형학)인 것이고, 세 번째로 교훈적(윤리적)인 것이고, 네 번째로 영적(신비적)인 것이었다.[33] 성경은 폐쇄적인 수학적 체계 안에서 발견할 수 없는 초자연적인 세계의 긴장 속에서만 감지할 수 있다. 성경을 성경으로 풀라는 말은 모든 해석에 있어 성경을 기반으로 하여 그것이 성경의 큰 내러티브, 즉 구속사, 계시, 하나님 나라의 공동체와 같은 것을 거절하는 방식으로 가서는 안 된다는 것을 보여주는 것이다. 이것이 잘못 적용되면 우리는 성경을 해석함에 있어 다른 어떠한 가치체계의 개입도 허용해서는 안 된다는 입장으로 비약될 수 있다. 하지만 슬라보예 지젝의 말대로 우리는 좋든 싫든 간에 특정 이데올로기의 지배를 받고 산다. 결코 우리는 우리의 전인격을 휘감고 있는 이데올로기의 영향을 무시할 수 없다,

물론 이 말은 특정 이데올로기나 사상을 무비판적으로 수용할 수밖에 없다는 것을 뜻하는 말이 아니다. 우리가 어느 정도 그것에 영향을 받고 있음을 인정하고, 그것이 부정적인 날과 긍정적인 날, 즉 양날을 가진 칼이라는 사실을 인정하자는 것이다. 특정한 사유체계는 우리의 시각을 왜곡시킬 수도 있지만 우리가 보지 못하는 것을 보게 해주는 안경의 역할도 할 수 있다. 우리는 그 안에서 하나님이 기뻐하시는 선하신 뜻을 찾아가기 위해 최상의 노력을 해야 한다. 디아스포라 연구를 하자는 기본입장도 바로 이러한 이유 때문이다. 디아스포라 연구가 일정정도 우리에게 새로운

지평을 제공해 줄지도 모른다.

(2) 탈식민주의와 신학과의 연관성

탈식민주의는 신학과 어떤 관계를 가지는가? 그리고 그 현주소는 어딘가? 우선 탈식민주의는 디아스포라 연구와 이웃한다고 볼 수 있다. 디아스포라 연구는 원래 유대인들의 자발적·강제적 이주에 기인한다고 할 수 있으며, 중심으로부터 주변, 혹은 '외래'로 간다는 의미를 내포한다. 이러한 이주의 특징은 일단 디아스포라 이주민들이 본향에 대한 그리움을 가지고 있다는 것이다. 이러한 향수는 디아스포라 이주민이 단순히 이주 지역에 동화되지 않고 자신들의 정체성을 유지하고자 애쓰게 만드는 효과가 있다. 그렇기 때문에 그들은 본국에 돌아가려고 할 뿐만 아니라 자신이 처한 지정학적 위치는 다르더라도 본국에 무엇인가 기여하려는 움직임을 보인다. 이럴 경우 이주 지역의 문화와 충돌을 야기한다. 이러한 특성이 바로 탈식민주의와 디아스포라 연구가 가질 수 있는 공유점이다.

식민주의는 동일성의 체계로서 모든 것을 자기로 환원시키고자 하는 억압적 성향을 가진다. 그러므로 디아스포라 이주민들이 가진 본향에 대한 기억은 이주 지역의 문화와 대립각을 세우는 동인이 된다. 성경에 나타난 디아스포라는 이런 면에서 그 자체로 탈식민주의적 성격을 지닌다 하겠다. 그러나 지금까지 디아스포라 연구는 이러한 사회적 맥락을 고려하지 않고 그냥 자발적 이주냐, 아니면 강제적 이주냐 정도의 이주의 성격을 구분하는 선에서의 연구만 이루어졌다. 이에 탈식민주의의 등장은 디아스포라 연구에 새로운 전환점을 마련해 줄 것임에 분명하다. 이주와 정착에 관계된 문제에 있어 사회, 문화적, 정치적 이해의 틀을 제공해 줄 것이기 때문이다.

또한 탈식민주의는 제3세계의 문화정치학에 관심을 갖는다는 측면에서 해방신학과 닮은꼴을 가진다고도 볼 수 있다. 호미 바바의 제3의 정치학으로서의 문화이론은 해방을 소망하는 문화의 위치가 어떤 공간에서 나타나는지 알려준다고 했다. 해방신학 역시 제3세계의 고통과 억압의 문제에서 출발했다는 점에서 그 특질이 유사하다. 구스타보 구티에레즈, 레오나르드 보프로 대변되는 해방신학은 죄의 문제를 억압적인 구조와 결부시킨다. 이들이 생각하는 구속은 억압된 구조를 변혁하는 데 있다. 특별히 그 억압된 구조라는 것이 라틴 아메리카의 빈곤과 차별에 기인하여 생각될 수 있는 부분이기에 탈식민주의와의 친근함은 더욱 크다 하겠다. 하지만 해방신학은 자칫 급진적 탈식민주의와 같이 이항대립의 구조를 낳을 수 있는 약점도 있다. 단순히 폭력에 따른 전복과 혁명이 곧 회복이라는 결론은 개혁주의 신학이나 성경적 세계관과 다르다. 그러므로 우리는 성경적 세계관으로 탈식민주의 문화 이론이 가지고 있는 문제점을 세밀하게 연구해야 한다.

탈식민주의는 개혁주의 문화변혁의 신학과도 친근성을 가진다. 개혁주의 문화신학자들은 이 세계에 하나님 나라가 '이미'와 '아직'이라는 긴장 관계에 놓여있다고 본다. 그 안에서 하나님 나라의 완성은 예수 그리스도의 재림 때 완성되는 것이지만 그 동안 그리스도인들은 이 땅의 잘못된 문화 전체를 개혁할 소명을 가지고 있다. 이는 하나님 나라의 가치가 드러나게 하는 작업으로서 모든 그리스도인들이 완수해야만 하는 과제이다. 그렇기 때문에 하나님 나라의 가치에 반하는 체계들을 개혁할 의무도 있는 것이다. 이 가운데 식민주의도 예외가 아닐 수 없다. 문화의 개혁은 하나님을 사랑하고 이웃을 내 몸처럼 사랑하라는 대계명의 실현인데 식민주의는 이웃을 억압하는 체계이기 때문에 개혁의 대상에서 비켜갈 수 없는 것이다.

이상에서 보듯, 탈식민주의 문화 이론은 성경에 나타난 디아스포라 연구를 심도 있게 수행할 수 있는 비평방법으로 사용할 수 있을 것으로 보인다.

(3) 탈식민주의와 디아스포라 연구

세고비아(Fernado F. Segovia)는 탈식민주의 연구나 디아스포라 연구란 무엇인가에 대해 다음과 같이 밝혔다.[34] 기본적으로 탈식민주의 연구와 디아스포라 연구는 서로 의존관계에 있다고 할 수 있다.

먼저 탈식민주의란 무엇인가에 대해 정의해 보자. 탈식민주의는 지정학적 영역에 대한 연구라고 정의 내릴 수 있다. 즉 탈식민주의는 중심과 주변부, 거대 도시와 변방과 같은 영역의 변화가 전지구적이고 정치적인 스케일에서 일어나는 것에 대한 연구로서, 지배하는 제국과 지배 받는 식민지의 지정학적 관계에 대한 연구라고 할 수 있다. 그러나 탈식민주의는 지리정치학적인 접근에서 그치지 않고 보다 다각적이며 다차원적이고 다 영역적인 접근이 요구된다.

정치 역사적 용어로 살펴 볼 때, 탈식민주의란 소위 제국으로부터 독립하는 것, 분리하는 것을 의미한다. 예를 들어서 18세기의 미국이 영국 식민지로부터 독립한 것, 19세기 미국 대륙에서 라틴 국가들이 독립한 것, 20세기에 아프리카와 아시아의 국가들이 제국주의의 지배에서부터 독립한 것들을 일컫는다 하겠다. 그러나 여기에서 '독립' 이라는 것의 의미가 모호하다. 물리적으로 독립을 했어도, 또 다른 의미에서 의식이나 시장 운용 방식 등 다른 형태의 지배라는 것을 받을 수도 있기 때문이다. 이런 우려에서 나온 것이 사회 심리적인 차원에서 본 두 번째 정의이다. 사회 심리적 차원에서 보았을 때, 탈식민주의란 제국주의, 식민주의를 문제시하는 '의식' 이라고 할 수 있다. 여기에 정신분석학적인 접근이 요구된다. 그리고 탈식민주의는 지배했던 자와 저항했던 자에 관한 모든 연구를 다 포함한다고 할 수 있다. 세 가지 측면에서 보았을 때 탈식민주의 연구란 주변국의 식민주의, 중심국의 제국주의, 지배와 억압의 논리, 저항과 반대의 논리 모두를 포함하는 연구이다.

다음 디아스포라 연구를 알아보자. 디아스포라는 원래 유대인들의 분산 이주에서 기인한다고 할 수 있으며, 원래는 중심으로부터 주변 혹은 '외래' 지역으로 간다는 의미를 가지고 있다. 이런 이주의 특징으로는 자신의 고향/본향에 대한 기억을 간직하고 있다는 것과 이주해 온 곳에 완전히 동화되지 못할/혹은 안 할 것이라는 믿음을 가지고 있다는 점이다. 또한 자신의 조상 나라를 자신이나 자기의 후손이 돌아가야 할 궁극적인 고향이라고 믿는다. 그렇기에 이주한 사람들은 본국을 위해 무엇인가 기여하려고 하고, 본국과 연관된 관계를 갖는다. 이런 이주의 개념은 자발적인 이주나 강제적인 이주 다 포함한다.

그런데 지금까지 디아스포라 연구의 문제점은 이주하는 사람들의 이유를 다양한 사회적인 *context*를 동원해서 설명해내지 못하고, 그냥 강제 이주자 혹은 자발 이주자 정도로 나누었다는 점에 있다. 그렇기에 일단은 기본적으로 디아스포라를 사람들이 지리적 이동을 하는 것이라고 정의하고, 그것을 바탕으로 각각이 가지고 있는 사회·문화적인 측면에서 분석해야 할 것이다. 따라서 디아스포라 연구는 성경 해석을 풍요롭게 하는데 기여할 것으로 보인다.

또 탈식민주의 연구는 기독교 선교와 밀접한 연관을 지닌다. 탈식민주의 연구가 지리학적인 연구를 포함한다는 측면에서 보았을 때 다음의 세 가지가 중요하다. 첫째, 유럽 제국주의 팽창과 식민주의 분산은 서로 정비례 관계라고 할 수 있다. 이것은 유럽 인구가 퍼져나가는데 많은 기여를 했기 때문인데, 제국주의는 *Neo-Europe*의 탄생을 가능하게 한 개념이다. 둘째, 유럽 사람들의 움직임은 비 서구의 사람들이 자기의 본향을 떠나가게 되는 데 도움을 주었는데 이들은 노예나 좋지 않은 조건의 계약 노동자로서, 싼 노동공급의 근원이 되었다. 셋째, 이것이 근간이 되어 대량의 사람들이 비 서구 지역에서 서구 지역으로 이동하게 되었다. 이것은 15세기 후반에 유럽에서 비 서구로 수많은 인구가 이동했던 것과 대조적이다. 20세기 후반에는 비 서구 사회에서 서구 사회로의 이동이 많이 증가했다. 지난 5세기 동안에 서구가 팽창하게 된 것은 결과적으로 기독교가 전 지구로 퍼지게 했다. 그 결과는 두 가지 측면을 갖는데 식민화된 지역의 종교들이 기독교와 만나게 되면서 그 영향을 받는 것과, 반대로 기독교가 그 지역 고유의 종교들을 만나면서 영향을 받는 것이다. 두 번째의 영향을 생각해 볼 때, 사실 서구의 기독교가 '타자'를 개종시키고 변화시키겠다는 일종의 서구 우월주의로 식민을 시작했지만, 결과는 그 '타자'에 의해서 영향을 받게 된다는 흥미로운 일이 발생했다.

이 측면을 설명하는 데 있어서 에든버러 대학의 앤드루 월스(Andrew Walls) 교수는 기독교의 역사에 있어서 3가지 중요한 변화를 지적하고 있는데, 3가지 다 지정학적으로나 인구학적으로 중요한 변화를 포함하고 있으며, 또한 문화적으로, 종교적으로 기독교에 많은 변화를 주었다고 이야기 하고 있다.

그 가운데 가장 중요한 요점만 언급하면, 기독교는 지난 500년간 유럽 안에서 있던 자신만의 영역을 벗어나서 세계적인 기독교로 거듭나고 있는데, 유럽이 근대화되면서 유럽에서 점점 세력을 잃어가던 기독교는 그 힘을 비유럽 지역에서 다시 되찾아 가고 있다는 것이다. 특히 지난 마지막 세기가 보여준 전지구화 흐름은 이런 움직임에 힘을 가하여 주었다고 보았다.

그런데 지난 세기의 이민의 흐름들을 살펴보면 유럽으로 비서구민들이 이주하는 경우보다는 미국으로 이주하는 경우가 훨씬 많았으며, 미국으로 이민한 사람들은 비록 그들의 배경이 비기독교적인 배경에서 왔다고 하더라도 미국에서 기독교도가 되는 경우가 많았다. 그것으로 보았을 때, 전지구적인 시대에 미국은 기독교가 비 서구인들에게 퍼져나가는 것의 중심이 되고 있다고 하겠다.

이상에서 보듯, 탈식민주의는 디아스포라 내지 기독교와 그 관계를 끊을 수 없다. 사실 성경과 탈식민주의와의 관계에 대한 연구는 탈식민주의 문화 이론가들이 많이 다루었다. 앞으로 우리도 신구약 성경에 나타난 디아스포라 연구를 수행하여 하나님의 섭리를 발견했으면 한다.

(4) 디아스포라로 요셉 읽기

디아스포라 요셉을 분석해 보자. 창세기 39-41장의 내용은 요셉이 변방에서 중심으로 이동한 사건으로 볼 수 있다. 요셉이 새로운 환경을 접하게 되면서 어떤 식으로 적응을 하게 되는가? 요셉은 자신이 원하지 않았던 뿌리 제거를 경험했고, 중심으로부터 쫓겨나와 새로 정착한 사회의 가장 변방의 위치에 거하는 경험을 하게 된다. 그리고 새로운 세계에서 그의 경험은 정착과 동화 그리고 단지 생존에 그치는 것만이 아닌 완전한 성공을 말한다.

요셉이 이런 새로운 환경에 적응해 가는 과정은 다음의 세 가지 단계로 요약될 수 있다. 그것은 치환(substitution), 결핍 · 극빈(destitution), 그리고 성립(institution)이다.

먼저 '치환 단계'(Substitution stage)를 살펴보자. 이 단계에서는 낯선 곳에서 예전의 자기 고향과 같은 문화에 대응될 만한 대체 문화를 찾아가려는 노력을 말한다. 예를 들어 요셉이 일하는 시간에도 계속해서 자신의 정체성과 출신 문화에 대해서 상기하기 위해서, 그리고 다름 아닌 하나님이 자신과 함께 계신다는 것을 상기하기 위해서 계속해서 하나님 말씀을 읽고 기도하는 것을 찾을 수 있다. 그리고 하나님도 이에 대해서 보상하는 듯 크고 작은 기적들로 그에게 함께 해주었다. 그러한 하나님의 도우심 가운데서도 요셉은 애굽이라는 이주지에서 그곳의 문화를 익히며 거기에 적응을 해야 했다.

다음 '결핍의 단계'(Destitution Stage)를 보자. 이 단계에서는 요셉이 자신의 본향을 떠나왔다는 것의 어려운 현실을 실감하고 이주해온 세계에서는 편견과 스테레오 타입 등에 의해 자신이 정의된다는 현실을 깨닫게 된다. 창세기 39장의 묘사에 의하면 요셉은 그 외모와 형체가 보기에 좋았다고 전해진다. 그리고 이것은 보디발의 아내와의 사건의 시초를 알리는 것이다. 보디발의 아내는 이방나라에서 온 종인 요셉을 정형화하는 데 먼저는 하나의 성적 대상으로서 하는 것이었다. 여기에서 알 수 있듯이 어떤 이주를 경험하는 사람들은, 이주하게 된 나라에서 성적 대상으로 정형화되기 쉬운 위치에 놓이게 된다. 아무리 요셉이 뛰어나다 하더라도 보디발의 아내의 눈에 그는 성적인 노리개 이상의 그 무엇은 아니었다.

또한 이러한 극한 상황에 처해지자 요셉의 신분은 여지없이 격하하게 되고, 심지어 비하의 대상이 되기도 한다. 보디발의 아내가 사태를 수습하기 위해 한 말을 되새겨보자. "집 사람들을 불러서 그들에게 이르되 보라 주인이 히브리 사람을 우리에게 데려다가 우리를 희롱하게 하도다."(창 39:14) 여기서 보듯 보디발의 아내는 요셉이 히브리 사람이라는 사실을 강조한다. 평소에는 어떠했을지 몰라도 그녀의 심연에는 변방인 히브리의 사람을 폄하하는 성격을 그대로 가지고 있는 것을 볼 수 있다. 보디발의 아내만 그런 것이 아니다. 나중에 감옥에서 만난 왕의 음식 만드는 자도 그렇고 요셉을 호칭하거나 기억하는 데 있어서 그는 '한명의 히브리인'으로 기억된다. 그들에게는 요셉이라는 한 개인이 기억되는 것이 아닌 타자, 외국인, 이방인으로 크게 구분되어 정의 되어지는 것이다. 이렇듯 요셉은 하나의 성적 대상임과 동시에 열등한 히브리인이라는 평가를 받으며 결핍을 경험하게 된다. 히브리인이면서도 애굽 사회에 적응한 것처럼 보이던 요셉에게 결코 뛰어넘을 수 없는 장벽이 존재한 것이다. 역으로 애굽인들에게는 요셉이 잊혀지기 쉬운 이방인, 타자에 불과했다는 것도 쉽게 짐작할 수 있는 사실이다.

끝으로 '성립 단계'(Institution Stage)를 보자. 이주해 온 사람들이 향유할 수 있는 문제스러운 장점은, 즉 장점이 될 수도 있고 동시에 단점이 될 수도 있는 것은 두 문화적 배경을 가지고 있다는 것이다. 요셉은 한명의 히브리계 이집트인(Hebrew-Egyptian)이었다. 디아스포라 이주민들의 특징은 일반적으로 두 세계의 사람이라는 것이다. 이는 요셉에게도 그대로 나타난다. 요셉의 연결하기(hyphenation)이다. 그는 단순히 히브리인도 아니고 완전한 새로운 이집트인도 아니었다. 요셉은 히브리계이집트인(Hebrew-Egyptian)이 될 수밖에 없다는 사실이다. 즉 완전한 동화가 아니라 양 문화의 영향을 동시에 받는다는 것이다. 요셉은 히브리-이집트인으로서 두 가지 문화적 정체성이 혼융되어 있는 인물이었던 것이다.

우선 요셉은 이집트에서의 생활에 잘 적응하여 왕의 총애를 받기에 이른다. 그는 바로의 총애를 받자 외모에서부터 이름, 모든 것을 이집트인처럼 바꾼다. 그리고 이집트 여인과 결혼하는데, 그녀와의 사이에서 낳은 자식들의 이름을 므낫세와 에브라임이라 짓는다. 므낫세란 잊게 하는 자: 다시 말해 하나님이 이제는 나의 모든 고통과 나의 아버지의 집에 대한 기억을 잊게 만드셨다는 뜻이다. 그리고 에브라임이란 이중적 열매, 즉 하나님이 나에게는 고통이었던 나라에서 열매를 맺게 하셨다는 뜻이다.

우리는 요셉의 서사에서 히브리-이집트인 요셉이 정체성을 지킨 점을 기억해야 한다. 그는 절대 완전한 이집트인이 될 수 없는 히브리-이집트인으로 계속 살아야 했다. 즉 요셉은 완전한 동화를 받았다기보다는 두 문화의 영향을 동시에 받은 존재로 살아가면서도 이집트인들이 보지 못하는 것을 보았다. 이것은 히브리인으로서의 정체성, 즉 계시에 의존하는 성향을 계속해서 가지고 있기 때문에 가능한 것이다. 결국 요셉은 새로운 문화적 '성립'을 이루어 낸 것이다.

계시의 측면에서 디아스포라 요셉의 서사는 단순한 성공의 신화가 아닌 문화를 변혁하는 새로운 구원의 이야기로 읽을 수 있다. 요셉이 매일 매일의 삶에서 갖는 장점이라고 한다면, 하나님의 계시에 의해서 주변의 위치에 살아가면서 중심에 처한 사람들이 깨닫지 못하는 것들을 보고 깨달아 간다는 것이다. 그리고 요셉은 중심부에 있는 사람이나 주변부에 있는 사람이나 모두에게 도움이 되었다. 이것은 요셉이 중심부에서 살았던 사람이 아니기에 가능한 것이 아닐까? 제3세계 사람인 요셉은 우상이 횡행하던 애굽 문화의 동일성을 깨뜨리는 역할을 이룩해내었다. 그리고 요셉은 애굽이 위기에 있을 때 하나님의 계시를 받아 이를 극복할 수 있는 지혜를 그들에게 주었다. 결국 이 이야기는 시대와 장소를 초월한 디아스포라의 새로운 구원의 사역의 모형이다.

이상에서 보듯, 요셉의 이야기는 이방인화 된 사람의 이야기이다. 손실과 기만, 억압과 고통의 이야기다. 그리고 그것은 시대와 장소를 초월한 많은 디아스포라의 이야기이기도 하다. 그리고 그 이야기들은 고통에서만 끝나지 않고, 어려움을 거친 후 결국 희망에 도달하고, 모든 어려움이 가장 좋게 드러나는 것을 의미한다. 결국 그것은 삶을 구원하는 이야기이다. 생존과 성공, 재결합과 화해, 즉 다시 말해 예수 그리스도의 모형론적 구원의 이야기이다.

지금까지 탈식민주의 담론의 특성과 디아스포라와의 상관성을 살펴보고, 디아스포라적인 관점으로 요셉의 서사를 읽어보았다. 약간 논란의 소지가 될 부분이 없는 것은 아니나 탈식민주의는 분명 우리에게 새로운 해석의 즐거움을 준다. 기존의 해석틀에 갇혀 있었던 이야기를 새롭게 읽어냄으로써 우리를 새로운 삶의 길로 인도하는 역할까지 해내는 것이다. 즉 폴 리쾨르가 지적한대로 텍스트 해석은 단순한 이해에만 그치는 것이 아니라 행동의 변화를 일으키는 것이다. 우리가 성경을 읽는다는 것은 하나님께 순종하겠다는 전제를 가지고 읽는 것이다. 기독교인은 요셉과 같은 디아스포라에 사는 존재들이다. 애굽과 같은 종의 문화 속에서 그들의 종으로 존재할 것인가? 아니면 종들에게 하나님의 은혜를 깨닫게 하는 복의 근원으로 살아갈 것인가? 탈식민주의로 요셉의 서사를 '치환–결핍–성립'이라는 구조로 보았을 때 나그네로 살아가는 우리에게 희망을 주며, 어떻게 살아야할 것인가에 대한 방향을 제시한다.

탈식민주의 문화 이론은 제3의 정치를 지향한다. 요셉의 서사는 제3의 정치가 무엇인가를 뚜렷하게 제시한다. 탈식민주의는 그 성격상 이방인에 대한 이해를 더욱 심화시킨다. 더 나아가서 내가 곧 이방인일 수 있다는 사실도 일깨워준다. 또 억압적 구조와 잘못된 텍스트 이해를 변혁하는 자리로 걸어갈 수 있는 길도 열어준다. 성경은 일관되게 고통 받고 소외받는 사람들에 대한 섬김과 살롬을 표명한다.

끝으로 국내의 과거 청산의 문제와 미국의 신식민지가 주는 억압 속에서 요셉의 서사가 주는 의미를 우리는 되새겨 보며, 변혁주의 문화관을 가지고 이웃을 사랑하기 위한 자리로 나아가기를 소망해야 하리라 본다. 포로로 잡혀간 유대인들이 바벨론에 정착하여 제국의 중심부에서 역동적으로 활동할 수 있었던 것은 "그 도시의 선을 위해서 일을 하라"(렘 29:7)는 살롬에 기초한 것이다. 믿음의 씨요 성결의 모델인 요셉과 다니엘은 거룩한 백성의 문화적 정체성을 일상의 삶에까지 확대하여 "이방의 빛"(사 42:6, 49:6)으로서 세계 제국의 중심지에서 영향력을 행사했다. 나그네된 우리는 편의주의에 빠지지 말고 그 도시의 선을 위해서 일을 하며 살롬을 선포해야 한다.

주

1) 오민석, 〈탈식민주의, 프란쯔 파농, 그리고 '감자'〉, 『단국대학교 논문집 인문·사회 과학 편』 제 33집, 1998, p. 188.

2) 나병철, 『탈식민주의와 근대문학』, 문예출판사, 2004, p. 19.

3) 위의 책, p. 23.

4) 마이클 라이언, 『포스트모더니즘 이후의 정치와 문화』, 나병철·이병훈 역, 갈무리, 1996, pp. 17–54.

5) 프란츠 파농, 이석호 역, 『검은 피부, 하얀 가면』, 인간사랑, 1998, p. 15.

6) 프란츠 파농, 김남주 역, 『자기 땅에서 유배당한 자들』, 청하, 1978, p. 10. 『검은 피부, 하얀 가면』의 번역본이다.

7) 파농, 위의 책, pp. 19–20.

8) 파농, 앞의 책, p. 85.

9) 프란츠 파농, 박종렬 역, 『대지의 저주받은 자들』, 평민사, 1979, pp. 256–257.

10) 네나르 자하르, 김종철 역, 『프란츠 파농 연구』, 한마당, 1981, p. 160.

11) Edward Said, *Orientalism*, Vintage Boks : New York, 1979, pp. 1–2.

12) 피터 차일즈·패트릭 윌리엄스, 김문환 역, 『탈식민주의 이론』, 문예출판사, 2004, p. 211.

13) Edward Said, 위의 책, p. 5.

14) 피터 차일즈·패트릭 윌리엄스, 위의 책, p. 229.

15) 에드워드 사이드, 전신욱·서봉석 역, 『권력과 지성인』, 1996, p. 9.

16) 호미 바바, 나병철 역, 『문화의 위치』, 소명출판, 2002, pp. 51–52.

17) 나병철, 『탈식민주의와 근대문학』, 문예출판사, p. 81.

18) 호미 바바, 위의 책, p. 63.

19) 나병철, 위의 책, p. 85.

20) Homi bhabha, *The Location of Culture*, London & New York: Routledge, 1994. 66면.

21) 피터 차일즈·패트릭 윌리엄스, 위의 책, p. 269.

22) 위의 책, p. 272.

23) Homi K. Bhabha, 위의 책, pp. 38–39.

24) 호미 바바, 위의 책, pp. 51–52.

25) 피터 차일즈·패트릭 윌리엄스, 위의 책, p. 321.

26) Gayatri C. Spivak, *Can the Subaltern Speak?* Wedge 7/8(1985, Winter/Spring), pp. 120–130.

27) 하위 주체는 원래 그람시가 사용한 용어로서 일반적인 의미에서 하층민, 혹은 하위 계급을 의미한다. 한편 그람시는 『옥중수고』에서 마르크스가 소자작농을 평가했던 것과 비

숫하게 하위 주체를 "대자적인 계급의식을 얻은 적이 없는" 집단으로 묘사한다. 이러한 묘사를 토대로 그람시는 계급 투쟁의 역사에 있어 순수하게 자생적인 운동은 존재하지 않음을 강조하면서 의식적인 지도의 역할을 부각시킨다. 안토니오 그람시, 이상훈 역, 『그람시의 옥중수고 1』, 거름, 1986, pp. 225-227.

28) Gayatri Chakravorty Spivak, *Can the Subaltern Speak?*, in Patrick Williams and Laura Chrisman ed., *Colonial Discourse & Postcolonial Theory*, Columbia University: New York, 1994. p. 89.

29) Gayatri Chakravorty Spivak, *Colonial Discourse & Postcolonial Theory*, pp. 69-70, 이미영, 「탈식민주의 비평의 조건-에드워드 사이드와 헤테로토피아의 변증법」, 연세대 비교문학 석사, 2001, 앞의 논문에서 재인용, p. 2.

30) 박경화, 〈탈식민주의와 페미니즘〉, 『탈식민주의 이론과 쟁점』, 문학과 지성사, 2003, p. 151.

31) 이미영, 앞의 논문, pp. 3-4.

32) 피터 차일즈 · 패트릭 윌리엄스, 위의 책, pp. 340-341.

33) 루이스 마르크스, 최규덕 역, 『C. S. 루이스가 일생을 통해 씨름했던 것들』, 그루터기하우스, 2004, p. 277.

34) Fernado F. Segoviam, *Interpreting beyond Borders*, Sheffield Academic Press, 2000.

제 7 장

미국의 반문화운동과 문화 이론가들

1. 1960년대 반문화운동과 대중문화

2. 미국 미디어 문화 연구의 특징과 명암

3. 기독교 문화신학자들

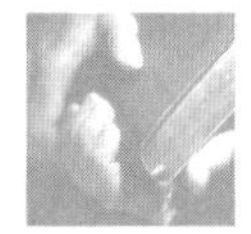

1. 1960년대 반문화운동과 대중문화

(1) 반문화에 대한 상반된 해석

반문화운동(Counterculture)은 1960년대 미국 신좌파(New Left)의 이념과 청년문화(Youth Culture)가 결합한 것이다. 이에 대해 학계에서는 상반된 해석을 하고 있다. 긍정적인 해석을 보면, 라이히는 반문화를 '제3의식'의 산물이라고 말한다. '제3의식'의 중심에는 해방, 변동, 자아탐구, 정직, 책임의 성격이 내포되어 있는 자유를 향한 갈망이다. 부정적인 해석을 보면, 반문화는 하부문화 또는 평행문화로서 기성문화를 혼란시킨다. 절충적인 입장을 보이는 로버트 존슨은 반문화가 젊은이들의 절망을 반영한 것이라고 주장한다. 그는 청년들이 많은 개혁의 약속이 거짓말로 밝혀지자 희망의 위기를 경험하고 그것을 문화적으로 표현한 것인데, 기성세대들은 그것을 허무주의로만 잘못 받아들여 그들의 진의를 몰라주었다는 것이다. 따라서 그는 청년들의 반문화운동을 미친 짓이라고 이해하기보다 인간사회를 각성시키고, 정치 체제의 질병을 알리는 일로 받아들여야 한다고 주장한다.[1]

(2) 반문화의 역사적 배경

반문화는 1920년대의 '잃어버린 세대'에 뿌리를 두고 1950년대 '비트 세대'에 확산되었다.

1) 20년대 : 잃어버린 세대

1920년대는 자본주의의 문화적 모순이 대두되어 광범위한 전선을 형성했다. 철학과 문학에서 니체, 랭보, 예이츠 등을 중심으로 비합리성의 강조, 상상 · 직관, 감정에의 집착, 초월적이고 신비적 세계에 대한 관심이 나타났다. 물리학에서는 양자론(프랑크, 1900)이나 상대성 이론(아인슈타인, 1915), 불확실성의 원리(하이젠베르크, 1927) 등의 반결정론적 사고가 증가했다. 거기에 공간과 시간의 경계가 유동적인 영화의 등장과 재즈의 침묵이나 소음, 불협화음 등으로 예술에 있어서의 합리적인 우주관이 붕괴되었고[2], 프로이트의 문화적 응용 등과 같이 과거와 다른 사조와 예술이 나타나기 시작했다.

1920년대의 '잃어버린 세대'는 기존의 권위에 환멸을 느낀 지식계급과 예술파 청년들에게 주어진 명칭이다. 이들은 제1차 세계대전의 결과로 빚어진 사회의 불안정과 분방함에 직면하여 전통적인 가치에 회의를 느낀다. 그러면서 자신들을 환경에 적응하지 못하는 이방인으로 생각했다. 이들은 대중문화에 관여하거나 개혁을 시도하기보다 스스로 고립의 길을 걸어갔다. 스스로 기존의 사회로부터 소외된 '잃어버린 세대'로 전락하고자 했다.[3] 이들은 시간이 흐르면서 방종 상태에 빠진 무책임한 청년의 다소 슬픈 자화상을 보여준다.

잃어버린 세대의 젊은이들은 미국 문화의 청교도주의와 개척자 정신, 그리고 기업적 가치관에 반발했다. 청교도주의에서 위선과 경직성을, 개척자 정신에서 폭력성과 불법성을, 그리고 기업적 가치관에서 속물성과 탐욕성을 발견했다.[4] 사실 20년대 미국은 이상주의의 쇠퇴가 충격적으로 두드러졌다. 미국은 정치적으로 고립주의를 택했고, 악덕 자본가의 육성으로 부가 심화되었으며, 경영대학이 세워졌고, 상업적 예술이 성행했으며, 문학은 광고의 한 분야가 되었다.[5] 이와 같이 물질적 성공의 철학은 미국 사회의 획일화를 초래했다.

잃어버린 세대의 문제의식은 아주 다양하게 나타난다. 첫째, 편협한 윤리의식과 독선적이고 억압적인 청교도 정신에 대한 비판, 둘째, 규격화된 미국 사회를 양산하는 무비판적 순응의 원칙과 무기력한 안일주의에 대한 신랄한 풍자, 셋째, 분방한 삶 속에서의 허무감과 방향 상실감으로 나타난 찰나적인 향락주의 조롱, 넷째, 비도덕적 기업 윤리로 얼룩진 왜곡된 이상에의 조롱 등으로 요약된다. 이렇듯 이들은 현대 문명에 대해 적대적이거나 비판적이었다. 애국심이 냉소적 환멸로 변했고, 일과 교육에서 벗어나 반항을 했다.

잃어버린 세대는 전통적인 가치관을 무너뜨리고 새로운 문화를 만들어 가는데 앞장섰다. 빅토리아 시대의 점잔빼기에 대한 거부는 혼전의 성경험, 단발머리(말괄량이 소녀들의 상징), 짧은 치마, 여성 흡연과 음주, 재즈와 최신식 춤, 난폭한 파티 등으로 관습적인 문화에 대한 반항의 외적인 징후를 이루고 있다.[6] 예컨대 자동차는 감시로부터 탈출하는 도구로, 패션과 유행은 그들만의 차별적인 영역을 구체화했다. 젊은층들이 소비의 영역에 있어서 청년문화의 충격을 드러내기 시작했다. 1900년대에는 공식 석상에서 종교에 대한 대화가 주제였다. 성에 관하여 감히 언급할 수 없었다. 그러나 1920년에 영화는 섹시 스타를 만들어 냈고, 대중문학은 프로이트주의와 표현의 자유가 중요하다는 토익로 가득 찼다. 여성들이 공식 석상에서 흡연을 했으며, 어머니가 가정에서 보여주는 예절을 거부했다. 그리고 춤이 교회의 청년 모임에 도입되었다.

2) 1950년대 : 비트 세대

과학기술의 승리와 거의 믿기 어려운 풍요에도 불구하고, 1960년대는 폭동, 파괴 등이 나타났다. 전통적인 미국의 가치관을 거부하고 확립된 행동양식의 붕괴가 나타났으며, 미국의 지도자들과 정부 자체에 대한 믿음이 상실되는 등의 부정적인 요소가 나타났다. 1960년대의 이러한 움직임은 1950년대부터 청년들 사이에 조용히 일어났다.

50년대 '비트 세대'[7]라 불리는 청년들도 '잃어버린 세대'와 같이 이유 없는 본능적인 거부를 선언했다. 처음에 '비트'는 피곤한, 지친, 기진맥진한 등의 의미로 사용되었다. 전쟁 후 직장을 얻지 못해 좌절한 젊은이들과 미 대륙을 떠돌아다니던 젊은이들이 바로 '비트 세대'였다.

비트 세대는 혁명을 대변하는 상징이 되었다. 허름한 옷을 걸치고, 재즈 선율에 몸을 맡기면서 낯선 선불교를 받아들여 새로운 삶의 길을 찾기 위해 방황했다. "현대적 삶의 문제는 본질적으로 영적인 것"이라고 항변하면서 자신들만의 세상을 꿈꾸었다. 시간이 흐르면서 '비트'는 점차 '행복이 가득한'(beatific)이란 뜻으로 통했고, '성스럽다'는 의미도 지니게 되었다. 기성의 권위 아래 탄압받는 성스러운 비트 정신은 영화와 대중음악으로 번지면서 자유분방한 청년 문화의 시대를 열었다.

노먼 메일러는 비트 세대를 두 종류로 구분했다. 그 하나는 '힙스터'(hipsters)라고 명명한 하층계급 출신의 젊은이들이었고, 다른 하나는 대학 교육을 받은 중산계층 출신의 젊은이들인 '비트닉'(beatniks)이었다.[8] 이들은 출신 계급은 다르지만 마리화나와 재즈를 즐기고, 사회는 정신적 감옥이란 생각을 공유했다.

3) 기독교의 대응

1920년에서 1950년까지의 기독교의 지형도를 그리기 위해서는 1870년으로 소급해서 논의하는 것이 바람직하다. 1870년대에서 1920년 사이의 광대한 문화적 변혁기에 복음주의 연합 내부에 중대한 위기가 초래되었기 때문이다. 즉 이 시기에 복음주의는 전통적인 핵심 교리를 신봉하는 보수주의와 교리를 수정하려는 신학적 자유주의로 나누어졌는데, 1920년에 전투적인 성향을 가진 보수주의자들이 등장하여 근본주의자라는 명칭을 획득하게 되었다.[9]

복음주의의 위기는 복음주의가 지배하던 때(1865-1890)에 간헐적으로 나타났다. 이 시기 유럽에는 노골적인 세속적 이념의 강풍이 휩쓸었지만, 미국은 선교·복음전도·주일학교·성경배포·도덕무장운동·사회사업·출판 등이 활발하게 진행되었다. 이처럼 미국은 신앙부흥운동이 일어났지만 다른 한편으로는, 다원적으로 위기적인 징후들이 나타났다. 첫째, 1859년의 다윈의 『종의 기원』의 영향은 지성적인 위기를 기독교인들에게 안겨주었다. 둘째, 큰 도시의 인구 유입으로 비영어권 출신의 가톨릭교가 해외에서 이주해 왔다. 이들은 주일을 지키지 않았고, 음주를 하고, 춤을 추었다. 미국은 종교적 다원주의 나라가 되었다. 셋째, 급격한 세속화로 다양한 영역들이 종교적 영향력에서 떠나 표류하게 되었다. 넷째, 성경의 영향을 받지 않은 대학 학과들이 독일의 학문적 모델에 근거하여 이루어졌다.[10]

1890-1917년은 기독교의 전성기였지만 내면적으로 새로운 사회문제들이 발생했다. 그런데 복음주의의 진영은 새로운 사회문제에 민감하게 반응하지 못했다. 반면에 자유주의 진영은 인간의 본성에 관하여 낙관적인 입장을 취했으며, 윤리를 강조했고, 하나님 나라의 원리를 20세기에 구현하고자 했다. 이렇듯 복음주의(보수주의)와 자유주의(현대주의)는 사회 참여와 영혼 구원에 대해 입장을 달리하며 논쟁을 벌였다. 1865-1917년에 자유주의 혹은 현대주의가 신교 출판물의 반 이상을 차지하고, 자유주의자들이 상난의 1/3을 점유하고서, 이들은 성도들에게 성경을 교리가 이닌 종교의 체험으로 가르쳤으며, 기독교 교육을 통해 도덕을 교훈했고, 종교적 감정을 중시했다. 반면 보수주의 진영에서는 현대주의를 반대하여 반진화론 운동을 확산시키며 성경의 권위를 높이고자 했다.

자유주의 진영의 세력이 확산되자 복음주의는 문화전반에 걸쳐 현대주의자들을 저지하기 위해 1919년 근본주의자 협회를 구성했다.[11] 대표자인 메이천은 자유주의를 일종의 새로운 종교라고 말하면서 지성의 회복을 부르짖었다. 근본주의자들은 문화의 영역에서 미국의 공립학교에서 생물학적 진화론을 교육하지 못하도록 막았다. 그러나 당시의 언론은 그들을 시골촌놈이라고 묘사했다.

보수주의와 현대주의 논쟁과 별도로 새로운 성령운동이 미국에 전개되었다. 사회학자들이 주장하는 '종교의 쇠락'과는 달리, 성령운동이 소외된 사람들 속에서 1893년부터 조짐이 보였다. 1906년 탐욕과 소비, 대단한 구경거리를 이룬 세속문화가 뒤엉킨 곳 로스엔젤레스 에비뉴(Avenue)가에 성령의 불길이 강림했으며,[12] 인종차별이 고조되고 있을 때 부흥 운동에 나타난 인종 혼합적 성격은 대단한 것이었다. 하류층 사람의 대다수가 사랑과 인정이 결여된 교회에 큰 불만을 가지고 있을 때 성령체험의 역사가 미국 곳곳에 일어나고 있었던 것이다. 1914년 오순절적 교회들이 하나님의 성회라는 오순절 교단을 조직했다. 기존 종교의 냉랭함에 대한 반발에서 하나님 경험의 필요성을 강조하는 오순절 교회들은 자유주의와 가까웠다. 하지만 자유주의자들이 종교 경험의 중요성에 관해 말하기를 좋아했다면 성령운동 교인들은 실제로 종교 경험을 갖고 싶어 했다. 성령운동이 교리 논쟁에 휘말리면서 계속적인 분열과 파벌을 거듭했지만 제1차 세계대전 발발 전까지 급속하게 전 세계로 확산됐다.[13]

1920년대 형성된 근본주의 연합이 1960년대 빌리 그래함을 중심으로 전도, 교육, 출판, 사회, 정치 등의 모든 분야에 영향을 끼쳤다. 근본주의를 개혁한다는 '신복음적인' 개혁가들은 복음주의 부흥의 가능성을 예견했다. 그리고 1967년 복음주의에 관한 세계회의가 이루어지면서 주목할 만한 통일을 이루었다.[14]

그러나 1968년 베트남 전쟁, 흑인폭동, 반문화가 복음주의에 부정적인 영향을 끼쳤다. 더욱이 1968년 반문화운동은 자유주의·신교·가톨릭·유대교·세속주의·선한 시민의 일치를 와해시켰다. 진보주의자들은 세속적이고 다원적인 것을 추구했지만, 보수주의자들은 이 노력에 격렬하게 반대했다.

기독교 진영은 베트남 전쟁과 닉슨 대통령의 재임 기간이 끝난 후에야 종교적인 색채를 띤 연합운동을 전개했다. 즉 낙태반대운동, 포르노그래피 반대운동, 남녀평등반대운동, 학교에서의 기도문제 등과 같은 윤리적 문제들을 이슈로 했다.

1970년대 초 거의 모든 유형의 종교가 대학가에 난무했다. 기괴한 운동이 신문의 머리기사를 장식했다. 이 때 복음주의자들은 현대적인 기술을 연마함으로써 새로운 기회를 맞이할 만반의 준비를 하고 있었다. 복음주의는 공동체를 구성하고자 하는 이 시대의 열망을 인격적인 접촉과 소그룹 성경 공부, 기도 모임 등으로 활성화했다. 이 모임들은 복음주의의 성장에 실질적으로 기여했다. 그러나 이 시대 복음주의는 설교가 교리의 본질에서 벗어나 시장의 법칙과 대중의 인기에 혼합된 타협 양상을 보였고, 1980년대 후반에 대다수의 텔레비전 사역자가 추문에 흔들리기 시작했다.

지금까지 반문화운동이 일어나게 된 배경과 그에 대한 교회의 대응을 살펴보았다. 1920년대와 1950년대 반문화운동이 일어날 때 기독교는 그것에 신속히 대처하지 못하고 복음주의 진영은 반문화운동을 배격만 했다. 여기서 우리는 교훈을 얻어야 한다. 새로운 문화적 양상이 대두될 때마다 왜 그러한 현상이 일어났는가? 새로운 문화적 현상이 일어날 수밖에 없는 이유는 무엇인가? 그것에 대해 진지하게 성찰해야 한다. 그 이유는 문화적 변형의 시기가 종교적 창조적 시기가 될 수 있기 때문이다. 물론 문화적 변형은 종교적 생활과 신학적 내용에 위협을 줄 수 있다. 하지만 문화적 변형의 시대에 기독교 내부를 응시해서 기독교 안에 있는 데 그것을 발견하지 못한 부분이 있는지를 살펴서 신속하게 문화적으로 접근해야 한다.

예컨대, 1960년대 반문화운동의 많은 젊은이들이 기독교의 신비주의 전통을 연구하기보다 동양의 종교나 선불교 등의 신비주의에 관심을 기울인 이유는 무엇인가? 왜 복음주의자들이 성령운동에 대해서 무관심했는가? 복음주의가 성령운동을 수용했다면 당시의 문화는 어떻게 전개되었을까? 1960년대 기독교가 젊은이들에게 영성을 제시해 주었다면 어떻게 되었을까? 이것이 한국 기독교에 교훈이 되었으면 한다.

(3) 반문화운동의 전개

1960년대는 폭력의 시대였다. 권총과 최루탄이 정치적이며 이념적인 논의들의 대용품이 되었다. 1963년 케네디 대통령 암살, 흑인 혁명가 말콤 엑스(1965년 2월 21)와 킹 목사(1968년 4월 4일) 그리고 로버트 케네디 (1968년 6월 6일)의 저격 등 폭력이 대중에게 부각되었다. 거기에 대중들은 월남전을 의심의 눈으로 보기 시작했다. 베트남 사태에 반대하는 대중 시위는 광범위한 재산 피해와 대규모의 무질서를 분출했다. 거기에 소수 집단들의 능동적인 투쟁까지 전개됐다.

1950년대 비트 세대가 이유 없는 반항을 했다면, 1960년대는 이유 있는 반항을 했다. 젊은이들은 더 나은 사회의 비전을 제시하며 대의명분에 몰두했다. 더 나은 교육, 신뢰할 만한 정치후보자들, 환경보호, 여성해방, 베트남 전쟁종결을 외치며 사회운동을 전개했다. 이런 가운데 다수의 젊은 이들이 기성세대의 문화에 저항했다. 이들은 음악 · 의복 · 성을 함께 공유하고, 전통적인 교육을 거부하며, 일상생활에서 대항문화를 만들어 갔다.

학생 운동이 새로운 전투성으로 급진전한 시발점은 1968년 컬럼비아 대학 반란이다.[15] 컬럼비아 대학 반란에 참가한 학생들은 점거 농성 및 일주일의 휴교 기간동안 '꼬뮨'을 경험했다. 농성장에서 영화가 상연되고, 즉석 연극이 공연되었으며, 클래식에서 록에 이르는 다양한 콘서트를 열고, 결혼식을 거행하기도 했다. 뉴욕 시민들은 700명의 농성 학생들에게 음식물을 공급해 주고, 농성 참가자들의 건강을 점검하기 위해 300명의 뉴욕 의사들이 농성장을 찾았다. 교수들도 동참하여 음악을 연주했다. 이들은 국민의 지지를 받으며 감정과 행동에 기반을 둔 문화운동을 전개했다.[16]

컬럼비아 대학 반란이 확산되어 학생들의 저항이 미국 캠퍼스를 강타했다. 학생들의 저항은 1968년에 지배적인 것이 되었다. FBI 보고서에 따르면 1969-1970년을 통틀어 모두 1천7백85 건의 학생 시위가 열렸고, 그 과정에서 3백 13채의 건물이 점거되었다. 청년과 학생이 제휴하여 대중문화를 통해 감성혁명을 주도해 나갔다.

1960년대의 특징 가운데 하나는 여성 해방 운동이 재등장한 점이다. 1967년 자율적인 여성 집단이 생겼고, 1968년 수많은 페미니스트 저널이 출판되었다. 여성 운동이 신좌파의 영향을 받아 급속하게 국제화 현상이 되어 버렸다.

이상에서 보듯, 반문화운동은 의식의 혁명이었다. 풍요로운 사회에서 출현한 반문화는 낙관적인 사상을 반박하고, 또 미국이나 소련이 모두 똑같이 나쁘다며 도덕적 가치에 대한 진지한 성찰로부터 출발했다. 하지만 이것이 급진적인 학생 운동과 일탈된 청년 문화와 만나면서, 극단적인 행동을 하기도 하고 진보적인 사회 운동을 전개하기도 하는 등 양면적인 모습을 보였다.

(4) 반문화와 대중문화의 상관성

1960년대 문화는 두 갈래로 나타난다. 하나는 기술진보와 물질문명을 거부하는 반문화이고, 다른 하나는 기술진보와 물질문명을 인정하자는 팝아트이다. 반문화는 기성체제에 대해 저항하며, 거짓말, 탱크, 최루탄, 이데올로기, 여론 조사, 기계화, 경제개혁, 컴퓨터 등을 반대했다. 이들은 기존 체제에 저항하면서 록음악, 공동체 생활, 동양적 신비주의, 마약, 여성 해방 등을 그들의 새로운 의식 혁명의 도구로 삼았다. 반면 '팝아트(pop art)'는 고급문화의 영역에서 대중문화에 대한 긍정적인 반응을 가장 잘 나타낸 경우이다. 팝아트는 상업적으로 제공된 문화 양식과 기술 발전을 응용하여 가공된 현실을 음미의 대상으로 삼는다. 팝아트에서는 광고 · 디자인 · 회화의 경계가 모호해진다.[17] 1960년대 주류를 이룬 록 음악, 페미니즘, 팝 아트 등의 대중문화를 살펴보자.

1) 록 음악 : 저항과 공동체의 신화

　　록 음악은 1950년대의 로큰롤과 연관되어 설명할 수 있다. 로큰롤은 이전의 음악 형식에서 발전한 혼합물이다.[18] 로큰롤의 중심에는 엘비스 프레슬리가 있다. 로큰롤은 대부분의 멜로디가 간단하고 코드도 단순하다. 가사는 주로 십대들의 일상생활을 소재로 하고, 소수의 그룹이 연주한다. 악기로는 전기기타, 색소폰, 피아노가 사용된다. 요동치는 듯한 리듬감이 있으며, 연주와 노래는 거칠고 절규하는 듯한 분위기를 자아낸다.[19] 이들의 음악적 특징은 다음과 같다.

　　1960년대 중반 대중음악은 록 그룹을 낳았는데 록 음악은 저항적 의미를 담고 있다. 예컨대 밥 딜런은 1960년대 반전과 민권운동의 촛불로 지식인과 청년의 대변자이자 희망을 상징했다. 록 음악이 저항적 메시지를 담은 것은 전적으로 그로부터 비롯되었고, 그는 저항과 관련된 1960년대 정신의 효시이자 중심에 위치해 있다. 그는 비틀즈의 미국 입성과 함께 통기타를 버리고 전기 기타로 연주하기 시작했다. 그는 정치적인 노래를 부르다가 케네디 대통령이 암살당하자 풍자 넘치는 노래를 불러 대중음악의 새로운 지평을 열었다. 또 도어즈의 음악은 공포와 폭력, 자유에 대한 열망으로 가득 차 있었다. 모리슨은 노랫말 하나에 끔찍한 현실을 반영하면서 두려움을 느끼게 만들었고, 폭력과 증오를 불러 일으켰다. 그는 모든 기존체제로부터 자유로워지기를 갈망했다. 그는 인간 내면의 어둠과 숨겨진 파괴 본능, 알 수 없는 무의식의 세계를 음악으로 표현하면서 사회 변혁의 중심에 섰다.

　　또 록 음악은 공동체를 꿈꾸게 했다. 1969년 8월, 40만 명의 청년들이 뉴욕 주의 우드스탁에 모여 3일 동안 록 음악을 열었을 때 모두 공동체를 꿈꾸었다. 하지만 1969년 12월 알타몬트 패스티발의 폭력 사태는 희망보다 우울을 나타내었다. 수십 만 명의 팬들과 록 패스티발로 이끌었던 마리화나나 록 음악에서의 꿈은 바다로 죽음의 행진을 이끈 쥐들의 충동과 다를 바가 없었다. 공동체가 음악적 취향만으로는 지탱할 수 없다는 마지막

신호로 받아들여졌다.

위에서 보듯, 록 음악은 긍정적으로 저항과 공동체를 꿈꾸지만, 다른 한 편 마약과 폭력 등으로 얼룩진 부정적인 모습을 보이고 있다.

2) 페미니즘 운동의 급진화

반문화를 경험하던 당시 미국 젊은이들 사이에서 여성해방운동이 일어 나게 되었다.

1960년대 페미니즘 운동은 대중문화 속의 여성에 대한 차별과 여성비 하에 비판의 초점을 맞추면서 급진화 되어 갔고, 기존의 성에 따른 행동패 턴에서 벗어나게 되면서 여성 해방이 정치학과 관련을 맺게 되었다. 그 결 과 성적 억압을 통한 노동력의 창출, 남녀의 역할분담 문제, 결혼과 이혼, 동성애와 이성애, 성적 표현 등의 문제가 밖으로 표출되었다.

미국의 문화 연구에서 1960년대 말부터 70년대 가장 큰 도전은 페미니 즘 연구였다. 남성지향적인 모델과 가장, 그리고 지나치게 남성적인 소재 와 주제들이 오랫동안 문화 연구의 지형으로 받아들여졌는데, 페미니즘은 이런 것들에 도전함으로써 문화 연구에 뚜렷한 영향을 끼쳤다. 특히 70년 에 여성성 혹은 이미지 등에 관한 많은 연구가 이루어졌다. 이들은 여성의 사회적 편견 등을 문제 삼고, 남성이 주도하는 사회문화 속에서 밀려난 여 성의 소외를 대변하고자 했다. 1960년대 후반부터 여성 예술가들은 종래 의 예술이 남성의 시각에서 다루어졌다고 보고 대중문화 영역에 적극적으 로 참여했다. 이들은 여성의 감성과 시각에서 예술품을 독창적으로 제작 했다.

1960년대 말의 페미니즘 운동은 여성에 대한 편견과 선입견을 제거하 기 위해서 대중문화 산업에 여성 종사자들이 대거 진출했고, 또 교육을 통 하여 잘못된 관념이 사라질 수 있다고 보았으며, 여성들의 지위를 보장해 주는 법을 구축하기 위해 노력했다. 여성성을 강조하며 찬미하기보다는 자아비판을 통해 나르시시즘에서 벗어나기 위해 노력하며, 더 나아가 공연, 비디오, 영화 같은 대중매체에 민감하게 대응했다. 이들이 만든 대중문화는 남성적 표현 방법을 답습하지 않고 여성에 맞는 촉각적인 언어를 창출했다. 이러한 의미에서 이 시대의 페미니즘은 반항적이고 적극적인 성격을 보인다. 이런 반항적인 예술은 남성주의의 고급예술을 거부하며, 반예술적·비예술적 방법으로 대중 혹은 대중예술과의 소통을 꾀하고자 했다. 이렇듯 1960년대 말의 페미니즘 운동은 동시다발적인 페미니스트들의 실천으로 포스트모던 현상으로 간주되었다.

1960년대 후반 페미니즘 운동은 경제제도나 가부장제적인 관점에서 해석할 여지를 단절시켰다. 대중문화를 통한 문화 제작과 제도적 규제 등의 철폐 등으로 가부장제적 요소를 제거하기 위해 노력을 했지만 그 논의는 그들의 열정만큼 진전되지 못했다.[20]

1960년대가 내용에 관한 연구라면 1970년대와 1980년대는 기호학과 정신분석학을 바탕으로 여성의 이미지가 만들어지는 형식에 대한 연구로 방향이 기울어졌다. 1970년대 페미니즘 영화이론은 영화 속에서 표상되는 여성주체가 어떻게 남성의 권력에 의해 소외당했는가에 관심을 보였는데, 이것은 기호학과 정신분석학을 접합시킨 이론적 결과였다. 정신분석학적 모델은 주체를 언어 속에서 구성된 것으로 인정하지만, 또한 그 주체의 과정(충동, 욕망, 상징화—저자주) 속에서 구성된다는 것도 인정한다. 라캉의 오인과정(타자로서의 여성—저자주), 알튀세르의 주체호명테제(남성 이데올로기에 의해 구체적 개인으로서의 여성이 구체적인 주체로 호명—저자주)와 같은 개념들은 페미니즘 이론에서는 여성의 위치가 남성의 시선과 권력에 의해 끊임없이 부재상태로 환원되는 과정을 설명하기에 적합하다. 이러한 연구 결과 여성이 새로운 힘으로 부각되었으며, 페미니즘 예술과 비평이 포스트모더니즘의 중요한 연구 분야로 부각되었다.

3) 팝 아트 - 와홀을 중심으로

① 팝 아트의 개념과 발생 배경

팝 아트는 1960년대 "나는 소비한다. 고로 나는 존재한다."[21]는 생각 아래 풍요로운 사회 속에서 나타난 미국적 대중미술이다. 미국 사회는 동일한 제품 사용, 동일한 교외 생활, 동일한 텔레비전의 영향 등 차츰 '동질화된 사회'로 변화되고 있었고, 사회에는 획일성이 팽배하게 되었다. 이러한 시대 상황과 문화적 환경 속에서 대중적이면서 현실성 있는 미학이 자연스럽게 대두되었다. 이러한 미학을 수용한 것이 팝 아트이다. 팝 아트는 고급예술과 대중예술의 규율이 파괴되는 과정에서 형성된 것으로 긍정과 탐색에 관심이 주어졌고, 유머와 위트 등 낙천적 기질을 나타내었다. 팝 아티스트들은 외부세계에 시선을 돌려 현실생활, 즉 광고, 만화, 잡지, 신문, 자동차 등의 소재를 적극 수용함으로써 예술과 현실의 거리를 좁히고자 했다. 따라서 팝 아트는 대중문화를 숭상하자는 것이 아니라 대중문화의 현실적 위상을 인정하자는 데 무게를 두었다.[22]

와홀은 순수미술과 대중미술의 위계적 질서를 무너뜨리는데 앞장섰기에 1960년대에 미국에서 일어난 미학적 가치 변천의 본질을 대표하는 인물 중 하나로 인정받았다. 1960년대 미국 팝 아트를 대표하는 앤디 와홀(Andy Warhol)은 과거에 예술의 소재로 상상할 수도 없는 예술 밖의 이미지를 택했으며, 상업적인 예술을 사용해 고급문화에 대한 우상을 파괴했다. 좀더 구체적으로 팝아트를 대표하는 와홀의 예술적 특성을 살펴보자.

② 와홀의 예술적 특성

㉠ **대량생산 · 상품 이미지**

와홀은 소재에 있어서 일상생활의 대표적인 상품 이미지를 사용했다. 그는 소비 상품에 대해 "이 나라 미국의 위대성은 가장 부유한 소비자들도 본질적으로는 가장 빈곤한 소비자들과 똑같은 것을 구입한다는 전통을 세웠다는 점이다. TV 광고에 등장하는 코카 콜라는 리즈 테일러도 또는 미국 대통령도 그것을 마시며, 여러분도 마찬가지로 그것을 마실 수 있다.

콜라는 그저 콜라일 뿐 아무리 큰 돈을 준다 하더라도 길모퉁이에서 건달이 빨아대고 있는 콜라와는 다른 더 좋은 콜라를 살 수는 없다. 모든 콜라는 똑같은 것으로 통용된다.”[23] 와홀은 이미 1950년대 말 추상표현주의의 드립핑 기법(driping)이 포함된 콜라병과 차가운 하드 엣지(Hard-edge)의 콜라병을 제작했고, 그 가운데 차가운 하드 엣지의 콜라병을 자신의 이미지로 정착시킨 바가 있었다. 이것이 팝 아트의 탄생이었다.[24]

그 후 1963년, 와홀은 유명한 〈캠벨수프깡통〉으로 대량생산되는 소비상품의 대표적 도상을 완성했다. 그는 특정 상품의 이미지를 선전 광고처럼 그대로 실크스크린해서 사용했다. 그는 평범한 것은 특수하게 특수한 것은 평범하게 뒤집었다. 특수한 사건의 이미지 등은 매스컴에 수없이 오르내림으로써 특수에서 보편으로 변했기 때문이다.

와홀은 1963년부터 사진을 이용한 실크스크린 인쇄를 시작했는데 이것은 소비예술을 대량생산해 낼 수 있다는 데 의미가 있다.[25] 그가 하는 일이란 기본적인 이미지를 신문, 잡지, 광고에서 오려내어 그것을 적당한 색깔로 문질러 실크에 인쇄하는 것뿐이다. 이러한 제작 과정은 누가 그린 그림인지 분간 못할 정도로 비개성적이고 기계적인 과정일 뿐이다. 실크스크린은 동일한 이미지를 수백 장 찍어낼 수 있는 기계적 방식으로 인쇄물처럼 대량 제작했기에 그의 뉴욕 작업장은 공장이라고 불렸다. 그의 작품은 보조자에 의해 완성되기도 하여 누가 제작했는지 구분이 되지 않았다. 그는 이러한 작업을 통해서 유일하고 신성하며 개성적인 것을 예술로서 간주하던 것에 도전하고, 예술가와 예술 자체의 개념에 의문을 제기했다.[26]

ⓛ 스타이미지

1960년대 미국은 헐리웃의 전성시대를 맞이했다. 광고와 매스미디어 산업의 과잉으로 연기의 질보다는 유명세가 더 높이 평가되는 스타주의가 만연했다. 이러한 스타주의를 팝 아트 작가들은 다투어 다루었다.[27] 와홀도 〈마릴린 몬로〉와 〈엘비스 1과 Ⅱ〉라는 작품을 화폭에 수놓았다. 와홀은 스튜디오인 ‘공장’에 배우들을 자주 초대했으며 마릴린 몬로와 엘리자베스 테일러, 라이자 미넬리 같은 스타와 직접 만났다고 한다.

와홀의 스타이미지에 대해서는 많은 해석이 따르고 있지만 일차적으로 그가 이러한 주제를 택한 데에는 자신이 좋아하는 사람을 그렸을 뿐이라는 스웬슨의 판단처럼, 스타에 대한 그의 선망 때문이었으리라.[28] 또 스타의 유명세는 허망하게 사라질 수도 있다는 것을 보여주고자 한 것이리라. 또 스타를 복제한 것은 스타도 일상적 존재로 전락할 수 있다는 것을 보여준 것으로 해석할 수도 있다. 또 와홀의 스타이미지는 1950년대의 격양된 표현주의의 격정과 철학적 사색에 대한 그의 무관심을 특별하게 반영한 것이란 해석도 있다.

ⓒ 죽음과 재난이미지

와홀은 1963년부터 미국 현대사회에서 일어나는 다양한 죽음의 형태를 시각화한 '죽음과 재난시리즈'를 제작하기 시작했다. 와홀이 재난시리즈를 시작하게 된 직접적인 동기는 1962년 여름 그의 친구 헨리 겔드잘러가 와홀에게 '비행기 사고로 129명 사망'이라는 기사가 실린 《데일리 뉴스》지를 보여주었고, 와홀은 여기에서 아이디어를 얻어 재난시리즈를 시작하게 되었다. 그는 타블로이드판 신문 《내셔날 인콰이어》에서 늘 교통사고나 자연 재앙이 실린 섬뜩하고 끔찍한 사진을 구하여서 죽음이 우리의 경험 속에서 매일 매일 발생한다는 것을 보여주려 노력했다.

③ 팝 아트의 의의

팝아트는 '예술의 대중화'에 대한 열림, 이것은 '예술이란 개성적 표현'이라는 미학에서 '예술은 사회의 표현'이라는 미학으로의 변화를 나타내는 징후였다. 따라서 팝아트는 피상적이며 퇴폐적인 예술형식이라고 비판함에도 불구하고 고급문화가 대중문화에 포위당하고 있는 문화의 권력이동 과정을 사실적으로 보여주었다는 데 의의가 있다.

(5) 반문화의 현대적 의의

윌러스틴은 반문화의 역사적인 성격을 개괄하면서 특별한 새로운 양상이 아님을 강조한다. 그 이유는 반문화적 경향이 정치적(혁명적)활동과 분리하기 쉬운 특징을 지녔기 때문이다. 그래서 반문화란 신좌익의 전체 상황 가운데 주변적일 뿐이라고 주장한다. 그럼에도 불구하고 1960년대 미국의 반문화는 자본주의 사회 속에서 인간의 삶이 양적, 물적, 비인간적인 방법으로 측정되는 것에 저항한 문화형태로서 인간의 의지를 표명한 운동이라 할 수 있다. 반문화는 무엇보다도 사회 변혁의 가능성을 정치적인 것이 아닌 문화적인 것에서 찾게 되었다는 점에서 의의가 있다.

반문화를 변증법적 과정으로 본다면, 역사에 자원과 활력을 생산해 낸 하나의 문화운동으로 평가할 수도 있지만, 하나의 일탈로 간주되는 오명을 남긴 운동으로 규정지을 수 있을 것이다.

2. 미국 미디어 문화 연구의 특징과 명암

(1) 미국 미디어 문화 연구의 특징

미국의 문화 연구를 한 마디로 요약하라고 한다면 '미디어 문화 연구'라고 할 수 있다. 특히 그로스버그나 더글라스 캘러는 '문화'를 권력의 투쟁장소로 보기 때문에 미디어 문화를 기본적으로 미국 문화와 동일시한다.[29] 더글라스 캘러는 미디어 문화 연구란 커뮤니케이션 연구이며, 문화의 생산과 정치 경제학을 밝혀내는 것이라고 정의하고 있다. 영국의 문화 연구가 계급 문제에 치우치고 텍스트 자체의 분석에 치중했다면, 미국의 문화 연구는 문화가 생산되고 수용되는 정치적, 사회적, 역사적, 문화적 맥락을 연구한다.[30] 따라서 미디어 문화 연구의 고찰 대상은 신문, 잡지, 만화, 영화, 텔레비전, 인터넷, 비디오, 팝송, 랩, 광고, 패션 등 모든 종류의 미디어를 포함한다. 미디어 문화 연구는 월남전이나 이라크전 같은 전쟁도 연구한다. 미디어 문화 연구는 당대의 중요한 문화현상을 재현한 모든 것이 연구 대상이었다.[31]

미국의 문화 연구자들은 비판적 미디어 교육학을 통해 시민들에게 대중문화를 비판적으로 수용하는 안목과 능력을 배양하려고 하고 있다. 이들은 결국 독자들에게 그들의 문화환경을 지배하는 힘에 저항하게 하려는 데 목적을 둔다.

(2) 미디어의 긍정론과 부정론

미디어를 보는 입장은 크게 긍정론과 부정론으로 혹은 미디어 우파와 좌파로 나눌 수 있다.

1) 미디어 긍정론

① 앨빈 토플러의 권력의 탈중심화 긍정

앨빈 토플러(Alvin Toffler, 1928-)는 커뮤니케이션의 테크놀로지 발달이 무한대의 다양성을 보장해 준다고 보고 있다. 그는 『제3의 물결』에서 정보사회의 지적 물결을 '제3의 물결'이라고 하면서 제2의 물결과 제3의 물결 간의 '초투쟁'(super-struggle)이[32] 전개되고 있다고 보았다. 제3의 물결은 직장이 아닌 가내근무 체제로 일을 전환시키고[33], 매체의 탈대중화를 열었다. TV 시청자들이 세분화 되고, 이에 따라 문화적 다양성이 나타났으며, 여기에 새로운 커뮤니케이션이 첨가되면서 기계간의 커뮤니케이션이 일어나 사회적 기억을 넓히며 확산하고 있다. 대중이 모두 같은 메시지를 받는 일이 없어지고 대신에 더 소규모의 그룹으로 세분화된 사람들이 자기들이 만들어낸 엄청난 양의 이미지를 교환한다.[34] 그는 매스 미디어가 탈획일화함과 동시에 생활의 새로운 규칙을 만들어 내는데, 제조업에서는 소량의 주문생산이 이루어진다고 할지라도 커뮤니케이션은 무한대의 다양성을 보장해 준다고 보았다.

앨빈 토플러는 전자 네트워크의 '정보 전쟁' 시대에 대해서 말한다. 이제 네트워크는 데이터를 단순하게 송부하는데 그치지 않고 이를 분석, 결합, 재포장하는 등 메시지 내용을 변경시켜 전혀 새로운 정보를 만들어 내기도 한다. 또 오늘날은 대기업의 80%가 전속 탐정을 두고 있으며, 경리 담당자들이 각종 정보활동을 통해 순경제적 부가가치를 평가하고 있다. 정보의 가속화 현상은 저속국가와 고속국가 간의 경제적인 격차로 나타날 것이다.

앨빈 토플러는 '하이테크 시대의 선지자'로서 TV가 훌륭한 교육매체가 될 수 있다고 인정하라고 촉구했다.[35] 그는 『미래의 충격』에서 사회가 탈대중화와 다양성을 지향한다고 할 때, 사회는 분할되어 갈 것이며, 특히 미래의 사회를 정확히 예측하기 힘들다고 주장하고, 다양한 교육이 사회의 존속을 위해 더욱 필요한 것이라고 말한다. 그는 다양한 자료를 통한 교육 활동이 이루어져야 한다고 주장한다.

이상에서 보듯, 토플러는 미래의 시스템에 관심을 기울인 미래학자로, 그는 미디어 융합이 이루어져 탈중심화와 다양성이 나타날 것이라고 보았다. 그러나 지나치게 기술결정주의로 기울어져 기술파시즘에 대한 주의를 기울이지 않고 있다는 한계를 가진다.

② 니콜라스 네그로폰테의 디지털 찬양

비트의 전도사인 미국 MIT 교수 니콜라스 네그로폰테(1943-)는 비트 또는 디지털 예찬자이다. 그는 1995년 『디지털이다』라는 책을 썼다.[36] 그는 이 저서에서 비트의 접근성, 이동성, 분권화의 특성이 인간에게 희망과 존엄을 줄 것이라고 예찬하고 있다.

네그로폰테가 말하는 '디지털화'(being digital)는 단순히 아날로그의 반대 개념으로 쓰인 것이 아니고, 미래는 디지털 기술을 기초로 한 컴퓨터 네트워크가 지배되리라는 기대를 말한 것이다. 디지털 시대는 시간과 공간의 제약을 받지 않게 되고, 일과 오락은 더 개인화된다. 이에 따라 개인의 권력이 강화되며, 모든 커뮤니케이션이 1 대 1로 이루어지므로 중간이라는 개념이 없어진다. 세계는 완벽하게 지구촌화되는 한편 극단적으로 지역화되며, 기업 역시 중소기업이나 중간 경영층이라는 존재가 사라질 것이다. 비디오 대여점이 사라지고, TV 수상기는 컴퓨터 모니터로 대치된다.[37] 그는 기술의 디지털화보다 생활방식과 사고방식이 디지털화 할 것이라는 전망을 내놓고 있다.

네그로폰테는 인터넷은 세계 각국의 다양성을 장려할 것이라는 낙관적 전망을 내놓고 있다. "컴퓨터와 모뎀만 있으면 지위나 국적, 언어, 장소 따위는 문제가 되지 않기 때문이다. 소수민족 언어는 영어에 의해 사멸할 것이 아니라 오히려 인터넷을 통해 그 존재와 의미를 알리는 기회를 갖게 될 것이다. 5년에서 10년 뒤면 인터넷의 사각지대라 할 아프리카나 제3세계도 미국 못지않게 디지털 정보의 수혜자로 변모할 것이다."[38]

네그로폰테는 디지털 사회가 되면 빈부와 선·후진국 격차가 줄어들 것이라고 말한다. 그 이유는 후진국의 젊은이들이 많기 때문이라고 말한다. 그는 컴퓨터가 삶과 죽음의 권리와 같은 복합적 문제를 풀 수 없지만 그럼에도 불구하고 디지털 세상을 낙관할 이유는 많다고 본다. 그 이유로 자연의 힘과 마찬가지로 디지털 시대는 부정할 수도, 멈출 수도 없기 때문이다. 그리고 앞으로 도서관은 책 중심의 도서관이 아닌 전자 중심의 도서관이 되어야 할 것이라고 말하고 있다.

이상에서 보듯, 네그로폰테는 디지털 사회는 생활방식과 사고방식이 개성적으로 바꾸게 될 것이고, 창의성과 다양성의 사회가 될 것이라고 예견하면서 개성을 찬양, 선동하고 있다.

2) 미디어 부정론

① 노엄 촘스키의 지식인의 사회적 책임 강조

노암 촘스키(Noam Chomsky, 1928-)는 '미국의 양심' 이라고 불리는 '생존하는 가장 중요한 지식인' 가운데 한 사람이다.[39] 그는 미국의 미디어를 강도 높게 비판했던 우리 시대의 가장 탁월한 학자이자 '영원한 반항아' 이다. 미국은 역사상 가장 강력하게 세계를 지배하고 있는 국가이다. 세계 최고의 권력을 가진 미국에 대한 그의 비판의 핵심은 여론조작 산업이 최고로 발달했다는 것이다. 언론기업이 사기업화 되어 세상 돌아가는 여론을 형성하고 있으니 얼마나 모순된 일인가?[40] 그는 우리가 언론매체를 통해 세상 돌아가는 것을 안다고 생각하는 그 자체가 환상이며, 특히 언론은 미국의 국제문제에 대해서는 철저하게 국가이기주의라고 꼬집는 다. 그는 미국 언론의 위선을 사례로 들어가며 비판한다. 그는 1997년 11월 3일자에서 미국의 오만을 꼬집으면서 미국이 세계인들로부터 무뢰한으로 비난받고 있다고 경고했다.

촘스키는 문화 관리자들이 국가와 기업의 경영자들과 이익을 나누면서 기성권력을 확립하고 있다고 주장한다. 그가 볼 때 세계무역기구는 민주 주의를 억압하는 전쟁무기와 다를 바가 없고, "기업이 정부의 도구이자 정 부의 지배자로 변해가고 있다"는 제임스 메디슨의 지적을 상기하면서 대 기업의 이익과 정부 이익의 경계선이 모호해지고 있다고 경고한다.[41] 그는 시민의 권한을 개인 기업에 양도하는 것이 신자유주의라며, 권력은 갈수 록 소수화, 정예화 되고, 그래서 정보 누설이라고 하는 것도 알고 보면 짜 고 치는 고스톱이라는 것이다. 전체 인구의 1%가 절반가량의 주식을 보유 하고 있는 현실에서 그들만을 위한 언론이라는 것이다.

촘스키는 미국 민주주의 위기를 말한다. 미국의 엘리트들은 드러나지 않게 자신의 이익을 공적 이익으로 포장하고 있다고 비난한다. 엘리트들 은 '동의의 조작'을 옹호하며 대중을 옳지 않은 방향으로 이끌어 왔다고 그는 주장한다. 엘리트들은 인터넷이 돈벌이 수단으로 전락하고 있는 현 실을 외면하고 인터넷을 예찬하고 있는데, 광고를 이용한 획일화된 폭력 은 공포 분위기를 자아내어 사람들을 위협하는 전체주의 사회의 획일화보 다 훨씬 무서운 것이라고 그는 말한다.[42] 미디어는 대중의 삶을 표피적인 것, 즉 소비에 몰두하게 만들기 위해 인공의 벽을 세우고 대중을 그 벽안 에 가두고 격리시키려고 한다. 타인에 대한 연민, 타인과의 연대 등과 같 은 위험한 생각을 잊게 만들고, 순간적으로 유행하는 소비재와 같은 천박 한 것에 집착하게 하여 인간의 가치를 완전히 망각하도록 만든다. 그 결과 대중은 스스로 인식할 수 없는 사회에 꼭두각시처럼 변해버린다고 그는 보았다.

촘스키는 미국이 TV 시리즈나 영화를 통해서 보편적인 민주주의가 정의로운 것이라고 각인시키고 있지만 그것은 허구라고 말한다. 안보를 이유로 사상적 발언과 표현의 자유를 제한하고, 테러의 위험 때문에 여행을 포기하게 한다. 그것은 미국이 다른 나라에 비해 홍보산업이 월등히 발전하게 된 이유 가운데 하나이다. 자유가 넘친다고 생각하는 미국에서 지배계급은 공포심을 조장하고 선전에 열을 올리고 있는 것이 미국의 현실이다.[43]

촘스키는 언론과 지식인은 '조작된 동의'의 배달부라고 말한다.[44] 그는 1986년 4월 16일, 레이건에 의해 명령된 트리폴리 공격이 텔레비전 시청률이 가장 높은 시간대에 맞춰 계획된 역사상 최초의 폭격이라고 고발했다. 방송국의 지국도 없는 트리폴리에서 어떻게 정각 19시 뉴스 시작 시간에 일어날 수 있는가? 이것은 완벽한 연출이 아니라면 불가능하다는 것이 그의 주장이다. 아무 것도 모른 채 공습을 받아야 하는 트리폴리의 선량한 시민들은 제물이 아닌가? 이렇듯 그는 사람들이 현실의 대부분을 기만당하고 있다고 지적한다.

촘스키는 미디어의 힘에 대항하기 위해 어떻게 해야 하는가라고 묻고 해법을 내놓는다. 먼저 여론의 힘이 어떤 힘보다 강력하다는 것을 대중이 알아야 한다. 다시 말해 기층조직의 힘이 필요하다는 것이다. 기층조직의 힘을 대중이 스스로 인식하지 못하면 결과적으로 민중의 돈과 노력은 일부 다국적 기업의 이기적인 이익 챙기기의 제물이 되고 만다. 때문에 국민이 모두 깨어나야 한다. 그가 미디어, 학교, 지배 계급의 문화에 반대하여 대중교육의 중요성을 강조한 이유는 불합리한 구조를 개선하기 위한 것이다. 사실 미국이 세계에서 가장 풍요로운 나라 같지만 임금은 유럽에 비해 낮고, 노동시간은 모든 산업국가들 중에서 가장 길며, 유급휴가도 없는 나라라고 지적한다.[45]

촘스키는 기존의 생각에 변화가 있을 때 일어나는 것이 혁명이라고 말한다. 다국적 기업의 횡포를 막기 위해 모든 민중은 단결해야 하고, 국민이 사회와 경제를 다시 한 번 뒤바꾸는 주역이 되어야 한다. 어떠한 지도 세력이 혁명이 되는 것이 아니라 대중이 대기업의 횡포와 정부의 부당한 처사에 대응하는 것이 혁명이다. 대중은 정당성을 지닌 지배구조를 찾아내야 한다. 경우에 따라서는 내란도 필요하다. 독일에서 내란이 일어나 히틀러를 전복시켰다면 유대인 600만 명이 희생되었겠는가? 그런데 왜 내란이 일어나지 않는가? 그것은 미디어를 통한 선전 때문이었다고 그는 진단한다.

여기서 촘스키는 지식인의 역할을 중시한다. 지식인들이 국가의 통제 안에 들어가서 언론에 입술 서비스를 할 때, 지식인은 권력의 하수인이 된다. 그런데 왜 지식인들이 혁명에 앞장서지 못하는가? 그것은 동료들이 혜택을 누리지만, 자신은 그 열매를 절대로 즐길 수 없고, 오히려 회유와 협박에 시달리기 때문이다. 그러므로 개인은 사회의 거대한 구조 속에서 두려움과 공포를 느껴 용기를 내기가 쉽지 않다. 그렇다면 누가 사회 구조에 대응할 수 있는가? 이러한 곤경에서 벗어날 수 있는 유일한 길은 지식인들끼리 연대하는 조직화이다. 다수가 움직이면 된다. 그리고 행동하기 위해서는 그 대가를 기꺼이 치루겠다는 각오가 선행되어야 한다.[46]

② 허버트 실러의 정보 불평등

허버트 실러(Herbert I Schiller, 1919-2000)는 노엄 촘스키와 더불어 미국의 대표적인 비주류 지식인이다. 실러는 다니엘 벨, 앨빈 토플러 등이 유포하고 있는 정보화 사회에 대한 터무니없는 낙관론을 비판하며, 정보 불평등의 문제를 다루고 있다.

실러는 정보가 생산되는 속도가 빨라지고 그 양이 늘어가고 있는 것에 대해, 정보 다이어트를 하거나 스스로 정보의 편집자가 되어야 한다는 등의 말을 하며 정보화 사회에 적응하기 위해 사력을 다하고 있는데, 그러한 생각을 하는 사람들이 가장 중요한 문제를 놓치고 있다고 말한다.

실러는 정보가 생산과정에서부터 어떤 힘에 의해 조절된다면 정보 다이어트니 정보편집이 무슨 소용이 있겠느냐고 반문한다. 그는 미국의 정보 불평등과 그에 따른 사회의 구조적 불평등의 문제를 집중적으로 파헤치면서, 정보화 사회의 암울한 현실을 『정보 불평등』에서 낱낱이 고발하고 있다. 특히 오늘날 가장 힘 있는 권력기관으로 떠오르고 있는 사기업이 미디어와 학교, 도서관 같은 공공적 성격을 띤 정보관련 기관을 사유화하면서 정보와 문화의 지형을 어떻게 지배하고 있는가에 초점을 맞추어 설명하고 있다.[47] 그는 불합리한 정보 메커니즘을 구체적으로 설명한 후에 정보화의 여러 가지 문제점을 지적하며, 사회적 분열을 심화시키고 있는 문화 권력을 비판한다.

실러는 미디어 기술의 특수 효과가 지닌 문제점을 지적한다. 그는 시청자를 사로잡기 위한 미디어 기술의 특수 효과가 새로운 경제영역으로 등장하면서 경이적인 모조환경을 이룩해 냈다고 말한다. 특수 효과의 기술 능력들은 자극을 강화시키고 청중의 관심을 조직하여 두뇌를 중단시키고 내장을 강타한다. 그것은 내용을 후퇴시키고 성찰을 사라지게 한다. 특히 뮤직 비디오와 MTV의 시각적 이미지와 음향, 기계장치를 통해 시청자를 자극하려는 움직임은 문화전반을 관통하는 일반적 추세로 그 궁극적 효과가 상업주의의 승리로 나타난다.[48] 현재 미국의 영화제작에서 나타나는 대사와 이미지의 광범위한 질적 불균형은 매우 실망스럽고, 이야기 위주로 진행되는 모든 장면은 점점 더 감상적이고 이국적으로 혹은 보다 기계적으로 되어가고 있다. 그는 미국의 문화산업이 유럽, 아시아, 남미의 문화적 풍경을 휩쓸어 '문화공해'가 전지구적인 문제로 대두될 것이라고 진단한다.

실러는 전자고속도로의 전 지구화가 지닌 문세점을 지적하며 미국의 음모를 폭로한다.[49] 미국은 전자고속도로의 전 지구화를 계획하고 있다. 그 이유는 기업 마케팅을 세계 구석구석까지 파고들게 하고, 엄청난 규모의 미국문화산업 생산물을 유통시키기 위해서이다. 미국의 지도자들은 미국이 세계적인 우위를 점하는 데 정보 통제가 핵심이라는 것을 인식하고 전 지구적 전자하부구조를 조직하기 위해 사기업을 활용하고 있다. 실러는 사기업이 전 지구적 전자하부구조를 장악하게 될 때 누가 그것을 통제할 수 있는가라고 질문한다. 그리고 통치 불가능한 세상이 창조될 것이라고 예견한다. 사기업이 정보수단을 통제하면 반드시 메시지의 흐름과 그것의 내용, 감시, 그리고 모든 종류의 정보지식인에 대한 통제가 발생할 것이기 때문이다. 실러는 정보 독점에 대한 그 구체적인 예로 걸프전 때에 모든 뉴스의 단일화된 정보를 든다. 단일화된 정보의 흐름은 기술 파시즘으로 또 다른 전체주의 국가를 만들기 때문이다.

사회주의 몰락이후 자본주의 사회의 절대 권력으로 자리잡고 있는 미디어 기업은 정보를 포함한 총체적인 문화를 통괄하며 기업의 사적 이익에 충실한 정보만 선별적으로 제공한다. 그것은 단순한 정보의 결핍과 불균형만 의미하는 것은 아니다. 미디어의 영향력 아래 있는 전세계 모든 인구가 기업의 세계관에 대한 일방적인 수용자로 전락되기 때문이다. 이것은 사기업이 아무런 통제도 받지 않고 무제한의 권력을 행사하게 됨을 뜻한다.

미디어의 지배가 위험한 것은 겉으로는 정보전달이 자유와 개방, 선택의 이름으로 행해지고 있지만 수용자가 깨닫지 못하는 사이에 정보의 일방적인 노예가 되어 버린다는 데 있다. 컴퓨터의 출현과 정보 분야의 성장은 정보를 판매 가능한 하나의 상품으로 전락시켰으며, 수많은 공적 서비스 활동을 영리의 장으로 몰아냈다.[50] 이러한 서비스 영업의 사기업화는 공동체를 구성하는 사회조직을 약화시키고, 공동체가 약화될수록 지불능력이 기준이 되는 불평등 사회를 더욱 심화시켜 간다는 것이다.

실러는 일찍이 70년대 전·후반에 미국의 문화제국주의에 저항하고자 하는 제3세계에 이론적 및 실증적 근거를 제공했다.[51] 그는 미국의 매스 커뮤니케이션이 미국의 국력과 팽창주의의 신경절의 역할을 하고 있으며, 미국 광고 대행사의 제3세계 침투는 각 나라의 '문화 생태' 에 근본적인 변화를 가져오게 된다는 것이다. 때문에 그 동안 미국이 부르짖어온 '정보의 자유유통' 은 실제로는 '일방유통' 에 지나지 않는다고 비판한다.

실러는 문화제국주의의 대안으로 커뮤니케이션 정책 입안에 정당, 전문 조직, 노동조합, 학술기관, 국제적 협회, 개인들이 참여해야 한다고 주장한다. 커뮤니케이션 정책 입안을 전문가나 행정가에게만 맡기지 말고 전체 커뮤니티를 형성할 수 있는 여건이 필수 불가결하다는 것이다.

(3) 미디어에 대한 기독교적 시각 – 텔레비전을 중심으로

기독교인들의 텔레비전 시각은 어떠한가? 한쪽에서는 텔레비전을 죄와 정욕으로 가득찬 악마적인 것으로 보는가 하면, 다른 한편에서는 요한계시록(14:6)에 근거하여 마지막 세대에 그리스도께서 쓰실 구원의 도구라고 보기도 하는 등 극단적인 모습을 보이고 있다. 여기서는 텔레비전을 중심으로 기독교적 시각에서 미디어의 긍정적·부정적 기능을 살펴보고자 한다.

1) 긍정적 기능

① 텔레비전, 종교 문화의 배양자

텔레비전은 '우리 문화의 배양자'(the cultivator of our culture)로 행동한다. 텔레비전이 사회적 관심의 1차적 표현이 되어 사람들에게 궁극적 가치를 반영하는 세계관을 형성하게 하는 장소가 되었기 때문이다. 텔레비전은 개인뿐만 아니라 국가의 정신, 심지어 모든 영혼에게 영향을 미치고 있는 막강한 매체이다. 텔레비전은 문화의 1차적 배양자로서 종교적 가르침과 표현에까지 영향을 미친다.[52] 따라서 교회는 문화의 1차적 배양자인 텔레비전에 무관심할 수 없다. 사회적 관습을 생성하고 떠받쳐 주던 교회의 역할을 텔레비전이 대신하기 때문이다. 실제로 복음주의자들은 기독교 텔레비전을 선교 텔레비전과 동일시한다.

텔레비전은 시공간을 뛰어넘는 종교문화의 배양자로서 몇 가지 기능할 수 있다. 첫째, 텔레비전은 예배를 확장할 수 있다. 텔레비전은 부활절 기념예배를 생중계함으로 예배를 확장시킬 수 있다. 텔레비전은 예배 시간과 공간을 생생하게 그려냄으로써 시간과 공간을 뛰어넘어 메시지를 함께 공유하게 한다. 이렇듯 텔레비전은 전통적 종교적 가치관과 세계관을 쇠락하게 하는데 위협적이지만, 종교 문화의 배양자로서의 위력을 발휘할 수 있는 장점이 있다. 둘째, 텔레비전은 노골적이지 않게 복음을 전할 수 있다. 텔레비전 제작자들은 초월의 세계를 동경하게 하거나 인간의 본질을 드러내는 등의 문화 콘텐츠를 만들어 복음을 간접적으로 전할 수 있다. 만약 하나님께서 이 세상에 품고 있는 애정을 드러나게 하는 문화 콘텐츠를 만들거나 창조세계의 부요함을 영상으로 표현한다면, 수용자들이 이것을 보고 창조 세계를 돌보는 청지기로서의 삶을 살도록 할 수 있을 것이다. 셋째, 텔레비전은 복음에 관한 이야기를 효과적이며 강력하게 전달할 수 있는 최상의 매체이다. 텔레비전은 권태 완화제로서 머리가 텅빈 시민이 될 수 있게 하는 역기능도 있지만 '벽 없는 교실'로서 교훈과 규칙을 가르치는 교육적 기능을 가지고 있다. 텔레비전은 옛 기독교적 가치와 신념을 확실하게 인증(認證)하게 해 줄 수 있는 매체로 기능할 수 있다.[53] 기독교인 공동체가 과거에 있었던 사건과 최근 일어나고 있는 작은 이야기를 만들어 방영한다면 기독교 세계관을 믿지 않는 사람들에게도 전할 수 있을 것이다.

② 영성의 문을 여는 중개자

텔레비전은 종교집단이 이용할 수 있는 새로운 매체로 떠올랐다. 미국에서는 그리스도교회연합회에서 네트워크와 관련된 프로그램을 만들었다.

종교집단이 텔레비전을 사용하는 이유는 텔레비전의 시각적 형식을 통하여 사람들에게 초월성을 열어줄 수 있기 때문이다. 텔레비전은 개인의 행위를 모델화한 아이콘을 방영하기도 하며 개인들에게 현시점을 초월하도록 돕기도 한다. 텔레비전 뉴스는 개인들에게 사회를 이해하도록 도와주기도 하지만 인종문제나 낙태 등과 같은 줄거리를 취급하여 영성의 문을 열어주는 '중재자'의 역할을 하기도 한다. 최근의 콘서트와 성화, 순교열전 등 영성 프로그램은 기독자들에게 진실한 자아를 발견하게 하여 개인의 영성을 심화시키는 순기능을 담당하고 있다.

2) 부정적 기능

① 텔레비전 신화의 비기독교적 속성

텔레비전의 신화는 기독교의 가르침과 정반대의 입장에 서 있다. 텔레비전 신화란 행복은 무한한 물질적 획득으로 구성되고, 소비는 선천적인 선이며, 재산, 부, 그리고 권력은 사람보다 훨씬 중요하며, 집단주의를 장려하는 것이다. 이런 까닭에 종교 메시지는 텔레비전이라는 환경 속에서 딜레마에 직면한다.[54]

텔레비전이 발휘하는 국가주의는 새로운 파시즘을 낳는다. 1991년 걸프전 당시, 미국인의 연대의식이 필수적으로 요구될 때 미국의 제25회 슈퍼볼 대회는 국가의식을 강화하는 좋은 계기로 기능한다. 국민들은 전쟁을 잊고, 거대한 이미지의 파노라마 속에서 시민 축제를 열면서 전황을 보도했다. 이렇듯 텔레비전은 슈퍼볼 대회를 통해 전쟁 중의 미국을 실질적으로 일체화하는 쪽으로 변형시켰다. 미국인들은 텔레비전을 통해 경쟁적인 상징질서를 경험했던 것이다.

텔레비전이 발휘하는 권력은 종교 신앙보다 훨씬 강력하다. 텔레비전 신화가 만들어 내는 권력이 강력하면 강력할수록 기독교 복음과 충돌할 가능성이 크다. 예컨대, 건강과 부의 신학은 십자가의 신학과 충돌한다. 물질적 부가 하나님을 믿는 사람들에게 내리시는 하나님의 첫 번째 축복 방식 중의 하나라는 신화는 기독교 복음의 일부이지 전부는 아니다. 기독교는 고난의 십자가를 짊어진 것을 부라고 한다. 또 대부분의 많은 프로그램은 행복을 음악과 성공이미지 속에 담긴 신앙행위로 표현한다. 그러나 기독자의 행복은 십자가 안에서의 행복이다. 텔레비전 신화가 기독교 신앙과 전통적인 미국생활 및 문화의 다양한 측면과 조화로운 융합을 할 때 그것은 진정한 복음과 멀어진다.

② 상업성과 기독교 표상의 반비례

텔레비전은 자본집약 산업이기 때문에 경제적 현실은 텔레비전의 정책과 내용을 결정하는 주요 요인으로 작용한다. 종교 프로그램은 신학적인 배경보다 재정지원의 원리와 손쉽게 일체화될 수 있다. 그래서 기독교 텔레비전의 내용은 방송주주들의 능동적인 반응으로 결정되곤 하는데 방송주주들은 상업 텔레비전 방송을 받아들이고자 한다. 그래서 기독교 텔레비전은 다른 상업 텔레비전 프로그램과 구분 못할 정도로 어려움을 겪곤 한다.

종교 방송이 안고 있는 가장 큰 부담은 신앙의 본질을 제거한다는 점이다. 기독교 신앙의 본질은 일반적인 진리가 아니라 특수한 진리이다. 방송 제작자들은 이 특수 진리를 수용자들을 고려한 편성원칙 때문에 황금시간대에서 피한다. 특수 진리를 담은 종교 프로그램은 수용률이 낮기 때문이다. 그렇게 되면 특수 진리를 전파하기 위해 종교 프로그램을 후원하는 후원자는 후원을 하지 않게 되고, 방송사는 경제적인 이유로 특수 진리를 전파하는 프로그램을 없애 버리고 만다. 텔레비전 연구가인 조지 게르브너 (George Gerbner)는 기독교 신앙이 텔레비전의 경제적 욕구에 응답하는 상품으로 변하는 것은 기독교 신앙의 특질을 버리는 것이며, "종교가 기존 산업 질서에 흡수 된다."는 것을 시사한다[55]고 말한다. 그 결과 미디어 비평가들은 매스 미디어의 종교적 이용이 급격히 증가하면 할수록 현실은 "기독교 진리의 조직적 표상을 소홀히 하는 파괴적 추세"로 진행된다고 말한다.[56]

③ 문화적 민주주의 위장

텔레비전 방송사 경영진이나 간부는 시청률을 앞세워 문화적 민주주의를 옹호하여 현실의 문제의식을 둔감하게 한다. 시청률 조사는 프로그램에 대한 시청자들의 '호/불호'(like/dislike)를 묻는 것이지, 수용자들의 기준에 따라 '유익/유해'(good/bad)를 묻는 것이 아니다.

다수의 취향에 부응하는 프로그램을 주시청 시간대에 모든 프로그램에 적용한다는 것은 모든 시청자들을 하나의 취향에 맞추는 잘못을 범하게 된다. 그 결과 다양한 시각에서 현실의 문제를 바라보지 못하게 된다.

④ 빈 시간 죽이기

텔레비전의 가장 큰 문제점은 무엇인가? 그것은 매체의 속성상 '멍한 화상 응시자' 즉 생각하는 일을 불가능하게 한다는 점이다.[57] 매체가 가지고 있는 시간의 제약성과 시청자들이 감정적이고 구체적인 간단명료한 소재들을 선호하기 때문에 제작자들은 내용을 단순하게 재구성한다. 또 추상적인 개념을 전달하기 어렵다는 매체의 특성상 시청자들에게 생각하는 것을 싫어하게 만드는 경향이 있다.

텔레비전은 빈 시간 죽이기의 대용품으로 기능한다. 시청자들은 특별 프로그램을 선택하려 하지 않는다. 일을 많이 하는 사람일수록 단순한 오락 프로그램을 좋아한다. 이러한 사실을 알고 있는 프로그램 제작자들은 수용자들의 욕구에 맞지 않는 창의적인 프로그램을 수용하려 하지 않는다. 방송 제작자들은 시청률 극대화라는 절대절명의 목표에 봉사해야 하기 때문이다. 사람들이 프로그램을 보느냐 보지 않느냐가 방송 제작자에게 선악(善惡)의 정의이기 때문이다.[58] 수잔 손택이 지적했듯이, 모방과 재조합 기법은 서구의 삶을 관통하는 문화적 틀을 형성하게 된다.[59]

텔레비전의 오락 제공기능을 강조하는 이유는 텔레비전의 과잉축소화가 조직적으로 일어나고 있기 때문이다.[60] 텔레비전의 편성을 관통하는 중심 메시지가 동질적이고 반복적인 재조합 기법에 의존하고, 즉각적인 반응을 요구하기 때문이다. 그 결과 프로그램 제작자들은 모호한 화제나 심층적인 표상을 기피한다. 이렇듯 텔레비전 프로그램이 재조합 기법의 과잉축소화에 의해 제작되다보니 생각하는 것을 싫어하는 빈 시간 죽이기 대용품으로 기능하게 되는 악순환에 빠지게 되며, 기독인들의 영적인 생활을 방해한다.

3) 기독교적 관점의 정립

그리스도인은 '멍한 화상 응시자'에서 벗어나 텔레비전을 공동체의 기준에서 문제를 제기해야 한다. 그리스도인 공동체는 텔레비전을 공적으로 끄집어 내놓고 토론해야 한다. 그리스도인들이 섹스와 폭력과 신성 모독적인 표현을 우려하는 것은 정당하다. 하지만 비도덕성에만 초점을 맞추면 사회적인 선과 악에 대해서는 장님이 되어 버리는 경향이 있다. 그리스도인들은 인종 편견이나 물질주의, 자민족 중심주의, 성적 편견, 국수주의와 같은 집단의 죄에도 관심을 가져야 한다. 그리스도인들은 공동체의 기준에 프로그램이 적합한지를 판단해야 한다. 특정 프로그램에 대한 우리의 생각을 나누고 전략을 세우고, 어떻게 하면 이상적인 프로그램이 편성될 것인가에 대한 방안을 논의해야 한다.[61] 이렇게 기독인들은 텔레비전 비평을 개인의 선택에서 공동 비판과 단결된 행동으로 옮아가야 한다.

다음, 그리스도인들은 프로그램을 고를 수 있는 분별력을 길러야 한다. 텔레비전을 분별력 있게 보려면 세 가지가 필요하다. 시청자들은 영상 조작과 극적인 커뮤니케이션의 차이를 숙지해야 한다. 텔레비전은 영상 매체인데 기독인들 가운데 영상에 대해 무지한 사람들이 너무 많다. 텔레비전은 시청자들에게 친밀감을 주는 2인칭 매체이며, 공적 이미지를 준다. 그러므로 영상 교육을 공적 이미지의 의미를 분별할 수 있는 능력을 길러야 한다. 분별력 있는 시청자가 되려면 이미지는 말로 바꾸어 드라마 작가 또는 제작가가 프로그램을 통해 전달하려는 바를 정확하게 평가할 수 있어야 한다.[62]

교회는 체계적으로 텔레비전 평론가를 양성하여 의미 있는 프로그램 제작에 결정적인 영향을 미쳐야 한다. 시청률이 프로그램 제작에 결정적인 영향을 미친다. 하지만 시청률은 시청자들의 기호만 측정하고 공중의 습관을 통계학적으로 집계해 놓은 것일 뿐이지 프로그램의 질과는 관련성이 희박하다. 따라서 프로그램 평론가를 양성하여 프로그램 작가나 제작자의 의도 그리고 프로그램이 갖는 뚜렷한 사회적 의미에 주목해야 한다. 비판적인 분별의 첫걸음은 해석과 관련이 있다. 그리스도인들은 텔레비전을 문화 명령의 완수에 도움이 되도록 사용해야 한다.[63]

그리스도인 시청자들은 구속적인 관점에서 프로그램을 평가해야 한다. 텔레비전이 구체적인 예수 그리스도의 복음을 전파하지 않아도 하나님의 주권을 직시하게 하고 하나님의 선하심을 묘사한다면 구속적 가치가 있는 것으로 평가해야 한다. 구속적인 예술은 복음이 퍼져나갈 수 있는 문화적 토양을 제공할 수 있기 때문이다. 클리포드 크리스천스는 구속적인 텔레비전은 개별적인 인간존재를 도덕적이고 책임 있게 행동하는 자로 묘사한다고 말한다. 반면에 프로그램 가운데 자연에 대한 인간의 책임을 강조하지 않고 인간의 지배만을 강조하는 경향을 보이는 것이 있는데 이러한 프로그램은 구속적이 아니다. 그는 세계를 놀랍고 살만한 곳으로 그리는 프로그램은 구속적이라고 말한다. 가령 자연의 아름다움을 포착하여 창조주 하나님을 찬미할 때 그 프로그램은 구속적이 된다. 또 그는 역사를 목적성 있는 것으로 그릴 때 텔레비전은 구속적이 된다고 말한다. 니콜라스 월터스토프는 어떤 문화적 산물이든 샬롬을 증진하는 것이면 창조주 하나님의 구속성을 지니고 있다고 주장한다. 샬롬이란 (1) 인간과 하나님 사이에(그분을 섬기는 일을 즐거워하는 가운데), (2) 한 인간과 다른 인간 사이에(공동체를 이루어 즐거워하는 가운데), (3) 인간과 그의 자아 사이에, (4) 인류와 자연 사이에(물리적 환경을 즐거워하는 가운데) 조화롭고 기쁜 관계가 맺어지는 상태를 말한다.[64]

무조건 반사적인 도덕주의는 피해야 한다. 이러한 도덕주의적 환경에서 자란 이아들은 비평의 기초를 잃어버리게 된다. 즉, 성은 무조건 나쁜 것이라는 죄의식이다. 외설이냐 예술이냐의 논쟁은 끝없이 진행되고 있다. 성적인 묘사만 하면 단순히 비도덕적이라고 비난한다면 그것은 바람직한 것인가? 모든 프로그램을 전체적인 맥락에서 해석해야 한다. 프로그램의 전체 메시지를 부각시키기 위해서 적절한 묘사는 고려해야 한다고 생각한다. 그러나 무제한적인 묘사를 인정하는 것은 바람직하지 않다. 묘사가 너무 노골적이면 예술적인 맛은 사라지기 때문이다.[65]

텔레비전이 그리스도인들의 교제하는 시간을 막지 않도록 대처해야 한다. 전자고속도로의 정류장으로서의 가정이 되어서는 안 된다.[66] 우리는 "믿음의 주요, 또 온전케 하시는 이인 예수를 바라보아야 한다."(히 12:2). 그리스도인들은 현대 문명이 낳은 매체에 시간을 너무 많이 사용해서는 안 된다.

끝으로 후기구조주의자 부르디외의 텔레비전론을 통해 미디어를 통한 기독교 지식인의 사회참여를 강조하고자 한다. 부르디외는 오늘날 텔레비전이 '상징적 폭력'의 기제가 되어가고 있다고 비판한다.[67] 이러한 기제의 전방에 지식인들이 있는데, 특히 텔레비전이 지식인을 사이비 지식인으로 만들어 가고, 그들에게 패스트푸드와 같은 '빠른 사고'만을 요구한다고 지적한다.[68] 오늘날 지식인들은 고유한 사회비판의식을 상실한 채 기존질서에 의해 허락된 사회적 통념만 전할 뿐이기 때문이다. 그는 지식인들을 '신문화 매개자'로 비판하면서, 지식인들을 저널리즘 구조의 희생자로 보고 있다.

그는 저널리즘 구조의 한계를 극복하자고 제안한다.[69] 부르디외에 따르면, 텔레비전이 경제적 장의 구속으로부터 자율성을 회복하기 위해서는 장 내의 타율적 언론인 및 지식인들과 싸워야 한다. 객관적 과학의 지식과 방법을 가지고 그들과 토론하며 그들을 비판해야 한다. 저널리즘의 장의 자율성을 확보할 때, 학문·정치·지식인의 장들도 미디어의 영향력에서 벗어나 자율성을 갖게 될 것이다. 그는 텔레비전 토론 프로마저도 진짜 같은 가짜 토론, 진짜로 가짜인 토론이라고 비판하면서[70] 미디어를 통한 지식인의 사회 참여를 강조하고 있다.

3. 기독교 문화신학자들

(1) 메이천의 문화관과 현대주의 신학 비판

1) 생애와 사상

존 그레샴 메이천(John Gresham Machen, 1881-1937)은 군중의 도시 볼티모어에서 아더 웹스터 메이천 변호사의 세 아들 중 둘째 아들로 태어났다. 그는 어린 시절 남부 전통을 고수하는 '보수파'에 속한 '남부 장로회'(the Southern Presbyterian Church) 가정에서 어머니에 의해 신앙

교육을 받았고, 아버지를 통해서는 고전 문화를 전수받는 등 칼뱅주의 문화 속에서 자랐다.

메이천은 1898년(17세)에 사립학교를 우등으로 졸업한 후, 이 해 가을에 장학생으로 존스 홉킨스 대학에 입학하고, 1901년(20세) 우등생으로 졸업했다. 같은 해 여름에 유럽 여행을 다녀온 후, 당대 저명한 고전학자 갈브레이스 교수가 동대학원으로 오면서 '현대과학적 연구 방법들'을 접하게 되었다.

1902년(21세)에서 1905년(24세)까지 프린스턴 신학교에서 남부 전통을 가진 보수파 장로교도인 벤자민, 브레켄리지, 위필드의 지도를 받았다. 그는 장학금을 받아 1905년 가을 독일의 괴팅겐과 마부르크 대학(Marburg University)으로 공부하러 가서 자유주의 신학의 가혹한 시험을 이겨냈다. 메이천은 프린스턴 대학으로 되돌아와 1906년(26세)부터 1914년(33세)까지 신약성서학 강사로 활동했다. 1913년 32세의 나이로 뉴 브룬스윅 노회에서 목사 안수를 받고서 1914년에서 1929년(48세)까지 교수로 활동했고, 1918년(37세) 제1차 세계대전 막바지에 프랑스의 YMCA에서 약 1년간 봉사했다.

메이천은 1929년 프린스턴 신학교가 자유주의적 제도권 아래 재편성되자 교수직을 사임하고 웨스트민스터 설립을 도와 그 대학에서 1929년(48세)부터 1937년까지 정교수로 봉직했다. 새로운 신학교는 무엇보다 하나님의 말씀으로써의 성경이 그 중심이며, 그 신학적 노선은 칼뱅주의 전통을 잇는 개혁신앙임을 강조했다. 1936년 뷰 브룬스윅 노회는 그를 분리주의자로 지목하여 총회의 법을 어겼다는 죄목으로 목사직을 정지시켰다.

1936년 6월 11일, '미국장로교'(The Presbyterian Church of America)의 이름으로 새 교단을 결성한 후 총회장에 선출되었다. 하지만 미국장로교(Presbyterian Church of America)라는 이름을 사용할 수 없게 되자 정통장로교회(The Orthodox Presbyterian Church)로 개칭했다. 메이천은 1937년 1월 1일 56세로 사망한다. 새해 첫날 교단의 입장을 설명하기 위해 여행 연설 도중 영하 20도의 혹한에 기침이 악화되면서 결국 급성 폐렴으로 사망했다.

메이천의 저서로는 『바울 종교의 기원』(1921), 『초보자를 위한 신약성서 희랍어』(1923), 『그리스도의 동정녀 탄생』(1930)이 있고, 대표작으로는 『그리스도교와 자유주의』(1923)가 있다. 시디니 암스트롬은 『그리스도교와 자유주의』를 '미국 근본주의의 주요 신학적 장식품' 이라고 일컬었다.[71] 또 사후에 출판된 『현대의 기독교 신앙』(1936)과 『기독교 인간관』은 WIP 방송국에서 행한 일련의 방송 강연집이다. 전자에서는 성경 무오를 변증했고, 후자에서는 개혁주의 인간론을 다루었다. 메이천은 영어권 세계에서 가장 위대한 신약 신학자로서 진정한 전사로[72]성서비평의 회오리가 몰아치던 당대에 자유주의 신학에 대해 보수주의를 학문으로 변증했던 가장 대표적인 '보수신학 변증가' 로 평가되고 있다.[73]

특히 메이천은 한국 장로교 신학의 거두 박형룡 박사와 박윤선 박사의 스승으로 한국의 신학에 커다란 영향을 끼친 학자이다.

2) 메이천의 문화관

메이천은 "기독교와 문화"라는 제목으로 1912년 9월 20일 프린스톤 신학교 설립 100주년을 축하하는 자리에서 연설을 했다.[74] 그는 기독교와 문화의 관계에 대해서 교회 내의 극단적인 두 전통, 즉 하나는 기독교의 기초를 이루는 개념에 전념하는 사람들과 다른 하나는 복음 증거만을 위해 헌신하는 사람들이 있는데, 이들이 서로 비난하고 있는 것은 잘못이라며 성질이 다른 것임을 인정해야 한다고 말한다. 거기에 덧붙여 만일 교회가 하나님을 상실한다면 이 논쟁은 아무 쓸모가 없다고 말한다.

메이천은 교회의 거대한 위기가 "주로 지성적 영역에 놓여 있다"고 진단한다. 그는 견고한 지성적 기반이 없이 복음 전도와 선교, 구제를 강조하는 것이 바람직하지 않다고 말한다. 선교와 구제 활동을 인정해야 하지만, 만일 견고한 지성적 기반 위에 기독교가 서지 않는다면 그들의 활동은 한시적일 것이라 진단한다. 그는 "지성적인 풍토에" 얼마나 적대적인가를 깨닫지 못하고 있는 교회의 현실을 개탄하며, 인간들을 그리스도께 구원하기 위한 열쇠가 대학에 있다고 주장한다. 그는 "오늘의 학적 사변적 문제이었던 것이 내일은 군대를 움직이고 제국을 무너뜨리기 시작한다."라고 하여 지성적인 면에 교회가 관심을 가져야 한다고 말한다.

메이천은 30년간 거대한 이탈이 교회에서 이루어졌다고 말하며, 그 원인이 주로 지적인 영역에 있다고 진단한다. 그는 교회의 이탈의 원인을 물질주의에 있다고 생각하는 것에 대해서 그것은 부분에 불과하다고 말한다. 오늘날 교회의 이탈이 대학에서 가장 강하게 일어나고 있는데, 그것이 지적인 영역에서 위기를 찾아야 한다는 증거라고 논증한다.

메이천은 지성의 빈곤과 아울러 기독교와 문화와의 관계에도 교회가 관심을 기울여야 한다고 주장한다. 그는 전반적인 교육 시스템이 종교와 문화를 분리시키고 있는 것에 대해서 심각하게 생각해야 한다며, 기독교와 문화에 대한 대응 양식 두 가지가 잘못되었다고 말한다. 첫째, 기독교가 문화에 종속될 수 있다고 보는 자유주의자들에 대해 비판한다. 자유주의자들은 기독교에서 초자연적인 것을 제거하고 기독교를 인류 문화의 일부분으로 만들었다. 때문에 자유주의자들의 생각은 복음이 아니라고 단언한다. 둘째, 기독교를 유지하기 위해 문화를 파괴하거나 무시하려는 경향을 보이는 복음주의자들을 비판한다. 이러한 복음주의는 자유주의자들보다는 낫지만, 비논리적이고 비성경적인 경향을 보이고 있어 문제가 된다고 말한다. 복음주의자들이 인간 이성이 만들어낸 것을 악하다고 비난만 한다면, 이것은 기독교를 이성과 모순된 종교로 만들게 된다고 주장한다.

메이천은 기독교와 문화에 대한 두 가지 잘못을 지적하면서 그 가능성에 대해 언급한다. 즉 그는 "예술과 학문을 파괴하거나 무관심한 것 대신에 인문주의자의 열정을 가지고 문화를 양육하며, 동시에 하나님 섬김에 그것들을 거룩히 바치도록 하자."고 언표한다.[75] 기독교는 수도원으로 퇴각하는 대신에 모든 족속뿐만 아니라 인간의 모든 사상 속에도 깊이 침투해야 하며, 보다 능동적으로 거룩한 문화를 가지고 전진해야 한다고 강조한다. 그는 다른 사람들에게 진리가 사실임을 보여주기 위해서 세상으로 나아가야 한다고 말한다.

메이천은 "복음을 받아들이게 하는 데 있어서 가장 큰 장애물은 잘못된 사고"에 있다고 본다.[76] 그는 오늘날의 시대정신 자체가 기독교와 적대적이며 기독교와 전혀 관련이 없다고 전제한 후, 교회는 시대정신을 이해하지도 못하기 때문에 그들과 싸울 생각도 못하고 있다고 한탄한다. 그는 교회가 오늘날 망하고 있는 것은 생각의 과도함때문이 아니라 '생각의 결핍'에 있다고 지적한다.

현대 문화는 강력한 세력으로 모든 계급들에게 영향을 미치고 있다. 이에 대해 교회는 어떻게 해야 하는가? 그는 현대 사상을 논박해야 한다고 말한다. 현대 문화가 하나의 강력한 권세로써 작용하기 때문에 종교적인 감성만으로는 충분하지 않고 지적인 작업을 해야 한다고 강조한다. 그는 교회가 손쉬운 방법으로 현대 문화에 접근할 때 게으름의 열매를 거두어들일 것이고, 상황은 절망적이 되고 말 것이라고 진단한다.[77]

메이천은 현대 문화에 영적인 측면이 있음을 간파하라고 청중들에게 말한다. 이러한 시대에 교회는 기쁨으로 전투에 임해야 한다. 특히 영적인 영역인 죄, 죽음, 구원과 생명, 그리고 하나님에 대해서 논쟁적인 전투가 전개되고 있다. 그런데 교회는 논쟁을 하지 않고 시대 현실에 몸을 맡기고 있으며, 특히 설교에서 그러한 문제를 다루지 않고 있다. 이것은 명백한 책임회피이다. 교회는 거짓 없는 확신을 성도에게 가르쳐야 한다. 교회가 영적인 문제들에 깃발을 높이고 전투를 벌인다면 하나님께서 성령의 은혜로 교회를 다시 힘이 있게 하실 것이라고 그는 단언한다.

이상에서 보듯, 메이천은 대학에서 교회에 대한 이탈이 심각하게 일어나고 있음을 우려하며 지성의 위기 때문에 교회가 무너지고 있다고 진단한다. 그는 그 대안으로 교회는 현대 문화 속에 들어 있는 영적인 측면에 대한 지성적인 답을 들고서 전투에 임할 것을 제안한다. 아울러 그는 기독인들에게 인문주의자의 열정을 가지고 문화를 양육할 것을 촉구하고 있다.

3) 성경해석학 : 역사와 진리

조지 마르스텐은 메이천을 다루면서 가장 흥미를 끄는 것이 그의 역사
관이라고 밝히고 있다.[78] 마르스텐은 메이천이 성경은 역사이며, 성경은
역사적으로 기록된 것이라며,[79] 기독교가 실제로 일어난 사건에 근거한 것
이 아니라면 기독교는 아무 것도 아니라고 말하고 있음을 지적한다. 사실
메이천의 『바울 종교의 기원』(1921)과 『그리스도의 동정녀 탄생』(1930)은
역사적 연구와 논증을 다룬 기념비적인 저술이라 할 수 있다.

조지 마르스텐은 메이천을 이해하려면 역사에 대한 그의 해석을 알아야
한다고 말하고, 실용주의자인 베커(Becher)와 메이천의 역사에 대한 이해
를 비교한다. 베커는 역사란 단지 과거의 기억뿐이다. 예컨대, 조지 워싱
턴이 존재하는 유일한 장소는 기억의 집합 안에 있을 뿐이다. 조지 워싱턴
이 누구인지 모르며 우리가 아는 것은 그에 대한 다양한 해석뿐이다. 그러
므로 베커는 과거에 대한 해석은 "환상과 사실의 혼합일 수밖에 없다."[80]
고 말한다. 이러한 관점에서 보면 역사가란 사회의 유용한 신화를 간직하
는 역할일 뿐이다.

반면 메이천은 "사실들에 관해서는 오직 한 가지 선한 것이 있는 바, 곧
사실들은 변하지 않는다."는 것이다. 다시 말해, "어떤 일이 실제로 일어났
다면, 세월이 변한다고 해서 일어나지 않는 일이 새로 일어나는 것은 아니
다."는 것이다. 그러므로 기독교의 사실들은 우리가 그것을 소중하게 여기
든 그렇지 않든 간에 사실들로 남는다. 그것들은 하나님에게 있어서 사실
로 남으며, 천사와 악마에게도 사실이며, 현재도 사실이며, 세상이 끝난
후에도 사실이다. 인간은 의미를 창조하는 것이 아니라 단지 그것을 발견
하는 것일 뿐이다. 이러한 메이천의 역사관은 스코틀랜드의 상식적 실재
론을 반영한 것인 바, 그는 베커류의 역사관에 반대하여 넓은 의미의 상식
에 호소했다.

4) 자유주의의 신학 비판

메이천은 『그리스도교와 자유주의』의 서론에서 현대과학이 모든 부문에서 새로운 영역을 열어주었지만, 반면에 정신적인 면에서는 퇴보를 하고 있다고 전제한 후, 과학의 업적을 과장되게 평가하고 있는 이 시대에 그리스도교는 과학과 어떤 연결점을 찾고 있는가라고 문제를 제기한다. 여기에 더욱 큰 문제는 현대 자유주의자들이 그리스도교의 특수성을 임시적 상징들로 생각할 뿐만 아니라 일반적인 원리들을 그리스도교의 본질 구성으로 간주하여[81] 그리스도교의 모든 특징을 포기하고 있다고 평가한다. 그래서 자유주의 신학자들의 신학을 "전혀 그리스도교가 아니며, 그리스도교와는 다른 것이다."[82]라고 단호하게 언표 한다.

메이천은 그리스도교의 교리는 단순한 체험의 표현이 아닌, 체험의 기초가 되는 그리스도교의 '사실들'(facts)이라고 말한다. 사실들이란 예수님의 십자가와 부활에 기초한 명확한 역사적 사건이다. 그래서 바울은 복음 제시의 방법보다는 복음의 내용에 더욱 많은 관심을 가졌다. 바울은 그리스도의 구속 사역이 우리에게 어떤 관계가 있는지에 관심을 두었다. 반면에 자유주의자들은 그리스도교의 교리를 삶의 길이라고 생각하여, 그리스도교가 삶이지 교리가 아니라고 말한다. 때문에 자유주의자들은 예수님의 윤리적인 측면과 일반적인 교훈에 관심을 갖는다. 그래서 자유주의자들은 "나사렛 예수님은 효도를 잘하는 놀라운 삶을 사셨다. 우리는 우리의 청중들에게 말하노니 우리가 한 것처럼 당신들도 이 좋은 생활을 따르라."고 말한다.

메이천은 "역사란 그리스도께서 죽으신 것이다. 교리란 그리스도께서 우리 죄를 위하여 죽으신 것이다. 그는 절대적으로 분리될 수 없이 하나로 결합되어 있는 이 두 내용이 없다면 그리스도교는 존재할 수 없다."고 단언한다.[83] 그리스도교는 사건과 교리라는 두 요소가 항상 연합되어 있기 때문에, 그에 의하면 "본디오 빌라도에게 고난을 받으사, 십자가에 못 박혀 죽으시고 장사되었다."가 역사이고, "예수님은 나를 사랑하시고 나를 위해 그 자신을 주셨다."가 교리인 것이다.

메이천은 한편으로 교리가 건전한 생활과 관계가 있음을 간과해서는 안 되며, 또 교리의 모든 조항이 균등하게 중요한 것이 아님을 명심해야 한다고 말한다. 그는 재림과 관련된 논쟁이 중요하지만 그것은 치명적인 적이 아니며, 루터가 성례식의 효력에 대해 그릇된 견해를 가지고 있지만 루터파도 그리스도의 가족이고, 감리교의 알미니안주의도 잘못된 교리이지만 그들도 그리스도의 가족이라고 주장한다.[84]

반면에 메이천은 그리스도교의 적은 '자유주의' 라고 말한다. 자유주의자들은 단순한 역사적 상상을 통하여 예수님을 다 믿지 말고 일부만 믿자고 주장하며, 그리스도교의 가르침과 반대 방향으로 흐르고 있다. 그런데 많은 그리스도교 지도자들은 자유주의에 대하여 미온적인 태도를 취하고 있어 문제라고 그는 지적한다.

메이천은 그 이유가 자유주의자들이 그리스도교 신앙의 전통적인 개념을 교묘하게 사용하기 때문이라고 말한다. 자유주의는 하나님, 예수님, 성령님과 같은 말을 사용한다. 그러나 자유주의는 그렇게 함으로써 언어의 진실을 손상시키며, 전통적인 그리스도교의 관념들과는 전혀 다른 의미로 사용함으로써 모든 사람이 공유하는 공통적인 언어의 진실성과 완전성을 손상시킨다.[85]

자유주의자들은 하나님의 개념에 있어서 그리스도교와 반대된다. 이들은 하나님을 인식하기 위해 노력할 필요도 없고 단지 그의 존재만을 감지하면 충분하다고 말한다.[86] 그러나 이들의 주장은 하나님을 인격적으로 받아들이지 않기 때문에 도덕성이 결여되어 있다.

자유주의들의 인간에 대한 교리도 그리스도교와 다르다. 성경은 인간을 죄인이라고 여기지만 자유주의자들은 죄의식이 상실되어 있다. 이들은 인간의 선에 대해 확신하기 때문에 "여러분은 매우 선량한 분"이라고 설교한다. 이렇게 자유주의자들의 죄의식이 상실한 이유를 메이천은 전쟁에서 찾는다. 전쟁은 상대방에 대한 비난만 퍼붓기 때문에 자신의 죄악을 망각하고 만다는 것이다.

메이천은 그리스도교와 자유주의와의 모순이 복음 자체에 엄연히 존재한다고 말한다. 그리스도교는 성경은 중대한 사실의 기록인 동시에 그 기록은 진리라고 믿는다. 성경 저자들이 그들 자신의 사고와 표현상의 습관을 그대로 보존하고 있을지라도 성경을 하나님의 영감으로 기록된 영원한 진리라고 믿는다. 그러나 자유주의자들은 성경의 영감은 중요하지 않고, 그리스도인 의식과 그리스도인 체험이 중요하다고 생각한다. 이렇게 그리스도교와 자유주의자들과는 성경관에서 커다란 차이를 보이고 있다. 그리스도인에게 있어서 성경은 고통스러운 율법이 아닌, 곧 그리스도인에게 자유의 대헌장인 것이다.

자유주의자들은 예수님을 정의의 교사나 종교생활의 선구자로 신앙생활의 모범으로 본다. 때문에 이들은 속죄로서의 그리스도의 죽음을 자기희생의 표본으로 생각할 뿐이다. 반면에 그리스도교는 예수님을 인류가 신뢰하는 구주로 신앙의 대상으로 본다. 자유주의자들은 예수님의 메시아에 대하여 예수의 체험 가운데 한 현상으로 본다. 그러나 그리스도교는 예수님을 모든 세상의 최후의 심판자가 되실 하늘의 인자로 본다. 자유주의자들은 예수의 인격에 대해서 최고로 미적인 인간의 꽃으로 본다. 이들은 예수님을 모든 사람 위에 가장 뛰어나고 탁월하신 분으로 존경의 마음을 가져야 한다고 말한다. 반면에 그리스도교는 예수의 초자연적 인격으로만 죄의 문제가 해결 가능하다고 본다. 그리스도교는 예수님은 죄가 없으시기 때문에 우리의 죄의 문제를 해결하시는 구속자로 믿는다. 결론적으로 그리스도교는 예수 그리스도가 신성과 인성을 동시에 가진 하나님인 동시에 인간이신 분이시며, 확연히 구별되는 두 성정에 있어서의 하나님과 인간이며 또한 영원히 단일한 인격이시라고 본다.[87]

자유주의자들은 구원에 있어서 죄의 실재를 무시하고, 인간의지의 설득을 구원에 필요한 모든 것으로 본다. 그러나 그리스도교는 구원의 근거가 예수 그리스도의 십자가의 공로라고 말한다. 자유주의자들은 구원의 방법에 있어서 예수님의 부활을 실제적인 육체적 부활이 아니라 무덤을 초월한 예수의 영적 존재의 부활의 의미로 받아들인다. 그러나 그리스도교는 예수의 부활은 역사적 사건이며, 예수 그리스도로만 구원이 가능하다는 배타성을 믿는다. 예수님은 죄 없이 십자가에 죽으시고 부활하셨기 때문에 우리의 죄를 사할 수 있는 구원자이시다. 자유주의자들은 설교에서 인간 내면의 선으로 악을 정복하는 것이 가능하다고 본다. 즉 일반은총으로 죄의 문제를 해결할 수 있다고 본다. 하지만 일반은총으로는 죄라고 하는 질병을 고칠 수 없다. 일반은총은 죄의 증상은 완화시킬 수 있지만 병의 근원을 발본색원할 수는 없다.[88] 죄의 근원에 대한 치료는 예수 그리스도로만 가능하고 성령에 의해 적용된 새 생명으로만 가능하다. 자유주의자들은 믿음이란 그리스도를 스승으로 삼아, 인간의 복지를 추구하고 그리스도의 명령을 준행하여 구원을 얻을 수 있다고 여긴다. 그러나 그리스도교는 믿음이란 하나님의 선물이다. 자유주의자들은 내세에 대해서 거의 논하지 않고 종교는 세상의 상태를 개선하기 위한 수단으로 기능하다고 본다. 자유주의자들에 의해서 그리스도교가 단순한 공동체나 국가의 도구로 전락하고 말아, 고상한 목표에 이르는 단순한 수단으로 이용되고 있다.[89] 그러나 그리스도교는 예수님의 단순한 윤리적 원리에 의해서가 아니라 오로지 예수님의 구속 사역으로만 구원을 얻을 수 있다.

이상에서 보듯, 메이천은 그리스도교와 자유주의를 대조 비교하여 복음주의의 정체성을 단순하면서 분명하게 밝히고 있다.

5) 현대적 의의

메이천은 찰스 핫지와 워필드의 후예로서, 현대주의가 장로교회 안에 침투해 왔을 때 전투적인 자세로 임했다. 그는 현대주의(자유주의) 신학을 그리스도교가 아닌 다른 종교로 보았다. 왜냐하면 예수와 구원의 길에 대하여 전혀 새로운 견해를 자유주의가 밝혔기 때문이다.

메이천은 기독교 신앙이 이완되고 있는 현상을 목격하고 본질에 대한 영적인 통찰을 했던 예언자적 인물이다. 미국장로교 안에서 전개되었던 근본주의와 현대주의 간의 논쟁에 개혁주의 기치를 들고 싸웠던 메이천은 기독교의 근본적이며 본질적인 교리를 연구하여 현대주의의 도전에 단호하게 응전했다. 이러한 메이천의 생각은 프랜시스 쉐퍼에게 영향을 주었다.

(2) 라인홀드 니버의 기독교 사회 윤리학에 기초한 문화관

1) 생애와 사상

니버(Reinhold Niebuhr, 1892-1971)는 1892년 미주리주 라이트 시에서 태어나 독일 루터교회의 경건주의 분위기에서 자랐다. 1912년 이든 신학교에서 공부하고, 1914년 예일 대학에서 신학학사를 획득하고 이어서 M. A를 받았다. 1915년 디트로이트 시 빈민가인 벧엘 교회에서 13년간 목회(1915-1928)를 하면서 노동자들의 열악한 상황을 목격하고 자본주의를 비인도적이라고 혹평하면서, 자본가들을 눈먼 자들이라고 공격했다. 그는 1923년 구라파 여행을 하면서 독일의 비참한 현실과 영국의 노동 복지 정책을 보고, 사회민주주의가 기독교 이상에 가장 근사한 정책이라는 사실을 깨닫게 되었다. 그는 1926년 《기독교 세기》지에 포드 회사의 도덕적 허구성을 폭로하고 여론화시키는 등 사회복음주의(Social Gospel) 활동을 전개했다. 그는 1927년 『문명은 종교를 필요로 하는가?』에서 자유주의에 대해 환멸을 느끼고 기독교적 사회질서를 확립하는 것이 하나님 나라의 확장이라고 보았다.

니버는 1928년 13년간의 목회 생활을 청산하고 뉴욕 유니온 신학교의 교수로 초빙되어 응용 기독교 분야의 강의를 했다. 그는 1931년 "사회주의 크리스천 동지회"에 가담하여 종교사회주의자로 변신한다. 그는 사회, 경제적 구조의 혁신은 폭력혁명이 아니라, 비폭력 수단으로 이루어져야 하며, 이것을 성취하기 위해서 용서, 인내와 희생이 필요하다고 역설했다. 1932년 『도덕적 인간과 비도덕 사회』에서 존 듀이가 주장한 이성에 의해서 사회문제를 해결할 수 있다는 점을 비판했다. 그는 스탈린 치하의 소련 공산주의가 보여준 냉혹한 권력 남용을 보고 공산주의는 자유주의의 과오

보다도 더 위험스럽다며,[90] 기독교 사회주의 관점에서 기독교 현실주의 관점으로 노선을 변경했다.

니버는 1940년 초에 어거스틴 전통과 그 자신이 체득한 정치적 지혜에 입각하여 기독교 현실주의를 구상했다.[91] 1941년 《기독교 위기》지를 창간하여 기독교 현실주의를 발전시켜 나갔다. 1947년 '민주적 행동을 위한 미국인' 이란 단체를 결성하고, 좌파 민주주의의 주도적인 역할을 담당했다. 그는 『기독교 현실주의와 정치 문제』(1953)를 통해 주어진 사실을 기초로 인간과 사회의 객관적 현실구조를 깊이 들여다보면서 그 현실 문제와 상황을 대처하려고 노력했다.

니버는 1971년 세상을 떠날 때까지, 자유주의와 실용주의를 결합한 실용적 자유주의적 입장에서, 대내적으로 권력의 조직과 균형을 통한 민주주의 제도의 정착을, 대외적으로는 국가 간의 세력의 균형을 통한 잠정적 평화의 정착을 주장했다.

2) 기독교 사회 윤리학의 효시

① 인간관

니버는 기독교 사회 윤리의 효시자로 알려져 있다.[92] 그의 사회 윤리적 구상은 사회문제에 대한 현상적이고 대중요법적인 난견에서 나온 것이 아니라 죄와 인간의 본성에 대한 통찰에서 나왔다는 데 의의가 있다.

니버는 정통주의 기독교와 자유주의 신학의 비판적 토대 위에 사회 윤리 사상을 구축한다. 그는 정통적인 기독교가 인간의 죄를 지나치게 강조하고, 하나님의 형상으로 창조된 측면을 소홀히 했다고 비판한다. 그 결과 정통주의 기독교가 문화적 패배주의(Cultural Defeatism)에 떨어지고 말았으며, 국가에 대한 복종만 강조하여 정의 실현의 측면을 소홀히 했다고 진단한다.[93] 예컨대, 그는 루터의 무저항주의에서 파시즘의 불행한 열매가 나왔다면서[94] 정통주의 기독교를 비판한다. 또 니버는 자유주의 신학이 인간의 죄를 지나치게 소홀히 하거나 무시하고, 인간이 하나님의 형상으로 창조된 측면만을 강조한 결과, 유토피아적 환상에 빠졌다고 비판한다.[95] 그는 자유주의 신학의 낙관적인 태도로 말미암아 산업자본주의 시대에 경제적 불평등의 처방에 미온적으로 대처했다고 비판한다.

니버는 정통주의 기독교와 자유주의 신학을 비판하고 자신의 사회 윤리 구상이 죄와 인간의 본성에 대한 다음과 같은 통찰에 기초했다고 밝힌다. 인간은 하나님의 형상으로서의 '가능적 존재'이면서 죄인 및 피조물로서의 한계를 가진 '불가능성의 존재'라는 양면성을 가진 바, 그는 이것을 '불가능성의 가능성'이란 변증법적, 관계적 이해로 통합한다. 다시 말하면 기독교 신앙이 추구하는 하나님 나라와 역사적 현실 사이에 변증법적인 통일을 추구하는 것이 그의 신학적 입장이다. 인간은 자아초월성을 가진 창조적 존재이지만 동시에 유한성을 가진 파괴적 존재이기 때문에, 초월적인 영원한 세계를 추구하면서도 그 영원한 것을 역사적 현실 속에서 비록 상대적이기는 하지만 최선을 다해 실현하려는 존재라는 것이다.[96] 그의 인간 이해를 통해, 우리는 그를 단순한 이상주의자나 근본주의자로 볼 수는 없을 듯하다. 그의 윤리적 방법론은 신학적 혹은 교리적 착상이 아닌 현실의 삶에 대한 합리적 분석에 기인한 것으로 현실에의 적용 가능성이 높다. 이러한 그의 사회 윤리를 기독교 현실주의라고 부른다. 그의 기독교 현실주의는 1930년대 후반에서 1960년대 전반에 이르기까지 미국의 신학계와 정치 사상계를 주름잡았다고 해도 과언이 아닐 정도로 막강한 영향력을 끼쳤다.[97]

② 기독교 사회 윤리학의 정치적 방법론

니버의 사회학적 탁견은 『도덕적 인간과 비도덕적 사회』에 잘 나타나 있다. 이 저서의 탁월성은 1930년대 미국 사회에 대한 기독교적 대안에 머물지 않고, 현대 사회의 사회 윤리적 주제에 대한 사회 윤리적 방법을 제시했다는 데 있다. 이 책은 1932년 자유방임주의 경제 시스템이 초래한 참화로 세계 대공황이 폭발한 지 3년밖에 되지 않는 시기에 출간된 것으로, 도덕적 행위자의 도덕적 자각과 결단력만으로 사회문제를 치유할 수 없다고 진단하고, 새로운 사회 윤리로 정치적 방법을 제시한 것이다.[98]

니버는 개인들의 도덕적·사회적 행동과 사회 집단들의 도덕적·사회적 행동을 분명하게 구별하고, 사회문제를 해결하기 위해서는 '정치적 방법'(political method)을 고려해야 한다고 주장한다. 그것은 개인과 집단을 비교해 보면 집단은 비도덕적이기 때문이다. 집단과 집단 사이의 관계는 무자비한 집단 이기주의에 의해서 지배되는 권력 관계이기 때문에 거기에는 도덕적 호소나 합리적 설득은 별로 효과를 거두지 못한다. 그렇기 때문에 집단 간의 정의를 실현하기 위해서는 정치적 방법이 필요하다는 것이다.

니버는 집단 간의 정의의 실현은 충돌이 불가피하기 때문에 사랑이 아니라 힘에 의해서 뒷받침 받을 때 정의의 실현이 가능하다고 본다. 어거스틴의 말대로 지상의 공동체는 바다의 규모가 크면 클수록 그만큼 더 위험하다. 지상의 도성은 끊임없는 알력과 실존하는 경쟁 및 긴장, 그리고 지배와 소유욕이 난무하기 때문이다. 그러므로 집단은 정의보다 불의를 추구하여 집단 이기주의의 노예가 될 가능성이 높다.[99] 때문에 니버는 현실주의적 접근을 해야 한다고 주장한다. 니버가 말하는 현실주의적 접근이란 '사회정의에 필요한 장치들'로[100] 그의 사회 윤리적 접근 방법은 정치적 정책이나 제도에 의존한다. 사회 윤리에 대한 그의 이러한 접근 방식을 '정치적 방법론'이라 한다.

니버는 자유주의가 정치 문제에 있어서 일관되게 도덕적 접근법을 취하여 집단적 이기심에 대한 이해가 결여되어 있다고 본다. 그는 집단 간의 관계는 힘에 따라 결정되기 때문에 도덕적 요소로 갈등과 투쟁을 완화시킬 수는 있어도 제거할 수는 없다고 본다. 그래서 정치에는 언제나 강제적인 요소를 사용해야 한다는 것이다. 정치에는 집단적 이기주의라는 자연적 충동을 견제할 수 있는 강제성의 도입이 불가피하고, 강제력은 정의에 기초한 정책과 제도가 되어야 한다고 말한다.

니버는 정치적 방법에 있어 힘의 균형이 이루어져야 한다고 본다. 힘의 남용과 악용을 막는 길은 하나의 힘을 동등한 다른 힘에 의해서 견제해야 하는 데 있기 때문이다. 니버는 "힘에는 힘으로 도전하지 않으면 안 된다"

(Power must be challenged by power)는 유명한 말로 세력 균형의 성격을 표현했다. 그는 힘의 균형이 없이는 어떠한 도덕적 또는 사회적 제약도 불의와 노예적 상태를 완전히 막는데 성공할 수 없다고 본다. 하지만 권력의 조직화가 과도하면 폭정이 될 가능성이 크다고 말한다. 세력 균형의 유지도, 그것은 하나님의 평화가 아니고, 휴전 상태일 뿐이기 때문이다. 따라서 니버는 권력의 조직에 있어서 사랑의 뒷받침이 있어야 정의를 실현할 수 있다고 주장한다.

니버는 힘의 균형을 사랑과 관계시킴으로써 해결하고자 한다. 그는 기독교의 사랑은 용서를 통한 회개의 사랑인데 그 가능성은 하나님의 은혜 때문에 구원받은 개별 인간에게 가능한 것이다. 오직 아가페적 사랑만이 "불가능한 가능성"으로서 타당성과 적용 가능성이 있다. 그 이유는, 사랑의 법이 사회적 표준의 기초에 개입하여 도덕의 규정적 원칙으로서 사회 안에 항구적인 관련을 갖기 때문이며,[101] 아가페 사랑은 이웃에 대한 사랑의 동기와 실천력을 제공하기 때문이다. 아가페적 사랑은 불완전한 인간의 마음과 사랑에 실천력을 제공해서 자아를 성찰하게 한다. 따라서 우리는 마음과 행위를 아가페에 더 가까이 가도록 노력해야 한다.[102]

사랑의 규범에 필요한 것이 정의이다. 니버는 사랑과 정의의 관계에 특별한 관심을 갖고 다음과 같이 말한다. 첫째, 사랑은 정의의 성취요, 결코 대치물이 아니라는 점이다. 정의는 곧 정의보다 못한 상태로 타락하기 때문에 그 무엇에 의해 부축되어야 한다.[103] 정의만의 약점을 보완해주는 것이 바로 아가페라는 사랑의 원리이다. 둘째, 정의는 사랑의 필수불가결한 수단이다. 정의는 두 사람 이상이 공존하는 사회 속에서 그것을 통해 사랑을 실천하는 수단이 된다. 셋째, 사랑은 그리스도인에게 있어서 정의의 궁극적인 규범이 된다. 사랑은 모든 현실적인 정의의 체계들이 불완전함을 깨우쳐 주고, 보다 완전한 단계로 승화하도록 끊임없이 추구하는 동시에, 현존하는 정의체계의 상대주의적 불완전성에 실망한 나머지 패배주의나 현실도피주의에 빠져든 사람들을 이끌어주는 지도원리가 된다.

니버는 사랑과 정의의 관계를 '가능의 불가능성' 혹은 '불가능의 가능성'이라고 표현했다. 전자는 사랑의 이상이 구체적인 역사 속에서 정의의 체계에 의하여 완전히 성취가 불가능하다는 사실을 지칭하고, 후자는 그럼에도 사랑은 정의를 촉구하는 사랑의 이상을 성취하도록 인도함으로써 그 가능성을 보여주고 있다고 말한다. 이처럼 니버는 정의와 사랑의 관계를 분리된 이론적 관계가 아니라 변증법적 관계 속에서 부단히 상승하는 역동적 과정임을 주장한다.

이상에서 보듯, 니버는 집단 이기심의 사악성을 파악하여 사회적, 정치적 방향성을 제시해 주었다. 그리고 사회 현실 안에 있는 다양한 형태의 집단이기주의에 대한 저항의 근거를 마련해 줌으로써 정통주의적 복음의 윤리적 무기력성을 극복하고 복음의 사회적 역사성을 회복하고자 했다. 그는 집단 이기심에 대한 해결 방법으로 사랑과 정의의 변증법의 윤리를 주장하며, 역사 현실이라는 구체적인 현실 안에서 끊임없이 역동적인 참여의 윤리를 부르짖었다.[104]

③ 민주주의 긍정

니버는 세력 균형을 달성하기 위한 제도 가운데 민주주의가 가장 우수한 제도라고 주장한다. 여기서 니버가 말하는 민주주의는 부르주아 문명의 산물로서의 것보다 더 근원적인 것을 말한다는 점을 유의해야 한다. 니버는 『빛의 자식들과 어둠의 자식들』에서 어둠의 자녀들은 모든 법률을 자신의 의지와 이해관계에 복속시키는 도덕적 냉소주의자들을 표현하고, 빛의 자녀들은 이기심은 보다 고차원적인 차원에 두어야 한다고 믿는 사람들이라고 말한다. 민주문명은 법을 인정할 필요가 없다는 어둠의 자녀들이 만든 것이 아니라 보다 고차원적인 법을 만든 빛의 자녀들에 의해서 만들어졌다. 그런데 빛의 자식들은 인간을 선하다고 보았기 때문에 문제가 있다.[105] 그래서 니버는 민주주의를 기독교 현실주의적 통찰 아래에서 이해해야 한다고 주장한다.

니버는 민주주의가 종교적 기초를 필요로 하는데, 그것은 사랑에 의해 뒷받침되지 않으면 열매를 맺을 수 없다고 말한다. 여기서 니버의 교회관이 나온다. 교회는 사랑의 법이 완전히 실현 불가능하다는 것을 인식하면서도, 그것을 현실 사회에 연관시키려는 노력을 해야 한다. 하지만 니버의 눈에 비친 당시 미국의 교회는 사회에 필요한 비판적이고 도덕적인 역할을 담당해내지 못하고 있었으며, 도덕적으로 저급한 상태에 있었다. 세계 2차 대전 당시 미국 교회의 평화주의자들은 미국이 유럽의 전쟁에 관여해서는 안 된다는 입장을 견지했다. 전제정치를 묵인하고 노예상태가 전쟁보다 낫다고 설교했다. 니버는 교회의 유약한 모습에 끊임없이 제동을 걸었다. 그는 성례 등을 포함한 예배 의식의 개혁과 특히 설교의 변화를 강조했다.[106] 그리고 하나님의 심판과 용서와 화해의 역사를 선포해야 하고, 죄악된 결과물에 대해서 두려움 없이 맞서야 한다고 주장했다. 교회는 남은 자로서의 사명을 다해야 한다고 주장했다.[107]

3) 현대적 의의

니버는 기독교 사회 윤리학의 기초를 놓았다. 그는 개인적 도덕과 사회적 도덕으로 나누고 정치학적 방법론을 사회 윤리의 분석틀로 제시했다. 그는 인간의 본성에 대한 낙관적 해석이 잘못된 점을 깨닫고, 인간은 교만한 존재이며 집단화될 때 더욱 이기심이 작동한다고 보았다. 그는 공산주의와 자유주의의 인간 본성에 대한 해석이 잘못되었음을 성경 안에서 찾고, 완전한 아가페의 사랑을 '불가능한 가능성'으로 제시한다. 그는 아가페의 사랑이 인간의 마음과 행위에 대해서 비판적인 기능을 하며, 인간에게 공동체의 유지와 향상을 가능하게 만드는 원동력이라고 말한다.

니버는 기독교인으로서 문화적 책임을 다했다. 그는 단순히 경제적 현상만을 본 것이 아니라 인간성과 역사에 관한 기독교 신학적 통찰력, 그리고 구체적으로 행동하는 문화운동가이다. 그는 지나치게 이상주의적이고 낙관적이었던 미국인들에게 미국의 현실과 세계 안에서의 미국의 위치를 일깨워 주면서 자기만족과 교만에 빠지지 않도록 경고한 예언자이다.

(3) 프랜시스 쉐퍼의 68학생운동 비판과 문화 변증학

1) 생애와 사상

프랜시스 쉐퍼 4세(Francis Schaeffer, 1912-1984)는 1912년 펜실베니아의 저먼 타운에서 독일계 미국인 부모에게서 태어났다. 그의 집안은 노동자 계층이었고, 부모가 비기독교인이었다. 그는 11살 중학교 때 미술 선생을 만나 미술 분야에 관심과 흥미를 가졌고, 이것이 예술 이해에 중대한 영향을 미치게 되었다. 그리고 러시아에서 망명 온 귀족을 만나 철학 연구에 몰두했다. 서양 고전을 읽다가 18세 때 6개월간에 걸쳐서 성경 전권을 통독했으며, 자유주의 교회에서 복음주의 교회로 옮겼다. 그의 젊은 날의 방황은 지성인들에게 성경적 관점을 제공하는 방향타 역할을 했다.

1931년 9월에 펜실베니아 주와 이웃하고 있는 버지니아 주의 햄프든 시드니 대학에 진학하여 1935년에 문학사를 받았고, 평생 반려자인 에디스 쉐퍼와 결혼했다. 그 해 펜실베니아의 웨스트민스터 신학교에 입학했다. 웨스트민스터는 그레샴 메이천이 세운 학교이다. 하지만 1936년에 페이스 신학교로 옮겨 졸업했고, 성경장로 교회 교단에서 목사 안수를 받았다. 그에게 영향을 준 신학자로 코넬리우스 반틸과 알렌 맥크래를 들 수 있다. 그는 신학을 공부하면서 사랑보다는 내걸이, 용서보다는 정죄가, 통일보다는 분열이 난무하는 분파주의적 싸움을 목격하면서 사랑의 실천이 절대 중요하다는 것을 깨달았다. 그는 1938년(26세)부터 1947년(35세)까지 목회를 했다.

1947년 여름에 미국 기독교 교회 협의회 외국 협력국 간사장과 함께 13주 동안 13개 나라를 여행하면서 유럽이 신정통주의 사상에 물들고 있는 영적 상황을 꿰뚫어 보았다. 그래서 1948년 유럽 선교사로 파송을 받았으며, 대륙 여러 나라를 무대로 순회 복음 전도를 했다. 그는 부인과 함께 주일학교 공과책을 집필했고, 그 책은 13개 국어로 번역되어 사용되었다. 1951년(39세) 챔페리의 르펜즈 산장에 이주하여 건조창고 속을 거닐다 성령 충만을 경험한 후 『진정한 영성』이라는 책의 기초를 마련했다.

1955년(43세) 2월 스위스 정부로부터 6주 이내에 출국하라는 통지를 받았고 1955년 4월 1일 위에모의 멜레제 산장으로 이주하여 그 해 6월에 라브리 공동체(L' Abri Fellowship)를 발족시켰다.[108] 쉐퍼는 방문자들에게 세 가지 방법으로 접근했다. 첫째는 가장 단순한 설교로 전했고, 둘째는 강연을 통해 밀도를 높였으며, 셋째는 일대일식의 대화를 했다. 그는 예수님께서 강조하신 내적인 문제와 사상의 문제와 싸움을 했다.

1968년(56세) 첫 라브리 집회가 영국의 애쉬번햄의 협의회장에서 열렸다. 그 해 『이성으로부터 도피』와 『거기 계시는 하나님』을 출간했다. 두 저서를 출간하기 전까지 알려지지 않았지만 이 책을 계기로 그의 명성이 세계에 알려졌다. 그것은 알프스 계곡의 고립된 생활에서 자기의 생각을 정리할 수 있었고, 복음주의 문제를 바로 볼 수 있었기 때문에 사람의 공감을 얻을 수 있었던 것이다. 1971년 고든 대학에서 명예 문학박사 학위를 받았고, 이듬해에는 여러 대학을 방문했다. 1974년(62세) 로잔 세계복음화 협의회에서 연설했으며, 『그러면 우리는 어떻게 살 것인가?』를 영화로 만들었다. 1977년(65세) 1월 『그러면 우리는 어떻게 살 것인가?』를 강의했고, 성경무오협의회의 설립을 도왔다. 쿠프 박사와 프랭키와 함께 『인류에게 무슨 일이 일어났는가?』를 출간하여 낙태, 영아살해, 안락사 등과 같은 구체적인 생명윤리 문제를 다루었다. 그는 지성인들을 접촉하면서 네 가지의 질문을 했다. 첫째, 당신은 성경에 분명하게 계시된 대로 무한하시며 인격적으로 인식할 수 있는 하나님이 존재하신다는 사실을 믿는가? 둘째, 당신은 하나님의 기준에서 볼 때 자신이 죄인이라고 하는 사실을 인식하는가? 셋째, 진실로 예수 그리스도께서 시공간과 역사 속에 오셨다는 사실을 믿는가? 넷째, 당신이 마땅히 받아야 할 형벌을 대신해서 그리스도께서 십자가상에서 행하셨던 일을 받아들이고 그분께 무릎을 꿇었는가?[109]

1978년(66세) 10월 미네소타 로체스터 메이요 병원에서 암 진단을 받았고, 이듬해 9월 『인류에게 무슨 일이 일어났는가?』의 세미나를 발표했다. 1982년(70세) 그의 저서를 전 5권으로 출판했다. 1983년 사이몬 그린리프

법학 대학에서 명예 박사학위를 받았다. 1984년(72세) 중병을 앓고 있음에도 불구하고 세미나 여행을 강행하다 5월 15일 미네소타주 로체스터의 자택에서 하나님의 부름을 받았다.

쉐퍼는 이 시대의 문화 변증가로 장로교 목사이자 라브리 공동체를 섬기며, 사회의 여러 분야를 기독교적 시각으로 분석 비평했다. 그는 회심하여 복음과 문화의 상관성을 깨닫고 이론과 실천을 동시에 행한 우리 시대 문화운동가의 전형적 인물이었다.

2) 문화관 : 절망으로 인도하는 문화

쉐퍼는 인간의 전적 타락을 문화 이해의 전제로 삼는다. 쉐퍼는 현대 문화가 퇴보되었다고 말한다. 쉐퍼는 그 증거로 로마 말기의 표지들이 현대 사회에 다시 등장하고 있다고 본다. 로마 말기에는 다섯 가지 특징이 있었다. 첫째, 쇼와 사치의 고조, 둘째, 빈부의 격차 심화, 셋째, 성에 대한 집착, 넷째, 예술에서 독창성을 가장한 기형성, 창조성인 것처럼 가장한 열정주의, 다섯째, 국가를 떠나려는 욕구의 증대이다.[110]

또 쉐퍼는 현대 문화가 퇴보하고 있다는 또 다른 증거로 인본주의와 상대주의적 관점이 전적으로 현대 사회에 받아들여지고 있음을 지적한다. 그 결과 51%의 사회가 되었다. 51%의 사회란 절대기준이 없기 때문에 다수가 인정하면 그것이 법이다. 그 결과 대중의 여론이 인간의 존엄성을 해쳐도 거기에 대항할 수 없다. 즉 노인이나 난치병 환자, 정신 이상자를 죽이는 것에도 51%가 동의하면 사회의 이름으로 약자를 죽일 수 있다. 그러나 과거에는 다수가 투표해서 결정한 일도 어느 한 사람이 성경을 가지고 바른 진리를 말하면 그 판단을 받아들였다.

쉐퍼는 성경이 문화를 판단해야 하는데 현실은 성경이 문화에 맞춰지고 휘어지고 있어 문제라고 지적한다. 성경이 타락한 문화를 판단하고 확고부동한 토대가 되어야 하는데 그러하지 못하고, 다른 세계관에 오염되어 있음을 직시한다. 그런데 교회는 이러한 문화적 현실을 직시하지 못하고 적절하게 대응하지 못하고 있다는 것이다.

쉐퍼는 현대 문화가 '절망선'(the line of despair)을 넘어버렸다고 진단하고 철학에서 시작하여 미술–>음악–>문화일반–>신학의 순서대로 변화가 일어났다고 보며, 현대 문화를 분석했다. 여기서 절망의 경계선이란 기독교적 개념이 반기독교적 개념으로 변한 것을 말한다. 즉 진리가 절대적이라는 믿음에서 상대적이라는 믿음으로, 이성에 의해 진리에 이를 수 있다는 믿음에서 오직 신앙의 비약에 의해 진리에 이를 수 있다는 믿음으로 바뀌었다는 것이다. 이러한 변화는 지리적으로 독일에서 시작하여 화란과 스위스–>영국–>미국으로 번져갔다.[111]

먼저 철학을 살펴보자. 쉐퍼는 절망선으로 통하는 문을 연 헤겔과 다음 키에르케고르를 비판한다. 헤겔은 반정립 대신에 종합법을 다루었다. 반정립이란 어떤 사물이 참되다면, 그와 반대되는 것은 참되지 못하다는 것이다.[112] 윤리에서 어떤 것이 옳다면 그와 반대의 것은 옳지 못하다. 그러나 종합법은 '두 가지 다'라는 종합을 말한다. 헤겔의 변증법은 상대주의의 문을 열었고, 이것이 서구의 지성인들은 물론 일반인들에게까지 영향을 주었다. 쉐퍼는 어떤 것이 진리라면 그 반대는 비진리가 되기 마련이라는 반정립의 인식이 헤겔의 변증법의 영향으로 흑백논리로 몰아붙이고 있음을 지적한 후, 철저하게 반정립의 방법을 사용했다. 또 헤겔은 물질과 에너지가 영원하다고 가정하여, 인간의 마음과 영혼도 물질과 에너지를 통해 설명하고자 했다. 키에르케고르도 세계를 이성과 비이성의 영역으로 구분하고, 이성의 영역 곧 하층부에서 발견할 수 없는 통합점은 비이성의 영역에서 발견할 수 있는 바, 상층부에 이르는 것은 신앙의 도약을 통해서만 가능하다고 말한다. 상층부의 성격을 비이성적으로 규정하자 실존적 한계체험, 즉 실존적 경험은 전달될 수 없는 지극히 개인적인 것이 되고 말았다.

따라서 현대인들이 실존적 한계체험에서 삶의 의미를 찾고자 했지만, 하나님을 떠난 인간이 자신에게서 의미를 찾고자 했기에 모든 것을 상대화시켜 버리고 말았다. 인간이 절대적 의미를 상실하자 알더스 헉슬리는 약물 사용이 제일의 체험이라고 주장했다. 그래서 약물 사용은 허용되었고, 그것은 철학적 명분을 얻게 되었다. 헉슬리의 주장처럼 이성을 말살시킨 가운데 알 수 없는 체험이 진정한 자신이라고 말할 때, 인간은 이제 모든 희망을 포기한 것이 되고 말았다.[113]

다음으로 미술에 대해 살펴보자. 인상파 화가들에 의해 미술의 절망선은 시작되었다. 고호, 고갱, 세잔느 등은 자기의 미술에서 보편자를 발견하려고 처절한 추구를 시도했지만 실패하고 절망선 아래 머물게 되었다.[114] 하지만 피카소는 큐비즘이라는 유파를 발전시키고, 한 인물을 특정한 개인으로 보는 것이 아니라 보편적인 인간의 모습을 표현하고자 시도했다. 피카소의 시도는 화가와 관람자 사이의 거리를 더욱 멀게 했으며, 그 의미가 무엇인지를 더욱 알 수 없게 만들었다. 그리고 다다주의의 대표자 뒤샹은 변기를 '샘' 이라고 이름붙이고 있는데, 이것은 일반인들에게 미술 작품이란 무엇이냐 하는 의문을 품게 만들어 지독한 냉소주의와 신랄한 비판정신으로 사람들에게 충격을 주었다. 이러한 뒤샹을 쉐퍼는 '파멸의 대제사장' 이라고 불렀다.[115] 뒤샹은 1980년 경에 해프닝을 통해 '모든 것이 우연' 이라는 것을 보여주었다. 그러나 쉐퍼는 관람자의 내면을 파괴하는 비기독교적 예술이라고 비판한다. 쉐퍼는 21세기 시각예술의 문제를 지적하면서 미술 작품이 사람들의 의식구조에 영향을 미치기 때문에 교회가 시각 예술에 관심을 가질 것을 촉구한다.

이번에는 음악에 대해 살펴보자. 쉐퍼는 절망선 밑으로 내려간 것으로 존 케이지의 '구상 음악' 을 들고 있다. 이것은 두 사람이 동시에 하나의 교향악단을 지휘하기 등을 통하여 모든 것이 불명확한 것이라는 상대주의적 세계관을 나타내고자 했다. 또 비틀즈의 팝 음악은 현대 사상을 효과적으로 전달하는 수단이다. 그는 비틀즈의 음반에서 약물 복용에 대한 노골적인 진술을 담은 음악을 종교적 답변으로 제시했다. 이 종교적 형식은 새로운 신비주의 사상을 두드러지게 하는 모호한 범신론적 성격을 지닌다.[116]

마지막으로 영화에 대해서 살펴보자. 안토니오의 '확대' (Blow-up)는 죄책감 없는 살인, 의미 없는 사랑에 대해서 이야기하고 있다. 또 베르히만 감독의 ‘침묵’은 완전한 허무주의를 진술했다. ‘침묵’은 부도덕하고 도색적인 주제를 담은 일련의 스냅사진으로 카메라는 아무 논평 없이 이 주제를 담기만 했다. 삶은 아무런 관계도 없고, 도덕도 의미도 전혀 없다는 것이다.[117]

　이상에서 보듯, 쉐퍼는 현대 문화 전반에 걸쳐 다양한 분석을 시도하여 무리한 일반화라고 비판을 받기도 하지만, 현대 그리스도인들에게 전반적인 문화현상을 해석할 수 있는 틀을 제공해 준다는 점에서 큰 의의가 있다 하겠다.

3) 문화 변증학

　쉐퍼는 문화 변증학의 목적을 방어와 전달이라고 보았다. 그는 방어보다 전달에 더 많은 관심을 기울였다. 그가 방어보다 전달에 더욱 역점을 둔 것은 복음을 전도할 목적을 가지고 있기 때문이다.[118] 그는 개인마다 세계관을 가지고 있기 때문에 자신이 가지고 있는 세계관에 내포된 모순을 알도록 도와주어야 한다고 생각하여, 기독교적 안목으로 서구 예술과 문화를 예리하게 분석했다.

　먼저 쉐퍼는 전제에 대한 토론의 필요성을 외쳤다. 서구인들은 성경이라는 동일한 전제(presupposition)하에서 살았다. 그러나 성경의 무오성에 관한 믿음이 깨어지자 진리관에 변화가 일어난다. 그는 변화의 경계선을 ‘절망의 선’이라고 규정하고, 유럽에서는 1880년에 미국에서는 1935년에 일어났다고 진단한다. 쉐퍼는 이러한 변화를 모르고 전도하려는 사람을 ‘어리석은 사냥꾼’으로 비유했다.

　쉐퍼는 “만일 사람들에게 복음을 전하려면 현재 사상의 조류가 어떻게 흐르고 있는지를 알 필요가 있다”고 말하면서[119] “시대와 장소에 따라 교회는 그 시대와 장소의 언어와 사고방식을 고려하여 알아들을 수 있는 말로써 복음을 전할 책임이 있다.”고 주장한다.[120] 그러기 위해서 쉐퍼는 먼저 무신론자의 세계관으로 들어가 그의 긴장과 정신적 갈등, 아픔을 함께 나누어야 한다고 말한다. 그들과 함께 하면서 대화를 통해 성경적 전제로 밀어 붙여 무신론자의 지붕을 제거해야 하며, 지붕이 제거되면 적나라한 모습이 드러나는데 그때 너무 빨리 잡아 주려고 하지 말고 그가 필요한 것이 무엇인가를 보게 해주어야 한다고 말한다. 쉐퍼는 이러한 변증 방법을 '호랑이 등에 태우는 것'이라고 비유했다. 여기서 쉐퍼 변증학의 독특성이 드러나는 바, 문화를 통해 복음의 다리를 놓고, 상대방의 입장에 서서 토론을 전개하면서 그들이 가지고 있는 세계관의 모순을 스스로 깨닫게 하여, 그것을 접촉점으로 삼아 성령님의 도우심을 바라는 것이다.[121] 그의 변증 방법은 성경 진리의 교리적 진술이 아니라 외부세계와 인간존재 그 자체에 관한 진리를 20세기 인간들에게 심어주는 하나님의 일반은총과 문화를 고려한 복음 이전적 접근 방법이다.[122]

변증학이 주로 적용되는 세 가지 유형은 다음과 같다.

첫째, 진리관의 차이에 따른 사례 세 가지를 보면, 먼저 복음에 대한 지식이 있는 사람의 경우에는 곧 바로 예수를 영접하라고 말해야 한다. 왜냐하면 사전 지식에 기초하여 대답을 들을 준비가 되어 있기 때문이다. 다음, 정직한 질문을 갖고 씨름하는 경우에는, 거기에 적절한 대답을 해주어야 한다. 또 진리가 있다고 믿지 않는 사람을 만났을 경우에는 전제에 대한 대화를 해야 한다. 변증가는 전제의 비일관성을 접촉점으로 삼고, 객관적인 진리에 대한 인식으로 인도해야 한다.

둘째, 지적 수준의 차이에 따른 사례 세 가지를 보면, 먼저 문제의식이 없는 사람을 만났을 경우에는 일부러 질문을 만들어서 다룰 필요가 없지만, 대부분의 사람들은 문제의식을 가지고 있지만 적절하게 표현하지 못하는 경우가 많다. 이 경우에는 적절한 언어구사로 표현해 주어야 한다. 다음, 세상의 변화를 감지하는 사람을 만났을 경우에는 상대주의의 문제를 제기하고 그가 처해 있는 그곳에서 문제를 풀어주어야 한다. 또한 모든 것을 상대적이라고 믿는 사람을 만났을 경우에는, 전제에 대한 토론을 통해서 진리가 있다는 것을 먼저 이야기해야 하며, 그것을 믿지 않는 것은 논리적 모순이요, 불순종이요, 죄라는 것을 보여주어야 한다.

셋째, 회심의 차이에 따른 사례 세 가지를 보면, 도덕적 고민이 있는 사람이라면, 죄로부터 구원받을 수 있을지 고민하는 사람이다. 이런 사람의 경우에는 복음을 직접적으로 전해야 한다. 다음, 심리적 갈등이 있었던 사람의 경우에는 따뜻한 사랑으로 인간적으로 접근해야 한다. 또 지성적인 사람에게는 지적으로 접근해야 한다.[123]

이상에서 보듯, 모든 사람을 동일하게 취급해서는 곤란하다. 문제를 파악하고 적절한 변증적인 적용과 대답을 찾아보는 것이 지혜롭다. 쉐퍼는 최종적인 변증은 기독교의 삶 자체라고 말하고 있다. 삶 자체가 문화이기 때문이다. 다음으로 교리적인 접근을 해야 한다고 주장한다. 그의 변증학은 방어보다 문제의 핵심을 찌르고 그 원인을 규명하여 장래를 위한 희망적이고 적극적인 처방을 제시했다는 특징을 가지고 있다. 그는 복음을 변증할 수 있다는 가능성을 후학들에게 심어주었으며, 기독교의 객관적 진리를 강화하기 위해 지성적인 접근의 필요성을 깨닫게 해준 바가 크다 하겠다.

4) 1960년대 학생 운동의 교훈과 대안 : 현상에서 혁명으로

쉐퍼는 『기독교 교회관』의 첫머리에서 1960년대 학생 운동이 일어나게 된 원인을 탐구했고, 국제학생 운동의 진행과정을 검토했다. 그리고 복음주의 교회가 이러한 시대 상황 가운데 어떻게 대처했는가를 살펴보고, 세 가지 대안을 제시했다.

쉐퍼는 1960년대 혁명을 단순한 세대 차이 때문에 발생한 것으로 보지 말고 지성사적 측면에서 문화의 커다란 분수령으로 이해해야 한다고 주장한다. 쉐퍼는 68혁명이 일어나게 된 근원을 여러 각도에서 추적한다. 한 마디로 '합리주의 세계관'과 그에 대한 반동이라고 말한다. 그에 따르면 합리주의란 인간이 오직 자기 자신으로부터 시작한다는, 그래서 하나님으로부터 어떤 계시도 받지 않고 스스로 해답을 찾을 수 있다고 생각하는 세계관이다.[124] 이러한 합리주의적 세계관을 가진 학생들은 개인의 자유를 위협한다고 생각하는 문명을 마귀적인 것으로 간주한다. 여기에 과학적 합리주의는 인간의 존엄성을 부정하고, 인간을 화학적으로 결정된 것으로 보는 등 심리적 기제에 지나지 않는 존재로 본다. 이처럼 인간의 인격성이 무시되면서 교육에서도 학생들을 하나의 기계부품처럼 취급하게 된다. 그러자 학생들이 혁명을 일으키게 되었다. 이것이 1960년대 학생 운동에 대한 쉐퍼의 진단이다.

쉐퍼는 현대인이 세계를 이분법으로 받아들이면서 합리주의 세계관에 대한 반발로 신비주의의 학생 운동이 일어났다고 진단한다. 그는 학생들이 신비주의로 비약하여 낙관주의자가 되고자 했으며, 올더스 헉슬리의 주장으로 마약 복용의 시대를 열었음을 안타까워한다. 여기서 유의해야할 점은 당시 학생들에게 마약은 도피처가 아니었다는 사실이다. 당시 학생들에게 마약은 이성이 힘을 상실한 대안으로 낙관적인 희망을 체험하는 하나의 방편이었다. 학생들이 마약을 복용하는 것은 위층으로의 비약을 소망하는 한 상징적 행위였다.

쉐퍼는 1960년대 학생 변혁 운동이 합리주의와 신비주의라는 토대 위에서 발생했다고 언급한다. 그리고 가장 큰 문제는 무엇이 옳고 무엇이 그른가를 말할 범주를 상실해 버렸다고 논평한다. 예컨대, 교직원들은 학생들이 행정부를 공격하면 웃는다. 그러나 학교 서류들을 불태우기 시작하면 아우성을 친다. 이것은 학교 교직원조차도 무엇이 옳고 그른가리는 어떠한 범주를 갖고 있지 못하기 때문이다.

이제 쉐퍼는 현재 학생들이 어떤 위치에 와 있는가를 검토했다. 쉐퍼는 1960년대 국제 학생운동은 다양한 지류를 형성하고 있다고 전제한 후, 세 가지 흐름으로 설명했다. 첫째, 정치적 참여를 주장하는 자유연설 운동, 둘째, 아무런 선택도 거부하는 히피 운동, 셋째, 마이크에다 대고 큰 소리로 욕설을 하는 미치광이 같은 자유추구운동이다. 세 가지 흐름을 한 마디로 정리하면 "우리는 유동적(plastic)인 문화 속에 살고 있다"는 것이었다.[125]

쉐퍼는 1960년대 자유주의 연설 운동과 히피 운동이 다음과 같은 결과를 낳았다고 진단한다. 첫째, 새로운 무정부 상태를 낳았다. 이들은 1970년대 테러리스트의 선구자들이 되었다. 둘째, 신좌익을 낳았다. 신좌익의 문제는 이들이 확실한 토대가 없으면서도 세력을 잡으면 다수에게 말할 기회를 주지 않는다는 것이었다. 불과 수백 명의 사람이 수천 명의 사람들에게 침묵하라고 주장하며 그들의 말만 들으라고 외친다. 결국 국제학생운동의 귀결은 새로운 파시즘 체제를 구축하려는 모습을 보여 국민으로부터 지지를 얻기 못했고, 단지 실험으로 끝나고 말았다.

쉐퍼는 국제 학생운동이 실험으로 끝나고 말았지만 그 영향은 문화 전반에 파급되어 세 가지로 나타난다고 진단한다. 첫째, 개인의 자율성 추구가 향략주의로 나타날 때의 무질서이다. 개인이 향략주의를 행할 때는 문제가 되지 않는다. 그러나 한 사람 이상의 향략주의가 외나무 다리에서 만나면 그 결과는 어떻게 될 것인가? 만약 다수가 향략주의를 행한다면 무질서한 사회가 되고 말 것이다. 둘째, 다수 민주주의의 결점이 나타날 것이다. 법이 왕이다. 이 개념아래 51%를 차지하는 다수파의 독재가 나타날 가능성이 농후하다. 쉐퍼는 히틀러가 51%를 차지하면 유대인을 죽일 수 있는 것이 다수결의 법칙이 가진 위험이라고 말한다. 셋째, 소수의 엘리트가 명령을 내리는 전체주의 망령이다. 좌익의 엘리트나 지배층의 엘리트나 자의적인 절대만을 추구한다는 점에서 공통분모를 가지고 있다 하겠다.

쉐퍼는 1960년대 국제학생변혁 운동의 과정과 거기에서 파생된 결과를 살펴본 후에 복음주의 진영이 이러한 흐름을 읽지 못했다고 비판한다. 복음주의 교회는 젊은이들에게 보수적인 입장을 견지하도록 당부만 했다. 여기에 대해 적절하게 대응하지 못한 결과 학생들이 교회를 떠나고 말았다. 쉐퍼는 그에 대한 대안으로 복음주의 교회가 젊은이들에게 적극적으로 문화를 개혁하고 혁명을 일으킬 것을 가르쳐야 한다고 주장하며, 세 가지 대안을 제시한다.

첫째, 기독교적 변혁이 있어야 한다. 단순히 머리나 수염을 기르는 외적인 행동으로 혁명을 시도할 수 없다. 하나님에게서 떠난 이들에게 대항하여 변혁을 시도해야 한다. 교회는 화해라는 듣기 좋은 말이나 내용 없는 공허한 사랑만을 외치지 말고, 진리 위에 구축된 변혁을 시도해야 한다. 또 진정한 변혁을 이루기 위해서는 어떤 이슈에 대해서 협력적인 자세는 취해야 하지만 결코 그들과 동맹자가 아니라는 것을 명확하게 인식해야 한다. 기독교 문화운동가는 성경을 통해 말씀하시는 하나님 편에서만 서야 한다는 것을 잊어서는 안 된다.

둘째, 교회는 무엇이 옳고 그른지를 명확하게 가르쳐야 한다. 진리라는 개념에 대해서 상상조차 할 수 없다고 생각하는 이 세대에게 진리를 진지하게 취급하고 있다는 것을 보여주어야 한다. 진리를 강조한 다음에 진리를 실천해야 한다. 만약 진리를 말하면서 비진리를 실천하고 유동적인 문화의 흐름에 몸을 맡기며 진리를 말한다면 누구 교회의 말을 듣겠는가?

셋째, 교회는 참된 공동체가 되어야 한다. 교회는 예수 그리스도와 연합한 지체들의 모임이다. 그래서 예수 그리스도 안에서 한 공동체가 될 때 모든 경계선을 뛰어넘을 수 있다. 따라서 교회 공동체는 시범 공장의 역할을 해야 한다.

5) 시대의 요구에 부응하는 기독교 : 개혁과 부흥

쉐퍼는 교회가 영적인 전투력을 상실하자 현대 세계에 죽음의 재가 깊게 드리워져 있다고 진단한다. 교회가 전투력을 상실한 것은 성경이 제시하는 인간관을 충분히 가르치지 않았기 때문이며, 영성이 지성과 통일을 이루지 못했기 때문이다. 뿐만 아니라 복음주의 교회는 현대 문화에 능동적으로 대처하지 못하고, 심지어 전투 중에 있다는 것도 제대로 인식하지 못했으며, 진리와 관련된 문제를 제기할 때 적절한 대답을 내놓지 못했다. 쉐퍼는 이러한 시대 상황 속에서 두 가지 내용과 두 가지 실재를 가지고 대처해야 한다고 주장한다.

① 두 가지 내용 : 개혁

먼저 두 가지 내용에 대해서 살펴보자. 두 가지 내용이란 진실한 교리와 정직한 질문에 대한 정직한 답변을 하는 것이다. 쉐퍼는 진리를 바로 전하는 것을 개혁이라고 한다.

첫 번째 내용인 진실한 교리에 대해서 살펴보자. 기독교는 분명한 교리가 있다. 다가올 위협에 대처하자고 아무리 외쳐도 교리를 가르치지 않으면 아무런 효과가 없다. 복음주의자들은 실존주의 신학을 가지고 무조건 믿으라고 했다. 이러한 흐름에 편승하면 반지성적인 방향으로 흐르고 말 것이다. 이에 대항하여 우리는 진리를 힘주어 세심하고 풍부하게 전해야 한다. 기독교는 체계가 있다. 개혁주의 신학 안에 충분한 진리가 있다. 쉐퍼는 교리의 중요성을 말하면서 진실한 교리를 교회 개혁과 연관시킨다. 개혁이란 기독교 세계관에 입각한 순수한 교리를 되찾는 것이기 때문이다. 탈기독교 사회에서 하나님의 말씀을 전하는 사람이라면 문화를 보고 울면서 교리로 대응해야 한다. 쉐퍼는 교리의 중요한 왜곡을 두 가지로 보고 있다. 하나는 인간을 무의 상태로 격하시킨 것으로 인간이 놀랄만한 존재라는 성경적 사실을 왜곡하고 있다는 점이다. 인간은 단지 길을 잃었을 뿐이므로 회개하고 돌아서야만 거듭날 수 있다. 다른 하나는 사랑이라는 말이 기만적으로 사용되고 있다는 점이다. 최근에 사랑이란 말은 착취의 개념으로 사용되고 있다. 우리는 사랑이라는 말이 착취적 개념으로 사용되고 있는 것을 비판하면서 진정한 사랑을 가지고 현대의 문화가 하나님의 심판대 앞에 있음을 선포해야 한다. 쉐퍼는 긍정적인 면을 선포하기 전에 부정적인 메시지를 선포해야 한다고 주장한다.

두 번째 내용인 정직한 질문에 대한 정직한 답변에 대해 살펴보자. 쉐퍼는 성경의 절대 권위를 주장하면서 성경이 제시하는 전제아래 정직하게 답변을 해야 한다고 말하고 있다. 성경 어디에도 지적인 것에 신경을 쓰지 말라거나, 문화적인 문제에 신경을 쓰지 말라고 하는 곳이 없다. 기독교가 진리라면 인간 생활 전체와 관련이 있다.[126] 인본주의나 합리주의적인 지성주의, 신비주의는 성경이 가르치는 것과는 반대이다. 그것은 자율적인 지식체계로 인간 생활의 한 부분이다.

반면에 기독교는 진리로 인간 생활 전체와 관련이 있다. 그런데 복음주의 교회는 외부적인 문제에 관심을 기울이지 않고 있다. 때문에 쉐퍼는 교회가 사랑을 갖고 질문에 귀를 기울이는 일부터 시작하자고 제안한다. 그 사람의 질문이 무엇일까를 생각해 보고, 성실하게 지성을 사용하되, 교리에 근거하여 정직하게 답을 하자. 예수님께서 어린 아이와 같이 되라고 하신 말씀을 상층부로 도약하라는 말로 사용해서는 안 된다. 예수님께서 하신 말씀은 어린 아이는 자신의 질문에 대한 적절한 답변을 들었을 때, 그 답을 받아들인다는 것이다. 어린 아이는 순수하기 때문에 자신의 편견에 붙들려서 대답이 정당함에도 불구하고 그것을 부인하지 않는다. 사실 사람들은 현대의 여러 가지 문제에 대해서 신속하게 즉각적으로 대답해주기를 원한다. 신속하게 답변을 한다는 것은 힘겨운 일이다. 하지만 우리는 노력해야 한다. 이것이 쉐퍼가 말하고자 하는 개혁이다.

② 두 가지 실재 : 부흥

먼저 두 가지 실재란 참된 영성과 아름다운 인간관계이다. 쉐퍼는 두 가지 내용에서 기독교가 진리를 제시해야 한다고 말한 다음, 마음과 뜻을 다하여 하나님을 사랑하는 것을 목표로 삼아야 한다고 말한다. 이것이 쉐퍼가 말한 두 가지 실재이다. 두 가지 실재란 그리스도의 삶을 되찾는 것으로 그것이 곧 부흥이다.

첫 번째 실재는 참된 영성이다. 영적 실재가 없는 정통주의는 하급 기독교로서 마땅히 거부되어야 한다. 우리는 영적 실재를 나타내야 한다. 아무리 빈약한 방식이라고 하더라도 순간순간마디 그리스도 사역의 어떤 실재가 구체적으로 나타나야 한다.

두 번째 실재는 아름다운 인간관계이다. 기독교는 진리와 함께 아름다운 인간관계를 만들어 내야 한다. 우리를 주시하고 있는 세상에 비그리스도인과의 인간관계를 아름답게 해야 한다. 예수님께서는 우리가 만나는 모든 사람에게 선하게 대할 것을 말씀하셨다. 사회적 지위에 상관없이 어떤 피부색을 가졌든지, 또 언어에 상관없이 아름다운 인간관계를 형성해야 한다. 예수님께서는 길을 가다가 부딪치는 사람들에게까지 선하게 대할 것을 말씀하셨다. 쉐퍼는 자유주의 신학자들과도 아름다운 인간관계를 맺어야 한다고 말한다. 그들과 종교적 입장에서 연합할 수 없지만 참된 인간관계의 영역으로 그들을 이끌어야 한다고 말한다. 왜냐하면 성령의 힘으로 무엇이든지 할 수 있기 때문이다.

6) 현대적 의의

서구의 복음주의 교회에서 쉐퍼가 차지하는 비중과 인기가 날로 상승일로에 있다. 20세기 문화변혁기에 교회가 문화의 변혁을 감지하지 못하고 있을 때 그는 분연히 일어나 복음전도자를 자처하며 문화 전반에 걸쳐 기독교 진리를 전파했다. 그가 그렇게 불신자의 입장에 서서 복음을 변증한 것은 비기독교 가정에서 태어났지만, 성경의 권위에 대한 절대적 확신을 하고, 예수 그리스도의 십자가 사건을 체험했기 때문이다.

20세기 대표적인 복음주의자이며 실천가인 쉐퍼, 그는 스스로 복음전도자를 자청했지만, 사람들은 그를 기독교 문화변증가요, 라브리 공동체를 세운 설립자로 알고 있다. 그는 진리를 바로 알고 진리를 사랑으로 실천했기 때문에 우리에게 공감을 크게 불러일으킨다.

우리는 진리는 필연적인 대결을 초래하나, 사랑으로 이긴다는 쉐퍼의 명제를 기억해야 한다. 우리는 쉐퍼가 비그리스도인 뿐만 아니라 자유주의자도 인간적으로 사랑하라고 말한 부분을 명심해야 한다. 그리고 교회 안에 문화적인 문제로 분열에 직면할 때마다 상대방을 사랑하고 인정할 줄 아는 법을 배워야 하며, 문화적인 문제로 협력을 할 때 협력자와 동맹자와의 관계를 분명히 해야 한다. 특히 시민사회 운동이 활발하게 전개되고 있는 이 시대에 기독교 문화운동가들은 이슈 파이팅을 할 때 협력은 하되 동맹자가 아니라는 것을 분명하게 해야 할 것이다.

주

1) 로버트 L. 존스, 이장식 역, 『반문화운동과 종교』, 현대사상사, 1976, pp. 15-26.

2) 다니엘 벨, 오세철 역, 『자본주의의 문화적 모순』, 전망사, 1980, pp. 135-148,

3) 천승걸·김성곤, 〈양차 대전 사회의 미국 사회와 문학에 관한 연구〉, 『미국학』, No. 13, 서울 대학교 미국학 연구소, 1990, p. 152.

4) 신익수, 「반문화의 기원과 성격」, 외대 사학과 석사, p. 11.

5) 로드 W. 호턴·허버트 W. 에드워즈, 박거용 역, 『미국문학사상의 배경』, 문화과학사, 1996, p. 328.

6) 재즈의 정신은 해방에 있다. 전통·관습·권위·권태·슬픔 등의 모든 것, 인간영혼을 제한하거나 자유로움을 방해하는 모든 것으로부터 해방이다.(Calvin B. T. Lee, 라채운 역, 『침묵의 세대』, 아름, 1982, p. 97.

7) 비트는 친다, 두드린다는 뜻이지만 속어로는 녹초가 된다는 뜻이다. 그 뜻조차 애매하지만 한 가지 분명한 것은 20세기 물질주의 문명에 깔린 젊은이의 외침이 비트였다는 것이다. 1952년 11월 16일자 《뉴욕 타임스》 매거진에 소설가 존 클레론 홈즈가 글 〈이것이 비트 세대다〉를 발표하면서 '비트 세대' 란 용어가 세상에 퍼지게 되었다.

8) 신익수, 위의 논문, pp. 22-23.

9) 죠지 마르스텐, 홍치모 역, 『미국의 근본주의와 복음주의 이해』, 성광문화사, 1992, p. 15.

10) 죠지 마르스텐, 위의 책, pp. 23-32.

11) 죠지 마르스텐, 위의 책, p. 74.

12) 서철원, 『성령신학』, 총신대학출판부, 1995, p. 25.

13) 하비 콕스, 유지황 역, 『영성·음악·여성, 21세기 종교와 성령운동』, 동연, 1998, pp. 116-122.

14) 죠지 마르스텐, 위의 책, p. 94.

15) 강정석, 「1968년 컬럼비아대학반란 연구」, 한양대 사학과 석사, 2000. 컬럼비아 대학은 당시 국방분석연구소와 대학과의 제휴를 반대하여 시위를 벌이다 정학 처분된 6인의 백인 학생 활동가에 대한 사면 요구와 공유지인 모닝사이드 공원에 학교 체육관을 건설하려는 학교 당국의 계획에 대한 반대로 시작한다. 이들은 대학에서 얻으리라 생각했던 것과 실제 사이에 괴리에서 출발하여 대안을 제시하지 못하고 너무 급진적으로 진행했기 때문에 정치적 의미의 대결의 장으로 변하고 말았다.

16) 강정석, 위의 논문, pp. 26-28.

17) 존 A. 워커, 정진국 역, 『대중매체시대의 예술』, 열화당, 1987, p. 23.

18) 하위 문화적인 성격을 띤 록 음악은 기계의 기술적인 변화와 함께 세 단계(1958년까지 로큰롤(rock and roll), 1958-1964년까지 록앤롤, 1964년부터 록)로 발전한다.

19) 브라이언 롱허스트, 이호준 역, 『대중음악과 사회』, 예영커뮤니케이션, 1999, pp. 155-

159.

20) 원용진, 『대중 문화의 패러다임』, 한나래, 2001, p. 213.

21) 존 A. 워커, 위의 책, p. 31.

22) 허현진, 「영국, 미국의 Pop Art 연구」, 동아대 미술교육 석사, 2002, pp. 1-5.

23) Andy Warhol, *Philosophy of Andy Warhol* : From A to B Back Again, p. 36.

24) Patrick Smith, *Interview with Emile de Antonio*, New York, 14, November, 1978, p. 97.

25) 존 A. 워커, 위의 책, p. 47.

26) pp. 31-36.

27) 허현진, 위의 논문, p. 31.

28) Carter Ratcliff, Andy Warhol, New York : Abbeville Press, 1985, p. 28.

29) 더글라스 캘너, 김수정 · 종종희 역, 『미디어 문화』, 새물결, 1995, p. 40.

30) 위의 책, p. 27.

31) 김성곤, 〈미디어 문화 연구를 통한 미국연구-미국영화와 텔레비전 드라마를 중심으로〉, 『국제 · 지역연구』 10권 3호, 2001 가을, p. 48. 여러 종류의 장르에 대한 미디어에 대한 연구는 더글라스 캘너, 위의 책을 참조할 것.

32) 앨빈 토플러, 유재천 역, 『제3의 물결』, 주우, 1981, p. 36.

33) 앨빈 토플러, 위의 책, p. 247.

34) 앨빈 토플러, 이상벽 역, 『제3의 충격파』, 홍신문화사, 1981, p. 201.

35) 앨빈 토플러, 이규형 역, 『권력이동』, 한국경제신문사, 1990, p. 56.

36) 니콜라스 네그로폰테, 백욱인 역, 『디지털이다』, 박영률출판사, 1995.

37) 이숙이, 〈 "미래는 인터넷으로 운영된다" 방한 네그로폰테 미디어랩 연구소장〉, 『시사저널』, 1996. 1. 25, p. 18를 강준만, 『대중매체 이론과 사상』, 개마고원, 2002, p. 345에서 재인용함.

38) 김상현, 〈비트 혁명 외치는 디지털 선구자 : 미국 MIT 미디어랩 니콜라스 네그로폰테 소장〉, 『뉴스플러스』, 1996. 1. 25, p. 58.

39) 노암 촘스키, 『누가 무엇으로 세상을 지배하는가?』, 시대의 창, 2002, pp. 10-11.

40) 노암 촘스키, 김보경 역, 『미국이 진정으로 원하는 것』, 한울, 1996, p. 20.

41) 노암 촘스키, 앞의 책, p. 54.

42) 위의 책, p. 25.

43) 위의 책, p. 156.

44) 위의 책, p. 178.

45) 위의 책, p. 138.

46) 위의 책, p. 170.

47) hnsj@sed.co.kr

48) 허버트 실러, 김동춘 역, 『정보불평등』, 민음사, 2001, p. 122-124..

49) 위의 책, pp. 166-170.

50) 허버트 실러, 강현두 역, 『현대자본주의와 정보지배논리』, 나남, 1990, p. 169.

51) 강준만, 『대중매체 이론과 사상』, 개마고원, 2002, pp. 292-294.

52) 박영학, 『커뮤니케이션과 종교』, 커뮤니케이션북스, 1998, p. 82.

53) 퀸틴 슐츠, 김성웅 역, 『거듭난 텔레비전』, IVP, 1995, pp. 65-74.

54) William F. Fore, *Mass Media's Mythic World : At Odds with Christian Values*, Christian Century, January, 19, 1977, pp. 34-35.

55) 박영학, 『커뮤니케이션과 종교』, 커뮤니케이션북스, pp. 137-142.

56) Carl F. H. Henry, *Evangelicals : Out of the Closet but Going Nowhere?*, Christian Today, January, 1980. pp. 16-22를 박영학, 위의 책, p. 146에서 재인용함.

57) 퀸틴 슐츠, 위의 책, p. 116.

58) Todd Gitlin, *Inside Prime Time*, New York : Pantheon Books, 1983, p. 31.

59) Todd Gitlin, 위의 책, pp. 77-78.

60) 박영학, 위의 책, p. 144.

61) 퀸틴 슐츠, 위의 책, pp. 119-124.

62) 위의 책, pp. 151-154.

63) 위의 책, pp. 161-165.

64) 위의 책, pp. 184-194.

65) 위의 책, pp. 221-226.

66) 퀸틴 슐츠, 김성녀 역, 『미디어 시대, 당신의 자녀는 안전한가?』, IVP, 1997, p. 94.

67) 상징적 폭력이란 자신이 권력에 지배당하고 있다는 점을 인식하지 못하며 당하고 있는 폭력을 말한다. 보여주면서 감추는 것이 텔레비전의 속성이라고 말하고 있다.

68) 피에르 부르디외, 현택수 역, 『텔레비전에 대하여』, 동문선, 2003, p. 49.

69) 위의 책, pp. 119-135.

70) 위의 책, pp. 50-60.

71) Sydney Ahlstrom, *A Religious History of the American People*, New HAven : Yale Un

72) 헨리 코리, 김길성 역, 『잔 그레스헴 메이천』, 총신대 출판부, 1997, pp. 154-155.

73) 이상, 로이 A. 해리스빌 · 월터 선드버그, 남정우 역, 『문화변혁과 성경읽기』, 예영커뮤니케이션, 2002.

74) 김길성, 『메이천 박사 저작선집』, 총신대 출판부, 2002.

75) 위의 책, p. 261.

76) 위의 책, p. 263.

77) 위의 책, p. 269.

78) 조지 마르스텐, 홍치모 역, 『미국의 근본주의와 복음주의의 이해』, 성광문화사,

79) 이상, 위의 책, pp. 217-223.

80) 김길성, 위의 책, p. 280.

81) 그레샴 메이천, 김길성 역, 『기독교와 자유주의』, 크리스챤출판사, 2004, p. 2.

82) 위의 책, p. 3.

83) 위의 책, p. 22.

84) 위의 책, pp. 38-39.

85) 로이 A.해리스빌 · 월터 선드버그, 앞의 책, 294.

86) 위의 책, p. 43.

87) 위의 책, pp. 101-102.

88) 위의 책, p. 126.

89) 위의 책, p. 139.

90) Reinhold Niebuhr, *Faith and History*, New York : Charles Scribners Sons, 1949, pp. 313-317.

91) Dennis McCann, 김쾌상 역, 『기독교 현실주의와 해방신학』, 대한기독교출판사, 1985, p. 24.

92) 고범서, 〈윤리에서의 도덕적 방법과 정치적 방법〉, 『기독교 사회 윤리』, 한국기독교사회윤리학회, 1999, p. 8.

93) 위의 책, p. 116.

94) 위의 책, p. 123.

95) 김용주, 『라인홀드 니버의 윤리사상』, 성광문화사, 1989.

96) 고범서, 『사회 윤리학』, 나남, 1993, p. 224.

97) 현영학, 〈라인홀드 니버〉, 김종운, 서광선 편, 『미국인의 선택』, 문학과 지성사, 1982, p. 205.

98) 문시영, 〈사회 윤리에 있어서 아우구스티누스-니버적 접근〉, 『기독교 사회윤리』, 기독교사회윤리학회, 1999,

99) 니버, 지명관 역, 『기독교 현실주의와 정치 윤리』, 대한기독교서회, 1976, pp. 128-133.

100) Reinhold Niebuhr, *An Interpretation of Christian Ethics*, Livings Age Books, New York : Meridian Books, 1960, p. 155.

101) Carnel, *The Theology of Reinhold Niebuhr*, Grand Rapids, Michign L Eerdmans Publishing Company, 1951, p. 221를 이상훈, 「라인홀드 니버의 기독교 현실주의와 정치권력 이해」, 장신대 신대원 석사, 1992, p. 31에서 재인용.

102) 현영학, 〈라인홀드 니버의 삶과 사상〉, 『기독교 사상』 제278권, 1981. 8, p. 131.

103) Niebuhr, *Moral Man and Immoral Society*, New York : Charles Scribner's Sons, 1960, p. 258.

104) 김철웅, 「라인홀드 니버의 집단 이기심 분석」, 연세대 신대원 석사, 1996, 12.

105) 라인홀드 니버, 이한우 역, 『빛의 자녀들과 어둠의 자식들』, 문예출판사, 1995, pp. 23-25.

106) 라인홀드 니버, 조형균 역, 『신앙과 역사』, 청구출판사, 단기 4290, p. 361.

107) 박봉배, 〈라인홀드 니버의 교회와 국가〉, 『기독교 사상』, 1973, 1, 대한기독교서회, 1973, pp. 98-99.

108) 네 가지 원칙을 세웠다. 첫째, 하나님께 관광을 목적으로 한 사람이 아닌 하나님이 선정한 나그네를 보내달라고 기도한다. 둘째, 하나님께 매일 우리 식구와 우리에게 보내 주신 사람들이 먹을 충분한 양식과 돈을 공급해 달라고 기도한다. 셋째, 우리의 계획을 세

우지 않고 하나님께서 직접 인도하시며 여러 가지 방법으로 하나님의 계획을 우리에게 실천하실 것을 기도한다. 넷째, 만일 이 사업이 확장되어야 한다면 새로운 일꾼을 우리가 광고해서 모집하는 대신 하나님께서 스스로 뽑아 보내 달라고 기도한다.

109) 크리스포퍼 캐서우드, 김영우 역, 『5인의 복음주의 지도자들』, 엠마오, 1987, p. 172.

110) 쉐퍼, 김기찬 역, 『그러면 우리는 어떻게 살 것인가?』, 생명의 말씀사, 2000, pp. 279-280.

111) 프랜시스 쉐퍼, 김영재 역, 『이성에서의 도피』, 생명의 말씀사, 1989, pp. 64-66.

112) 위의 책, p. 52.

113) 프랜시스 쉐퍼, 김기찬 역, 『거기 계시는 하나님』, 생명의 말씀사, 1999, p. 38.

114) 위의 책, p. 42.

115) 위의 책, p. 50.

116) 위의 책, p. 64.

117) 위의 책, p. 62.

118) 성인경 엮음, 『프랜시스 쉐퍼 읽기』, 예영커뮤니케이션, 1997, pp. 119-124.

119) 『이성에서의 도피』, p. 145.

120) 위의 책, p. 146.

121) 성인경, 위의 책, pp. 134-135.

122) 이정곤, 「프랜시스 쉐퍼의 변증방법 연구」, 장신대 신대원 석사, 1989, p. 57-59.

123) 성인경, 위의 책, pp. 136-141.

124) 프랜시스 A. 쉐퍼, 박문재 역, 『기독교 교회관』, 크리스챤 다이제스트, 1997, p. 24.

125) 쉐퍼, 위의 책, p. 42.

126) 김의환, 『도전받는 보수신학』, 생명의 말씀사, 2004, p. 139.

제 **8** 장

후대중문화 디지털 시대의
기독교적 대응

1. 후대중문화가 종교에 끼치는 명암

2. 기독교적 대응

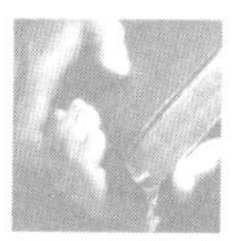

디지털 시대와 관련된 쟁점들은 대중문화(시대)의 연장선상에 있지만 색다르다.[1] '아날로그·디지털'은 매체의 속성이 다르기 때문이다. 한국 사회는 1997년 IMF로 인해 급속하게 디지털로 변했으며, 인터넷의 급속한 확산은 문화의 질적인 변화를 초래했다. 아날로그에서 디지털로의 질적인 문화의 이행은 고통과 모순을 동반하기 마련이다. 그래서 최근 '사이(betweeness)의 철학', 이행기에 대한 관심이 높아지고 있다. 우리는 낡은 것과 새로운 것을 가르는 경계에 살고 있기 때문에 긴장, 불안정 그리고 심지어는 공포를 느끼며 떨고 있다. 이행기는 보수와 진보가 날카롭게 대립한다. 기존사회를 유지하고자 하는 보수세력과 그것을 변화시키려고 하는 진보세력과의 격렬한 투쟁은 최근 우리 사회에서 보듯 문화전쟁으로 나타나기도 한다. 이러한 때 우리는 현재와 미래의 새로움뿐만 아니라 과거의 연속성 안에서 디지털 문화를 바라보아야 한다.

본 장은 후대중문화가 종교에 주는 명암을 살피고, 이를 토대로 기독교가 디지털 시대에 어떻게 대응할 것인지에 대해 다루고자 한다.

1. 후대중문화가 종교에 끼치는 명암

디지털 문화는 창조와 타락의 산물이면서 구속과 심판이라는 종말을 지향함으로 빛과 그림자가 교차되고 있다. 그러므로 디지털 기술의 미래에 대하여 낙관도 비관도 할 수 없다. 기독인들은 문화변혁을 위해 노력할 뿐이다. 그리고 창조의 구조에 위배되는 디지털 매체의 불균형한 발전에 경종을 울리고, 하나님의 구속 사역을 위해 그 매체가 활용될 수 있도록 '복음을 위한 다리 놓기'를[2] 해야 한다. 만약 교회가 자기보존에만 관심을 가지고 디지털 매체를 '새로운 세속적 신'[3]으로 활용한다면 심판을 받게 될 것이다. 본 절에서는 디지털 매체가 종교에 주는 명암에 대해서 살펴보고자 한다.

(1) 긍정적 측면

디지털 매체는 문자시대에 소홀히 했던 지성과 감성의 조화를 결합할 수 있게 한다. 문자시대가 논리중심주의로 흘렀다면, 디지털시대는 총체적 반성을 가능하게 한다. 총체적 반성이란 삶의 시공간에서 인간의 조건을 대상으로 생각하거나 놀이하거나 예술 활동하는 것을 지칭한다. 영상으로 보는 경험은 일종의 사람다움을 모색한다는 점에서 인간존재에 대한 반성적 사유인 것이다.[4] 따라서 교회지도자들은 좋은 문화 콘텐츠를 엄선하여 적극 활용해야 한다. 성도들로 하여금 총체적인 반성적 사유를 하게 한 후, 그 생각을 글쓰기로 정리하게 한다면 성도들의 믿음이 깊어질 것이다.

디지털 매체는 읽기를 더욱 강화시킬 수 있다. 디지털 기술의 발전은 아날로그 언어와 디지털 언어의 질적 구분을 어렵게 만든다. 과거에는 문자적 사유와 영상적 사유를 이성과 감성의 이분법에 의한 대립적 갈등관계로 보았다. 책 읽기는 능동적 작업이고, 영상은 수동적 작업이라고 보았다. 그러나 디지털 기술의 발달로 그 갈등관계가 완화되고 있다. 예컨대, 전자책은 문자와 음악, 음성, 그래픽이 결합된 형태이다. 다시 말해 문자, 사진, 배경음악, 음성낭독 등을 비트화한, 문자와 영상을 결합한 것이다.[5] 우리가 성경을 문자로 읽는 것과 문자, 사진, 배경 음악, 음성낭독을 결합한 전자 성경책을 보는 것과 비교한다면 어느 것이 더 효과적일까? 전자 성경책은 문자 시대에 소홀히 했던 시각과 청각을 활성화하여 성도들에게 눈과 귀를 다시 찾게 할 것이다.

디지털 매체는 타락한 문화를 건전한 문화로 빠르게 바꿀 수 있는 측면이 있다. 오늘날 대중은 인쇄매체보다 영상매체를 선호한다. 대형서점에서 인문서적은 삼, 사백 권을 넘기기 어려운데 "친구"와 "태극기 휘날리며"로 이어지는 영화 관객은 1천만 명을 돌파하고 있다. 오늘날 2천만 명 이상이 인터넷을 이용하고 있고, 또 전 세계 10억 이상이 스타크래프트라는 컴퓨터 게임에 몰두하고 있다. 인터넷이라는 공간과 스타크래프트라는 컴퓨터 게임은 기독교에 시사하는 바가 크다. 컴퓨터 게임에 기독교 세계관을 담으면 10억 이상의 사람들에게 복음을 아주 빠르게 전할 수 있다.[6] 우리는 "누구든지 헛된 말로 너희를 속이지 못하게 하라"(엡 5:6)는 성경의 말씀에 따라, 타락한 인터넷 문화를 하나님 나라의 복음을 전하는 전진기지 문화로 바꾸어야 한다.

디지털 기술의 발달은 적은 비용으로 문화콘텐츠를 만들 수 있어 유 초등부나 중 고등부 교육에 크게 기여할 것으로 기대된다. 지금까지 교회학교 교사는 강력한 텔레비전의 마력에 길들여진 아동들에게 효과적인 교구를 활용하여 복음을 전하고 싶었지만 적당한 교구가 없어 텔레비전과의 대결에서 패배했다. 간혹 교육용 교구가 있다고 해도 내용과 형식면에서 작품성이 낮아서 아이들의 관심을 끌 수가 없었다. 그러나 이제는 디지털 캠코더 하나만 가지고 있으면 교사가 교재를 직접 제작할 수 있게 되었다.

디지털 시대는 데이터 베이스를 빨리 할 수 있어 기독교 사상을 전 세계에 빨리 전파할 수 있다. 디지털 시대는 데이터 베이스 싸움이라고 해도 과언이 아니다. 우리는 기독교 유산을 데이터 베이스 해야 한다. 마음만 먹으면 『성경』, 기독교 역사, 기독교 유적, 선지자들의 유품, 기독교 학자들의 연구성과, 전 세계 목사의 설교 등 전 인류가 함께 누려야 할 중요한 기독교 문화 유산을 디지털 데이터 베이스화 할 수 있다. 이러한 자료가 있어야 문화콘텐츠를 만들 수 있다. 기독교 문화유산을 애니메이션, 영화, 드라마, 컴퓨터 게임, 온 라인 게임 등으로 개발하면, 지금까지와는 전혀 다른 차원에서 하나님의 말씀을 전파할 수 있을 것이다. 이제 교회와 대학, 기업은 기독교 문화유산을 정리하여 기독교 신앙의 본질을 신속하게

전해야 한다.[7]

　디지털 시대의 지도 그리기 중 가장 두드러진 변화는 쌍방커뮤니케이션이다. 쌍방커뮤니케이션은 성도들의 신앙을 성숙한 단계로 이끌 것으로 기대된다. 최근 서사의 왕인 소설도 상호 텍스트 기법이 활용되고 있다.[8] 성리드 엔더슨 목사는 "텔레비전은 20세기와 같이 존재하지 않을 것이다."라고 하여[9] 21세기의 디지털 텔레비전의 상호커뮤니케이션이 교회에 변화를 줄 것이라고 말하고 있다. 목회자와 성도, 시민단체와 교회, 방송자와 시청자간에 쌍방커뮤니케이션이 신속하게 이루어진다면 문화변혁을 앞당길 수 있을 것이다. 쌍방커뮤니케이션은 성경공부나 설교에도 변화를 주리라 예상된다. 과거에 성도들은 성경을 공부하거나 설교를 듣고 이해하지 못하는 부분이 있어도 그냥 지나치곤 했다. 그러나 지금은 바로 목회자와 쌍방커뮤니케이션을 할 수 있게 되어 성도들의 신앙을 한층 성숙한 단계로 이끌 수 있을 것으로 기대된다. 또 디지털 시대의 쌍방커뮤니케이션은 교회의 민주화, 신속한 상담 등에도 기여할 수 있을 것으로 기대된다.[10]

　디지털의 존재론적 특성인 시·공간의 무화는 직장에 다니는 평신도들과 작은 교회에 새로운 교육 공간을 제공할 것으로 기대된다. 국내에 기독교 사이버 대학이 몇 개 문을 열었다. 기독교 사이버 대학에는 여러 대학의 기독교 학자들이 전공별로 밀도 높은 강의를 진행한다. 시간이 부족하여 제자훈련 프로그램에 참여하지 못하는 직장인도 인터넷을 클릭만 하면 신학자들을 만나 밀도 높은 강의를 들을 수 있고, 제자훈련 프로그램이 없는 작은 교회의 목회자도 의욕만 있다면 양질의 평신도를 길러 낼 수 있을 것으로 생각한다.

　이렇듯 디지털 기술은 교회학교 교육과 평신도 교육, 교회의 민주화나 상담, 복음 전파 등에 활용될 수 있는 잠재력을 가지고 있다. 아직은 대부분 교회 홍보용으로 운영하고 있는 듯하다. 교회는 신속히 정보기술을 접목한 콘텐츠 개발 등에 전문가를 참여시켜 그 잠재력을 마음껏 활용해야 한다.[11]

(2) 부정적 측면

디지털 매체는 교회 해체의 첨병이 될 수 있다. 개신교의 입장에서 볼 때 신앙의 근거는 하나님의 말씀인 성경에 놓여 있고, 하나님의 말씀은 문자로 기록되어 일점일획이라도 더하지도 빼서도 안 되는 절대적인 권위를 가지고 있다. 이와 같은 전통 위에서 개신교는 언어매체의 장점을 살려 지금까지 목회자가 예배당을 중심으로 복음을 전했다. 그런데 영상으로 복음을 전달할 수 있게 되자, 성도들의 예배당 개념이 희박해지고 있다. 성도들이 기독교 채널을 틀거나 설교방송 마우스만 클릭하면 다양한 설교자의 설교를 들을 수 있게 되었는데, 이것은 신학적 판단을 할 수 없는 초신자들에게 아주 위험하게 작용할 수 있다. 설교 방송 가운데 검증되지 않는 설교가 있기 때문이다. 이러한 현상은 '예배당 중심의 신앙생활'과 '개교회 중심주의를 지향하는 개신교의 전통'과 '교단의 신학적 정체성' 등의 문제를 야기시킬 것으로 보인다.

디지털 매체는 매체의 속성상 표피적이고 얄팍하기 때문에 영상으로 복음을 전할 때 복음에 왜곡이 일어나기 쉽다. 설교자가 보드리야르가 말한 과실재를 이용할 때, 하나님의 영광이 아닌 설교자의 우상화로 이용될 수 있고, 복음을 '사교의 축복'으로 변형시켜 전할 수 있다. 사교의 축복이란 축복을 받을 때 성경에 근거한 것이 아닌, 하나의 개념, 하나의 형식, 하나의 방법에서 온다는 것으로, 이것을 설교자가 단순 반복할 때 축복을 받는다는 샤머니즘적 마성화이다. 이처럼 설교자가 디지털 매체를 수단화할 때 거기에 커다란 문제가 발생할 수 있다.[12] 이렇듯 복음 전도사라는 이름으로 거짓복음을 전파하는 데도, 수용자가 그것을 참 복음으로 받아들일 가능성이 많다.[13]

최근 사이비 종교 교주들이 디지털 매체를 활용하여 성도들을 세뇌시키는 장면이 보도된 적이 있다. 이것은 디지털 이미지가 디지털 전체주의 상황을 만드는 극단적인 예일 수도 있지만 기독교 세계관이 확고하지 않은 성도들에게 배교의 기회를 가속화시키는 계기가 될 수도 있다.

디지털 이미지에 큰 몫을 담당하고 있는 광고들은 기독교의 세계관을 바꾸고 있다. 광고는 생산품을 파는 것이 아니라, 그 상품과 결부되어 있는 생활양식과 사회적으로 바람직한 정체성을 판다. 광고는 정체성은 구성되는 것이고 변화 가능한 것이라는 점을 보여주며, 한 사람이 모든 것을 가질 수 있다는 환상적 이미지를 투사한다. 광고주는 이런 이미지를 연출하기 위해 종교적 메시지를 훼손하며 해체적 드라마를 연출하기도 한다.[14] 이렇듯 광고는 절약이라는 기독교 세계관을 무화시킨다. 그 결과 성도들이 가난한 사람과 과부들을 구제하는 데 무심해져, 주님이 명령하신 선교의 사명을 소홀히 하게 된다.

또 디지털 이미지는 공간 위에 공간을 누적시킴으로써 현란한 현실효과를 낼 수 있다. 상상할 틈을 주지 않는 편집은 수용자를 수동적인 시각이미지의 수용기제로 전환시켜 버린다. 그 결과 성도들도 가상현실에서 모든 일이 해결될 것이라는 착각을 하게 한다. 예를 들면 사이버 상에서 남북통일을 위해 천만 번 아니 수억 번 클릭해도 남북통일은 이루어지지 않는다. 오히려 이러한 행위는 현실 문제를 냉철하게 통찰할 수 있는 힘과 실제적인 실천을 더디게 할 수가 있다. 이처럼 가상현실은 현실의 모순을 은폐하는 기제로 사용될 수 있다. 이것은 특히 실천을 요구하는 종교 행위에 큰 폐단으로 다가올 수도 있다.

한편 디지털 시대는 개인의 소외감과 격리감을 끊임없이 야기할 것으로 본다. 가상현실이 예배당을 대신할 수 없다. 인터넷은 교회 공동체라는 대인관계를 창조할 수 없으며, 그 공간은 절대로 신성한 곳이 될 수 없다. 성도들이 인터넷 공간에서 예배를 드리고 채팅하는 것이 몸에 배게 되면 하나님과 성도, 성도와 목회자, 성도와 성도 간의 사랑의 교제가 무디어져 사랑의 결속과 연대의식, 더 나아가 그리스도와의 연합에 피해를 입힐 수 있다.

디지털의 익명성은 '과다 민주주의'를 초래하여 교회에 부정적으로 작용할 수 있다. 예를 들어, 최근에 빈번하게 발생하고 있는 특정 교회와 지도자에 관한 인격 침해는 교회를 와해시킬 수 있는 위험성을 내포한다. 정확한 기준과 잣대 없이 한 개인의 주관적인 생각이 개입된, 감정에 치우친 정보는, 정보의 과부하로 오히려 성도와 세상 사람들에게 교회에 대한 무관심과 방관자적 의식을 심화시키기도 한다. 이렇듯 디지털의 익명성은 기독교에 부정적으로 작용할 수 있다.

더욱이 디지털 시대에 경계해야 할 것은 지도자들의 영성이다. 교회 지도자들이 인터넷이나 컴퓨터 게임에 중독이 되어 영성을 잃게 되면 기독교는 심각한 위기에 봉착할 것이다. 또 기독교 지도자들이 디지털 매체를 활용하여 권력을 재생산하려 할 때 성도들은 속수무책으로 당할 수밖에 없다. 그러므로 우리는 디지털 매체와 그에 파생하여 나타나는 여러 가지 문제점에 관하여 경계의 눈을 늦추지 말아야 한다.

2. 기독교적 대응

디지털 시대는 자본이 생산 공장뿐만 아니라 사회의 모든 시간과 공간을 장악하고 있다. 이러한 변화를 네그리는 '사회적 공장'이라고 부른다.[15] 디지털 기술의 발전으로 자본·노동의 문제가 사회의 전 영역에서 모든 일상인들의 문제가 된 시대이다. 그에 따라 복수적 전망이 요구된다. 따라서 디지털 사회는 결코 단일한 중심과 목표를 지닌 문화운동을 전개하기가 힘들어진 시대이다. 다양한 실천을 전개하기 위해서는 혼자만의 힘으로는 벽에 부딪히고 만다. 때문에 다양한 연대를 모색하는 것이 작금의 현실이다. 모더니즘이나 포스트모더니즘 시대를 넘어선 디지털 시대에 오히려 기독교인들에게는 희망이 있는 것이 아닐까? 모더니즘과 포스트모더니즘 시대에 기독교는 목표가 분명한데 그 목표를 전달할 통로가 막히었다. 그러나 지금은 과정 자체를 중시하는 다양한 실천을 문화라는 공동 담론에 의해서 실천하는 시대이기 때문에, 미시적인 부분에 들어가서 우리가 가지고 있는 진리를 말할 수 있는 여건이 더욱 조성되어 있다 하겠다. 어떤 식으로로든 다양한 접합을 시도하고자 하는 디지털의 존재론적 특성은 욕망의 능동적인 힘을 집단적 주체를 매개로 올바른 방향의 사회변화로 이끄는 긍정적인 측면이 있다. 이것이 바로 문화의 영역이다. 이렇듯 디지털 시대는 '무의식마저 식민화' 시키는 어둠인 동시에 문화를 통하여 새로운 사회변화를 이끌 수도 있다.

개신교의 역사적 경험은 문자 매체인 인쇄 기술을 효과적으로 사용하여 복음을 전했고,[16] 전자 매체를 긍정적으로 활용한 흔적이 보인다.[17] 그러므로 우리는 디지털 기술이 인간을 타락으로 이끌며, 개인들에 대한 감시와 통제, 그리고 새로운 착취수단이 될 수 있다고 해서 그것에 무관심하거나 적대적인 배격의 대상으로 인식해서는 안 된다. 만약 교회가 복음을 전하는 일에 미디어를 활용할 수 있는 데도 그 효용성을 무시하고, 일일이 가정을 방문하여 복음을 전파하기만 고집한다면, 그것은 시대에 뒤떨어진 방법이라 하겠다. 따라서 이 절에서는 디지털 문화의 명암을 근거로 디지털 문화에 대한 기독교적 안목을 정립하고, 그것의 대응 방안을 마련해 보고자 한다.

먼저 디지털 문화에 대한 의식을 바꾸어야 한다. 디지털 문화는 기술과 예술이 결합한 복합매체로 고부가 가치를 창출하며, 그것이 인간의 의식에 영향을 미친다. 예컨대, 2003년 문화콘텐츠가 4조 6천억, 2007년에는 20조의 이익을 창출할 것이라고 한다. 그런데 이러한 이익이 창출이 『미디어 독점』에 의해 문화콘텐츠가 만들어져 교묘한 방식으로 인간의 의식을 지배할 때 거기에 커다란 문제가 발생할 것이다.[18] 이에 대해 우리가 할 수 있는 일은 무엇인가? 보다 적극적으로 대항 문화콘텐츠를 만들어야 한다는 기독인의 의식 전환이다. 모든 것은 어떤 의도와 목적을 가지고 사용하느냐에 따라 명암이 갈린다. 기독교 공동체는 예술에 대한 시각을 정립해야 한다. 특히 디지털 문화에 핵심적인 위치를 차지하고 있는 시각미술에 관한 관심을 기울여야 한다. 젊은이들을 복음화시키기 위해서는, 그리고 예술적 감각과 재능을 가진 사람들을 교회로 불러들이기 위해서는, 먼저 기독교 공동체가 예술에 대한 인식을 새롭게 해야 한다. 그렇게 될 때 전문가들이 교회에 모이게 되고, 아름다운 디지털 문화를 일구어 나갈 수 있을 것이다. 타락한 디지털 문화 때문에 세상이 개탄하고 있을 때 기독교 공동체가 유익한 디지털 문화를 제공한다면 기독교 공동체에 대한 인식이 달라질 것이다.

디지털 매체에 대해 교회는 어떻게 대응해야 할까? "기독교 공동체도 환경이 변하면 변화를 수반해야 한다."[19] 매체가 변하면 문화도 변하고, 그 결과 예술의 내용과 형식까지 변한다.[20] 실제로 외국의 다른 문화 속에서 교회를 시작하면, 다른 구조로 교회의 건물을 디자인하고 새로운 언어를 말하며, 매우 다른 음악 형태를 취하고, 다른 옷을 입는다. 복음으로 무장한 교회는 복음을 변질시키지 않는 범위 내에서 주님의 능력과 권위로 변화를 두려워하지 말아야 한다.

그러나 기독교 공동체는 변화를 수용하면서도 문화를 시대적 대세나 흐름으로 인정하지 말아야 한다. 토마스 쿤에 의하면 "패러다임은 독립적인 세계에 대한 발견이라기보다는 철학, 종교, 사회 사상 등에 의하여 넓은 틀로 구성된다."[21]고 한다. 문화는 어떤 법칙성에 의해서 자동적으로 움직이는 것이 아니다. 때문에 기독교는 기독교의 정체성이 문화를 형성할 수 있도록 적극적으로 개입해야 한다.

기독교 공동체에 가장 중요한 것은 문화에 대해 세례를 주겠다는 믿음과 행동이다. 디지털 매체에 세례를 주고, 그것을 활용하여 복음을 전해야 한다. 그물을 던져 그들을 교회로 모은 후, 그들에게 성경을 철저히 가르쳐 사역자로 양성해야 한다. 그렇게 하지 아니하면 한국교회는 새로운 위기에 직면할지도 모른다.

교회가 문화의 변혁자로서 문화에 세례를 주기 위해서는 먼저 기독교 자체 내의 회개가 선행되어야 한다. "미화된 전통의 이름으로 전근대적인 사회의 억압적 기재"[22]로 작용한 부분이 있는지 철저하게 탐색하여 하나님 앞에서 회개해야 한다. 정보의 선택과 활용의 폭이 넓어져 모든 부분에서 투명해지는 긍정적인 변화가 일어나고 있는 디지털 시대에 기독교 공동체는 복음의 권위를 회복해야 한다. 기독교 공동체는 십자가의 섬김의 정신으로 인간을 구원하고자 하는 본연의 사명을 먼저 해야 한다. 그것이 선행되지 않고, 문화에 개입한다면 그것은 새로운 문제를 파생시킬 가능성이 농후하다.

복음의 빛이 들어가면 이 세상은 변한다. 우리 민족을 보자. 복음이 들어왔을 때 여성들이 해방되었고, 일부다처제가 무너졌다. 조선조 여성들이 혁명을 일으켜서 여성들이 해방된 것이 아니다. 복음이 진정한 자유를 실현한 것이다. 그뿐인가? 반상의 차이가 무너졌다. 머슴이 신학을 공부해서 목사가 되었고, 그 머슴의 주인인 장로는 그 머슴을 자기 교회의 담임 목사로 청빙했다.[23] 이 땅에 복음이 전해지자 정치와 교육, 사회에 구원을 가져왔다. 세상을 변화시키는 일은 복음만이 가능하다.[24]

끝으로 '문화 전쟁'은 '영적인 전쟁'이라는 사실을 새롭게 인식해야 한다.[25] 디지털 기술은 인간의 "마음을 혼미하게 하고"(고후 4:4) 그리스도인을 범죄로 빠뜨려 배교하게 만든다. 그러므로 영적인 전쟁에서 승리하기 위해서 오직 심령을 새롭게 하여 하나님의 전신갑주를 입고, 디지털 문화에 성령의 바람을 불어넣어야 한다. 그렇게 될 때 디지털 기술은 하나님의 선물이 될 것이다.

주

1) 대중문화(시대)가 텔레비전이라는 매체와 밀접한 관련을 가진다면, 디지털문화(시대)는 인터넷의 급속한 보급에 기인한 것이다. 디지털 시대를 후대중문화라고 하기도 한다.

2) 제람 바즈, 한국라브리 번역위원회, 『현대문화 속의 전도』, 예영커뮤니케이션, 1995. p. 76.

3) Mal Couch 편저, 문석호 역, 『포스트모던 시대 속의 기독교 무엇이 문제인가?』, 신앙과 지성, 2001, p. 70.

4) 정대현, 〈문자적 사유와 영상적 사유〉, 한국비평이론학회, 2000. 11. p. 25.

5) 전자책에 관해서는 김정훈, 〈전자시대 시문학의 오늘과 내일〉, 『우리 말글과 문학의 새로운 지평』, 역락, 2000을 참조할 것.

6) 예를 들면 성경의 요한계시록만큼 애니메이션으로 만들기 좋은 소재가 없다. 기독교 대학과 문화 생산자가 합동으로 요한계시록을 디지털 애니메이션으로 만든다면 수십 억의 지구촌 사람들에게 복음을 전하고, 그것을 컴퓨터 게임으로 만들면 청소년들에게 순식간에 복음을 전할 수 있다.

7) 한세대학교는 국내 최대 애니메이션 제작업체 중의 하나인 새롬 애니메이션과 산학협정을 체결하고 성경 애니메이션 제작에 들어갔다.

8) 이에 대한 자세한 연구는 최혜실, 〈디지털 미디어의 등장과 문학의 미래〉, 『우리 말글과 문학의 새로운 지평』, 역락, 2001. p. 4를 참조할 것.

9) 리드 앤더슨, 황성철 역, 『21세기를 위한 교회』, 솔로몬, 1997. p. 67.

10) 전자우편에 의한 상담, 음성데이터 전송에 의한 상담, 채팅 형식에 의한 상담, 화상에 의한 상담, 시뮬레이션에 의한 상담, 전자게시판에 의한 공개 상담 등 다양한 형태의 상담을 할 수 있다.

11) 한국비디오선교회의 '런 가스펠 TV 방송', 즉 디지털 미디어는 TV 차량을 이용하여 현장에 찾아가 복음을 전하고 있다.

12) 최인식, 〈멀티미디어와 교회 변혁〉, 『멀티미디어 시대의 교회』, 대한 성서공회,1995. 앞의 논문, pp. 81-82에서 최인식은 기계적 카리스마의 횡포가 현대 교회에 나타나고 있으며, 고도 기술 사회의 부정적 측면을 최대한 활용하고 있음을 통탄해 하고 있다. 예컨대, 예배당 안에서 강단의 설교자 대신에 대형 브라운관을 설치해 놓고 설교를 듣거나 예배 드리는 모습은 '일방향적 텔레비전' 시대의 마지막 몸부림으로 그것은 성경의 정신과 위배되는 것이다. 그것은 특정 인물을 일반성도 위에 군림하게 하는 부정적 결과를 초래할 있고, 교회는 이전보다 더욱 더 특정 인물에 의해 마성화되는 길로 떨어지게 될 것이다.

13) 이에 관한 구체적인 예들, 켄 마이어스, 앞의 책, pp. 226-229 참조.

14) 기 드보르, 『스펙터클의 사회』, 현실문화 연구, 1996. pp. 10-13.

15) 마이클 라이언, 나병철 · 이경훈 역, 『포스트모더니즘 이후의 정치와 문화』, 갈무리, 1996, p. 102.

16) 인쇄 매체가 처음 개발되었을 때 가톨릭은 면죄부를 팔기 위해서 인쇄술을 이용하면서
도 그들의 권력이 무너질 것이 두려워 인쇄술을 엄격히 제한하는 이중적 자세를 취했다
(최인식, 앞의 논문, 69-72면 참조). 반면 루터는 성경의 바른 진리를 인쇄하여 유럽전역
에 있는 성도들에게 신속히 공급했다. 루터에게 인쇄술이 없었다면 종교개혁에 성공할
수 있었을까? 칼뱅도 『기독교 강요』를 저술하여 하나님 나라를 성도에게 신속히 알릴 수
있었다. 이처럼 개신교 지도자들은 하나님의 놀라우신 섭리 아래 인쇄라는 매체를 적극
적으로 활용하여 종교개혁을 성공적으로 이끌 수 있었다.

17) 닐 포스트만, 앞의 책, p. 162, 각주 1. 빌리 그래햄 목사는 텔레비전을 활용하여 수백만
의 사람들에게 복음을 전하고 있다.

18) Ben H. Bagdikian, *The Media Monopoly*, 2nd ed., Boston : Beacon Press, 1984,
p. 20.

19) 리드 앤더슨, 앞의 책, p. 320.

20) 스포츠 산업을 예로 들면 유도복의 색상이 하얀 색이었는데, 어느 순간 푸른 색으로 변
했다. 그것은 하얀 색이 시청자에게 자극을 주지 못하기 때문이다. 농구의 경우도 청소년
들이 즐기는 스포츠라서 청소년의 감각인 쿼터리즘에 맞게 전·후반 15분으로 경기 시간
을 바꾸었고, 그들에게 스릴과 흥미를 유발시키기 위해 3점 숫을 만들었다. 이와 같이 미
디어의 매체적 속성 때문에 스포츠의 형식과 내용마저 변한다.

21) 김유신, 〈기독교 학문의 관점에서 본 과학과 기술에 대한 탐구 방향〉, 『신앙과 학문』, 기
독교 학문 연구회, 1999 가을, p. 84.

22) 박충구, 〈가상현실에 대한 윤리신학적 해석〉, 천리안:park1950.

23) 이러한 일은 합동 교단인 김제 금산 교회에서 발생한 일이다.

24) NBC 방송국 부사장 버뱅크는 "저는 그리스도인으로 거듭난 다음부터 대본을 승인하는
일에 상당히 보수적으로 변했습니다"라고 고백한다. DA 카슨·존 D 우드브리지 역음,
박희석 역, 『하나님과 문화』, 크리스챤 다이제스트, 2001. p. 416.

25) 문화에 관한 영적인 문제에 관해서는 신국원, 〈대중문화와 청소년〉, 『총신대논총』 제17
집, 총신대학교, 1998을 참조할 것.

결론

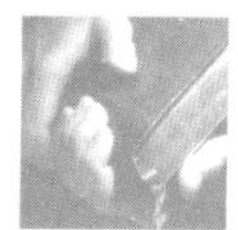

　문화 연구란 자본주의를 비판 한데서 출발한다는 전제 아래, 16세기 중반부터 21세기까지 사회문화사적인 배경 속에서 문화 연구의 역사와 일반 문화 이론가들과 기독교 문화 이론가들의 문화 이론을 중심으로 살펴보았다.

　제1장에서는 문화 연구의 특징을 정리했다. 문화 연구는 대중문화의 모든 양상을 정당화하며, 단순히 문화의 내재적인 특성만 분석하는 것이 아니라 생산, 수용 및 다양한 텍스트를 연구하는 데 전념한다. 이런 이유 때문에 문화 연구는 간학제적이고, 정치에 관여하여 사회를 재구성하는 실천성이 강하다.

　기독교 문화 연구자들이 문화 연구를 어떻게 해야 하는가? 필자는 기독교 문화 연구자들에게 '철저한 작품 분석→세계관 분석→기독교적 조명'의 과정을 거칠 것을 제안했다. 의미 탐구의 중요성에 관해서는 도에빌트의 철학체계를 원용한 기독교인의 의미 탐구 방법을 제시했다.

　제2장에서는 자본주의 세속화의 진행과 기독교 대응을 살펴보았다. 본장에서 눈여겨 볼 것은 칼뱅과 마르크스의 문화 이론이다. 칼뱅과 마르크스는 똑같이 노동의 문제를 중시했다. 칼뱅은 노동에 대한 소명을, 마르크스는 노동에 의한 자유를 강조했다. 칼뱅이 노동을 중시하여 자본주의 정신의 원동력이 되었다면, 마르크스는 자본주의가 진행된 상황에서 노출된 문제에 대한 해결책을 제시하고자 노력했다. 이렇듯 문화 연구는 자본주의와 깊은 관련이 있다.

　마르크스는 초기에 문화가 인간의 자기형성 능력을 표현한다고 말했다.

그러나 후기로 갈수록 그는 문화를 그림자 같은 존재로 보았다. 그가 초기의 생각을 끝까지 밀고나가지 못한 이유는 문화를 인간의 가치나 열망을 표현하는 것으로 보았음에도 불구하고, 이전의 사회이론이 대체로 정치적 · 종교적 · 철학적 관념에 치우쳐 역사발전 및 문화발전에 경제적 힘이 수행하는 역할을 최소화하는 경향이 있었기 때문에, 경제적 힘이 차지하는 역할을 과장하게 밀고 나간 것이라 볼 수 있다.

플레하노프와 레닌 같은 마르크스주의자들은 문화를 토대를 이루는 경제구조의 반영물, 또는 외적인 물질과정의 부수적인 현상 내지는 '결과'로써 분석하여, '토대'와 '상부구조' 간의 관계를 기계론적으로 이론화했다. 이들은 마르크스 사상의 일부만을 해석의 토대로 삼아 중앙 집중화를 정당화하기 위해 하나의 '거대서사'(grand narrative)를 구성했다. 따라서 정통 마르크스주의자에게 문화는 독자적인 속성을 가진 것이 아니라 단지 다른 힘의 반영으로서 존재한다고 암시한다. 정통 마르크스주의 문화이론은 문화생산을 계급이해와 직접적으로 일치시켜 문화형식을 특정 사회집단이나 계급의 심성 또는 이데올로기의 표현으로 인식했다. 이렇듯 정통 마르크스주의 문화 이론은 그람시와 프랑크푸르트학파의 저작이 나오기 이전까지는 실제적 엄밀성이 결여되어 있다.

기독교 문화신학자 칼뱅은 문화를 학문적으로 정리하지 아니했다. 『기독교 강요』 전반에 흐르는 견해를 추출하면 하나님의 절대주권을 인정한 가운데 문화변혁의 사명자로 기독교인을 이야기한다. 칼뱅은 생활의 한복판에서 주님을 섬길 것을 강조했으며, 문화를 하나님께서 인간에게 주신 일반은총의 결과로 보았다. 그가 정립한 일반은총에 입각한 문화관은 기독교인에게 문화를 긍정하게 되는 토대가 되었으며, 사회개혁의 당위성을 기독인에게 부여했다.

칼뱅의 문화관은 18세기 중 · 후반과 19세기 중반 이후에 웨슬리와 아브라함 카이퍼에게서 꽃피운다. 19세기 중반 이후부터 20세기 초까지 살았던 카이퍼는 우리 삶의 모든 영역에서 그리스도의 왕권을 확립하자는 '영역주권사상'을 말했다.

카이퍼의 문화관에서 관심을 기울일 부분은 사회영역이 유기적이라는 생각에 기초하여 '유기체적 교회'라는 발상을 이끌어낸 점이다. 유기체로서의 교회는 하나님의 특별은총으로 성령을 받아 변화된 지체들이 제도적 교회 밖에서 현 세상에 영향을 끼치는 것을 말한다. 유기체적 교회로서의 성도는 창조의 구조에 위배되는 탈-은총(dis-grace)에 맞서 조직적으로 영적인 투쟁을 하여야 하며, 문화를 재창조하기 위해 학문과 예술 분야에 심혈을 기울어야 한다. 이렇듯 그의 유기체로서의 교회는 기독교 문화운동가들에게 사회 변혁을 위해 힘쓸 수 있는 동기를 부여한다.

존 웨슬리는 전형적인 문화운동가로서의 모습을 보여준다. 그는 영국에서 20세기 중반에 문화운동을 전개하면서 문화 이론의 기초를 놓은 문화운동가들의 모범으로서 기능한다. 20세기 중반 신좌파의 문화 이론가들은 현장에 나가서 작업보고서를 작성하여 타자를 쳐서 신속하게 대중들에게 알렸다. 이러한 일들은 18세기에 웨슬리가 먼저 시도했던 것이다.

두 왕국의 문화이론을 비교한 결과, 우리는 변혁주의 문화관은 자본주의의 병폐를 치유하는 생명 운동에 성공했지만, 마르크스의 문화관은 실패하고 말았던 점을 확인할 수 있었다. 따라서 이후 마르크스 문화관이 계속 이론을 수정하는 것을 보게 될 것이다.

제3장에서는 파시즘 문화에 대항하는 문화이론으로 프랑크푸르트학파와 나치의 국가사회주의에 저항한 본 회퍼와 폴 틸리히의 문화신학을 살펴보았다.

프랑크푸르트학파의 문화이론은 주로 사회통합의 문제와 당시 출현하던 대중매체가 사회질서의 유지에서 수행하는 역할에 초점을 맞추었다. 방법론적으로 볼 때, 프랑크푸르트학파는 사회를 구성하는 상이한 영역들의 상대적 자율성을 주장하며, 정통 마르크스주의의 환원론을 공격했다. 이들은 문화와 경제의 관계를 변증법으로 읽어, 자본주의가 문화의 자율화를 위한 토대를 산출했지만 동시에 문화 해체의 토대를 마련하는 힘 또한 방출한다고 보았다.

프랑크푸르트학파의 문화분석에서 중요한 개념 중의 하나가 '문화산업' (culture industry)이다. 문화산업은 자본주의 경제원리를 축으로 하여 집단적으로 조직화된 하나의 구조로서, 개인들을 수동적인 상태로 사회화하는 고도로 합리화된 문화생산 체계를 말한다. 이들은 근대 산업사회가 자본주의든 국가사회주의든 간에 무력을 통해서가 아니라 문화를 통해 주민을 통제하는 방식을 문화산업 속에서 찾았다. 문화산업은 예술을 조작하고 통제하며, 소비주의와 광고가 결합하여 비판적이고 창조적인 문화적 표현을 규격화된 상품생산으로 대체한다.

프랑크푸르트학파는 문화와 사회질서 간에 직접적인 연관관계를 설정한다. 그들은 모든 산업사회는 대체로 유사한 구조를 하고 있고, 원자화된 대중과 고도로 집중화된 문화산업이 실질적인 모든 대립과 저항을 제거하여 마르쿠제의 표현대로 '일차원적 문화' 로 수렴하게 만든다고 본다. 그렇기 때문에 온갖 다양한 형식을 띠고 있는 문화의 생산, 재생산, 수용과 관련하여 프랑크푸르트학파의 문화 이론가들은 사회학적·정신분석학적으로 대중문화를 분석했다. 프랑크푸르트학파는 문화의 약속은 자유에 있다고 본다. 그런데 모든 문화는 착취와 부정에 기반하고 있는 죄를 공유하고 있다. 하지만 진정한 자유를 주는 문화적 양식과도 공존하기 때문에 예술의 복합성에 희망을 건다. 아니 보다 적극적으로 벤야민은 파시즘의 '정치의 예술화' 를 비판하고, 영상 매체를 '예술의 정치화' 를 이룰 수 있는 장 (場)으로 본다.

우리는 프랑크푸르트학파가 문화산업이 단일한 이데올로기적 의미를 표현한다고 가정하여 상이한 텍스트들이 갖는 다의적 성격, 즉 다중적 의미와 다양한 해석가능성의 공존을 놓치고 있음을 지적하지 않을 수 없다. 다의적 미디어 개념은 수용자가 문화 형식의 구조를 해독하는 방식을 이론화할 수 있는 길을 열어주기 때문이다.

기독교 신학자인 본 회퍼는 파시즘으로 무너진 교회를 보고 사회학적 방법론으로 교회공동체를 회복시키고자 노력했다. 본고에서는 후기의 그의 사상이 개혁주의적 관점에서 문제가 있기 때문에 초기의 제자도와 위임사상만을 다루었다. 그의 제자도와 위임사상은 기독교 문화운동가들에게 통찰력을 제공한다. 그는 기독교 문화운동가가 십자가의 고난의 현실에 참여할 때 '수난을 타고 복음이 번져간다' 는 명제를 남겼다.

폴 틸리히는 문화를 자율문화와 타율문화, 신율문화로 나누고, 문화를 영적인 측면과 기능적인 측면으로 나눈다. 그는 기능적인 측면에서 타율문화 속에 있는 마성의 실체를 찾아야 한다고 주장하며 현대 예술을 영적인 측면에서 분석했다. 그리고 지금이 신율문화를 창조할 수 있는 때라며 문화 비관주의에 빠지지 말 것을 제안했다. 그는 자유라는 측면에서 종교의 죄 못지않게 문화의 죄가 크다며, 교회 안에서 문화신학의 중요성을 강조하고 그 방법론을 제시했다.

제4장에서는 영국의 문화이론의 역사를 살펴보고, 두 왕국의 문화 이론가들을 탐구했다. 19세기 중·후반과 20세기 초반 동안 매슈 아놀드를 비롯한 문화주의자들은 문화를 교양인과 '교양이 없는' 개인으로 대립시키고, 문화를 학술문화 혹은 교양문화라고 말한다. 20세기 초중반에 이르러 교양문화 즉 엘리트 문화와 대중문화가 갖는 개념을 둘러싸고 중요한 논쟁이 벌어진다.

문화주의 이론을 대표하는 레이먼드 윌리엄스의 문화 유물론은 맥락화 이론이다. 그는 그람시 및 프랑크푸르트학파가 문화의 자율성과 그것의 토대가 되는 사회적 맥락과의 연계관계를 추적하는 데 실패하자, 문화의 외적 구성요소와 내적 구성요소 모두를 분석하고자 했다. 그는 프랑크푸르트학파의 내재적 비판과 그람시의 사회투쟁의 장으로서의 문화 간에 다리를 놓고자 했다. 그는 문화적 생산의 세 가지 독특한 수준을 잔여문화, 지배문화, 신생문화로 구분하여 문화 분석에서 내적 분화의 복잡성이 갖는 중요성을 인식해야 한다는 점을 강조했다. 그는 문화를 토대와 상부구조를 통합하는 실천틀로 보았다. 그는 '실천' 이라는 용어를 도입하여 좀더 능동적으로 문화를 개념화하고자 했다.

그러나 레이먼드 윌리엄스의 문화 유물론이 갖는 한계는 그 자신의 개념들을 맥락에 근거지울 체계적인 수단을 제공하지 못한 점과 투쟁과 갈등이 문화구성체에서 수행하는 역할을 알고 있으면서도, 그러한 힘들의 성격을 정확하게 구체화하지 못한 점이다. 더욱 미진한 것은 문화 구성체의 세 가지 수준을 규명했지만 다양한 실천들 간의 연관관계를 분석하지 않은 점이다. 레이먼드 윌리엄스는 인간주의에 기반을 두고 있으면서도 누가, 어떻게, 그리고 왜 문화를 만드는지에 대해서 아무런 의문도 제기하지 않은 것이 문제로 남아 있다.

그람시는 이탈리아 문화 이론가이지만 영국의 문화 이론의 발전에 크게 기여했기 때문에 영국의 문화연구에서 다루었다. 프랑크푸르트학파가 문화의 내재적인 측면을 비판했다면, 그람시는 사회적·역사적 변동의 핵심은 토대와 상부구조의 기계론적 모델의 바깥에, 다시 말해 사회변동은 '실천'에 종사하는 행위자의 창조적 역할에 달려 있다고 보았다. 그람시의 주요 논지에 따르면 문화의 자율성은 교육, 정당, 노동조합, 교회와 같은 사적 제도들이 국가의 바깥에서 작동할 수 있게 해주는 탄력적이고 독자적인 시민사회를 전제로 한다. 특히 그람시의 헤게모니 개념은 시민사회 구조 내의 차이와 서로 다른 목소리를 구성하는 다원성, 즉 저항과 혁명이 자리하는 대안문화를 허용하며 유기적 지식인의 역할을 요구한다는 데 의의가 있다.

그람시는 대중을 수동적이며 무기력한 존재로 보지 않고, 헤게모니의 사회적 투쟁 개념을 통해 국민적-민중적 문화를 구축할 필요성을 강조함으로써, 프랑크푸르트학파의 비관주의와 결정론을 강력하게 교정한다.

문화주의 이후 문화 연구를 발전시킨 영국의 버밍엄 현대문화 연구소에서는 문화주의를 계승하면서 구조주의를 끌어들인다. 버밍엄 현대문화 연구소의 2기 소장이면서 영국 문화 연구를 대표하는 스튜어트 홀은 초기에 레이먼드 윌리엄스의 문화 유물론을 문제틀로 하고, 레이먼드 윌리엄스가 문화구성체 간의 다양한 실천들 간의 연관관계를 분석하지 못한 한계를 해결하고자 알튀세르의 구조주의를 수용한다. 홀은 레이먼드 윌리엄스가 인간주의에 기반을 두고 있으면서도 누가, 어떻게, 그리고 왜 문화를 만드는지에 대해서 아무런 의문도 제기하지 않자, 그 문제를 해결하기 위해 문화의 주체 문제를 상정한다. 그는 능동적으로 말하는 대중의 주체에 관심을 갖는다. 아울러 홀은 사회적 세력 간의 접합을 위해 알튀세르의 구조주의를 넘어 실천적 주체를 복원시킨다. 홀은 문화 영역을 의미들 간에 투쟁이 벌어지는 문화정치공간으로 보았다. 그래서 그는 미디어의 이데올로기의 작용과 효과에 관심을 기울였다.

기독교 문화 이론가인 엘리엇은 문화 생태학에 관심을 기울였다. 지방 문화와 세계 문화, 탈식민주의 문화, 국가와 교회, 국립교회와 보편교회 등의 난제 등에 관심을 기울이면서 중심 문화에 흡수되지 않는 위성 문화가 세계 문화에 큰 영향력을 끼친다며 문화의 다양성을 강조했다. 그는 당대의 지성인들이 문화 생태학에 관심을 기울이지 않음을 비판하면서 문화의 발전을 위해서는 투쟁이 중요하며, 모순이 되는 다양한 것에 열정을 쏟을 때 문화가 발전한다고 주장했다. 그는 각 교파의 부차문화가 고유한 문화를 창출할 때 전체 종교 문화에 기여할 수 있다고 보았다. 엘리엇은 매슈 아놀드가 교양을 종교보다 포괄적인 개념으로 사용한 것을 비판하면서, 파시즘이나 자유주의가 가진 문제를 교양교육으로 해결할 수 없다며, 기독교의 사회이념에 입각한 조직적인 변혁만이 문화를 변혁시킬 수 있다고 보았다. 그는 수평적인 지식인과 수직적인 성직자가 함께 문화를 변혁시켜야 한다고 주장했다. 문화의 대항지점으로 가정을 중시한 점도 눈여겨보아야 한다.

C. S. 루이스는 기독교나 일반인 모두에게 영향을 끼치고 있는 기독교 문화 변증가로서 우리가 관심을 기울여야 할 문화 이론가이다. 그는 문화를 마냥 즐기기보다는 문화 속의 가치를 분석해야 하며, 좋은 문화는 그리스도에게 직접 인도할 수 없지만 진리의 희미한 복사물로서 가치가 있다고 보았다.

C. S. 루이스는 기독교 세계관을 토대로 다양한 분야에서 근대주의자들이 제기한 문제와 싸웠던 기독교 문화 변증가이다. 그는 무미건조한 자연주의에 파묻혀 있는 현대인들에게 환타지를 통해 자신이 체험한 궁극적 실체에 대한 동경의 세계를 탐구하도록 이끌었다. 또 기적을 초자연적인 힘에 의한 자연에 대한 간섭이라고 정의하고, 근대주의자들의 기계적 자

연법칙의 모순을 공격했다. 특별히 우리가 주목해야 할 점은 루이스가 근대주의자들의 허구를 폭로하기 위해 '창조적 예술' 창작에 힘썼다는 점이다. 그는 다양한 문화 콘텐츠를 개발하여 복음의 변증에 힘썼으며, 특히 『나르니아 연대기』를 통해 문화변혁을 어떻게 할 것인가를 형상화했다. 이러한 루이스의 문화 연구는 프랑스 후기구조주의자들의 생각보다 앞섰다 할 수 있다.

루이스는 문화 비평에 있어서 문화에 대한 계급의 논쟁이 별로 필요하지 않다며, 당대의 계급 갈등에 기초한 마르크시즘 문화 논쟁이 무의미하다는 점을 암시했다.

제5장에서는 68혁명의 역사와 의미, 그리고 후기구조주의 문화 이론가들과 기독교 문화 이론가들을 살펴보았다.

68혁명은 문화사적 의미를 지닌다. 후기구조주의가 68혁명과 직·간접적으로 영향 관계에 있음을 살펴보았다.

후기구조주의는 문화를 폭넓게 정의하는 데 기여했다. 이들은 마르크스주의자처럼 문화를 상부구조의 영역에만 국한시키지 않고, 정치경제학의 영역마저 문화의 개념으로 접근한다. 이들의 맥락에서 문화란, 창조적 예술이나 상징적 의미화 체계뿐만 아니라 정치, 경제, 법률, 교육, 그리고 의식주를 포함한 모든 물질적 삶의 방식을 취급한다. 이들로 인해 문화는 예술이나 문학과 연관된 협소한 개념에서 탈피하여 유행과 음식, 스포츠와 광고, 저널리즘과 일상생활, 뿐만 아니라 정치와 교육, 노동계급의 하위문화로까지 확장되었다.

후기구조주의가 마르크스주의와 접합할 수 있는 것은 이처럼 물질성을 중시하는 유물론적 성격을 지니고 있기 때문이다. 여기서 물질성이란 경제적 생산양식 뿐만 아니라 인간의 모든 물질적 양식을 의미한다. 이들은 인간의 정신세계(의식)와 객관적 물질세계(전재) 사이에 언어기호, 담론, 수사학이라는 매개항을 설정하고, 언어기호나 담론, 텍스트로 물질세계와 정신세계를 연결시켰다. 때문에 이들은 인간의 물질적 삶을 가능하게 하는 그 근본 요소를 문화라고 부르며, 인간의 물질적 삶의 형식으로서의 문화가 변화되어야 정신세계나 물질세계가 변화될 수 있다고 보았다. 이런 이유로 이들은 사회를 변화시키기 위해서 새로운 문화 창조에 우선권을 두었다. 이들은 자본주의 사회를 넘어서려면, 인위적으로 경제적 제도를 바꾸는 것보다는 새로운 문화형식을 창조하고 인간의 무의식을 변화시켜 제도 자체가 스스로 변하게 해야 한다고 말한다. 예컨대, 푸코의 담론분석, 데리다의 글쓰기, 바르트의 텍스트 다시쓰기 등은 바로 담론의 구조를 바꾸자는 수사학적 문화운동이다. 이렇듯 후기구조주의 문화이론은 경제적 토대로서의 물질성과 주체적 실천을 매개하는 담론 및 수사학을 통해 대항담론을 형성하여 억압에서 자유로 향하자는 정치성을 지닌 문화운동이다.

기독교 문화 이론가인 자크 엘룰은 현대기술이 지닌 기술 파시즘을 비판하며 개인이 깨어야 민주주의가 발전한다며 비권력의 윤리학을 주장한다. 개인은 기술적 수단이 지향하는 권력이 피상적 자유만 준다는 것을 알고, 일차원성에 맞서 기술의 신성성에 도전해야 한다는 것이다.

엘룰도 후기구조주의자들과 마찬가지로 담론과 수사학을 통한 언어적 실천을 강조한다. 하지만 엘룰은 물질적 실천이 아닌 예수 그리스도의 성육과 성령의 사역을 통해 언어의 회복과 의미의 재발견을 주장한다는 점에서 후기구조주의자들과 확연하게 차이가 난다. 엘룰은 기도가 희망의 표현이자 희망의 수단이며 전투라고 말한다. 즉 문화변혁을 위한 기도는 본성과 싸우는 전투로서 진정한 의미에서 사회참여이며 역사를 만들어 가는 행위라고 말하고 있는데 이 점을 기독교 문화 이론가들은 깊이 있게 숙고해야 할 것이다.

프랑소와즈 돌토는 다른 정신분석학자들의 비웃음에도 불구하고 신앙적 입장에서 정신분석을 연구한 개신교 정신분석학자이다. 그는 프로이트의 이론을 일반은총적인 관점에서 재해석하여, 다수의 기독인들이 영적인 입장에서 정신분석을 공부할 수 있는 길을 열어 놓았다. 하지만 논자는 조심해서 접근해야 할 부분도 있음을 밝힌다.

돌토는 욕망이라는 관점에서 문화를 보았다. 그녀는 기독교를 욕망 긍정의 종교로 보았고, 욕망의 실체를 복음서를 통해 해석했다. 돌토는 금기의 긍정적인 역할을 강조한 정신분석가로 적절한 금기는 삶을 역동적으로 이끈다고 보고 있다. 그녀는 금기, 즉 율법 안에서 욕망을 긍정한다. 하지만 복음서에 나오는 바리새인들처럼 율법을 고집하고 멈추어 있을 때 죽음에의 충동에 사로잡혀 문화적 정체(停滯)가 발생한다며, 금기를 넘어 진정으로 하나님 안에서 자유를 실현하라고 촉구하고 있다.

제6장에서는 탈식민주의 문화 이론과 디아스포라에 대해서 살펴보았다. 1980년대와 1990년대에 소장학자를 중심으로 관심을 끌기 시작한 탈식민주의 문화이론은 기독교 문화 이론과 대화하기에 가장 적합한 문화이론이다. 탈식민주의 문화이론은 거대서사와 미시서사를 맥락 짓고, 윤리적인 회복을 주장한다는 측면에서 기독교 담론과 일정부분 친연성을 지닌다. 탈식민주의가 말하는 거대서사에는 절대적인 기준이 없기 때문에 기독교 담론과 차이가 있다. 그럼에도 불구하고, 포스트모더니즘이나 탈구조주의와 다르게 윤리적 범주를 포기하지 않는다는 측면에서 기독교 학자들이 눈여겨보아야 할 문화 이론이다.

탈식민주의 문화이론이 일차적으로 지정학적인 측면에 접근한다고 할 때 지난 5세기 동안 서구가 팽창하게 된 것은 기독교가 지구적으로 퍼진 것과 관련이 있기에 기독교 문화 이론가들이 적극적으로 탐구해야 할 주제이다.

제7장에서는 미국의 반문화운동과 미국 문화이론의 특색, 기독교 문화 이론가들을 살펴보았다. 미국은 기독교적 이념을 비교적 충실하게 생활에 구현한 국가이다. 때문에 1920년대와 1950년대에 청소년 집단을 중심으로 기독교 문화에 저항하면서 감성의 욕망을 창출한 반문화운동이 활발하게 일어나게 된 배경과 반문화에 대한 기독교의 대응을 살펴보았다. 여기서 얻은 교훈은 새로운 문화적 양상이 대두될 때마다 왜 그러한 현상이 일어났는가? 새로운 문화적 현상이 일어날 수밖에 없는 이유는 무엇인가? 그것에 대해 진지하게 성찰해야 한다는 점이다. 문화적 변형의 시기는 종교 생활과 신학적 내용에 위협을 줄 수도 있지만 종교적으로 창조적 시기

가 될 수 있기 때문이다. 문화적 변혁을 요구하는 핵심 키워드가 기독교 안에 있는지, 먼저 기독교 내부를 응시해서 기독교 안에 핵심 키워드가 있다면 신속하게 그것을 문화적으로 포용하고, 기독교 세계관으로 거름을 주어야 한다.

더글라스 캘러는 영국의 문화 연구가 계급 문제에 치우치고 텍스트 자체의 분석에 치중했다면, 미국의 미디어 문화 연구는 커뮤니케이션 연구이며, 문화의 생산과 정치 경제학을 밝혀내는 것이라고 정의했다. 이처럼 미국의 문화 연구는 미디어 문화 연구라고 할 수 있다. 본장에서는 미디어의 긍정적인 측면과 부정적인 측면을 다루었으며, 미디어에 대한 논의는 많으면 많을수록 좋다는 결론을 내렸다.

기독교 문화에 관심을 기울였던 메이천은 찰스 핫지와 워필드의 후예로서, 그는 현대주의가 장로교회 안에 침투해 왔을 때 전투적인 자세로 임했다. 그 뿐 아니라 현대 문화에 영적인 측면이 있음을 간파하고, 영적인 영역에서의 전투는 논쟁적이라는 것을 알아야 한다고 주장하며 기독교 지성인들의 각성을 촉구했다. 메이천이 남긴 역사적 교훈은 쉐퍼에게 영향을 주었다.

라인홀드 니버는 기독교 사회 윤리학의 기초를 놓았고, 다섯 가지 문화 모델을 제시하여 우리에게 비교적 친숙한 문화신학자이다. 니버는 기독교인으로서 문화적 책임을 다했다. 그는 단순히 경제적 현상만을 본 것이 아니라 인간성과 역사에 관한 기독교 신학적 통찰력, 그리고 구체적으로 행동하는 문화운동가이다. 그는 지나치게 이상주의적이고 낙관적이었던 미국인들에게 미국의 현실과 세계 안에서의 미국의 위치를 일깨워 주면서 자기만족과 교만에 빠지지 않도록 경고한 예언자이다. 그는 변혁주의의 모델이 가장 이상적인 문화 모델이라고 판단한 듯하다. 그의 문화 모델에 대한 연구는 기독교와 문화를 다루는 데 큰 공헌을 했다 할 수 있다. 그가 문화 상대주의자라는 비판에 대해서는 앞으로 연구할 과제로 남겼다.

우리가 니버에게서 배울 것은 자신의 오류를 솔직하게 인정하는 학문적 태도이다. 우리는 그가 『그리스도와 문화』(*Christ and Culture*)에서

"아무리 우리가 그 연구를 연장시키고 세련시켜도, 그것이 기독교적인 답 변이라고 단언할 수 있는 결론에 도달할 수 없다는 것이 확실하다."라고 말한 점을 기억해야 한다.

쉐퍼는 현대사상과 68학생 운동을 분석하고 그 대안을 제시했다는 데에 의의가 있다. 20세기 문화변혁기에 교회가 문화의 변혁을 감지하지 못하고 있을 때, 그는 분연히 일어나 복음전도자를 자처하며 문화 전반에 걸쳐 기독교 진리를 전파했다. 그리고 분열을 넘어 사랑을 강조하고 있음도 우리가 눈여겨 보아야 할 부분이다. 우리는 쉐퍼가 비그리스도인 뿐만 아니라 자유주의자도 인간적으로 사랑하라고 말한 부분을 명심해야 한다. 우리는 진리는 필연적인 대결을 초래하나, 사랑으로 이긴다는 쉐퍼의 말을 기억해야 한다. 우리는 교회 안에 문화적인 문제로 분열에 직면할 때마다 상대방을 사랑하고 인정할 줄 아는 법을 배워야 하며, 문화적인 문제로 협력을 할 때 협력자와 동맹자와의 관계를 분명히 해야 한다. 특히 시민사회 운동이 활발하게 전개되고 있는 이 시대에 기독교 문화운동가들은 이슈 파이팅을 할 때 협력은 하되 동맹자가 아니라는 것을 분명하게 해야 할 것이다.

제8장에서는 후대중문화 디지털 시대에 기독교가 어떻게 대응할 것인가에 대해서 살펴보았다. 디지털 시대를 후대중문화 시대라고 할 때, 이것은 대중문화가 질적으로 변화되고 있다는 것을 시사한다. 대중문화에서 후대중문화로의 변화하는 이행기에는 보수와 진보가 날카롭게 대립하며 문화전쟁으로 나타난다. 필자는 후대중문화 시대에 기독교 공동체가 디지털 문화에 관심을 기울일 것을 두 가지로 제안했다. 하나는 문화 비평이고, 다른 하나는 문화 콘텐츠 창작이다. 우리는 복음을 가지고 이 두 가지를 수행해야 한다. 일반 문화 이론가들이 주장하는 문화혁명은 한계가 분명하다. 복음의 빛이 문화에 들어가야 이 세상은 변한다.

우리는 '문화 전쟁' 이 '영적인 전쟁' 이라는 사실을 새롭게 인식해야 한다. 디지털 시대는 사이비 대안들이 많다. 그 이유는 그만큼 복합적이고 다문화적이기 때문이다. 디지털 기술은 인간의 "마음을 혼미하게 하고"(고

후 4:4) 그리스도인을 범죄로 빠뜨려 배교하게 만들 가능성이 어느 때보다 크다. 그러므로 영적인 전쟁에서 승리하기 위해서 오직 심령을 새롭게 하여 하나님의 전신갑주를 입고, 디지털 문화에 성령의 바람을 불어넣어야 한다. 그렇게 될 때 디지털 기술은 하나님의 선물이 될 것이다.

참고문헌

제1장 문화 연구의 특징과 기독교적 문화 연구

강영안 · 김연종 · 신국원 외, 『대중문화 더 이상 침묵할 수 없다』, 예영커뮤니케이션, 1998.
김동호 외 6인, 『이렇게 문화를 변혁하라』, 나침반, 1994.
문용식, 〈구약에 나타난 문화적 특징〉, 『신학지남』 통권 제281호, 2004, 겨울호.
――――, 〈문화 연구란 무엇인가〉, 『총신대논총』 제23집, 2003.
신국원, 『문화 전쟁 시대의 기독교 문화전략』, IVP, 2002년.
――――, 『변혁과 샬롬의 대중문화론』, IVP, 2004.
원용일, 『문화의 유혹』, 예영커뮤니케이션, 1997.
Calvin, *Institutes of Christian Religion*, Philadelphia: The Westminister Press, 1988.
Carson, D.A. · Woodbridge, John D, 엮음, 박희석 역, 『하나님과 문화』 (*God & Culture*), 성광문화사, 2001년.
Couch, Mal, 문석호 역, 『포스트모던 시대 속의 기독교 무엇이 문제인가?』, 신앙과지성, 2001.
Jenks, Chris, 김윤용 역, 『문화란 무엇인가』, 현대미학사, 1996.
Myers, Kenneth, 『대중문화는 기독교의 적인가 동지인가?』, 나침반, 1992.
Nash, Ronald H., 김기곤 역, 『도예발트와 기독교 철학』, 성광문화사, 1992.
Newigin, Lesslie, 나동광 역, 『현대 서구문화와 기독교』, 대한기독교서회, 1989.
Ryken, Leland, 최종수 역, 『상상의 승리』, 성광문화사, 1996.
Sardar, Ziauddin, 이영아 역, 『문화 연구』, 김영사, 2002.
Storey, John, 박모 역, 『문화 연구와 문화 이론』, 현실문화 연구, 1999.
――――――――, 백선기 역, 『문화 연구란 무엇인가』, 커뮤니케이션북스, 2000.
Veith, Gene Edward, 오수미 역, 『현대사상과 문화의 이해』, 예영커뮤니케이션, 1998.
Webber, Robert E., 이승구 역, 『기독교 문화관』, 엠마오, 1989.

제2장 자본주의 세속화 과정과 문화이론가들의 대응

고우정, 『프로이트와 루터의 성욕이론에서 본 종교성 연구』, 강남대 신학과 석사, 1999.
김동연, 『존 웨슬리 사상에 대한 윤리적 분석』, 연세대 신학과 석사, 2001.
김성기, 〈자본주의 발전과정에서 자본축적과 자본유형에 관한 연구〉, 『경영사학』 Vol 13, 한국경영사학회, 1996.
김영한, 『한국기독교 문화신학』, 성광문화사, 1992.
――――, 〈마르크스의 종교비판과 기독교〉, 『한국기독교 연구논총』 8집, 숭실대학교 한국기

독교문화연구소, 1988.

김의환, 『도전받는 보수신학』, 생명의말씀사, 2004.

김종기, 「마르크스주의의 상부구조론 연구」, 부산대 철학과 석사, 1992.

김진두, 『존 웨슬리의 사랑의 혁명』, 감신대 출판부, 2003.

김홍기, 『존 웨슬리의 희년사상』, 감신대 출판부, 1995.

김현배, 〈영국 교회 부흥과 쇠퇴〉, 『교회와 역사』, 은석 김의환 박사 고희 기념논총, 총신대 출판부, 2003.

김현수, 〈일반 은혜론 소고: 카이퍼, 스킬더, 반틸, 그리고 기독교학문연구소의 논의들〉, 『신앙과 학문』 제9권 제1호, 기독교학문연구소, 2004.

로버트 E. 웨버, 이승구 역, 『기독교 문화관』, 엠마오, 1989,

루이스 마르코스, 최규택 역, 『C. S. 루이스가 일생을 통해 씨름했던 것들』, 그루터기하우스, 2004.

박권배, 「존 웨슬리 부흥운동이 18-19세기 영국의 사회개혁에 미친 영향」, 서울신대 역사신학 박사, 1999.

박성봉 편역, 『대중예술의 이론들』, 동연, 1999.

박일선, 〈프로이트의 도덕 불안의 개념과 바울의 내적 갈등 비교 연구〉, 2001.

박정수, 「칼뱅의 경건에 관한 연구」, 합신대 신학과 석사, 2003.

박지동, 〈베버 사회고학의 객관성에 대한 비판적 고찰〉, 『광주대 논문집』 제7집, 1990.

반틸, 이근삼 역, 『칼뱅주의 문화관』, 성암사, 1984.

배종현, 「존 웨슬리와 18세기 영국의 교육」, 감신대 석사, 2000.

벌콥, 고영민 역, 『조직신학 하권』, 기독교문사, 1999.

변종길, 〈아브라함 카이퍼의 문화관〉, 『기독교대학과 학문에 대한 성경적 조망』, 오병세 박사 은퇴기념 논문집, 1996.

서철원, 『신학서론』, 총신대출판부, 2000, 〈카이퍼의 개혁사상과 한국신학〉, 개혁사상, 한국기독교사상연구소, 1989.

스나이더, 조종남 역, 『혁신적 교회 갱신과 웨슬레』, 대한기독교출판사, 1986.

스피븐 하퍼, 김석천 역, 『존 웨슬리의 메시지』, 세북, 1998.

심창섭, 『기독교 교회사』, 대한예수교장로회총회, 1998.

아맨드 M. 니콜라이, 홍승기 역, 『루이스 & 프로이트』, 홍성사, 2004.

아브라함 카이퍼, 김기찬 역, 『칼뱅주의 강연』, 크리스챤 다이제스트, 1997.

양석훈, 「성경과 프로이트의 인간관 비교 연구」, 총신대 신대원 석사, 1999.

양창삼, 〈막스 베버의 프로테스탄트 윤리와 자본주의 정신에 관한 비판적 연구〉, 『경제연구』 제7권, 한양대학교 경제연구소, 1986.

오동규, 「존 웨슬리와 문화교육 연구」, 협성대 신학과 석사, 1999.

유석성, 「웨슬리의 영성과 사회윤리에 관한 연구」, 서울신대 신학과 석사, 2001.

유스트 L. 곤잘레스, 서영일 역, 『종교개혁사』, 은성, 1994,

윤병철, 〈막스 베버-프로테스탄트 윤리와 자본주의의 정신-의 방법론적 의의〉, 효대 논문집 제37집, 1988.

이경화, 「칼빈의 기독교 강요에 나타난 현재적 인간의 한계와 신학적 극복 방안에 대한 연구」, 영남대 신학과 석사, 2002.

이마무라 히토시, 이수정 역, 『근대성의 구조』, 민음사, 1999.

이상현, 〈지성사의 측면에서 본 마르크스와 기독교〉, 세종대 논문집 10, 1983.

이우연, 「칼빈의 일반은총의 성경적 근거와 그에 따른 문화적 관조주의」, 안양대 신대원 석사, 2002.

이유섭, 『성 관계는 없다』, 민음사, 1996.

이종훈, 「칼 포퍼의 마르크스 비판에 대한 한 고찰」, 성대 교육학 석사, 1997.

임동수, 「프로이트에 있어서의 에로스와 예술」, 홍대 교육학 석사, 1989.

임화숙, 「마르크스 소외론의 비판적 고찰-‘경제학 철학 초고’를 중심으로」, 고대 교육학 석사, 1990.

장종철, 『존 웨슬리의 교육신학』, 감신대 출판부, 1990,

정광덕, 〈아브라함 커이퍼의 교회론과 사회 윤리〉, www.church-history.org

정락림, 「Marx에 있어서 소외 개념」, 경북대 철학과 석사, 1993.

정문길, 『소외론 연구』, 문학과지성사, 1989.

정일권, 〈아브라함 카이퍼의 문화 철학에 대한 소고〉,

존 웨슬리, 김영운 역, 『존 웨슬리의 일기』, 크리스챤 다이제스트, 1984.

존 칼뱅, 존칼뱅성경주석출판위원회, 『칼뱅성경주석 창세기』, 성서원, 1999.

―――, 『디모데전서 주석』, 성서원, 1999.

―――, 『사도행전 주석』, 성서원, 1999.

―――, 『기독교 강요』, 크리스챤 다이제스트, 1991.

콜린 윌리암즈, 이계준 · 송홍국 역, 『존 웨슬리의 생애』, 유니온출판사, 1983.

폴. A. 미키, 『웨슬레 사상의 현대적 선언』, 보이스사, 1987.

프로이트, 정장진 역, 『창조적인 작가와 몽상』, 열린책들, 1996.

―――, 김석희 역, 『문명 속의 불만』, 열린책들, 1996.

헤르만 바빙크, 차영배 역, 『일반은총론』, 총신대 출판부, 1997.

헨리 미터, 박윤선 · 김진홍 공역, 『칼뱅주의』, 개혁주의신행협회, 1998.

Anderson, C., 김동식 · 임영일 역, 『새로운 사회학』, 돌베개, 1979.

Bainton, Roland H., 이길상 역, 『기독교의 역사』, 크리스챤 다이제스트, 1997.

Bauman, Michael & Klauber, Martin I., 라은성 역, 『전통을 지켜 온 기독교 역사가들』, 이레서원, 2002.

Chadwick, Owen, 이정석 역, 『19세기 유럽 정신의 세속화』, 현대지성사, 1999.

Clouse, Robert G · Pierard, Richard V · Yamauchi, Edwin M, *Two Kingdoms*, Chicago: Moody Press, 1993.

D. E. 드머레이, 『웨슬리의 명상과 기도』, 전망사, 1980.

Dooyeweerd, Herman, 문석호 역, 『서양문화의 뿌리』, 크리스챤 다이제스트, 1994.

Fromm, Erich · H. 포핏츠, 김창호 역, 『마르크스주의의 인간관』, 동녘, 1999.

Goudzward, Bob, 김병연 · 정세열 역, 『자본주의와 진보사상』, IVP, 1989.

Hardesty, N. A., 변선환 역, 『감리교 운동과 여성해방』, 전망사, 1987.

Hauser, Arnold, 백낙청 · 반성완 역, 『문학과 예술의 사회사』, 창작과비평사, 1999.

Heilbroner, Robert L., *The Worldly Philosophers*, New York: Simon & Schuster, 1953.
Kung, Hans, 손진욱 역, 『프로이트와 신의 문제』, 하나의학사, 2003.
Latourette, Kenneth Scott, 윤두혁 역, 『기독교사』, 1982.
Marquardt, M., 조경철 역, 『존 웨슬리의 사회윤리』, 보문출판사, 1992.
Marx, K& Engels, F, Holly Family, *Collected Works*, Volume 4, Moscow: Progress Publishers, 1975. Deutsche Idealogie, NEW 3권.
Moorman, John R. H., *A History of the Church in England*, New York: Morehouse-Barlow, 1967.
Placher, William C., 박영수 역, 『기독교 신학사』, 크리스챤 다이제스트, 1996
Popper, Karl Raimund, 이명현 역, 『열린사회와 그 적들 II』, 민음사, 1982.
─────────, 이상헌 역, 『우리는 20세기에 무엇을 배울 수 있는가?』, 생각의나무, 2000.
─────────, 이한구 역, 『열린사회와 그 적들 1』, 민음사, 1982.
Ryken, Leland, 김성웅 역, 『청교도 이 세상의 성자들』, 생명의말씀사, 2000.
Tawney, R. H., 김종철 역, 『종교와 자본주의의 발흥』, 한길사, 1983.
Tillich, Paul, 송기득 역, 『19-20세기 프로테스탄트 사상사』, 한국신학연구소, 1998.
Tucker, R., *Philosophy and Myth in Karl Marx*, 2nd ed, London: Cambridge University Press, 1972.
Wallerstein, I., 김인중 외 역, 『근대세계체제 III』, 까치, 1977.
Weber, M., 박성수 역, 『프로테스탄티즘의 윤리와 자본주의의 정신』, 문예출판사, 휘문출판사, 1988.
Wesley, J., *The Works of John Wesley*, II, Thomas Jackson, ed Grand Rapids: Baker Book House, 1979.
いなか・きひちず, 公共の哲學の構築をめざして, 교문관, 2001.

제3장 독일의 파시즘과 문화이론가들

구승희, 『논쟁 나치즘의 역사화』, 온누리, 1993.
권순흥, 「본 회퍼의 제자직의 윤리」, 감신대 신대원 석사, 1996.
김경재, 『폴 틸리히의 신학연구』, 대한기독교출판사, 1987.
김경환, 「본 회퍼의 제자도-산상수훈을 중심으로」, 계명대 신대원, 2000.
김귀석, 「아도르노의부정성 미학 연구」, 연세대 교육학 석사, 2002.
김문환, 『마르쿠제의 미학사상』, 문예출판사, 1994.
김수용, 〈파시즘의 문화〉, 한국학술진흥재단, 1998.
김억간, 「독일 나치즘의 제 원인 연구」, 전남대 사학과 석사, 2001.
김영권, 「폴 틸리히의 기독론 소고」, 고신대 신대원 석사, 1988.
김영옥, 〈벤야민의 역사철학과 미학이론〉, 『뷔히너와 현대문학』 15호. 2000.
김영진, 「폴 틸리히의 죄론에 관한 비판적 고찰」, 총신대 신대원 석사, 1993.

김유동, 『아도르노 사상』, 문예출판사, 1993.

김진아, 「발터 벤야민의 모더니티 연구」, 홍익대 미학과 석사, 1997.

김한영, 「아도르노의 예술이론 연구」, 홍익대 미학과 석사, 1995.

노형석, 「나치의 교육 근대화에 관한 비판적 고찰」, 성대 역사교육 석사, 2003, 10.

데이비드 웰시, 최용찬 역, 『독일 제3제국의 선전정책』, 혜안, 2001.

디이트리히 본 회퍼, 허혁 역, 『나를 따르라』, 2004.

목창균, 『현대신학논쟁』, 두란노, 1995.

문병호, 『아도르노의 사회이론과 예술이론』, 문학과지성사, 1993.

박봉랑, 〈현대 신학에 있어서 원죄의 케리그마의 상징화와 해석학 문제〉, 『기독교사상』 1월 호, 기독교서회, 1964., 『그리스도교의 비종교화』, 대한기독교서회, 1998.

박순영, 〈마르쿠제의 이성 개념–사회 비판철학의 기초〉, 『현상과 인식』 5권 3호, 1981.

반성완, 『발터 벤야민의 문예 이론』, 민음사, 1983.

방청야, 「1930년대 독일 나치즘과 반유대주의」, 건대 사학과 석사, 2002.

송현주, 「마르쿠제의 기술적 합리성 비판」, 연세대 철학과 석사, 2002.

신승환, 「발터 벤야민의 역사인식」, 연세대 비교문학 석사, 2003.

심혜련, 〈대중매체에 관한 발터 벤야민의 미학적 고찰이 지니는 현대적 의의〉, 『미학』 제30 집, 한국미학회, 2001.

———, 〈발터 벤야민의 아우라 개념에 관하여〉, 『시대와 철학』 제12권 1호, 한국철학사상연 구회, 2001.

———, 〈발터 벤야민(Walter Benjamin)의 예술 이론에 대한 맑스주의 미학의 해석에 관하 여– '예술의 정치화'를 중심으로–〉, 진보평론 9호. 2003.

———, 〈발터 벤야민과 대중철학〉, 2001, 4. 20. 강의안.

아돌프 히틀러, 이윤환 역, 『나의 투쟁』, 신태양사, 단기 4294, p. 229.

안상준, 「아도르노의 미학이론 연구」, 단국대 독문학 석사, 1997.

양창섭, 「발터 벤야민의 문화 연구」, 연세대 비교문화 석사, 1999.

에버하르트 엮음, 고범서 역, 『디트리히 본 회퍼의 옥중서간』, 대한기독교서회, 2003.

오양진, 「본 회퍼의 위임사상」, 서울신대원 석사, 1991.

유형식, 『독일미학론』, 중앙대 출판부, 1997.

이동현, 「발터 벤야민의 현대 예술론 연구」, 서강대 독문학 석사, 1992.

이민호, 『독일사』, 대한교과서주식회사, 1986.

———, 「헤르베르트 마르쿠제의 비판이론 연구」, 서강대 철학과 석사, 2000.

이병진, 〈부정성의 미학과 현대예술〉, 『독일문학』 제80집, 한국독어독문학회, 2001.

이상헌, 「마르쿠제의 '위대한 거부'에 관한 고찰〉, 연세대 정치학 석사, 1993.

이영우·강기룡, 〈파시즘 생성요인론과 그 비판〉, 『평화연구』 20, 경북대 평화문제연구소, 1995.

이영욱, 〈현대 미술과 대중 문화: 양자의 관계가 제기하는 몇 가지 미학적 질문〉, 『미학』 제 30집, 한국미학회, 2001.

이한미, 「발터 벤야민의 예술 이론에 나타난 예술의 자율성 문제에 대한 연구」, 홍익대 미학 과 석사, 1995.

이화신, 「H. 마르쿠제의 페미니즘과 정체성의 정치」, 중앙대 사학과 석사, 2003.

임봉학, 「폴 틸리히의 종교사회주의 연구」, 연대연합신학대학원 석사, 1990.

임석원, 「발터 벤야민의 알레고리 개념 연구」, 서울대 독문학 석사, 2003.

장빛나, 「마르쿠제의 대중문화론 연구」, 한신대 철학 석사, 2003.

전경지, 「예술 현상에 나타난 사회적 기능에 관한 연구」, 원광대 철학 석사, 1999.

정동화, 「H. Marcuse의 현대산업사회비판과 혁명론에 관한 연구」, 연세대 정외과 석사, 1991.

차봉희, 『비판미학』, 문학과 지성사, 1992.

최문규, 『문학이론과 현실인식』, 문학동네, 2000.

――, 〈불협화음의 문학과 보들레르〉, 『문학동네』 17호. 1998.

――, 『(탈)현대성과 문학의 이해』, 민음사, 1996.

콜린 브라운, 문석호 역, 『철학과 기독교 신앙』, 기독교문서선교회, 1991.

폴 로빈슨, 박광호 역, 『프로이트 급진주의』, 종로서적, 1983.

피종호, 〈아도르노의 비판이론과 미학〉, 『뷔히너와 현대문학』 제11호, 1998.

――, 〈아도르노의 영화 비판〉, 『독일문학』 제67집, 한국독어독문학회, 1999.

하버마스, 백승균 · 서광일 역, 『마르쿠제와의 대화』, 이문출판사, 1984.

한나 아렌트, 권영빈 역, 『어두운 시대의 사람들』, 문학과지성사, 1983.

함춘성, 〈허버트 마르쿠제의 현대산업사회 비판론〉, 韓國精神文化硏究院, 1989.

현택수, 〈음악사회학을 위하여 – 베버와 아도르노를 중심으로 – 〉, 『고려사회학논집』 제9집, 1995.

황강연, 「발터 벤야민의 비판미학을 위하여」, 중앙대 철학과 석사, 1997.

황진구, 「마르쿠제와 포퍼의 정치 이론 비교 연구」, 중앙대 정외과 석사, 1993.

황진영, 「변증법적 이미지」, 홍익대 미학과 석사, 2001.

A. 매킨타이어, 연희원 역, 『마르쿠제』, 지성의 샘, 1994.

Adorno, Th W., *Sthctische Theorie*, Ffm 1972. 홍승용 역, 『미학이론』, 문학과지성사, 1984. 방대언 역, 『미적 이론』, 이론과실천, 1994.

――, *Negative Dialektik*, Ffm. 1982. 홍승용 역, 『부정변증법』, 한길사, 1999.

――, 김방현 역, 『음악사회학 입문』, 삼호출판사, 1990.

Adorno, Th W., Horkheimer, Max, *Dialektik der Aufklarung. Philosophische Fragmente*, Frankfurt am Main 1992. 김유동 · 주경식 · 이상훈 역, 『계몽의 변증법』, 문예출판사, 1995. Bd. 3, Suhrkamp Verlag, 1979.

Benjamin, Walter, *Charles Baudelaire A Lyric Poet In The Era Of High Capitalism*, trans, Harry Zohn, Verso, 1989.

――, *Gesammelte Schriften*. Frankfurt am Main 1971–1989.

Carr, E. H., *The Twenty Years' Crisis*, 1919–30, New York, 1964.

Fest, Joachim. C., 안인회 역, 『히틀러 평전』, 푸른숲, 1998.

Hartung, *Gunter*, Berlin, 1983.

Heidegger, *Martin, Die Sprache*, in: ders., *Unterwegs zur Sprache*, Frankfurt a. M 1985.

Kellner, Douglas, *Herbert Marcuse and the Crisis of Marxism*, Berkely: University of California Press, 1984.

Langer, Walter C., 최종배 역, 『히틀러의 정신분석』, 솔출판사, 1999.

M. 제이, 최승일 역, 『아도르노』, 지성의샘, 1995.

Marcuse, H., *An Essay on Liberration*, Boston: Beacon Press, 1969.

─────, *ber den affirmativen Charakter der Kultur*(1937), in: Herbert Marcuse Schriften.

─────, 김현일 · 윤길순 역, 『이성과 혁명』, 중원문화, 1984.

─────, 박순창 역, 『예술의 미학적 차원』, 영학, 1982.

─────, 박종렬 역, 『예술과 혁명』, 풀빛, 1982.

─────, 박종렬 역, 『이성과 자유』, 풀빛, 1982.

─────, 유효종 · 진종덕 역, 『위대한 거부』, 광민사, 1980.

─────, 차인석 역, 『부정』, 삼성출판사, 1982.

─────, 차인석 역, 『일차원적 인간』, 삼성출판사, 1990.

─────, 김인환 역, 『에로스와 문명』, 나남출판, 1996.

Mason, Timothy W, 김학이 역, 『나치스 민족 공동체와 노동계급』, 한울, 2000.

Tillich, P., *Religion and Secular Culture*, in *Protestant Era*, Ed. by. J. L. Adams, Chicago: Chicago Univ. Press, 1973.

─────, 김경수 역, 『문화의 신학』, 대한기독교서회, 1999.

─────, 신상길 · 정성욱 역, 『평화의 신학』, 한국장로교출판사, 2000.

─────, 이계준 역, 『궁극적 관심』, 대한기독교서회, 1980.

─────, 이계준 역, 『문화와 종교』, 전망사, 1984.

─────, 정진홍 역, 『신의 존재론적 탐구』, 대한기독교서회, 1990.

─────, 황필호 역, 『종교란 무엇인가?』, 전망사, 1983.

제4장 영국 문화 연구의 역사와 문화 이론가들

강성호, 〈서구 맑스주의 역사학의 몇 가지 이론적 모색〉, 역사문제 연구, 역사문제연구소, 2001,

강유미, 「레이몬드 윌리엄스의 문화론과 미학과의 관계」, 홍익대 미학 석사, 1998.

김동규, 「매슈 아놀드의 문화론 연구」, 한신대 영문학 석사, 1998.

김소연, 「그람시와 대중문화의 정치성」, 연세대 비교문학 석사, 2001.

김영해, 「레이먼드 일리엄스의 문학비평연구」, 원광대 영문학 박사, 1998.

김영희, 〈레이몬드 윌리엄스〉, 『이론 4』, 이론, 1993.

김용규, 〈문학연구에서 문화 연구로: 80년대 이후 영국이론의 변화〉, 『새한영어영문학』 제44권 1호, 2002.

김호석, 「레이먼드 윌리엄스의 문화적 유물론 연구」, 서강대 신방과 석사, 1991.

김혜진, 「그람시와 하바머스의 시민사회론비교 연구」, 고려대 정외과 석사, 1996.

다케노 가즈오, 『상상력의 거장들–문학과 기독교』, 彩流社, 2003.

레이먼드 윌리엄스, 백만준 역, 『문학과 문화이론』, 경문사, 2003.

───, 이일환 역, 『이념과 문학』, 문학과지성사, 1993.

───, 임순희 역, 『현대비극론』, 학민사, 1985.

루이스 마르코스, 최명관 역, 『C. S. 루이스가 일생을 통해 씨름했던 것들』, 그루터기하우
　　스, 2004.

루이 알뛰세르, 이종영 역, 『맑스를 위하여』, 백의, 1997.

문용식, 〈욕망 이론의 현대적 양상과 현대 소설의 성〉, 『국제어문 22집』, 2000.

───, 〈C. S. 루이스의 에로스로 본 현대인의 성 욕망〉, 『신학지남 273호』 겨울호, 신학지
　　남사, 2002.

박거용, 〈지배문화 분석의 한 모델 – 레이먼드 윌리엄스의 문화유물론〉, 문화과학사, 199

박선웅, 〈스튜어트 홀의 문화 연구〉, 『경제와 사회』 2000년 봄호.

박수정, 「T.S.Eliot의 기독교적 관점과 문화 비평 연구」, 연대 영문학 석사,

스튜어트 홀, 임영호 편역, 『스튜어트 홀의 문화이론』, 한나래, 1996.

스티븐 사이드먼, 박창호 역, 『지식논쟁: 포스트모던 시대의 사회이론』, 문예출판사, 1999.

안정인, 「T.S.Eliot의 객관적 비평론 연구」, 경북대 영문학 석사, 1992.

안중은, 『T. S. 엘리엇의 시와 비평』, 브레인 하우스, 2000.

안토니오 그람시, 김주환 역, 『그람시의 정치사상』, 청사, 1985.

───, 이상훈 역, 『옥중수고 2』, 거름, 1999.

앨런 스윈지우드, 박형신 · 김민규 역, 『문화사회학 이론을 향하여』, 한울아카데미, 2004.

야기우 나오유끼, 『환타지 나라의 신학』, 신교출판사, 2003,

양석훈, 「T.S. Eliot의 사회비평에 나타난 기독교 사회의 교육과 문학」, 동아대 영문학　석
　　사, 1992.

왕재선, 「레이먼드 윌리엄스의 문화 비평 연구」, 원광대 영어교육 석사, 2001.

원용진, 〈문화 연구와 스튜어트 홀〉, 『문화과학』 23호, 2000년 가을.

───, 〈미디어 연구의 반성과 전망〉, 『한국방송학보』 14-3호. 2000.

윤은주, 「안토니오 그람시의 실천 철학과 지식인 문제」, 숭실대 철학 석사, 1995.

윤지관, 「Matthew Arnold의 비평 연구」, 서울대 영문학 박사, 1993, 8.

이강미, 「그람시의 지식인론」, 숭실대 정외과 석사, 1994.

이규태, 「그람시 문화 정치의 재구성」, 서강대 정외과 석사, 2000.

이근용, 「매스 미디어에 대한 문화주의적 접근과 구조주의적 접근과의 비교고찰」,　서울대
　　신방과 석사, 1986.

이정호, 『포스트모던 T. S. 엘리엇』, 서울대 출판부, 1996.

───, 『T. S. 엘리엇 새로 읽기』, 서울대 출판부, 2001.

이진희, 「스튜어트 홀의 문화정치학에 관한 비판적 연구」, 인하대 정치외교학 석사, 1999.

전경희, 「매슈 아놀드의 비평연구」, 이대 영문학 석사, 1993.

조성만, 「안토니오 그람시의 문화이론」, 경희대 영문학 석사, 1999.

존 스토리, 박모 역, 『문화 연구와 문화이론』, 현실문화 연구, 1995.

허버트 J. 갠스, 『고급문화와 대중문화』, 현대미학사, 1996.

허정자, 『T.S. 엘리엇 연구』, 한국 T.S. 엘리엇 학회, 제 10호, 2001 봄-여름.

허재영, 「알튀세르와 그람시의 이데올로기론 비교 연구」, 서울대 사회학 석사, 1993.

Bennett, Tony, Popular Culture: Themes and Issue, Milton Keynes: Open University, 1981.

Ebercrombie, Nicholas, 김영범 역, 『계급 · 이데올로기 · 실천』, 학민사, 1987.

Eliot, T. S., 이경식 역, 『기독교 사회의 이념』, 현대사상사, 1982.

―――, The Idea of a Christian Society, London: Faber and Faber, 1982.

―――, After Strange Gods, London: Faber and Gwyer, 1934.

Fiori, Giuseppe, 신지평 역, 『그람시-한 혁명가의 생애와 사상』, 두레, 1991.

Gramsci, L. Gruppi,: Life of a Revolutionary, New York: Schocken Books, 1973.

Hall, S., Cultural Studies and the Centre: Some Problematics and Problems, in S. Hall et al. (eds.) Culture, Media, Language, London: Hutchinson, 1980.

―――, Gramsci's Relevance for the Study of Race and Ethnicity, Journal of Communication Inquiry, 10, 2, 1986.

―――, Notes on Deconstructing 'the Popular' in R. Samuel (ed.) People's History and Socialist Theory, London: Routledge, 1981.

―――, Signification, Representation, Ideology: Althusser and the Post-Structuralist Debates, Critical Studies in Mass Communication, 2, 2, 1985.

Hammersley, M., 백선기 편역, 『현대사회와 기호학』, 문학과지성사, 1996.

Hoggart, R., The use of literacy, Harmondsworth: Penguin, 1990.

Jessop, Bob & Bonnet, Kevin, Thatcherism, Cambridge: Polity Press, 1988.

Lewis, C. S., The Abolition of Man(New York: The Macmillan Co, 1947), 한균 역, 『가슴 없는 사람』, 생명의말씀사, 1983.

―――, 허종 역, 『문학비평에서의 실험』, 동문선, 2002,

―――, Christianity and Culture, The Christian Imagination, Michigan: Baker Book House, 1990.

Morris, M., Banality in Cultural Studies, Discourse, 1988.

Raymond Williams, Culture and Society 1780-1950, Harmondsworth: Penguin, 1958.

―――, Keywords, London, 1976.

―――, Marxim and Literature, Oxford: Oxford UP, 1977.

―――, Resources of Hope: Culture, Democracy, Socialism, ed. Robin Gable, London: Verso, 1989.

―――, The Long Revolution, Harmondsworth: Penguin, 1961.

―――, Problems in Materialism and Culture, Verso Edition and NLB, 1980.

Robert, Bocock, 이향순 역, 『그람시 헤게모니의 사회이론』, 학문과사상사, 1991.

Thompson, E. P., The Marking of the English Working Class, Vintage Books, 1963.

제5장 68혁명과 후기구조주의 · 기독교 문화 이론가들

강성화, 「자크 엘륄의 기술철학 연구」, 서울대 철학 박사, 2002.

강철구, 「자크 엘륄의 현대문명 속의 혁명적인 기독교」, 총신대 신대원 석사, 1999.

권오선, 「프랑스 5월 혁명기 노동 운동에 관한 연구」, 연세대 사학과 석사, 2002.

김상성, 「자크 엘륄의 변증법적 사고에 대한 수용가능성」, 총신대 신대원 석사, 1996.

김상환, 『해체론 시대의 철학』, 문학과지성사, 1996.

김성일, 〈욕망의 극한선까지 탈주하라〉, 『민족 예술』, 1999년 1월호.

김연환, 「차연과 은유에 관한 연구」, 홍익대 미학 석사, 2003.

김용우, 「프랑스 파시스트 이데올로기의 형성에 관한 연구」, 서강대 정치학 석사, 1994.

김인식, 〈롤랑 바르트의 텍스트 이론 · 실천〉, 현대비평이론 14호, 1997, 236면.

───, 「롤랑 바르트 문학의 이론과 실천」, 성균관대 불문학 박사, 1993.

김호기 엮음, 『현대 비판사회 이론의 흐름』, 한울, 2001.

김형효, 『데리다의 해체철학』, 민음사, 1996.

김희정, 「데리다의 해체 철학을 통해 본 새로운 정치 이론과 실천에 대한 연구」, 연세대 정치외교학 석사, 1996.

남상원, 「자크 엘륄의 성서해석학」, 그리스도신대원 석사, 1998.

로저 스쿠루턴 저, 강문구 역, 『신좌파의 사상가들』, 한울아카데미, 2004.

롤랑 바르트, 김인식 역, 『이미지와 글쓰기 – 롤랑 바르트의 이미지론』, 세계사, 1998.

───, 김희영 역, 『텍스트의 즐거움』, 동문선, 1997.

───, 이상빈 역, 『롤랑 바르트가 쓴 롤랑 바르트』, 강, 1997.

롤랑 바르트 · 수잔 손탁, 송숙자 역, 『바르트와 손탁: 사진론』, 현대미학사, 1994.

루이 핀토, 김용숙 · 김은희 역, 『부르디외 사회학 이론』, 동문선, 2003.

리디아 앨릭스 필링햄, 박정자 역, 『미셀 푸코–만화로 읽는 삶과 철학』, 도서출판 국제, 1995.

맹용길, 〈엘륄의 신학사상〉, 『기독교 사상』, 1989.

문윤정, 「과학기술시대의 양면적 병존의 현실과 윤리적 책임의 모색」, 이대 기독대학원 석사, 1995.

미셀 앙리 르두, 표원경 · 이오갑 역, 『프랑수아즈 돌토, 그의 삶과 사상』, 숲, 2003.

민승기, 「데리다와 타자」, 경희대 영어영문학 박사, 1999.

박건택 편, 『자크 엘륄 연구』, 개신교 신학연구소, 1996.

백동일, 「폭력에 대한 현대기독교 윤리학적 연구, 라인홀드 니버와 자크 엘륄의 폭력 논의를 중심으로」, 감신대 신대원 석사, 1997.

서명원, 「에베소서 4장의 성령 사역 안에서 데리다의 해체문화 읽기」, 호남신대 신대원 석사, 2000.

손호종, 「프랑스 5월 혁명의 주체와 투쟁양상에 관한 연구」, 전남대 사회학과 석사, 2002.

신광은, 「기독교 진리는 영상 매체를 통해 계시될 수 있는가」, 침신대 신대원 석사, 1997.

신상주, 「현대기술사회 비판, 엘륄과 한스 요나스 비교 연구」, 침신대 신대원 석사, 1998.

신익수, 「반문화의 기원과 성격」, 외대 사학과 석사, 1996.

안승찬, 「알튀세르의 대중적 정치 사고에 관한 연구」, 서울대 정치외교학과 석사, 2002.
양은경 외, 『문화와 계급-부르디외와 한국사회』, 동문선, 2002.
여승훈, 「폭력에 대한 기독교 윤리학적 연구」, 감신대 신대원 석사, 2001.
오생근, 〈미셸 푸코-지식과 권력의 해부학자〉, 『외국문학』, 1985.
유덕현, 「미국 신좌파의 사회적 축적구조론과 노동과정론」, 서울대 경제학 석사, 1994.
유도리, 「1960년대 프랑스 학생 운동의 조직과 활동」, 숙명여대 사학과 석사, 2003.
유진홍, 「1960년대 독일 학생운동의 파시즘 비판」, 중대 사학과 석사, 2001.
윤용상, 「쟈크 엘룰의 기술비판과 기독교 윤리」, 목원대 신대원 석사, 1999.
윤평중, 『푸꼬와 하버마스를 넘어서-합리성과 사회비판』, 교보문고, 1990.
이리나, 「쟈끄 데리다의 해체적 글쓰기」, 충남대 불어불문학 석사, 1993.
이무원, 「조직문화론의 재구성-알튀레르의 이론을 중심으로-」, 연세대 경영학 석사, 1992.
이세준, 「과학기술시대와 기독교 윤리」, 한신대 석사, 1999.
이영규, 「쟈크 엘룰의 기술문명 비판과 기독교적 대안」, 그리스도 신대 석사, 1999.
이영주, 「이데올로기-문화-주체이론에 대한 비판적 일고찰」, 성균관대 신문방송학과 석사,
    1999.
이영희, 『베트남 전쟁』, 두레, 1984.
이정우, 〈미셸 푸코에 있어 신체와 권력〉, 『문화과학』 4호, 1993.
이진우, 〈계보학의 철학적 방법론〉, 『철학연구』 제 73집, 2002.
자크 엘룰, 윤종석 역, 『기도와 현대인』, 두레마을, 1991.
───, 박광덕 역, 『기술의 역사』, 한울, 1997.
───, 자크엘룰번역위원회, 『뒤틀려진 기독교』, 대장간, 1996.
───, 이문장역, 『세상 속의 그리스도인』, 대장간, 199
───, 김점옥 역, 『쟈크 엘룰 사상 입문』, 솔로몬, 1998
───, 최종고 역, 『폭력』, 현대사상사, 1974.
쟈크 데리다, 김다은 역, 『다른 꽃』, 동문선, 1997.
───, 김성도 역, 『그라마톨로지』, 1996.
정강민, 「알튀세르의 이론과 실천 관계 논의에 관한 연구」, 단국대 정치외교학과 석사,
    1996.
정대훈, 「쟈크 엘룰의 기독교 경제윤리 사상에 관한 고찰」, 장신대 신대원 석사, 1999.
정태석, 〈맑스주의의 위기와 알뛰세르〉, 『고대문화』제35호, 1992.
조규희, 〈서독의 68혁명과 문화혁명〉, 독일어문학 제23집, 2003.
최은, 「롤랑 바르트의 텍스트와 영화 이미지」, 중앙대 영화이론 석사, 2001.
최현, 〈롤랑 바르트의 '사드, 푸리에, 로욜라' 에 나타난 글쓰기의 욕망과 텍스트성〉, 서울대
    불문학 석사, 2003.
파트리스 보네위츠, 문경자 역, 『부르디외 사회학 입문』, 동문선, 2000.
프랑소와즈 돌토, 『인간의 욕망과 기독교 복음』, 한국심리치료연구소, 2000.
피에르 부르디외, 『말해진 것』(Chses dites), Paris, Les Editions, de Minuit, 1987.
──────, 『사회학의 문제들』(Questions de sociologie), Les Editions de Minuit,
    1980.

하상복, 「쟈크 엘룰의 현대기술 · 정치비판에 관한 일 연구」, 서강대 정외과 석사, 1994.

홍성민, 『문화와 아비투스-부르디외와 유럽정치사상』, 나남, 2000.

현택수 편, 『문화와 권력 : 부르디외 사회학의 이해』, 나남, 1998.

Althusser, L., *Essays in Self-Criticism*, NLB, 1976.

──, 이종영 역, 『맑스를 위하여』, 백의, 1997.

──, 김진석 역, 『자본론을 읽는다』, 두레, 1991.

──, 서관모 역, 『역사적 맑스주의』, 새길, 1993.

──, 서관모 · 백승옥 편역, 『철학과 맑스주의』, 새길, 1996

──, 서관모 · 백승옥 역, 『철학에 대하여』, 동문선, 1997.

──, 김동수 역, 『아미앵에서의 주장』, 솔, 1991.

Benjamin, W., *Der Autor als Produzent*, In: ders. Versuche ber Brecht. Hrsg. v. R. Tiedemann. 3 Aufl., Frankfurt/M 1971.

Barthes, R., *le Degre' Ze'ro de l'e'criture*, Seuil, 1953.

──, *Le grain de la voix*, Seuil, 1981.

Calvet, L. J., *Roland Barthes*, Payet, 1973.

Derrida, J., *Fors: The Anguish Woeds of Nicolas Abraharm and Maria Torok*, trans. Barbara Johnson, Foreword to Nicolas Abraharm and Maria Torok, The Wolf Man's Magic Word, trans. Nicholas Rand, Minneapolis, Univ of Minnesota Press, 1986.

──, *Position*. trans. Alan Bass, Positions, Chicago: Univ. Chicago Press, 1981.

──, De la grammatologie, Minuit, 1967.

Foucault, M, 김부용 역, 『광기의 역사』, 인간사랑, 19

──, 오생근 역, 『감시와 처벌』, 나남, 2004.

──, 이정우 역, 『지식의 고고학』, 민음사, 2000.

──, 이광래 역, 『말과 사물』, 민음사, 1997.

──, 이규현 역, 『성의 역사 I-Ⅲ』, 나남, 2004.

──, 이정우 역, 『담론의 질서』, 서강대학교, 2000.

Marcuse, H., *Versuch ber die Befreiung*, Frankfurt/M 1969.

제6장 탈식민주의 문화이론과 디아스포라

고부응, 〈탈식민주의론〉, 『영미문학의 길라잡이』, 창작과비평사, 2002.

고부응 등 엮음, 『탈식민주의 이론과 쟁점』, 문학과지성사, 2003.

김성곤, 〈탈식민주의적 책읽기와 영문학 연구〉, 『외국문학』, 1994년 봄호.

나병철, 『근대서사와 탈식민주의』, 문예출판사, 2001.

바트 무어 · 길버트, 이경원 역, 『탈식민주의! 저항에서 유희로』, 한길사, 2001.

안토니오 그람시, 이상훈 역, 『그람시의 옥중수고 1』, 거름, 1986.

오민석, 〈탈식민주의, 프란쯔 파농, 그리고 감자〉, 『단국대학교 논문집-인문 · 사회과학

편」, 제33집, 1998.

응구기 와 씨옹오, 「탈식민주의와 아프리카 문학」, 인간사랑, 1999.

이미영, 「탈식민주의 비평의 조건-에드워드 사이드와 헤테로토피아의 변증법」, 연세대 비교문학 석사, 2001.

존 맥클라우드, 「탈식민주의 길잡이」, 한울, 2003.

치누아 아체베, 이석호 역, 「제3 세계 문학과 식민주의 비평」, 인간사랑, 1999.

프란츠 파농, 김남주 역, 「자기 땅에서 유배당한 자들」, 청하, 1978.

피터 차일즈 · 패트릭 윌리엄스, 김문환 역, 「탈식민주의 이론」, 문예출판사, 2004.

Gayatri Chakravorty Spivak, *Can the Subaltern Speak?*, Patrick Williams & Laura Chrisman eds., Colonial Discourse & Postcolonial Theory, Columbia University: New York, 1994.

—————————, *Outside in the Teaching Machine*, London: Routledge, 1993.

Homi bhabha, *The Location of Culture*, London & New York: Routledge, 1994.

Said, Edward, *Orientalism*, New York: Vintage Books, 1979.

Segovia, Fernando F., *The Bible and Postcolonialism, 3*, Sheffield Academic Press, 2000.

Sugirtbarajab, R. S., *The Bible and Postcolonialism, 2*, Sheffield Academic Press, 1999.

제7장 미국의 반문화운동과 문화 이론가들

강준만, 「대중매체 이론과 사상」, 개마고원, 2002.

고범서, 〈윤리에서의 도덕적 방법과 정치적 방법〉, 「기독교 사회 윤리」, 한국기독교사회윤리학회, 1999.

그레샴 메이천, 채겸희 역, 「기독교 인간관」, 나침판, 1996.

———, 김길성 역, 「기독교와 자유주의」, 크리스챤출판사, 2004.

김길성, 「메이천 박사 저작 선집」, 총신대 출판부, 2002

김성곤, 〈미디어 문화 연구를 통한 미국연구-미국영화와 텔레비전 드라마를 중심으로〉, 「국제 · 지역연구」 10권 3호, 2001 가을.

김의환, 「도전받는 보수신학」, 생명의말씀사, 2004.

김철웅, 「라인홀드 니버의 집단 이기심 분석」, 연세대 신대원 기독교윤리학 석사, 1996.

남성현, 「라인홀드 니버의 민주주의에 대한 연구」, 장신대 신대원 석사, 1997.

니콜라스 네그로폰테, 백욱인 역, 「디지털이다」, 박영률출판사, 1995.

더글라스 캘너, 김수정 · 종종희 역, 「미디어 문화」, 새물결, 1995.

라인홀드 니버, 노진준 역, 「기독교 윤리학」, 은성, 1991.

———, 지명관 역, 「기독교 현실주의와 정치 문제」, 현대사상사, 1973.

———, 이한우 역, 「도덕적 인간과 비도덕적 사회」, 문예출판사, 1995.

———, 이한우 역, 「빛의 자식들과 어둠의 자식들」, 문예출판사, 1995.

──────, 『그리스도와 문화』, 대한기독교서회, 1998.

레인 T. 데니스, 박삼영 역, 『프랜시스 쉐퍼의 생애와 사상』, 한국로고스연구원, 1995.

로버트 L. 존스, 이장식 역, 『반문화운동과 종교』, 현대사상사, 1976.

로이 A. 해리스빌 · 월터 선드버그, 남정우 역, 『문화변혁과 성경읽기』, 예영커뮤니케이션, 2003.

문시영, 〈사회 윤리에 있어서 아우구스티누스-니버적 접근〉, 『기독교 사회윤리』, 기독교사회윤리학회, 1999.

박봉배, 〈라인홀드 니버의 교회와 국가〉, 『기독교 사상』, 대한기독교서회, 1973, 1.

──────, 〈기독교 정신과 민주주의〉, 『기독교 사상』, 대한기독교서회, 1977, 2.

박영학, 『커뮤니케이션과 종교』, 커뮤니케이션북스, 1998.

박희련, 〈1960년대 미국 반문화운동에 대한 역사적 이해〉, 서강대 사학과 석사, 1999.

브라이언 롱허스트, 이호준 역, 『대중음악과 사회』, 예영커뮤니케이션, 1999.

서철원, 『성령신학』, 총신대 출판부, 1995.

서화라, 「미국 팝 아트에 관한 연구」, 세종대 미술학과 석사, 1995.

성경신학회 엮음, 『메이천의 신약 주해와 신학』, 하나, 2002.

성인경, 『프랜시스 쉐퍼 읽기』, 예영커뮤니케이션, 1997.

송원섭, 「프랜시스 쉐퍼의 생애와 사상 연구」, 침신대 신대원 석사, 1986.

신익수, 「반문화의 기원과 성격」, 한국외국어대 사학과 석사, 1996.

앨빈 토플러, 이규형 역, 『권력이동』, 한국경제신문사, 1990.

──────, 이상백 역, 『제3의 충격파』, 홍신문화사, 1981.

원용진, 『대중 문화의 패러다임』, 한나래, 2001.

윌리엄 포어, 김성웅 역, 『기독교적 시각에서 본 텔레비전』, 두란노, 1991.

유덕현, 「미국 신좌파의 사회적 축적구조론과 노동과정론」, 서울대 경제학 석사, 1994.

이상원, 『프랜시스 쉐퍼의 기독교 세계관과 윤리』, 살림, 2003.

이용은, 「가족의 와해를 통해 본 미국신화의 패배」, 고대 영문학 석사, 1994.

이정곤, 「프랜시스 쉐퍼의 변증방법 연구」, 장신대 신대원 석사, 1989.

이정순, 〈리처드 니버의 책임의 윤리론 연구〉, 『신학과 현장』제5권, 목원대학교 신학연구소, 1991.

이재호, 「미국 팝아트의 특성에 관한 연구」, 홍익대 미학과 석사, 1987.

전규찬 · 박근서, 『텔레비전 오락의 정치학』, 한울아카데미, 2003.

제리 맨더, 『텔레비전을 버려라』, 우물이 있는 집, 2002.

조기연, 「록 음악을 통해서 바라본 미국의 60년대」, 외대 북미지역학과 석사, 1998.

죠지 마르스텐, 홍치모 역, 『미국의 근본주의와 복음주의 이해』, 성광문화사, 1992.

──────, 박용규 역, 『근본주의와 미국문화』, 생명의말씀사, 1992.

퀸틴 슐츠, 김성웅 역, 『거듭난 텔레비전』, IVP, 1995.

──────, 김성녀 역, 『미디어 시대, 당신의 자녀는 안전한가?』, IVP, 1997.

크리스포퍼 캐서우드, 김영우 역, 『5인의 복음주의 지도자들』, 엠마오, 1987.

프랜시스 쉐퍼, 박문재 역, 『기독교 교회관』, 크리스챤 다이제스트, 1997.

──────, 『프랜시스 쉐퍼 전집 I - V』, 생명의말씀사, 2001.

피에르 부르디외, 현택수 역, 『텔레비전에 대하여』, 동문선, 1996.

하민기, 「프랜시스 쉐퍼 연구」, 고신대 신대원 석사, 1988.

하비 콕스, 유지황 역, 『영성 · 음악 · 여성, 21세기 종교와 성령운동』, 동연, 1998.

허현진, 「영국, 미국의 Pop Art 연구」, 동아대 미술교육 석사, 2002.

헨리 코리, 김길성 역, 『잔 그레스햄 메이천』, 총신대 출판부, 1997.

홍치모, 〈프랜시스 훼퍼의 사상〉, 『신학지남』, 1984.

Benjamin, W., *Der Autor als Produzent*, In: ders. Versuche ber Brecht. Hrsg. v. R. Tiedemann. 3 Aufl., Frankfurt/M 1971.

Marcuse, H., *Versuch ber die Befreiung*, Frankfurt/M, 1969.

MeCann, Dennis, 김쾌상 역, 『기독교 현실주의와 해방신학』, 대한기독교출판사, 1985.

제8장 후 대중문화 디지털 시대의 기독교의 대응

김영한, 〈사이버 문화와 개혁신앙〉, 『사이버문화와 기독교 문화전략』, 숭실대학교 한국기독교학문연구소, 쿰란출판사, 1999.

김유신, 〈기독교 학문의 관점에서 본 과학과 기술에 대한 탐구 방향〉, 『신앙과 학문』, 기독교학문연구회, 1999 가을.

김정훈, 〈전자시대 시문학의 오늘과 내일〉, 『우리 말글과 문학의 새로운 지평』, 역락, 2002.

닐 포스트만, 정탁영 · 정준영 공역, 『죽도록 즐기기』, 참미디어, 1997.

로널드 보그, 이정우 역, 『들뢰즈와 가타리』, 새길, 1995.

리드 앤더슨, 황성철 역, 『21세기를 위한 교회』, 솔로몬, 1997.

마이클 라이언, 나병철 · 이경훈 역, 『포스트모더니즘 이후의 정치와 문화』, 갈무리, 1996.

송태현, 〈전자영상매체 시대의 기독교 문화〉, 『신앙과 학문』, 기독교학문위원회, 1999 가을호.

신국원, 〈대중문화와 청소년〉, 『총신대 논총』제17집, 총신대학교, 1998.

윌리엄 포어, 신경혜 · 홍경원 역, 『매스미디어 시대의 복음과 문화』, 대한기독교서회, 2000.

정대현, 〈문자적 사유와 영상적 사유〉, 한국비평이론학회, 숙대 영미문화연구센터 공동 주최 학술대회, 2000.

제람 바즈, 한국라브리 번역위원회, 『현대문화 속의 전도』, 예영커뮤니케이션, 1995.

찰스 테일러, 송영배 역, 『불안한 현대 사회』, 이학사, 2001.

최인식, 〈멀티미디어와 교회 변혁〉, 『멀티미디어 시대의 교회』, 대한성서공회, 1995.

Ben H. Bagdikian, *The Media Monopoly*, Boston: Beacon Press, 1984.

Couch, Mal 편저, 문석호 역, 『포스트모던 시대 속의 기독교 무엇이 문제인가?』, 신앙과지성, 2001.

D. M. 로이드 존스, 지상우 역, 『영적 투쟁』, 기독교문서선교회, 2001.

하상복, 「쟈크 엘룰의 현대기술·정치비판에 관한 일 연구」, 서강대 정외과 석사, 1994.

홍성민, 「문화와 아비투스-부르디외와 유럽정치사상」, 나남, 2000.

현택수 편, 「문화와 권력 : 부르디외 사회학의 이해」, 나남, 1998.

Althusser, L., *Essays in Self-Criticism*, NLB, 1976.

―――, 이종영 역, 「맑스를 위하여」, 백의, 1997.

―――, 김진석 역, 「자본론을 읽는다」, 두레, 1991.

―――, 서관모 역, 「역사적 맑스주의」, 새길, 1993.

―――, 서관모·백승욱 편역, 「철학과 맑스주의」, 새길, 1996

―――, 서관모·백승욱 역, 「철학에 대하여」, 동문선, 1997.

―――, 김동수 역, 「아미앵에서의 주장」, 솔, 1991.

Benjamin, W., *Der Autor als Produzent*, In: ders. Versuche ber Brecht. Hrsg. v. R. Tiedemann. 3 Aufl., Frankfurt/M 1971.

Barthes, R., *le Degre' Ze'ro de l'e'criture*, Seuil, 1953.

―――, *Le grain de la voix*, Seuil, 1981.

Calvet, L. J., *Roland Barthes*, Payet, 1973.

Derrida, J., *Fors: The Anguish Woeds of Nicolas Abraharm and Maria Torok*, trans. Barbara Johnson, Foreword to Nicolas Abraharm and Maria Torok, The Wolf Man's Magic Word, trans. Nicholas Rand, Minneapolis, Univ of Minnesota Press, 1986.

―――, *Position*. trans. Alan Bass, Positions, Chicago: Univ. Chicago Press, 1981.

―――, De la grammatologie, Minuit, 1967.

Foucault, M, 김부용 역, 「광기의 역사」, 인간사랑, 19

―――, 오생근 역, 「감시와 처벌」, 나남, 2004.

―――, 이정우 역, 「지식의 고고학」, 민음사, 2000.

―――, 이굉래 역, 「말과 사물」, 민음사, 1997.

―――, 이규현 역, 「성의 역사 I-Ⅲ」, 나남, 2004.

―――, 이정우 역, 「담론의 질서」, 서강대학교, 2000.

Marcuse, H., *Versuch ber die Befreiung*, Frankfurt/M 1969.

제6장 탈식민주의 문화이론과 디아스포라

고부응, 〈탈식민주의론〉, 「영미문학의 길라잡이」, 창작과비평사, 2002.

고부응 등 엮음, 「탈식민주의 이론과 쟁점」, 문학과지성사, 2003.

김성곤, 〈탈식민주의적 책읽기와 영문학 연구〉, 「외국문학」, 1994년 봄호.

나병철, 「근대서사와 탈식민주의」, 문예출판사, 2001.

바트 무어·길버트, 이경원 역, 「탈식민주의! 저항에서 유희로」, 한길사, 2001.

안토니오 그람시, 이상훈 역, 「그람시의 옥중수고 1」, 거름, 1986.

오민석, 〈탈식민주의, 프란쯔 파농, 그리고 감자〉, 「단국대학교 논문집-인문·사회과학

편」, 제33집, 1998.

응구기 와 씨옹오, 「탈식민주의와 아프리카 문학」, 인간사랑, 1999.

이미영, 「탈식민주의 비평의 조건—에드워드 사이드와 헤테로토피아의 변증법」, 연세대 비교문학 석사, 2001.

존 맥클라우드, 「탈식민주의 길잡이」, 한울, 2003.

치누아 아체베, 이석호 역, 「제3 세계 문학과 식민주의 비평」, 인간사랑, 1999.

프란츠 파농, 김남주 역, 「자기 땅에서 유배당한 자들」, 청하, 1978.

피터 차일즈 · 패트릭 윌리엄스, 김문환 역, 「탈식민주의 이론」, 문예출판사, 2004.

Gayatri Chakravorty Spivak, *Can the Subaltern Speak?*, Patrick Williams & Laura Chrisman eds., Colonial Discourse & Postcolonial Theory, Columbia University: New York, 1994.

──────────, *Outside in the Teaching Machine*, London: Routledge, 1993.

Homi bhabha, *The Location of Culture*, London & New York: Routledge, 1994.

Said, Edward, *Orientalism*, New York: Vintage Books, 1979.

Segovia, Fernando F., *The Bible and Postcolonialism*, 3, Sheffield Academic Press, 2000.

Sugirtbarajab, R. S., *The Bible and Postcolonialism*, 2, Sheffield Academic Press, 1999.

제7장 미국의 반문화운동과 문화 이론가들

강준만, 「대중매체 이론과 사상」, 개마고원, 2002.

고범서, 〈윤리에서의 도덕적 방법과 정치적 방법〉, 「기독교 사회 윤리」, 한국기독교사회윤리학회, 1999.

그레샴 메이천, 채겸희 역, 「기독교 인간관」, 나침판, 1996.

──────, 김길성 역, 「기독교와 자유주의」, 크리스챤출판사, 2004.

김길성, 「메이천 박사 저작 선집」, 총신대 출판부, 2002

김성곤, 〈미디어 문화 연구를 통한 미국연구—미국영화와 텔레비전 드라마를 중심으로〉, 「국제 · 지역연구」 10권 3호, 2001 가을.

김의환, 「도전받는 보수신학」, 생명의말씀사, 2004.

김철웅, 「라인홀드 니버의 집단 이기심 분석」, 연세대 신대원 기독교윤리학 석사, 1996.

남성현, 「라인홀드 니버의 민주주의에 대한 연구」, 장신대 신대원 석사, 1997.

니콜라스 네그로폰테, 백욱인 역, 「디지털이다」, 박영률출판사, 1995.

더글라스 캘너, 김수정 · 종종희 역, 「미디어 문화」, 새물결, 1995.

라인홀드 니버, 노진준 역, 「기독교 윤리학」, 은성, 1991.

──────, 지명관 역, 「기독교 현실주의와 정치 문제」, 현대사상사, 1973.

──────, 이한우 역, 「도덕적 인간과 비도덕적 사회」, 문예출판사, 1995.

──────, 이한우 역, 「빛의 자식들과 어둠의 자식들」, 문예출판사, 1995.

──────, 『그리스도와 문화』, 대한기독교서회, 1998.

레인 T. 데니스, 박삼영 역, 『프랜시스 쉐퍼의 생애와 사상』, 한국로고스연구원, 1995.

로버트 L. 존스, 이장식 역, 『반문화운동과 종교』, 현대사상사, 1976.

로이 A. 해리스빌 · 월터 선드버그, 남정우 역, 『문화변혁과 성경읽기』, 예영커뮤니케이션, 2003.

문시영, 〈사회 윤리에 있어서 아우구스티누스-니버적 접근〉, 『기독교 사회윤리』, 기독교사회윤리학회, 1999.

박봉배, 〈라인홀드 니버의 교회와 국가〉, 『기독교 사상』, 대한기독교서회, 1973, 1.

──────, 〈기독교 정신과 민주주의〉, 『기독교 사상』, 대한기독교서회, 1977, 2.

박영학, 『커뮤니케이션과 종교』, 커뮤니케이션북스, 1998.

박희련, 〈1960년대 미국 반문화운동에 대한 역사적 이해〉, 서강대 사학과 석사, 1999.

브라이언 롱허스트, 이호준 역, 『대중음악과 사회』, 예영커뮤니케이션, 1999.

서철원, 『성령신학』, 총신대 출판부, 1995.

서화라, 『미국 팝 아트에 관한 연구』, 세종대 미술학과 석사, 1995.

성경신학회 엮음, 『메이천의 신약 주해와 신학』, 하나, 2002.

성인경, 『프랜시스 쉐퍼 읽기』, 예영커뮤니케이션, 1997.

송원섭, 『프랜시스 쉐퍼의 생애와 사상 연구』, 침신대 신대원 석사, 1986.

신익수, 『반문화의 기원과 성격』, 한국외국어대 사학과 석사, 1996.

앨빈 토플러, 이규형 역, 『권력이동』, 한국경제신문사, 1990.

──────, 이상백 역, 『제3의 충격파』, 홍신문화사, 1981.

원용진, 『대중 문화의 패러다임』, 한나래, 2001.

윌리엄 포어, 김성웅 역, 『기독교적 시각에서 본 텔레비전』, 두란노, 1991.

유덕현, 『미국 신좌파의 사회적 축적구조론과 노동과정론』, 서울대 경제학 석사, 1994.

이상원, 『프랜시스 쉐퍼의 기독교 세계관과 윤리』, 살림, 2003.

이용은, 『가족의 외체를 통해 본 미국신화의 패배』, 고대 영문학 석사, 1994.

이정곤, 『프랜시스 쉐퍼의 변증방법 연구』, 장신대 신대원 석사, 1989.

이정순, 〈리처드 니버의 책임의 윤리론 연구〉, 『신학과 현장』제5권, 목원대학교 신학연구소, 1991.

이재호, 『미국 팝아트의 특성에 관한 연구』, 홍익대 미학과 석사, 1987.

전규찬 · 박근서, 『텔레비전 오락의 정치학』, 한울아카데미, 2003.

제리 맨더, 『텔레비전을 버려라』, 우물이 있는 집, 2002.

조기연, 『록 음악을 통해서 바라본 미국의 60년대』, 외대 북미지역학과 석사, 1998.

죠지 마르스텐, 홍치모 역, 『미국의 근본주의와 복음주의 이해』, 성광문화사, 1992.

──────, 박용규 역, 『근본주의와 미국문화』, 생명의말씀사, 1992.

퀸틴 슐츠, 김성웅 역, 『거듭난 텔레비전』, IVP, 1995.

──────, 김성녀 역, 『미디어 시대, 당신의 자녀는 안전한가?』, IVP, 1997.

크리스포퍼 캐서우드, 김영우 역, 『5인의 복음주의 지도자들』, 엠마오, 1987.

프랜시스 쉐퍼, 박문재 역, 『기독교 교회관』, 크리스챤 다이제스트, 1997.

──────, 『프랜시스 쉐퍼 전집 I - V』, 생명의말씀사, 2001.

피에르 부르디외, 현택수 역, 『텔레비전에 대하여』, 동문선, 1996.

하민기, 「프랜시스 쉐퍼 연구」, 고신대 신대원 석사, 1988.

하비 콕스, 유지황 역, 『영성 · 음악 · 여성, 21세기 종교와 성령운동』, 동연, 1998.

허현진, 「영국, 미국의 Pop Art 연구」, 동아대 미술교육 석사, 2002.

헨리 코리, 김길성 역, 『잔 그레스햄 메이천』, 총신대 출판부, 1997.

홍치모, 〈프랜시스 훼퍼의 사상〉, 『신학지남』, 1984.

Benjamin, W., *Der Autor als Produzent*, In: ders. Versuche ber Brecht. Hrsg. v. R. Tiedemann. 3 Aufl., Frankfurt/M 1971.

Marcuse, H., *Versuch ber die Befreiung*, Frankfurt/M, 1969.

MeCann, Dennis, 김쾌상 역, 『기독교 현실주의와 해방신학』, 대한기독교출판사, 1985.

제8장 후 대중문화 디지털 시대의 기독교의 대응

김영한, 〈사이버 문화와 개혁신앙〉, 『사이버문화와 기독교 문화전략』, 숭실대학교 한국기독교학문연구소, 쿰란출판사, 1999.

김유신, 〈기독교 학문의 관점에서 본 과학과 기술에 대한 탐구 방향〉, 『신앙과 학문』, 기독교학문연구회, 1999 가을.

김정훈, 〈전자시대 시문학의 오늘과 내일〉, 『우리 말글과 문학의 새로운 지평』, 역락, 2002.

닐 포스트만, 정탁영 · 정준영 공역, 『죽도록 즐기기』, 참미디어, 1997.

로널드 보그, 이정우 역, 『들뢰즈와 가타리』, 새길, 1995.

리드 앤더슨, 황성철 역, 『21세기를 위한 교회』, 솔로몬, 1997.

마이클 라이언, 나병철 · 이경훈 역, 『포스트모더니즘 이후의 정치와 문화』, 갈무리, 1996.

송태현, 〈전자영상매체 시대의 기독교 문화〉, 『신앙과 학문』, 기독교학문위원회, 1999 가을호.

신국원, 〈대중문화와 청소년〉, 『총신대 논총』제17집, 총신대학교, 1998.

윌리엄 포어, 신경혜 · 홍경원 역, 『매스미디어 시대의 복음과 문화』, 대한기독교서회, 2000.

정대현, 〈문자적 사유와 영상적 사유〉, 한국비평이론학회, 숙대 영미문화연구센터 공동 주최 학술대회, 2000.

제람 바즈, 한국라브리 번역위원회, 『현대문화 속의 전도』, 예영커뮤니케이션, 1995.

찰스 테일러, 송영배 역, 『불안한 현대 사회』, 이학사, 2001.

최인식, 〈멀티미디어와 교회 변혁〉, 『멀티미디어 시대의 교회』, 대한성서공회, 1995.

Ben H. Bagdikian, *The Media Monopoly*, Boston: Beacon Press, 1984.

Couch, Mal 편저, 문석호 역, 『포스트모던 시대 속의 기독교 무엇이 문제인가?』, 신앙과지성, 2001.

D. M. 로이드 존스, 지상우 역, 『영적 투쟁』, 기독교문서선교회, 2001.